高校入試虎の巻　他にはない 3大 ポイント

問題の質問ができる　'とらサポ'

無料会員

虎の巻やスペシャルの問題で「わからないなー」「質問したいなー」というときは、
"とらサポ" におまかせください！
必要事項と質問を書いて送るだけで詳しく解説しちゃいます！
何度でもご利用いただけます！　質問は "FAX" か "メール" でできます。

無料会員登録手順

【仮登録】→【本登録】→【会員番号発行】→質問開始！

① 【仮登録】：下の QR コード／下の URL へアクセス。
http://www.jukentaisaku.com/sup_free/
② メールアドレス（PC アドレス推奨）を入力送信。
③ 入力いただいたアドレスへ【本登録】の URL が届きます。
④ 【本登録】：届いた URL へアクセスし会員情報を入力。

※ご注意
「確認」では会員登録されていません。
必ず「送信」ボタンを押してください。

STEP. 1
虎の巻でわからない所を専用の質問シートに質問を書き込もう！（コピーして何度でも利用可）ＦＡＸで送信するだけ！
質問

STEP. 2
1～2営業日以内にＦＡＸで解説が返信されます。解説に関する質問や、他の問題の質問など何度でも質問ＯＫ！
解説

⑤ 【会員番号】が発行され、メールで届きます。
⑥ 【会員番号】が届いたら、質問開始！

左の QR コードが読み取れない方は、下記の URL へアクセスして下さい。
http://www.jukentaisaku.com/sup_free/
※ドメイン拒否設定をされている方は、〔本登録〕の URL が届きませんので解除して下さい。

とらサポ会員番号　　忘れないようにココへ書きましょう

利用方法を 裏 で紹介♪

とらサポ 'プレミアム会員'

有料会員

どんな問題でも質問できる！
◎私立の過去問・塾の宿題・市販の問題集

オンライン『講義映像』中学1年～3年
◎5教科すべて視聴可能

中3数学
1 平方根
2 多項式の計算
3 因数分解
4 二次方程式
5 二次方程式の利用
6 関数 y＝ax2（1）
7 関数 y＝ax2（2）
8 相似な図形（1）
9 相似な図形（2）
10 三平方の定理
11 円の性質

入会金なし
ご利用料金：月額 3,300 円（税込）
※入会月が 15 日以降の場合は、初月 1,100 円（税込）
※ご利用期間　2025．3 月末迄

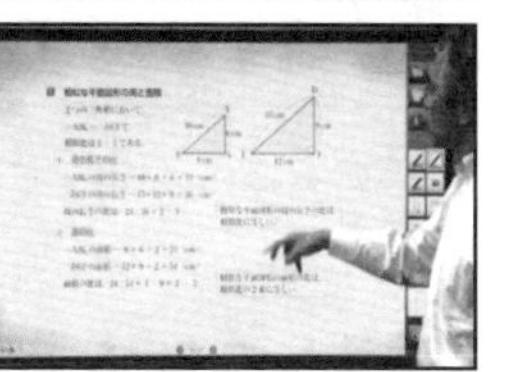

プレミアム会員お申し込み方法

左の QR コードが読み取れない方は、下記の URL へアクセスして下さい。
URL：http://www.jukentaisaku.com/sup_pre/
※ドメイン拒否設定をされている方は、〔本登録〕の URL が届きませんので解除して下さい。

①～④は無料会員登録に同じ
⑤ お申し込みから２営業日以内に【会員のご案内】を発送いたします。
⑥【会員のご案内】が届き次第ご利用いただけます。

リスニング虎の巻　～高校受験～英検３級まで～

別売
※過去問ではありません

① **聞きながら学習（6回分）**
★英単語の　読み・聞き取り・意味　が苦手でも安心して学習
英語のあとにすぐ**日本語訳**が聞け、聞きながらにして、
即理解 ⇒ 覚える　ことができます。

② **テスト形式で実践練習（5回分）**
テスト形式に挑戦。
高校入試リスニングの練習に最適です。

【問題】

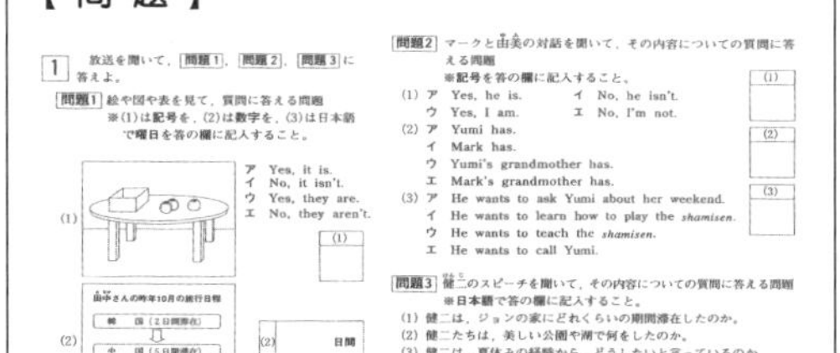

【台本と録音例】

Mark:Hi, Yumi.　How are you today？
こんにちは、由美。今日の調子はどう？
Yumi:Hi, Mark.
こんにちは、マーク。
I'm fine, thank you.　And you？
元気よ、ありがとう。あなたは？
Mark:Fine, thanks.　Yumi,
元気だよ。
I'd like to ask　you about　something.
由美、僕は君に聞きたいことがあるんだ。
Yumi:OK.　What is it？
いいわよ。どうしたの？
Mark:Well, I'm interested in traditional Japanese music,
ええっと、ぼくは日本の伝統的な音楽に興味

先輩達の【とらサポ質問】&【感想】

【とらサポの質問方法】

①会員番号を取得
②質問したいところを書く！
　教科・ページ・問題番号
③聞きたい質問を書く。
④作文 や 記述の添削も
　できます！
　（国語・英語・社会 etc）

メールで質問も OK!!
tora@jukentaisaku.com

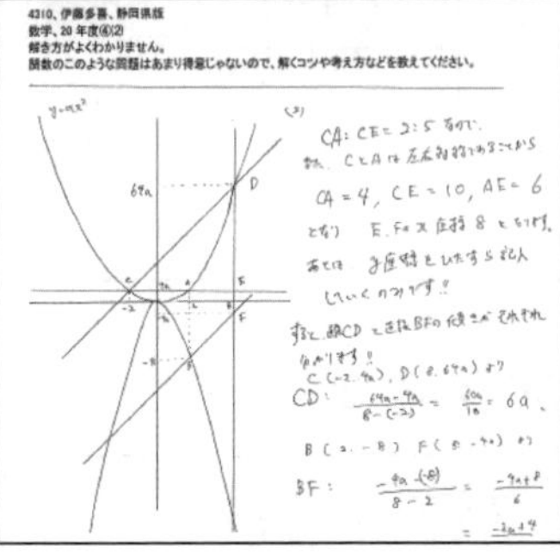

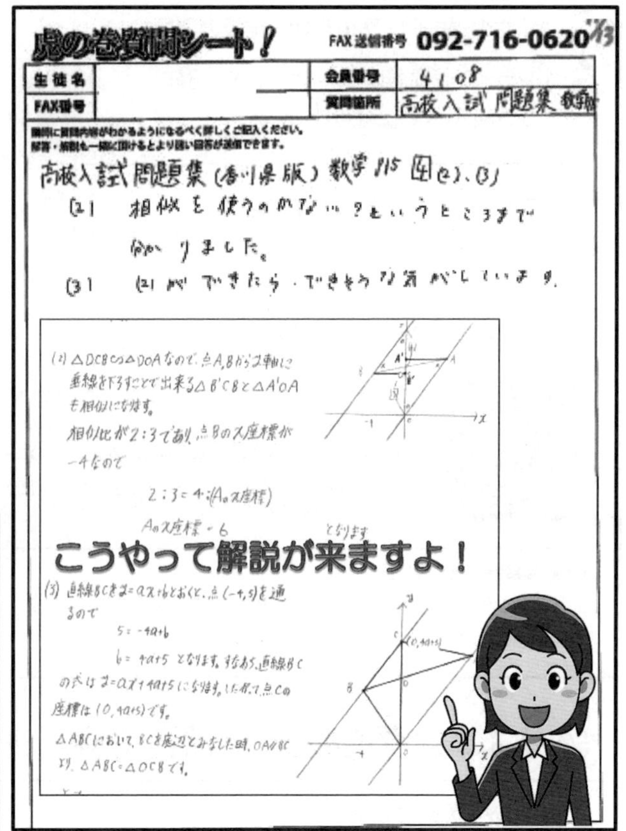

虎の巻質問シート！　FAX送信番号 092-716-0620

生徒名		会員番号	4108
FAX番号		質問箇所	高校入試問題集 数学

講師に質問内容がわかるようになるべく詳しくご記入ください。
解答・解説も一緒に頂けるとより速い回答が送信できます。

高校入試問題集（香川県版）数学 P15 ⑤(2)、(3)
(2)　相似を使うのかな…？というところまで分かりました。
(3)　(2)ができたら、できそうな気がしています。

(2) △DCB∽△DOAなので、点A,Bからx軸に垂線を下ろすことで出来る△B'CBと△A'OAも相似になります。
相似比が2：3であり、点Bのx座標が−4なので
2：3＝4：(Aのx座標)
Aのx座標＝6　となります

(3) 直線BCの式をy＝ax＋bとおくと、点(−4,5)を通るので
5＝−4a＋b
b＝4a＋5　となります。ですから、直線BCの式はy＝ax＋4a＋5になります。したがって点Cの座標は(0, 4a＋5)です。
△ABCにおいて、BCを底辺とみなした時、OA//BCより、△ABC＝△OCBです。

虎の巻様

いつもありがとうございます。今回は質問ではなくお礼を言うためにこれを書きました。
発表でした。私は第一志望の高校に合格することができました！私の行きたい高校は私の学力では足りないと学校の先生から言われ、志望校をおとそうかととても悩みました。しかし、第一志望校を受けないと後悔してしまうと思い、親の反対も振りきって受けました。諦めないで本当によかったです。今回私が合格できたのも虎の巻様が私の質問に丁寧に答えて下さったおかげだと思っています。ページ数と問題内容があってなかったりと様々な迷惑もかけてしまい申し訳なかったです。
4月からは高校生として、国公立大学へ進学するという夢を胸にがんばっていきたいと思います。虎の巻様には感謝してもしても足りません。本当に本当にありがとうございました!!!

To: 虎の巻
Subject: 質問ではありませんが(--;)

質問ではありませんが(^-^)
先日、受験に合格することが出来ました(^^♪
そのお礼を申し上げたく、メールを送らせて頂きます。

私は、受験勉強というものを、どうやら勘違いをしてしまって、
短期集中！ヶ月もやればいい方だろうと思っていました。
しかし、そうではないことに気づき、難関校の受験！ヶ月前に焦って、
何でもいいから何かやらないと間に合わない！と思って手に取ったのが、
虎の巻さんでした。
どうやればいいかなんて全く分からないけど、浅く広くやるのではなく、
とりあえずこれだけはやっておこうと思い、過去問、それからスペシャルの方も
間違えたところは何周も解き直しました。あっていた所もしっかり確認をし、
逆に虎の巻さん以外のものは何もやらないで難関校に挑んだ結果、
類似問題も多く出て見事合格をすることが出来ました。
ほんとにほんとに、虎の巻さんのおかげだと思っています。
感謝の気持ちでいっぱいです。

お忙しいところ、すみません。
読んでいただき、ありがとうございました(^-^)

虎の巻質問シート！

※ご利用期間2025.3月末迄

①生徒名		②会員番号		③R7 静岡県版
④FAX番号		⑤質問箇所		

コピーしてご利用下さい。（①〜⑤を明記いただければ、別紙やメール可。）
講師に質問内容がわかるようになるべく詳しくご記入ください。
ご自身の解答や考え方も一緒に頂けるとより速い回答が送信できます。

FAX送信番号 092-716-0620　メール送信 tora@jukentaisaku.com

虎の巻の特色

この問題集は、静岡の高校受験生の皆さんの志望校合格に向けて、効率の良い学習を進めることができるように編集作成したものです。したがって、学習したいところから取り組め、確実に得点になる演習ができるように、教科・単元別にしております。また、自分ひとりでも学習できるよう詳しい解説を掲載し、さらに無料で質問できるサービス'とらサポ'が入試直前までの心強い味方です。

虎の巻の使い方

過去11年間の入試問題を見てみると、似た形式の問題が数多く存在します。そこで、実際に出題された問題を単元ごとに集中的に繰り返すことで、パターンを掴みしっかりマスターすることができます。

1回目 1単元ごとにノートに解いてみる。

教科書を見てもよし、誰かに教えてもらいながらでもよいです。実際に問題を解くことで入試のレベルを知り、自分の苦手なところを発見しながら学習を進めましょう。この１回目で間違った問題には印をつけておきましょう。

2回目 何も見ずに解いてみる。

１回目の印をつけた問題は解けるようになりましたか？
ただし、１度解いても忘れるものです。もう一度解く事が復習になり、より一層理解を高めることができます。ここで全体の半分程解く事が出来れば十分です。間違った問題には２回目の印をつけ、理解できるまで何度もやり直しましょう。

3回目 冬休みや入試前に、１つの問題に対して7分～15分で解いてみる。

時間を計って問題を解くことで、入試を想定することができます。
短い時間で正確に問題を解けるようにしましょう。そして、どれだけ力がついたか【実践問題・本番形式】で力試しをしてください。

もくじ

単元別編集

実践問題

（注１）編集上、掲載していない問題が一部ございます。
（注２）著作権の都合により、実際の入試に使用されている写真と違うところがございます。
＊上記（注１）（注２）をあらかじめご了承の上、ご活用ください。

公 立 高 校 入 試 出 題 単 元

過去９年間
（平成26年～令和４年まで）

数　　学

計　　算
■平成26年度1
■平成27年度1
■平成28年度1
■平成29年度1
■平成30年度1
■平成31年度1
■令和２年度1
■令和３年度1
■令和４年度1

方程式・連立方程式
■平成26年度4
■平成27年度3(2)
■平成28年度4
■平成29年度4
■平成30年度3
■平成31年度4
■令和２年度4
■令和３年度4
■令和４年度4

数と式・文字式
■平成26年度2(1)
■平成27年度2(1)
■平成29年度2(1)
■平成30年度2(2)(4)
■平成31年度2(2)
■令和４年度2(2)

確　　率
■平成26年度3
■平成27年度3(1)
■平成28年度2(3)
■平成29年度3
■平成30年度3(1)
■平成31年度2(3)
■令和２年度2(3)
■令和３年度2(2)
■令和４年度2(3)

資料の整理
■平成26年度2(4)
■平成27年度2(4)
■平成28年度3
■平成29年度2(3)
■平成31年度3
■令和２年度3
■令和３年度3
■令和４年度3

平面図形（作図）
■平成26年度2(3)
■平成27年度2(3)
■平成28年度2(2)
■平成29年度2(2)
■平成30年度2(1)(3)
■平成31年度2(1)
■令和２年度2(1)(2)
■令和３年度2(1)
■令和４年度2(1)

立体図形
■平成26年度5
■平成27年度4
■平成28年度5
■平成29年度5
■平成30年度4
■平成31年度5
■令和２年度5
■令和３年度5
■令和４年度5

証明（円と直線）
■平成27年度6
■平成28年度7
■平成29年度7
■平成30年度6
■平成31年度7
■令和２年度7
■令和３年度7
■令和４年度7

関　　数
■平成26年度6
■平成27年度5
■平成28年度2(1)6
■平成29年度6
■平成30年度5
■平成31年度6
■令和２年度6
■令和３年度6
■令和４年度6

計　算

■平成26年度問題

1　次の(1)〜(3)の問いに答えなさい。

(1)　次の計算をしなさい。

ア　$9+(-2)\times 6$

イ　$(24ab-16b^2)\div 8b$

ウ　$\dfrac{3x-y}{4}-\dfrac{x+y}{3}$

エ　$\sqrt{27}+\dfrac{15}{\sqrt{3}}$

(2)　$a=-\dfrac{1}{8}$のとき，$(2a+3)^2-4a(a+5)$の式の値を求めなさい。

(3)　xについての２次方程式$x^2-ax+2a=0$の解の１つが３であるとき，aの値を求めなさい。また，もう１つの解を求めなさい。

(1)	ア		イ		(2)	
	ウ		エ		(3)	$a=$	もう１つの解

■平成27年度問題

1　次の(1)〜(3)の問いに答えなさい。

(1)　次の計算をしなさい。

ア　$18-9\div(-3)$

イ　$(-4a)^2\times b\div 8ab$

ウ　$\dfrac{x+y}{2}-\dfrac{x-6y}{7}$

エ　$\sqrt{3}(\sqrt{3}-5)+\sqrt{48}$

(2)　$a=5$，$b=\dfrac{7}{3}$のとき，$a^2-6ab+9b^2$の式の値を求めなさい。

(3)　次の２次方程式を解きなさい。

$x^2-4x=x-3$

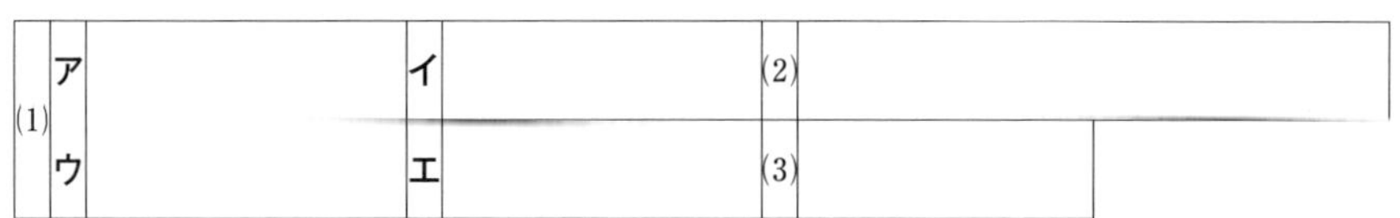

(1)	ア		イ		(2)	
	ウ		エ		(3)	

■平成28年度問題

1　次の(1)〜(3)の問いに答えなさい。

(1)　次の計算をしなさい。

ア　$7-4\times(-2)$

イ　$(48a^2-18ab)\div 6a$

ウ　$\dfrac{x+y}{2}-\dfrac{2x+9y}{5}$

エ　$\dfrac{30}{\sqrt{5}}-\sqrt{45}$

(2)　$a=\dfrac{6}{7}$のとき，$(a-3)(a-8)-a(a+10)$ の式の値を求めなさい。

(3)　次の２次方程式を解きなさい。

$(x+1)^2=64$

(1)	ア		イ		(2)	
	ウ		エ		(3)	

■平成29年度問題

1　次の(1)〜(3)の問いに答えなさい。

(1)　次の計算をしなさい。

ア　$11+8\div(-4)$

イ　$(-9a^2)\div 21a\times 7b$

ウ　$\dfrac{x+y}{3}-\dfrac{x-2y}{5}$

エ　$(\sqrt{6}-3)^2-\sqrt{54}$

(2)　$a=37$，$b=12$のとき，a^2-9b^2の式の値を求めなさい。

(3)　次の２次方程式を解きなさい。

$x^2+3x=8x-2$

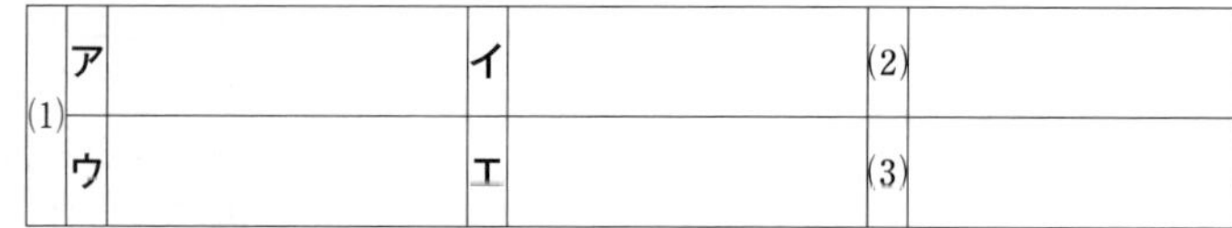

(1)	ア		イ		(2)	
	ウ		エ		(3)	

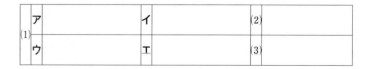

■平成30年度問題

1 次の(1)〜(3)の問いに答えなさい。

(1) 次の計算をしなさい。

ア $9-7\times 2$

イ $(54ab+24b^2)\div 6b$

ウ $\dfrac{3x-2y}{7}-\dfrac{x+y}{3}$

エ $\dfrac{15}{\sqrt{3}}+\sqrt{48}$

(2) $a=\dfrac{1}{8}$のとき，$(2a-5)^2-4a(a-3)$ の式の値を求めなさい。

(3) 次の２次方程式を解きなさい。
$(x-6)(x+6)=20-x$

(1)	ア		イ		(2)	
	ウ		エ		(3)	

■平成31年度問題

1 次の(1)〜(3)の問いに答えなさい。

(1) 次の計算をしなさい。

ア $-12+9\div 3$

イ $(-5a)^2\times 8b\div 10ab$

ウ $\dfrac{x+y}{3}-\dfrac{x-3y}{4}$

エ $\sqrt{6}(\sqrt{6}-7)-\sqrt{24}$

(2) $a=\dfrac{1}{7}$，$b=19$のとき，
ab^2-81aの式の値を求めなさい。

(3) 次の２次方程式を解きなさい。
$(x+1)^2=3$

(1)	ア		イ		(2)	
	ウ		エ		(3)	

■令和２年度問題

1 次の(1)〜(3)の問いに答えなさい。

(1) 次の計算をしなさい。

ア $5+(-3)\times 8$

イ $(45a^2-18ab)\div 9a$

ウ $\dfrac{x-y}{2}-\dfrac{x+3y}{7}$

エ $\dfrac{42}{\sqrt{7}}+\sqrt{63}$

(2) $a=\dfrac{7}{6}$のとき，$(3a+4)^2-9a(a+2)$の式の値を求めなさい。

(3) 次の２次方程式を解きなさい。
$x^2+x=21+5x$

(1)	ア		イ		(2)	
	ウ		エ		(3)	

■令和３年度問題

1 次の(1)〜(3)の問いに答えなさい。

(1) 次の計算をしなさい。

ア $18\div(-6)-9$

イ $(-2a)^2\div 8a\times 6b$

ウ $\dfrac{4x-y}{7}-\dfrac{x+2y}{3}$

エ $(\sqrt{5}+\sqrt{3})^2-9\sqrt{15}$

(2) $a=11$，$b=43$のとき，$16a^2-b^2$の式の値を求めなさい。

(3) 次の２次方程式を解きなさい。
$(x-2)(x-3)=38-x$

(1)	ア		イ		(2)	
	ウ		エ		(3)	

■令和４年度問題

1　次の(1)〜(3)の問いに答えなさい。

(1)　次の計算をしなさい。

ア　$6+8\times(-3)$　　　　イ　$(8a^2b+36ab^2)\div 4ab$

ウ　$\frac{4x+y}{5}-\frac{x-y}{2}$　　　　エ　$\sqrt{7}(9-\sqrt{21})-\sqrt{27}$

(2)　$a=\frac{2}{7}$のとき，$(a-5)(a-6)-a(a+3)$の式の値を求めなさい。

(3)　次の２次方程式を解きなさい。
$(x-2)^2=16$

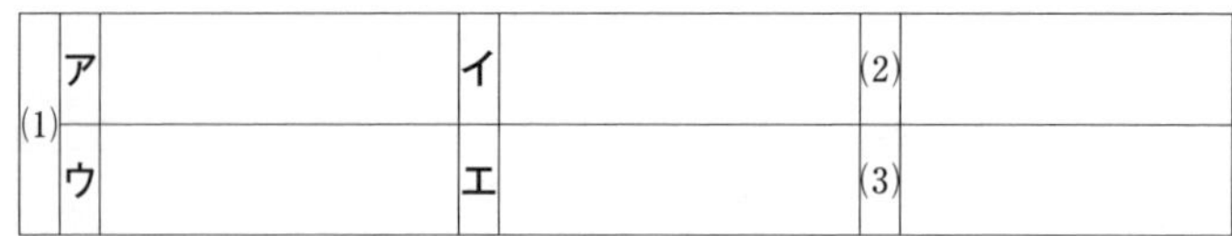

					(2)	
(1)	ア		イ		(2)	
	ウ		エ		(3)	

方程式・連立方程式

■平成26年度問題

4　ある中学校の倉庫には，新しいイスと古いイスが合わせて157脚あった。美化委員34人は，A班とB班に分かれ，A班は新しいイスを体育館に運び，B班は古いイスを雑巾(ぞうきん)でふいてきれいにすることにした。A班が新しいイスを１人３脚ずつ運んだところ，新しいイスをちょうど全部運び出すことができた。B班は古いイスを１人５脚ずつふき，さらにB班のうちの半分の人がもう１脚ずつふいたところ，古いイスをちょうど全部きれいにすることができたという。

このとき，A班の人数は何人であったか。また，古いイスは全部で何脚あったか。方程式をつくり，計算の過程を書き，答えを求めなさい。

（方程式と計算の過程）

（答）A班の人数　　　　人，古いイスの数　　　　脚

■平成27年度問題

3　ある中学校の2年生が，職業体験活動を行うことになり，男子3人，女子2人の合わせて5人は，お茶の直売所で，販売係と計量係に分かれて活動することになった。このとき，次の(2)の問いに答えなさい。

(2)　直売所では，お茶5.2kgと，100ｇ用と200ｇ用の２種類の袋が何袋か用意されていた。計量係が，お茶を正確に計量してそれぞれの袋に入れていったところ，用意されていたお茶はあまることなくちょうど入れることができた。それらを，販売係が，表３の価格表にしたがって売ったところ，閉店30分前に，200ｇ入りは売り切れ，100ｇ入りは３袋売れ残っていた。そこで，直売所の方の指示で，売れ残っていた100ｇ入りを１袋につき200円引きにして売ったところ，すべて売り切ることができ，１日の売上金額は48400円となった。

このとき，販売した100ｇ入りと200ｇ入りのお茶は合わせて何袋であったか。方程式をつくり，計算の過程を書き，答えを求めなさい。

表３

お茶１袋の値段	
100ｇ入り	1000円
200ｇ入り	1800円

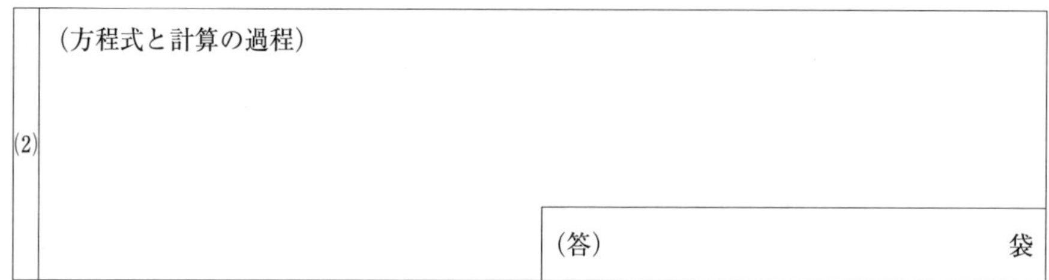

(2)（方程式と計算の過程）

（答）　　　　袋

■平成28年度問題

4　ある中学校の図書委員会では，図書室の本の貸し出し状況を調査した。６月の調査では，本を借りた生徒の人数は，全校生徒の60％であり，そのうち１冊借りた生徒は33人，２冊借りた生徒は50人であり，３冊以上借りた生徒もいた。４か月後の10月の調査では，６月の調査と比べて，本を借りた生徒は36人増え，１冊借りた生徒は２倍になった。また，２冊借りた生徒は８％減ったが，３冊以上借りた生徒は25％増えた。

このとき，10月に本を３冊以上借りた生徒の人数は何人であったか。方程式をつくり，計算の過程を書き，答えを求めなさい。

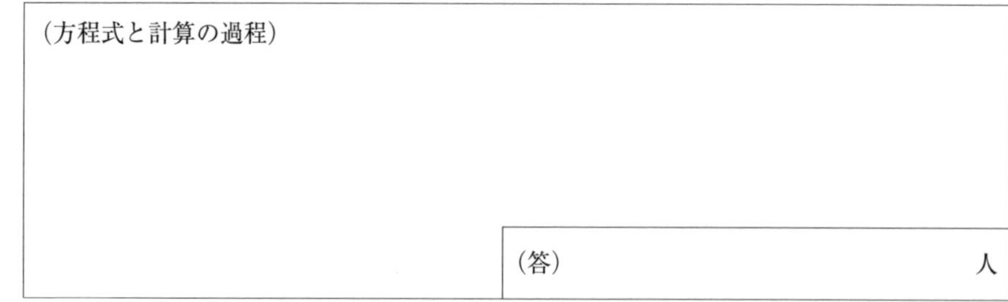

（方程式と計算の過程）

（答）　　　　人

■平成29年度問題

4 ある中学校では，体育大会のため，実行委員の生徒74人が，倉庫から長机と椅子を運動場に運び出し，受付用，本部用，来賓用として設置することになった。１，２年生の実行委員が長机を２人で１台ずつ，３年生の実行委員が椅子を１人４脚ずつ運び出した。運び出した後，長机を，受付用として４台設置し，残った長机を，本部用と来賓用として同じ数ずつ設置した。次に，椅子を，受付用と本部用の長机１台につき３脚ずつ，来賓用の長机１台につき２脚ずつ設置したところ，運び出した長机と椅子をちょうど全部使うことができた。

このとき，運び出した長机は全部で何台であったか。また，運び出した椅子は全部で何脚であったか。方程式をつくり，計算の過程を書き，答えを求めなさい。

（方程式と計算の過程）

（答）長机　　　　台，椅子　　　　脚

■平成30年度問題

3 ある中学校の１年生が，地域のお祭りで，中学生ボランティアとして活動することになり，ＡさんとＢさんを含む１年生５人は，会計係，宣伝係，販売係に分かれて，パンの販売を手伝うことになった。

販売するパンは，100円のあんパンと150円のメロンパンが合わせて200個用意されていた。それらを販売係が売ったところ，販売終了の２時間前に，あんパンは売り切れ，メロンパンは４割売れ残っていた。そこで，地域の方の指示で，売れ残っていたメロンパンを１個につき30％引きにして売ったところ，すべて売り切ることができ，１日の売り上げ金額の合計は24000円となった。

このとき，用意されていたあんパンとメロンパンは，それぞれ何個であったか。方程式をつくり，計算の過程を書き，答えを求めなさい。

（方程式と計算の過程）

（答）あんパン　　　　個，メロンパン　　　　個

■平成31年度問題

4 ある中学校では，遠足のため，バスで，学校から休憩所を経て目的地まで行くことにした。学校から目的地までの道のりは98kmである。バスは，午前８時に学校を出発し，休憩所まで時速60kmで走った。休憩所で20分間休憩した後，再びバスで，目的地まで時速40kmで走ったところ，目的地には午前10時15分に到着した。

このとき，学校から休憩所までの道のりと休憩所から目的地までの道のりは，それぞれ何kmか。方程式をつくり，計算の過程を書き，答えを求めなさい。

（方程式と計算の過程）

（答）学校から休憩所まで　　　　km，休憩所から目的地まで　　　　km

■令和２年度問題

ある中学校の２年生が職場体験活動を行うことになり，Ａさんは美術館で活動した。この美術館の入館料は，大人１人が500円，子ども１人が300円であり，大人のうち，65歳以上の人の入館料は，大人の入館料の１割引きになる。美術館が閉館した後に，Ａさんがこの日の入館者数を調べたところ，すべての大人の入館者数と子どもの入館者数は合わせて183人で，すべての大人の入館者数のうち，65歳以上の人の割合は20％であった。また，この日の入館料の合計は76750円であった。

このとき，すべての大人の入館者数と子どもの入館者数は，それぞれ何人であったか。方程式をつくり，計算の過程を書き，答えを求めなさい。

（方程式と計算の過程）

（答）すべての大人の入館者数　　　　人，子どもの入館者数　　　　人

■令和３年度問題

4 　ある中学校では，学校から排出されるごみを，可燃ごみとプラスチックごみに分別している。この中学校の美化委員会が，５月と６月における，可燃ごみとプラスチックごみの排出量をそれぞれ調査した。可燃ごみの排出量については，６月は５月より33kg減少しており，プラスチックごみの排出量については，６月は５月より18kg増加していた。可燃ごみとプラスチックごみを合わせた排出量については，６月は５月より５％減少していた。また，６月の可燃ごみの排出量は，６月のプラスチックごみの排出量の４倍であった。

　このとき，６月の可燃ごみの排出量と，６月のプラスチックごみの排出量は，それぞれ何kgであったか。方程式をつくり，計算の過程を書き，答えを求めなさい。

(方程式と計算の過程)

(答) ６月の可燃ごみ　　　　kg，６月のプラスチックごみ　　　　kg

■令和４年度問題

4 　Sさんは，２つの水槽A，Bで，合わせて86匹のメダカを飼育していた。水の量に対してメダカの数が多かったので，水だけが入った水槽Cを用意し，水槽Aのメダカの$\frac{1}{5}$と，水槽Bのメダカの$\frac{1}{3}$を，それぞれ水槽Cに移した。移した後のメダカの数は，水槽Cの方が水槽Aより４匹少なかった。

　このとき，水槽Cに移したメダカは全部で何匹であったか。方程式をつくり，計算の過程を書き，答えを求めなさい。

(方程式と計算の過程)

(答) 水槽Cに移したメダカ　　　　匹

数と式・文字式

■平成26年度問題

2 (1)　図１のように，横の長さが９cmの長方形の紙を，のりしろの幅が２cmとなるようにつないで横に長い長方形を作っていく。

　このとき，紙をn枚使ってできる長方形の横の長さを，nを用いて表しなさい。

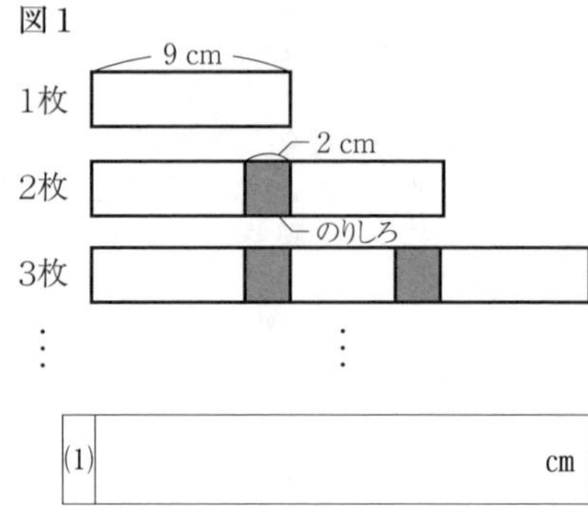

(1)　　　　cm

■平成27年度問題

2 (1)　１年Ａ組の男子生徒の人数は20人である。そのうちの１人が欠席したある日，保健体育の授業で50m走を行ったところ，出席した19人の記録の平均はa秒であった。欠席した男子生徒は別の日に50m走を行い，記録はb秒であった。

　このとき，１年Ａ組の男子生徒20人の記録の平均を，a，bを用いて表しなさい。

(1)　　　　秒

■平成29年度問題

2 (1)　ある中学校では，毎年，多くの生徒が，夏に行われるボランティア活動に参加している。昨年度の参加者は男子がa人，女子がb人であった。今年度の参加者は，昨年度の男女それぞれの参加者と比べて，男子は９％増え，女子は７％減った。今年度の，男子と女子の参加者の合計を，a，bを用いて表しなさい。

(1)　　　　人

■平成30年度問題

(2) 360Lで満水になる水槽がある。この水槽に，空の状態から毎分xLの割合で水を入れ続けるとき，満水になるまでにy時間かかるとする。yをxの式で表しなさい。

(4) 理科の授業で月について調べたところ，月の直径は，3470kmであることがわかった。この直径は，一の位を四捨五入して得られた近似値である。

月の直径の真の値をa kmとして，aの範囲を不等号を使って表しなさい。また，月の直径を，四捨五入して有効数字2桁として，整数部分が1桁の小数と10の累乗の積の形で表しなさい。

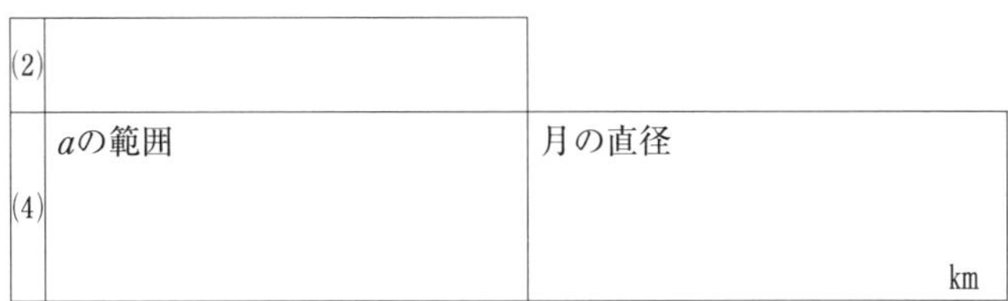

(2)		
(4)	aの範囲	月の直径 km

■平成31年度問題

(2) 1m当たりの重さが30gの針金がある。この針金の長さがx mのときの重さをy kgとする。yをxの式で表しなさい。

(2)	

■令和4年度問題

(2) 水4Lが入っている加湿器がある。この加湿器を使い続けると水がなくなるまでにx時間かかるとする。このときの，1時間当たりの水の減る量をymLとする。yをxの式で表しなさい。

(2)	

確　率

■平成26年度問題

袋の中に，赤玉3個，白玉2個，黒玉1個の合計6個の玉が入っている。この袋の中から同時に2個の玉を取り出すとき，取り出した2個の玉がともに赤玉である確率を求めなさい。また，求めた確率と同じ確率になることがらを，次の**ア**～**エ**から1つ選び，記号で答えなさい。

ただし，袋から玉を取り出すとき，どの玉が取り出されることも同様に確からしいものとする。

ア　取り出した2個の玉がともに白玉である。
イ　取り出した2個の玉が赤玉と白玉である。
ウ　取り出した2個の玉が赤玉と黒玉である。
エ　取り出した2個の玉が白玉と黒玉である。

確率	，記号

■平成27年度問題

ある中学校の2年生が，職業体験活動を行うことになり，男子3人，女子2人の合わせて5人は，お茶の直売所で，販売係と計量係に分かれて活動することになった。このとき，次の(1)の問いに答えなさい。

(1) 表2はそれぞれの係の人数を示したものである。販売係2人をくじで選び，残りの3人を計量係とすることにした。

くじで選ばれた販売係2人のうち，少なくとも1人は女子である確率を求めなさい。ただし，販売係をくじで選ぶとき，どの人が選ばれることも同様に確からしいものとする。

表2

係の人数
販売係　2人
計量係　3人

(1)	

■平成28年度問題

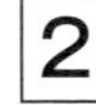

(3) 袋の中に，赤玉2個，青玉2個，白玉1個の合計5個の玉が入っている。この袋の中から，次の□の中に示したⒶの方法とⒷの方法で，玉を取り出す。

Ⓐ　1個取り出し，それをもとにもどさずに，続けてもう1個取り出す。
Ⓑ　1個取り出し，色を調べて袋の中にもどしてから，もう一度，1個取り出す。

取り出した2個の玉がともに赤玉であるのは，Ⓐの方法とⒷの方法とでは，どちらが起こりやすいか。それぞれの確率を求め，記号で答えなさい。ただし，袋の中から玉を取り出すとき，どの玉が取り出されることも同様に確からしいものとする。

(3)	Ⓐの方法で取り出すときの確率		Ⓑの方法で取り出すときの確率	
	(答)　□　の方法の方が起こりやすい。			

■平成29年度問題

3　2つの袋Ⅰ，Ⅱには，ともに4枚のカードが入っており，図2は，袋Ⅰと袋Ⅱに入っているカードを示したものである。

2つの袋Ⅰ，Ⅱから，それぞれ1枚のカードを取り出し，袋Ⅰから取り出したカードに書いてある数をa，袋Ⅱから取り出したカードに書いてある数をbとするとき，$\frac{b}{a}$が自然数になる確率を，樹形図等をかき，起こりうるすべての場合を調べて，求めなさい。

ただし，袋Ⅰからカードを取り出すとき，どのカードが取り出されることも同様に確からしいものとする。また，袋Ⅱについても同様に考えるものとする。

図2

袋Ⅰに入っているカード

1　2　3　4

袋Ⅱに入っているカード

0　1　2　3

（樹形図等）

（答）

■平成30年度問題

3　ある中学校の1年生が，地域のお祭りで，中学生ボランティアとして活動することになり，AさんとBさんを含む1年生5人は，会計係，宣伝係，販売係に分かれて，パンの販売を手伝うことになった。

このとき，次の(1)の問いに答えなさい。

(1)　表1は，それぞれの係の人数を示したものである。会計係1人と宣伝係1人をくじで選び，残りの3人を販売係とすることにした。

このとき，Aさんが宣伝係で，Bさんが販売係になる確率を求めなさい。ただし，会計係と宣伝係をくじで選ぶとき，どの人が選ばれることも同様に確からしいものとする。

表1

係の人数
会計係　1人
宣伝係　1人
販売係　3人

(1)

■平成31年度問題

2　(3)　袋の中に6個の玉が入っており，それぞれの玉には，図2のように，10，11，12，13，14，15の数字が1つずつ書いてある。この袋の中から同時に2個の玉を取り出すとき，取り出した2個の玉のうち，少なくとも1個は3の倍数である確率を求めなさい。ただし，袋から玉を取り出すとき，どの玉が取り出されることも同様に確からしいものとする。

図2

袋に入っている玉

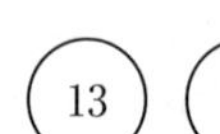

10　11　12

13　14　15

(3)

■令和2年度問題

2　(3)　1から6までの数字を1つずつ書いた6枚のカードがある。図3は，その6枚のカードを示したものである。この6枚のカードをよくきってから同時に2枚引くとき，引いたカードに書いてある2つの数の公約数が1しかない確率を求めなさい。ただし，カードを引くとき，どのカードが引かれることも同様に確からしいものとする。

図3

1　2　3

4　5　6

(3)

■令和３年度問題

(2)　１から３までの数字を１つずつ書いた円形のカードが３枚，４から９までの数字を１つずつ書いた六角形のカードが６枚，10から14までの数字を１つずつ書いた長方形のカードが５枚の，合計14枚のカードがある。図２は，その14枚のカードを示したものである。

１から６までの目がある１つのさいころを２回投げ，１回目に出る目の数をa，２回目に出る目の数をbとする。

このとき，次の**ア**，**イ**の問いに答えなさい。

図２

ア　14枚のカードに書かれている数のうち，小さい方からa番目の数と大きい方からb番目の数の和を，a，bを用いて表しなさい。

イ　14枚のカードから，カードに書かれている数の小さい方から順にa枚取り除き，さらに，カードに書かれている数の大きい方から順にb枚取り除くとき，残ったカードの形が２種類になる確率を求めなさい。ただし，さいころを投げるとき，１から６までのどの目が出ることも同様に確からしいものとする。

■令和４年度問題

(3)　袋の中に６個の玉が入っており，それぞれの玉には，図２のように，－３，－２，－１，０，１，２の数字が１つずつ書いてある。この袋の中から同時に２個の玉を取り出すとき，取り出した２個の玉に書いてある数の和が正の数になる確率を求めなさい。ただし，袋から玉を取り出すとき，どの玉が取り出されることも同様に確からしいものとする。

図２

袋に入っている玉

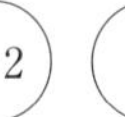

資料の整理

■平成26年度問題

2

(4)　ある中学校の，Sさんを含む３年生男子40人は，体力測定で立ち幅跳びを行った。図３は，その記録をヒストグラムに表し，さらに平均値，中央値，最頻値を書き加えたものである。また，Sさんのこのときの記録は224 cmであった。

これらのことをもとにして，Sさんの記録が上位20番以内に入っているかどうかを，そのように判断した理由とあわせて，答えなさい。

図３

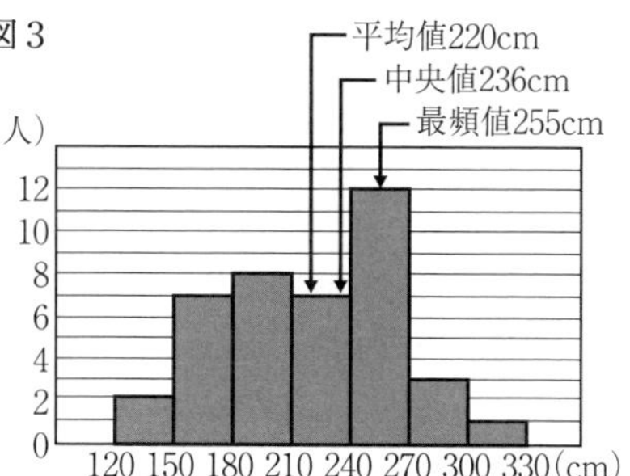

■平成27年度問題

(4)　ある中学校の3年生175人の中から40人を無作為に抽出し，昨夜の睡眠時間の調査を行った。表１は，その調査の結果を，度数分布表に表したものである。

表１をもとにして，３年生全体における睡眠時間７時間未満の生徒の人数を推定する方法を，**母集団**，**標本**という２つの語を用いて，言葉で説明しなさい。また，推測した人数を答えなさい。

表１　昨夜の睡眠時間

階級（時間）	度数（人）
以上　未満	
4～　5	1
5～　6	5
6～　7	10
7～　8	13
8～　9	8
9～　10	3
計	40

■平成28年度問題

3 ある中学校で，握力検査を行った。表１は，剣道部員６人と柔道部員６人について，握力検査の記録を調べた２つの資料である。

表１

剣道部員の記録（kg）						柔道部員の記録（kg）					
39	38	37	45	43	38	37	50	44	33	36	40

次の［　　］の中に示した，先生と生徒が授業の中で交わした会話の一部を読み，(1)，(2)の問いに答えなさい。

先生：表１の２つの資料を比べて，どのような傾向を読み取ることができるか，分布の特徴を考えながら調べてみましょう。
生徒：どちらの資料も，平均値は（ ㋐ ）kgで，中央値は（ ㋑ ）kgです。
先生：２つの資料の，平均値と中央値が，それぞれ同じ値ということは，この２つの資料の分布は，ほぼ同じと言っていいのかな。
生徒：いいえ。この２つの資料は，散らばりの程度が異なっています。
先生：では，この２つの資料を比べると，散らばりの程度はどちらが大きいかな。
生徒：［　　　　　　　　　　］
先生：そうだね。このように，資料の分布のさまざまな特徴を用いて，資料の傾向を読み取ることが大切なんだね。

(1) （ ㋐ ），（ ㋑ ）に，適切な数を補いなさい。

(2) 表１の２つの資料を比べると，剣道部員と柔道部員とでは，散らばりの程度はどちらが大きいか。そのように判断した理由とあわせて，［　　］に言葉と数を使って書きなさい。

(1)	㋐　　　kg，㋑　　　kg
(2)	

■平成29年度問題

2 (3) ある工場で，和菓子をつくる機械A，Bの性能試験を１時間で行った。表１は，機械A，Bでつくられた和菓子の重さの度数分布表である。この工場では，54ｇ以上56ｇ未満の和菓子を合格品としている。

このとき，機械Aと機械Bとでは，合格品をつくる割合はどちらが大きかったか。そのように判断した理由とあわせて，**相対度数**という語を用いて，言葉を数で説明しなさい。

表１

階級（ｇ）	度数（個） 機械A	機械B
以上　未満 52 ～ 54	3	4
54 ～ 56	133	141
56 ～ 58	4	5
計	140	150

(3)	

■平成31年度問題

3 ある中学校の３年１組の生徒32人について，２学期に保健室を利用した回数を調べた。表１は，その結果をまとめたものである。

次の(1)，(2)の問いに答えなさい。

(1) 利用した回数が１回以上の人は，全体の何％か，答えなさい。

表１

回数(回)	人数(人)
0	8
1	11
2	7
3	2
4	3
5	1
計	32

(2) 次のア～オの中から，表１からわかることについて正しく述べたものをすべて選び，記号で答えなさい。

ア 利用した回数の範囲は，６回である。
イ 利用した回数の平均値は，1.5回である。
ウ 利用した回数の最頻値は，５回である。
エ 利用した回数の中央値は，2.5回である。
オ 利用した回数の最小値は，０回である。

(1)	％	(2)	

■令和２年度問題

3 ある都市の，１月から12月までの１年間における，月ごとの雨が降った日数を調べた。表１は，その結果をまとめたものである。ただし，６月に雨が降った日数をa日とする。

このとき，次の(1)，(2)の問いに答えなさい。

表１

月	1	2	3	4	5	6	7	8	9	10	11	12
日数(日)	4	6	7	10	7	a	10	15	16	7	13	7

(1) この年の，月ごとの雨が降った日数の最頻値を求めなさい。

(2) この年の，月ごとの雨が降った日数の範囲は12日であり，月ごとの雨が降った日数の中央値は8.5日であった。

このとき，次の［　　］に当てはまる数を書き入れなさい。

aがとりうる値の範囲は，［　　］$\leqq a \leqq$［　　］である。

(1)	日	(2)	［　　］$\leqq a \leqq$［　　］

■令和３年度問題

3 ある中学校の，３年１組の生徒30人と３年２組の生徒30人は，体力測定で長座体前屈を行った。
　このとき，次の(1)，(2)の問いに答えなさい。

(1) ３年１組と３年２組の記録から，それぞれの組の記録の，最大値と中央値を求めて比較したところ，最大値は３年２組の方が大きく，中央値は３年１組の方が大きかった。次の**ア**～**エ**の４つのヒストグラムのうち，２つは３年１組と３年２組の記録を表したものである。３年１組と３年２組の記録を表したヒストグラムを，**ア**～**エ**の中から１つずつ選び，記号で答えなさい。

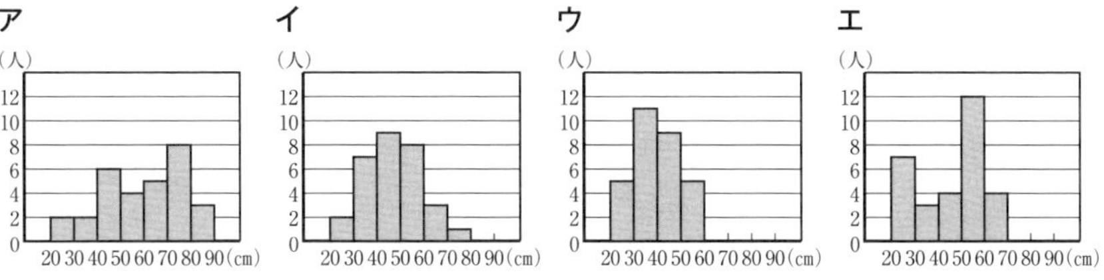

(2) ２つの組の生徒60人の記録の平均値は45.4cmであった。また，この生徒60人の記録のうち，上位10人の記録の平均値は62.9cmであった。２つの組の生徒60人の記録から上位10人の記録を除いた50人の記録の平均値を求めなさい。

(1)	３年１組		３年２組		(2)	cm

■令和４年度問題

3 ある場所における，毎年４月の１か月間に富士山が見えた日数を調べた。表１は，2010年から2019年までの10年間について調べた結果をまとめたものである。
　このとき，次の(1)，(2)の問いに答えなさい。

(1) 表１について，富士山が見えた日数の範囲を求めなさい。

(2) 2020年の４月の１か月間に富士山が見えた日数が分かったので，2011年から2020年までの10年間で，表１をつくり直したところ，富士山が見えた日数の中央値は6.5日になった。また，2011年から2020年までの10年間の，富士山が見えた日数の平均値は，2010年から2019年までの10年間の平均値より0.3日大きかった。2010年と2020年の，４月の１か月間に富士山が見えた日数は，それぞれ何日であったか，答えなさい。

表１

富士山が見えた日数（日）	年数（年）
1	1
2	0
3	1
4	3
5	0
6	1
7	3
8	0
9	0
10	0
11	0
12	1
計	10

(1)	日	(2)	2010年	日	2020年	日

平面図形（作図）

■平成26年度問題

2 (3) 図２の△ABCにおいて，次の［　　］の中に示した条件①と条件②の両方にあてはまる点Pを作図しなさい。

> 条件①　点Pは，点Aから辺BCへひいた垂線上の点である。
> 条件②　∠ABP＝∠CBPである。

　ただし，作図には定規とコンパスを使用し，作図に用いた線は残しておくこと。

図２

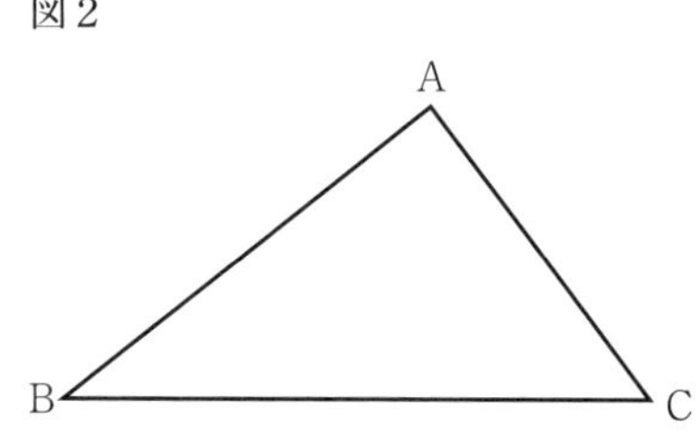

■平成27年度問題

2 (3) 図２のように，2直線 ℓ，m は点Aで交わり，$\ell \perp m$ である。点Bは直線 m 上の点である。次の［　　］の中に示した条件①にあてはまる点Pと，条件②にあてはまる点Qを，それぞれ作図しなさい。

> 条件①　点Pは，点Bを，点Aを中心として時計回りの方向に45°回転移動した点である。
> 条件②　点Qは，点Pを，直線 ℓ を軸として対称移動した点である。

　ただし，作図には定規とコンパスを使用し，作図に用いた線は残しておくこと。

図２

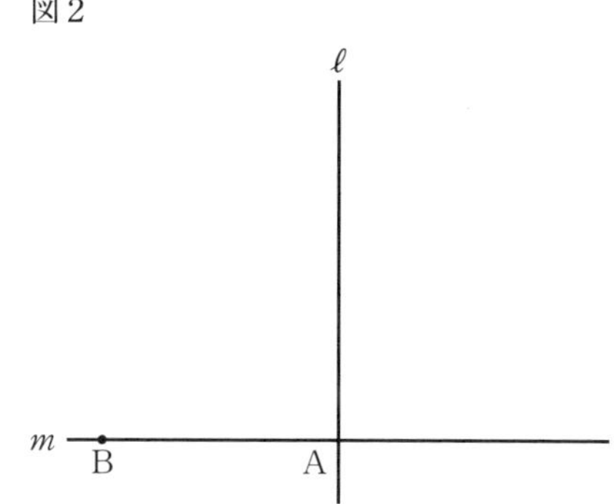

■平成28年度問題

2 (2) 図２において，２点A，Bは，おうぎ形OXYの弧上の点である。次の［　　］の中に示した条件①と条件②の両方に当てはまる点Pを作図しなさい。

> 条件①　直線APは，点Aを接点とする接線である。
> 条件②　AP＝BPである。

　ただし，作図には定規とコンパスを使用し，作図に用いた線は残しておくこと。

図２

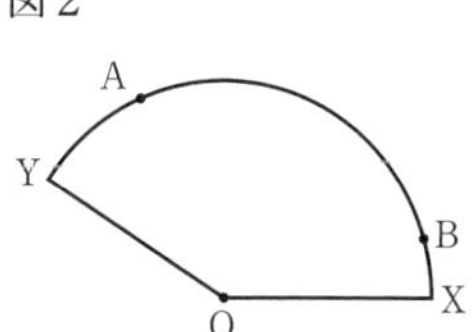

■平成29年度問題

2 (2) 図1の△ABCにおいて，次の[　　]の中に示した条件①と条件②の両方に当てはまる点Pを作図しなさい。

> 条件①　点Pは，2辺BA，BCから等しい距離にある。
> 条件②　∠CBP＝∠BCPである。

ただし，作図には定規とコンパスを使用し，作図に用いた線は残しておくこと。

図1

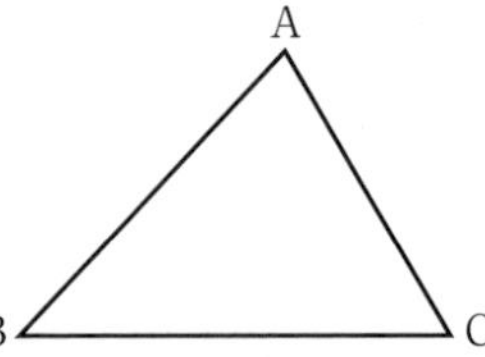

■平成30年度問題

2 (1) 図1において，2直線AB，CDは平行であり，2点E，Fは，それぞれ直線AB，CD上の点である。点Gは，2直線AB，CDの内側の点である。∠BEG＝124°，∠EGF＝107°のとき，∠GFCの大きさを求めなさい。

図1

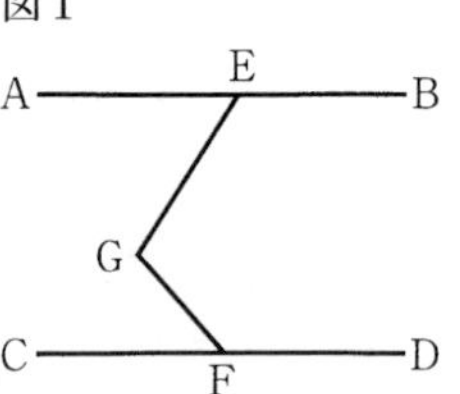

(3) 図2において，点Aは辺OX上の点であり，点Bは辺OY上の点である。∠AOP＝∠BOPであり，2点B，P間の距離が最も短くなる点Pを作図しなさい。

ただし，作図には定規とコンパスを使用し，作図に用いた線は残しておくこと。

(1)	度

図2

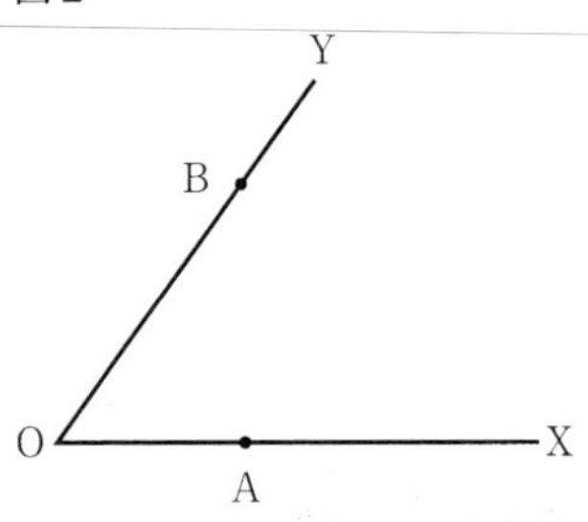

■平成31年度問題

2 (1) 図1において，点Aは線分BC上にない点である。点Aを通り，線分BCが弦となる円の中心Oを作図しなさい。

ただし，作図には定規とコンパスを使用し，作図に用いた線は残しておくこと。

図1

A

B　C

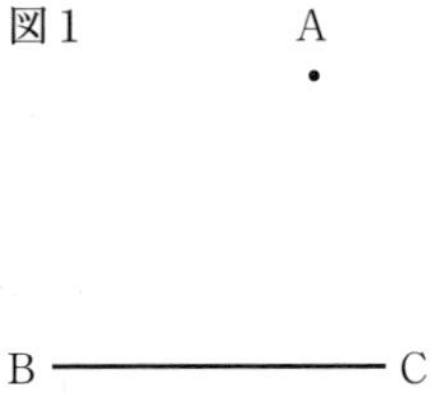

■令和2年度問題

2 (1) 図1のように，2つの辺AB，ACと，点Pがある。次の[　　]の中に示した条件①と条件②の両方に当てはまる円の中心Oを作図しなさい。

> 条件①　円の中心Oは，点Pを通り辺ACに垂直な直線上の点である。
> 条件②　円Oは，2つの辺AB，ACの両方に接する。

ただし，作図には定規とコンパスを使用し，作図に用いた線は残しておくこと。

図1

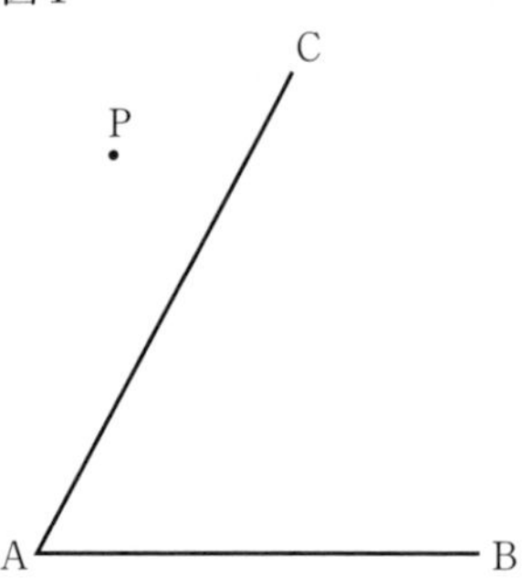

(2) 図2は，半径2cmの円を底面とする円すいの展開図であり，円すいの側面になる部分は半径5cmのおうぎ形である。このおうぎ形の中心角の大きさを求めなさい。

(2)	度

図2

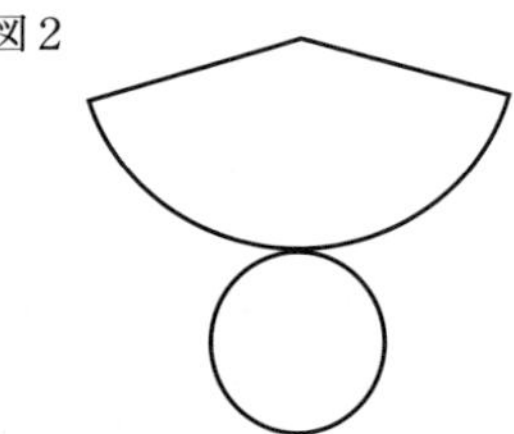

■令和3年度問題

2 (1) 図1において，2点A，Bは円Oの円周上の点である。∠AOP＝∠BOPであり，直線APが円Oの接線となる点Pを作図しなさい。

ただし，作図には定規とコンパスを使用し，作図に用いた線は残しておくこと。

図1

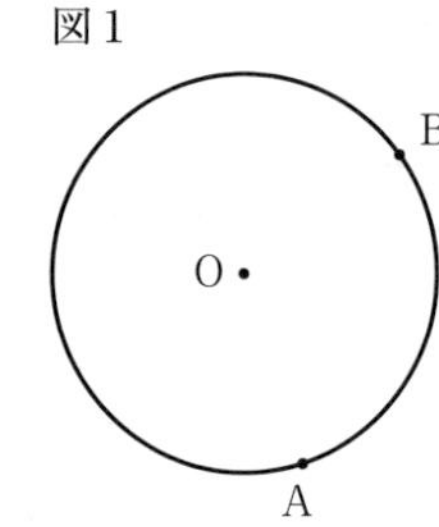

■令和4年度問題

2 (1) 図1において，点Aは直線ℓ上の点である。2点A，Bから等しい距離にあり，直線APが直線ℓの垂線となる点Pを作図しなさい。

ただし，作図には定規とコンパスを使用し，作図に用いた線は残しておくこと。

図1

B

立体図形

■平成26年度問題

5　図４の立体は，△ABCを１つの底面とする三角柱である。この三角柱において，∠ABC＝90°，AB＝５cm，BC＝４cm，AD＝７cmであり，側面はすべて長方形である。

このとき，次の(1)，(2)の問いに答えなさい。

(1)　図４において，点Gは辺EF上の点である。AG＝９cmのとき，EGの長さを求めなさい。

図４

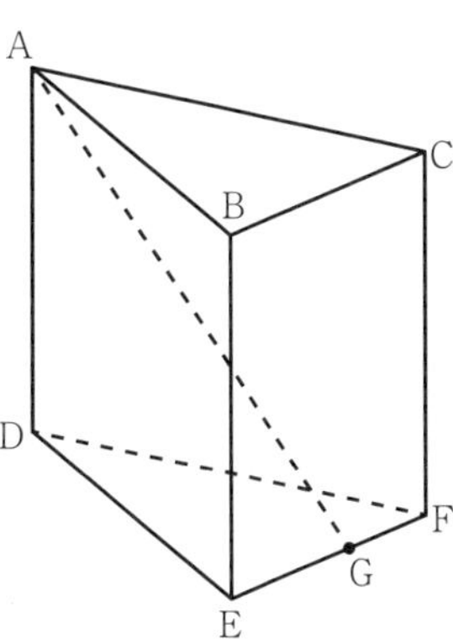

(2)　この三角柱において，図５のように，辺AD，BE，CFの中点をそれぞれL，M，Nとする。また，長方形MEFNの周上を動く点をPとし，直線APと３点L，M，Nを通る平面との交点をQとする。

点Pが長方形MEFNの周上を一周するとき，点Qが動いてできる図形の面積を求めなさい。

図５

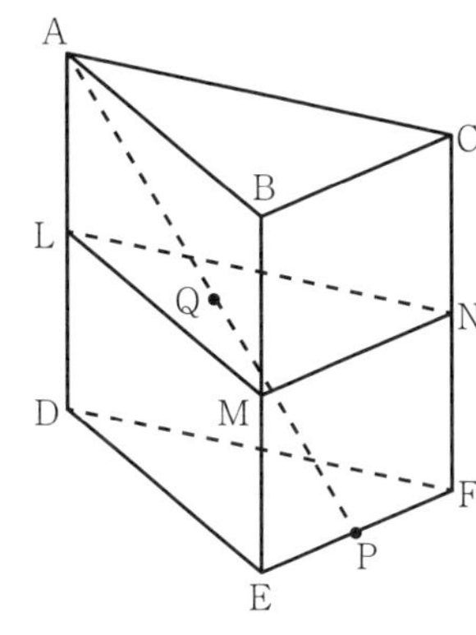

(1)	cm	(2)	cm²

■平成27年度問題

4　図３のような，２つの容器P，Qがある。容器Pは，底面が１辺４cmの正方形で，高さが２cmである正四角すいの形をしている。容器Qは，底面が１辺８cmの正方形で，高さが４cmである直方体の形をしている。

このとき，次の(1)，(2)の問いに答えなさい。ただし，容器の厚さは考えないものとする。

(1)　「容器Pいっぱいに水を入れて，その水を水平に置かれた容器Qに移しかえる。この作業を繰り返して，容器Qを満水にするには，容器Pで何杯分の水を移しかえればよいか」について，SさんとTさんは，それぞれ違う解き方で答えを出した。

Sさんは，右の□の中のように，それぞれの体積を求める解き方で答えを出した。一方，Tさんは，それぞれの体積を求める解き方ではなく，比を使う解き方で答えを出した。Tさんの解き方を書きなさい。

図３

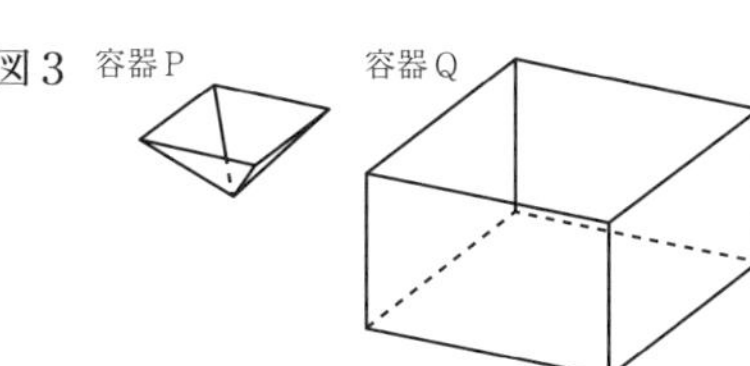

（Sさんの解き方）
容器Pに入る水の体積は，$\frac{1}{3}\times 4^2\times 2=\frac{32}{3}$
容器Qに入る水の体積は，$8^2\times 4=256$
$256\div\frac{32}{3}=24$
したがって，24杯分である。

(2)　図４は，水がいっぱいに入った容器Qを，静かに傾けながら水をこぼし，水面が，点A，点D，辺ＢＦの中点L，辺ＣＥの中点Mの４点を通るところで静止させたときの見取図である。

線分ＡＤと線分ＭＬの長さを求めなさい。さらに，求めた長さを比べた結果について正しく述べたものを，次の**ア**～**ウ**の中から１つ選び，記号で答えなさい。

図４

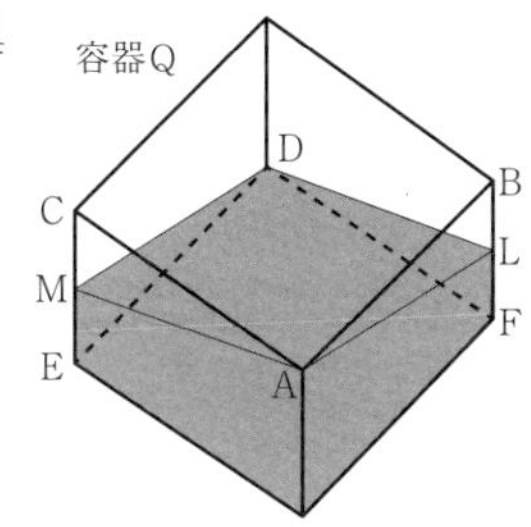

ア　線分ＡＤの方が長い。　**イ**　線分ＭＬの方が長い。　**ウ**　どちらも同じである。

<table>
<tr><td>(1)</td><td colspan="4">（Ｔさんの解き方）

したがって，24杯分である。</td></tr>
<tr><td>(2)</td><td>ＡＤ　　cm，ＭＬ　　cm</td><td>記号</td><td></td></tr>
</table>

■平成28年度問題

5 図３の立体は，正三角形ABCを１つの底面とする三角柱である。この三角柱において，AB＝６cm，AD＝８cmであり，側面はすべて長方形である。図３のように，点Aを出発し，２辺AD，DE上を点Dを通って点Eまで動く点をPとする。点Pは，辺AD上を秒速１cm，辺DE上を秒速２cmで動く。

このとき，次の(1)〜(3)の問いに答えなさい。

図３

(1) 点Pが辺AD上にあり，四角形APEBの面積が39cm²となるのは，点Pが点Aを出発してから何秒後か，答えなさい。

(2) 点Pが点Aを出発してから２秒後のとき，三角すいPDEFの体積は，図３の立体の体積の何倍か，答えなさい。

(3) 点Pが点Aを出発してから９秒後のとき，線分CPの長さを求めなさい。

(1)	秒後	(2)	倍	(3)	cm

■平成29年度問題

5 図３の立体は，AB＝６cm，AD＝２cm，AE＝４cmの直方体である。

このとき，次の(1)〜(3)の問いに答えなさい。

図３

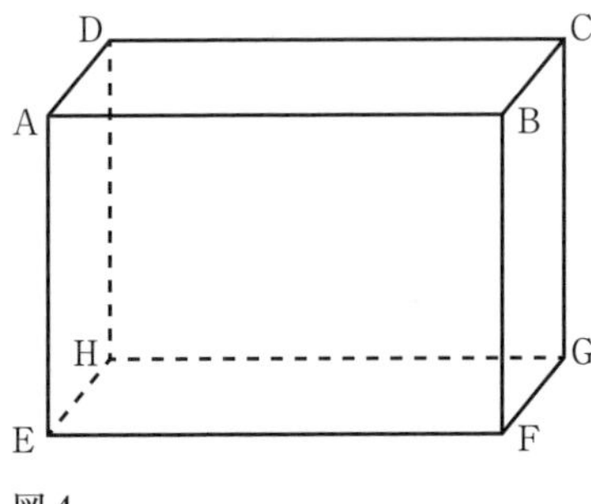

(1) 辺ABとねじれの位置にあり，面ABCDと平行である辺はどれか。すべて答えなさい。

図４

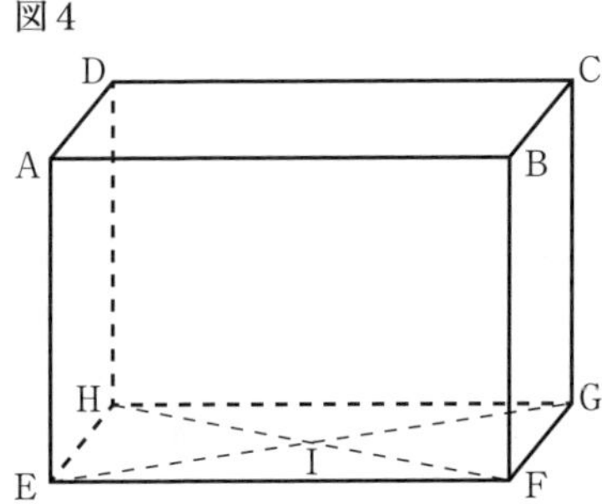

(2) この直方体において，図４のように，面EFGHの対角線EG，HFの交点をＩとする。△DHIを，辺DHを軸として１回転させてできる円すいの母線の長さを求めなさい。

(3) この直方体において，図５のように，辺AB，BF上の点をそれぞれP，Qとする。DP＋PQ＋QGが最小となるときの，三角すいBPQCの体積を求めなさい。

図５

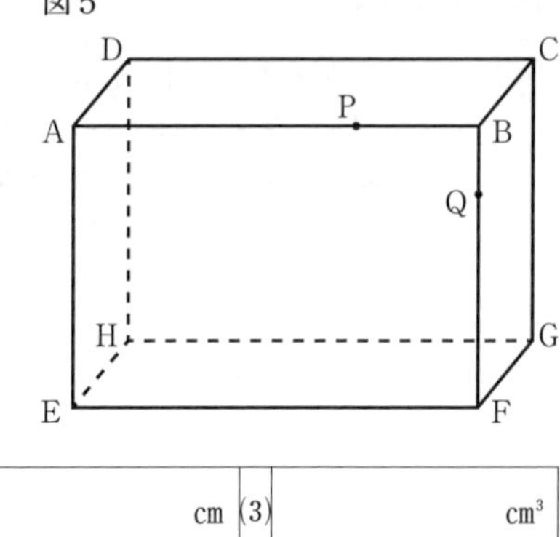

(1)		(2)	cm	(3)	cm³

■平成30年度問題

4 図３の立体は，点Oを頂点とし，正方形ABCDを底面とする四角すいである。この四角すいにおいて，AB＝６cm，OA＝OB＝OC＝OD＝９cmである。また，底面の対角線の交点をHとする。

このとき，次の(1)，(2)の問いに答えなさい。

図３

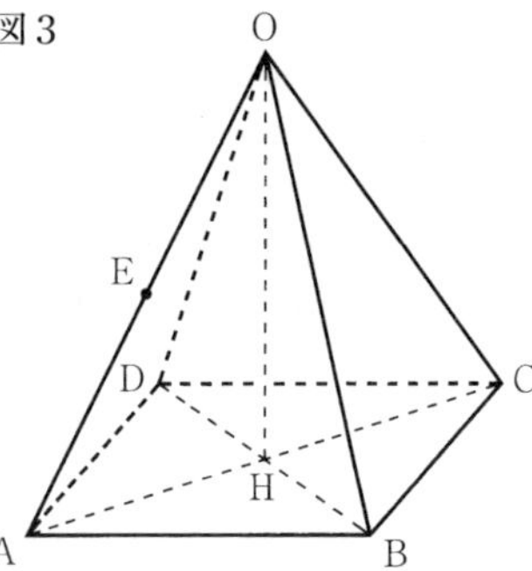

(1) 辺OAの中点をEとする。△ODBの面積は，△EAHの面積の何倍か，答えなさい。

(2) この四角すいにおいて，図４のように，OF＝３cmとなる辺OA上の点をFとし，FCとOHの交点をGとする。四角すいGABCDの体積を求めなさい。

図４

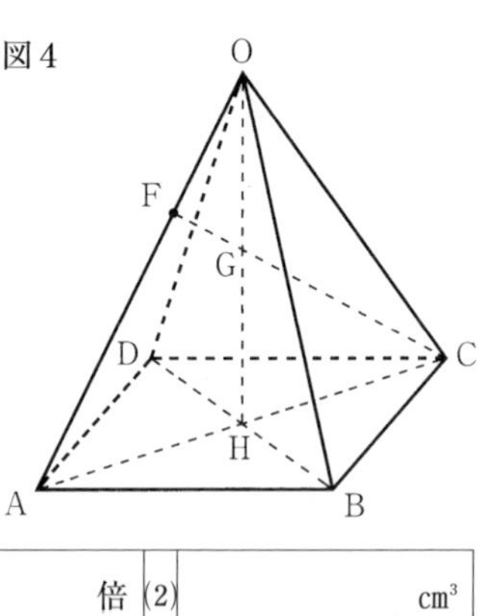

(1)	倍	(2)	cm³

■平成31年度問題

図3の立体は，△ABCを1つの底面とする三角柱である。この三角柱において，∠ACB＝90°，AC＝4cm，CB＝8cm，AD＝9cmであり，側面はすべて長方形である。また，BG＝6cmとなる辺BE上の点をGとする。点Pは，点Aを出発し，毎秒1cmの速さで辺AC，線分CG上を，点Cを通って点Gまで移動する。

このとき，次の(1)～(3)の問いに答えなさい。

図3

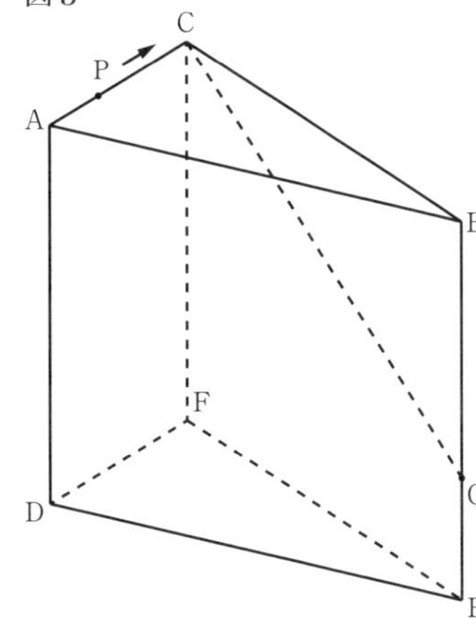

(1) 点Pが辺AC上にあるとき，△PDFの面積を求めなさい。

(2) 点Pが点Aを出発してから3秒後のとき，四角形PDFCを，辺ADを軸として1回転させてできる立体の体積を求めなさい。ただし，円周率はπとする。

(3) 点Pが点Aを出発してから9秒後のとき，線分PDの長さを求めなさい。

(1)	cm²	(2)	cm³	(3)	cm

■令和2年度問題

図4の立体は，1辺の長さが4cmの立方体である。

このとき，次の(1)～(3)の問いに答えなさい。

図4

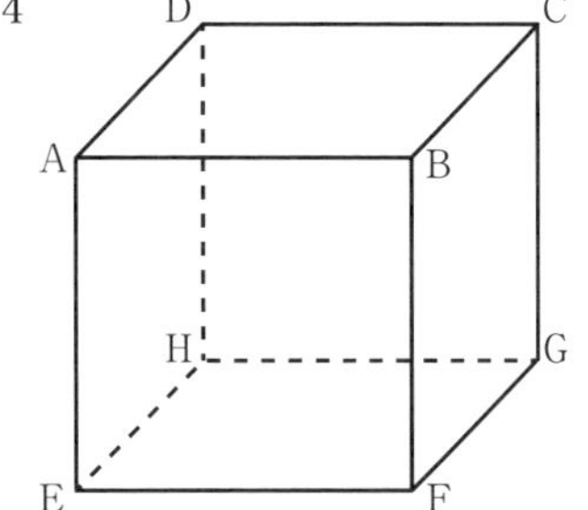

(1) 辺AEとねじれの位置にあり，面ABCDと平行である辺はどれか。すべて答えなさい。

(2) この立方体において，図5のように，辺EFの中点をLとする。線分DLの長さを求めなさい。

図5

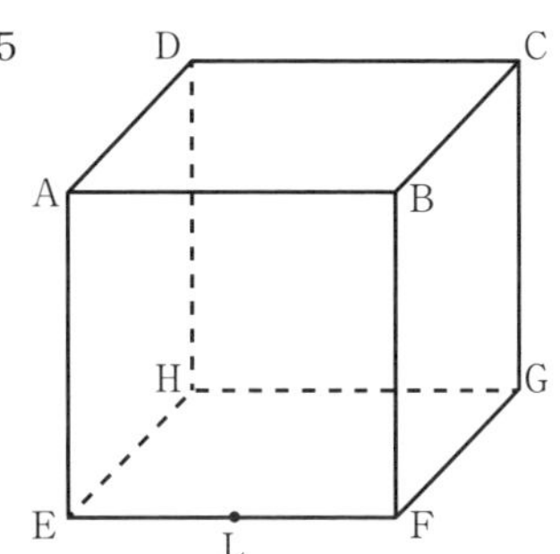

(3) この立方体において，図6のように，辺AD，BCの中点をそれぞれM，Nとし，線分MN上にMP＝1cmとなる点Pをとる。四角形AFGDを底面とする四角すいPAFGDの体積を求めなさい。

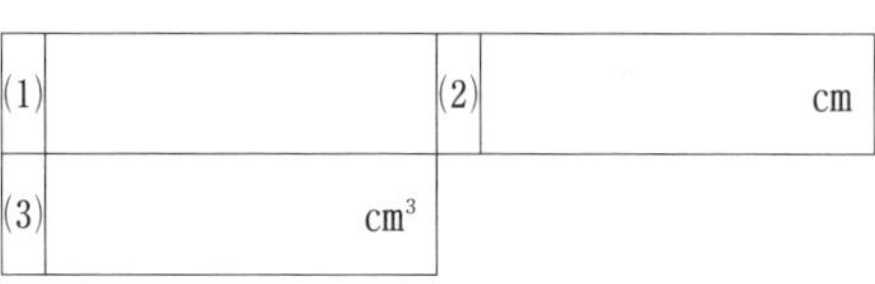

(1)		(2)	cm
(3)	cm³		

図6

■令和3年度問題

図3の立体は，点Aを頂点とし，正三角形BCDを底面とする三角すいである。この三角すいにおいて，底面BCDと辺ADは垂直であり，AD＝8cm，BD＝12cmである。

このとき，次の(1)～(3)の問いに答えなさい。

図3

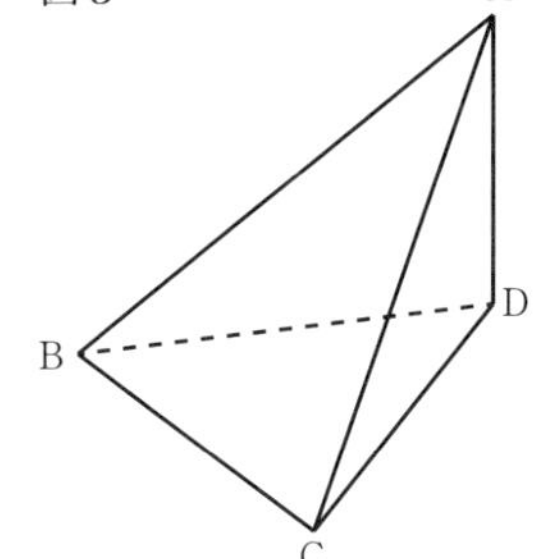

(1) この三角すいにおいて，直角である角はどれか。すべて答えなさい。

(2) この三角すいにおいて，図4のように，辺BD，CD上にDP＝DQ＝9cmとなる点P，Qをそれぞれとる。四角形BCQPの面積は，△BCDの面積の何倍か，答えなさい。

図4

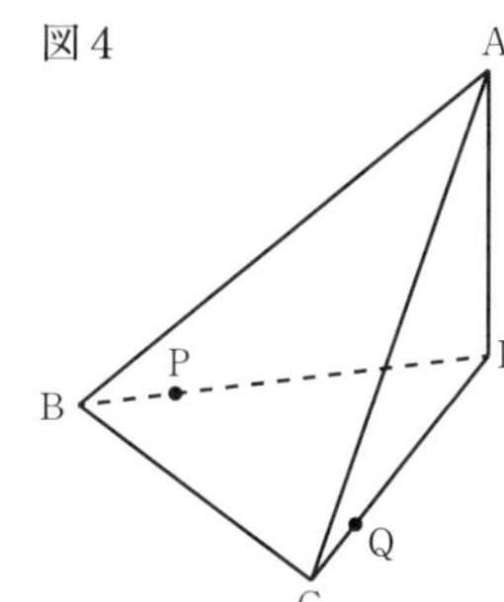

(3) この三角すいにおいて，図5のように，辺AB，AC，BD，CDの中点をそれぞれK，L，M，Nとし，KNとLMの交点をEとする。線分BEの長さを求めなさい。

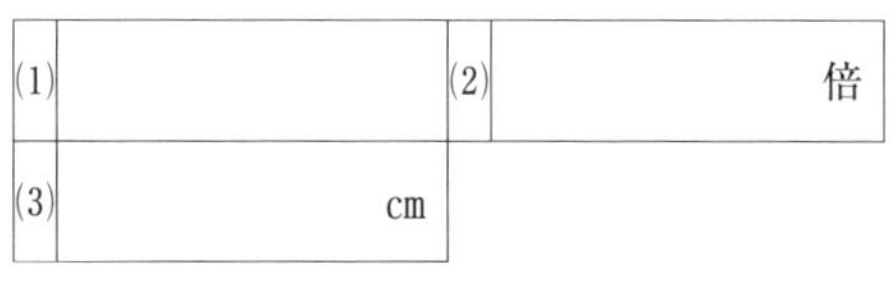

(1)		(2)	倍
(3)	cm		

図5

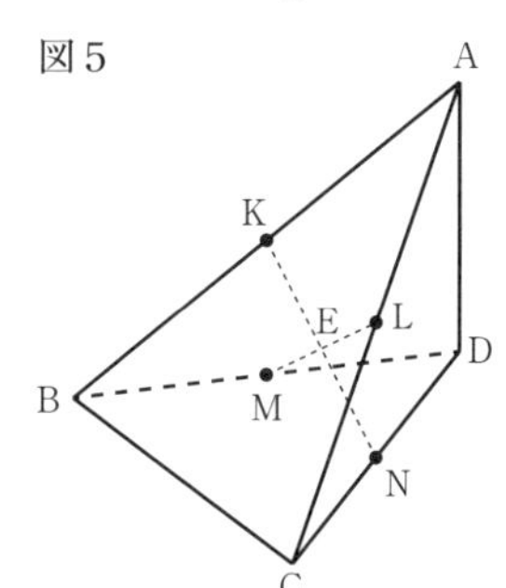

■令和４年度問題

図３の立体は，△ABCを１つの底面とする三角柱である。この三角柱において，∠ACB＝90°，AC＝BC，AB＝12cm，AD＝３cmであり，側面はすべて長方形である。また，点Pは，点Eを出発し，毎秒１cmの速さで３辺ED，DA，AB上を，点D，Aを通って点Bまで移動する。

このとき，次の(1)～(3)の問いに答えなさい。

(1) 点Pが辺ED上にあり，△ADPの面積が６cm²となるのは，点Pが点Eを出発してから何秒後か，答えなさい。

図３

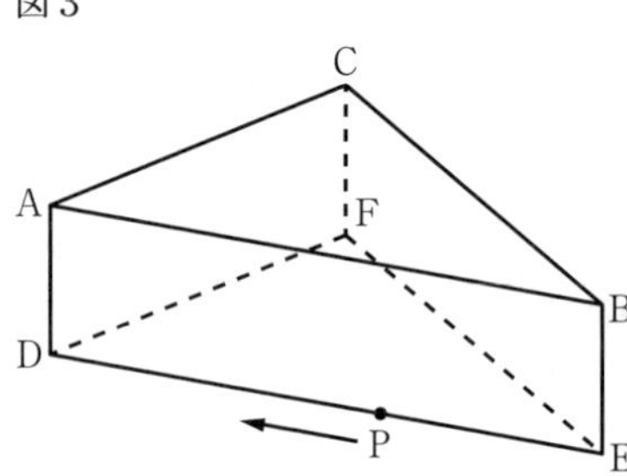

(2) 点Pが点Eを出発してから14秒後のとき，△APEを，辺APを軸として１回転させてできる立体の体積を求めなさい。ただし，円周率はπとする。

(3) この三角柱において，図４のように点Pが辺AB上にあり，CP＋PDが最小となるときの，線分PFの長さを求めなさい。

図４

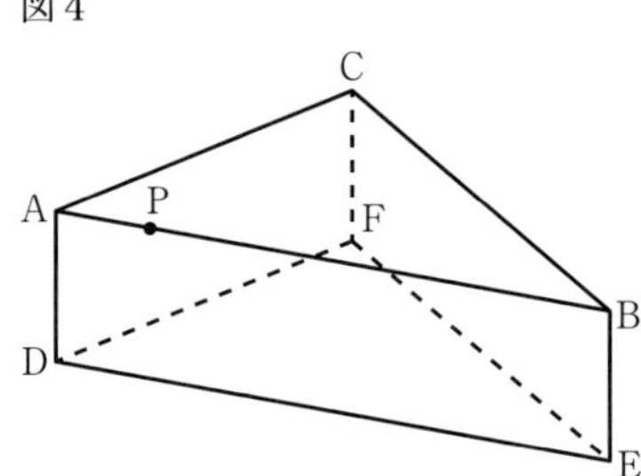

(1)	秒後	(2)	cm³	(3)	cm

証明（円と直線）

■平成27年度問題

図６において，３点A，B，Cは円Oの円周上の点であり，BCは円Oの直径である。BC上にBA＝BDとなる点Dをとり，点Cを通りDAに平行な直線と円Oとの交点をEとする。また，BEとAD，ACとの交点をそれぞれF，Gとする。

このとき，次の(1)，(2)の問いに答えなさい。

図６

(1) △FBD∽△ECGであることを証明しなさい。

(2) ADの延長と円Oとの交点をHとする。∠CDH＝56°，円Oの半径が9cmのとき，$\overset{\frown}{CH}$の長さを求めなさい。ただし，円周率はπとする。

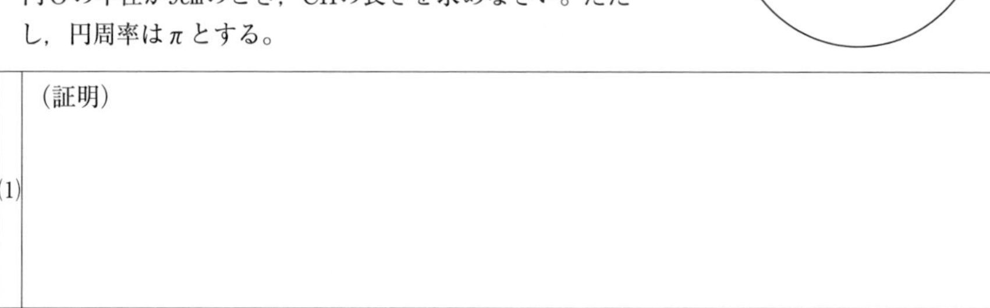

■平成28年度問題

図５において，４点A，B，C，Dは円Oの円周上の点であり，AD∥BCである。点Dを通りACに平行な直線とBCの延長との交点をEとし，BE上に∠ACD＝∠BDFとなる点Fをとる。また，ACとDB，DFとの交点をそれぞれG，Hとする。

このとき，次の(1)，(2)の問いに答えなさい。

図５

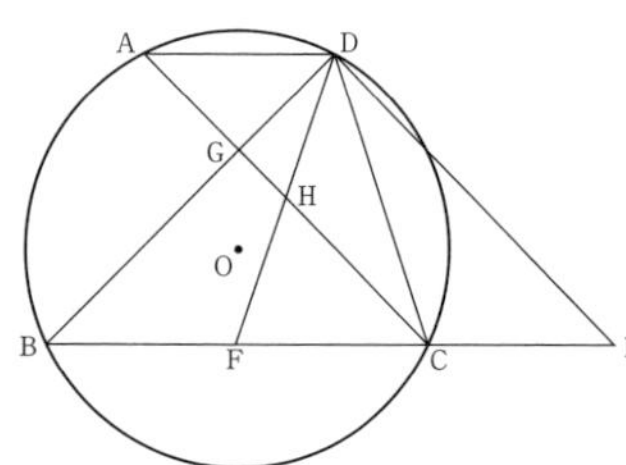

(1) BF＝ECであることを証明しなさい。

(2) $\overset{\frown}{AD}:\overset{\frown}{DC}=1:2$，∠FHC＝65°のとき，∠FDCの大きさを求めなさい。

■平成29年度問題

7　図7において，３点A，B，Cは円Oの円周上の点である。∠ABCの二等分線と円Oとの交点をDとし，BDとACとの交点をEとする。BC上にBF＝EFとなる点Fをとり，FEの延長とADとの交点をGとする。

このとき，次の(1)，(2)の問いに答えなさい。

図7

(1)　△AEG∽△CDEであることを証明しなさい。

(2)　AD＝４cm，AE＝２cm，EC＝３cmのとき，△CDEの面積は，△DGEの面積の何倍か，答えなさい。

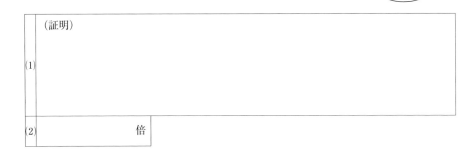

■平成30年度問題

6　図6において，３点A，B，Cは円Oの円周上の点であり，AB＝ACである。AC上にBC＝BDとなる点Dをとり，BDの延長と円Oとの交点をEとする。

このとき，次の(1)，(2)の問いに答えなさい。

図6

(1)　CB＝CEであることを証明しなさい。

(2)　AB＝６cm，BC＝４cmのとき，DEの長さを求めなさい。

■平成31年度問題

7　図5において，３点A，B，Cは円Oの円周上の点であり，BCは円Oの直径である。$\overset{\frown}{AC}$上に点Dをとり，点Dを通りACに垂直な直線と円Oとの交点をEとする。また，DEとAC，BCとの交点をそれぞれF，Gとする。

このとき，次の(1)，(2)の問いに答えなさい。

図5

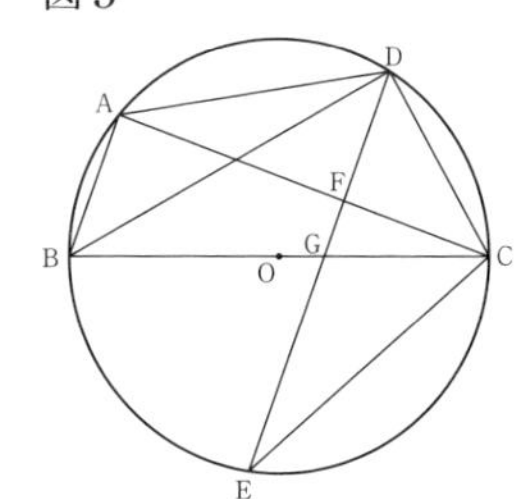

(1)　△DAC∽△GECであることを証明しなさい。

(2)　$\overset{\frown}{AD}:\overset{\frown}{DC}$＝３：２，∠BGE＝70°のとき，∠EDCの大きさを求めなさい。

■令和２年度問題

7　図8において，４点A，B，C，Dは円Oの円周上の点であり，△ACDはAC＝ADの二等辺三角形である。また，$\overset{\frown}{BC}=\overset{\frown}{CD}$である。$\overset{\frown}{AD}$上に∠ACB＝∠ACEとなる点Eをとる。ACとBDとの交点をFとする。

このとき，次の(1)，(2)の問いに答えなさい。

図8

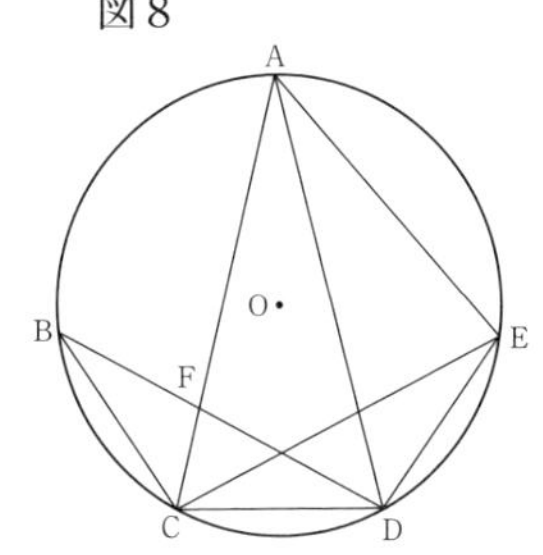

(1)　△BCF∽△ADEであることを証明しなさい。

(2)　AD＝６cm，BC＝３cmのとき，BFの長さを求めなさい。

(証明)

(1)

(2)　cm

■令和３年度問題

7　図７において，３点A，B，Cは円Oの円周上の点であり，BCは円Oの直径である。$\overset{\frown}{AC}$上に∠OAC＝∠CADとなる点Dをとり，BDとOAとの交点をEとする。点Cを通りODに平行な直線と円Oとの交点をFとし，DFとBCとの交点をGとする。
　このとき，次の(1)，(2)の問いに答えなさい。

(1)　△BOE≡△DOGであることを証明しなさい。

(2)　∠BGF＝72°，円Oの半径が６cmのとき，小さい方の$\overset{\frown}{AD}$の長さを求めなさい。ただし，円周率はπとする。

図７

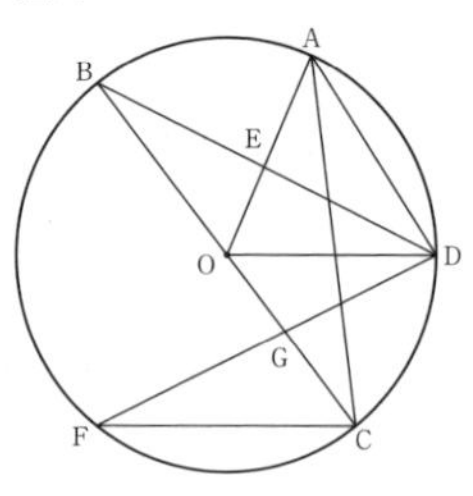

(1)	（証明）
(2)	cm

■令和４年度問題

7　図６において，３点A，B，Cは円Oの円周上の点である。∠ABCの二等分線と円Oとの交点をDとし，BDとACとの交点をEとする。$\overset{\frown}{AB}$上にAD＝AFとなる点Fをとり，FDとABとの交点をGとする。
　このとき，次の(1)，(2)の問いに答えなさい。

(1)　△AGD∽△ECBであることを証明しなさい。

(2)　$\overset{\frown}{AF}$：$\overset{\frown}{FB}$＝５：３，∠BEC＝76°のとき，∠BACの大きさを求めなさい。

図６

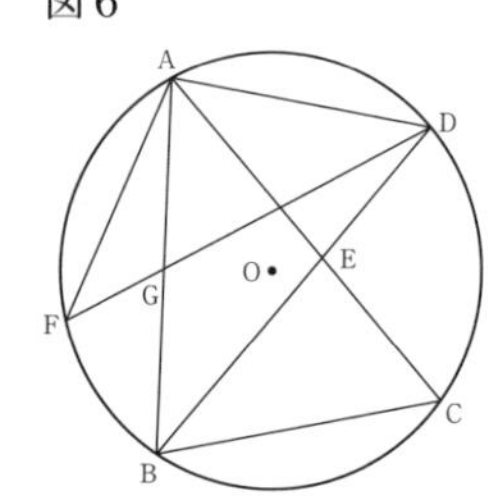

(1)	（証明）
(2)	度

関　数

■平成26年度問題

6　図６において，①は関数$y＝ax^2$$(a>0)$のグラフである。２点A，Bは放物線①上の点であり，そのx座標は，それぞれ－3，5である。
　このとき，次の(1)～(3)の問いに答えなさい。

(1)　点Aからy軸にひいた垂線の延長が放物線①と交わる点をCとする。点Cの座標を，aを用いて表しなさい。

(2)　aが$\frac{1}{10}\leqq a\leqq 2$の値をとるとき，
　次の□にあてはまる数を書き入れなさい。
　点Bのy座標がとりうる値の範囲は，
□≦y≦□である。

(3)　点Bを通りy軸に平行な直線とx軸との交点をDとし，点Pは線分BD上の点とする。△AOBと△APBの面積がともに48となるときの，aの値と点Pの座標を求めなさい。求める過程も書きなさい。

図６

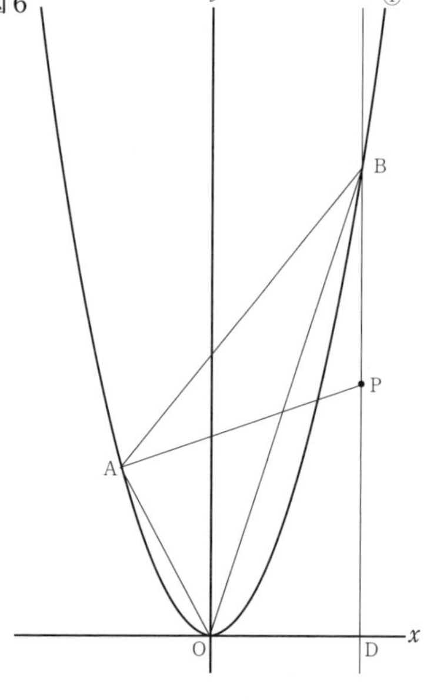

(1)	C(　　　,　　　)	(2)	□≦y≦□
(3)	（求める過程）		
	（答）a＝　　　　，P(　　　,　　　)		

■平成27年度問題

5 図5において，①は関数 $y=ax^2\left(a>\frac{1}{3}\right)$ のグラフであり，②は関数 $y=\frac{1}{3}x^2$ のグラフである。点Aは，放物線①上の点であり，そのx座標は－2である。また，2点B，Cは，それぞれ放物線①，②上の点であり，そのx座標はともに3である。

このとき，次の(1)～(3)の問いに答えなさい。

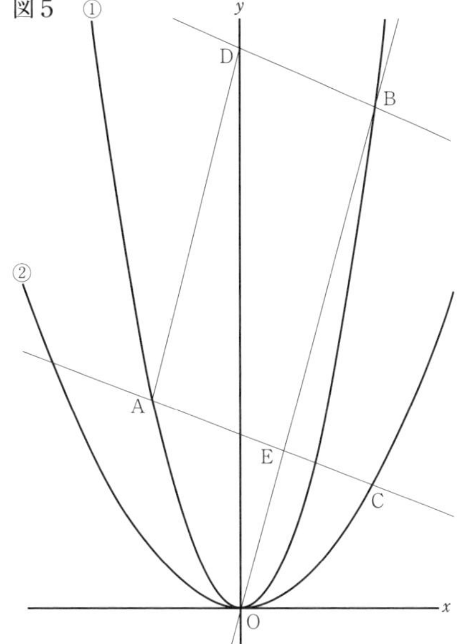

(1) xの変域が $-1\leqq x\leqq 6$ であるとき，関数 $y=\frac{1}{3}x^2$ のyの変域を求めなさい。

(2) 点Cを通り，直線 $y=-2x+4$ に平行な直線の式を求めなさい。

(3) 点Bを通り，直線CAに平行な直線とy軸との交点をDとし，直線CAと直線OBとの交点をEとする。四角形DAEBが平行四辺形となるときの，aの値を求めなさい。求める過程も書きなさい。

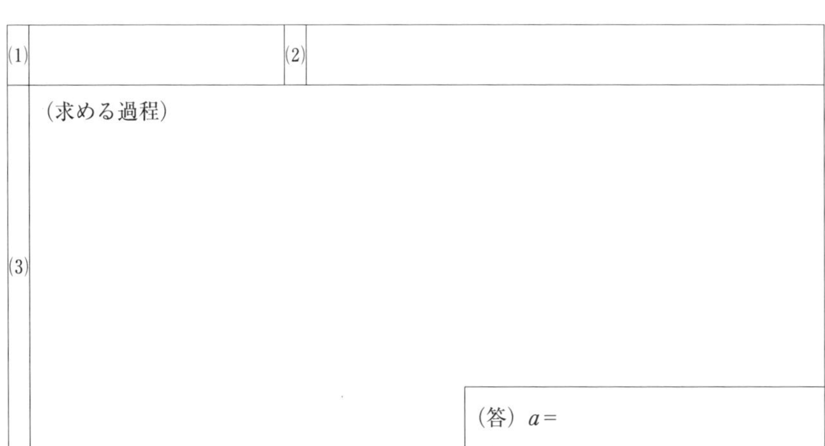
(1)　(2)
(3)（求める過程）
（答）$a=$

■平成28年度問題

2 (1) 図1の立体は，側面積が100cm^{2}の円柱である。この円柱の底面の円の半径を$x$cm，高さを$y$cmとするとき，yをxの式で表しなさい。ただし，円周率はπとする。また，次の**ア**～**エ**の中から，xとyの関係について正しく述べたものを1つ選び，記号で答えなさい。

ア　yはxの関数であり，yはxに比例する。

イ　yはxの関数であり，yはxに反比例する。

ウ　yはxの関数であるが，xとyの関係は，比例，反比例のいずれでもない。

エ　yはxの関数ではない。

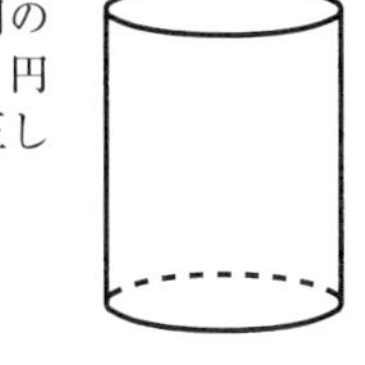
図1

(1)	式　　　　　　，記号

6 図4において，①は関数 $y=ax^2\ (a>0)$ のグラフであり，②は関数 $y=-\frac{1}{2}x^2$ のグラフである。点Aは，放物線②上の点であり，そのx座標は－2である。2点B，Cは，それぞれ放物線①，②上の点であり，そのx座標はともに4である。

このとき，次の(1)～(3)の問いに答えなさい。

(1) xの変域が $-4\leqq x\leqq 3$ であるとき，関数 $y=ax^2$ のyの変域を，aを用いて表しなさい。

(2) 直線 $y=-\frac{3}{2}x+b$ は，3点O，A，Cのうち，どの点を通るとき，そのbの値が最も小さくなるか。また，そのときのbの値を求めなさい。

(3) 点Dは直線AC上の点であり，そのy座標は－3である。直線ODと直線BCとの交点をEとする。△EDCの面積が四角形BADEの面積の3倍となるときの，aの値を求めなさい。求める過程も書きなさい。

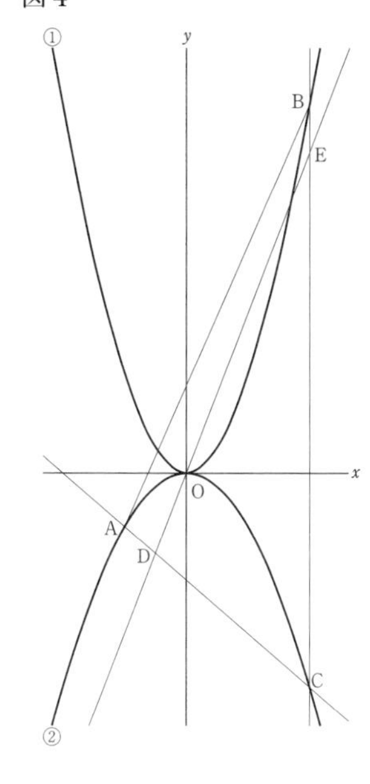

(1)	
(2)	通る点　　　　　，$b=$
(3)	（求める過程） （答）$a=$

■平成29年度問題

6 図6において，点Aの座標は（-4，-5）であり，①は，点Aを通り，xの変域が$x<0$であるときの反比例のグラフである。また，②は，関数$y=ax^2$（$a>0$）のグラフである。2点B，Cは放物線②上の点であり，そのx座標は，それぞれ-2，3である。

このとき，次の(1)～(3)の問いに答えなさい。

(1) 曲線①をグラフとする関数について，yをxの式で表しなさい。

(2) 点Dは放物線②上の点であり，そのx座標は4である。点Dからy軸に引いた垂線の延長が放物線②と交わる点をEとする。点Eの座標を，aを用いて表しなさい。

(3) 点Fは四角形AFCBが平行四辺形となるようにとった点である。3点B，O，Fが一直線上にあるときの，aの値と点Fの座標を求めなさい。求める過程も書きなさい。

図6

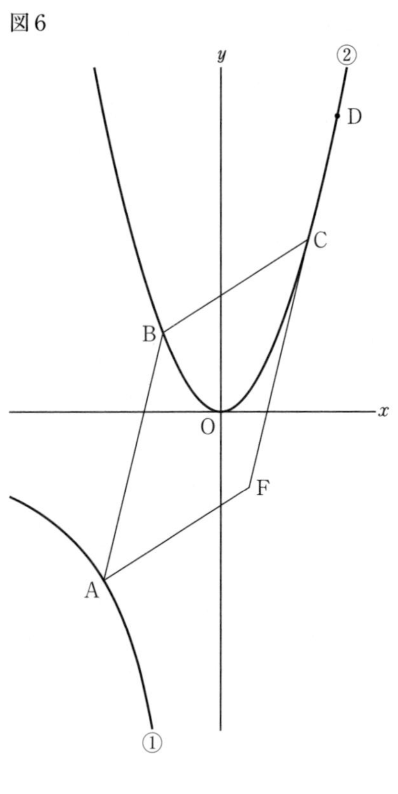

(1)		(2)	E（　　　，　　　）
(3)	（求める過程） （答）$a=$　　　　，F（　　　，　　　）		

■平成30年度問題

5 図5において，①は関数$y=ax^2$（$a>0$）のグラフであり，②は関数$y=-\frac{1}{2}x^2$のグラフである。2点A，Bは，それぞれ放物線①，②上の点であり，そのx座標はともに-4である。点Cは，放物線①上の点であり，そのx座標は2である。このとき，次の(1)～(3)の問いに答えなさい。

(1) xの変域が$-1\leqq x\leqq 4$であるとき，関数$y=-\frac{1}{2}x^2$のyの変域を求めなさい。

(2) 点Bを通り，直線$y=-x+2$に平行な直線の式を求めなさい。

(3) 点Cを通りy軸に平行な直線と放物線②との交点をDとし，直線BOと直線CDとの交点をEとする。直線ACとy軸との交点をFとする。四角形ABOFの面積と△EBDの面積の比が8：3となるときの，aの値を求めなさい。求める過程も書きなさい。

図5

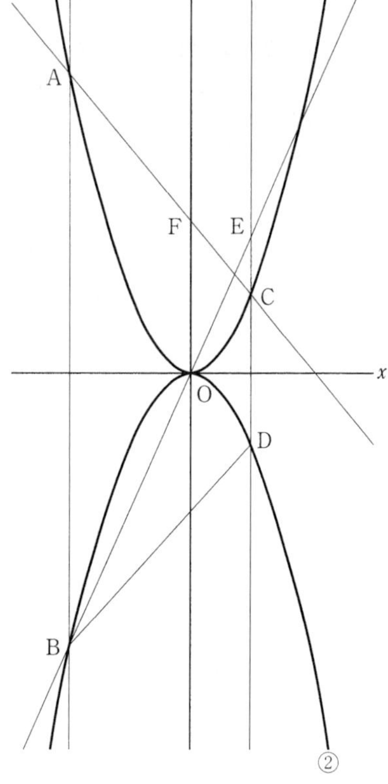

(1)		(2)	
(3)	（求める過程） （答）$a=$		

■平成31年度問題

6　図4において，①は関数$y=ax^2$（$0<a<1$）のグラフであり，②は関数$y=x^2$のグラフである。２点A，Bは，放物線①上の点であり，そのx座標は，それぞれ-3，2である。点Bを通りy軸に平行な直線と放物線②との交点をCとする。

　このとき，次の(1)～(3)の問いに答えなさい。

(1)　xの変域が$-1\leqq x\leqq 5$であるとき，関数$y=ax^2$のyの変域を，aを用いて表しなさい。

(2)　点Cを通り，傾きが$\frac{5}{2}$である直線の式を求めなさい。

図4

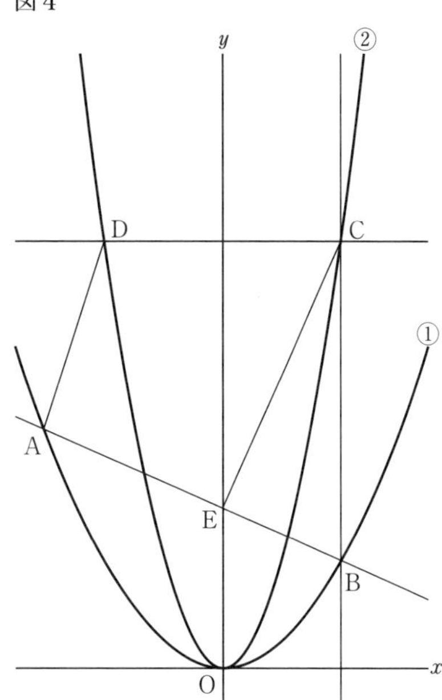

(3)　点Cからy軸に引いた垂線の延長と放物線②との交点をDとする。直線ABとy軸との交点をEとする。四角形DAECが台形となるときの，aの値を求めなさい。求める過程も書きなさい。

(1)		(2)	
(3)	（求める過程）		
	（答）$a=$		

■令和２年度問題

6　図7において，点Aの座標は$(2,\ -6)$であり，①は，点Aを通り，xの変域が$x>0$であるときの反比例のグラフである。また，②は，関数$y=ax^2$（$a>1$）のグラフである。２点B，Cは，放物線②上の点であり，そのx座標は，それぞれ-4，3である。

　このとき，次の(1)～(3)の問いに答えなさい。

(1)　曲線①をグラフとする関数について，yをxの式で表しなさい。

(2)　関数$y=ax^2$において，xの値が-5から-2まで増加するときの変化の割合を，aを用いて表しなさい。

(3)　点Dの座標は$(2,\ 8)$であり，直線ADと直線BCとの交点をEとする。点Bを通りy軸に平行な直線と直線AOとの交点をFとする。直線DFが四角形BFAEの面積を二等分するときの，aの値を求めなさい。求める過程も書きなさい。

図7

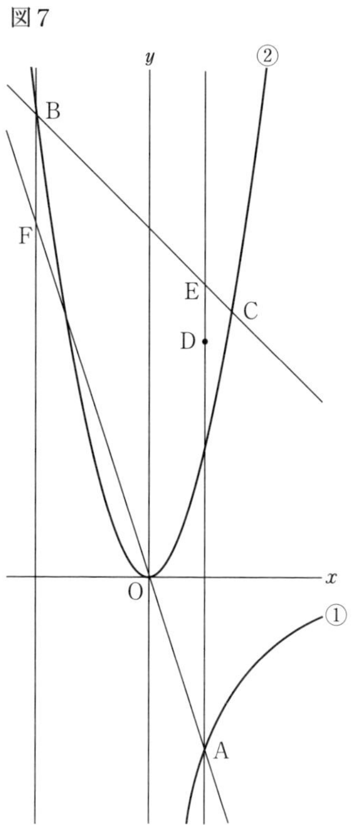

(1)	
(2)	
(3)	（求める過程）
	（答）$a=$

■令和3年度問題

6 図6において，①は関数$y=ax^2(a>0)$のグラフであり，②は関数$y=-\frac{1}{2}x^2$のグラフである。2点A，Bは，放物線①上の点であり，そのx座標は，それぞれ-3，4である。点Bを通りy軸に平行な直線と，x軸，放物線②との交点をそれぞれC，Dとする。

このとき，次の(1)～(3)の問いに答えなさい。

(1) xの変域が$-1≦x≦2$であるとき，関数$y=-\frac{1}{2}x^2$のyの変域を求めなさい。

(2) 点Dからy軸に引いた垂線の延長と放物線②との交点をEとする。点Eの座標を求めなさい。

(3) 点Fは四角形AOBFが平行四辺形となるようにとった点である。直線ABとy軸との交点をGとする。直線CFと直線DGが平行となるときの，aの値を求めなさい。求める過程も書きなさい。

図6

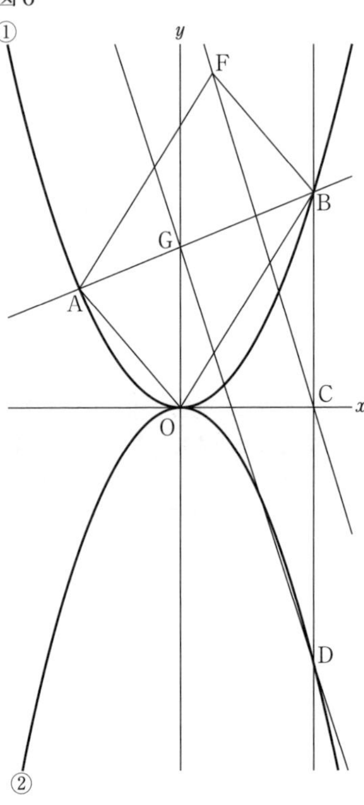

(1)	
(2)	E（　　　，　　　）
(3)	（求める過程） （答）$a=$

■令和4年度問題

6 図5において，①は関数$y=ax^2(a>0)$のグラフである。2点A，Bは，放物線①上の点であり，そのx座標は，それぞれ-2，4である。また，点Cの座標は$(-2，-3)$である。

このとき，次の(1)～(3)の問いに答えなさい。

(1) xの変域が$-3≦x≦2$であるとき，関数$y=ax^2$のyの変域を，aを用いて表しなさい。

(2) 点Cを通り，直線$y=-3x+1$に平行な直線の式を求めなさい。

図5

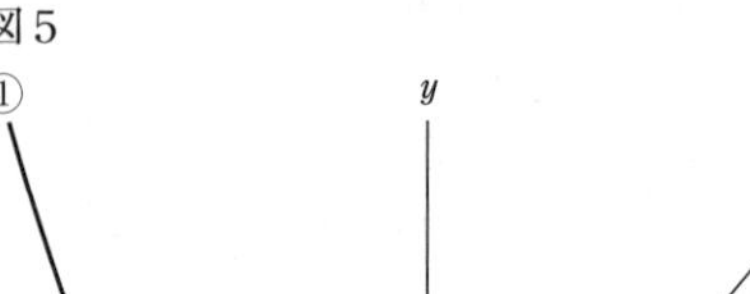

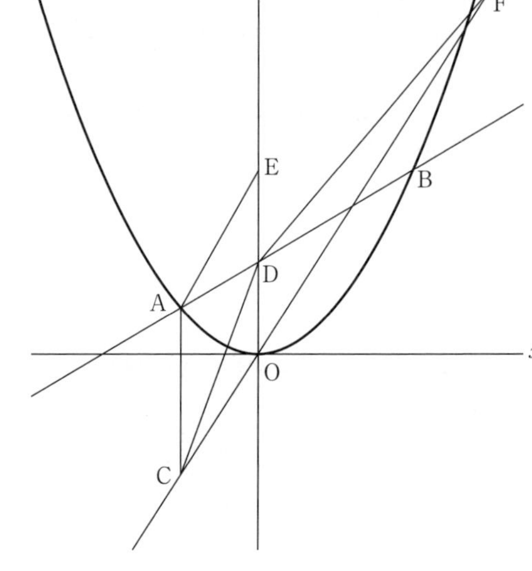

(3) 直線ABとy軸との交点をDとし，y軸上にOD＝DEとなる点Eをとる。点Fは直線CO上の点であり，そのy座標は9である。△DCFの面積が四角形ACDEの面積の2倍となるときの，aの値を求めなさい。求める過程も書きなさい。

(1)		(2)	
(3)	（求める過程） （答）$a=$		

公 立 高 校 入 試 出 題 単 元

過去９年間
（平成26年～令和４年まで）

英　　語

対話文
■平成26年度2
■平成28年度2
■平成29年度2
■平成30年度2
■平成31年度2
■令和２年度2
■令和３年度2
■令和４年度2

長文読解
■平成26年度5
■平成27年度5
■平成29年度5
■平成30年度5
■平成31年度5
■令和２年度5
■令和３年度5
■令和４年度5

条件英作文
■平成26年度3（英訳）4（語数指定なし）
■平成27年度3（英訳）4（語数指定なし）
■平成28年度3（英訳）4（語数指定なし）
■平成29年度3（英訳）4（語数指定なし）
■平成30年度3（英訳）4（語数指定なし）
■平成31年度3（英訳）4（語数指定なし）
■令和２年度3（英訳）4（語数指定なし）
■令和３年度3（英訳）4（語数指定なし）
■令和４年度3（英訳）4（語数指定なし）

リスニング
■令和３年度1
■令和４年度1

対話文

■平成26年度問題

2 次の英文は，静岡県でホームステイをしているアメリカ人のジョン（John）と，ホームステイ先の健太（Kenta）との会話である。この英文を読んで，(1)～(5)の問いに答えなさい。

(*Kenta is showing John some pictures of Mt.Fuji in Kenta's room.*)

Kenta : These are some pictures I took when I climbed Mt.Fuji. It became a World Heritage Site last year. Have you (ⓐ) about it ?

John : Yes. Mt.Fuji is the highest mountain in Japan, right ? (ⓑ) high is it ?

Kenta : It's 3,776 meters high. Look, I took these pictures above the clouds when I arrived at the top.

John : Oh, beautiful ! The clouds under the sun look like the sea. I want to climb Mt. Fuji, too.

Kenta : [A] Well, if you really want to climb it, it's better to climb in the summer. Usually we start to climb in the afternoon and stay one night at a mountain hut. Early in the morning, we can climb to the top to see the sunrise.

John : What [**ア** bring **イ** need **ウ** do **エ** to **オ** we] ?

Kenta : First, you should bring some warm clothes.

John : I thought we won't need warm clothes if we climb in the summer.

Kenta : It's hot in the summer, but it's cold at the top of Mt.Fuji.

John : I see. Are there any other things I should bring ?

Kenta : You should also bring some food and drinks.

John : OK. [　　　　]

Kenta : You shouldn't do that because you must bring all your garbage back home.

John : [B] Why ? Are there no trash cans on Mt.Fuji ?

Kenta : No, I don't think there are any. Everyone must take (ⓒ) of their own garbage. We should do just one small thing to make Mt.Fuji beautiful for a long time.

John : [C] I will also bring a plastic bag for garbage.

Kenta : OK, but don't bring a big one !

(注) climb：登る（climbedは過去形）　World Heritage Site：世界遺産　above：～の上で
clouds：雲　top：頂上　mountain hut：山小屋　sunrise：日の出
garbage：ゴミ　trash cans：ゴミ箱　plastic：ビニールの

(1) 本文中の（ ⓐ ）～（ ⓒ ）の中に補う英語として，それぞれ**ア**～**エ**の中から最も適切なものを１つ選び，記号で答えなさい。

(ⓐ) **ア** heard　**イ** been　**ウ** seen　**エ** done
(ⓑ) **ア** What　**イ** Who　**ウ** How　**エ** Which
(ⓒ) **ア** care　**イ** time　**ウ** a picture　**エ** a part

(2) 会話の流れが自然になるように，本文中のA～Cの[　]に補う英語として，それぞれ**ア**～**ウ**の中から最も適切なものを１つ選び，記号で答えなさい。

[A] **ア** Here we are.　**イ** That's too bad.　**ウ** Do you ?
[B] **ア** Is that true ?　**イ** Great !　**ウ** No problem.
[C] **ア** I don't think so.　**イ** That's a good idea.　**ウ** Good job.

(3) 本文中の［　　］の中の**ア**～**オ**を，意味が通るように並べかえ，記号で答えなさい。

(4) 本文中の[　]で，ジョンは，おなかがすくだろうからたくさん食べ物を持っていくつもりであるという内容を伝えている。その内容になるように，[　]の中に適切な英語を補いなさい。

(5) 本文の内容と合うように，次の[　]の中に補うものとして，本文中から最も適切な部分を３語で抜き出しなさい。

Kenta showed John his pictures of Mt.Fuji, and John thought he wanted to climb it, too. He was surprised when Kenta said that there are no trash cans on Mt.Fuji. Bringing garbage back home is only [　　　　], but if everyone works together, Mt.Fuji will be beautiful for a long time.

(1)	ⓐ		ⓑ		ⓒ		(2)	A		B		C	
(3)													
(4)													
(5)													

■平成28年度問題

2 次の英文は，直人(Naoto)の通う中学校でALTとして英語を教えているベル先生(Ms. Bell)への，直人によるインタビューの一部である。この英文を読んで，(1)～(5)の問いに答えなさい。

Naoto : Can you tell me (ⓐ) you came to Japan ?

Ms. Bell : I love Japanese comic books and am interested in Japanese life. I also want to learn Japanese. The best way of understanding the lives of foreign people and learning foreign languages is to live in foreign countries, I think. So, I came to Japan.

Naoto : How is your life in Japan ?

Ms. Bell : [A] It's just like the worlds in the comic books. Famous characters [ア many イ be ウ in エ found オ can] places around me. Look at this !

(*Ms. Bell shows Naoto her lunch box.*)

Ms. Bell : It has a cute character that I like on it. Also, it's really useful. (ⓑ), it can keep food warm and it has a place for chopsticks. I've never seen (ⓒ) a nice lunch box in my country.

Naoto : Oh, really ?

Ms. Bell : I haven't. In Japan, there are many other cute and useful things. They are small things to you, I guess, but to me they are special.

Naoto : I've never thought of that ! OK, I'll ask you the next question. [ ]

Ms. Bell : I often go traveling. I met many friendly people when I was traveling around Japan.

Naoto : Good ! Then, can you speak Japanese now ?

Ms. Bell : Only a little. So, I've made a lot of funny mistakes.

Naoto : Really ? [B]

Ms. Bell : Well... one day, I tried to buy one *anko-mochi* at a Japanese sweet shop...

Naoto : And ?

Ms. Bell : I said, "*Wanko-mochi kudasai.*" The people at the shop looked surprised at first, but soon they understood me and smiled. This mistake was not bad because I made friends with them through it. But if I speak Japanese better, I can enjoy talking with Japanese people more.

Naoto : We can communicate better with foreign people if we learn the languages that they speak.

Ms. Bell : [C]

Naoto : I want to visit your country some day, so I'll study English harder.

Ms. Bell : I'll study Japanese harder, too !

(注) character(s)：登場人物　chopstick(s)：はし　funny：おかしい，面白い
mistake(s)：間違い　understood：understandの過去形
communicate：コミュニケーションをとる

(1) 本文中の(ⓐ)～(ⓒ)の中に補う英語として，それぞれア～エの中から最も適切なものを1つ選び，記号で答えなさい。

	ア	イ	ウ	エ
(ⓐ)	when	what	why	which
(ⓑ)	For example	Just a minute	Excuse me	For the first time
(ⓒ)	much	very	so	such

(2) 会話の流れが自然になるように，本文中のA～Cの[ ]に補う英語として，それぞれア～ウの中から最も適切なものを1つ選び，記号で答えなさい。

	ア	イ	ウ
A	Sure.	Wonderful.	Difficult.
B	Please tell me more.	Can you help me ?	I can't hear you.
C	Let's see.	I don't think so.	That's right.

(3) 本文中の[ ]の中のア～オを，意味が通るように並べかえ，記号で答えなさい。

(4) 本文中の[ ]で，直人は，休日の過ごし方をたずねている。その内容になるように，[ ]の中に適切な英語を補いなさい。

(5) 次の英文は，ベル先生が述べたことについて，直人が感想をまとめ，英語の授業で発表した文章の一部である。本文の内容と合うように，次の[ ]の中に補うものとして，本文中から最も適切な部分を3語で抜き出しなさい。

Ms. Bell's story was very interesting. Japan has many things that are special to foreign people like Ms. Bell. I didn't know that. Also, I've found that [ ] will open the doors to better communication with people around the world. In the future, I want to live in a foreign country. I'll study English harder.

(1)	ⓐ		ⓑ		ⓒ		(2)	A		B		C	
(3)													
(4)													
(5)													

■平成29年度問題

2 　次の英文は，静岡県でホームステイを始めたアメリカ人のカレン（Karen）と，ホームステイ先の春子（Haruko）との会話である。この英文を読んで，(1)～(5)の問いに答えなさい。

(*At a Japanese restaurant.*)

Haruko : Here is your green tea.

Karen : Thank you. Japanese green tea is really good.

Haruko : Especially Shizuoka is famous (ⓐ) its nice tea.

Karen : I'm happy to live in Shizuoka. I was surprised to see that green tea was served for free at the restaurants in Japan.

Haruko : In summer, cold green tea is served.

Karen : [A] Tea is served to welcome guests, right ?

Haruko : Yes, and we drink it very often, like water.

Karen : Oh, [**ア** become **イ** how **ウ** popular **エ** green tea **オ** has] in Japan ?

Haruko : Well...tea originally came from China about 1,200 years ago. At first it was so expensive (ⓑ) only special people could get it. It took a few hundred years before ordinary people began to drink it.

Karen : [B] It has a long history and now it's a part of your life.

(*After some food, ochazuke is served.*)

Karen : What's this ?

Haruko : It's *ochazuke*. We pour *ocha*, green tea, on rice and eat them together.

Karen : This is really good. I've (ⓒ) thought of eating rice with green tea !

Haruko : Green tea is not only for drinking. For example, if you gargle with it, you won't catch a cold.

Karen : [C] I must try that !

Haruko : You know, [　　　　　　　　]. The living room is called *ochanoma*. We drink green tea and enjoy talking there.

Karen : Good. I think green tea has a great power. We enjoy drinking it, stay healthy with it, and come together around it. It connects people. Just like us tonight !

Haruko : That's right !

Karen : Green tea has a great influence. It's very important in your culture. I want to know more about green tea !

(注) serve：～を出す（servedは過去分詞形）　for free：無料で　guest(s)：客
ordinary：一般の　pour：～を注ぐ　gargle：うがいする
catch a cold：風邪をひく　living room：居間　stay healthy：健康を保つ
connect：～をつなぐ　influence：影響　culture：文化

(1) 本文中の（ ⓐ ）～（ ⓒ ）の中に補う英語として，それぞれ**ア**～**エ**の中から最も適切なものを1つ選び，記号で答えなさい。

（ ⓐ ）	**ア** as	**イ** in	**ウ** on	**エ** for
（ ⓑ ）	**ア** which	**イ** that	**ウ** what	**エ** these
（ ⓒ ）	**ア** ever	**イ** better	**ウ** never	**エ** greater

(2) 会話の流れが自然になるように，本文中の[A]～[C]の中に補う英語として，それぞれ**ア**～**ウ**の中から最も適切なものを1つ選び，記号で答えなさい。

A	**ア** I don't agree.	**イ** May I help you ?	**ウ** I didn't know that.
B	**ア** Me, too.	**イ** I see.	**ウ** I hope so.
C	**ア** Interesting.	**イ** Here it is.	**ウ** That's too bad.

(3) 本文中の[　　]の中の**ア**～**オ**を，意味が通るように並べかえ，記号で答えなさい。

(4) 本文中の[　　]で，春子は，日本語には「茶」(*cha*) のつく言葉がたくさんある，という内容を伝えている。その内容になるように，[　　]の中に，適切な英語を補いなさい。

(5) 次の英文は，春子がこの日に書いた日記の一部である。本文の内容と合うように，次の[　　]の中に補うものとして，本文中から最も適切な部分を2語で抜き出しなさい。

I went to a Japanese restaurant with Karen today. She has found that green tea has a long history. She has also found that it has a big influence on our life. She said that green tea is a very important [　　　　] our culture. I think so, too. We had a very good time.

(1)	ⓐ		ⓑ		ⓒ		(2)	A		B		C
(3)												
(4)	You know, .											
(5)												

■平成30年度問題

2 次の英文は，健太（Kenta）とニュージーランド（New Zealand）からの留学生のジャック（Jack）が，ラグビー（rugby）観戦に行ったときの会話である。この英文を読んで，(1)～(5)の問いに答えなさい。

(*Around the stadium.*)

Kenta : Rugby is very popular in your country, right ?

Jack : [A] It's our national sport and we like it the best. How about in Japan ?

Kenta : We will host the Rugby World Cup in 2019. It's becoming popular because (ⓐ) that.

Jack : Great.

Kenta : Our city is one of the host cities and there are a lot of events today. Oh, look ! They're giving *mochi* to people.

Jack : [B]

Kenta : *Mochi*, rice cakes. They're welcome gifts.

Jack : I see. But why rice cakes ?

Kenta : We believe that rice cakes (ⓑ) good luck to us. We eat them at very special events. For example, we celebrate New Year's Day with *mochi*. Today's game is very important, so they're giving us rice cakes.

Jack : Interesting. Oh, Kenta, what is that crowd of people watching ?

Kenta : Some fishermen are cutting a whole tuna.

Jack : Wow ! I've never seen such a big (ⓒ) !

Kenta : Now it's ready for *sashimi*. [C]

Jack : I will...Wow ! It's delicious. I want more.

Kenta : You can get many other kinds of food around the stadium.

Jack : Wonderful ! [ ]

(*In the stadium.*)

Jack : I really enjoyed the food, and now I can enjoy my favorite sport. I'm very lucky.

Kenta : I'm glad to hear that. Now let's watch the game.

Jack : Will the players perform something like *haka* before the game ?

Kenta : *Haka* ?

Jack : It's a traditional dance. In New Zealand, the players perform *haka* before important games. It's for showing their power to the other team and [**ア** coming **イ** the game **ウ** to the people **エ** to watch **オ** their thanks].

Kenta : Oh, I don't think they will perform something like *haka* today. Is *haka* performed only at rugby games ?

Jack : No. We also perform *haka* when we celebrate something. For example, at weddings.

Kenta : Oh, you perform *haka* when you have [D] in your lives, right ? I think *haka* is a little similar to rice cakes in that way.

Jack : You're right !

（注） national：国民的な　host：～を開催する，開催　crowd：群衆　fishermen：漁師　tuna：マグロ　lucky：幸運な　perform：～を行う　wedding（s）：結婚式

(1) 会話の流れが自然になるように，本文中の [A] ～ [C] の中に補う英語として，それぞれ**ア**～**ウ**の中から最も適切なものを１つ選び，記号で答えなさい。

[A] **ア** Yes, please.　**イ** I have no idea.　**ウ** Of course.

[B] **ア** Pardon ?　**イ** You're welcome.　**ウ** How about you ?

[C] **ア** Can you be quiet ?　**イ** Let's try some.　**ウ** That's too bad.

(2) 本文中の（ ⓐ ）～（ ⓒ ）の中に補う英語として，それぞれ**ア**～**エ**の中から最も適切なものを１つ選び，記号で答えなさい。

（ ⓐ ） **ア** on　**イ** of　**ウ** for　**エ** from

（ ⓑ ） **ア** get　**イ** come　**ウ** stay　**エ** bring

（ ⓒ ） **ア** it　**イ** that　**ウ** one　**エ** them

(3) 本文中の [ ] で，ジャックは，何を食べるとよいかという内容を質問している。その内容となるように，[ ] の中に，適切な英語を補いなさい。

(4) 本文中の［ ］の中の**ア**～**オ**を，意味が通るように並べかえ，記号で答えなさい。

(5) 会話の内容と合うように，本文中の [D] の中に補う英語として，本文中から最も適切な部分を３語で抜き出しなさい。

(1)	A		B		C		(2)	ⓐ		ⓑ		ⓒ	
(3)													
(4)													
(5)													

■平成31年度問題

2

次の英文は，留学生のニック（Nick）と，クラスメートの悠太（Yuta）との会話である。この英文を読んで，(1)～(5)の問いに答えなさい。

(*In the classroom.*)

Yuta : Let's eat lunch, Nick. I'm very hungry.

Nick : [A] So, I can't wait to open my lunch box! Oh, the cloth wrapping your lunch box has a beautiful design.

Yuta : This kind of cloth is called *tenugui*.

Nick : *Tenugui*? Can you tell me about it?

Yuta : [B] *Te* is 'hand' in Japanese, and *nugui* is 'to wipe.' It's a Japanese traditional towel.

Nick : I see. Actually, I'm looking (ⓐ) a present for my family. I want to see other *tenugui*.

Yuta : Around here, [.......................]. Let's go there after school.

(*At the shop.*)

Nick : Wow, so many *tenugui*! Look at this! This *tenugui* has a lot of *kanji*. Are these famous words by someone?

Yuta : No, no! All of these *kanji* (ⓑ) the names of fish.

Nick : They look similar and have a cool pattern. It's amazing! And... [ア is イ know ウ how much エ do you オ this *tenugui*]?

Yuta : Let's see...look, it's 800 yen.

Nick : [C] I'll take it. I think this *tenugui* will be a great present.

Yuta : I hope your family will like it. Wow...look at that *tenugui* displayed on the wall. I've never thought about such a way of using it. *Tenugui* are not only used for wiping or wrapping something.

Nick : Oh, I have a good idea! I want to use a *tenugui* to wrap a present like your lunch box, Yuta. It'll be fun for my family to think about how to use it after opening a present.

Yuta : I agree. But if you use it for wrapping, you should find (ⓒ) good present.

Nick : Oh, no...

(注) cloth：布　wrap：～を包む　wipe：～を拭く　towel：タオル
actually：実は　similar：似ている　pattern：模様　display：～を飾る

(1) 会話の流れが自然になるように，本文中の [A] ～ [C] の中に補う英語として，それぞれア～ウの中から最も適切なものを１つ選び，記号で答えなさい。

	ア	イ	ウ
A	Do you?	Me, too.	I don't think so.
B	Sure.	That's right.	I'm sorry.
C	You're welcome.	Pardon?	No problem.

(2) 本文中の（ ⓐ ）～（ ⓒ ）の中に補う英語として，それぞれア～エの中から最も適切なものを１つ選び，記号で答えなさい。

	ア	イ	ウ	エ
(ⓐ)	back	for	from	in
(ⓑ)	learn	meet	ask	mean
(ⓒ)	another	each	every	many

(3) 本文中の [.......] で，悠太は，日本の物を売っている店があるという内容を伝えている。その内容となるように，[.......] の中に，適切な英語を補いなさい。

(4) 本文中の [ ] の中のア～オを，意味が通るように並べかえ，記号で答えなさい。

(5) 次の英文は，ニックがこの日に書いた日記の一部である。本文の内容と合うように，次の [ ] の中に補うものとして，本文中から最も適切な部分を３語で抜き出しなさい。

Yuta and I talked about *tenugui* today, and I liked it. After school, I went to a shop with Yuta. I found so many *tenugui* there. My favorite *tenugui* was the one with a *kanji* design. I want to wrap a present for my family in the same [ ] a *tenugui*, like wrapping Yuta's lunch box. Next time, I have to find one more thing to wrap in it.

(1)	A		B		C		(2)	ⓐ		ⓑ		ⓒ	
(3)	Around here, .												
(4)													
(5)													

■令和２年度問題

2 次の英文は，静岡県でホームステイをしているアメリカ人のジョン（John）と，友人の由紀（Yuki）との会話である。この英文を読んで，(1)～(5)の問いに答えなさい。

(*John and Yuki are walking in a park.*)

John : Wow, this park has many *sakura*. I think everyone from abroad should see *sakura*.

Yuki : [A] *Sakura* is a symbol of spring in Japan.

John : Look! Many people are watching *sakura* and having picnics under the trees.

Yuki : In Japan, this event is called *hanami*. Every year, many people have *hanami* with their family or friends. It's a popular event with a long history. So, many Japanese people can't imagine spring (ⓐ) *sakura*.

John : I see. In this park, [　　　　　　　　].

Yuki : I think so, too. Oh, I want to show you some spring sweets. I don't think they can be found in your country. [B] Let's go !

(*At a department store.*)

Yuki : Look, there are many spring sweets! For example, *sakura* flowers are put on the cakes. Their flavor is good.

John : [C] I didn't know *sakura* flowers can be eaten.

Yuki : *Sakura* flowers are pickled, and then used in sweets.

John : Oh really? What is that food wrapped in a leaf ?

Yuki : It's a *sakuramochi*, a Japanese sweet eaten in spring. That leaf is from a *sakura* tree. Japanese people have eaten *sakuramochi* for hundreds of years.

John : You enjoy spring in many ways. Um...I feel like buying a *sakura* sweet now.

Yuki : OK. What will you buy ? You can buy cakes, *sakuramochi* and many other sweets. Can [ア sweet イ which ウ decide エ to オ you] buy ?

John : No. This department store sells too many sweets. It's difficult for me to (ⓑ) only one.

Yuki : OK. How about buying a few of the sweets ? Then, you will enjoy spring more. Let's look around this floor and find (ⓒ) *sakura* sweets !

John : You look happy, Yuki. Are you going to buy some sweets, too ?

Yuki : Of course ! I like eating sweets more than just seeing flowers.

（注） symbol：象徴　picnic：ピクニック　sweet：甘い菓子　flavor：風味
pickle：～を塩水に漬ける　wrap：～を包む　leaf：葉

(1) 会話の流れが自然になるように，本文中の [A] ～ [C] の中に補う英語として，それぞれア～ウの中から最も適切なものを１つ選び，記号で答えなさい。

	ア	イ	ウ
A	I agree.	Yes, please.	That's too bad.
B	What's up ?	I can't hear you.	You'll be surprised.
C	Did you ?	Is it ?	Was it ?

(2) 本文中の (ⓐ) ～ (ⓒ) の中に補う英語として，それぞれア～エの中から最も適切なものを１つ選び，記号で答えなさい。

	ア	イ	ウ	エ
(ⓐ)	across	without	against	through
(ⓑ)	collect	cover	change	choose
(ⓒ)	fast	tired	different	hungry

(3) 本文中の [　　] で，ジョンは，桜を見るには今週末が良いという内容を伝えている。その内容となるように，[　　] の中に，適切な英語を補いなさい。

(4) 本文中の [　　] の中のア～オを，意味が通るように並べかえ，記号で答えなさい。

(5) 次の英文は，ジョンがこの日に書いた日記の一部である。本文の内容と合うように，次の [　　] の中に補うものとして，本文中から最も適切な部分を３語で抜き出しなさい。

Today, I went to a park and saw *sakura* with Yuki. Yuki told me about a popular Japanese event, *hanami*. Then, she showed me some spring sweets at a department store. One of them was a *sakuramochi*. It's a Japanese sweet that has [　　　　]. Japanese people eat it in spring.

(1)	A		B		C		(2)	ⓐ		ⓑ		ⓒ	
(3)	In this park, .												
(4)													
(5)													

■令和３年度問題

2

次の英文は，拓真（Takuma）と，拓真の通う中学校でALTとして英語を教えているベル先生（Ms. Bell）との会話である。この英文を読んで，⑴～⑸の問いに答えなさい。

(*After school, Takuma and Ms. Bell are talking in the classroom.*)

Takuma : You have lived in Japan (ⓐ) last month. How is your life here?
Ms. Bell : Wonderful! Japanese people are kind to me. And I recently found something new.
Takuma : [A]
Ms. Bell : It's ***noren***, a cloth hung on the door of a shop. Do you know ***noren***?
Takuma : Of course. [　　　　　]
Ms. Bell : ***Noren*** have a lot of designs. A ***noren*** is like a curtain or a sign, right?
Takuma : Yes. Like a curtain, ***noren*** can protect the things in a shop from the sun.
Ms. Bell : That's right. Also, like a sign, a ***noren*** is always hung outside the shop to (ⓑ) the name of the shop.
Takuma : It is not always hung outside the shop.
Ms. Bell : I didn't know that. When [**ア** the shop **イ** put **ウ** the ***noren*** **エ** into **オ** is]?
Takuma : Just before the shop closes.
Ms. Bell : I see. People can know that the shop is open or closed by seeing where the ***noren*** is. I never knew that there is such a special way of using ***noren***.
Takuma : You've just found something new!
Ms. Bell : Yes. Also, I recently took many pictures of ***noren***. Please look at these!
Takuma : Wow! So many ***noren***!
Ms. Bell : I saw a lot of ***ramen*** restaurants. All of them used a red ***noren***. Is the color for ***ramen*** restaurants always red?
Takuma : [B] ***Ramen*** restaurants can choose the color. My favorite ***ramen*** restaurant uses a white ***noren***.
Ms. Bell : I want to see other ***noren***!
Takuma : In my house, there is a ***noren*** with a beautiful design. My mother hangs ***noren*** (ⓒ) are good for each season.
Ms. Bell : ***Noren*** in houses? I didn't know that. I'd like to see the ***noren*** used in your house.
Takuma : Shall I bring some pictures of the ***noren***?
Ms. Bell : [C] I can't wait to see them!

（注） recently：最近　cloth：布　hang：～を掛ける（hungは過去分詞形）
curtain：カーテン　sign：看板　protect：～を守る　outside：～の外に
ramen：ラーメン

⑴ 本文中の（ ⓐ ）～（ ⓒ ）の中に補う英語として，それぞれ**ア**～**エ**の中から最も適切なものを１つ選び，記号で答えなさい。

	ア	イ	ウ	エ
(ⓐ)	at	for	with	since
(ⓑ)	carry	meet	show	wear
(ⓒ)	how	who	when	which

⑵ 会話の流れが自然になるように，本文中の[A]～[C]の中に補う英語として，それぞれ**ア**～**ウ**の中から最も適切なものを１つ選び，記号で答えなさい。

	ア	イ	ウ
A	What are you doing?	How about you?	What's that?
B	That's too bad.	I don't think so.	You're welcome.
C	Yes, please.	Did you?	No, I can't.

⑶ 本文中の[　　]で，拓真は，のれんのどこに興味があるのかという内容の質問をしている。その内容となるように，[　　]の中に，適切な英語を補いなさい。

⑷ 本文中の［　　］の中の**ア**～**オ**を，意味が通るように並べかえ，記号で答えなさい。

⑸ 次の英文は，拓真がこの日に書いた日記の一部である。本文の内容と合うように，次の[　　]の中に補うものとして，本文中から最も適切な部分を３語で抜き出しなさい。

Ms. Bell and I talked about ***noren***. She recently found ***noren*** have many designs. She thought a ***noren*** is used just like a curtain or a sign. But today, she found ***noren*** is used in [　　　　] to tell that the shop is open or not. I'll take some pictures of the ***noren*** in my house to her.

⑴	ⓐ		ⓑ		ⓒ		⑵	A		B		C	
⑶													
⑷													
⑸													

■令和４年度問題

2 次の英文は，静岡県でホームステイをしているジュディ（Judy）と，クラスメートの京子（Kyoko）との会話である。この英文を読んで，(1)～(5)の問いに答えなさい。

(*After winter vacation, Judy and Kyoko are talking at school.*)

Judy : Thank you for your New Year's card, *nengajo*. It was very beautiful, so I showed it to all of my host family.

Kyoko : [A] It is made of traditional Japanese paper called *washi*.

Judy : I like *washi*, and my host family showed me an interesting video about it.

Kyoko : A video? [B]

Judy : The video was about old paper documents in Shosoin. The paper documents were made of *washi* about 1,300 years ago. People have used *washi* since then.

Kyoko : That's very long! I didn't know that.

Judy : When we read a variety (ⓐ) information written on *washi*, we can find things about the life in the past.

Kyoko : I see. *Washi* is important because we can (ⓑ) the long history of Japan, right? I've never thought of that. I'm happy I can understand Japanese culture more.

Judy : By the way, where did you get the beautiful postcard?

Kyoko : I made it at a history museum.

Judy : Do you mean you made *washi* by yourself?

Kyoko : [C] I made a small size of *washi*, and used it as a postcard.

Judy : Wonderful! But making *washi* isn't easy. (ⓒ) I were you, I would buy postcards at shops.

Kyoko : Well... You love traditional Japanese things, so I wanted to make a special thing for you by using *washi*. It was fun to [**ア** how **イ** think about **ウ** could **エ** create **オ** I] a great *nengajo*.

Judy : Your *nengajo* was amazing! The *nengajo* gave me a chance to know an interesting part of Japanese culture. I found *washi* is not only beautiful but also important in your culture.

Kyoko : You taught me something new about *washi*, and I enjoyed talking about it with you. If you want, let's go to the museum. [..........]

Judy : Yes, of course!

(注) card：あいさつ状　host family：ホストファミリー
be made of：～から作られている　document：文書
Shosoin：正倉院（東大寺の宝庫）　past：過去　think of：～について考える
by the way：ところで　postcard：はがき　by yourself：（あなたが）自分で
chance：機会

(1) 会話の流れが自然になるように，本文中の [A] ～ [C] の中に補う英語として，それぞれ**ア**～**ウ**の中から最も適切なものを１つ選び，記号で答えなさい。

[A] **ア** I'm glad to hear that.　**イ** Don't be angry.　**ウ** I'll do my best.

[B] **ア** Here you are.　**イ** You're welcome.　**ウ** Tell me more.

[C] **ア** That's right.　**イ** Did you?　**ウ** I don't think so.

(2) 本文中の（ ⓐ ）～（ ⓒ ）の中に補う英語として，それぞれ**ア**～**エ**の中から最も適切なものを１つ選び，記号で答えなさい。

（ ⓐ ） **ア** for　**イ** of　**ウ** at　**エ** with

（ ⓑ ） **ア** borrow　**イ** lose　**ウ** finish　**エ** learn

（ ⓒ ） **ア** Because　**イ** When　**ウ** If　**エ** Before

(3) 本文中の［　　］の中の**ア**～**オ**を，意味が通るように並べかえ，記号で答えなさい。

(4) 本文中の [.....] で，京子は，今度の日曜日の都合はよいかという内容の質問をしている。その内容となるように， [.....] の中に，適切な英語を補いなさい。

(5) 次の英文は，ジュディがこの日に書いた日記の一部である。本文の内容と合うように，次の [　　] の中に補うものとして，本文中から最も適切な部分を３語で抜き出しなさい。

During winter vacation, Kyoko sent me a *nengajo* made of *washi* and I watched a video about it. So, I found *washi* is beautiful and important. Today, I told her about the video, and she found *washi* has a long history. I think her *nengajo* helped us [　　　　] very well. Also, she wanted to send me something special. She is wonderful!

(1)	A		B		C		(2)	ⓐ		ⓑ		ⓒ	
(3)													
(4)													
(5)													

長文読解

■平成26年度問題

次の英文は，陸上部（track and field team）に所属する中学生の涼子（Ryoko）が，母親とのできごとについて書いたものである。この英文を読んで，(1)～(6)の問いに答えなさい。

I'm on the track and field team. I practice running after class every day because I will have my last athletic meet soon. I want to win the hundred-meter race.

One week before the athletic meet, I was very tired after a hard practice, and I didn't feel very happy because [ ]. I thought, "Why doesn't my running time get better ? I practice very hard every day !" Then my mother came to my room and said, "It's time for dinner. After dinner, take a bath and finish your homework. I know you're tired, but keep ⓐ(practice) hard because this is your last athletic meet. I will go to it with your father. I can't wait to see your race. I hope you can win."

"You don't understand how I'm feeling now. I don't want you to come to the athletic meet," I told my mother. She looked surprised to hear that. I didn't want to say those bad things to her, but the words came out of my mouth. My mother said, "OK. I won't go, but please eat dinner before it becomes cold," and she left my room. That night, I went to bed early without dinner.

The next morning, my mother and I didn't say anything at breakfast. My father asked me, "Did you have a fight last night with your mother ?" I didn't answer him and just left home.

During my practice that day, my teacher came to me and said, "Your mother was ⓑ(bring) to the hospital just now. You should go to the hospital."

On the bus to the hospital, I could only think about my mother. It began to rain hard, and my eyes filled with tears at the same time. "Mother became sick because I told her bad things, " I thought.

In the hospital, my mother was sleeping in her room, and my father was next to her. He said, "Your mother has been a little sick for a month. She didn't want me to tell you about this because you have an important athletic meet soon. Now she's OK." When I said, "I didn't know that," he told me about my mother's feelings. Before I came to the hospital, my mother said to my father, "I gave Ryoko a lot of pressure when I talked with her last night. I didn't understand how she felt. I cannot go to the athletic meet, but tell her I will cheer for her in the hospital." After my father told me this, I looked at my mother with tears in my eyes. Then my father said, "Your mother had a dream last night. In her dream, you were number one in the race." I looked at my mother's face for some time and then asked her, "Can I really win ?" She was still sleeping, but I felt she answered, "Of course, you can."

Then I looked out of the window. The sun was setting in the beautiful clear sky.

（注） athletic meet：陸上大会　win：勝つ　race：競走　fight：口げんか　fill：いっぱいになる（filledは過去形）　tears：涙　feelings：気持ち　pressure：プレッシャー　cheer：応援する　set：沈む　clear sky：晴れた空

(1) ⓐ，ⓑの（　　）の中の語を適切な形に直しなさい。

(2) 本文中の[ ]の中に補う英語として，次のア～エの中から最も適切なものを１つ選び，記号で答えなさい。

ア my running time that day was very good
イ my last athletic meet already finished
ウ I did not practice very hard that day
エ I could not run very fast that day

(3) 次の質問に対して，英語で答えなさい。

① Who told Ryoko that her mother was in the hospital ?
② How did Ryoko go to the hospital to see her mother ?

(4) 下線部の中の bad things とは母親に対する涼子のどのような発言か。涼子が bad things と考えている，母親に対する涼子の発言の内容をすべて，日本語で書きなさい。

(5) 病院で，父親は，母親が涼子に知らせたくなかったある事柄と，母親がその事柄を知らせたくなかった理由を，涼子に伝えている。父親が涼子に伝えている，母親が知らせたくなかった事柄と理由を，それぞれ日本語で書きなさい。

(6) 次のア～オの中から，本文の内容と合うものを２つ選び，記号で答えなさい。

ア In Ryoko's room, her mother said it was better for Ryoko to finish her homework before dinner.
イ The morning after Ryoko said bad things to her mother, Ryoko didn't say anything to her father at breakfast.
ウ At the hospital, Ryoko's mother said to Ryoko's father that she was going to go to the athletic meet to cheer for Ryoko.
エ In the dream Ryoko's mother had one week before the athletic meet, Ryoko was number one in the race.
オ When Ryoko asked her mother at the hospital, "Can I really win ?" she answered with a smile, "Of course, you can."

(1)	ⓐ		ⓑ	
(2)		(3) ①		②
(4)				
(5) 事柄				
(5) 理由			(6)	

■平成27年度問題

5

次の英文は，中学生の彩香（Ayaka）が，同級生の友恵（Tomoe）とのできごとを振り返って書いたものである。この英文を読んで，(1)～(6)の問いに答えなさい。

Tomoe and I were second-year members of the school basketball team. We wanted to be the regular players for the important games in July. They were the last games for the third-year members. After practicing one day, I said to Tomoe, "The third-year members are very kind. When we can't play basketball well, they always teach us how to play better. I like them and I want to play together with them to win the games in July." "Me, too, " she answered.

Two weeks before the games, the basketball teacher said the names of the regular players in front of every member in the gym. Almost all of the regular players were third-year members. There were [　　　　] members who became regular players, and I was one of them ! Tomoe came to me and said, "That's wonderful, Ayaka." I was very happy to hear that. She also said, "I'm not a regular player, but I will do everything I can do for the team."

When we were practicing that day, I fell down. I ⓐ(feel) a pain in my ankle and I couldn't stand up. Everyone came to help me. The teacher took care of my ankle and said, "You should go to the doctor." Then he called my mother. After a while, she came and took me to the doctor. The doctor said, "You have to stop playing basketball for a month." I was very sad.

The next morning, Tomoe asked me, "How is your ankle, Ayaka ?" "I can't play basketball for a month, "I answered. She said, "Don't be sad, Ayaka. You can't play this time, but I'm sure you can play as a regular player next time." "No, next time means nothing to me, " I said and went away from her.

I was thinking about Tomoe and the team that day. After school, I went to the teacher and said,"I have to go to the doctor." Then I went to the gym before leaving school. I found Tomoe there. She was cleaning the floor alone for the team to make things ready before practicing basketball. I remembered the words she said to me when I became a regular player. I went to her and said,"I can't play basketball yet, but there are things I can do for the team." "I'm glad to hear that,"she answered.

After that, Tomoe and I went to the gym the ⓑ(early) of all the members on the team and did many things to help them. In July, our team couldn't win the games. It was sad, but I learned an important thing from Tomoe. Now this is our team's slogan. It is, "For The Team !"

（注） second-year：２年生の　member(s)：部員
regular player(s)：レギュラー（ここでは，交代する選手も含めた，試合に出場できる選手のこと。）
third-year：３年生の　win：勝つ　gym：体育館　fell down：転んだ
pain：痛み　ankle：足首　floor：床　slogan：スローガン

(1) ⓐ，ⓑの（　　）の中の語を適切な形に直しなさい。

(2) 本文中の[　　　　]の中に補う英語として，次の**ア**～**エ**の中から最も適切なものを１つ選び，記号で答えなさい。
ア only a few second-year　　**イ** only a few third-year
ウ no second-year　　**エ** no third-year

(3) 次の質問に対して，英語で答えなさい。
① How long did the doctor tell Ayaka to stop playing basketball ?
② What was Tomoe doing when Ayaka went to the gym the day after Ayaka fell down ?

(4) 本文中の下線部のように彩香が答えているのは，彩香の望んでいたあることが実現する見込みがなくなったからだと考えられる。彩香が望んでいたあることとはどのようなことか。彩香が望んでいることとして友恵に対して述べた内容を，具体的に日本語で書きなさい。

(5) 彩香がけがをした翌日の放課後，体育館で彩香と友恵が話をしたとき，友恵は彩香の言葉を聞いてうれしくなった。友恵がうれしくなったのは，そのとき彩香がどのようなことを述べたからか。そのとき友恵に対して彩香が述べたことをすべて，日本語で書きなさい。

(6) 次の**ア**～**オ**の中から，本文の内容と合うものを２つ選び，記号で答えなさい。
ア The basketball teacher said the names of the regular players a month before the games in July.
イ Tomoe could not become one of the regular players of the team for the games in July.
ウ The basketball teacher called the doctor when Ayaka had a pain in her ankle.
エ When Tomoe asked Ayaka about her ankle the next morning, Ayaka said nothing.
オ Ayaka learned an important thing from Tomoe, and it is now the team's slogan.

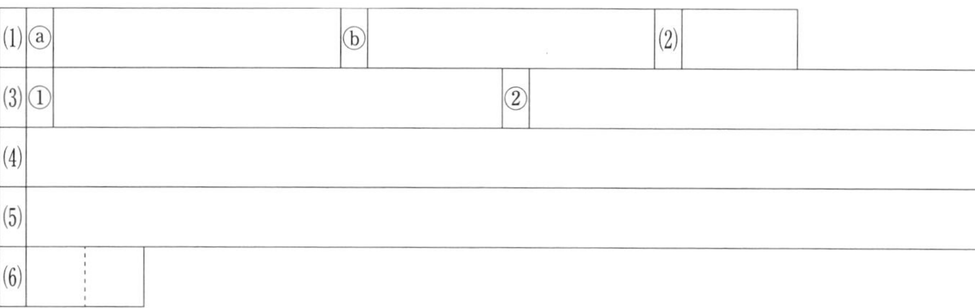
(1) ⓐ ⓑ (2)
(3) ① ②
(4)
(5)
(6)

■平成29年度問題

5 次の英文は，サッカー部に所属する中学生の直人（Naoto）が，祖父とのできごとについて書いたものである。この英文を読んで，(1)～(6)の問いに答えなさい。

My grandfather lived alone in another city. One day, he got injured and it was difficult for him to do housework. He said that he didn't want to bother my family, but we asked him to live with us for a while. When he came to us, he asked me, "How's your school life?" I answered, "I've become captain of the soccer team. My team will have a game in September." He said, "Good luck!"

I really wanted to win the game because it was my first game as captain. I decided to do my best. I got up early to start practicing before the other members of my team came to school. I told them what to do. I [A] hard, but they [B]. They didn't look happy. They sometimes ⓐ(stop) practicing and just stood and talked. I didn't like it.

One day at dinner, my grandfather asked, "How's the team?" I said, "Not good. I'm doing my best, but some members don't practice hard enough. I don't know why..." After ⓑ(think) a little, he said, "Well, you need to talk to understand each other." He continued, "A team can't work well without that."

ⓒI decided to listen to his words. The next day, before we practiced, I said to the members, "I want to win the game, but I don't know what to do. Do you have any ideas?" They looked surprised, but one of them said, "Well, I think..." Then others followed. We got a lot of ideas. I said, "If we try all of them, we will have to practice all night!" We laughed.

Our team changed. We practiced very hard for the game. Then, the day came. We got two goals, but we lost. I got one of them, but I was very sad.

After the game, I said to the members, "I'm sorry. I didn't do well as captain." They said, "You did a great job, captain! Your goal was amazing!" "If we practice more, we'll win the next game!" Their words made me very happy. I felt that we finally made a team.

At dinner, I said to my grandfather, "Your advice changed me and our team. At first I thought that winning was everything. But I've learned that it's more important to help each other and work together, than to win." He said, "Good. Remember what you've learned. It'll help you in your life. We can live alone, but I think our lives are better when we support each other." I said, "Thank you for your advice! Please come to see our next game." He said, "Well... I'm going back to my house soon. I can live alone again and don't want to bother you." I said, "Do you really think you're bothering us? Have you talked about it with my father or mother? Remember what you taught me!" He laughed and said, ⓓ"What a clever boy!"

He is going to stay with us until the day of our next game. I hope we can live together longer.

（注） injured：けがをした　bother：～に迷惑をかける　captain：キャプテン
win：勝つ　member(s)：部員　enough：十分に
follow：あとに続く（followedは過去形）　laugh：笑う（laughedは過去形）
goal(s)：ゴール　finally：ついに　advice：助言

(1) 本文中の[A]，[B]の中に補う語の組み合わせとして，次のア～エの中から最も適切なものを1つ選び，記号で答えなさい。

ア A：worked　B：did
イ A：worked　B：didn't
ウ A：didn't work　B：did
エ A：didn't work　B：didn't

(2) ⓐ，ⓑの（　　）の中の語を適切な形に直しなさい。

(3) 次の質問に対して，英語で答えなさい。
① Why did Naoto want to win the game in September?
② How many goals did Naoto's team get in that game?

(4) 下線部ⓒの中の his words とはどのようなことか。his words の内容を，日本語で書きなさい。

(5) 次のア～オの中から，本文の内容と合うものを2つ選び，記号で答えなさい。

ア Naoto's grandfather has lived with his family since Naoto was injured in a soccer game.
イ Naoto told his grandfather that he didn't want to continue to be captain of his team.
ウ Naoto couldn't get any good ideas from his team members, and it made him sad.
エ After the game, Naoto felt that he and the members finally made a team.
オ Naoto thinks that his grandfather's advice worked really well.

(6) 下線部ⓓで，祖父は，直人の賢さに感心している。祖父が感心したのは，直人がどのようなことをしたからか。直人がそのようなことをした理由を含めて，日本語で書きなさい。

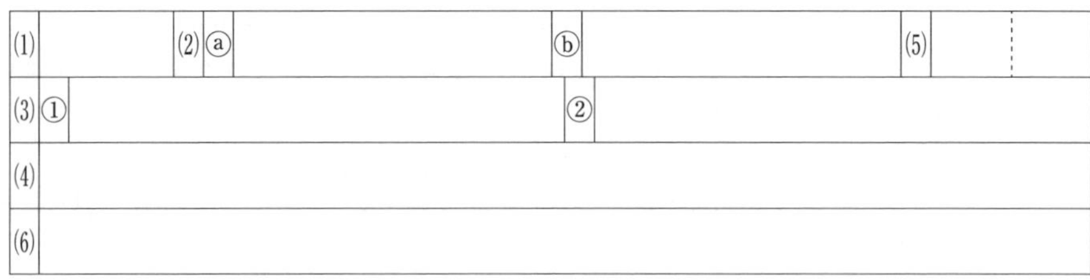

■平成30年度問題

次の英文は，中学生の明子（Akiko）が，レストランで職場体験（career experience）をしたときのことについて書いたものである。この英文を読んで，(1)～(7)の問いに答えなさい。

Last summer I had career experience for three days. I worked at one of the most popular restaurants in our city. I was very excited before starting.

"I hope you'll feel the joy of working here during your career experience." I was ⓐ(tell) these words by Takeda-san, the floor manager, before I started working. I cleaned the tables and the chairs as my first work. Then the customers began to come and I showed them to their tables. When the restaurant became busy, I helped to wash the dishes. There were too many things to do and I [A] to rest. Before coming here, I thought that working at restaurants was easy, [B] right. Working there was hard and I became really tired.

On the second day, I did more work. I took many orders, served the food, and cleaned the tables very quickly. Then, one customer said to me, "This isn't the food that I ordered." It was my order mistake. I was so shocked that I couldn't say anything. This made him angry, and Takeda-san came to help me. He said something to the customer, but I don't remember his words. I was only thinking about my mistake. I was almost crying.

At the end of that day, Takeda-san said to me, "Don't think about mistakes too much. It's important to think about the things that you can do for the customers." I thought about his words again and again on my way home.

On the last day, I kept smiling even when I was busy. I repeated the customers' orders to make sure. But another problem came to me. I knocked over a customer's cup. <u>Takeda-san's words on the second day helped me.</u> I said, "I'm very sorry." I wiped the table quickly. The customer said, "No problem." I was glad because I did well this time! The busiest hours went without any other problem. Then, two women arrived. One of them was in a wheelchair. I walked to her quickly with a smile and said, "Welcome. This way, please." She said, "Thank you. Are you a student ?" I said, "Yes." We talked for a while. When she left, she said, "Your smile made the food more delicious. Thank you." I felt really happy.

Working in that restaurant changed me. At first, I thought only about doing the things that I should do. Then I began to think about the things that I could do for the customers. Career experience taught me two important things. One is that we can [C] from our mistakes. The other is that we should [D] how other people feel.

Takeda-san and I talked at the end of the career experience. He said, "How do you feel after working here ?" I said, "It was ⓑ(hard) than studying at school." We laughed. I said, "But it's really nice to see that the customers are enjoying their time here." He smiled and said, "That's the joy of working here that I wanted you to feel."

（注） joy：喜び　floor manager：接客責任者　order：注文，～を注文する
serve：～を出す　mistake(s)：誤り　shocked：ショックを受けた
make sure：確かめる　knock over：～を倒す　wipe：～をふく
wheelchair：車いす　laugh：笑う

(1) ⓐ，ⓑの（　　）の中の語を適切な形に直しなさい。

(2) 本文中の[A]，[B]の中に補う英語の組み合わせとして，次の**ア**～**エ**の中から最も適切なものを1つ選び，記号で答えなさい。

ア A：had much time　B：and it was
イ A：had no time　B：and it was
ウ A：had much time　B：but it wasn't
エ A：had no time　B：but it wasn't

(3) 次の質問に対して，英語で答えなさい。

① What was Akiko's first work at the restaurant ?
② Why did the customer get angry with Akiko when she made the order mistake ?

(4) 下線部の中のTakeda-san's wordsの内容はどのようなことか。Takeda-san's wordsの内容をすべて，日本語で書きなさい。

(5) 本文の内容と合うように，本文中の[C]，[D]の中に補う英語として，それぞれ**ア**～**エ**の中から最も適当なものを1つ選び，記号で答えなさい。

[C] **ア** collect　**イ** spend　**ウ** borrow　**エ** learn
[D] **ア** imagine　**イ** continue　**ウ** reuse　**エ** forget

(6) 次の**ア**～**エ**の中から，本文の内容と合うものを1つ選び，記号で答えなさい。

ア Akiko wasn't interested in working at the restaurant before starting career experience.
イ Akiko went to Takeda-san to ask for help when she made a mistake on the third day.
ウ Akiko was glad to hear the words from the customer in the wheelchair.
エ Akiko took orders and served the food at the restaurant all the three days.

(7) 竹田さん（Takeda-san）の考える，レストランで働く喜びとは何かを，日本語で書きなさい。

(1)	ⓐ		ⓑ		(2)	
(3)	①		②			
(4)						
(5)	C		D		(6)	
(7)						

■平成31年度問題

5 次の英文は，中学生の美咲（Misaki）が，学校行事の合唱コンクール（chorus contest）の練習を振り返って書いたものである。この英文を読んで，(1)～(7)の問いに答えなさい。

Last fall, we had the chorus contest in our junior high school. I was the leader of the alto part.

The song of my class was [A], but my part members [B] it well quickly. I felt we were taking the first step, and this made me happy. Then, I wanted the singing voice of my part to be more cheerful. So, I always said to my part members, "Sing in a big voice!" We sang in a bigger voice. I was glad to think our singing voice was ⓐ(get) better. I thought I was working well as a leader.

Some days later, Haruna, the conductor, said, "All the part leaders, come to the front, and listen to the chorus." When I listened to the chorus, I was very shocked. The voice of the alto part was often too big. I thought, "My advice was only for the alto part. I didn't think about the other parts." Then, Haruna said, "Leaders, tell your part members what to do. And start your part practice." In the part practice, I couldn't say anything about their voices.

After the practice, I was going home with Haruna without saying anything. I was thinking only about my job as a leader. Haruna asked me, "Are you worried about something?" I answered, "The voice of my part was often too big because my advice as a leader wasn't good. But...I couldn't tell my part members about it. I didn't want them to think I was a bad leader." Haruna looked a little surprised and said, "I also found the bad point of our chorus, but I didn't tell it to anyone as the conductor. And I asked the part leaders to give advice to the members." She continued, "<u>I'm sorry, Misaki.</u> I understand you're having a hard time now." I said, "No, it's not because of you. I didn't lead my part members well." Finally, Haruna said, "From tomorrow, both of us should [　　　]."

The next day, while we were singing together with all the classmates, Haruna said to everyone, "Start the song in a small voice. From here, a little bigger." Haruna ⓑ(give) good advice and led everyone better. At that time, I thought, "It's necessary for me to tell my part members even about bad points that are hard to say." In the part practice, I said to the members, "I have something to tell you. I always told you to sing in a big voice, but it took the beautiful harmony away from the chorus." They looked at each other and smiled. One of them said, "Really? Was our voice too big?" Another member said, "Thank you for telling us, Misaki. Please give us more advice. You are our leader!" I was glad to hear their words. Then, I said, "OK. Let's start our part practice again!"

（注） leader(s)：リーダー　alto：アルト　member(s)：メンバー　step：段階　cheerful：元気のよい　conductor：指揮者　shocked：ショックを受けた　advice：助言　practice：練習　lead：～を導く（ledは過去形）　harmony：ハーモニー

(1) 本文中の [A]，[B] の中に補う英語の組み合わせとして，次のア～エの中から最も適切なものを1つ選び，記号で答えなさい。

ア A：very easy　B：were able to sing
イ A：very easy　B：weren't able to sing
ウ A：really difficult　B：were able to sing
エ A：really difficult　B：weren't able to sing

(2) ⓐ，ⓑの（　　）の中の語を適切な形に直しなさい。

(3) 次の質問に対して，英語で答えなさい。

① Why did Misaki want her part members to sing in a big voice?
② What did Misaki find about the voice of the alto part when she listened to the chorus?

(4) 本文中の下線部のように晴菜（Haruna）が謝っているのは，美咲を悩ませてしまったと考えたからである。美咲を悩ませてしまった原因として，晴菜が考えたことをすべて，日本語で書きなさい。

(5) 本文中の [　　] の中に補う英語として，次のア～エの中から最も適切なものを1つ選び，記号で答えなさい。

ア listen to their ideas　**イ** practice singing harder
ウ tell a good point to them　**エ** try to be better leaders

(6) 次のア～エの中から，本文の内容と合うものを1つ選び，記号で答えなさい。

ア Misaki didn't think she should sing in a big voice because she was a leader.
イ Misaki told Haruna nothing about the alto part when they went home together.
ウ Misaki couldn't tell the bad point to her part members, and she asked Haruna to do so.
エ Misaki felt very happy when she heard the words of the members in the alto part.

(7) 美咲と晴菜が一緒に帰った次の日，晴菜がみんなに助言する姿を見て，美咲はどのようなことを思ったか。美咲が思ったことを，日本語で書きなさい。

(1)		(2) ⓐ		ⓑ		(5)		(6)	
(3)	①								
	②								
(4)									
(7)									

■令和２年度問題

5 次の英文は，中学生の健（Ken）が，ボランティア活動（a volunteer activity）をしたときのことについて書いたものである。この英文を読んで，(1)〜(7)の問いに答えなさい。

During the summer vacation, I visited a nursing home for four days to work as a volunteer.

In the afternoon of the first day, many residents were enjoying their teatime. Eight residents were sitting around a big table in the dining room. A care worker said to me, "Ken, come here. Why don't you talk together ?" I felt a little nervous. But I went to the table and said to the eight residents, "Good afternoon, I'm Ken. Nice to meet you." Then, I ⓐ(sit) next to an old woman called Reiko-san. She smiled and said to me, "Hello. How old are you ? Where do you live ?" I answered, "Well, I'm fourteen. I live near this nursing home." I was happy when Reiko-san talked to me. Then, I wanted to ask some questions about her, but I [A] what I should ask. So, I [B], and we kept quiet. I felt sorry for her.

In the teatime of the second day, Reiko-san was drinking tea. When I saw her, I wanted to talk a lot with her. So, I told her about various things. But she just smiled and listened to me. I didn't think Reiko-san was enjoying her time with me.

In the afternoon of the next day, I helped to clean the hall at the nursing home. When I was cleaning, I found many pictures painted by the residents. I stopped cleaning to look at the pictures because I liked painting. At that time, a wonderful picture caught my eye. I found Reiko-san's name under it. I said to a care worker, "This picture painted by Reiko-san is wonderful." He said, "Yes. She can paint pictures the ⓑ(well) of all the residents." I was glad I found a topic to share with Reiko-san.

On the last day, I met Reiko-san. I said to her, "I saw your wonderful picture. Actually, I like painting pictures. Do you like painting, too ?" Reiko-san answered, "Yes, I love painting." Then, I continued, "Can I ask you [ ] ?" She smiled and answered, "Sure...since I was about forty years old." We talked a lot about painting pictures. I enjoyed talking with Reiko-san. At the end of the day, she said, "Thank you." I didn't know why she said that. I just looked at her for a minute. Then, Reiko-san continued, "You told me a lot of things that I didn't know. And, you gave me a chance to talk about things that I was interested in." I was happy to hear that. I asked her, "Could you show me some other pictures ?" Reiko-san answered, "Sure. I want to see your pictures, too. Can you visit me again and bring them ?" I said, "No problem !" We smiled at each other.

I'm very glad I visited the nursing home as a volunteer. I'll see her again soon.

（注） nursing home：老人ホーム　resident：入居者　teatime：お茶の時間
dining room：食堂　care worker：介護福祉士　various：さまざまな
hall：大広間　paint：〜を描く　topic：話題　actually：実は

(1) ⓐ，ⓑの（　　）の中の語を適切な形に直しなさい。

(2) 本文中の [A]，[B] の中に補う英語の組み合わせとして，次の**ア**〜**エ**の中から最も適切なものを１つ選び，記号で答えなさい。

ア A：knew　B：asked many questions
イ A：knew　B：didn't ask anything
ウ A：didn't know　B：asked many questions
エ A：didn't know　B：didn't ask anything

(3) 次の質問に対して，英語で答えなさい。

① How did Ken feel before talking to the eight residents on the first day ?
② What did Ken do to talk a lot with Reiko-san on the second day ?

(4) 健は，老人ホームでのボランティア活動で礼子さん（Reiko-san）と出会った。そのボランティア活動の３日目に，健にとってうれしいことがあった。ボランティア活動の３日目にあった，健にとってのうれしかったことを，日本語で書きなさい。

(5) 本文中の [ ] の中に補う英語として，次の**ア**〜**エ**の中から最も適切なものを１つ選び，記号で答えなさい。

ア when you started to live in the nursing home
イ why you didn't tell me about your picture
ウ how long you have painted pictures
エ how you painted the picture well

(6) 本文中の下線部で，礼子さんは，健に感謝の気持ちを伝えている。礼子さんが健に感謝していることをすべて，日本語で書きなさい。

(7) 次の**ア**〜**エ**の中から，本文の内容と合うものを１つ選び，記号で答えなさい。

ア On the first day, Reiko-san invited Ken to the afternoon teatime with the eight residents.
イ On the second day, Ken thought Reiko-san enjoyed talking with him because she smiled.
ウ On the third day, Ken told Reiko-san that he also liked painting pictures very much.
エ On the fourth day, Reiko-san asked Ken to meet her again to show her his pictures.

(1)	ⓐ		ⓑ		(2)		(5)		(7)	
(3)	①									
	②									
(4)										
(6)										

■令和3年度問題

5 次の英文は，バレーボール部に所属する中学生の早紀（Saki）が，転校生の恵子（Keiko）とのできごとを振り返って書いたものである。この英文を読んで，(1)～(7)の問いに答えなさい。

On the first day after the summer vacation, our class had a new student, Keiko. She ⓐ(stand) in front of us and said, "Hello, my name is Keiko. Nice to meet you." Everyone in our class gave a warm applause to Keiko. Then, she sat next to me.

In the short break, I found that Keiko and I had the same towel. So, my towel gave me a chance to speak to her. I said to her, "Look at my towel!" Keiko said, "Wow, the character on our towels is my favorite!" Then, [　　　] and both of us talked a lot together. When the break finished, I felt we were becoming friends. I thought, "I want to know more about Keiko."

The next day, I said to Keiko, "I'm on the volleyball team. What club were you in before?" Keiko said, "I was on the volleyball team, too." At that time, she tried to say something more, but she [A] saying the next words. I didn't know what she wanted to say and what club she wanted to be in, [B] to invite her to the practice of our volleyball team. I said to her, "Why don't you practice volleyball with us after school?" She said, "OK." Keiko joined our practice on that day. She played volleyball well. In that week, she practiced with us two more days. We had a good time with Keiko and asked her to be on the volleyball team. But she didn't say anything about it.

On Monday of the next week, just before ⓑ(go) to the gym, I said to Keiko, "You didn't join the volleyball practice yesterday. Will you join it today?" Then, she said, "Sorry, Saki. I won't practice volleyball." I asked, "Oh, why?" Keiko said, "Well...I have something to do." She left the classroom quickly and didn't join the volleyball practice. When I was practicing volleyball, I thought only about Keiko.

The next morning, when Keiko came in the classroom, I spoke to her. I said, "Good morning. Well...what did you do yesterday?" Keiko thought about what to say, and then she said, "I joined the practice of the brass band. I want to be a member of it." I asked, "Why didn't you tell me about that?" Keiko said, "My last school doesn't have the brass band, and I have never been in it. So, I'm not sure I will do well. Being a member of it will be a big challenge." When I heard Keiko's words, I found the thing she wanted to try was different from the thing I wanted her to do. After school, I said to Keiko, "You should be in the brass band. You will get a good experience and learn something important. I hope you can do well!" Keiko looked glad to hear my words. She said, "OK...I will try."

Now, Keiko is doing well in the brass band, and she is my best friend.

（注）applause：拍手　break：休憩　towel：タオル　character：キャラクター　brass band：吹奏楽部　member：部員　challenge：挑戦

(1) ⓐ，ⓑの（　　）の中の語を適切な形に直しなさい。

(2) 次の質問に対して，英語で答えなさい。

① Why did Saki's towel give her a chance to speak to Keiko?

② How many days did Keiko join the practice of the volleyball team?

(3) 本文中の[　　　]の中に補う英語として，次のア～エの中から最も適切なものを1つ選び，記号で答えなさい。

ア I didn't listen to Keiko

イ Keiko finished talking with me

ウ I asked Keiko about many things

エ Keiko didn't spend the break with me

(4) 本文中の[A]，[B]の中に補う英語の組み合わせとして，次のア～エの中から最も適切なものを1つ選び，記号で答えなさい。

ア A：stopped　　B：but I decided

イ A：didn't stop　　B：but I decided

ウ A：stopped　　B：because I didn't decide

エ A：didn't stop　　B：because I didn't decide

(5) 本文中の下線部で，恵子は，用事があると早紀に伝えて，早紀の誘いを断っている。早紀の誘いを断った日に恵子がしていたことを，日本語で書きなさい。

(6) 恵子の不安な気持ちを聞いたとき，早紀はどのようなことに気付いたか。早紀が気付いたことを，日本語で書きなさい。

(7) 次のア～エの中から，本文の内容と合うものを1つ選び，記号で答えなさい。

ア On the first day as a new student, Keiko sat next to Saki without saying hello to her class.

イ When Keiko was asked to be a member of the volleyball team, she said nothing about it.

ウ After Keiko left the classroom quickly, Saki didn't join the volleyball practice that day.

エ Saki and Keiko left the volleyball team and joined the brass band to get a good experience.

(1)	ⓐ		ⓑ		(3)		(4)		(7)	
(2)	①									
	②									
(5)										
(6)										

■令和４年度問題

次の英文は，バスケットボール部に所属する中学生の直人（Naoto）が，祖母とのできごとを振り返って書いたものである。この英文を読んで，(1)～(7)の問いに答えなさい。

One day in spring, I saw a poster in my classroom. The poster said, "Let's plant sunflowers in the town park together!" It was an event planned by a volunteer group in our town. I didn't think it was interesting, so I ⓐ(take) my bag and left the classroom.

Next Saturday morning, I went to school to practice basketball. When I was walking by the town park, I saw my grandmother was planting sunflowers with some people in the park. Then, I remembered that poster. I asked her, "Are you in this volunteer group?" She answered, "Yes. We pick up trash in this park every Saturday. But today, we came here to plant sunflowers. I planned this new event." I said to her, "Really? Why did you plan it?" She said, "Many young people in this town want to live in big cities in the future. It's sad to me. If beautiful sunflowers are in this large park, I think some of them will find this town is a wonderful place." She also said, "How about joining us, Naoto? I sent posters to many places, but we have only ten people now." I thought, "This park is large. Planting sunflowers with only ten people is hard. She [A], but I have my basketball practice." So, I said to her, "Sorry, I have to go to school," and started [B]. She looked sad.

When I arrived at my school gym, I thought it was too large. Our team had eight members, but two of them didn't come on that day. Three members and I practiced hard, but two members didn't. They sometimes stopped ⓑ(run) and sat down during the practice. They said, "We always have to practice the same things because we are a small team. We can't win the games without more teammates." When I listened to them, I felt sad. I thought, "[ ], but I believe that there is a way to become a strong team." I wanted to say something to them, but I didn't.

After the practice, I walked by the town park again. Then, I was surprised. About thirty people were planting sunflowers in the park. I found my grandmother there. I asked her, "Why are there so many people here?" She answered, "I saw many people in the park, so I told them why we were planting sunflowers. Then, many of them joined us." I asked her, "Is that everything you did?" "Yes, I just talked with them," she answered. Her words gave me an answer to my problem. Then, I joined the event and worked with her.

After the event, I told her about my basketball team and said, "Today, I found that talking with other people is necessary to change something. Next week, I'll tell my teammates that I want to make a strong team together. I hope they will understand me." She listened to me and smiled.

（注） The poster said：ポスターに～と書いてある　plant：～を植える
sunflower：ひまわり　volunteer：ボランティアの　pick up：～を拾う
trash：ごみ　member：部員　teammate：チームメート

(1) 本文中のⓐ，ⓑの（　　）の中の語を，それぞれ適切な形に直しなさい。

(2) 次の質問に対して，英語で答えなさい。

① What was Naoto's grandmother doing when Naoto was walking by the park on Saturday morning?

② How many students were there at the basketball practice on Saturday?

(3) 本文中の[A]，[B]の中に補う英語の組み合わせとして，次の**ア**～**エ**の中から最も適切なものを１つ選び，記号で答えなさい。

ア　A：needs more people　　B：working in the park
イ　A：needs more people　　B：walking to school
ウ　A：doesn't need any people　　B：working in the park
エ　A：doesn't need any people　　B：walking to school

(4) 本文中の[ ]の中に補う英語として，次の**ア**～**エ**の中から最も適切なものを１つ選び，記号で答えなさい。

ア　We don't have many members　　**イ**　We don't have a place to practice
ウ　Our team always win the games　　**エ**　Our team always enjoy the practice

(5) 直人の祖母がイベントを計画したのは，祖母がどのようなことを悲しいと感じているからか。祖母が悲しいと感じていることを，日本語で書きなさい。

(6) 直人は，バスケットボールの練習のあとに祖母と会話をし，どのようなことが分かったと話しているか。直人が話している，祖母と会話をして分かったことを，日本語で書きなさい。

(7) 次の**ア**～**エ**の中から，本文の内容と合うものを１つ選び，記号で答えなさい。

ア　When Naoto saw a poster at school, he wanted to be a member of the volunteer group.

イ　Naoto's grandmother was in a volunteer group and planted sunflowers every spring.

ウ　Because Naoto's grandmother sent posters to schools, about thirty people joined the event.

エ　Naoto planted sunflowers with his grandmother in the park after his basketball practice.

(1)	ⓐ		ⓑ		(3)		(4)		(7)	

(2)	①	
	②	
(5)		
(6)		

条件英作文

■平成26年度問題

3 次のジェーン（Jane）と真美（Mami）の会話において，（　　）内に示されていることを伝える場合，どのように言えばよいか。(1)，(2)の［　　］の中に，適切な英語を補いなさい。

Jane：Hi, Mami.　You look happy.　What's up ?
Mami：Oh, ［(1)(いい知らせがあったの。)］　Do you want to know about it ?
Jane：Yes, of course !
Mami：OK.　［(2)(ここだけの話よ。)］

(1)	
(2)	

4 太郎（Taro）が友人のマイク（Mike）の家に電話をかけたところ，マイクのお母さんが電話に出て，マイクは出かけていて不在だと教えてくれた。太郎は，マイクのお母さんに，午後４時に自分は出かけるので，その前にマイクが帰宅したら電話をくれるようにマイクに伝えてほしいと依頼することにした。あなたが太郎なら，下線部の内容を，どのようにマイクのお母さんに伝えるか。伝える言葉を英語で書きなさい。

■平成27年度問題

3 次の母親（Mother）と息子（Son）の会話において，（　　）内に示されていることを伝える場合，どのように言えばよいか。(1)，(2)の［　　］の中に，適切な英語を補いなさい。

Mother：［(1)(今，手があいているかしら。)］
Son：I'm just reading a book, but why ?
Mother：［(2)(買い物を頼みたいんだけど。)］
Son：Well...　All right.　What do you need ?
Mother：Milk and orange juice.

(1)	
(2)	

4 美穂（Miho）は，初めて日本に来る友人のケビン（Kevin）を夕食に招くことになった。美穂は，ケビンのために，母と一緒に日本料理を作るので，苦手な食べ物があったら教えてほしいという内容を，電子メールでケビンに伝えることにした。あなたが美穂なら，下線部の内容を，どのようにケビンに伝えるか。伝える言葉を，英語で書きなさい。

■平成28年度問題

3 次の母親（Mother）と息子（Son）の会話において，（　　）内に示されていることを伝える場合，どのように言えばよいか。(1)，(2)の［　　］の中に，適切な英語を補いなさい。

Son：How will the weather be tomorrow?
Mother：It will be warm and sunny.
Son：［(1)(出かけるにはもってこいだなあ。)］
Mother：Yes...　but you have a lot of homework, right?
Son：I know, but ［(2)(息抜きだって必要だよ。)］

(1)	
(2)	

4 太郎（Taro）の町では伝統的な祭りが行われている。そこで，太郎は，日本に留学に来ている友人のボブ（Bob）に，昔ながらの日本にふれることができるので，町の祭りを一緒に見に行こうと誘うことにした。あなたが太郎なら，下線部の内容を，どのようにボブに伝えるか。伝える言葉を，英語で書きなさい。

■平成29年度問題

3 次のジョン（John）と太郎（Taro）の会話を読んで，(1)，(2)の問いに答えなさい。

John : Thank you for teaching me Japanese every day.
Taro : No problem. [A] You're great.
（上達がはやいね。）
John : Thank you. Japanese is very interesting, but *kanji* is very difficult.
How did you learn *kanji* ?
Taro : [B] when I was an elementary school student. That helped me a lot.
John : OK. I'll try that.

(1) [A] において，（　　）内に示されていることを伝える場合，どのように言えばよいか。[A] の中に，適切な英語を補いなさい。

(2) 会話の流れが自然になるように，[B] の中に，５語以上の英語を補いなさい。

(1)	A	
(2)	B	

4 美絵子（Mieko）は，アメリカでホームステイをすることになった。美絵子は，アメリカ出身のアリソン（Allison）先生に，ホストファミリー（host family）にちょっとした贈り物を持っていきたいので，どのようなものが喜ばれるかを聞いてみることにした。あなたが美絵子なら，下線部の内容を，どのようにアリソン先生に伝えるか。伝える言葉を，英語で書きなさい。

■平成30年度問題

3 メアリー（Mary）と賢（Ken）の会話に関する，(1)，(2)の問いに答えなさい。

(1) 次の[　　]において，（　　）内に示されていることを伝える場合，どのように言えばよいか。[　　]の中に，適切な英語を補いなさい。

Mary : Hi, Ken. What's up ?
Ken : We've just bought a dog. He's very cute, but [　　　　]
Mary : I have a dog, too. So, I know what you mean. （手がかかるんだ。）

(2) 会話の流れが自然になるように，次の[　　]の中に，７語以上の英語を補いなさい。

Mary : My family wants to come to Japan. Which season is the best to visit Japan ?
Ken : Well, I think spring is the best.
Mary : Why ?
Ken : [　　　　]
Mary : Nice. I'll tell it to my family.

(1)	
(2)	

4 英語部の部長の舞（Mai）は，入院中の部員の由美（Yumi）のことで，顧問のベル先生（Ms. Bell）を訪ねて職員室に来たが，不在だったので，メモを残していくことにした。伝えたいことは，由美のお見舞いに行き，部員からの手紙を渡すということと，ベル先生にも手紙を書いていただき，その手紙を明日取りにうかがいたいということである。あなたが舞なら，これらのことを伝えるために，どのようなメモを残すか。次の[　　]の中に英文を補い，メモを完成しなさい。

Hello, Ms. Bell.

Thank you for your time. Mai

■平成31年度問題

3 百合（Yuri）とジョン（John）の会話に関する，(1)，(2)の問いに答えなさい。

(1) 次の[　　]において，（　　）内に示されていることを伝える場合，どのように言えばよいか。[　　]の中に，適切な英語を補いなさい。

Yuri : Hey, John ! A new student will come to our school from Tokyo !
John : Oh, really ? [　　　　]
（それは初耳だよ。）

(2) 会話の流れが自然になるように，次の[　　]の中に，７語以上の英語を補いなさい。

John : Your mother said *Hinamatsuri* was coming soon. What is *Hinamatsuri* ?
Yuri : [　　　　]
John : I see. Thank you for telling me.

(1)	
(2)	

4 中学生の久美（Kumi）は，友人のエマ（Emma）に，メールを送ることにした。伝えたいことは，私の誕生日に父親がカメラを買ってくれたので，冬休み中に一緒に写真を撮りに行かないかということである。あなたが久美なら，このことを伝えるために，どのようなメールを書くか。次の[　　]の中に英文を補い，メールを完成しなさい。

Hello, Emma.

Bye,
Kumi

■令和２年度問題

3 ルーシー（Lucy）と直人（Naoto）の会話に関する，(1)，(2)の問いに答えなさい。

(1) 次の［　　］において，(　　　) 内に示されていることを伝える場合，どのように言えばよいか。［　　］の中に，適切な英語を補いなさい。

Lucy : I used the Internet and bought the thing that I wanted ! The Internet is very useful.

Naoto : I think so, too. ［　　　　　　　　］
(今の私たちに欠かせないね。)

(2) 会話の流れが自然になるように，次の［　　］の中に，７語以上の英語を補いなさい。

Lucy : Oh, I forgot to return this book to the library. I often forget to do things.

Naoto : Really ?

Lucy : What can I do to stop forgetting to do things ?

Naoto : ［　　　　　　　　］

Lucy : I see. I'll try that.

(1)	
(2)	

4 中学生の友恵（Tomoe）は，友人のマーク（Mark）に，旅先のロンドンから手紙を送ることにした。伝えたいことは，昨日ロンドンに着いて今日は市内観光をしているということと，見るものすべてにわくわくしているということである。あなたが友恵なら，これらのことを伝えるために，どのような手紙を書くか。次の［　　］の中に英語を補い，手紙を完成させなさい。

Dear Mark,
Hello.

Your friend,
Tomoe

■令和３年度問題

3 次の英文は，彩香（Ayaka）とニック（Nick）との会話である。会話の流れが自然になるように，次の［(1)］，［(2)］の中に，それぞれ７語以上の英語を補いなさい。

Ayaka : Hi, Nick. You look nice in that shirt.

Nick : My mother got it for me on the Internet.

Ayaka : Buying clothes on the Internet is useful, because ［　　(1)　　］

Nick : Last week, I visited a store near my house and got a shirt. Buying clothes in stores is sometimes better than on the Internet, because ［　　(2)　　］

Ayaka : I see.

(1)	
(2)	

4 翔太（Shota）は，カナダ（Canada）へ帰国することになった留学生のキャシー（Cathy）に，メッセージカードを渡すことにした。伝えたいことは，カナダの若者の間で流行している音楽を教えてくれたことに感謝しているということと，電子メール（Eメール）を送るから返信してほしいということである。あなたが翔太なら，これらのことを伝えるために，どのようなメッセージを書くか。次の［　　］の中に英語を補い，メッセージを完成させなさい。

Dear Cathy.

Shota

■令和４年度問題

3 次の英文は，正太（Shota）とマーク（Mark）との会話である。会話の流れが自然になるように，次の［(1)］，［(2)］の中に，それぞれ７語以上の英語を補いなさい。

Shota : Hi, Mark. Let's go to the sea next week.

Mark : OK. Let's go there by bike because ［　　(1)　　］

Shota : I understand, but using a train is better. If we use a train, ［　　(2)　　］

Mark : I see.

(1)	
(2)	

4 由美（Yumi）は，友人のルーシー（Lucy）にメールを送ることにした。伝えたいことは，来月，英語を勉強している子供たちに英語の歌を歌ってあげるつもりなので，ルーシーも私の部屋に来てピアノを弾いてくれないかということである。あなたが由美なら，このことを伝えるために，どのようなメールを書くか。次の［　　］の中に英語を補い，メールを完成させなさい。

Hello, Lucy.

Bye,
Yumi

リスニング問題と台本（平成26年度から令和２年度まで省略）

■令和３年度問題

1 (1)　これから，中学生の由美（Yumi）と留学生のジョン（John）が，英語でA，B，C，Dの４つの会話をします。それぞれの会話のあとに，英語で質問をします。その質問の答えとして最も適切なものを，ア，イ，ウ，エの４つの中から１つ選び，記号で答えなさい。

A
John：Hi, Yumi.　What subject did you study yesterday?
Yumi：I studied Japanese.　Did you study it, too?
John：No.　I studied math yesterday.　Well, what are you doing now?
Yumi：I'm doing my English homework.　It's really difficult.
John：I will finish my science homework first.　After that, I'll help you.
質問　What subject did John study yesterday?

ア　国語　イ

ウ

エ

B
John：Yumi, you have wanted to see this movie, right?　I will see the movie with Takashi tomorrow.　Why don't you come with us?
Yumi：Thank you, but I saw the movie last Sunday.
John：Really?　Who did you go with?　With Haruna and Tomoko?
Yumi：Haruna had a piano lesson and couldn't go on that day.　So, I only went with Tomoko.
John：I see.
質問　Who went to the movie with Yumi last Sunday?

ア　イ　ウ　エ

C
Yumi：All of the games have finished.　How many games did your class win?
John：We didn't win all of them, but we won two games.　How about your class?
Yumi：Not good.　My class won just one game, so two classes were better than mine.　I wanted to win more games.
John：Don't be so sad.　You had a good time, right?
Yumi：Of course.
質問　Which is Yumi's class?

ドッジボール大会　対戦結果

	クラス	A組	B組	C組	D組	結果
ア	A組		×	○	×	1勝
イ	B組	○		○	○	3勝
ウ	C組	×	×		×	0勝
エ	D組	○	×	○		2勝

D
Yumi：Our train has just left Nishi Station.　We will be at Higashi Station in twenty minutes.
John：Can we get there without changing trains?
Yumi：No, we can't.　This train only stops at Chuo Station before arriving at Minato Station.
John：Then, how can we get to Higashi Station?
Yumi：We will change trains at the next station.
John：OK.
質問　Where will Yumi and John change trains?

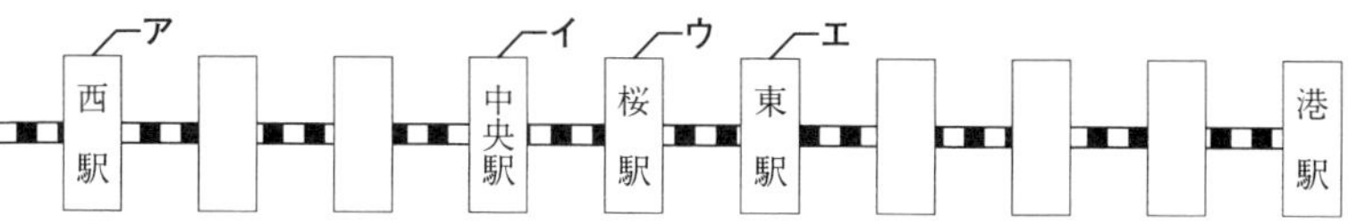

(2)　これから，中学生の由美（Yumi）が，英語で話をします。その話の内容について，問題用紙にある３つの質問をします。それぞれの質問に対する正しい答えとなるように，（　　）の中に，適切な語や語句を記入しなさい。

I like to go to the zoo to watch animals and people taking care of them.　I want to work with animals in the future.　So, I like to read books and watch TV programs about animals.

My family loves animals.　We have a dog called Pochi.　Each of us does a different thing for Pochi.　My mother usually gives food to Pochi.　My brother washes Pochi twice every month, and I walk Pochi for about thirty minutes every day.

Last Saturday, I walked Pochi to a park and played together with a ball there in the morning.　I finished playing with Pochi at noon.　One hour after I got home, my father brought another dog home.　I was surprised by that.

Now, we have two dogs and enjoy a life with them.

質問１　What does Yumi want to do in the future?
質問２　What does Yumi's brother do for Pochi?
質問３　Why was Yumi surprised last Saturday?

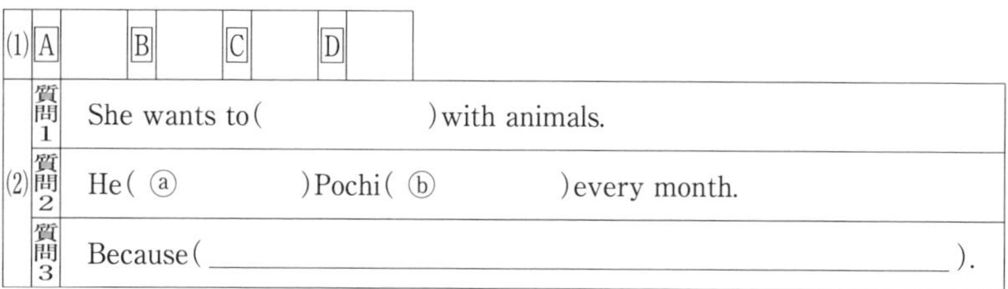

(1)		A　　B　　C　　D
(2)	質問1	She wants to (　　　　) with animals.
	質問2	He (ⓐ　　　　) Pochi (ⓑ　　　　) every month.
	質問3	Because (　　　　　　　　　　).

■令和4年度問題

1 (1)　これから，中学生の健太（Kenta）と留学生のメアリー（Mary）が，英語でA，B，C，Dの4つの会話をします。それぞれの会話のあとに，英語で質問をします。その質問の答えとして最も適切なものを，ア，イ，ウ，エの4つの中から1つ選び，記号で答えなさい。

A　Kenta : You look tired, Mary.　What time did you go to bed yesterday?
Mary : At eleven thirty.
Kenta : Oh, that's late.　I always go to bed between ten and eleven.
Mary : I usually go to bed at ten thirty, but I had many things to do yesterday.
質問　What time did Mary go to bed yesterday?

ア

イ

ウ

エ

B　Mary : I have a presentation about Japanese food next week.　What should I do?
Kenta : First, you should go to the library.　Then, how about visiting a Japanese restaurant to ask some questions?　After that, you can cook some Japanese food at your house.
Mary : Thank you, but I went to the library yesterday.　So, first, to find a Japanese restaurant, I'll use the Internet in the computer room this afternoon.
Kenta : That's a good idea.
質問　What will Mary do first this afternoon?

ア

イ

ウ

エ

C　Kenta : Did you see my dictionary?
Mary : I saw a dictionary on the table by the window.
Kenta : It's yours.　I checked my bag, too, but I couldn't find mine.
Mary : Umm... Look!　There is a dictionary under that desk.
Kenta : The desk by my bag?
Mary : No, the desk by the door.　Some pencils are on it.
Kenta : Oh, that's mine.
質問　Where is Kenta's dictionary?

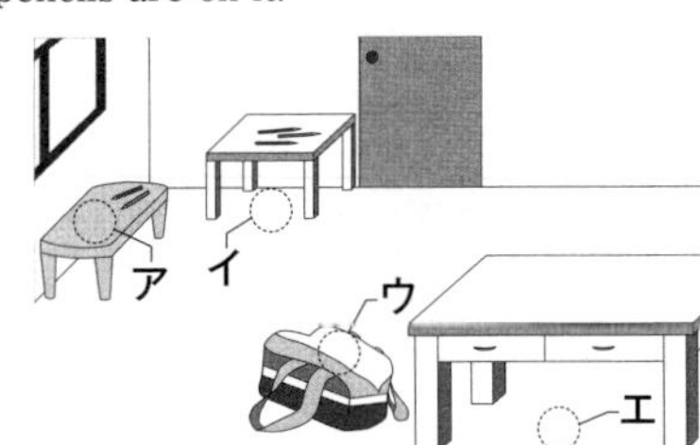

D　Kenta : What is the most popular thing to do at home in your class, Mary?
Mary : Look at this paper.　Watching TV is the most popular in my class.
Kenta : Really?　In my class, listening to music is more popular than watching TV. Reading books is not popular.
Mary : In my class, reading books is as popular as listening to music.
質問　Which is Mary's class?

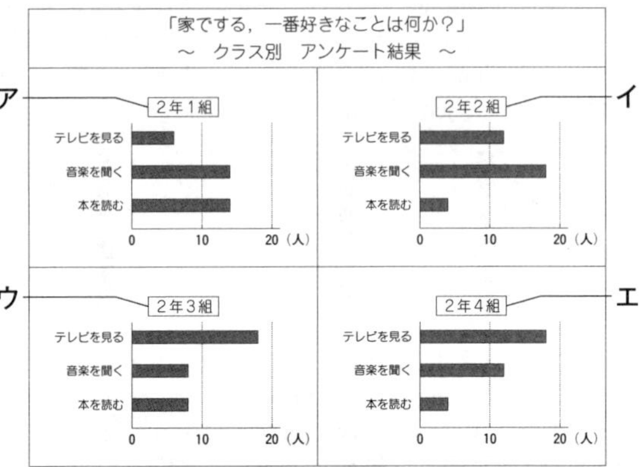

(2)　これから，中学生の健太（Kenta）が，英語で話をします。その話の内容について，3つの質問をします。それぞれの質問に対する正しい答えとなるように，（　　）の中に，適切な数字や語，語句を記入しなさい。

I live with my father, mother, and sister.　My parents and my sister work hard every day.

Last summer, my parents went to Nagano to meet their friends and stayed there for seven days.　My sister and I didn't go with them.　When my parents stayed in Nagano, we did different things in our house.　I cooked breakfast and dinner.　My sister washed the dishes.　But we cleaned the house together before breakfast. Life without our parents was hard but fun.

When my parents came home, they were surprised because I made a cake for them.　They ate the cake and told me it was very good.　So, I was happy.

Now I sometimes cook dinner for my family.

質問1　How long did Kenta's parents stay in Nagano?
質問2　What did Kenta do with his sister before breakfast?
質問3　Why were Kenta's parents surprised when they came home?

(1)	A		B		C		D	
(2)	質問1	They stayed there for (　　　　) days.						
	質問2	He (ⓐ　　　　) the (ⓑ　　　　) with his sister.						
	質問3	Because Kenta (　　　　　　　　　　　　).						

公立高校入試出題単元

過去９年間
（平成26年～令和４年まで）

理　科

小問
■平成26年度1
■平成27年度1
■平成28年度1
■平成29年度1
■平成30年度1
■平成31年度1
■令和２年度1
■令和３年度1
■令和４年度1

身近な科学
■平成30年度6(2)(3)
■令和３年度3(4)

化学変化と物質の性質
■平成26年度5
■平成28年度3
■平成31年度3(1)
■令和２年度3(2)
■令和３年度6(2)
■令和４年度6(1)

イオン
■平成27年度3
■平成30年度3
■平成31年度3(2)
■令和２年度3(1)
■令和３年度6(1)
■令和４年度6(2)

電流とそのはたらき
■平成27年度6
■平成30年度6(1)
■令和３年度3(3)
■令和４年度3

運動とエネルギー
■平成26年度6
■平成28年度6
■平成31年度6
■令和２年度6
■令和３年度3(1)(2)

植物のつくりとはたらき
■平成26年度2
■平成29年度2(2)
■平成31年度2(1)(2)
■令和２年度2(1)

動物のからだのはたらき
■平成27年度2(1)
■平成28年度2
■令和２年度2(2)

大地の変化
■平成26年度4
■平成27年度4
■平成29年度4
■平成30年度4
■平成31年度5
■令和３年度4
■令和４年度4

天気の変化
■平成27年度5
■平成28年度4
■平成31年度4
■令和２年度5
■令和３年度5

地球と太陽系
■平成26年度3
■平成28年度5
■平成29年度5
■平成30年度5
■令和２年度4
■令和４年度5

細胞・遺伝
■平成27年度2(2)
■平成30年度2
■令和３年度2

生物界のつながり
■平成29年度2(1)
■平成31年度2(3)
■令和４年度2

小問

■平成26年度問題

1

(1)　原子が電子を失ったり，受け取ったりして，＋または－の電気を帯びたものは何とよばれるか。その名称を書きなさい。

(2)　熱いものに手が触れると，大脳で熱いと感じる前に，手を引っこめる反応が起こる。このとき，手の皮ふが刺激を受け取ってから筋肉が反応するまでの，刺激が伝わる道すじは，どのようになるか。次の［　　］の中が，このときの道すじを適切に表したものになるように，（　㋐　）～（　㋒　）に当てはまる語を，下のア～ウの中から１つずつ選び，記号で答えなさい。

手の皮ふ →（　㋐　）→（　㋑　）→（　㋒　）→ 筋肉

ア　運動神経　　**イ**　感覚神経　　**ウ**　せきずい

(3)　**図１**のようにして，質量２kgの直方体のレンガをスポンジの上に置き，**ア**～**ウ**のそれぞれの面を下にしたときのスポンジのへこみ方を調べた。スポンジが最も深くへこむのは，どの面を下にして置いたときか。**図１**の**ア**～**ウ**の中から１つ選び，記号で答えなさい。また，最も深くへこんだとき，スポンジがレンガによって受ける圧力を，単位をつけて答えなさい。ただし，100 gの物体にはたらく重力の大きさを１Ｎとする。

図１

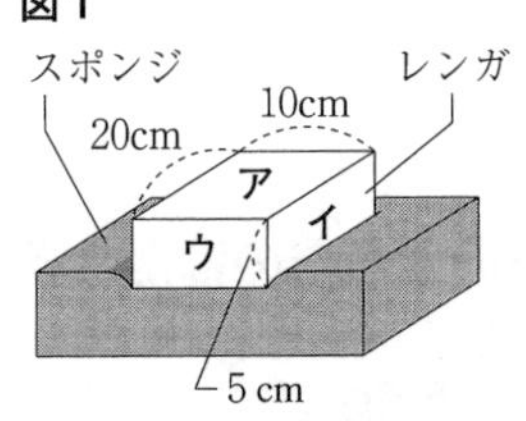

(4)　夏のおだやかな晴れた日に，海岸で風向の変化を調べたところ，昼間は海から陸に向かって海風がふき，夜間は逆に陸から海に向かって陸風がふくことが分かった。
　次の［　　］の中の文章が，晴れた日の昼間に，海から陸に向かって海風がふく理由について適切に述べたものになるように，文章中の（　**ア**　）～（　**キ**　）のそれぞれに，「陸」か「海」のいずれかの語を補うとき，「陸」が入るものをすべて選び，記号で答えなさい。

　（　**ア**　）は（　**イ**　）よりもあたたまりやすいため，晴れた日の昼間は（　**ウ**　）上よりも（　**エ**　）上の気温が高くなる。その結果，（　**オ**　）上に上昇気流ができ，（　**カ**　）上の気圧が（　**キ**　）上の気圧よりも低くなるので，海から陸に向かって海風がふく。

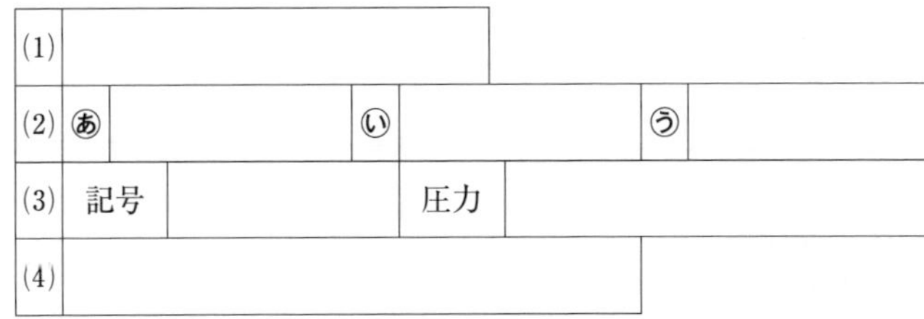

(1)					
(2)	㋐	㋑		㋒	
(3)	記号		圧力		
(4)					

■平成27年度問題

1

(1)　**図１**は，オオカナダモの葉を顕微鏡で観察したときの細胞のスケッチである。スケッチにみられる緑色の粒では光合成が行われている。この緑色の粒は何とよばれるか。その名称を書きなさい。

図１

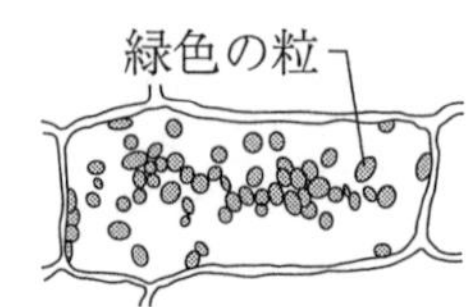

(2)　次の**ア**～**エ**の中から，バイオリンで440Hzの音と880Hzの音を出すときの，弦が１秒間に振動する回数と音の高さについて，適切に述べたものを１つ選び，記号で答えなさい。

ア　440Hzの音の方が，１秒間に弦が振動する回数が少なく，高い音である。
イ　440Hzの音の方が，１秒間に弦が振動する回数が多く，高い音である。
ウ　880Hzの音の方が，１秒間に弦が振動する回数が少なく，高い音である。
エ　880Hzの音の方が，１秒間に弦が振動する回数が多く，高い音である。

(3)　黒色の酸化銅に炭素の粉末を混ぜて加熱すると，酸化銅が還元され，赤色の銅ができて，二酸化炭素が発生した。この化学変化を，化学反応式で表しなさい。

(4)　地球から星座を形づくる星々までの距離はそれぞれ異なるが，ドーム型の大きな天井（てんじょう）に星が散りばめられているように見えるため，古代の人々は，どの星も地球から同じ距離に位置していると考えていた。

① 現代では，観測者を中心とした大きな見かけ上の球面に，恒星がはりついていると仮定して，恒星の位置を示したり，動きを考えたりしている。このような，実際には存在しない，大きな見かけ上の球面は何とよばれるか。その名称を書きなさい。

② 日本で星の動きを観察すると，星は北極星を中心に回転しているように見え，北極星だけがほとんど動かないように見える。北極星だけがほとんど動かないように見える理由を，地球の地軸に関連づけて，「北極星が」という書き出しで書きなさい。

(1)		(2)	
(3)			
(4) ①			
(4) ②	北極星が		

■平成28年度問題

1

(1) **図1**は，マグマが冷え固まってできた岩石を，それぞれの岩石のでき方によって分類し，まとめたものである。**図1**の（ ㋐ ），（ ㋑ ）のそれぞれに適切な名称を補い，図を完成させなさい。

図1

（ ㋐ ） マグマが冷え固まってできた。	（ ㋑ ）	地表付近で急に冷え固まってできた。 玄武岩，安山岩，流紋岩など。
	（深成岩）	地下の深い所でゆっくり冷え固まってできた。 はんれい岩，せん緑岩，花こう岩など。

(2) **図2**のように，真空放電管（クルックス管）の電極**A**，**B**間に電圧をかけたところ，陰極線があらわれた。さらに，陰極線の上下方向の電極板の電極**C**，**D**間に電圧をかけたところ，陰極線が下に曲げられた。電極**A**，**C**は，＋極，－極のどちらか。それぞれ書きなさい。

図2

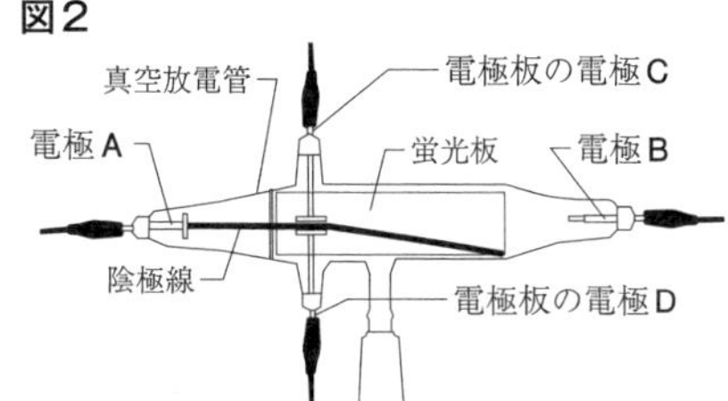

(3) 次の［　　］の中の文が，生殖細胞のつくられ方と遺伝の規則性について，適切に述べたものとなるように，文中の（ ㋐ ），（ ㋑ ）のそれぞれに言葉を補いなさい。

> 生殖細胞は，染色体の数が半分になる（ ㋐ ）分裂という細胞分裂でつくられる。対になって存在する遺伝子は，（ ㋐ ）分裂のときに分かれて，別々の生殖細胞に入る。メンデルが発見した，この遺伝に関する規則を（ ㋑ ）の法則という。

(1)	㋐		㋑		(2)	A	極	C	極
(3)	㋐		㋑						

(4) **図3**のように，BTB溶液を数滴加えたうすい塩酸 $10cm^3$ が入っているビーカーに，うすい水酸化ナトリウム水溶液をこまごめピペットで少しずつ加えながらガラス棒でかき混ぜた。うすい水酸化ナトリウム水溶液を $1.5cm^3$ 加えたところで，BTB溶液の色が黄色から緑色に変化し，さらに加えると青色に変化した。うすい水酸化ナトリウム水溶液を全部で $6\ cm^3$ 加えるまでの，加えたうすい水酸化ナトリウム水溶液の体積とビーカーの中に存在する水酸化物イオンの数との関係を表すグラフを，**図4**にかきなさい。ただし，うすい塩酸 $10cm^3$ に含まれている水素イオンの数を**a**個とする。

図3

図4

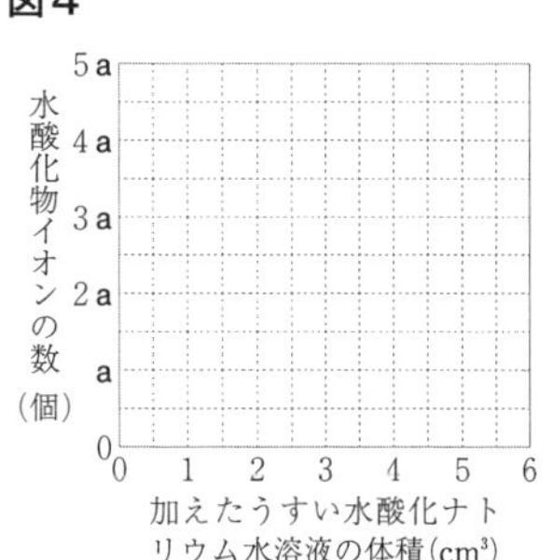

■平成29年度問題

1

次の(1)～(4)の問いに答えなさい。

(1) 次の［　　］の中の文が，ヒトの血液について適切に述べたものとなるように，文中の（ ㋐ ），（ ㋑ ）のそれぞれに言葉を補いなさい。

> 消化管で吸収された養分は，血液の成分である（ ㋐ ）にとけて全身に運ばれる。（ ㋐ ）の一部は，毛細血管からしみ出て（ ㋑ ）となり，細胞のまわりを満たす。

(1)	㋐		㋑	

(2) **図1**は，勢力がほぼ同じ暖気と寒気が，ぶつかりあってほとんど動かない前線の，暖気と寒気の境界を線**A**—**B**として表した模式図である。線**A**—**B**が，その前線を表す記号となるように，**図1**を完成させなさい。

図1

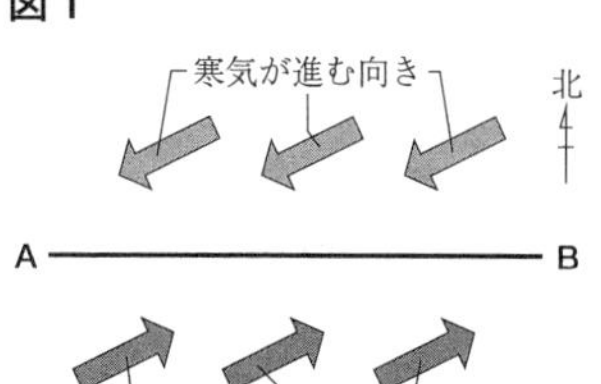

(3) 次の［　　］の中に示したⓐ，ⓑをそれぞれ完全に化学反応させるとき，反応後にできる物質について適切に述べたものを，下の**ア**～**ウ**の中から１つずつ選び，記号で答えなさい。

> ⓐ　酸化銀を加熱する。　　ⓑ　酸化銅の粉末と炭素粉末をよく混ぜて加熱する。

ア　単体だけができる。　**イ**　化合物だけができる。　**ウ**　単体と化合物ができる。

(3)	ⓐ		ⓑ	

(4) **図2**は，金属でできた正四角柱の物体に糸をつけ，水槽の水に入れたようすを真横から見た模式図である。次の［　　］の中の文は，物体にはたらく圧力や力の大きさについて述べたものであるが，下線部**ア**～**ウ**の中に誤りが１つある。その誤りを選び，記号で答えなさい。また，その誤りを訂正しなさい。ただし，物体は，水面より上に出ないものとし，水槽の底に触れないものとする。

図2

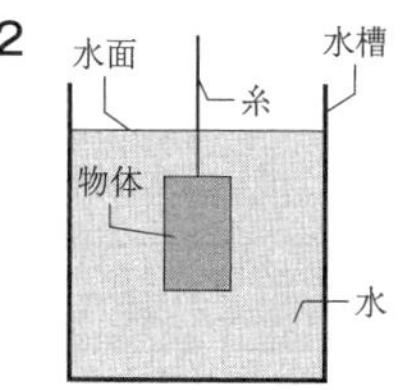

> 物体の下面にはたらく水圧の大きさは，物体を沈める深さを**ア**<u>深くすると大きくなる</u>。
> 物体にはたらく浮力の大きさは，物体を沈める深さを**イ**<u>深くすると小さくなる</u>。
> 糸が物体を引く力の大きさは，物体を沈める深さを**ウ**<u>深くしても一定である</u>。

(4)	記号		訂正	

■平成30年度問題

1　次の(1)～(4)の問いに答えなさい。

(1) 屋外の冷たい空気によって冷やされた窓ガラスに，屋内の暖かい空気が触れると，窓ガラス付近の空気の温度は下がり，空気中の水蒸気が冷やされて，窓ガラスの屋内側に水滴がつく。水蒸気が冷やされて，水滴に変わりはじめるときの温度は何とよばれるか。その名称を書きなさい。

(1)	

(2) 質量 50kg の**P**さんと質量 60kg の**Q**さんが，池でそれぞれボートに乗って向き合って座り，**P**さんが**Q**さんを押した。**図1**は，このときのようすを模式的に表したものである。**図1**の矢印(⟹)は，**P**さんが**Q**さんを押した力を表している。このとき，**P**さんが**Q**さんから受けた力を，**図1**に矢印(⟶)でかきなさい。

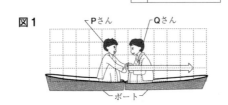

図1

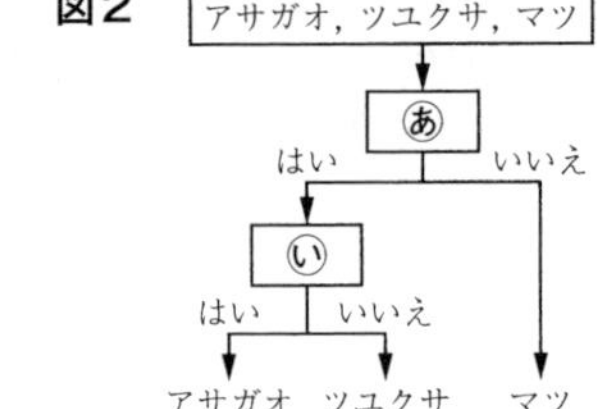

(3) **図2**は，アサガオ，ツユクサ，マツについて，からだのつくりに関するⓐ，ⓘの問いかけに対し，「はい」または「いいえ」のうち，当てはまる側を選んでいった結果を示したものである。**図2**のⓐ，ⓘに当てはまる適切な問いかけを，次の**ア**～**エ**の中から1つずつ選び，記号で答えなさい。

図2

アサガオ，ツユクサ，マツ
→ ⓐ　はい → ⓘ（はい → アサガオ／いいえ → ツユクサ）
　　　いいえ → マツ

ア　葉脈は網目状か。
イ　根・茎・葉の区別があるか。
ウ　種子をつくるか。
エ　胚珠（はいしゅ）が子房に包まれているか。

(3)	ⓐ		ⓘ	

(4) 黒色の酸化銀を加熱すると，酸化銀は熱分解され，酸素が発生し，白色の銀ができた。この化学変化を表す次の化学反応式を完成させなさい。

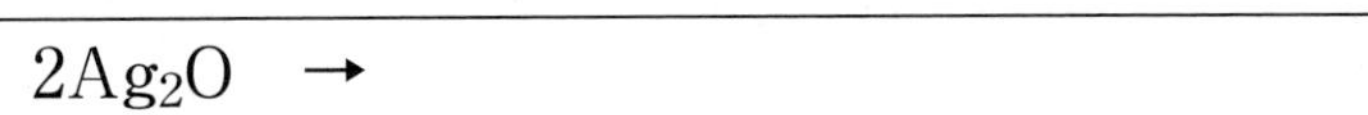

■平成31年度問題

1　次の(1)～(4)の問いに答えなさい。

(1) コウモリの翼，クジラのひれ，ヒトの腕のように，現在の形やはたらきは異なるが，もとは同じ形やはたらきであったものが変化してできたと考えられる体の部分は，一般に何とよばれるか。その名称を書きなさい。

(2) **図1**は，地球のまわりを公転する月の動きと，地球と月が太陽の光を受けるようすを模式的に表したものである。**図1**の**ア**～**エ**の中から，月食と日食が起こるときの月の位置として，最も適切であると考えられるものを1つずつ選び，記号で答えなさい。

図1

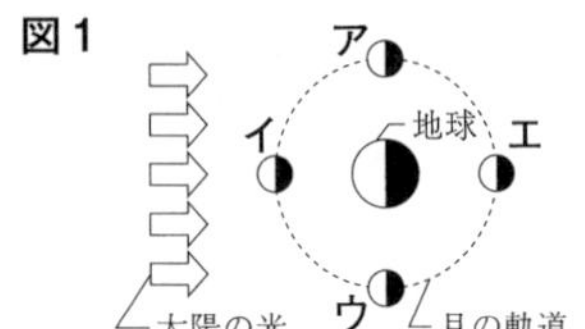

(3) 木炭を用意し，質量を測った後，**図2**のように，空気中で木炭を燃やす。燃やした後に残っていたものの質量を測ったところ，質量が減少していた。燃やした後に残っていたものの質量が減少していたのはなぜか。その理由を，簡単に書きなさい。

図2

(4) **図3**のように，2.4V の電池，2.5 Ωと 1.5 Ωの抵抗及び電流計を接続した。電流計に流れる電流の大きさは何 A か。計算して答えなさい。

図3

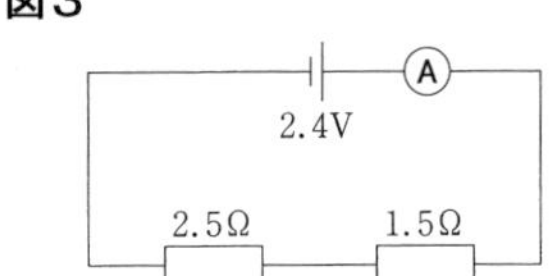

(1)			
(2)	月食	日食	
(3)			
(4)	A		

■令和２年度問題

1 次の(1)～(4)の問いに答えなさい。

(1) 自然界で生活している生物の間にある，食べる・食べられるという関係のつながりは，一般に何とよばれるか。その名称を書きなさい。

(2) 次の**ア**～**エ**の中から，ろ過のしかたを表した図として，最も適切なものを１つ選び，記号で答えなさい。

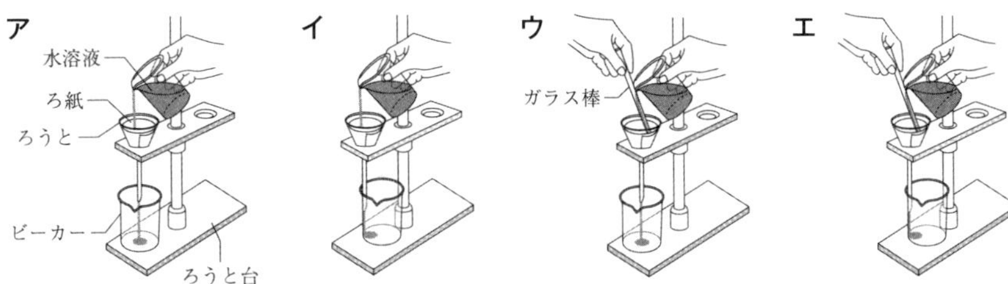

(3) **図１**は，異なる高さに同じ大きさの穴をあけた，底のある容器である。この容器の**A**の位置まで水を入れ，容器の穴から飛び出る水のようすを観察する。この容器の穴から，水はどのように飛び出ると考えられるか。次の**ア**～**ウ**の中から，適切なものを１つ選び，記号で答えなさい。また，そのように考えられる理由を，水の深さと水圧の関係が分かるように，簡単に書きなさい。

図１

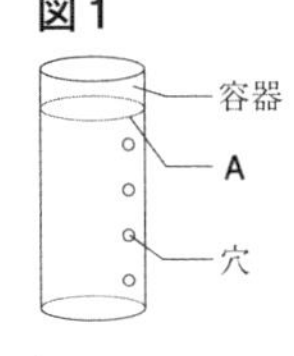

ア 上の穴ほど，水は勢いよく飛び出る。
イ 下の穴ほど，水は勢いよく飛び出る。
ウ 穴の高さに関係なく，水はどの穴からも同じ勢いで飛び出る。

(4) **図２**は，雲仙普賢岳（うんぜんふげんだけ）と三原山（みはらやま）の火山灰を，双眼実体顕微鏡を用いて観察したときのスケッチである。**図２**の火山灰に含まれる鉱物の色に着目すると，それぞれの火山におけるマグマのねばりけと火山の噴火のようすが推定できる。三原山と比べたときの，雲仙普賢岳のマグマのねばりけと噴火のようすを，それぞれ簡単に書きなさい。

図２

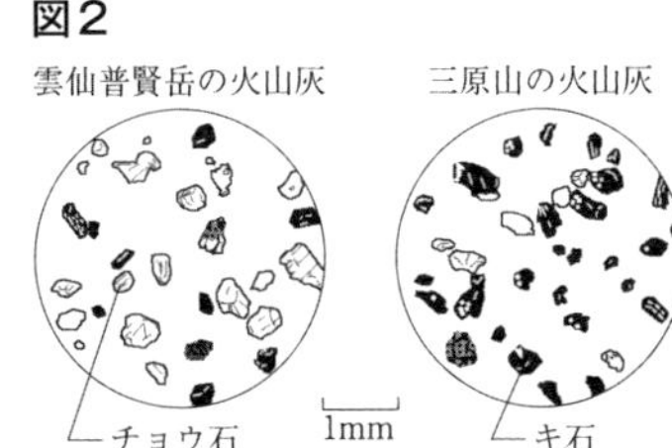

<table>
<tr><td>(1)</td><td colspan="2"></td><td>(2)</td><td></td></tr>
<tr><td rowspan="2">(3)</td><td>記号</td><td colspan="3"></td></tr>
<tr><td>理由</td><td colspan="3"></td></tr>
<tr><td>(4)</td><td>マグマの
ねばりけ</td><td></td><td>噴火の
ようす</td><td></td></tr>
</table>

■令和３年度問題

1 次の(1)～(4)の問いに答えなさい。

(1) セキツイ動物のうち，外界の温度が変化しても体温がほぼ一定に保たれる動物は何とよばれるか。その名称を書きなさい。

(2) 質量パーセント濃度が12％の塩化ナトリウム水溶液が150 gあるとき，この水溶液の溶媒の質量は何gか。計算して答えなさい。

(3) **図１**は，静岡県内のある場所における，１年間の太陽の南中高度の推移を破線（------）で表したものである。地球の地軸が公転面に対して垂直であるとしたとき，この場所における１年間の太陽の南中高度の推移を表すグラフはどのようになると考えられるか。**図１**に実線（――）でかきなさい。

図１

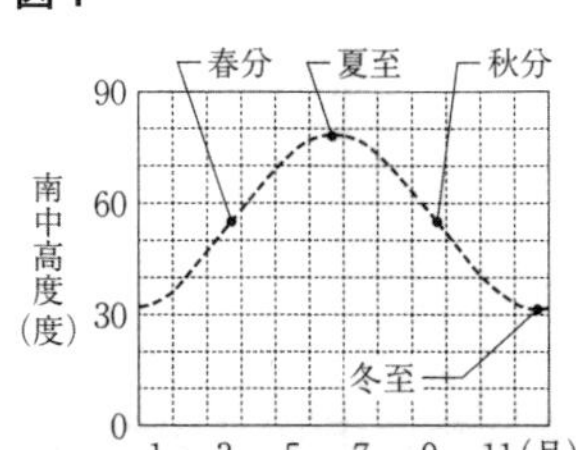

(4) **図２**のように，直方体のレンガを表面が水平な板の上に置く。レンガの**A**の面を下にして置いたときの板がレンガによって受ける圧力は，レンガの**B**の面を下にして置いたときの板がレンガによって受ける圧力の何倍になるか。計算して答えなさい。

図２

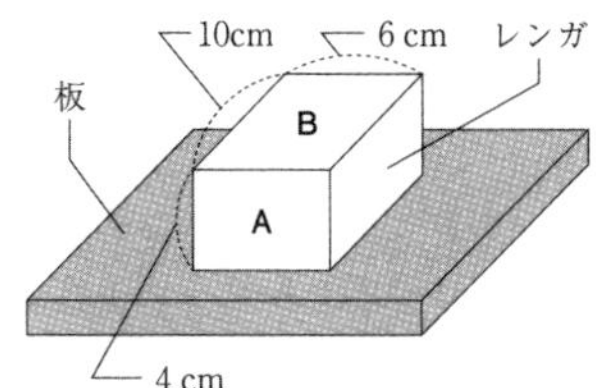

(1)		(2)	g
(3)	図１中	(4)	倍

■令和４年度問題

1　次の(1)～(4)の問いに答えなさい。

(1)　**図１**は，アブラナのめしべをカッターナイフで縦に切り，その断面をルーペで観察したときのスケッチである。**図１**の**A**は，めしべの根元のふくらんだ部分であり，**A**の内部には胚珠(はいしゅ)があった。**A**は何とよばれるか。その名称を書きなさい。

図１

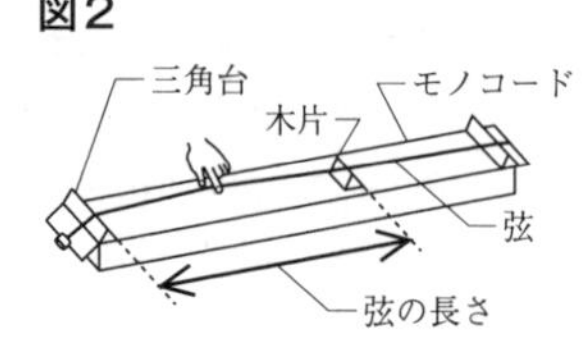

(2)　**図２**のように，モノコードを用いて音の高さを調べる実験を行った。はじめに，弦をはじいたところ，440Hzの音が出た。次に，弦の張りを強くし，440Hzの音を出すために，木片を移動させた。次の［　　］の中の文が，弦の張りを強くしたときに440Hzの音を出すための操作について適切に述べたものとなるように，文中の（ あ ），（ い ）のそれぞれに補う言葉の組み合わせとして，下の**ア**～**エ**の中から正しいものを１つ選び，記号で答えなさい。ただし，木片と三角台の中央付近の弦をはじくものとし，弦をはじく強さは変えないものとする。

図２

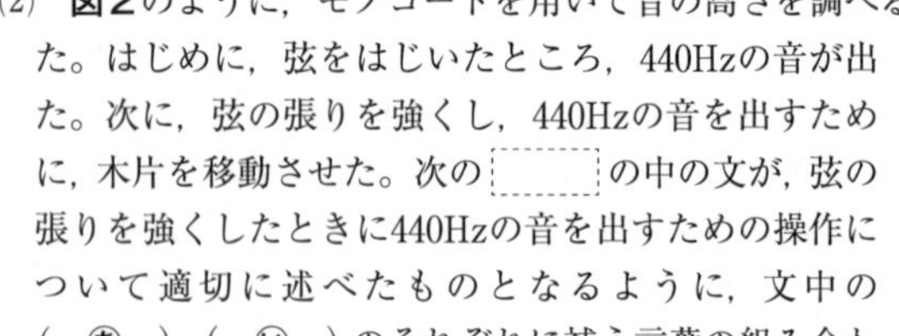

> 弦の張りを強くすると振動数が（ あ ）なり，440Hzの音よりも高い音が出る。そこで，440Hzの音を出すためには，**図２**の「弦の長さ」を（ い ）する方向に木片を移動させる。

ア　あ　少なく（小さく）　い　長く　　**イ**　あ　多く（大きく）　い　長く
ウ　あ　少なく（小さく）　い　短く　　**エ**　あ　多く（大きく）　い　短く

(3)　マグネシウムを加熱すると，激しく熱と光を出して酸素と化合し，酸化マグネシウムができる。この化学変化を，化学反応式で表しなさい。なお，酸化マグネシウムの化学式はMgOである。

(4)　海に比べると，陸の方があたたまりやすく，冷めやすい。そのため，夏のおだやかな晴れた日の昼間に，陸上と海上で気温差が生じて，海岸付近で風が吹く。夏のおだやかな晴れた日の昼間に，陸上と海上で気温差が生じて，海岸付近で吹く風の向きを，そのときの陸上と海上の気圧の違いとあわせて，簡単に書きなさい。

(1)		(2)	
(3)			
(4)			

◎１分野
身近な科学

■平成30年度問題

6　電流とその利用および身近な物理現象に関する(2)，(3)の問いに答えなさい。

図11のように，**Y**さんの乗った船が岸壁から遠く離れた位置で，岸壁に船首を向けて静止していたところ，稲光が見え，雷鳴が聞こえた。雷は，雲にたまった静電気が空気中を一気に流れるときに，音と光が発生する自然現象である。

図11

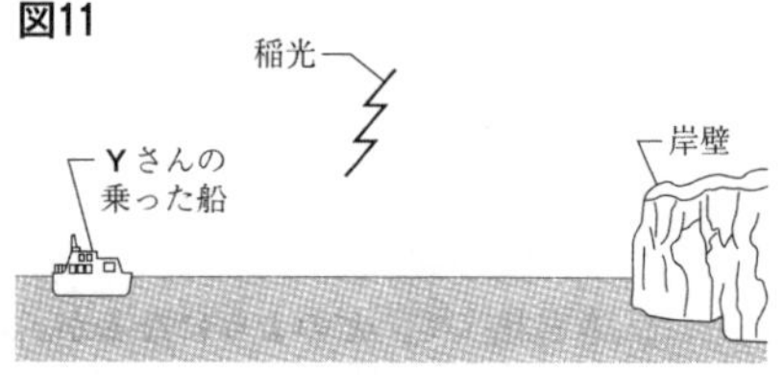

(2)　音に関する①，②の問いに答えなさい。

①　船が岸壁に向かって鳴らした汽笛の音を，**Y**さんがマイクロホンで拾い，コンピュータの画面上に音の波形を表示させた。**図12**は，このときの音の波形を表したものである。次の**ア**～**エ**の中から，**図12**の波形が表している音より，大きい音を表している波形と高い音を表している波形として，最も適切なものを１つずつ選び，記号で答えなさい。

図12

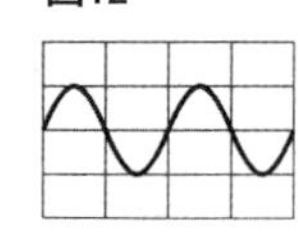

ア

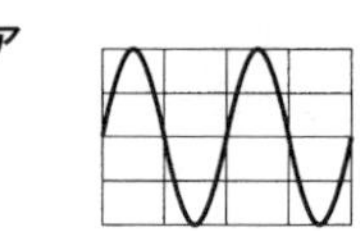

イ

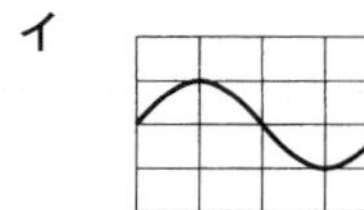

ウ

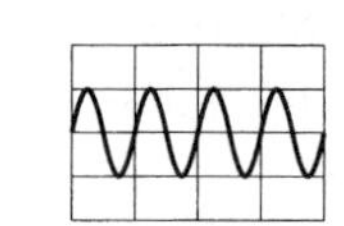

エ

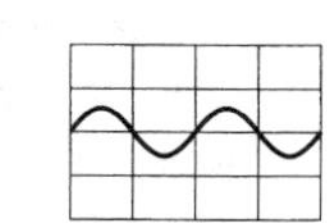

（注）横軸は時間，縦軸は振動の幅を表し，軸の１目盛りの値は，**図12**も含めた５つの図において，すべて等しい。

②　**Y**さんの乗った船が10m/sの速さで岸壁に向かって進みながら，汽笛を鳴らした。この汽笛の音は，岸壁ではね返り，汽笛を鳴らし始めてから５秒後に船に届いた。音の速さを340m/sとすると，船が汽笛を鳴らし始めたときの，船と岸壁との距離は何mか。計算して答えなさい。ただし，汽笛を鳴らし始めてから船に汽笛の音が届くまで，船は一定の速さで進んでおり，音の速さは変わらないものとする。

(2)	①	大きい音		高い音		②	m

(3)　光に関する①，②の問いに答えなさい。

①　次の［　　］の中の文が，凸レンズを通る光の進み方について適切に述べたものとなるように，文中の（ あ ），（ い ）のそれぞれに言葉を補いなさい。

> みずから光を発するものを（ あ ）という。（ あ ）から，光軸（凸レンズの軸）に平行に出た光が凸レンズを通ると，光は屈折し，（ い ）という１点を通る。

(3)	①	あ		い	

② Yさんが使う客室には，Yさんの全身が映る鏡が，床に対して垂直な壁に取り付けられていた。図13のように，鏡から2m離れてYさんが立っている。また，Yさんの身長は162cmで，目の高さは150cmである。

a このとき，Yさんから見た，鏡に映っているYさんの全身は，床からの高さが何cm以上，何cm以下のところに見えるか。図13をもとにして，答えなさい。

図13

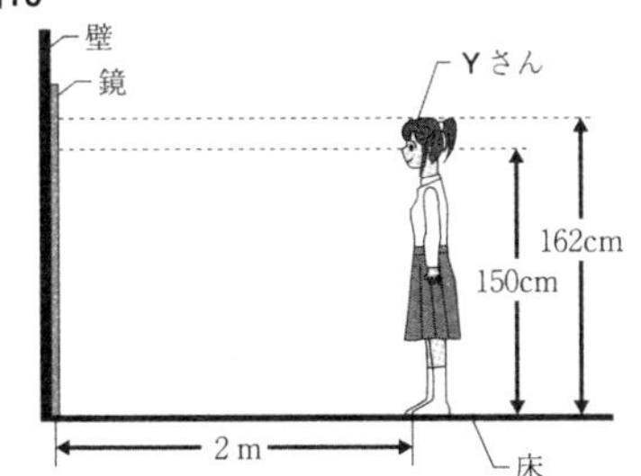

b Yさんが鏡から4mの位置まで遠ざかって立つ。このとき，Yさんから見た，鏡の縦の長さに対する，鏡に映っているYさんの全身の長さの比率は，鏡から2m離れて立っていたときと比べて，どのようになるか。簡単に書きなさい。

(3)	②	a	cm以上， cm以下
		b	

■令和3年度問題

3 運動とエネルギー，電流とその利用及び身近な物理現象に関する(4)の問いに答えなさい。

(4) 図8のように，焦点距離8cmの凸レンズをつけた箱Aに，半透明のスクリーンをつけた箱Bをさしこみ，簡易カメラを作成した。この簡易カメラで観察するときは，箱Bは固定し，箱Aを前後に動かして観察する。ただし，物体に光を当て，明るい物体を観察するものとする。

図8

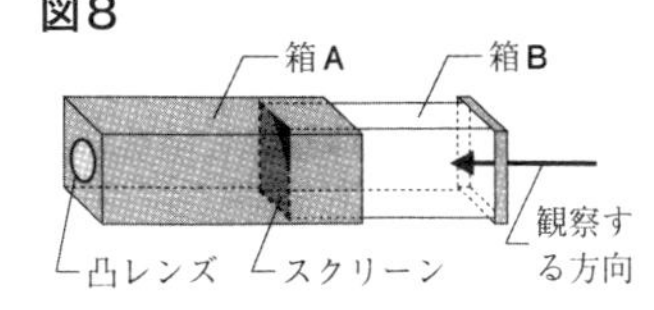

① 図9のように，矢印を組み合わせた図形がかかれた厚紙の中心と，観察者の目，スクリーンの中心，凸レンズの中心が一直線上にくるようにする。箱Aを前後に動かして，凸レンズの位置を調節し，スクリーンにはっきりとした像をうつした。次のア～エの中から，スクリーンにはっきりとした像がうつったときの，観察者側から見えるスクリーンにうつる像として，最も適切なものを1つ選び，記号で答えなさい。

図9

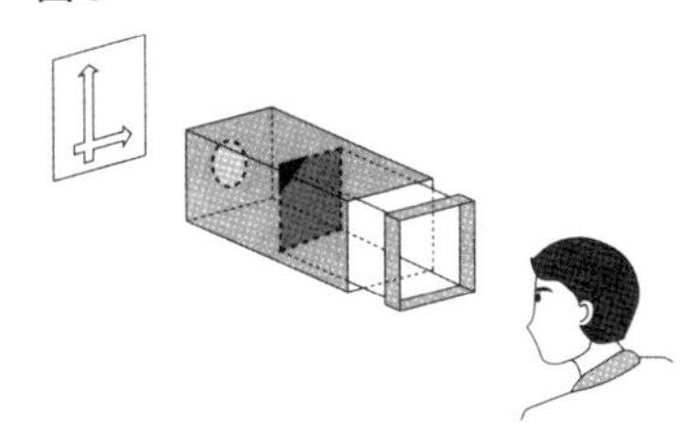

ア 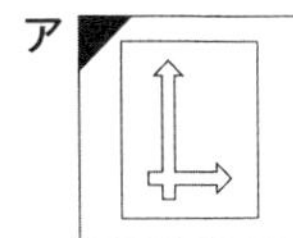 イ 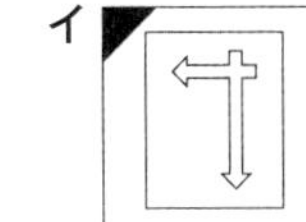 ウ 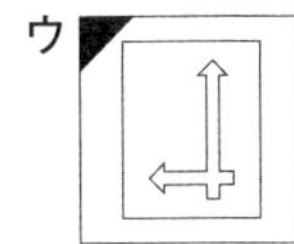 エ 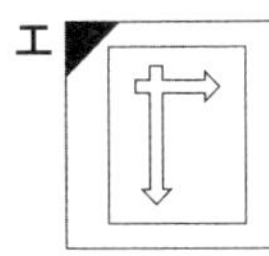

② 焦点距離8cmの凸レンズをつけた図8の簡易カメラで，高さ8cmの平面の物体を，平面の物体の中心が凸レンズの軸（光軸）上にくるように置いて観察し，スクリーンにはっきりとした像をうつした。図10は，このときの，真横から見たようすを模式的に表したものであり，凸レンズの中心からスクリーンの中心までの距離は12cm，凸レンズの中心から平面の物体の中心までの距離は24cmであった。また，図10の凸レンズは，図10の位置からX，Yの矢印の方向に，それぞれ8cmまで動かすことができる。図10をもとにして，a，bの問いに答えなさい。

図10

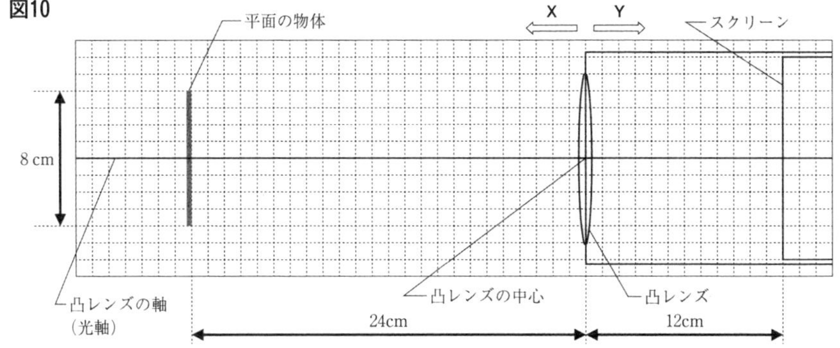

a スクリーンにうつる像の高さを答えなさい。

b 平面の物体を，図10の位置から6cm移動させ，凸レンズの中心から平面の物体までの距離を30cmにしたところ，スクリーンにはっきりとした像はうつらなかった。スクリーンにはっきりとした像をうつすためには，凸レンズを，図10の，X，Yのどちらの矢印の方向に動かせばよいか。また，凸レンズを動かしてスクリーンにはっきりとした像がうつるときの像の大きさは，図10でスクリーンにはっきりとうつった像の大きさと比べて，どのように変化するか。右のア～エの中から，凸レンズを動かす方向と，スクリーンにうつる像の大きさの変化の組み合わせとして，最も適切なものを1つ選び，記号で答えなさい。

	凸レンズを動かす方向	スクリーンにうつる像
ア	X	大きくなる
イ	X	小さくなる
ウ	Y	大きくなる
エ	Y	小さくなる

(4)	①		②	a	cm	b	

化学変化と物質の性質

■平成26年度問題

5 化学変化と水溶液に関する(1)，(2)の問いに答えなさい。

(1) **図10**のように，約２ｇの炭酸水素ナトリウムをかわいた試験管**A**に入れて加熱し，ガラス管から気体が出始めたところで，試験管**B**，**C**の順に，この気体を集めた。

気体を集めた後，**図11**のように，試験管**C**に石灰水を入れ，ゴム栓をして，よく振ったところ，㋐石灰水は白くにごった。

さらに，加熱後の試験管**A**の口の部分に液体がみられたため，**図12**のように，塩化コバルト紙を，この液体につけたところ，㋑塩化コバルト紙は青色から赤色(桃色)に変化した。

また，加熱後の試験管に残った固体は炭酸ナトリウムであった。

図10

炭酸水素ナトリウム　試験管A　試験管B　水の入った水そう　ガラス管　ゴム栓　試験管C

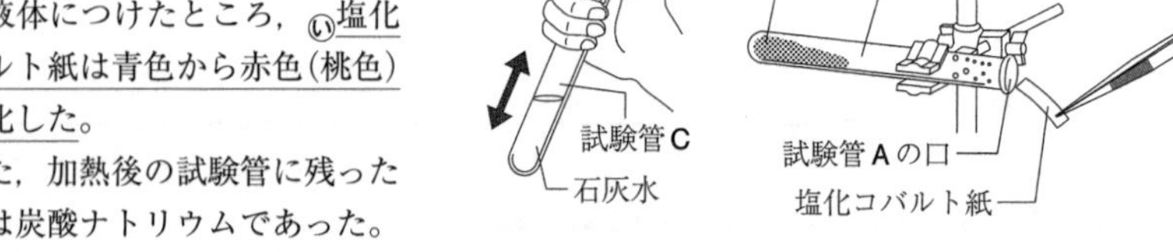

図11　ゴム栓　試験管C　石灰水

図12　加熱後の試験管に残った固体　加熱後の試験管A　試験管Aの口　塩化コバルト紙

① **図11**のように，炭酸水素ナトリウムの加熱によって生じた気体の性質を調べるためには，試験管**B**に集めた気体は用いるべきではない。この理由を，「試験管**B**に集めた気体は」という書き出しで書きなさい。

② 炭酸水素ナトリウムの加熱によって起こった化学変化に関する**a**，**b**の問いに答えなさい。

a 次の[　　]の中が，炭酸水素ナトリウムの加熱によって起こった化学変化を適切に表した化学反応式になるように，(　㋐　)に，下線部㋐の変化から分かる，生じた物質の化学式を補い，(　㋑　)に，下線部㋑の変化から分かる，生じた物質の化学式を補いなさい。なお，Na_2CO_3は炭酸ナトリウムの化学式である。

$2NaHCO_3 \rightarrow Na_2CO_3$ ＋(　㋐　)＋(　㋑　)

b 炭酸水素ナトリウムの加熱によって起こったような，１種類の物質が２種類以上の物質にわかれる化学変化は，一般に何とよばれるか。その名称を書きなさい。

③ 物質の変化には，化学変化や状態変化がある。化学変化は，状態変化とどのように違うか。**原子**，**物質**という２つの語を用いて，簡単に書きなさい。

④ Ｐ班とＱ班のそれぞれが，**図10**のような炭酸水素ナトリウムを加熱する実験において，加熱前の炭酸水素ナトリウムと加熱後の試験管に残った固体の質量を調べた。**表２**は，その結果をまとめたものである。

表２

	加熱前の炭酸水素ナトリウム	加熱後の試験管に残った固体
Ｐ班	2.2ｇ	1.4ｇ
Ｑ班	2.2ｇ	1.8ｇ

(注)　上記の質量は乾燥した状態で測定したものである。

Ｐ班では，加熱が十分に行われたため，加熱後の試験管に残った固体はすべて，反応してできた炭酸ナトリウムであった。一方，Ｑ班では，加熱が十分ではなかったため，加熱後の試験管に残った固体は，反応してできた炭酸ナトリウムと，反応せずに残った炭酸水素ナトリウムとの混合物であった。このとき，Ｑ班で得られた混合物に含まれる，反応せずに残った炭酸水素ナトリウムの質量は何ｇであったと考えられるか。**表２**をもとにして，計算して答えなさい。

(2) 炭酸ナトリウムは，炭酸水素ナトリウムよりも水に溶けやすい物質である。**図13**は，水の温度と100ｇの水に溶ける炭酸ナトリウムの限度の質量との関係を点線（------）で表したものである。

図13

炭酸ナトリウムの質量(g)　0　10　20　30　温度（℃）　0　10　20　30

① 水100ｇに物質を溶かして飽和水溶液にしたとき，溶けた物質の質量は何とよばれるか。その名称を書きなさい。

② 無色の炭酸ナトリウム水溶液にフェノールフタレイン溶液を加えると，水溶液は何色に変化するか。次の**ア**～**エ**の中から，最も適切なものを１つ選び，記号で答えなさい。

ア　赤色　　**イ**　黄色　　**ウ**　緑色　　**エ**　青色

③ ビーカーに水100ｇと炭酸ナトリウム20ｇを入れ，温度を10℃に保ちながら，よくかきまぜたところ，一部の炭酸ナトリウムが溶けきれずに，ビーカーの底に残った。

このビーカー内をよくかきまぜながら，10℃から30℃まで加熱するときの，ビーカー内の水溶液の温度と溶けている炭酸ナトリウムの質量との関係は，どのように表されると考えられるか。**図13**に実線（——）で，かき入れなさい。

(1)	①	試験管**B**に集めた気体は				
	②	**a** ㋐		㋑		**b**
	③					
	④	ｇ	(2) ①		②	

■平成28年度問題

3 状態変化と化学変化に関する(1)，(2)の問いに答えなさい。

(1) 赤ワインは，エタノールや水などの混合物である。**図6**のように，赤ワインを枝つきフラスコに入れ，弱火で加熱した。ガラス管から出る気体を冷やして，試験管**A**に2 cm³の液体を集めた。続けて，試験管**B**，**C**の順に2 cm³の液体を集めた。**図7**は，このときの赤ワインの加熱時間と温度との関係を表したものである。

また，もとの赤ワインと試験管**A**～**C**の中の各液体に，ろ紙をひたし，そのろ紙を火に近づけたところ，**表2**のような結果になった。

図6

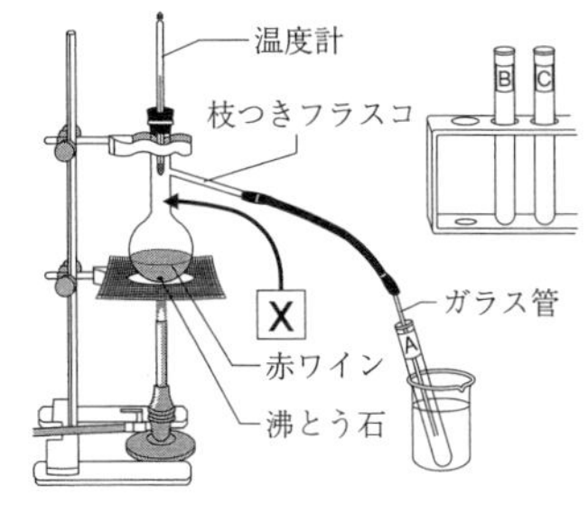

図7

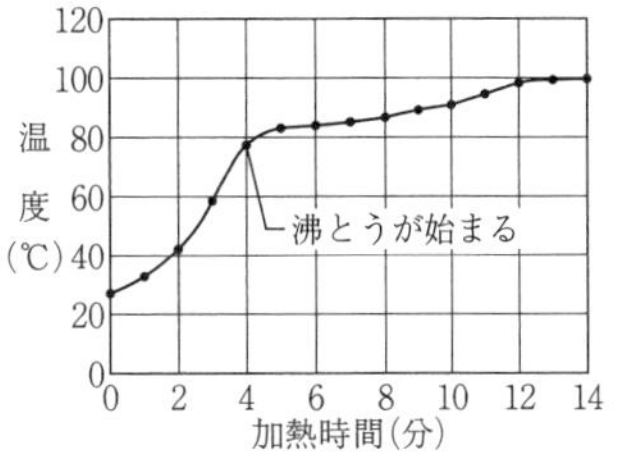

温度(℃) 0 20 40 60 80 100 120
加熱時間(分) 0 2 4 6 8 10 12 14
沸とうが始まる

表2

	ろ紙を火に近づけたときのようす
もとの赤ワイン	燃えなかった
試験管**A**の中の液体	よく燃えた
試験管**B**の中の液体	燃えたが，すぐ消えた
試験管**C**の中の液体	燃えなかった

① 次の**ア**～**エ**の中から，赤ワインを加熱する前における，**図6**の枝つきフラスコ内の X 付近でのエタノール分子と水分子のようすを述べたものとして，最も適切なものを1つ選び，記号で答えなさい。

ア エタノール分子と水分子は，ともに飛び回っている。
イ エタノール分子は存在しないが，水分子は飛び回っている。
ウ エタノール分子は飛び回っているが，水分子は存在しない。
エ エタノール分子と水分子は，ともに存在しない。

② **図7**と**表2**をもとにして，試験管**A**～**C**の中の各液体について，**a**～**c**の問いに答えなさい。ただし，試験管**A**～**C**の中の各液体には，エタノールと水以外の物質は含まれていないものとする。

a 試験管**A**の中の液体における，水に対するエタノールの割合は，もとの赤ワインと比べて，どのようであると考えられるか。次の**ア**～**ウ**の中から，適切なものを1つ選び，記号で答えなさい。また，試験管**A**の中の液体における，水に対するエタノールの割合がそのようになると考えられる理由を，**沸点**という言葉を用いて，簡単に書きなさい。

ア 大きい　**イ** 小さい　**ウ** 同じ

b 次の[　]の中の文が，試験管**A**～**C**の中の各液体における，水に対するエタノールの割合と密度について適切に述べたものとなるように，文中の（ ㋐ ），（ ㋑ ）のそれぞれに補う言葉の組み合わせとして最も適切なものを，次の**ア**～**エ**の中から1つ選び，記号で答えなさい。ただし，エタノールの密度は水の密度の0.79倍とする。

> **表2**の結果から，試験管**A**，**B**，**C**となるにつれて，各液体における水に対するエタノールの割合は（ ㋐ ）なり，各液体の密度は（ ㋑ ）なったと考えられる。

ア ㋐ 大きく　㋑ 大きく　**イ** ㋐ 大きく　㋑ 小さく
ウ ㋐ 小さく　㋑ 大きく　**エ** ㋐ 小さく　㋑ 小さく

c 試験管**B**の中の液体の密度を測定したところ，0.87 g/cm³であった。また，試験管**B**の中の液体の質量パーセント濃度は70％である。試験管**B**の中の液体1.0cm³に含まれるエタノールの質量は何gか。小数第3位を四捨五入して小数第2位まで書きなさい。

(1)	①		② b		c	g
	② a 記号		理由			

(2) 次の[　]の中の文は，燃料電池自動車の燃料である水素の製造方法について，授業でT先生が示した資料の一部である。

> 「究極のエコカー」とよばれている燃料電池自動車は，水素を燃料にして空気中の酸素と反応させ，ⓐ<u>水の電気分解</u>と逆の反応によって電気をつくり，モーターを回転させて走ります。排出されるのは水だけです。
> しかし，燃料である水素は，現在のところ，おもにⓑ<u>化石燃料のメタンから製造され</u>，その際，二酸化炭素が排出されるので，「究極のエコカー」とは言えないという考え方もあります。
> そこで，再生可能なエネルギー（自然エネルギー）を活用した水素の製造方法が研究されており，風力や太陽光のエネルギーで水の電気分解を行って水素を製造する方法や，ⓒ<u>サトウキビなどの植物に由来するバイオマスから得たアルコールやメタンで水素を製造する</u>方法も考えられています。

図8は，下線部ⓐの実験を行うことができる装置の模式図である。この装置の電極**A**，**B**につないだ手回し発電機を同じ向きに回し，水酸化ナトリウムを溶かした水を電気分解したところ，気体**P**が1 cm³，気体**Q**が2 cm³集まった。

図8

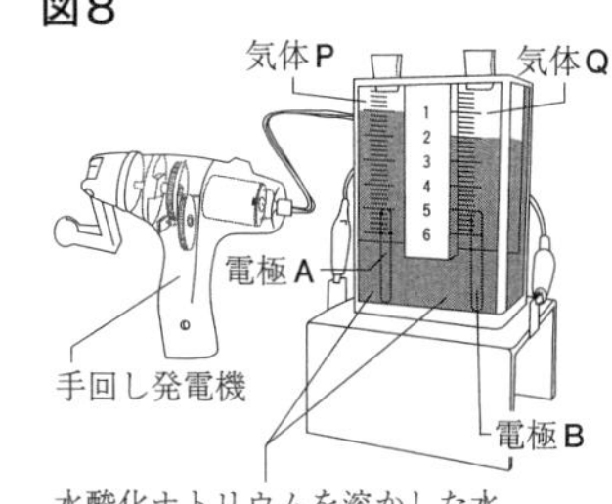

① 下線部ⓐの化学変化を，化学反応式で表しなさい。また，気体**P**は何か。その気体の名称を書きなさい。

② 一般に，下線部ⓑのように水素を製造する際，二酸化炭素が排出されるため，大気中の二酸化炭素が増加する。一方，下線部ⓒの方法では，大気中の二酸化炭素は新たに増加しないと考えることができる。下線部ⓒの方法において，大気中の二酸化炭素が新たに増加しないと考えることができる理由を，**光合成**，**二酸化炭素**という言葉を用いて，簡単に書きなさい。

(2)	① 化学反応式		名称	
	②			

■平成31年度問題

3 身のまわりの物質及び化学変化とイオンに関する(1)の問いに答えなさい。

(1) 3つのビーカー**A**～**C**を用意し，次の手順にしたがって，ミョウバン，硝酸（しょうさん）カリウム，塩化ナトリウムの結晶をとり出す実験を行った。**表1**は，ミョウバン，硝酸カリウム，塩化ナトリウムの，水100ｇに溶ける質量と温度の関係を表したものである。

手順

❶ 3つのビーカー**A**～**C**のそれぞれに，60℃の水100ｇを入れ，ビーカー**A**にはミョウバンを，ビーカー**B**には硝酸カリウムを，ビーカー**C**には塩化ナトリウムを，それぞれ溶け残りがないようにかき混ぜながら加え，飽和水溶液をつくる。

❷ ビーカー**A**，**B**の水溶液の温度を30℃まで下げ，ろ過して結晶をとり出す。

❸ ビーカー**C**の水溶液を蒸発皿に少量入れ，加熱して結晶をとり出す。

表1

温度(℃)	ミョウバン(ｇ)	硝酸カリウム(ｇ)	塩化ナトリウム(ｇ)
0	5.7	13.3	35.7
30	16.5	45.6	36.1
60	57.5	109.2	37.1

① 塩化ナトリウム水溶液は混合物である。次の**ア**～**エ**の中から，混合物を1つ選び，記号で答えなさい。

ア エタノール　**イ** 空気　**ウ** 二酸化炭素　**エ** アンモニア

② **手順❶**でつくった60℃のミョウバンの飽和水溶液の質量パーセント濃度は何％か。小数第2位を四捨五入して，小数第1位まで書きなさい。

③ **手順❷**において，ミョウバンと硝酸カリウムの結晶をとり出したとき，結晶の質量が大きいのはどちらの物質か。また，その物質の結晶の質量は何ｇか。それぞれ答えなさい。

④ 塩化ナトリウム水溶液は，温度を下げても塩化ナトリウムの結晶をとり出しにくいため，**手順❸**のように，加熱して塩化ナトリウムの結晶をとり出す。塩化ナトリウム水溶液の温度を下げても，塩化ナトリウムの結晶をとり出しにくいのはなぜか。その理由を，**表1**を参考にして，簡単に書きなさい。

(1)	①		②	%
	③	物質		質量　　g
	④			

■令和2年度問題

3 化学変化と原子・分子に関する(2)の問いに答えなさい。

(2) 5つのビーカー**A**～**E**を用意し，それぞれにうすい塩酸12cm³を入れた。**図7**のように，うすい塩酸12cm³の入ったビーカー**A**を電子てんびんにのせて反応前のビーカー全体の質量をはかったところ，59.1ｇであった。次に，このビーカー**A**に石灰石0.5ｇを加えたところ，反応が始まり，気体**X**が発生した。気体**X**の発生が見られなくなってから，ビーカー**A**を電子てんびんにのせて反応後のビーカー全体の質量をはかった。その後，ビーカー**B**～**E**のそれぞれに加える石灰石の質量を変えて，同様の実験を行った。**表1**は，その結果をまとめたものである。ただし，発生する気体**X**はすべて空気中に出るものとする。

図7

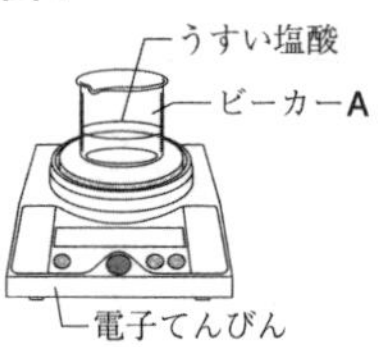

表1

	A	B	C	D	E
加えた石灰石の質量　(ｇ)	0.5	1.0	1.5	2.0	2.5
反応前のビーカー全体の質量　(ｇ)	59.1	59.1	59.1	59.1	59.1
反応後のビーカー全体の質量　(ｇ)	59.4	59.7	60.0	60.5	61.0

① 気体**X**は何か。その気体の名称を書きなさい。

② **表1**をもとにして，**a**，**b**の問いに答えなさい。

a うすい塩酸12cm³の入ったビーカーに加えた石灰石の質量と，発生した気体**X**の質量の関係を表すグラフを，**図8**にかきなさい。

b ビーカー**F**を用意し，ビーカー**A**～**E**に入れたものと同じ濃度のうすい塩酸を入れた。続けて，ビーカー**F**に石灰石5.0ｇを加え，いずれか一方が完全に反応するまで反応させた。このとき，発生した気体**X**は1.0ｇであった。ビーカー**F**に入れたうすい塩酸の体積は何cm³と考えられるか。計算して答えなさい。ただし，塩酸と石灰石の反応以外の反応は起こらないものとする。

図8

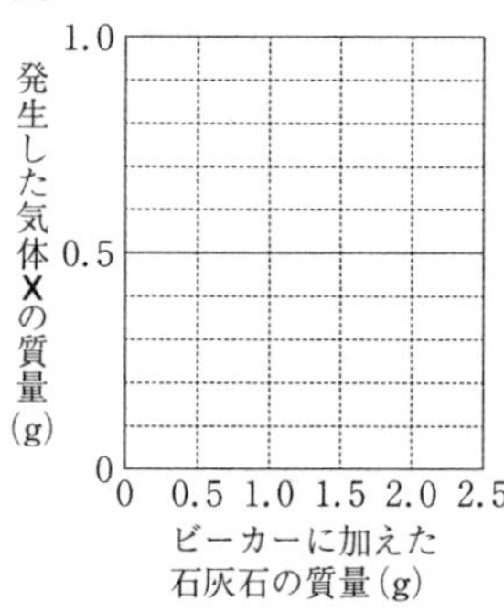

(2)	①		②	a	図8中	b	cm³

■令和３年度問題

6　化学変化とイオン及び化学変化と原子・分子に関する問いに答えなさい。

(2)　３つのステンレス皿**Ａ**～**Ｃ**を用意する。**図15**のように，ステンレス皿**Ａ**に銅粉0.4ｇを入れ，５分間加熱する。その後十分に冷ましてから，加熱後の物質の質量をはかる。このように，５分間加熱してから質量をはかるという操作を何回かくり返し，加熱後の物質の質量の変化を調べた。その後，ステンレス皿**Ｂ**に0.6ｇ，ステンレス皿**Ｃ**に0.8ｇの銅粉を入れ，同様の実験を行った。**図16**は，このときの，加熱回数と加熱後の物質の質量の関係を表したものである。

図15

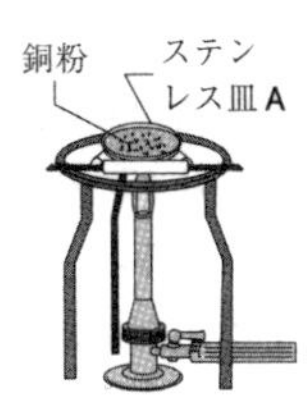

①　**図16**から，加熱をくり返していくと，ステンレス皿**Ａ**～**Ｃ**の加熱後の物質の質量が変化しなくなることが分かる。加熱をくり返していくと，ステンレス皿**Ａ**～**Ｃ**の加熱後の物質の質量が変化しなくなる理由を，簡単に書きなさい。

図16

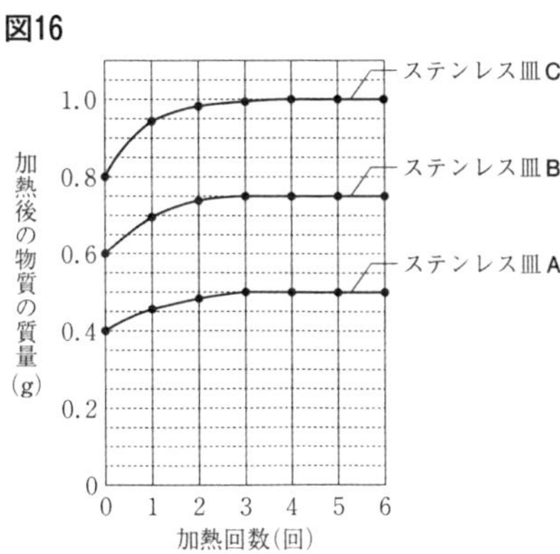

②　**図16**をもとにして，銅粉を，質量が変化しなくなるまで十分に加熱したときの，銅の質量と化合する酸素の質量の関係を表すグラフを，**図17**にかきなさい。

図17

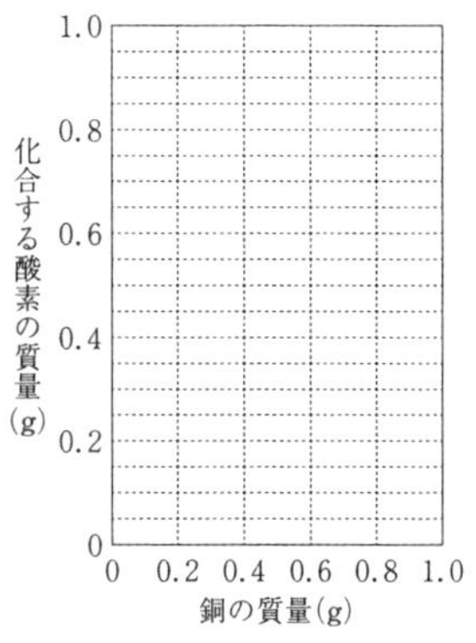

■令和４年度問題

6　身の回りの物質及び化学変化とイオンに関する(1)の問いに答えなさい。

(1)　気体に関する①，②の問いに答えなさい。

①　次の**ア**～**エ**の中から，二酸化マンガンを入れた試験管に過酸化水素水（オキシドール）を加えたときに発生する気体を１つ選び，記号で答えなさい。

ア　塩素　　**イ**　酸素　　**ウ**　アンモニア　　**エ**　水素

②　**図19**のように，石灰石を入れた試験管**Ｐ**にうすい塩酸を加えると二酸化炭素が発生する。ガラス管から気体が出始めたところで，試験管**Ｑ**，**Ｒ**の順に試験管２本分の気体を集めた。

図19

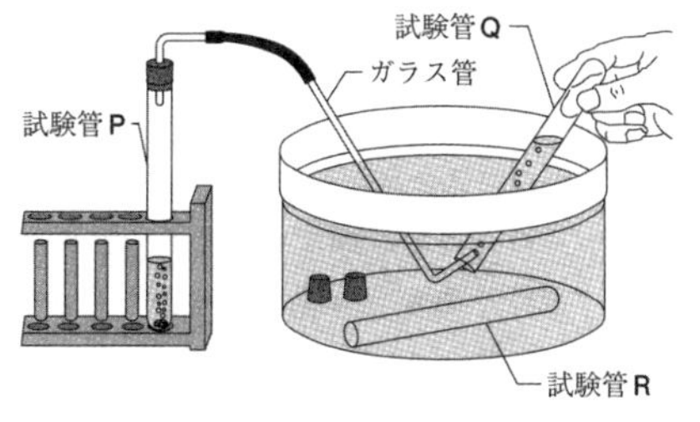

ａ　試験管**Ｒ**に集めた気体に比べて，試験管**Ｑ**に集めた気体は，二酸化炭素の性質を調べる実験には適さない。その理由を，簡単に書きなさい。

ｂ　二酸化炭素は，水上置換法のほかに，下方置換法でも集めることができる。二酸化炭素を集めるとき，下方置換法で集めることができる理由を，**密度**という言葉を用いて，簡単に書きなさい。

ｃ　二酸化炭素を水に溶かした溶液を青色リトマス紙につけると，青色リトマス紙の色が赤色に変化した。次の**ア**～**エ**の中から，二酸化炭素を水に溶かした溶液のように，青色リトマス紙の色を赤色に変化させるものを１つ選び，記号で答えなさい。

ア　うすい硫酸　　**イ**　食塩水　　**ウ**　エタノール　　**エ**　水酸化バリウム水溶液

(1)	①		
	②	a	
		b	
		c	

イオン

■平成27年度問題

3 水溶液とイオンおよび電池に関する(1)～(3)の問いに答えなさい。

(1) **図7**のように，３Ｖの直流電源装置に光電池用モーターと電極を接続した。まず，質量パーセント濃度が５％の砂糖水に電極を入れた。その後，電極を蒸留水で洗ってから，質量パーセント濃度が５％の塩酸に入れて，それぞれ光電池用モーターが回転するかどうかを調べた。その結果，砂糖水に電極を入れても光電池用モーターは回転しなかったが，塩酸に入れると光電池用モーターは回転した。

図7

直流電源装置　光電池用モーター　電極　５％砂糖水　５％塩酸

① 砂糖のように，水にとかしても電流が流れない物質は，一般に何とよばれるか。その名称を書きなさい。

② 質量パーセント濃度が５％の砂糖水80ｇをつくる際に必要な溶質と溶媒の質量はそれぞれ何ｇか。計算して答えなさい。

③ 塩酸に電極を入れたとき，電極の陰極側から気体が発生した。この気体は何か。化学式で書きなさい。

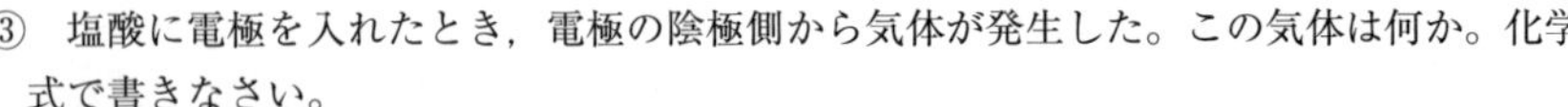

(2) **図8**のように，銅板と亜鉛板の２種類の金属板をポリスチレン製のふたに差し込んで，質量パーセント濃度が５％の塩酸の中に入れた。このとき，銅板と亜鉛板に接続した光電池用モーターが回転し，電池になることが確認できた。また，２種類の金属板を観察すると，銅板からは気体が発生し，亜鉛板はとけ出すことが分かった。

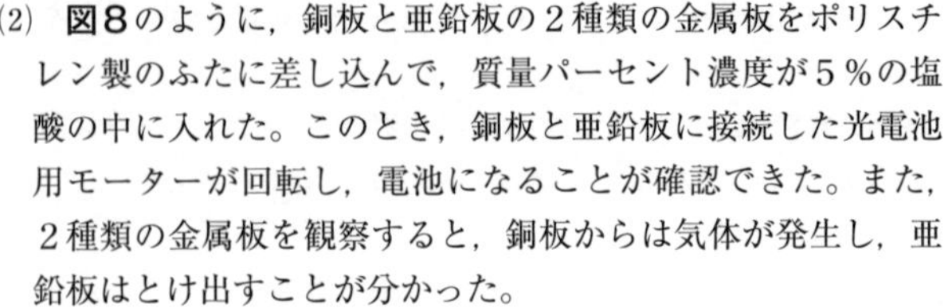

図8

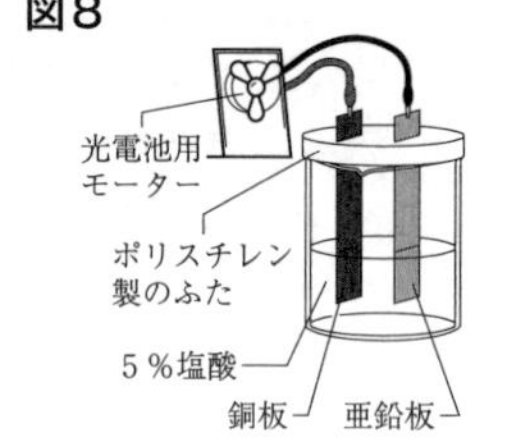

① **図9**は，**図8**の亜鉛板のようすを表した模式図である。次の**ア**～**エ**の中から，亜鉛板の亜鉛原子が亜鉛イオンになるようすを適切に表した模式図を１つ選び，記号で答えなさい。

図9

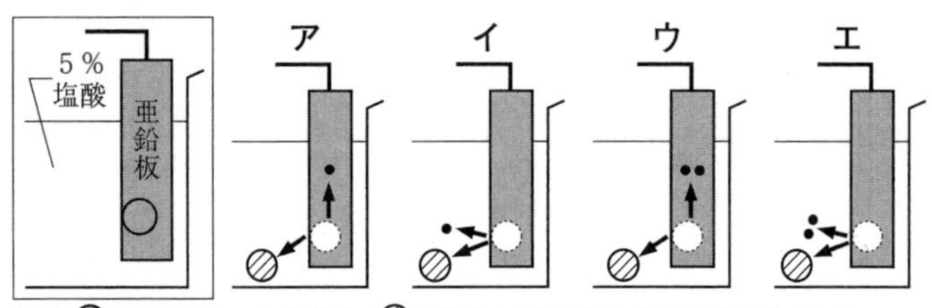

（注）◯は亜鉛原子，●は電子，⊘は亜鉛イオンのそれぞれ１個を示している。

② **図10**は，塩酸をしみこませたろ紙を銅板と亜鉛板の間にはさんでつくった電池である。**図10**の装置を用いて，光電池用モーターが回転を続ける時間は，「ろ紙にしみこませた塩酸の質量パーセント濃度に関係があるのか」，「銅板と亜鉛板のそれぞれの面積に関係があるのか」を確かめるために，**表1**の実験**A**，**B**に加えて実験**C**を計画したい。実験**C**はどのような条件で行うのがよいか。実験**C**の条件として，**表1**のあ，いに当てはまる数値の組み合わせとして最も適切なものを，次の**ア**～**カ**の中から１つ選び，記号で答えなさい。また，そのように判断した理由として，実験**C**の実験結果を実験**A**，**B**どちらの実験結果と比べることによって，どのようなことが確かめられるかを書きなさい。

図10

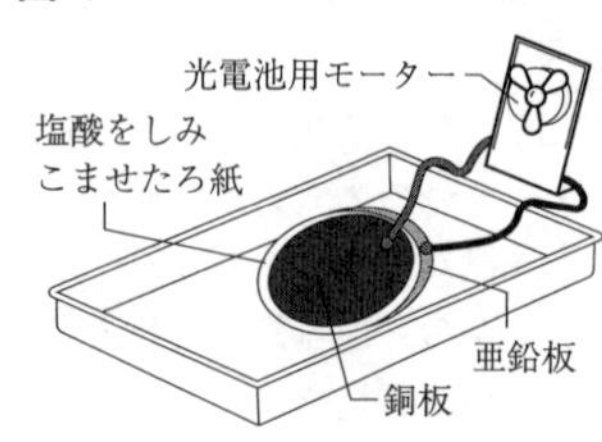

表1

	塩酸の質量パーセント濃度(％)	銅板と亜鉛板のそれぞれの面積(cm^2)
実験**A**	1	50
実験**B**	1	5
実験**C**	あ	い

ア あ 1　い 0.5　**イ** あ 1　い 10　**ウ** あ 1　い 25
エ あ 0.1　い 10　**オ** あ 0.1　い 25　**カ** あ 0.1　い 50

(3) 電池では，物質がもっている化学エネルギーが，化学変化によって電気エネルギーに変換されている。一方，火力発電所では，化石燃料がもっている化学エネルギーが，発電機のタービンの回転によって電気エネルギーに変換されている。火力発電所では，どのようなしくみでタービンを回転させるか。タービンを回転させるしくみを，エネルギーの移り変わりが分かるように書きなさい。

(1)	①					
	②	溶質	ｇ	溶媒	ｇ	③
(2)	①					

(2)	②	記号	
		理由	
(3)			

■平成30年度問題

3 化学変化とイオンに関する(1)，(2)の問いに答えなさい。

図4のように，塩化銅水溶液80gが入ったビーカーに，陽極と陰極を入れて電流を流した。このとき，陽極の表面からは塩素が発生し，陰極には赤色の銅が付着した。

図4

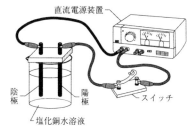

直流電源装置

陰極

陽極

スイッチ

塩化銅水溶液

(1) 塩化銅水溶液の質量パーセント濃度を10%，流す電流を２Ａにして電気分解を行い，５分ごとに陰極を取り出して，陰極に付着した銅の質量を記録したところ，**表2**のような結果になった。

表2

電流を流した時間(分)	5	10	15
陰極に付着した銅の質量(g)	0.2	0.4	0.6

① 塩化銅は電解質である。次の**ア**～**エ**の中から，電解質を２つ選び，記号で答えなさい。

ア 食塩　　**イ** 砂糖

ウ エタノール　　**エ** 水酸化ナトリウム

② 塩化銅を電気分解したときに生じた，銅と塩素の質量比を10：11として，次の**a**，**b**の問いに答えなさい。

a **表2**をもとにして，陰極に付着した銅の質量と，電気分解で使われた塩化銅の質量との関係を表すグラフを，**図5**に書きなさい。

b 塩化銅水溶液の電気分解において，陰極に１gの銅が付着したときの，塩化銅水溶液の質量パーセント濃度は何%か。小数第２位を四捨五入して，小数第１位まで書きなさい。ただし，陽極で発生した塩素は，塩化銅水溶液にとけないものとする。

図5

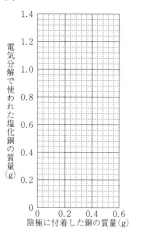

電気分解で使われた塩化銅の質量(g)

1.4　1.2　1.0　0.8　0.6　0.4　0.2　0

0　0.2　0.4　0.6

陰極に付着した銅の質量(g)

(2) **S**さんは，塩化銅水溶液の電気分解について，塩化銅水溶液の質量と電流を流す時間を一定にしたとき，陰極に付着する銅の質量が，「電極に流す電流の大きさに関係があるのか」，「塩化銅水溶液の質量パーセント濃度に関係があるのか」を確かめたいと考え，**T**先生にアドバイスをもらって実験を計画することにした。次の□の中に示した**S**さんと**T**先生の会話を読み，①，②の問いに答えなさい。ただし，電流を流す時間は５分とする。

T先生：どのような実験を計画していますか。

Sさん：質量パーセント濃度が10%と20%の塩化銅水溶液を用意し，それぞれに１Ａと２Ａの電流を流すという，４種類の実験を計画しています。

T先生：では，その４種類の実験をする前に，陰極付近の銅イオンと電子のようすを表した模式図をかいて，考えてみましょう（**図6**）。

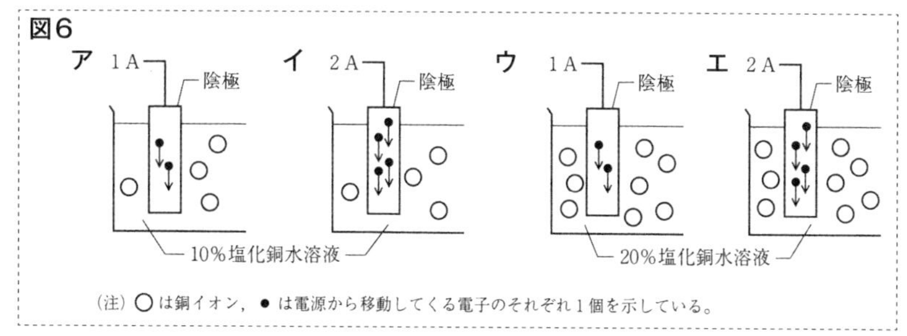

T先生：**図6**の模式図から考えると，**ア**～**エ**の実験のうち，陰極に付着する銅の質量が最も大きくなるのはどれでしょうか。

Sさん：（ ㋐ ）です。

T先生：その通りです。では，そのことから，電極に流す電流の大きさと塩化銅水溶液の質量パーセント濃度は，陰極に付着する銅の質量と，それぞれどのような関係にあるでしょうか。

Sさん：塩化銅水溶液を電気分解したとき，陰極に付着する銅の質量は，（ ㋑ ）。

T先生：そうですね。ところで，**S**さんは**ア**～**エ**の４種類の実験を考えましたが，<u>**ア**～**エ**の実験のうち，**ア**～**ウ**の３種類の実験を行うだけでも，陰極に付着する銅の質量を大きくするための条件を確認することができますね</u>。さあ，実験してみましょう。

① 陰極に付着する銅の質量について，**a**，**b**の問いに答えなさい。

a （ ㋐ ）に補う記号を，**図6**の**ア**～**エ**の中から２つ選び，記号で答えなさい。

b （ ㋑ ）に適切な言葉を補いなさい。

② 下線部のように，陰極に付着する銅の質量を大きくするための条件は，**図6**の**ア**～**エ**の実験のうち，**ア**～**ウ**の３種類の実験を行うだけで確認することができる。その理由を，簡単に書きなさい。

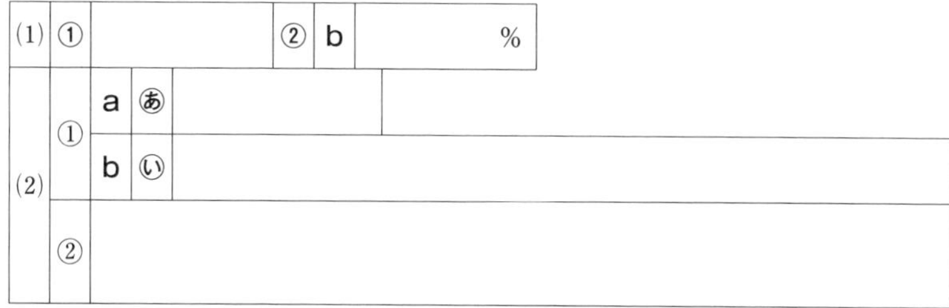

(1)	①		②	b	%
(2)	①	a	㋐		
		b	㋑		
	②				

■平成31年度問題

3 身のまわりの物質及び化学変化とイオンに関する(2)の問いに答えなさい。

(2) **図9**のように，備長炭(びんちょうたん)に，塩化ナトリウム水溶液とフェノールフタレイン溶液をしみこませたキッチンペーパーを巻き付け，その上に，アルミニウムはくを巻き付けて電池をつくる。

図9

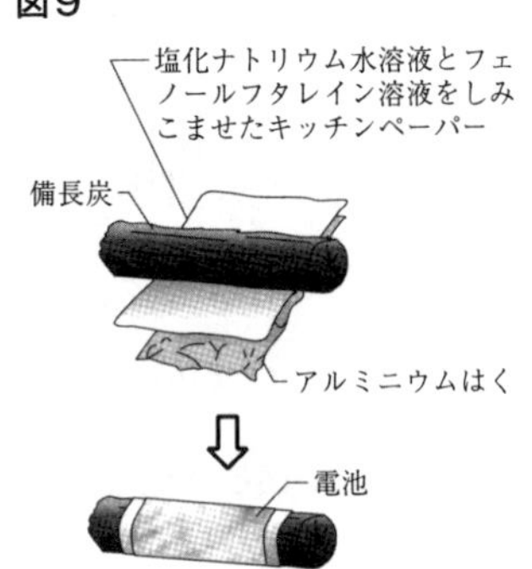

① 塩化ナトリウムは，水の中で陽イオンと陰イオンに電離する。次の［　　］の中が，塩化ナトリウムの電離するようすを適切に表したものとなるように，（ あ ）～（ う ）に1つずつ，化学式またはイオン式を補いなさい。

（ あ ） → （ い ） ＋ （ う ）

② **図10**のように，**図9**の電池にモーターを接続した。このとき，モーターが回り，アルミニウムはくがぼろぼろになった。次の［　　］の中の文が，**図10**のように接続したときの，電池で起こる化学変化について述べたものとなるように，文中の（ あ ），（ い ）に，「＋」か「－」のいずれかの記号を補いなさい。また，文中の（ う ）～（ お ）のそれぞれに補う言葉の組み合わせとして，下の**ア**～**カ**の中から正しいものを1つ選び，記号で答えなさい。

図10

電池の（ あ ）極の表面では，アルミニウム原子が電子を放出して，アルミニウムイオンになり，生じた電子は導線を通って（ い ）極に移動する。（ い ）極の表面では，備長炭に含まれる酸素分子と塩化ナトリウム水溶液中の水分子が電子を受けとって，水酸化物イオンになり，水酸化物イオンがキッチンペーパーに溶け出す。この電子の移動により電流が流れる。

このとき，キッチンペーパーにしみこませた水溶液は，中性から（ う ）性に変化し，pHの値が（ え ）なる。そのため，キッチンペーパーは（ お ）色に染まる。

ア う アルカリ　え 大きく　お 赤　　**イ** う 酸　え 大きく　お 青
ウ う アルカリ　え 大きく　お 青　　**エ** う 酸　え 小さく　お 青
オ う アルカリ　え 小さく　お 赤　　**カ** う 酸　え 小さく　お 赤

(2)	①	あ		い		う	
	②	あ		い		記号	

■令和2年度問題

3 化学変化と原子・分子に関する(1)の問いに答えなさい。

(1) 試験管P，Qを用意し，それぞれに鉄粉と硫黄をよく混ぜ合わせて入れた。試験管Pは，そのままおき，試験管Qは，**図6**のように加熱した。このとき，試験管Qでは，光と熱を出す激しい反応が起こり，黒色の硫化鉄ができた。

図6

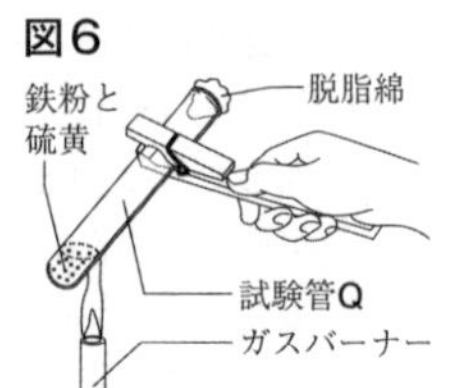

① 化学変化が起こるときに熱を放出し，まわりの温度が上がる反応は何とよばれるか。その名称を書きなさい。

② 鉄と硫黄が化合して硫化鉄ができるときの化学変化を，化学反応式で表しなさい。

③ 試験管Pと，反応後の試験管Qに，うすい塩酸を数滴加え，それぞれの試験管で起こる反応を観察した。

a 次の［　　］の中の文が，試験管Pにうすい塩酸を加えたときに起こる反応について適切に述べたものとなるように，文中の（ あ ）には言葉を，（ い ）には値を，それぞれ補いなさい。

塩酸中では，塩化水素は電離して，陽イオンである水素イオンと，陰イオンである（ あ ）イオンを生じている。うすい塩酸を加えた試験管Pの中の鉄は，電子を失って陽イオンになる。その電子を水素イオンが1個もらって水素原子になり，水素原子が（ い ）個結びついて水素分子になる。

b 試験管Qからは気体が発生し，その気体は硫化水素であった。硫化水素は分子からなる物質である。次の**ア**～**エ**の中から，分子からなる物質を1つ選び，記号で答えなさい。

ア 塩化ナトリウム　**イ** マグネシウム　**ウ** 銅　**エ** アンモニア

(1)	①				②		
	③	a	あ		い	b	

■令和３年度問題

6

化学変化とイオン及び化学変化と原子・分子に関する(1)の問いに答えなさい。

(1) **図14**の装置を用いて，塩化銅水溶液の電気分解を行ったところ，陰極の表面には銅が付着し，陽極の表面からは気体の塩素が発生した。

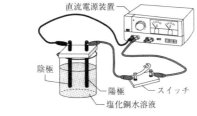

図14

直流電源装置　陰極　陽極　スイッチ　塩化銅水溶液

① 銅と塩素は，ともに単体である。次の**ア**～**エ**の中から，単体を１つ選び，記号で答えなさい。

ア 酸素　**イ** 水

ウ 硫化鉄　**エ** 塩酸

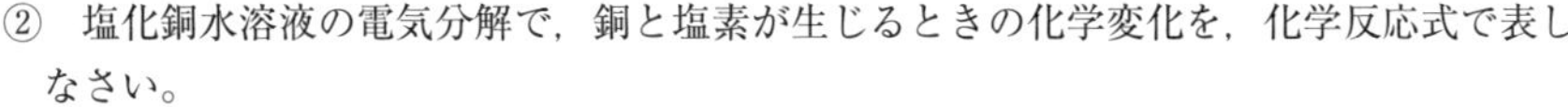

② 塩化銅水溶液の電気分解で，銅と塩素が生じるときの化学変化を，化学反応式で表しなさい。

③ 塩化銅を水にとかしたときは電流が流れるが，砂糖を水にとかしても電流が流れない。砂糖を水にとかしても電流が流れない理由を，**イオン**という言葉を用いて，簡単に書きなさい。

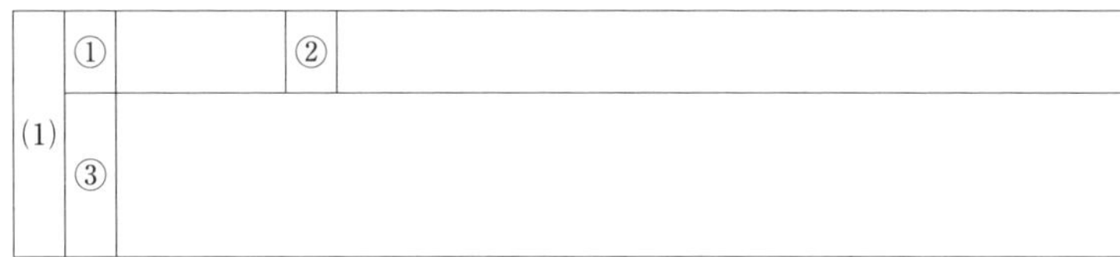

(1)	①		②	
	③			

■令和４年度問題

6

身の回りの物質及び化学変化とイオンに関する(2)の問いに答えなさい。

(2) 塩酸に含まれている水素イオンの数と，水酸化ナトリウム水溶液に含まれている水酸化物イオンの数が等しいときに，この２つの溶液をすべて混ぜ合わせると，溶液は中性になる。

質量パーセント濃度が３％の水酸化ナトリウム水溶液が入ったビーカー**X**を用意する。また，ビーカー**A**を用意し，うすい塩酸20cm³を入れ，BTB溶液を数滴加える。**図20**のように，ビーカー**A**に，ビーカー**X**の水酸化ナトリウム水溶液を，ガラス棒でかき混ぜながらこまごめピペットで少しずつ加えていくと，８cm³加えたところで溶液は中性となり，このときの溶液の色は緑色であった。**図21**は，ビーカー**A**について，加えたビーカー**X**の水酸化ナトリウム水溶液の体積と，ビーカー**A**内の溶液中に含まれている水素イオンの数の関係を表したものである。ただし，水酸化ナトリウム水溶液を加える前のビーカー**A**内の溶液中に含まれている水素イオンの数を**n**個とし，塩化水素と水酸化ナトリウムは，溶液中において，すべて電離しているものとする。

図20

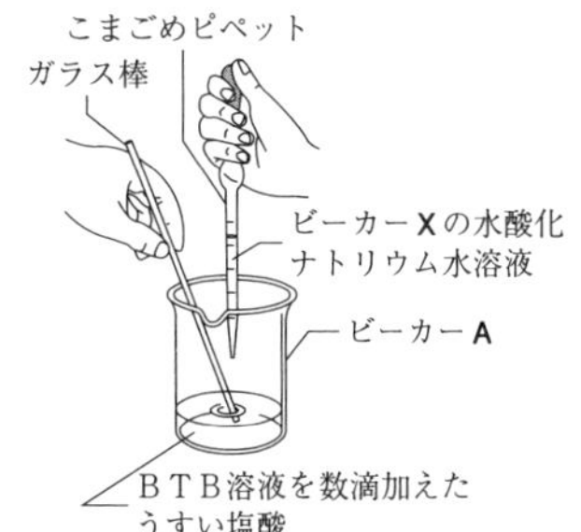

図21

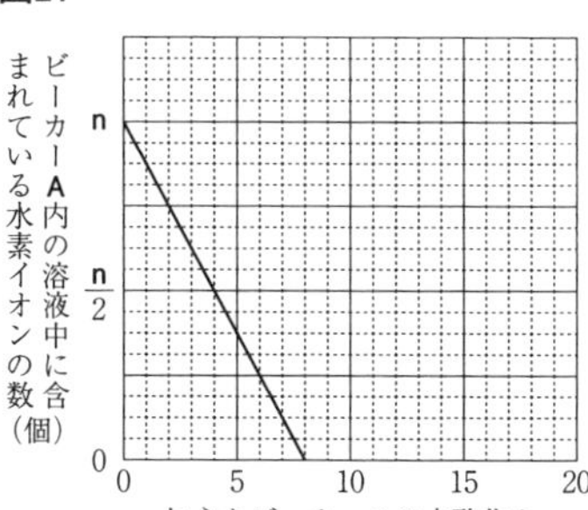

① 質量パーセント濃度が３％の水酸化ナトリウム水溶液が50ｇあるとき，この水溶液の溶質の質量は何ｇか。計算して答えなさい。

② 酸の水溶液とアルカリの水溶液を混ぜ合わせると，水素イオンと水酸化物イオンが結びついて水が生じ，酸とアルカリの性質を打ち消し合う反応が起こる。この反応は何とよばれるか。その名称を書きなさい。

③ ビーカー**A**内の溶液が中性となった後，ビーカー**X**の水酸化ナトリウム水溶液をさらに６cm³加えたところ，溶液の色は青色になった。溶液が中性になった後，水酸化ナトリウム水溶液をさらに加えていくと，溶液中の水酸化物イオンの数は増加していく。ビーカー**A**内の溶液が中性になった後，ビーカー**X**の水酸化ナトリウム水溶液をさらに６cm³加えたときの，ビーカー**A**内の溶液中に含まれている水酸化物イオンの数を，**n**を用いて表しなさい。

④ ビーカー**X**とは異なる濃度の水酸化ナトリウム水溶液が入ったビーカー**Y**を用意する。また，ビーカー**B**，**C**を用意し，それぞれに，ビーカー**A**に入れたものと同じ濃度のうすい塩酸20cm³を入れる。ビーカー**B**にはビーカー**X**，**Y**の両方の水酸化ナトリウム水溶液を，ビーカー**C**にはビーカー**Y**の水酸化ナトリウム水溶液だけを，それぞれ加える。ビーカー**B**，**C**に，**表１**で示した体積の水酸化ナトリウム水溶液を加えたところ，ビーカー**B**，**C**内の溶液は，それぞれ中性になった。**表１**のⓐに適切な値を補いなさい。

表１

	X	Y
B	３cm³	15cm³
C	0	（ ⓐ ）cm³

(2)	①	ｇ	②	
	③	個	④	

電流とそのはたらき

■平成27年度問題

6

電流とその利用に関する(1)～(3)の問いに答えなさい。

Mさんは，理科の授業で，**図18**のような装置を組み立て，電熱線から発生した熱による水の温度変化を調べる実験を行った。電熱線**P**，**Q**の抵抗はともに6Ωで，直流電源装置の電圧は6Vである。発泡ポリスチレンの容器の中には15℃の水50gが入っており，スイッチ**C**，**D**は切ってあった。

図18

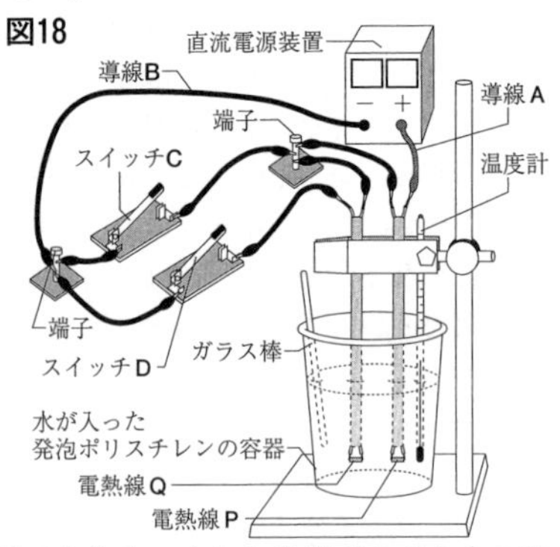

(1) **図18**の回路を回路図で表すとどのようになるか。解答欄の図を適切に補い，回路図を完成させなさい。ただし，電熱線**P**は─[P]─，電熱線**Q**は─[Q]─の記号でかくこと。

(2) **図18**の回路で，スイッチ**C**だけを入れ，ガラス棒で水をゆっくりかき混ぜながら水の温度を測定した。**図19**は，電流を流し始めてから7分後までの時間と水の温度との関係を点線（------）で表したものである。

図19

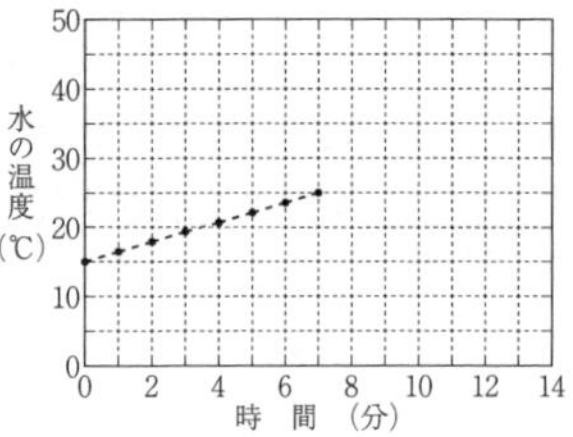

① **図18**の回路で，スイッチ**C**だけを入れたときの，導線**A**と導線**B**に流れる電流の大きさを比べた結果として適切なものを，次の**ア**～**ウ**の中から1つ選び，記号で答えなさい。

ア 導線**A**と導線**B**に流れる電流の大きさは等しい。
イ 導線**A**に流れる電流の方が大きい。
ウ 導線**B**に流れる電流の方が大きい。

② 発泡ポリスチレンの容器の中では，あたためられた水は上部に移動し，上部にあった冷たい水と次第に入れかわる。一般に，あたためられた液体や気体が移動して全体に熱が伝わることは何とよばれるか。その名称を書きなさい。

③ スイッチ**C**だけを入れ，電流を流し始めてから7分後に，スイッチ**C**を切り，すばやくスイッチ**D**を入れ，合計14分間電流を流した。電流を流し始めて7分後から14分後までの，時間と水の温度との関係はどのように表されると考えられるか。**図19**に実線（——）でかきなさい。

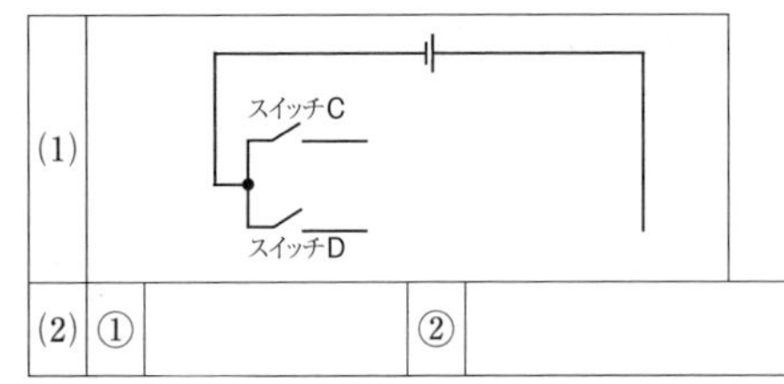

(3) Mさんは，**図18**の装置を用いた実験をもとに，自宅で使っている電気ケトルの性能について考えることにした。**図20**は，電気ケトル**E**とその電力などの表示である。電気ケトルは，少量の湯を短時間で沸かすことができる電気器具である。電気ケトルの内部には電熱線（抵抗）があり，スイッチを入れると水を温める構造になっている。

図20

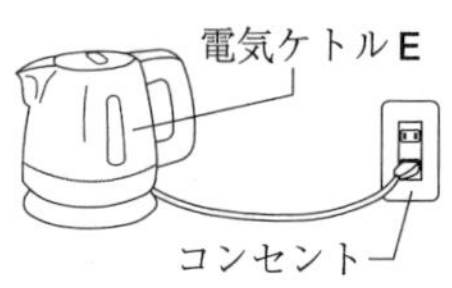

定格電圧 100V
定格周波数 50-60Hz
定格消費電力 1200W
最大容量 0.8L

① 電気ケトル**E**の消費電力は，**図18**の回路で，スイッチ**C**だけを入れたときの，電熱線**P**の消費電力の何倍か。計算して答えなさい。

② Mさんと，兄のTさんは，家庭における交流電流や電気配線について考えることにした。次の［　　］の中に示したMさんとTさんの会話を，**図21**，**図22**，**図23**を参考にしながら読み，**a**～**c**の問いに答えなさい。

Mさん：理科の実験では直流電源装置を使ったけれど，家のコンセントは交流よね。

Tさん：そうだよ。供給されるのは交流電流で，電圧は100Vだよ。家庭内の電気配線では，電気器具が並列に接続されるようになっているんだ。

Mさん：電気ケトル**E**とオーブントースター**F**の2つの電気器具を延長コードでコンセントにつないだら，どうなるのかしら（**図21**）。

図21

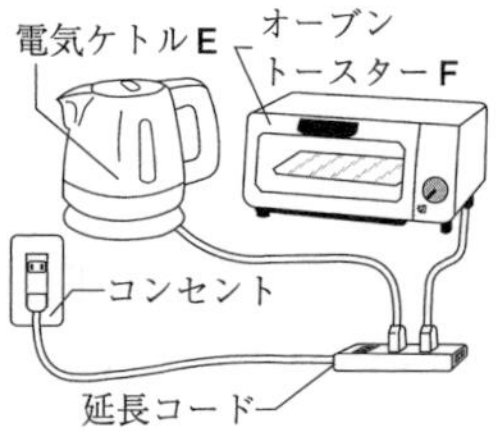

電気ケトルE　オーブントースターF　コンセント　延長コード

Tさん：接続してはだめだよ。延長コードの表示に「合計1500Wまで」と書いてあるよ（**図22**）。電気ケトル**E**は1200Wで，オーブントースター**F**は900Wだよ。延長コードを使っても並列に接続されるから，つないだ電気器具の電力の合オーブントースター**F**は900Wだよ。延長コードを使っても並列に接続されるから，つないだ電気器具の電力の合計が表示をこえると，延長コードが過熱して，火災になる危険があるんだ。

図22

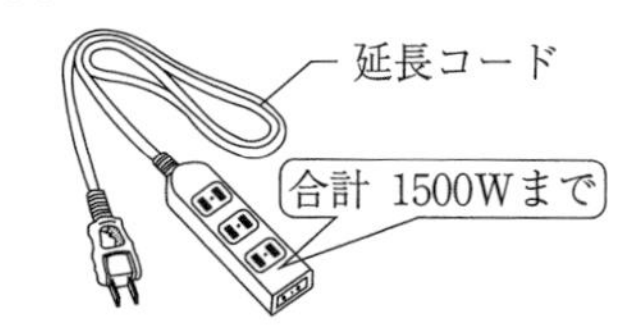

Mさん：えっ。そうなの。「タコ足配線は危ない」ってよく聞くけれど，2つくらいの電気器具だったら大丈夫だと思っていたわ。

Tさん：それが大丈夫とは限らないんだ。電気器具の抵抗の記号（─[E]─および─[F]─）で，コンセントを交流電源の記号（◯〜）で表し，回路図（**図23**）をかいてみれば分かるよ。回路図**G**は電気ケトル**E**だけを接続した場合で，回路図**H**は電気ケトル**E**とオーブントースター**F**を接続した場合だよ。では，回路図**G**と**H**の抵抗や電流の大きさはそれぞれどうなるかな。

図23

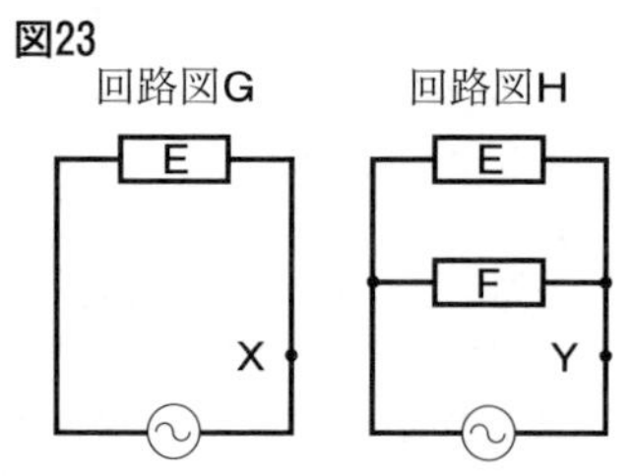

Mさん：回路全体の抵抗は，回路図Gに比べて，回路図Hでは（　あ　）なるわ。ということは，点Xに流れる電流に比べて，点Yに流れる電流は（　い　）なるわ。そうか。家庭内の電気配線では，電気器具が並列に接続されるから，接続される電気器具が多いほど回路全体の抵抗が（　あ　）なって，電流が（　い　）なるから危険なのね。よく分かったわ。

a　下線部のように，電気ケトルを含む多くの電気器具は，家庭用のコンセントからの交流電流（交流）を利用している。交流電流における電流の向きについての特徴を，簡単に書きなさい。

b　上の［　　］の中の内容が，**図23**の回路図G，Hの抵抗と電流の大きさについて，適切に述べたものとなるように，文中の（　あ　），（　い　）に補う言葉を，次の**ア**～**ウ**の中からそれぞれ1つ選び，記号で答えなさい。なお，同じものを２度用いてもよい。

ア　大きく　　**イ**　小さく　　**ウ**　等しく

c　**図23**の回路図Hの全体の抵抗の大きさは何Ωか。小数第２位を四捨五入して小数第１位まで書きなさい。ただし，回路に接続されている電源が交流電源であっても，回路全体の抵抗の求め方は直流電源の場合と変わらないものとする。

(3)	①	倍	②	b	あ		い		c	Ω
	②	a								

■平成30年度問題

6　電流とその利用および身近な物理現象に関する(1)の問いに答えなさい。

図11のように，Yさんの乗った船が岸壁から遠く離れた位置で，岸壁に船首を向けて静止していたところ，稲光が見え，雷鳴が聞こえた。雷は，雲にたまった静電気が空気中を一気に流れるときに，音と光が発生する自然現象である。

図11

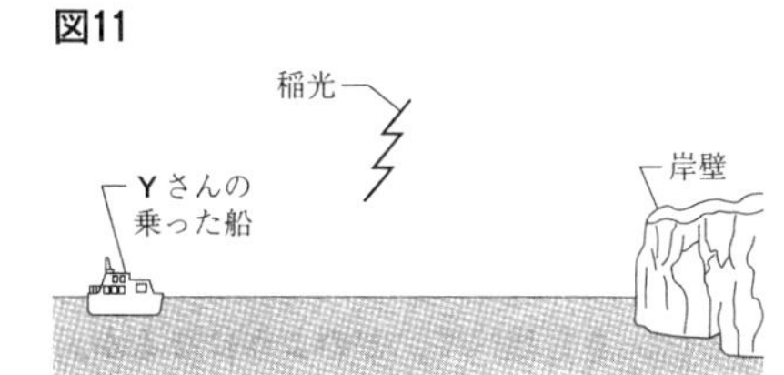

(1)　静電気に関する①，②の問いに答えなさい。

①　電気が空間を移動する現象は，一般に何とよばれるか。その名称を書きなさい。

②　次の**ア**～**エ**の中から，気圧を低くした空間に大きな電圧を加えると，空間に電流が流れるという現象を利用している照明機器を１つ選び，記号で答えなさい。

ア　豆電球　　**イ**　蛍光灯　　**ウ**　ＬＥＤ照明　　**エ**　白熱電球

(1)	①		②	

■令和３年度問題

3　運動とエネルギー，電流とその利用及び身近な物理現象に関する(3)の問いに答えなさい。

(3)　モーターの内部には，磁石とコイルが使われている。モーターと構造が似ているものに，手回し発電機がある。手回し発電機は，磁石にとり囲まれているコイルを回転させることによって，コイルの内部の磁界が変化し，その変化にともないコイルに電圧が生じて，コイルに電流が流れる現象を利用するしくみになっている。コイルの内部の磁界が変化することでコイルに電圧が生じ，コイルに電流が流れる現象は何とよばれるか。その名称を書きなさい。

(3)	

■令和４年度問題

3　電流とその利用及び運動とエネルギーに関する(1)～(3)の問いに答えなさい。

(1)　**図７**のように，厚紙でできた水平面の上に方位磁針を置いて，導線に矢印（⟶）の向きに電流を流した。また，**図８**は，方位磁針を模式的に表したものである。

図７　　**図８**

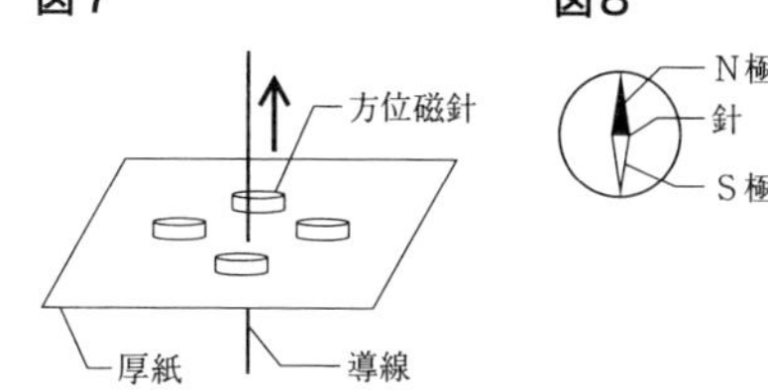

①　**図７**で用いた導線は，電流を通しやすい銅の線が，電流をほとんど通さないポリ塩化ビニルにおおわれてできている。ポリ塩化ビニルのように，電流をほとんど通さない物質は何とよばれるか。その名称を書きなさい。

②　次の**ア**～**エ**の中から，**図７**を真上から見たときの，方位磁針の針の向きを表した図として，最も適切なものを１つ選び，記号で答えなさい。ただし，導線に流れる電流がつくる磁界以外の影響は無視できるものとする。

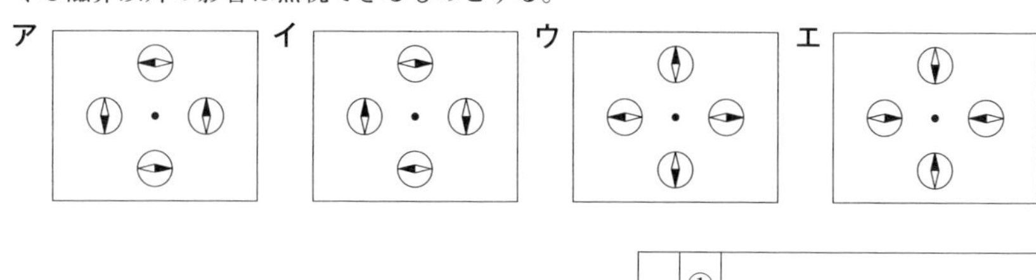

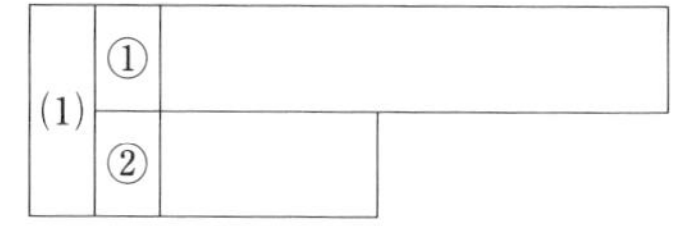

(1)	①	
	②	

(2) **図9**のように，水平面に置いた2つの直方体の磁石の間にコイルがある。コイルの導線**AB**が水平面に対して平行であるとき，**A**から**B**の向きに電流が流れるように，コイルに電流を流したところ，コイルは矢印（⟹）の向きに力を受けて，**P－Q**を軸として回転を始めたが，1回転することはなかった。

図9

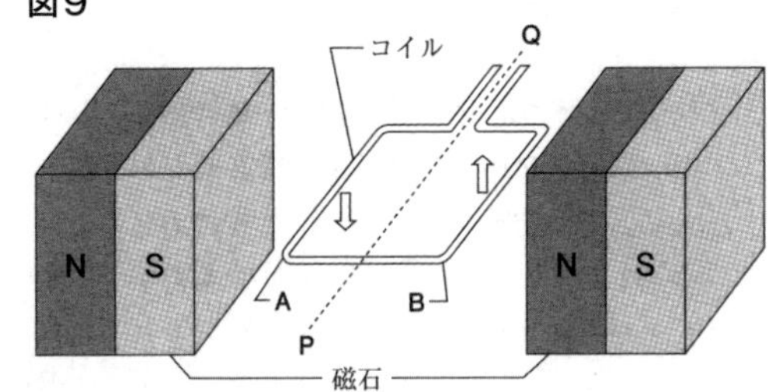

① **図10**は，**図9**のコイルを**P**の方向から見た模式図であり，導線**AB**は，水平面に対して平行である。コイルに電流を流したとき，コイルが，**図10**の位置から矢印（⟶）の向きに，回転を妨げられることなく1回転するためには，コイルが回転を始めてから，**A**から**B**の向きに流れている電流の向きを，**B**から**A**の向きに変え，その後，さらに**A**から**B**の向きに変える必要がある。コイルが，回転を妨げられることなく1回転するためには，コイルが回転を始めてから，コイルの**B**がどの位置にきたときに，コイルに流れる電流の向きを変えればよいか。**図10**の**ア**～**エ**の中から，その位置として，適切なものを2つ選び，記号で答えなさい。

図10

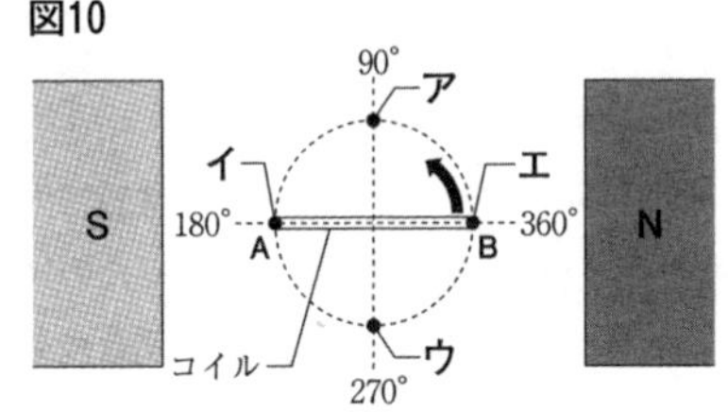

② **図9**のコイルを，電流を流さずに手で回転させると，電磁誘導が起こり，電気エネルギーがつくられる。家庭で利用する電気エネルギーの多くは，この現象を利用して，水力発電所や火力発電所などの発電所でつくられている。次の［　　］の中の文が，水力発電所で電気エネルギーがつくられるまでの，エネルギーの移り変わりについて適切に述べたものとなるように，文中の（ ㋐ ），（ ㋑ ）に補う言葉を，下の**ア**～**エ**の中から1つずつ選び，記号で答えなさい。

> ダムにためた水がもつ（ ㋐ ）は，水路を通って発電機まで水が流れている間に（ ㋑ ）となり，電磁誘導を利用した発電機で（ ㋑ ）は電気エネルギーに変換される。

ア 熱エネルギー　　**イ** 位置エネルギー
ウ 化学エネルギー　**エ** 運動エネルギー

(2)	①		②	㋐		㋑	

(3) 同じ材質でできた，3種類の電熱線**P**，**Q**，**R**を用意する。電熱線**P**，**Q**，**R**のそれぞれに4Vの電圧を加えたときの消費電力は，4W，8W，16Wである。**図11**のように，発泡ポリスチレンの容器に入っている100gの水に，電熱線**P**を入れる。電熱線**P**に加える電圧を4Vに保ち，ガラス棒で水をかき混ぜながら1分ごとの水の温度を温度計で測定した。その後，電熱線**Q**，**R**について，水の量を100g，加える電圧を4Vに保ち，同様の実験を行った。**図12**は，このときの，電熱線**P**，**Q**，**R**のそれぞれにおける，電流を流した時間と水の上昇温度の関係を示している。ただし，室温は常に一定であり，電熱線**P**，**Q**，**R**のそれぞれに電流を流す前の水の温度は，室温と同じものとする。

図11　**図12**

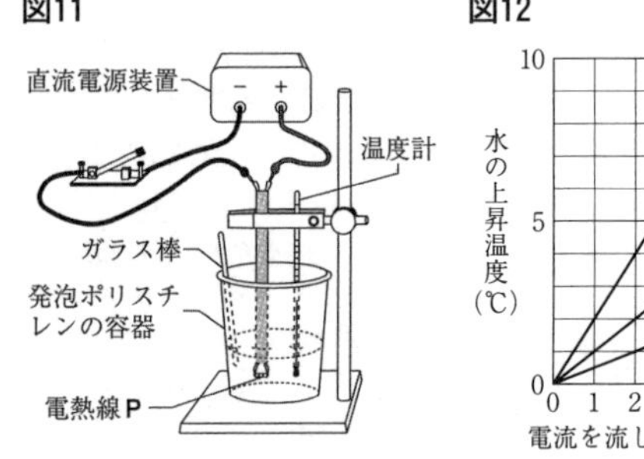

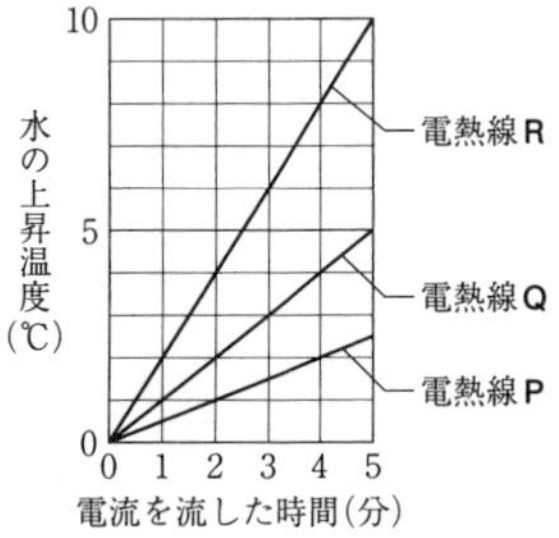

① 電圧計と電流計を1台ずつ用いて，**図11**の，電熱線**P**に加わる電圧と電熱線**P**に流れる電流を調べた。**図11**の，電熱線**P**に加わる電圧と電熱線**P**に流れる電流を調べるための回路を，回路図で表すとどのようになるか。**図13**の電気用図記号を用いて，**図14**を適切に補い，回路図を完成させなさい。

図13

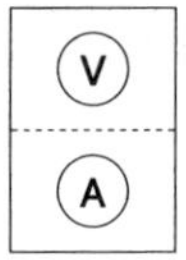

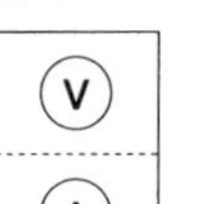

図14

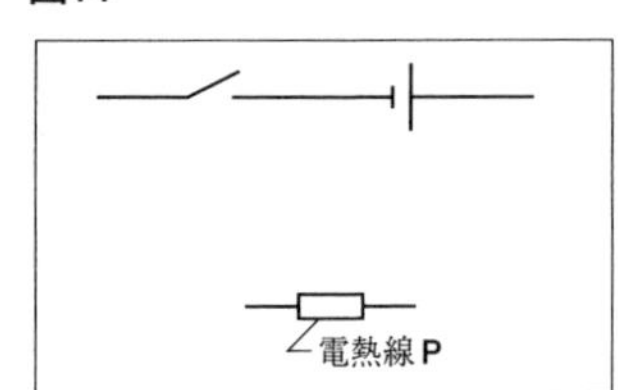

② **図12**をもとにして，電熱線に4分間電流を流したときの，電熱線の消費電力と100gの水の上昇温度の関係を表すグラフを，**図15**にかきなさい。

図15

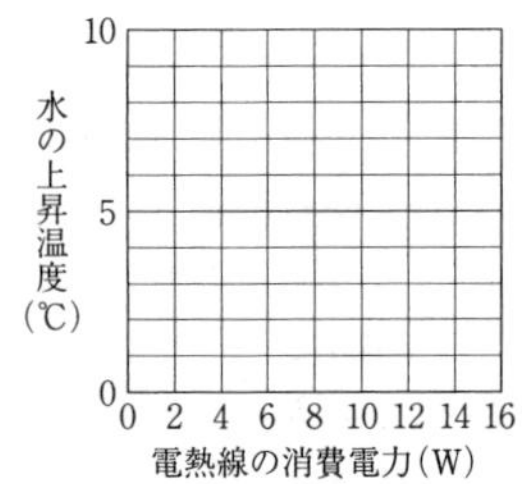

③ 電熱線**Q**と電熱線**R**を直列につないだ。電熱線**Q**と電熱線**R**に加えた電圧の和が7.5Vのとき，電熱線**Q**の消費電力は何Wか。計算して答えなさい。

③	W

運動とエネルギー

■平成26年度問題

6　運動とエネルギーに関する(1)～(3)の問いに答えなさい。

図14は，棒磁石の上端に糸をつけてつくったふりこを静止させたときの模式図である。

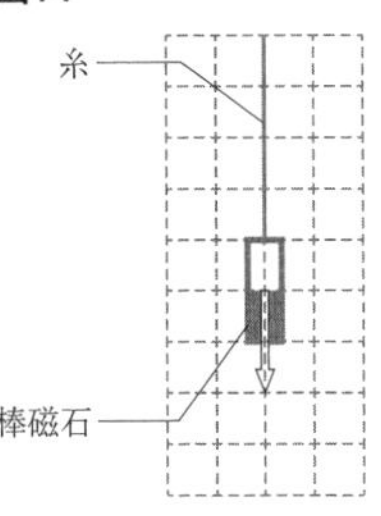

(1)　**図14**の矢印（⇨）は，ふりこが静止したときに棒磁石にはたらく重力を表したものである。このとき，糸が棒磁石を引く力を，**図14**に矢印（→）でかき入れなさい。ただし，地球上の磁界が棒磁石におよぼす影響は無視できるものとする。

(2)　**図15**のように，**図14**のふりこを固定した板につけた。糸がたるまないようにして，棒磁石を点**A**の位置まで持ち上げてから，静かにはなしたところ，棒磁石は最下点**B**を通過し，点**A**と同じ高さの点**C**に達した。

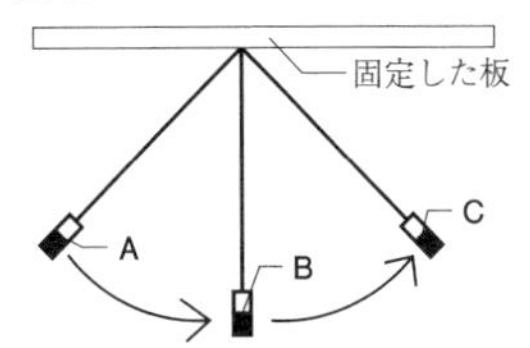

①　ふりこの運動では，まさつや空気の抵抗などがなければ，位置エネルギーと運動エネルギーの和は常に一定になる。位置エネルギーと運動エネルギーの和は何とよばれるか。その名称を書きなさい。

②　ふりこの運動に関する**a**，**b**の問いに答えなさい。ただし，**a**，**b**それぞれにおいて，地球上の磁界が棒磁石におよぼす影響は無視できるものとし，糸ののび，まさつや空気の抵抗などはないものとする。

a　**図16**は，棒磁石が**図15**の点**C**に達したときのようすを表した模式図である。

棒磁石が点**C**に達したとき，棒磁石につけた糸が切れたとすると，この直後，棒磁石はどの向きに運動するか。**図16**の**ア**～**エ**の矢印で示す向きの中から，適切なものを1つ選び，記号で答えなさい。

図16

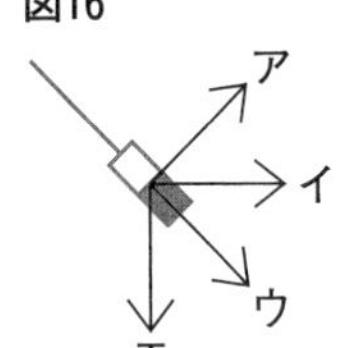

b　ふりこの運動では，糸の長さや振り始めの高さを変えると，最下点を通過するときの速さも変わる。次の**ア**～**エ**の状態から，棒磁石を静かにはなしたとき，それぞれの最下点において，棒磁石の速さが最も大きくなるものはどれか。**ア**～**エ**の中から1つ選び，記号で答えなさい。

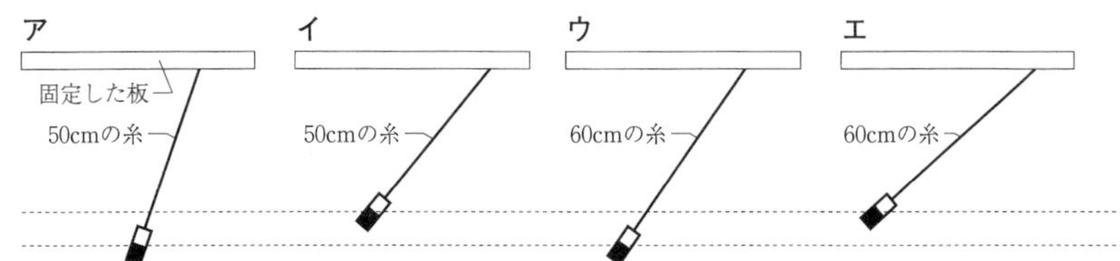

（注1）　**ア**～**エ**のそれぞれの板は，同じ高さに固定してある。
（注2）　点線は，**ア**と**ウ**，および**イ**と**エ**，それぞれの振り始めの高さが同じであることを示している。

(3)　**図17**のように，棒磁石の上端に糸をつけてつくったふりこを固定した板につけ，ふりこの真下に，検流計と電熱線をつないだコイルを置いた。糸がたるまないようにして，棒磁石を点**D**の位置まで持ち上げてから，静かにはなしたところ，棒磁石は(あ)<u>点**D**から最下点**E**</u>，(い)<u>最下点**E**から点**F**</u>，(う)<u>点**F**から最下点**E**へと</u>コイルにぶつかることなく動いた。

図17

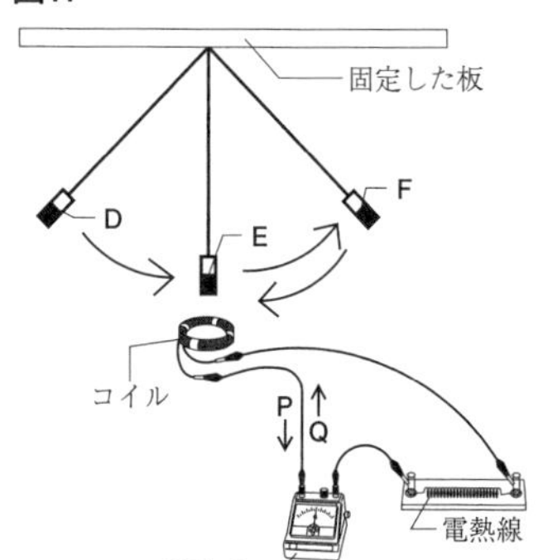

①　下線部(あ)のように棒磁石が動いたとき，コイルにつないだ検流計の指針が左に振れ，電流が**P**の向きに流れた。この現象に関する**a**，**b**の問いに答えなさい。

a　コイルの中の磁界が変化すると，コイルに電流が流れる。このとき流れる電流は何とよばれるか。その名称を書きなさい。

b　下線部(い)，(う)のように棒磁石が動いたときの電流について述べたものとして最も適切なものを，次の**ア**～**ウ**の中から1つずつ選び，記号で答えなさい。

ア　**P**の向きに流れる。　　**イ**　**Q**の向きに流れる。　　**ウ**　流れない。

②　棒磁石を点**D**まで持ち上げてから静かにはなし，棒磁石を何度か往復させる実験を行う。この実験において，何度か往復させた後の最下点**E**を通過するときの棒磁石の速さは，静かにはなしてから初めて最下点**E**を通過するときの棒磁石の速さと比べて，どのようであると考えられるか。次の**ア**～**ウ**の中から，適切に述べたものを1つ選び，記号で答えなさい。また，そのように判断した理由を，エネルギーの移り変わりに関連づけて，棒磁石のもつエネルギーの大きさの変化が分かるように書きなさい。ただし，地球上の磁界が棒磁石におよぼす影響は無視できるものとし，糸ののび，まさつや空気の抵抗などはないものとする。

ア　初めて通過するときの速さよりも大きい。
イ　初めて通過するときの速さよりも小さい。
ウ　初めて通過するときの速さと変わらない。

(2)	①		② a		b
(3)	① a		b (い)		(う)
(3)	② 記号		理由		

■平成28年度問題

力と圧力および運動の規則性に関する(1)，(2)の問いに答えなさい。

(1)　船にはたらく力とその運動に関する①～③の問いに答えなさい。

①　船と岸壁をロープで結び，ロープを張った状態で船が静止している。**図14**は，そのときのようすを船の正面から見た模式図であり，**ア**～**エ**の矢印は，船，ロープ，岸壁にはたらく力をそれぞれ表したものである。ただし，ロープの質量は無視できるものとする。

図14

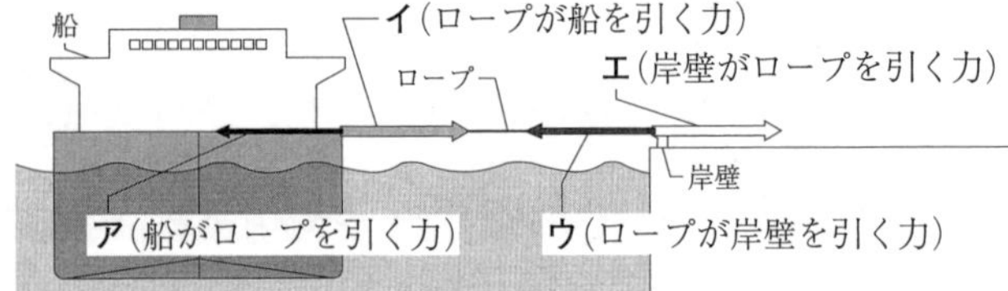

a　作用・反作用の関係にある力の組み合わせを，**ア**～**エ**の記号を用いて，2つ答えなさい。

b　つりあいの関係にある力の組み合わせを，**ア**～**エ**の記号を用いて，1つ答えなさい。

②　**図15**のように，2隻のボート**A**，**B**で，静止している船を同時に引いた。ボート**A**が引く力F_A，ボート**B**が引く力F_Bで船を引いたところ，船は点線（-----）にそって矢印（⇨）の向きに進みはじめた。このとき，F_AとF_Bはどのような関係であるか。**F_Aの分力**，**F_Bの分力**という2つの言葉を用いて，簡単に書きなさい。

図15

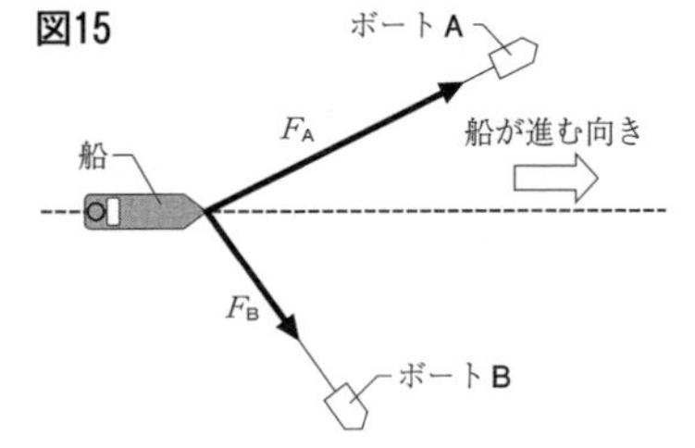

③　動いている船は，エンジンを停止してもしばらく進み続ける。このように，運動している物体が等速直線運動を続けようとする性質は何とよばれるか。その名称を書きなさい。

(1)	①	a	と	と	b	と
	②				③	

(2)　Kさんは，荷物を載せた船が浮くことのできる条件を探るため，T先生にアドバイスをもらって実験を行い，その結果を**実験レポート**にまとめた。

<**実験レポート**>

準備（図16）　直方体の形をした箱**S**，**M**，**L**。1個25gのおもり。水を入れた深い水そう。

箱**S**，**M**，**L**の相似比は1：2：4であり，箱**S**，**M**，**L**の質量はそれぞれ150g，600g，2400gである。

実験1　おもりを載せないで箱**S**，**M**，**L**を水に浮かべる。

実験1の結果　水面から各箱の底面までの深さは，どれも3.0cmになった（**図16**）。

実験2　箱を水に浮かべ，箱が傾かないようにしながら，各箱に載せるおもりを1個ずつ増やし，水面から各箱の底面までの深さが，3.5cm，4.0cmになるときのおもりの個数をそれぞれ調べる。

実験2の結果　**表5**のようになった。

図16

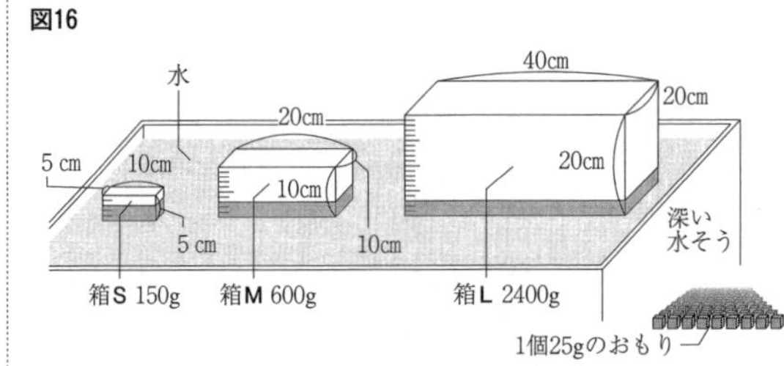

表5

	水面から各箱の底面までの深さ		
	3.0cm	3.5cm	4.0cm
箱Sに載せたおもりの個数	0	1	2
箱Mに載せたおもりの個数	0	4	8
箱Lに載せたおもりの個数	0	16	32

実験1，**2**について，下の□の中に示したKさんとT先生の会話を読み，①～④の問いに答えなさい。ただし，100gの物体にはたらく重力の大きさを1Nとする。

Kさん：箱**S**は，おもりを4個静かに載せたら，水面が箱の上端まで達したところで静止しました。このとき，箱と載せたおもりを合わせた重力の大きさは（　Ⓐ　）Nで，この重力と箱にはたらく浮力の大きさを比べると，（　Ⓘ　）と思います。

T先生：その通りです。では，**表5**から，箱**M**が水に浮くことができる，最大のおもりの個数は何個でしょうか。

Kさん：箱**S**と同じように考えて，水に浮いている箱**M**は，おもりを載せない状態から最大で（　Ⓤ　）cm沈んでも，浮くことができるので，おもりを最大（　Ⓔ　）個載せることができます。

T先生：箱**L**についても同じように考えて，各箱が最大限のおもりを載せて浮くときの条件の規則性として，どのようなことが言えるでしょうか。

Kさん：各箱が最大限のおもりを載せて浮くとき，各箱で成り立つ関係は，（　Ⓞ　）が箱の（　Ⓚ　）に比例し，箱**S**，**M**，**L**の（　Ⓞ　）の比は，（　Ⓚi　）になります。荷物を載せた船が浮くことのできる条件も，この考え方が基本になるのですね。

①　（　Ⓐ　）に，適切な値を補いなさい。

②　次の**ア**～**ウ**の中から，（　Ⓘ　）に補う適切な言葉を1つ選び，記号で答えなさい。

ア　重力の方が大きい　　**イ**　浮力の方が大きい　　**ウ**　同じである

③　（　Ⓤ　），（　Ⓔ　）のそれぞれに，適切な値を補いなさい。

④　（　Ⓞ　）～（　Ⓚi　）のそれぞれに入る，適切な言葉や比を，Ⓞ～Ⓚiの各選択肢の**ア**～**エ**の中から1つずつ選び，記号で答えなさい。

Ⓞの選択肢	Ⓚの選択肢	Ⓚiの選択肢
ア　載せたおもりの個数	**ア**　辺の長さ	**ア**　1：2：4
イ　載せたおもりの質量の和	**イ**　底面積	**イ**　1：4：16
ウ　載せたおもりと箱の質量の和	**ウ**　表面積	**ウ**　1：8：64
エ　載せたおもりと箱の質量の差	**エ**　体積	**エ**　1：14：136

(2)	①	Ⓐ		②	Ⓘ		③	Ⓤ	
	③	Ⓔ		④	Ⓞ		Ⓚ		Ⓚi

■平成31年度問題

6

身近な物理現象及び運動とエネルギーに関する(1)～(3)の問いに答えなさい。

図16は，質量40ｇ，高さ３cmのおもりを床に置き，おもりとばねを糸で結んだ装置である。ただし，ばねや糸の質量は無視できるものとする。

図16

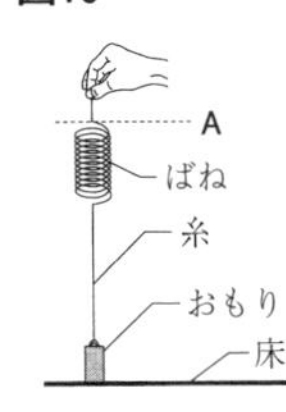

(1) 糸がたるまないようにばねを真上に引いたとき，**図16**のように，ばねがのびていない状態の，ばねの上端の位置を**A**とする。この状態から，ゆっくりとばねを引き上げた。

① ばねののびが，ばねにはたらく力の大きさに比例することは，ある法則として知られている。この法則は，発見者にちなんで，何とよばれるか。その名称を書きなさい。

② ばねを引き上げたときのばねの上端の位置が，**A**の位置よりも２cm高くなったとき，おもりが床からはなれた。ばねの上端の位置が，**A**の位置から４cmの高さになるまで引き上げたときの，**A**からばねの上端の位置までの高さと，ばねののびの関係を表すグラフを，**図17**にかきなさい。

図17

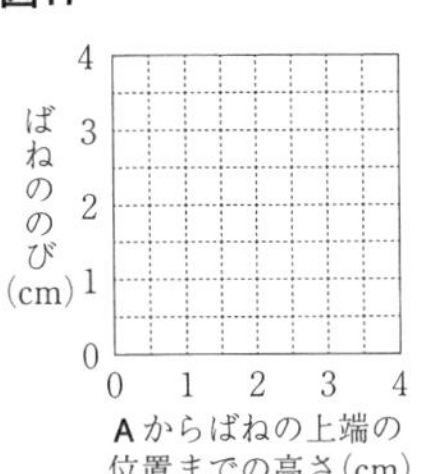

(2) **図18**は，動滑車にかかった糸の一方をスタンドに固定し，もう一方を，**図16**の装置と同じばねにつなげ，質量40ｇのおもりと動滑車を別の糸で結んだ装置である。ただし，滑車やばね及び糸の質量は無視でき，滑車の摩擦はないものとする。

① **図16**と**図18**の，それぞれの装置を用いて，おもりを床から10cmの高さまでゆっくりと持ち上げた。次の［　　］の中の文が，**図16**の装置を用いたときと比べて，**図18**の装置を用いたときの，ばねののびとばねを引く距離について述べたものとなるように，文中の（ ㋐ ），（ ㋑ ）のそれぞれに適切な値を補いなさい。

> ばねののびは（ ㋐ ）倍，ばねを引く距離は（ ㋑ ）倍になる。

図18

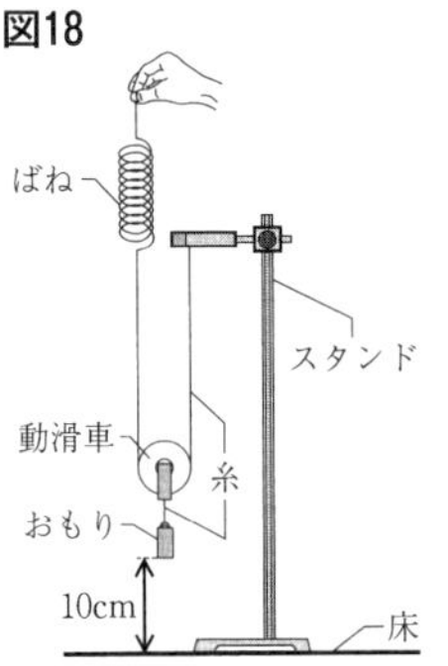

② **図19**のように，ばねを斜めに傾けて，質量40ｇのおもりを床から10cmの高さまでゆっくりと持ち上げた。**図18**のように，おもりを床から10cmの高さまでゆっくりと真上に持ち上げたときと比べて，**図19**のように持ち上げたときのばねののびは，どのようになると考えられるか。次の**ア**～**ウ**の中から１つ選び，記号で答えなさい。

ア 大きくなる。　　**イ** 変わらない。
ウ 小さくなる。

図19

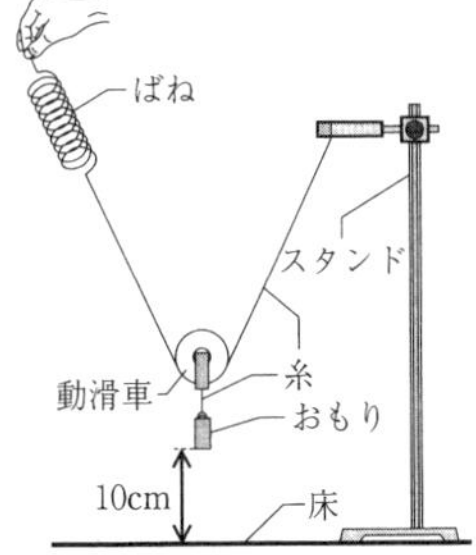

(3) **図20**のように，底面から８cmまで水を入れたビーカーの中に，**図16**の装置を用いて，質量40ｇのおもりの底面が水面と接するところからゆっくりと水の中に沈めていった。**図21**は，このときの，水面からおもりの底面までの距離とばねののびの関係を表したものである。

図20

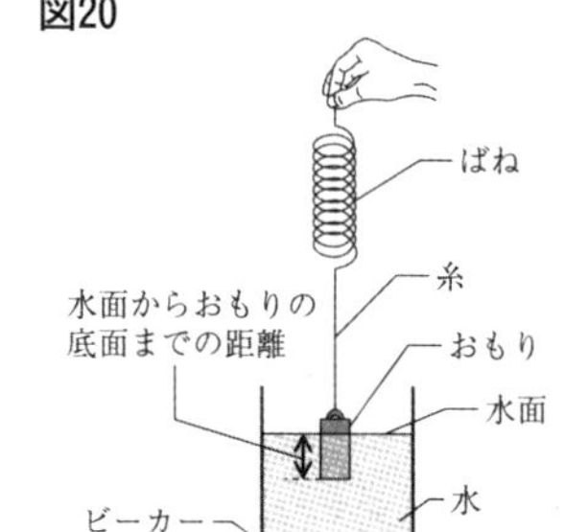

図21

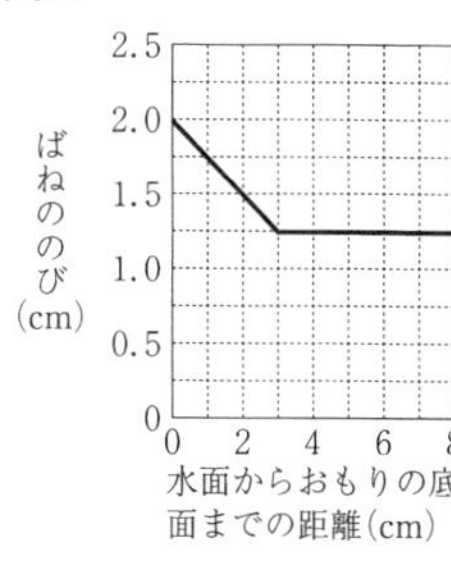

① **図22**は，**図20**における，水面からおもりの底面までの距離が４cmのときのおもりのようすを表した模式図である。**図22**の矢印（⟹）は，おもりにはたらく重力を表している。水面からおもりの底面までの距離が４cmのとき，次の**a**，**b**の問いに答えなさい。

a ばねにはたらく力の大きさは何Nか。**図21**をもとに，計算して答えなさい。ただし，100ｇの物体にはたらく重力の大きさを１Nとする。

b **図22**の点（•）をおもりにはたらく浮力の作用点として，浮力を，**図22**に矢印（⟶）でかきなさい。

図22

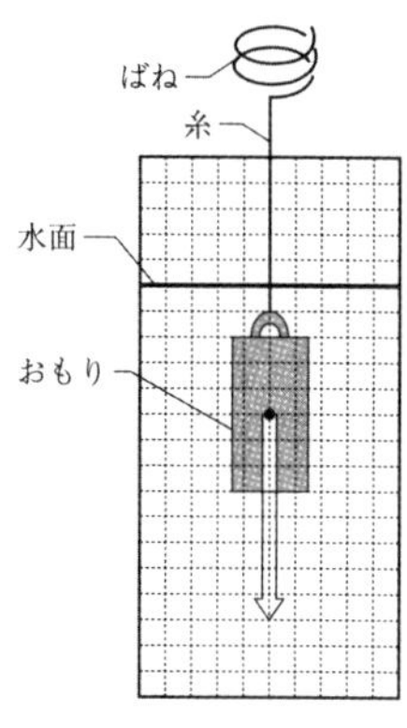

② おもりの底面が水面から10cmの高さになるまで，おもりを持ち上げて静止させ，ばねの下の糸を切り，おもりを落下させた。このとき，おもりの落下する速さはどのように変化すると考えられるか。次の**ア**～**オ**の中から，時間とおもりの落下する速さの関係を表したグラフの形として，最も適切なものを１つ選び，記号で答えなさい。ただし，**ア**～**オ**の中の，縦軸と横軸に平行な２本の点線（------）は，おもりが水面に達したときの，時間と速さを表している。また，空気の抵抗及び水面や水中での水の抵抗はないものとする。

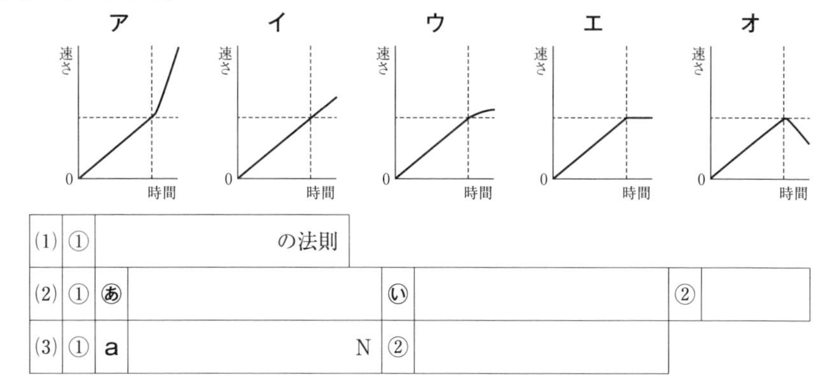

(1)	①	の法則				
(2)	①	㋐		㋑	②	
(3)	①	a	N	②		

■令和２年度問題

6

電流とその利用及び運動とエネルギーに関する(1)，(2)の問いに答えなさい。
図14のように，棒磁石を台車に固定する。また，**図15**のように，斜面**P**，水平面，斜面**Q**をなめらかにつなぐ。

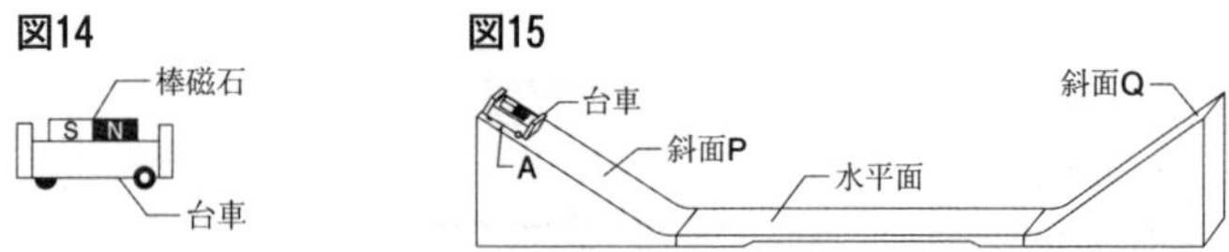

(1) **図15**のように，**図14**の台車を，**A**に置き，静かにはなした。このとき，台車は，斜面**P**を下り，水平面を進み，斜面**Q**を上った。ただし，摩擦や空気の抵抗はないものとする。

① 台車が水平面を進む速さは一定であった。このように，直線上を一定の速さで進む運動は何とよばれるか。その名称を書きなさい。

② **図16**は，**図14**の台車が斜面**Q**を上っているときの模式図である。**図16**の矢印（⟶）は，台車にはたらく重力を表している。このとき，台車にはたらく重力の，斜面に平行な分力と斜面に垂直な分力を，**図16**に矢印（⟶）でかきなさい。

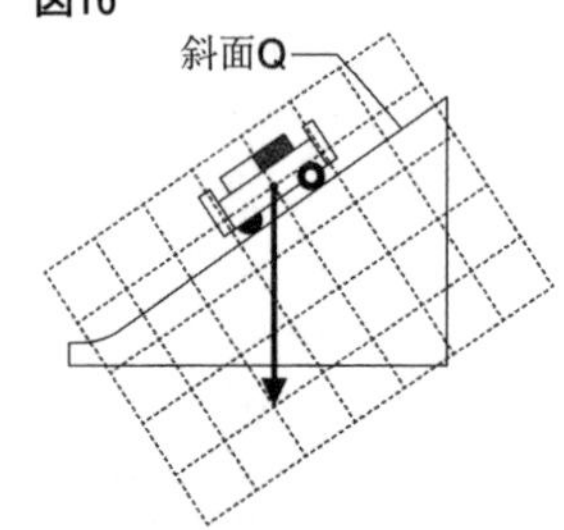

(2) **図17**のように，コイルと検流計をつないだ。棒磁石のＮ極を，コイルのⓐ側から近づけると，検流計の指針は左に振れ，コイルのⓑ側から近づけると検流計の指針は右に振れた。

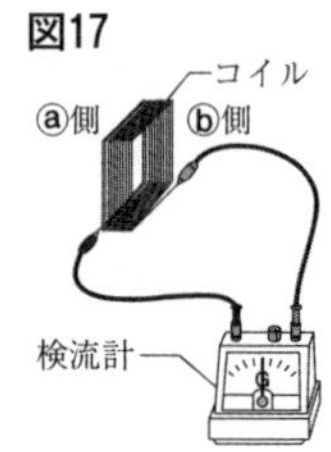

次に，**図18**のように，**図15**の水平面を，**図17**のコイルに通した装置をつくり，**図14**の台車を**A**に置き，静かにはなした。このとき，台車は斜面**P**を下り，コイルを通り抜け，斜面**Q**の**D**で静止した後，斜面**Q**を下り，コイルを通り抜けて**B**を通過した。ただし，摩擦や空気の抵抗はないものとする。

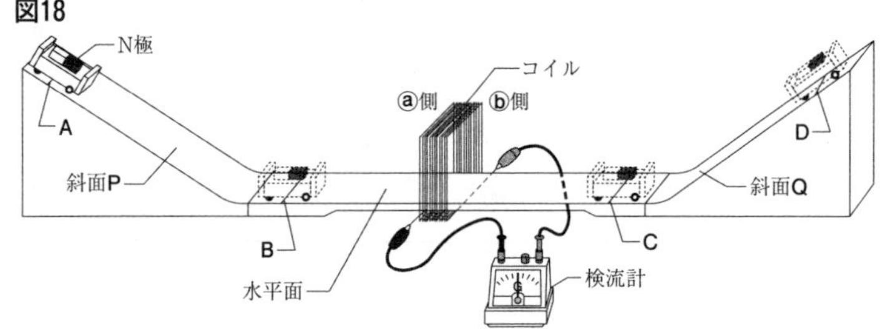

① 台車が斜面**Q**を下り，**C**から**B**に向かってコイルを通り抜けるときの，検流計の指針の振れ方として最も適切なものを，次の**ア**～**エ**の中から１つ選び，記号で答えなさい。ただし，検流計の指針は，はじめは０の位置にあるものとする。

ア 左に振れ，０に戻ってから右に振れる。
イ 左に振れ，０に戻ってから左に振れる。
ウ 右に振れ，０に戻ってから右に振れる。
エ 右に振れ，０に戻ってから左に振れる。

② **図18**のように，台車が，**A**から**B**，**C**を通過して**D**で静止した後，再び**C**，**B**を通過した。このとき，台車のもつ運動エネルギーはどのように変化すると考えられるか。次の**ア**～**カ**の中から，台車が**A**，**B**，**C**，**D**の，それぞれの位置にあるときの，台車の位置と台車のもつ運動エネルギーの関係を表したものとして，最も適切なものを１つ選び，記号で答えなさい。ただし，水平面における台車のもつ位置エネルギーを０としたときの，**A**における台車のもつ位置エネルギーを１とする。

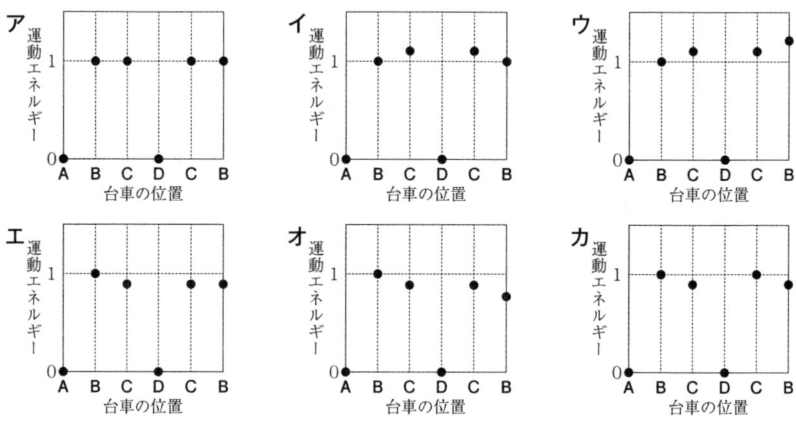

（注） 横軸の「台車の位置」は，台車が移動した順に並べたものである。

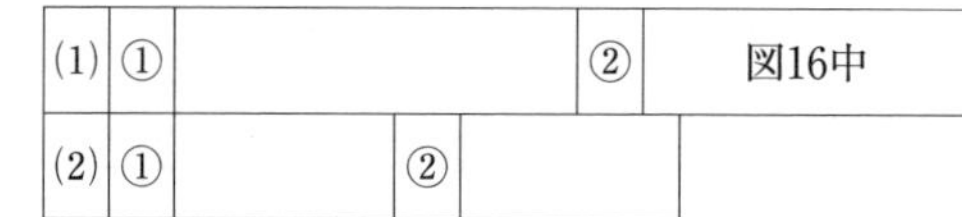

(1)	①		②	図16中
(2)	①		②	

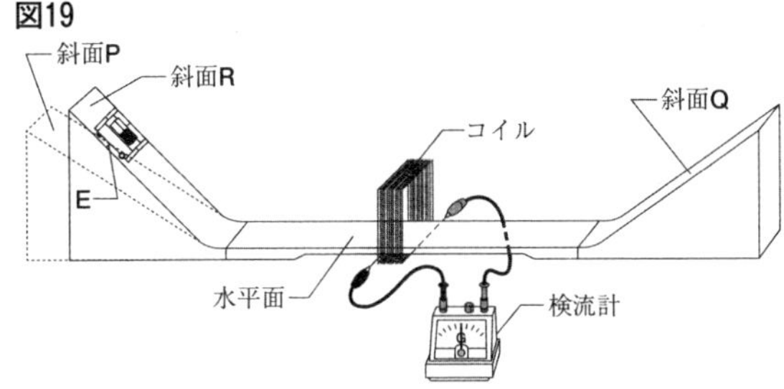

③ 図19のように，図18の斜面Pを，傾きの大きい斜面Rに変え，斜面Rを水平面となめらかにつなげた装置をつくる。水平面からの高さがAと同じであるEから図14の台車を静かにはなした。

Aから静かにはなした場合と比べて，Eから静かにはなした場合の，台車が最初にコイルを通り抜けるときのコイルに流れる電流の大きさは，どのようになると考えられるか。次のア～ウの中から，適切なものを1つ選び，記号で答えなさい。また，そのように考えられる理由を，台車のもつエネルギーに関連づけて，簡単に書きなさい。ただし，摩擦や空気の抵抗はないものとする。

ア 小さくなる。　**イ** 変わらない。　**ウ** 大きくなる。

④ 火力発電所などでは，コイルに磁石を近づけたときに起こる現象を利用して電気エネルギーをつくっている。照明器具は，この電気エネルギーを光エネルギーに変換しているが，その際，電気エネルギーは熱エネルギーにも変換される。

明るさがほぼ同じ，40Wの白熱電球と4.8WのLED電球を10分間点灯させたとき，白熱電球で発生した熱エネルギーは，LED電球で発生した熱エネルギーの何倍か。小数第2位を四捨五入して小数第1位まで書きなさい。ただし，白熱電球のエネルギー変換効率は10%，LED電球のエネルギー変換効率は30%とし，電気エネルギーは光エネルギーと熱エネルギー以外に変換されないものとする。

(2)	③	記号	
		理由	
	④	倍	

■令和３年度問題

3

運動とエネルギー，電流とその利用及び身近な物理現象に関する(1)，(2)の問いに答えなさい。

(1) 図６のように，質量400ｇのおもりを床に置き，おもりとモーターを糸で結ぶ。糸がたるんでいない状態で，モーターに電圧をかけ，糸を等速で巻き上げて，おもりを床から真上に60cm引き上げる。おもりを床から真上に60cm引き上げる仕事をするのに12秒かかったときの，モーターがおもりに対してした仕事の仕事率は何Wか。計算して答えなさい。ただし，100ｇの物体にはたらく重力の大きさを１Ｎとし，糸の質量は無視できるものとする。

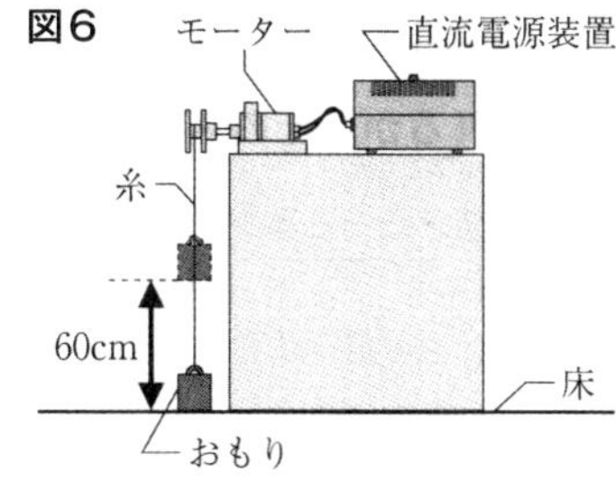

(2) 図７のように，上部に定滑車をつけた斜面を床に固定し，質量400ｇのおもりを斜面の最も低い位置に置き，おもりとモーターを，定滑車を通した糸で結ぶ。ただし，おもりから定滑車までの糸は斜面と平行であるものとする。

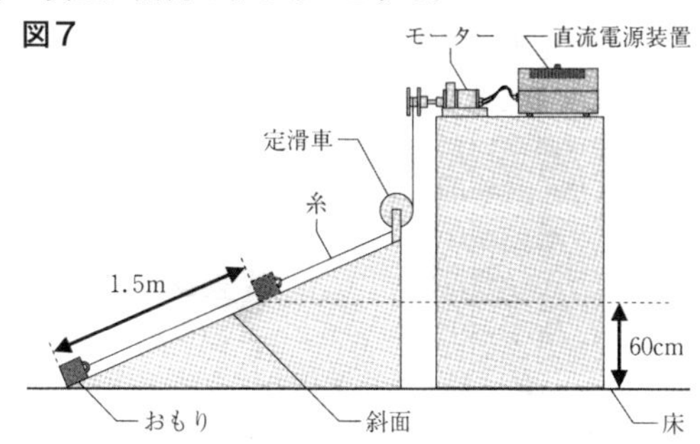

① 図７のモーターに電圧をかけ，糸を等速で巻き上げて，おもりを斜面に沿って1.5m引き上げたところ，おもりの床からの高さは60cmであった。このときのおもりを引く力の大きさは何Ｎか。計算して答えなさい。ただし，100ｇの物体にはたらく重力の大きさを１Ｎとし，定滑車や糸の質量は無視でき，おもりと斜面の間にはたらく摩擦や定滑車の摩擦はないものとする。

② おもりが斜面に沿って等速で引き上げられている間において，おもりのもつ力学的エネルギーの大きさは，どのようになっていくと考えられるか。次のア～ウの中から１つ選び，記号で答えなさい。

ア 増加していく。　**イ** 変わらない。　**ウ** 減少していく。

(1)	W	(2)	①	N	②	

◎２分野
植物のつくりとはたらき

■平成26年度問題

植物に関する(1)〜(3)の問いに答えなさい。

(1)　Ｓさんは，校庭や校舎周辺で植物の観察を行った。このとき，日あたりがよく，かわいた場所にタンポポが，日あたりが悪く，しめった場所にゼニゴケが，多く生息していることが分かった。

①　**図２**は，ゼニゴケをスケッチしたものである。ゼニゴケに関する**ａ**，**ｂ**の問いに答えなさい。

ａ　次の**ア**〜**エ**の中から，ゼニゴケのからだのつくりについて，適切に述べたものを１つ選び，記号で答えなさい。

ア　維管束はあり，葉，茎，根の区別もある。

イ　維管束はあり，葉，茎，根の区別はない。

ウ　維管束はなく，葉，茎，根の区別はある。

エ　維管束はなく，葉，茎，根の区別もない。

図２

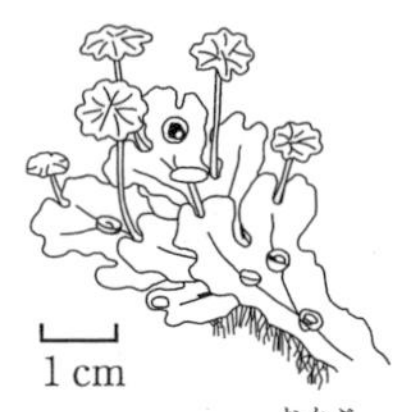

ゼニゴケ（雄株〔おかぶ〕）

ゼニゴケ（雌株〔めかぶ〕）

ｂ　タンポポは種子によってなかまをふやす。これに対して，ゼニゴケは何によってなかまをふやすか。その名称を書きなさい。

②　Ｓさんは，タンポポの花を採取し，**図３**のようなルーペで観察することにした。このルーペの使い方として適切なものを，次の**ア**〜**ウ**の中から１つ選び，記号で答えなさい。

図３（ルーペ）

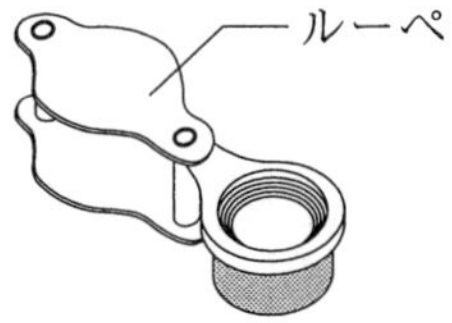

ア　ルーペを目に近づけて持ち，花を前後に動かしてピントを合わせる。

イ　花を目から30㎝ほど離して持ち，ルーペを前後に動かしてピントを合わせる。

ウ　ルーペを花に密着させた状態で，ルーペと花を前後に動かしてピントを合わせる。

③　Ｓさんがタンポポを観察したところ，葉脈が網目状であることに気がついた。タンポポは双子葉類であるため，単子葉類とは異なる，網目状の葉脈をもつ。

双子葉類は，葉脈のほかにも，茎の維管束と根のようすにおいて，単子葉類とは異なる特徴をもつ。それらはどのような特徴か。茎の維管束と根のようすについて，簡単に書きなさい。

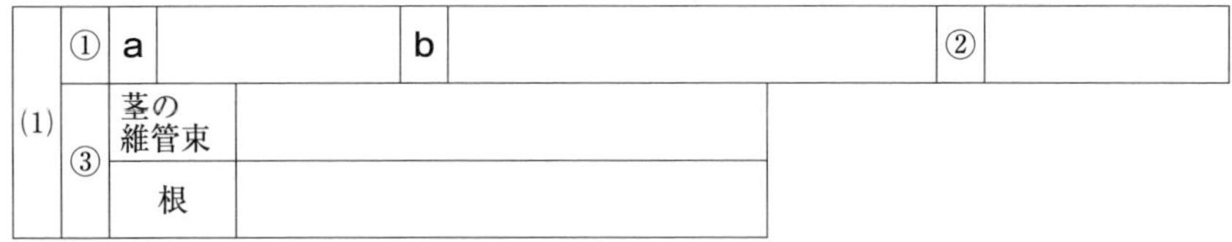

(1)	①	a		b		②	
	③	茎の維管束					
		根					

(2)　Ｓさんは，透明なポリエチレン袋**Ａ**〜**Ｄ**を用意し，**図４**のようにして，袋**Ａ**，**Ｂ**には採取したばかりのタンポポの葉を入れた後に息を吹き込み，袋**Ｃ**，**Ｄ**には何も入れずに息を吹き込み，袋**Ａ**〜**Ｄ**の中の二酸化炭素の割合（濃度）を気体検知管で測定した。この後，**図５**のように，袋**Ａ**〜**Ｄ**を輪ゴムで密閉してから，袋**Ａ**，**Ｃ**を光があたる場所に，袋**Ｂ**，**Ｄ**を光のあたらない場所（暗所）に放置した。数時間後，袋**Ａ**〜**Ｄ**の中の二酸化炭素の割合（濃度）を再び気体検知管で測定し，袋を放置する前と比べた。**表１**は，この実験の結果をまとめたものである。

図４

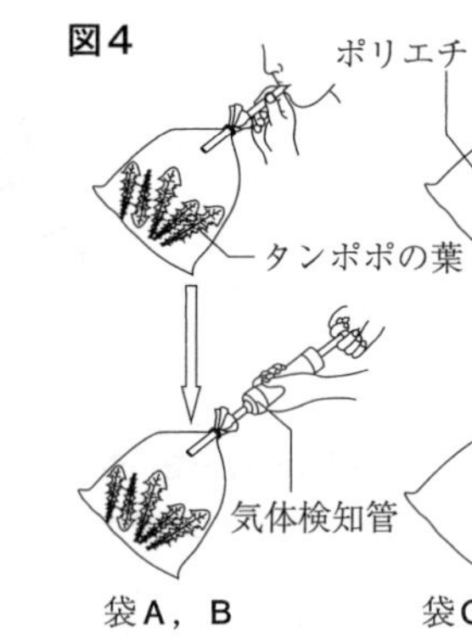

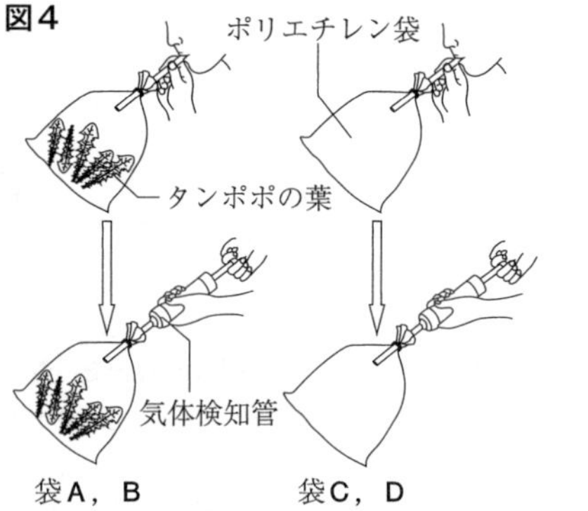

表１

	袋Ａ	袋Ｂ	袋Ｃ	袋Ｄ
二酸化炭素の割合（濃度）	減少した	増加した	変化なし	変化なし

図５

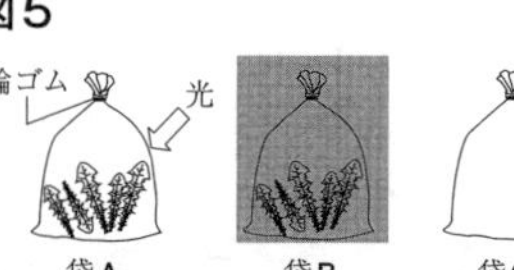

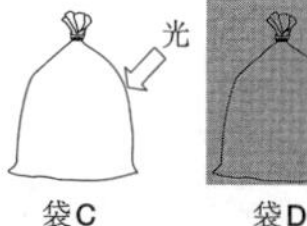

①　葉の表皮には，２つの三日月形の細胞に囲まれたすきまがあり，二酸化炭素などの出入り口としてはたらいている。このすきまは何とよばれるか。その名称を書きなさい。

②　次の［　　］の中の文が，袋**Ｃ**，**Ｄ**を用意した目的について適切に述べたものになるように，文中の（　㋐　），（　㋑　）のそれぞれに語句を補いなさい。

> 袋を置く場所にかかわらず，（　　㋐　　）の変化が，（　　㋑　　）によることを確かめるため。

③　次の**ア**〜**エ**の中から，袋**Ａ**，**Ｂ**の中にあるタンポポの葉のはたらきについて，適切に述べたものを１つずつ選び，記号で答えなさい。

ア　光合成だけを行っていた。

イ　呼吸だけを行っていた。

ウ　光合成と呼吸の両方を行っていたが，光合成の方がさかんであった。

エ　光合成と呼吸の両方を行っていたが，呼吸の方がさかんであった。

(2)	①			
	②	㋐		
		㋑		
	③	袋Ａ		袋Ｂ	

(3)　Sさんが学校でみつけたタンポポを図書館で調べたところ，それは，セイヨウタンポポとよばれる，外来種の１つであることが分かった。外来種とは，人間によって他の地域から持ち込まれて定着した生物のことである。

図６は，尾瀬に設けられている看板の写真である。尾瀬には，本州最大の湿原があり，群馬（ぐんま），福島，新潟，栃木（とちぎ）の４県にまたがる尾瀬国立公園の中心をなしている。**図６**の看板は，尾瀬に他の地域から種子を持ち込まないようによびかけている。このようなよびかけは，他の国立公園においてもみられる。

一般に，他の地域から種子が持ち込まれ，その植物が繁殖し，外来種として定着する場合，持ち込まれた地域に起こり得る問題として，どのようなことが考えられるか。簡単に書きなさい。

図６

お　願　い
尾瀬に雑草の種子を持ち込まないように靴底に付着した種子を落としてから入山しましょう。

(3)	

■平成29年度問題

2

(2)　葉の枚数や大きさがほぼ同じコナラの枝を２本用意し，次の**手順**にしたがって，**図４**のような装置を用いて，蒸散について調べる実験を行った。

<手順>
❶　２本のコナラの枝のうち，１本にはすべての葉の表にワセリンを塗り，もう１本にはすべての葉の裏にワセリンを塗って，それぞれ水が入った三角フラスコに入れ，油を少量加えて，装置**P**，**Q**をつくる。
❷　装置**P**，**Q**の質量を電子てんびんで，それぞれ測定する。
❸　装置**P**，**Q**を日光があたる場所に置き，６時間後に，装置の質量を電子てんびんで，それぞれ測定し，減少した質量を求める。

①　**手順❶**において，下線部の操作を行うのは，三角フラスコ内の水が蒸発するのを防ぐためである。三角フラスコ内の水が蒸発するのを防ぐ目的は何か。その目的を，簡単に書きなさい。

図４

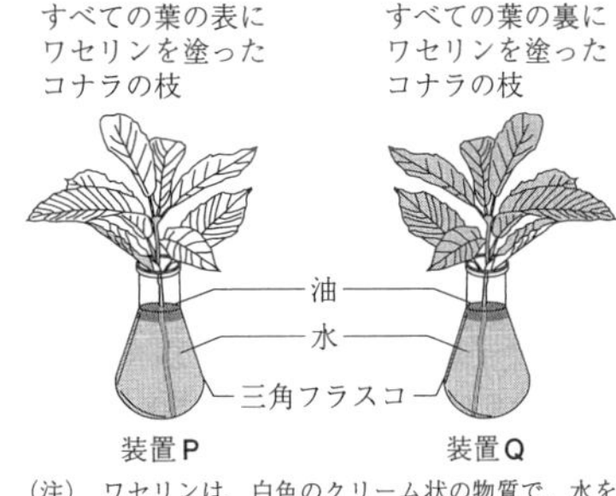

(注)　ワセリンは，白色のクリーム状の物質で，水を通さない性質をもつ。

②　**表１**は，装置**P**，**Q**を用いた実験の結果をまとめたものである。しかし，**表１**だけでは，葉の裏側で蒸散した量や葉の表側で蒸散した量が確認できない。そのため，装置**P**，**Q**と葉の枚数や大きさがほぼ同じコナラの枝をもう１本用意して装置**R**をつくり，装置**P**，**Q**と同様の条件で実験を行った。その実験の結果，装置**R**で減少した質量は2.7gであることが分かった。装置**R**をつくる際，コナラの葉にどのようなことをしたか。簡単に書きなさい。

また，装置**P**～**R**の実験結果をもとにすると，葉の裏側で蒸散した量は，葉の表側で蒸散した量の何倍であると考えられるか。計算して答えなさい。

表１

	減少した質量（g）
装置**P**	13.9
装置**Q**	5.9

③　植物は，環境によって，葉に日光が十分にあたる昼間であっても，光合成をさかんに行わなくなることがある。この現象は「昼寝現象」とよばれる。次の［　］の中の文が，「昼寝現象」の起こる理由について述べたものとなるように，［　］を，**二酸化炭素**，**気孔**という２つの言葉を用いて，適切に補いなさい。

植物は，葉に日光が十分あたる昼間であっても，植物から蒸散する量が多くなりすぎると，植物中の水分を減らさないように，［　　　　］ので，光合成をさかんに行わなくなることがある。

(2)	①			
	②	装置**R**	蒸散した量	倍
	③			

■平成31年度問題

2

生物と細胞及び自然と人間に関する(1)，(2)の問いに答えなさい。

(1)　**図４**は，ある池のまわりから採取したイヌワラビの体の全体を模式的に表したものである。

①　**図４**の**ア**～**エ**の中から，イヌワラビの茎として，最も適切なものを１つ選び，記号で答えなさい。

②　**図５**は，種子をつくらない植物を，それぞれの特徴によって分類し，まとめたものである。**図５**の（ ⓐ ），（ ⓘ ）のそれぞれに適切な言葉を補い，図を完成させなさい。

図４

図５

種子をつくらない植物
- （ ⓐ ）植物　胞子でふえる。維管束がない。葉，茎，根の区別がない。
- （ ⓘ ）植物　胞子でふえる。維管束がある。葉，茎，根の区別がある。

(1)	①		②	ⓐ		ⓘ	

(2) ある池からオオカナダモを２本採取し，同じ水槽に入れた。オオカナダモの葉を１枚とって，プレパラートをつくり，**図６**のように，顕微鏡を用いて観察した。

図６

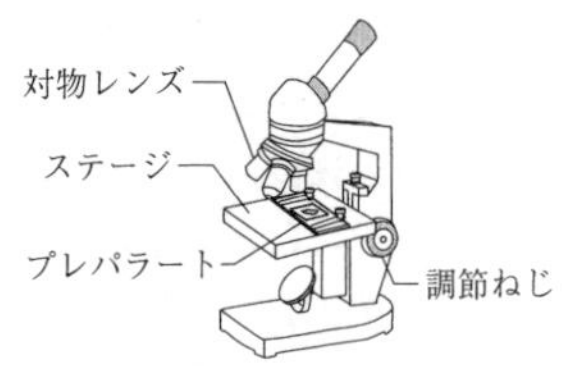

① オオカナダモの葉が対物レンズの真下にくるようにプレパラートをステージにのせた後，対物レンズを真横から見ながら調節ねじを回し，プレパラートを対物レンズにできるだけ近づけた。プレパラートを対物レンズに近づけるとき，対物レンズを真横から見ながら行う目的は何か。その目的を，簡単に書きなさい。

② オオカナダモの葉の細胞の中に葉緑体がたくさんみえた。葉緑体は，動物の細胞にはみられないつくりである。葉緑体のように，植物の細胞にはみられ，動物の細胞にはみられないつくりを，次の**ア**～**ウ**の中から１つ選び，記号で答えなさい。

ア 核　　**イ** 細胞壁　　**ウ** 細胞膜

③ 光合成のはたらきを確認するために，水槽の中の１本のオオカナダモに光をあて，このオオカナダモから葉を１枚とり，脱色した後，その葉にヨウ素液を１滴落としてプレパラートをつくった。このプレパラートを顕微鏡で観察したところ，葉緑体の色が変化していた。

a 葉緑体の色が変化したことから，光合成のどのようなはたらきを確認することができるか。変化した後の葉緑体の色が分かるように，簡単に書きなさい。

b 葉緑体の色が変化したことが，光合成のはたらきによるものであることを確認するためには，水槽の中のもう１本のオオカナダモを用いて，条件を１つ変えて対照実験を行う必要がある。このとき変える条件は何か。その条件を，簡単に書きなさい。

(2)	①		
	②		
	③	a	
		b	

■令和２年度問題

2

植物の生活と種類及び動物の生活と生物の変遷に関する(1)の問いに答えなさい。

(1) ツユクサの葉を採取し，葉のようすを観察した。

① ツユクサの葉脈は平行に通っている。このように，被子植物の中で，葉脈が平行に通っているなかまは何とよばれるか。その名称を書きなさい。

② ツユクサの葉の裏の表皮をはがしてプレパラートをつくり，**図３**のように，顕微鏡を用いて観察した。

図３

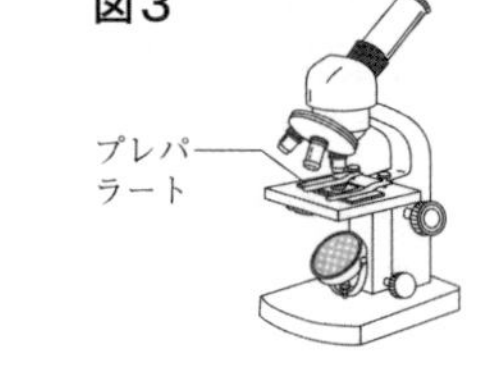

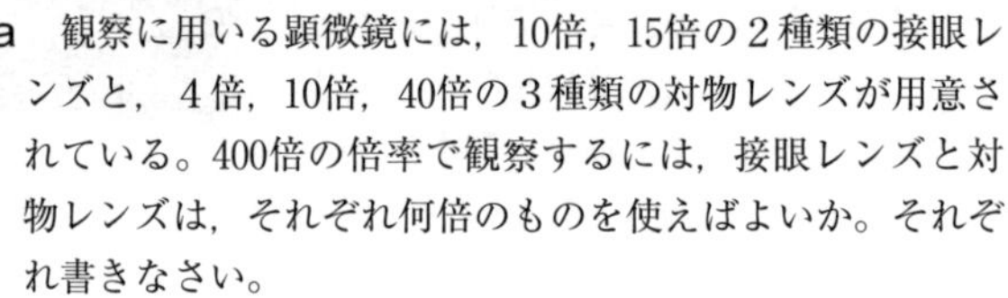

a 観察に用いる顕微鏡には，10倍，15倍の２種類の接眼レンズと，４倍，10倍，40倍の３種類の対物レンズが用意されている。400倍の倍率で観察するには，接眼レンズと対物レンズは，それぞれ何倍のものを使えばよいか。それぞれ書きなさい。

b **図４**は，ツユクサの葉の裏の表皮を顕微鏡で観察したときのスケッチである。**図４**の**ア**～**エ**の中から，気孔を示す部分として，最も適切なものを１つ選び，記号で答えなさい。

図４

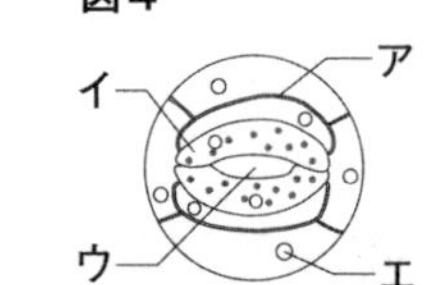

③ 次の［　　］の中の文が，気孔について適切に述べたものとなるように，文中の（ あ ），（ い ）のそれぞれに補う言葉の組み合わせとして，下の**ア**～**エ**の中から正しいものを１つ選び，記号で答えなさい。

> 光合成や呼吸にかかわる二酸化炭素や酸素は，おもに気孔を通して出入りする。また，根から吸い上げられた水は，（ あ ）を通って，（ い ）の状態で，おもに気孔から出る。

ア あ 道管 い 気体　　**イ** あ 道管 い 液体
ウ あ 師管 い 気体　　**エ** あ 師管 い 液体

(1)	①									
	②	a	接眼レンズ	倍	対物レンズ	倍	b		③	

動物のからだのはたらき

■平成27年度問題

2 動物のなかまと生命の連続性に関する(1)の問いに答えなさい。

(1) 田植え直後の水田付近に生息する生物を調査した。**図2**は，調査中に見つけた生物を，見つけた場所とともにまとめた模式図である。

図2

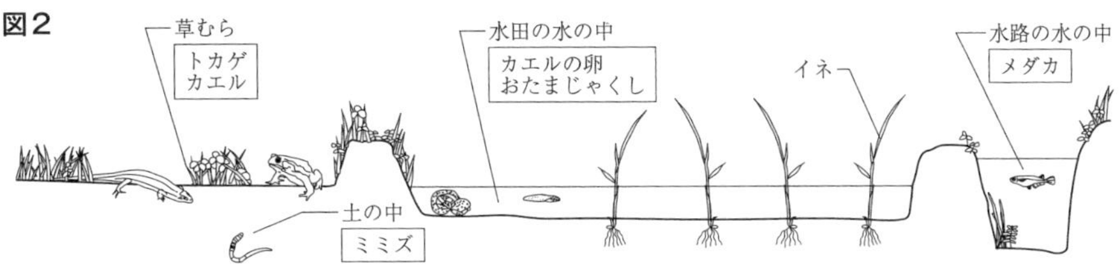

① この水田の水を採取し，光学顕微鏡を用いて観察したところ，ミジンコが見られた。**図3**は，このとき観察されたミジンコのスケッチである。観察の際，倍率４倍の対物レンズでピントを合わせた後，倍率10倍の対物レンズに変更してピントを合わせた。倍率４倍の対物レンズで観察したときと比べて，倍率10倍の対物レンズに変更したときの，視野の明るさと，対物レンズとプレパラートとのすき間の距離は，どのようになるか。それぞれ簡単に書きなさい。

図3

ミジンコ

② **図4**は，**図2**のトカゲ，カエル，ミミズについて，からだのつくりやしくみに関するⒶ，Ⓑの問いかけに対し，「はい」または「いいえ」のうち，当てはまる側を選んでいった結果を示したものである。**図4**のⒶ，Ⓑに当てはまる適切な問いかけを，次の**ア**～**エ**の中から１つずつ選び，記号で答えなさい。

ア 胎生であるか。
イ 背骨があるか。
ウ からだの表面はうろこでおおわれているか。
エ 環境の温度変化にともなって体温が変化するか。

図4

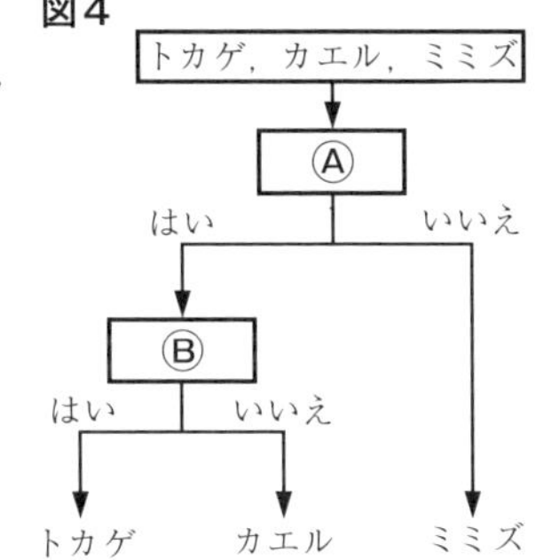

③ **図2**のトカゲのなかまは陸上での生活に，メダカのなかまは水中での生活に適していると考えられ，呼吸のしかたが異なっている。トカゲのなかまとメダカのなかまの呼吸のしかたについて，それぞれ簡単に書きなさい。

(1)	①	視野の明るさ				
		すき間の距離				
	②	Ⓐ		Ⓑ		③

■平成28年度問題

2 生命を維持するはたらきに関する(1)～(3)の問いに答えなさい。

(1) 植物は，デンプンなどの養分を自らつくり出している。一方，ヒトは，植物や他の動物などを食べることによって養分を得ている。

① 植物は，葉で光合成を行い，デンプンなどの養分をつくり出す。この養分は，水に溶けやすい物質に変えられ，体全体に運ばれる。維管束には，水などの通り道と葉でつくられた養分の通り道がある。このうち，葉でつくられた養分の通り道は何とよばれるか。その名称を書きなさい。

② 次の［　］の中の文は，ヒトの消化と吸収のしくみについて述べたものであるが，下線部**ア**～**オ**の中に誤りが１つある。その誤りを選び，記号で答えなさい。また，その誤りを訂正しなさい。

> デンプンは，だ液中や**ア**胃液中または小腸の壁にある消化酵素のはたらきによってブドウ糖に分解される。脂肪は，消化酵素によって脂肪酸と**イ**モノグリセリドに分解される。分解された養分は小腸の**ウ**柔毛で吸収され，ブドウ糖は**エ**毛細血管に入り，脂肪が分解されたものは再び脂肪となって**オ**リンパ管に入る。

(2) 「養分は，消化酵素によって体内に吸収されやすい状態に分解される」ということを調べるための実験の**計画書**を作成した。

<**計画書**>

予　想　デンプンは，だ液中の消化酵素によって，分子の大きさがデンプンより小さい糖に分解される。
手順１　うすいデンプン溶液に，水でうすめただ液を入れて混合液をつくる。
手順２　**図5**のように，セロハンの袋に混合液を入れ，ビーカー内の40℃の湯につけ，温度を一定に保つ。
手順３　しばらくしてから，セロハンの袋の中の液（内液）と袋の外の液（外液）のそれぞれについて，ヨウ素液とベネジクト液を用いて，デンプンや糖の有無を調べる。

図5

① ベネジクト液を用いて糖の有無を調べるためには，ベネジクト液を加えた後に，どのようなことをする必要があるか。簡単に書きなさい。

② **表1**は，**計画書**にもとづいて行った実験の結果をまとめたものである。しかし，**表1**だけでは，**予想**が正しいかどうかを確認できないため，セロハンの袋とビーカーをもう１組用意し，追加して実験を行う必要がある。追加して行う実験の内容と，そのような実験を行う必要があると判断した理由を，簡単に書きなさい。

また，次の**ア**～**エ**の中から，追加して行った実験の結果が正しく示されている表を１つ選び，記号で答えなさい。

表1

	内液	外液
ヨウ素液による色の変化	×	×
ベネジクト液による色の変化	○	○

○ あり　　× なし

ア

	内液	外液
ヨウ素液による色の変化	○	○
ベネジクト液による色の変化	×	×

イ

	内液	外液
ヨウ素液による色の変化	×	×
ベネジクト液による色の変化	○	○

ウ

	内液	外液
ヨウ素液による色の変化	○	×
ベネジクト液による色の変化	×	×

エ

	内液	外液
ヨウ素液による色の変化	×	○
ベネジクト液による色の変化	○	○

(3) ヒトの体内では，血液によっていろいろな物質が運搬され，不要な物質は体外に排出される。

① 一般的な成人の場合，心臓が全身に送り出す血液は1分あたり5.0Lで，そのうち20%がじん臓に送られる。また，1日にじん臓に送られる血液のうち0.10%が尿になる。これらのことから，1日につくられる尿は何Lと考えられるか。計算して答えなさい。

② 養分としてとり入れられたタンパク質は，消化液のはたらきによってアミノ酸に分解され，体内に吸収される。吸収されたアミノ酸の一部は，不要な物質に変化して体外に排出される。このとき，アミノ酸はどのように変化するか。細胞の活動と肝臓のはたらきのそれぞれによって，アミノ酸が変化していく道すじに着目して書きなさい。

<table>
<tr><td>(1)</td><td>①</td><td></td><td>②</td><td>記号</td><td></td><td>訂正</td><td></td></tr>
<tr><td rowspan="4">(2)</td><td>①</td><td colspan="6"></td></tr>
<tr><td rowspan="3">②</td><td>内容</td><td colspan="5"></td></tr>
<tr><td>理由</td><td colspan="5"></td></tr>
<tr><td>記号</td><td></td><td>(3)</td><td>①</td><td>L</td><td></td></tr>
<tr><td>(3)</td><td>②</td><td colspan="6"></td></tr>
</table>

■令和2年度問題

2 植物の生活と種類及び動物の生活と生物の変遷に関する(2)の問いに答えなさい。

(2) **図5**は，ヒトの血液の循環経路を模式的に表したものである。**図5**の矢印（⟶）は，血液の流れる向きを表している。空気中の酸素は，肺による呼吸で，肺の毛細血管を流れる血液にとり込まれ，全身の細胞に運ばれる。

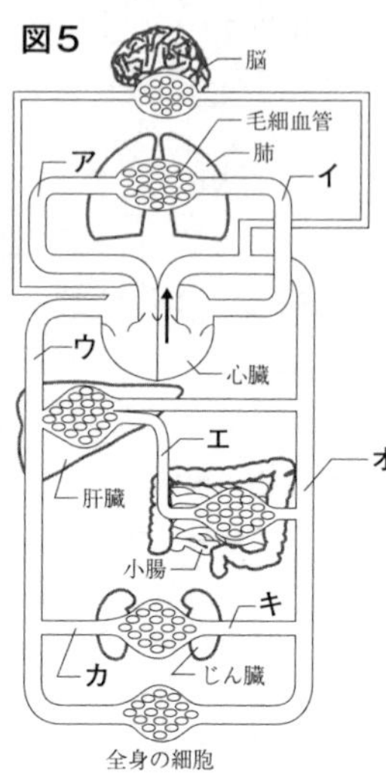

① 血液中の赤血球は，酸素を運ぶはたらきをしている。このはたらきは，赤血球に含まれるヘモグロビンの性質によるものである。赤血球によって，酸素が肺から全身の細胞に運ばれるのは，ヘモグロビンがどのような性質をもっているからか。その性質を，酸素の多いところにあるときと，酸素の少ないところにあるときの違いが分かるように，簡単に書きなさい。

② 一般的な成人の場合，体内の全血液量は5600cm³であり，心臓の拍動数は1分につき75回で，1回の拍動により心臓の右心室と左心室からそれぞれ64cm³の血液が送り出される。このとき，体内の全血液量に当たる5600cm³の血液が心臓の左心室から送り出されるのにかかる時間は何秒か。計算して答えなさい。

③ **図5**の**ア**～**キ**の血管の中から，ブドウ糖を最も多く含む血液が流れる血管を1つ選び，記号で答えなさい。

④ ヒトが運動をすると，呼吸数や心臓の拍動数が増え，多くの酸素が血液中にとり込まれ，全身に運ばれる。ヒトが運動をしたとき，多くの酸素が血液中にとり込まれて全身に運ばれる理由を，細胞の呼吸のしくみに関連づけて，簡単に書きなさい。

<table>
<tr><td rowspan="3">(2)</td><td>①</td><td colspan="3"></td></tr>
<tr><td>②</td><td>秒</td><td>③</td><td></td></tr>
<tr><td>④</td><td colspan="3"></td></tr>
</table>

大地の変化

■平成26年度問題

地震と災害に関する(1)，(2)の問いに答えなさい。

(1) 駿河湾(するが)から御前崎(おまえざき)沖では，プレートのしずみこみにともなって地震のエネルギーが蓄積され，海底を震源とする大地震が，およそ100年～150年の間隔で繰り返し発生している。しかし，1854年以降，この地域の海底を震源とする大地震が発生していないことから，近い将来における大地震の発生が危ぶまれており，その発生時には，静岡県内で震度５弱から震度７のゆれに見舞われると予測されている。

① 次の**ア**～**ウ**の文は，それぞれ震度５弱，震度６弱，震度７のいずれかのゆれの状況について述べたものである。**ア**～**ウ**の中から，震度５弱，震度６弱，震度７のそれぞれのゆれの状況について述べたものを１つずつ選び，記号で答えなさい。

ア 耐震性の低い鉄筋コンクリートづくりの建物では，倒れるものが多くなる。
イ 窓ガラスが破損，落下することがある。耐震性の低い木造建物が傾くことがある。
ウ 棚にある食器や本が落ちることがある。固定していない家具が移動することがある。

② 震度は，ふつう，震源付近で最も大きく，震源から離れるにしたがって小さくなる。しかし，実際の地震においては，震源からの距離が同じでも，震度が異なる場合がある。
１つの地震において，震源からの距離が同じでも，震度が異なる原因として考えられることを，１つ簡単に書きなさい。

(2) **図８**は，地震発生から緊急地震速報が一般の家庭に伝わるまでの流れを表した模式図である。震源から離れている場所では，緊急地震速報が発表されてから，**S**波による大きいゆれが到達するまでに，わずかに時間が残されている場合がある。このため，緊急地震速報を受けたら，直ちに避難行動がとれるように，訓練しておくことが大切である。

図８

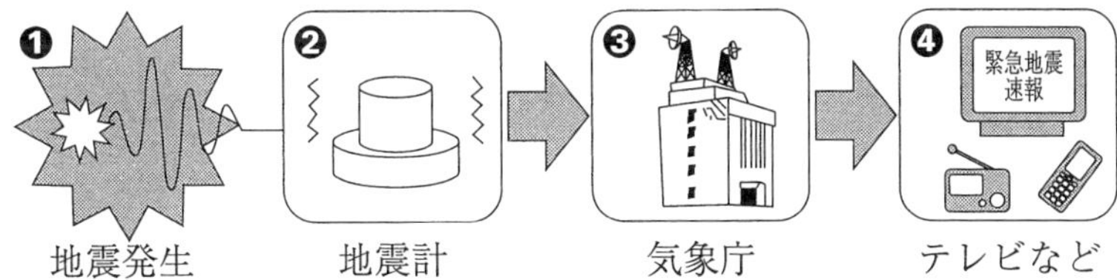

❶ 地震発生により，P波とS波が同時に発生し，周囲に伝わる。
❷ 震源近くの地震計がP波をとらえる。
❸ 気象庁は予想震度などを計算し，緊急地震速報を発表する。
❹ 気象庁の発表を受けて，テレビなどで緊急地震速報が流れる。

(注) 気象庁資料をもとに作成

① **P**波によるゆれが初期微動とよばれるのに対して，**S**波によるゆれは，何とよばれるか。その名称を書きなさい。

② 震源から132km離れた位置にある地震計が**P**波をとらえた。この10秒後，震源から156km離れた自宅で，Tさんがみていたテレビに緊急地震速報が流れ始めた。**図９**は，震源，地震計，Tさんの自宅の位置関係を表した模式図である。

図９

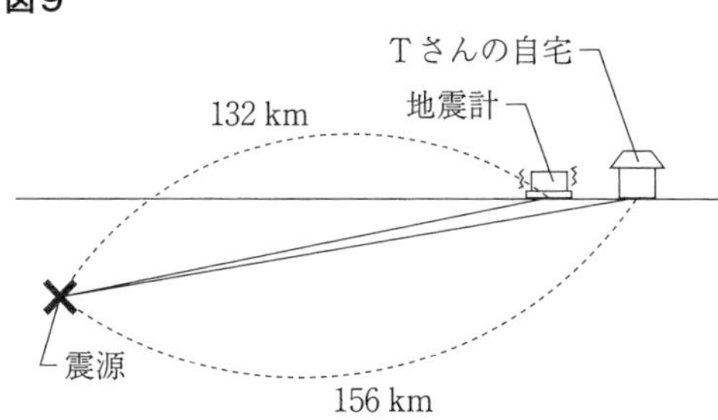

この地震において，**P**波は6km/s，**S**波は4km/sの速さで伝わったとすると，Tさんが**S**波による大きいゆれを感じるのは，Tさんがみていたテレビに緊急地震速報が流れ始めてから何秒後であると考えられるか。計算して答えなさい。

<table>
<tr><td rowspan="3">(1)</td><td rowspan="2">①</td><td>震度５弱</td><td>震度６弱</td><td>震度７</td><td rowspan="3">(2)</td><td>①</td><td></td></tr>
<tr><td></td><td></td><td></td><td rowspan="2">②</td><td rowspan="2">秒後</td></tr>
<tr><td>②</td><td colspan="3"></td></tr>
</table>

■平成27年度問題

地層の重なりに関する(1)～(3)の問いに答えなさい。

図11は，ある地域の現在の等高線のようすを表した模式図である。**図12**は，**図11**の**A**地点と**B**地点における，地表から地下20mまでの地層のようすを表した柱状図である。

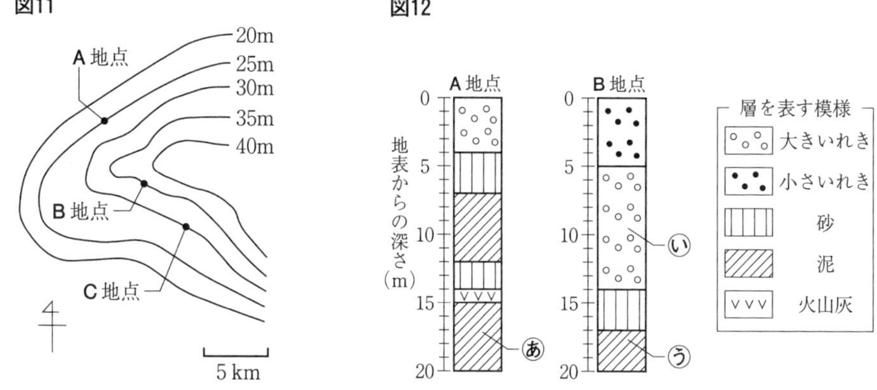

(1) **図12**の㋐の層から，貝の化石が見つかった。貝の化石を手がかりに，地層ができた当時の環境を推定することができる。このように，地層ができた当時の環境を知る手がかりとなる化石は，一般に何とよばれるか。その名称を書きなさい。

(2) **図11**の**C**地点でも，地表から深さ20mまでの地下のようすを調べることになった。**図11**，**図12**をもとにして，**C**地点の柱状図を推定してかきなさい。ただし，地層は，水平につながっており厚さは変化せず，地層の上下が逆転するような大地の変化は起きていないものとする。

(3) さまざまな調査から，**図11**で示した地域一帯では，長い年月の間に，数回海水面が上昇したり下降したりして，海岸線が大きく動いたと考えられている。**図13**は，現在から約20万年前の，**図11**で示した地域を含む周辺地域一帯の地形を推定して表した模式図である。

図11の**B**地点で，約20万年前に堆積したと考えられる層は，**図12**の柱状図の㋑，㋒のどちらの層か。記号で答えなさい。また，そのように判断した理由を，堆積した土砂の粒の大きさと**B**地点の河口からの距離との関係が分かるように書きなさい。

図13

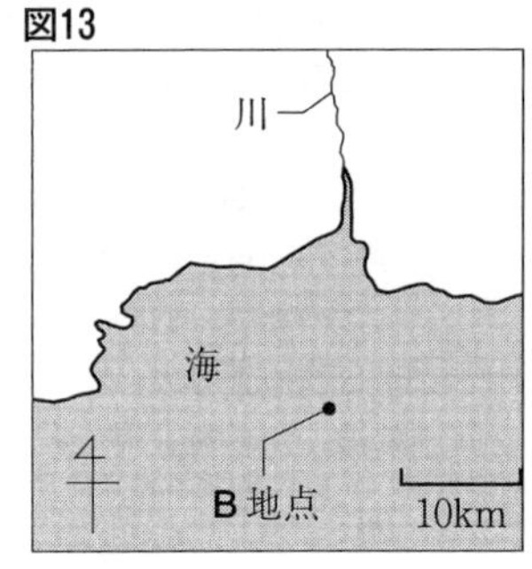

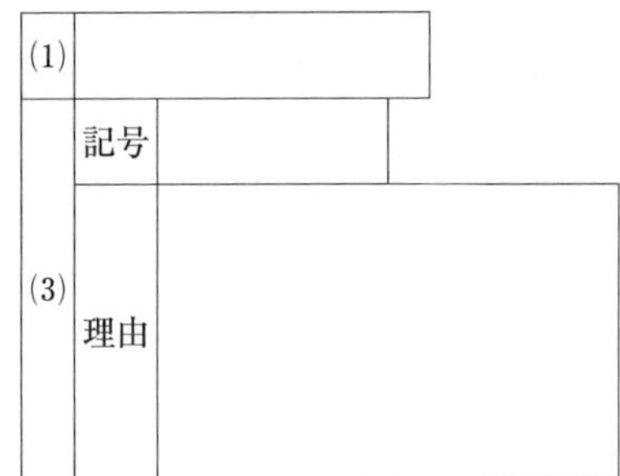

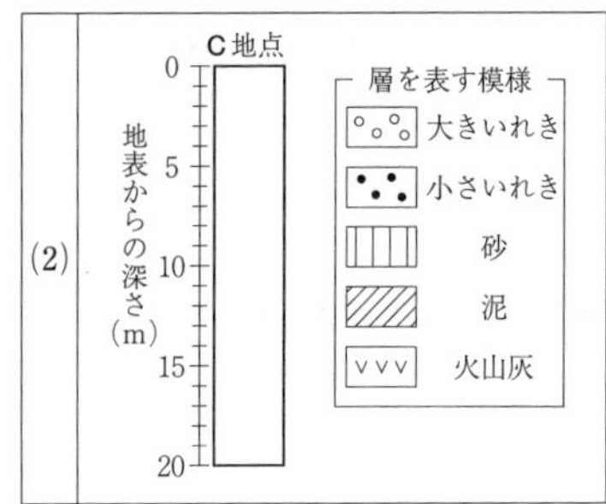

■**平成29年度問題**

4 地震の伝わり方に関する(1)，(2)の問いに答えなさい。

(1) 地震は，地下の岩石に巨大な力がはたらいて，その力にたえきれなくなった岩石が破壊されることで起こる。このとき，大規模な岩石の破壊によって，大地にずれができる。このずれは何とよばれるか。その名称を書きなさい。

(2) **表4**は，関東地方で発生した地震において，地点**A**と地点**B**の，P波とS波が観測された時刻を示したものである。

表4

地点	P波	S波
A	7時22分37秒	7時22分48秒
B	7時22分27秒	7時22分33秒

① P波が伝わる速さを6km/s，S波が伝わる速さを4km/sとして，次の**a**，**b**の問いに答えなさい。

a **表4**をもとにして，地震が発生した時刻を答えなさい。

b **表4**をもとにして，震源までの距離と初期微動継続時間との関係を表すグラフを，**図8**にかきなさい。

図8

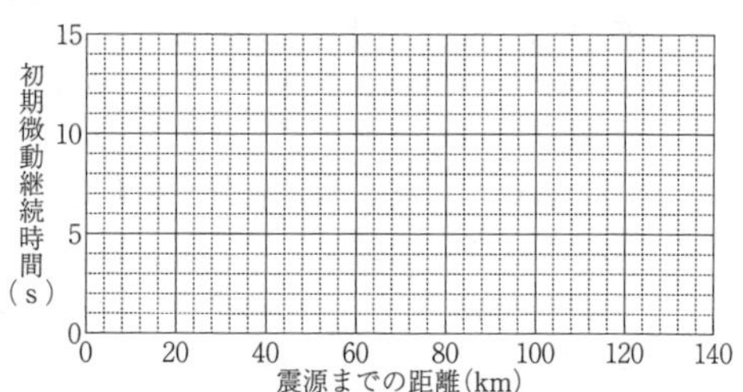

② **図9**は，地点**A**，**B**を中心に，地点**A**，**B**から震源までの距離を半径とする円を，地図の縮尺に合わせてそれぞれかいたものである。**図9**の**ア**～**オ**の×印で示された地点のうち，推定される震央として最も適切なものを1つ選び，記号で答えなさい。ただし，この地震の震源の深さは52kmであることが分かっている。

図9

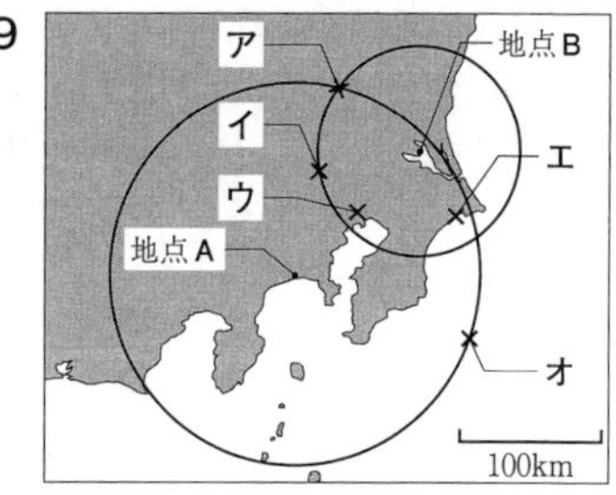

(1)		(2)	①	a	時　分　秒	②	

■平成30年度問題

4　大地の成り立ちと変化に関する(1)，(2)の問いに答えなさい。

(1)　生物の死がいや水にとけこんでいた成分が，海底などに堆積し，固まってできた岩石を，次の**ア**～**エ**の中から1つ選び，記号で答えなさい。

ア　れき岩　　**イ**　石灰岩　　**ウ**　凝灰岩　　**エ**　泥岩（でいがん）

(2)　**図7**は，ある地域の等高線のようすを模式的に表したものである。**図8**は，**図7**の**A**地点～**C**地点における，地表から地下20mまでの地層のようすを表した柱状図である。ただし，この地域の地層は連続して広がっており，曲がったりずれたりしていないものとする。

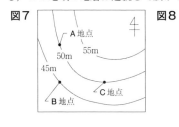

図7　**図8**

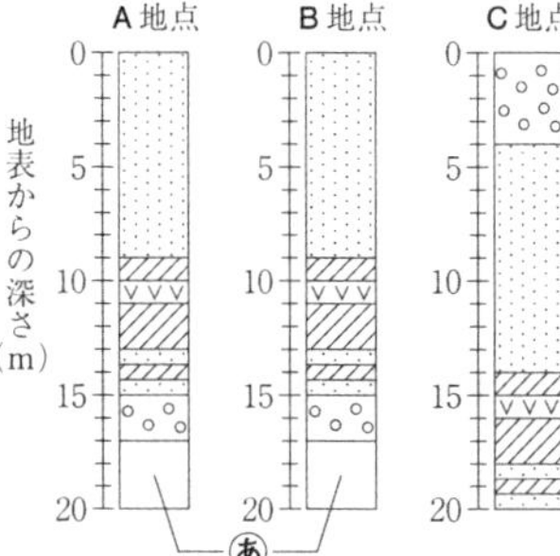

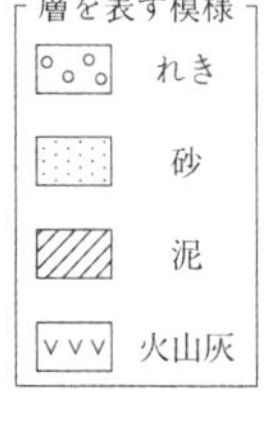

①　**図8**の㋐の層は，れき，砂，泥を含んだ水が流れ込み，堆積してできた地層である。次の**ア**～**カ**の中から，㋐の層の断面図として，最も適切なものを1つ選び，記号で答えなさい。また，そのように判断した理由を，堆積していくようすに着目して，簡単に書きなさい。

ア　**イ** 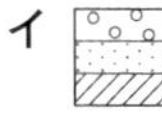　**ウ** 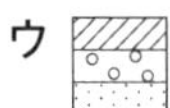　**エ**　**オ** 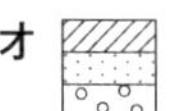　**カ** 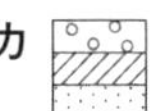

②　**図7**の地域の地層は，一定の傾きをもって平行に積み重なっている。**図7**，**図8**をもとにして，**A**地点と**B**地点を比べると，地層は，**A**地点から**B**地点に向かって下に傾いている。**図7**，**図8**をもとにして，**B**地点と**C**地点を比べると，地層はどのようになっていると考えられるか。次の**ア**～**ウ**の中から，最も適切なものを1つ選び，記号で答えなさい。また，そのように判断した理由を，**図7**，**図8**から分かることに着目して，簡単に書きなさい。

ア　地層は，**B**地点から**C**地点に向かって上に傾いている。
イ　地層は，**B**地点から**C**地点に向かって下に傾いている。
ウ　地層は，**B**地点と**C**地点で水平である。

(1)		(2)	①	記　号	
(2)	①	理　由			
	②	記　号			
		理　由			

■平成31年度問題

5　大地の成り立ちと変化に関する(1)，(2)の問いに答えなさい。

(1)　地震そのものの規模の大きさを表す尺度は，一般に何とよばれるか。その名称を書きなさい。

(2)　**図14**は，中国地方で発生した地震の震央，地点**A**及び地点**B**の位置を示したものである。**図15**は，この地震における，震源からの距離と初期微動継続時間の関係を表したものである。

図14

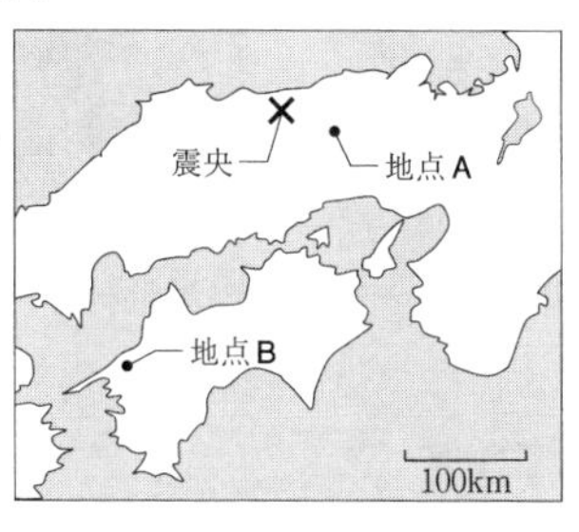

図15

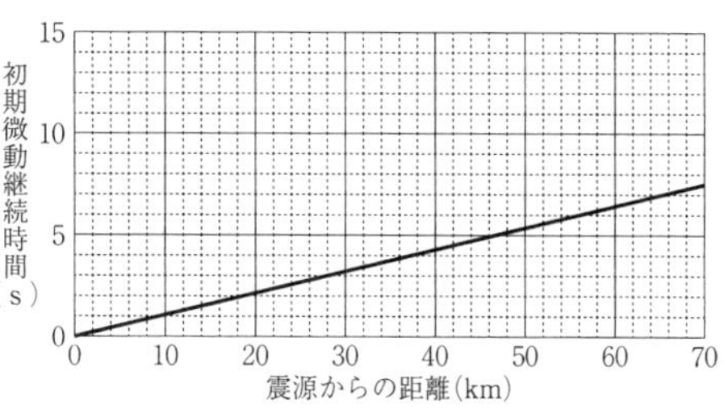

①　**図14**の地震は，地下の浅いところで起きた。次の**ア**～**エ**の中から，この地震が起こるしくみとして，最も適切なものを1つ選び，記号で答えなさい。

ア　海洋プレートが大陸プレートの下に沈み込み，プレートの境界で起こる。
イ　大陸プレートが海洋プレートの下に沈み込み，プレートの境界で起こる。
ウ　海洋プレートが大陸プレートの下に沈み込み，大陸プレートの内部で起こる。
エ　大陸プレートが海洋プレートの下に沈み込み，大陸プレートの内部で起こる。

②　震源から地点**A**，地点**B**までの距離は，それぞれ56km，252kmであり，地点**A**では，14時7分34秒にP波を観測した。**図15**をもとにして，次の**a**，**b**の問いに答えなさい。ただし，S波が伝わる速さを3.5km/sとする。

a　地震が発生してから，地点**A**に，P波が到達するまでにかかった時間は何秒か。計算して答えなさい。

b　地点**B**に，P波が到達する時刻を答えなさい。

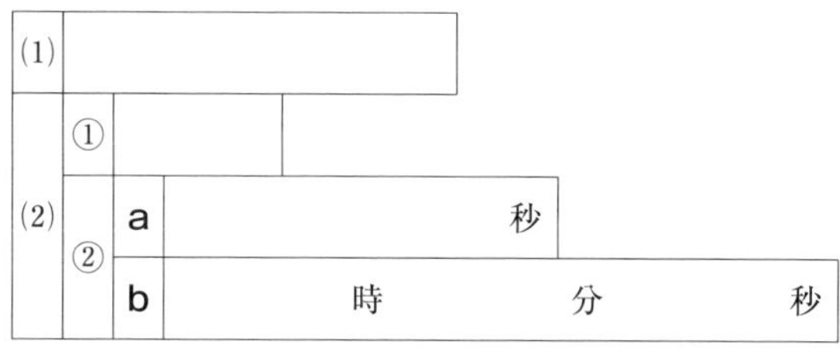

(1)			
(2)	①		
	②	a	秒
		b	時　分　秒

■令和３年度問題

4　大地の成り立ちと変化に関する(1)，(2)の問いに答えなさい。

(1)　日本付近には，太平洋プレート，フィリピン海プレート，ユーラシアプレート，北アメリカプレートがある。次の**ア**～**エ**の中から，太平洋プレートの移動方向とフィリピン海プレートの移動方向を矢印（⇨）で表したものとして，最も適切なものを１つ選び，記号で答えなさい。

ユーラシアプレート　北アメリカプレート

ア 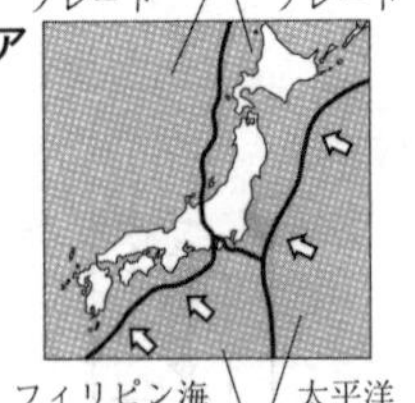

イ 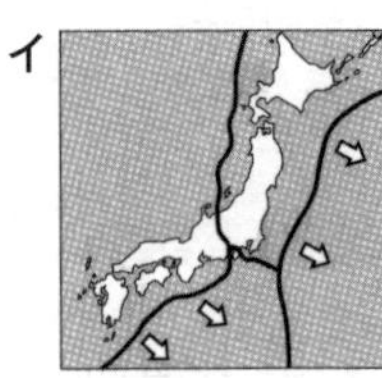

ウ 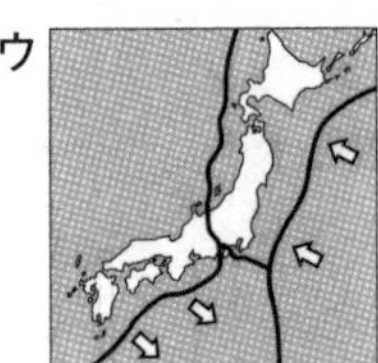

エ 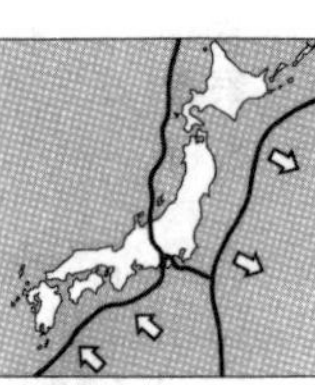

フィリピン海プレート　太平洋プレート

(2)　**図11**は，中部地方で発生した地震において，いくつかの観測地点で，この地震が発生してからＰ波が観測されるまでの時間（秒）を，○の中に示したものである。

図11

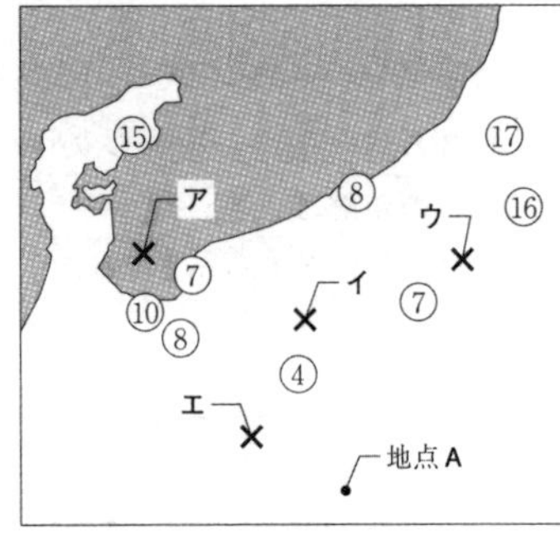

①　**図11**の**ア**～**エ**の×印で示された地点の中から，この地震の推定される震央として，最も適切なものを１つ選び，記号で答えなさい。ただし，この地震の震源の深さは，ごく浅いものとする。

②　次の［　　］の中の文が，気象庁によって緊急地震速報が発表されるしくみについて適切に述べたものとなるように，文中の（　あ　），（　い　）のそれぞれに補う言葉の組み合わせとして，下の**ア**～**エ**の中から正しいものを１つ選び，記号で答えなさい。

> 緊急地震速報は，Ｐ波がＳ波よりも速く伝わることを利用し，（　あ　）を伝えるＳ波の到達時刻やゆれの大きさである（　い　）を予想して，気象庁によって発表される。

ア　あ　初期微動　い　震度　　**イ**　あ　主要動　い　震度
ウ　あ　初期微動　い　マグニチュード　　**エ**　あ　主要動　い　マグニチュード

(1)		(2)	①		②	

③　地震発生後，震源近くの地震計によってＰ波が観測された。観測されたＰ波の解析をもとに，気象庁によって**図11**の地点**Ａ**を含む地域に緊急地震速報が発表された。震源から73.5km離れた地点**Ａ**では，この緊急地震速報が発表されてから，３秒後にＰ波が，12秒後にＳ波が観測された。Ｓ波の伝わる速さを3.5km/sとすると，Ｐ波の伝わる速さは何km/sか。小数第２位を四捨五入して，小数第１位まで書きなさい。ただし，Ｐ波とＳ波が伝わる速さはそれぞれ一定であるものとする。

(2)	③	km/s

■令和４年度問題

4　大地の成り立ちと変化に関する(1)，(2)の問いに答えなさい。

(1)　地層に見られる化石の中には，ある限られた年代の地層にしか見られないものがあり，それらの化石を手がかりに地層ができた年代を推定することができる。地層ができた年代を知る手がかりとなる化石は，一般に何とよばれるか。その名称を書きなさい。

(2)　**図16**は，ある地域の**Ａ**地点～**Ｃ**地点における，地表から地下15ｍまでの地層のようすを表した柱状図である。また，標高は，**Ａ**地点が38ｍ，**Ｂ**地点が40ｍ，**Ｃ**地点が50ｍである。

図16

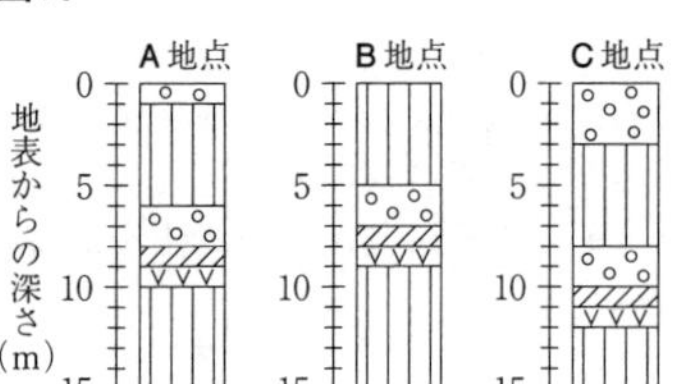

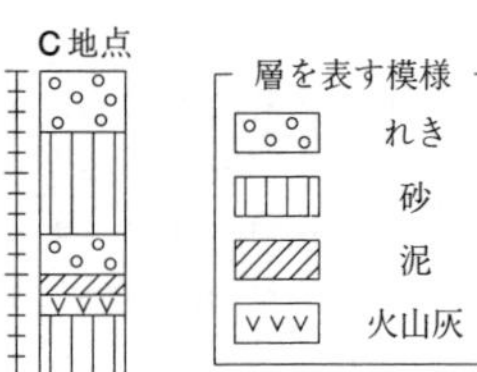

①　れき岩，砂岩，泥岩（でいがん）は，一般に，岩石をつくる粒の特徴によって区別されている。次の**ア**～**エ**の中から，れき岩，砂岩，泥岩を区別する粒の特徴として，最も適切なものを１つ選び，記号で答えなさい。

ア　粒の成分　　**イ**　粒の色　　**ウ**　粒のかたさ　　**エ**　粒の大きさ

②　**図16**のれきの層には，角がけずられて丸みを帯びたれきが多かった。**図16**のれきが，角がけずられて丸みを帯びた理由を，簡単に書きなさい。

③　**Ａ**地点～**Ｃ**地点を含む地域の地層は，**Ａ**地点から**Ｃ**地点に向かって，一定の傾きをもって平行に積み重なっている。**Ａ**地点～**Ｃ**地点を上空から見ると，**Ａ**地点，**Ｂ**地点，**Ｃ**地点の順に一直線上に並んでおり，**Ａ**地点から**Ｂ**地点までの水平距離は0.6kmである。このとき，**Ｂ**地点から**Ｃ**地点までの水平距離は何kmか。**図16**をもとにして，答えなさい。ただし，この地域の地層は連続して広がっており，曲がったりずれたりしていないものとする。

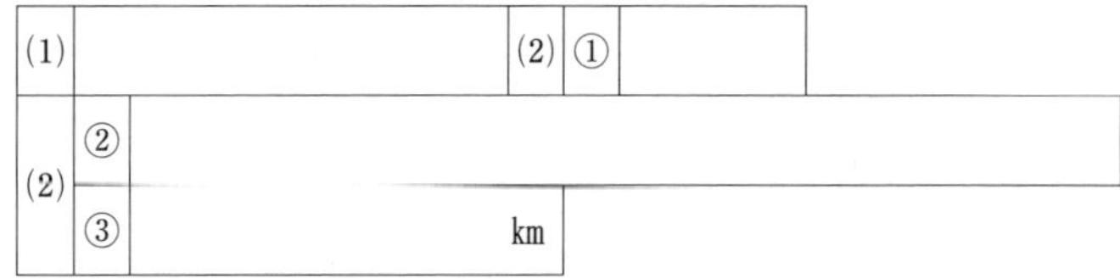

(1)		(2)	①	
(2)	②			
	③	km		

天気の変化

■平成27年度問題

5 気象とその変化に関する(1)〜(3)の問いに答えなさい。

図14と**図15**は，ある年の11月10日の６時と18時における天気図である。

図14

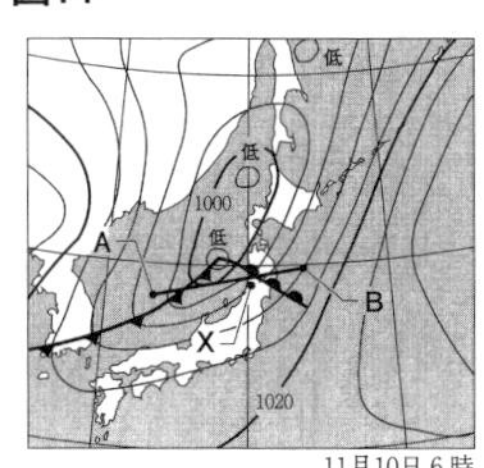

11月10日６時

図15

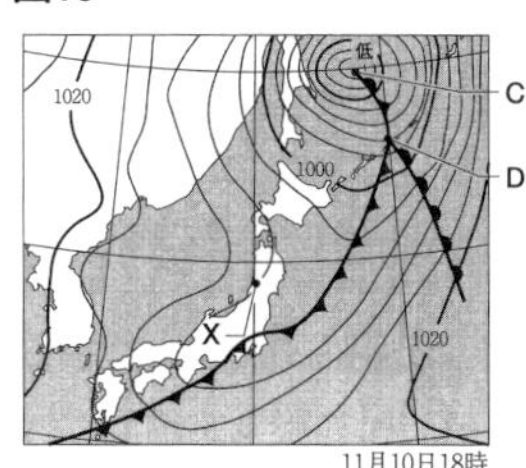

11月10日18時

(1) **図14**の前線を横切る**A－B**の断面のようすを表した模式図として，最も適切なものを，次の**ア**〜**エ**の中から１つ選び，記号で答えなさい。

ア 寒気 暖気 寒気 A B

イ 寒気 暖気 寒気 A B

ウ

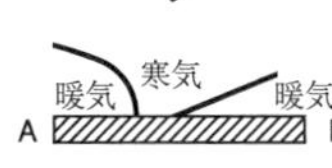

エ

(2) **図15**の**C**から**D**にのびるような閉塞(へいそく)前線は一般にどのようにしてできるか。温暖前線と寒冷前線の動きに着目して，簡単に書きなさい。

(3) **図16**は，**図14**と**図15**の**X**で示した地点における11月10日の６時から18時までの気温，風向・風力の変化を示したものである。

図16

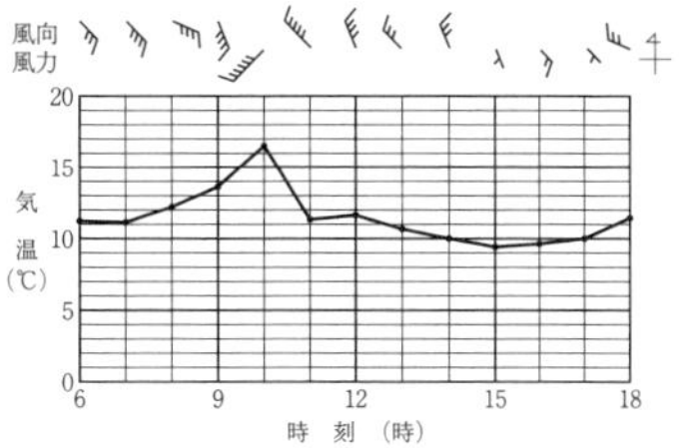

風向 風力

気温(℃) 0〜20　時刻(時) 6 9 12 15 18

① この日に，地点**X**を寒冷前線が通過したと考えられる時間帯として最も適切なものを，次の**ア**〜**エ**の中から１つ選び，記号で答えなさい。また，そのように考えられる理由として，**図16**から読み取れることを２つ，簡単に書きなさい。

ア ８時〜９時　**イ** 10時〜11時　**ウ** 14時〜15時　**エ** 17時〜18時

② **図17**は，気温と飽和水蒸気量との関係を表したものである。また，地点**X**における11月10日17時の空気の露点は5.0℃であった。**図16**と**図17**をもとにすると，11月10日17時の地点**X**の湿度は何％と考えられるか。次の**ア**〜**オ**の中から，最も近いものを１つ選び，記号で答えなさい。

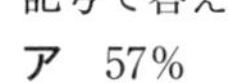

ア 57%　**イ** 62%　**ウ** 67%

エ 72%　**オ** 77%

図17

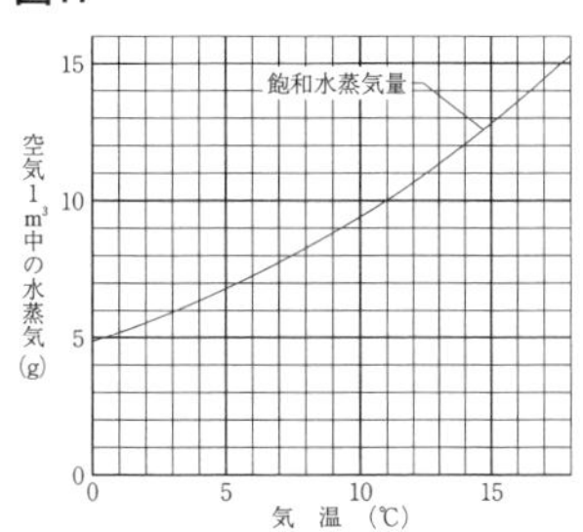

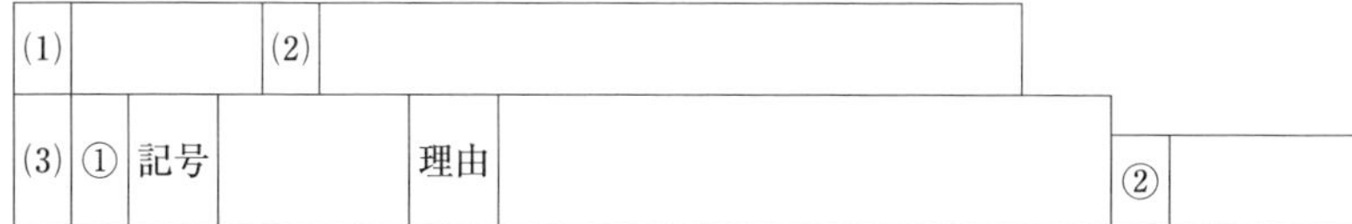

■平成28年度問題

4 気象とその変化に関する(1)，(2)の問いに答えなさい。

(1) **図９**は，ある年の９月29日から10月６日にかけて，低緯度の熱帯地方で発生した台風が温帯低気圧に変わるまでの，台風の進路を表したものである。

① **表３**は，10月６日午前８時の浜松市における気象情報をまとめたものであり，**表４**は，風力階級表の一部である。**表３**と**表４**をもとにして，10月６日午前８時の浜松市の天気，風向，風力を，天気図記号で，**図10**にかきなさい。

図９

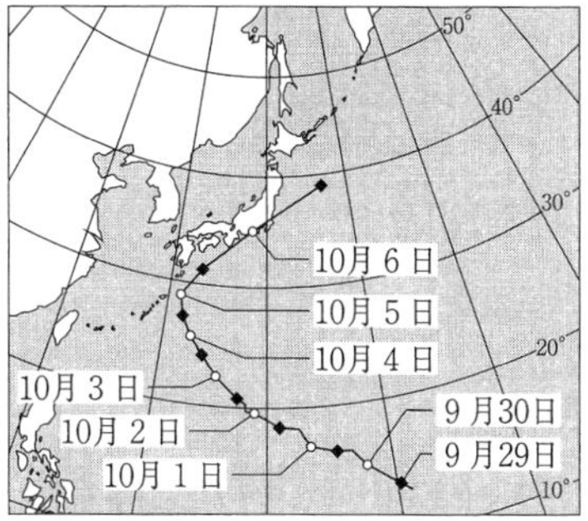

50°　40°　30°　20°　10°

10月６日　10月５日　10月４日　10月３日　10月２日　10月１日　９月30日　９月29日

(注) ○は午前９時の位置，◆は午後９時の位置を示している。

表３

気圧	962.8hPa
１時間の降水量	45.0mm
気温	22.4℃
風速	6.9m/s
風向	東北東
天気	雨

図10

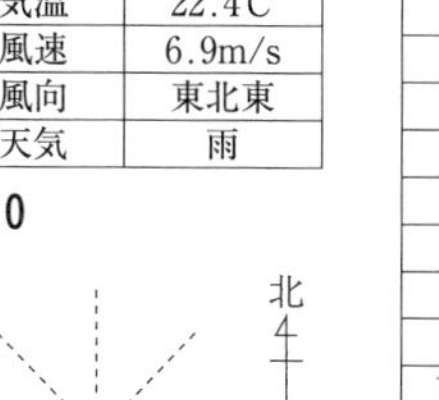

表４

風力	風速(m/s)
0	0 〜 0.3未満
1	0.3〜 1.6未満
2	1.6〜 3.4未満
3	3.4〜 5.5未満
4	5.5〜 8.0未満
5	8.0〜10.8未満
6	10.8〜13.9未満
7	13.9〜17.2未満
8	17.2〜20.8未満
9	20.8〜24.5未満
10	24.5〜28.5未満
11	28.5〜32.7未満
12	32.7以上

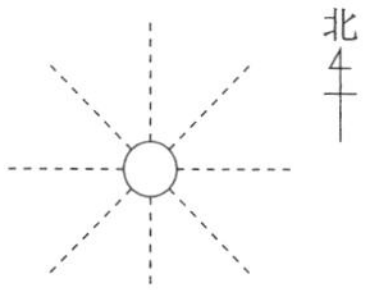

② **図９**のように，この台風の進む方向や進む速さが北緯30°付近で大きく変わったのは，地球規模での大気の動きのうち，中緯度帯の上空をふく風の影響によると考えられる。その風は，一般に何とよばれるか。その名称を書きなさい。

(2) **図11**は，地球上の水が，すがたを変えながら循環しているようすを表した模式図である。**図11**の（　　）内の数字は，地球全体の降水量を100としたときの値を示している。

① **図11**の（ あ ），（ い ）のそれぞれに適切な値を補いなさい。

② 一般に，高緯度帯と比べ，低緯度帯での水の蒸発量は多い。その理由を，太陽の高度と地表が受ける光の量に関連づけて，「高緯度帯と比べ，低緯度帯では」という書き出しで書きなさい。

図11

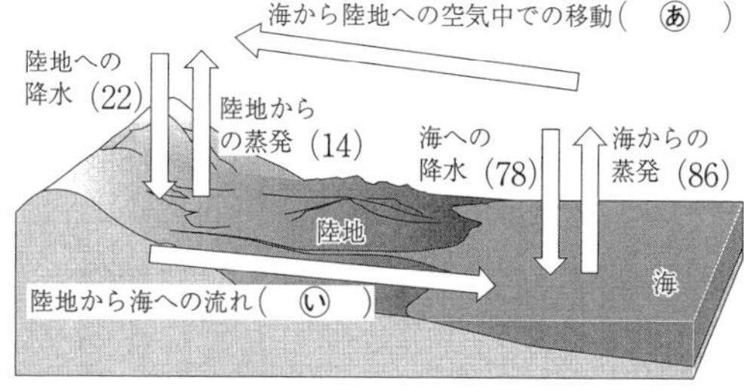

(注) 矢印は水の移動を表している。

(1)	②		(2)	①	あ		い	
(2)	②	高緯度帯と比べ，低緯度帯では						

■平成31年度問題

4 　気象とその変化に関する(1)～(3)の問いに答えなさい。

図11は，ある年の３月10日３時における天気図である。

図11

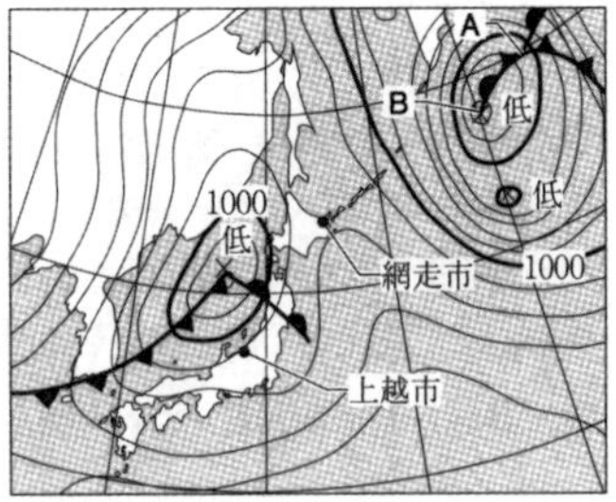

(1) **図12**は，**図11**の網走(あばしり)市の天気，風向，風力を表したものである。**図12**から，このときの網走市の天気と風向を読み取りなさい。

(2) **図13**は，**図11**の上越市における３月10日の１時から15時までの気温と湿度の変化を示したものである。**図11**と**図13**から，この日の８時ごろに上越市を前線が通過し始めたことが分かる。次の**ア**～**エ**の中から，上越市における，８時ごろに通過し始めた前線と，12時の天気の組み合わせとして，最も適切なものを１つ選び，記号で答えなさい。また，そのように判断した理由として，**図13**から読み取れることを，前線と天気について１つずつ簡単に書きなさい。

	前線	天気
ア	温暖	晴れ
イ	温暖	雨
ウ	寒冷	晴れ
エ	寒冷	雨

図12

図13

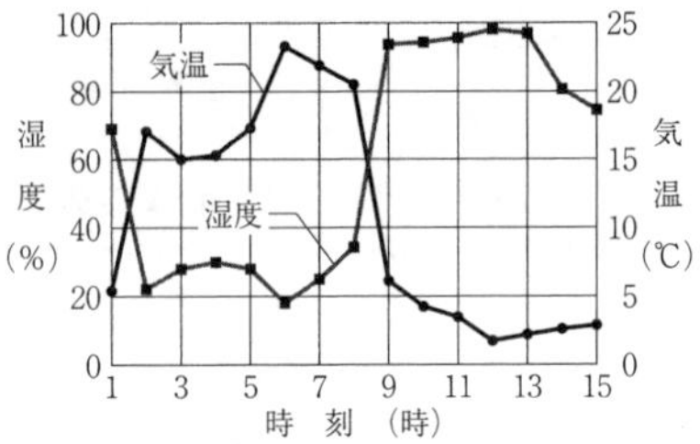

(3) **図11**の**A**から**B**にのびた前線は，閉塞(へいそく)前線である。閉塞前線ができると温帯低気圧は衰退していくことが多い。閉塞前線ができると温帯低気圧が衰退していくのはなぜか。その理由を，**寒気**，**上昇気流**という２つの言葉を用いて，簡単に書きなさい。

<table>
<tr><td>(1)</td><td>天気</td><td colspan="2"></td><td>風向</td><td></td></tr>
<tr><td rowspan="3">(2)</td><td>記号</td><td colspan="4"></td></tr>
<tr><td rowspan="2">理由</td><td>前線</td><td colspan="3"></td></tr>
<tr><td>天気</td><td colspan="3"></td></tr>
<tr><td>(3)</td><td colspan="5"></td></tr>
</table>

■令和２年度問題

5 　気象とその変化に関する(1)，(2)の問いに答えなさい。

(1) 次の**ア**～**エ**は，それぞれ異なる時期の，特徴的な天気図である。**ア**～**エ**の中から，梅雨の時期の特徴的な天気図として，最も適切なものを１つ選び，記号で答えなさい。

ア

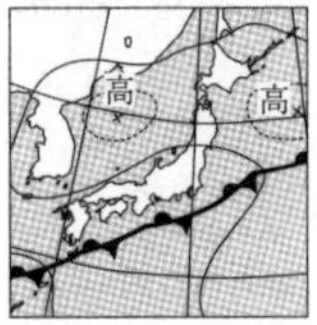

イ

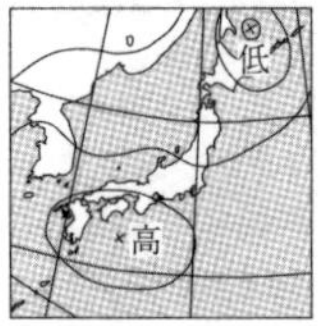

ウ

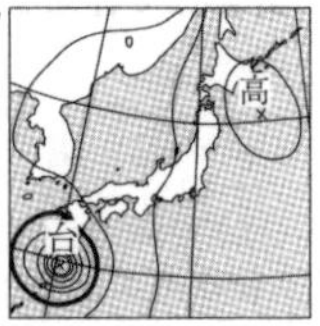

エ

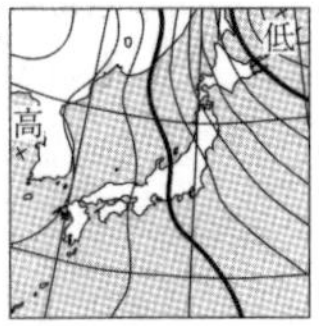

(2) **図13**は，空気のかたまりが，標高０ｍの地点**A**から斜面に沿って上昇し，ある標高で露点に達して雲ができ，標高1700ｍの山を越え，反対側の標高０ｍの地点**B**に吹き下りるまでのようすを模式的に表したものである。**表２**は，気温と飽和水蒸気量の関係を示したものである。

図13

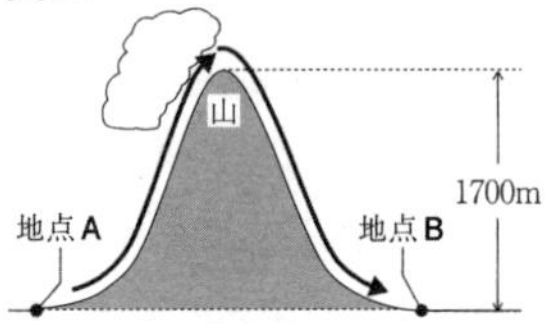

表２

気温(℃)	飽和水蒸気量(g/m³)
1	5.2
2	5.6
3	6.0
4	6.4
5	6.8
6	7.3
7	7.8
8	8.3
9	8.8
10	9.4
11	10.0
12	10.7
13	11.4
14	12.1
15	12.8
16	13.6
17	14.5
18	15.4
19	16.3
20	17.3

① 次の［　　］の中の文が，空気のかたまりが上昇すると，空気のかたまりの温度が下がる理由について適切に述べたものとなるように，文中の（ ㋐ ），（ ㋑ ）のそれぞれに補う言葉の組み合わせとして，下の**ア**～**エ**の中から正しいものを１つ選び，記号で答えなさい。

> 上空ほど気圧が（ ㋐ ）くなり，空気のかたまりが（ ㋑ ）するから。

ア ㋐ 高　㋑ 膨張　　**イ** ㋐ 高　㋑ 収縮
ウ ㋐ 低　㋑ 膨張　　**エ** ㋐ 低　㋑ 収縮

② ある晴れた日の午前11時，地点**A**の，気温は16℃，湿度は50%であった。この日，**図13**のように，地点**A**の空気のかたまりは，上昇して山頂に達するまでに，露点に達して雨を降らせ，山を越えて地点**B**に吹き下りた。**表２**をもとにして，**a**の問いに答えなさい。ただし，雲が発生するまで，１m³あたりの空気に含まれる水蒸気量は，空気が上昇しても下降しても変わらないものとする。

a 地点**A**の空気のかたまりが露点に達する地点の標高は何ｍか。また，地点**A**の空気のかたまりが標高1700ｍの山頂に到達したときの，空気のかたまりの温度は何℃か。それぞれ計算して答えなさい。ただし，露点に達していない空気のかたまりは100ｍ上昇するごとに温度が１℃下がり，露点に達した空気のかたまりは100ｍ上昇するごとに温度が0.5℃下がるものとする。

(1)		(2) ①		② **a**	標高	ｍ	温度	℃

■令和３年度問題

5　気象とその変化に関する(1)，(2)の問いに答えなさい。

(1)　**図12**は，ある年の９月３日９時における天気図であり，図中の矢印（⟶）は，９月３日の９時から９月４日の21時までに台風の中心が移動した経路を示している。

①　**図12**の地点**A**を通る等圧線が表す気圧を答えなさい。

②　**図12**の中には，前線の一部が見られる。この前線は，勢力がほぼ同じ暖気と寒気がぶつかりあってほとんど動かない前線である。時期によっては梅雨前線や秋雨(あきさめ)前線ともよばれる，勢力がほぼ同じ暖気と寒気がぶつかりあってほとんど動かない前線は何とよばれるか。その名称を書きなさい。

図12

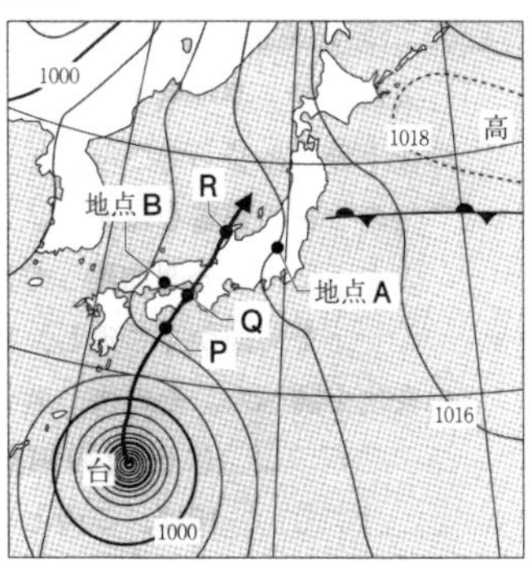

③　**図12**の**P**，**Q**，**R**は，それぞれ９月４日の９時，12時，18時の台風の中心の位置を表している。次の**ア**～**エ**の中から，台風の中心が**P**，**Q**，**R**のそれぞれの位置にあるときの，**図12**の地点**B**の風向を**P**，**Q**，**R**の順に並べたものとして，最も適切なものを１つ選び，記号で答えなさい。

ア　北西→南西→南東　　**イ**　北西→北東→南東

ウ　北東→北西→南西　　**エ**　北東→南東→南西

(2)　**図13**は，８月と10月における，台風の主な進路を示したものである。

８月から10月にかけて発生する台風は，小笠原(おがさわら)気団（太平洋高気圧）のふちに沿って北上し，その後，偏西風に流されて東寄りに進むことが多い。

①　小笠原気団の性質を，温度と湿度に着目して，簡単に書きなさい。

②　10月と比べたときの，８月の台風の主な進路が**図13**のようになる理由を，小笠原気団に着目して，簡単に書きなさい。

図13

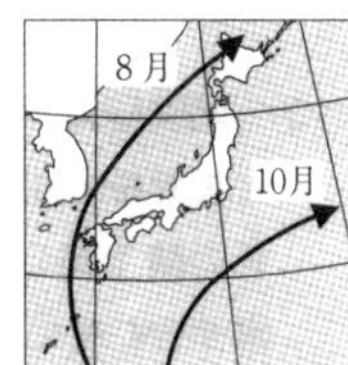

(1)	①	hPa	②		③	
(2)	①					
	②					

地球と太陽系

■平成26年度問題

3　月の運動と見え方に関する(1)～(3)の問いに答えなさい。

図７は，地球の北極側から見たときの，地球のまわりを公転する月の動きと，地球と月が太陽の光を受けるようすを表した模式図である。

(1)　月のように，惑星のまわりを公転する天体は何とよばれるか。その名称を書きなさい。

(2)　**図７**のように，月が地球から見て太陽の方向にあるときは，新月になる。月の見え方に関する**a**，**b**の問いに答えなさい。

a　新月になってから１週間後に月が南中する（真南にくる）のは何時ごろか。次の**ア**～**エ**の中から，この時刻に最も近いものを１つ選び，記号で答えなさい。

ア　午前６時　　**イ**　正午　　**ウ**　午後６時　　**エ**　午前０時

図７

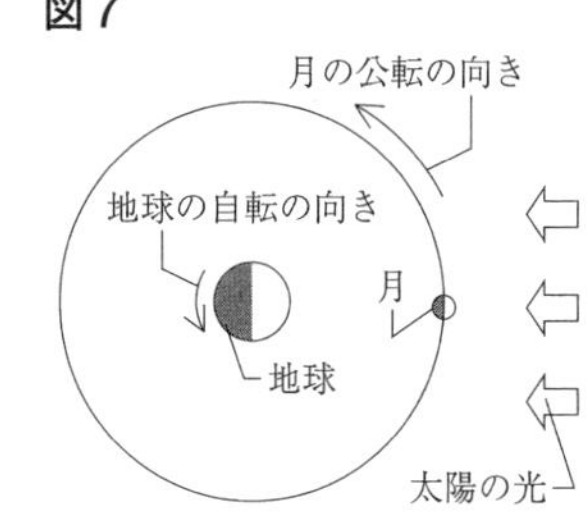

b　新月になってから１週間後に月が南中した（真南にきた）とき，月が太陽の光を反射して光って見える部分を示した図として最も適切なものを，次の**ア**～**オ**の中から１つ選び，記号で答えなさい。ただし，月は日本において肉眼で見るものとする。

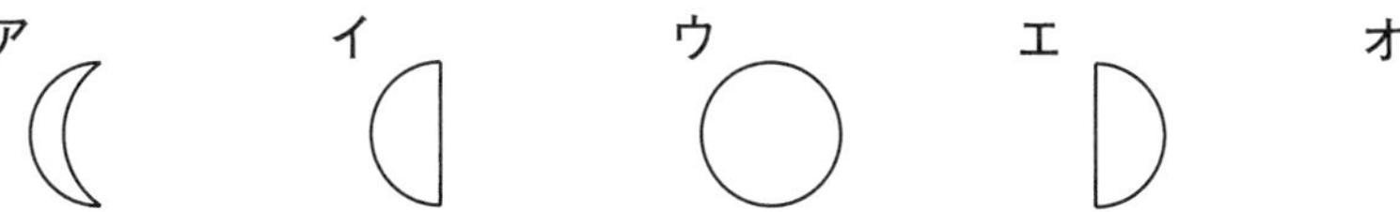

(3)　日本において，太陽の南中高度（真南にきたときの高度）を夏と冬とで比べると，夏の方が冬よりも高くなる。これは，地球が地軸を公転面に垂直な方向から約23.4°傾けたまま公転しており，地軸の北極側を，夏では太陽の方向に，冬では太陽と反対方向に傾けているからである。

日本において，満月の南中高度（真南にきたときの高度）を夏と冬とで比べると，どのようになると考えられるか。次の**ア**～**ウ**の中から，適切に述べたものを１つ選び，記号で答えなさい。また，そのように判断した理由を，満月が見えるときの地球，月，太陽の位置関係に関連づけて，夏と冬のそれぞれにおける，月に対する地球の地軸の傾きのようすが分かるように書きなさい。ただし，地球の公転面と月の公転面は同一であるものとする。

ア　夏の方が高い。　　**イ**　冬の方が高い。　　**ウ**　夏も冬も同じである。

(1)		(2)	a		b	
(3)	記号		理由			

■平成28年度問題

5 天体の動きに関する(1)～(3)の問いに答えなさい。

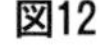

図12と**図13**は，静岡県内の東経138°，北緯35° の場所で，ある年の２月25日午後８時とその４日後の３月１日午後８時に，南の空を肉眼で観察して，月と２つの恒星（ベテルギウスとシリウス）のようすをスケッチしたものである。

図12

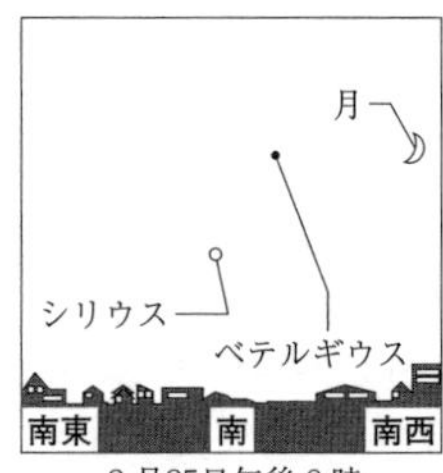

２月25日午後８時

図13

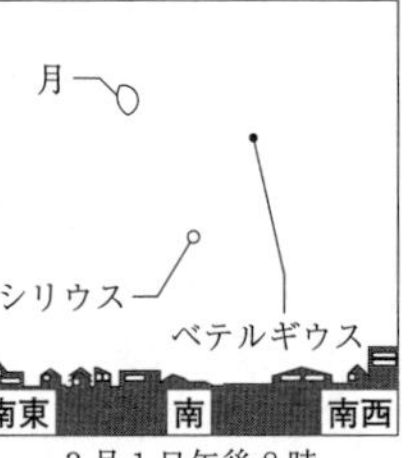

３月１日午後８時

(1) **図12**と**図13**を比べると分かるように，同じ時刻に観察した月と２つの恒星は，日がたつにつれて，月は西から東へ，２つの恒星は東から西へと見える位置が変わった。月と２つの恒星のそれぞれについて，見える位置が変わった原因として最も適切なものを，次の**ア**～**エ**の中から１つずつ選び，記号で答えなさい。なお，同じものを２度用いてもよい。

ア 地球の自転　**イ** 地球の公転　**ウ** 月の自転　**エ** 月の公転

(2) **図13**の南の空を観察してから４時間後に西の空を肉眼で観察した。このときの月と２つの恒星の位置として最も適切なものを，次の**ア**～**エ**の中から１つ選び，記号で答えなさい。

ア　**イ**　**ウ**　**エ**

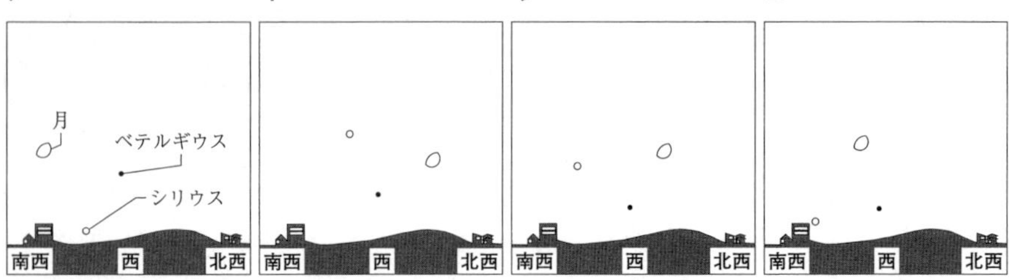

(3) **図13**の南の空を観察したとき，シリウスが見える高度は40° だった。**図13**の南の空を観察した同じ日時に，南半球上の東経138°，南緯35° の場所でシリウスを観察したときの，シリウスが見える方角（東・西・南・北の四方位）と高度を答えなさい。

(1)	月		恒星		(2)		(3)	方角		高度	度

■平成29年度問題

5 地球の自転・公転に関する(1)～(3)の問いに答えなさい。

図10は，札幌（さっぽろ）（東経141°，北緯43°）と那覇（なは）（東経128°，北緯26°）の，それぞれの位置を示したものである。

図10

(1) 次の［　　］の中の文が，太陽の動きと太陽が南中する時刻について適切に述べたものとなるように，文中の（ ㋐ ）には言葉を，（ ㋑ ）には値を，それぞれ補いなさい。

> 地球の自転による太陽の１日の見かけの動きを，太陽の（ ㋐ ）という。太陽の（ ㋐ ）が，ほぼ一定の速さであることをもとに計算すると，札幌は那覇よりも南中する時刻が（ ㋑ ）分早いと考えられる。

(2) **図11**は，太陽のまわりを公転する地球の動きと，地球が太陽の光を受けているようすを表した模式図である。地球の公転の向きは，**図11**の**ア**，**イ**の矢印の向きはどちらか。また，地球の自転の向きは，**図11**の**ウ**，**エ**の矢印の向きのどちらか。それぞれ，記号で答えなさい。

図11

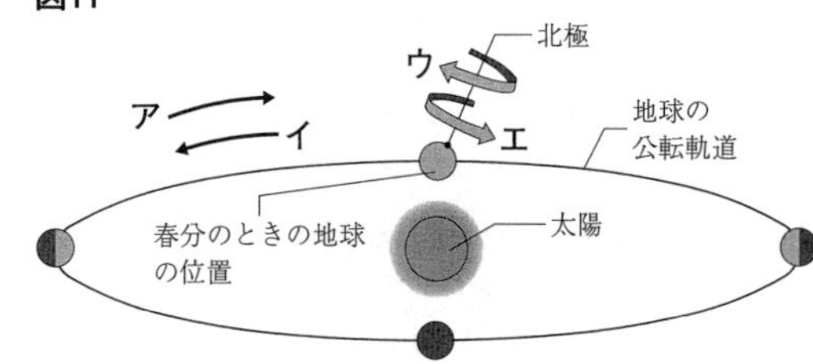

(3) 次のⓐ，ⓑの図に示した，線**P**は，日の出または日の入りの時刻が札幌と同じ地点を結んだ線であり，線**Q**は，日の出または日の入りの時刻が那覇と同じ地点を結んだ線である。

ⓐ

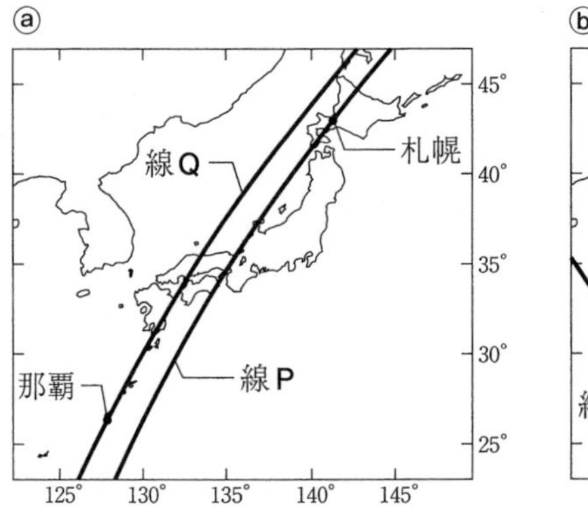

ⓑ

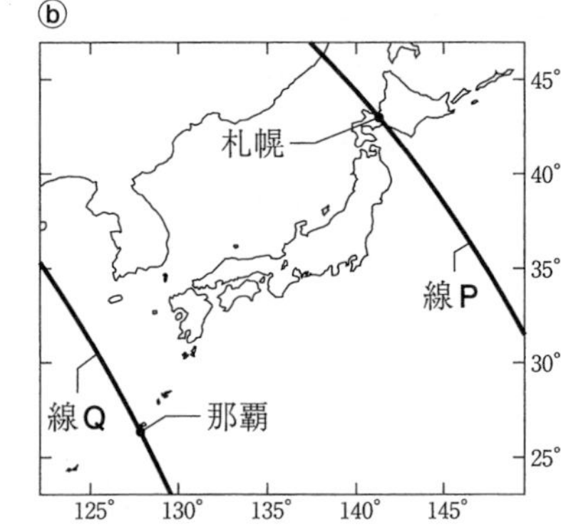

（注） 線Pと線Qは，それぞれ地図上のすべての地点の標高を０として，日の出または日の入りの時刻が同じ地点を結んだ線である。

次のア～エの中から，冬至における，日の出または日の入りのようすを表した図の組み合わせとして，最も適切なものを１つ選び，記号で答えなさい。

また，冬至の日の出について，そのように判断した理由を，地球の地軸に関連づけて，同じ経線上の日の出の時刻が，日本付近でどのようになるかが分かるように書きなさい。

	日の出	日の入り
ア	ⓐ	ⓐ
イ	ⓐ	ⓑ
ウ	ⓑ	ⓐ
エ	ⓑ	ⓑ

(1)	あ		い			
(2)	公転		自転		(3) 記号	
(3)	理由					

■平成30年度問題

5 地球と宇宙に関する(1)～(3)の問いに答えなさい。

(1) ある年の６月下旬に，静岡県内のある場所で天体観測を行った。図９は，午前３時半ごろ，東の空に見えた，金星と月のようすをスケッチしたものである。このとき，金星を天体望遠鏡で観察したところ，半月のような形に見えた。

図９

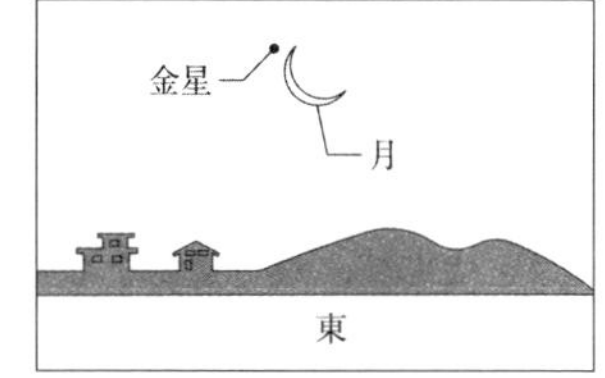

① 金星や地球は，太陽のまわりを回り，みずから光を出さず，太陽からの光を反射して光っている天体である。このような天体は何とよばれるか。その名称を書きなさい。

② 図10は，金星と地球の，それぞれの軌道を模式的に表したものである。図10のア～オの中から，図９のときの金星の位置として，最も適切なものを１つ選び，記号で答えなさい。

図10

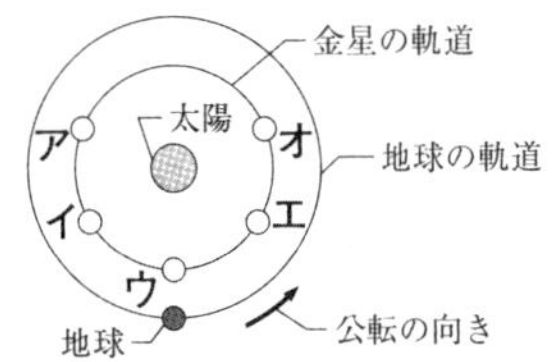

(2) 2012年６月上旬に，「金星の太陽表面通過」とよばれる，地球から見て，金星が太陽の前面を横切る現象が，日本で観測できた。次に観測できるのは，100年以上あとの2117年12月上旬である。「金星の太陽表面通過」が観測できた2012年の６月から，次に観測できる2117年12月までに，金星は何回公転すると考えられるか。小数第１位を四捨五入して整数で書きなさい。ただし，金星の公転周期は地球の公転周期の0.62倍とする。

(1)	①		②		(2)	回

(3) 水星，金星の表面は岩石でできている。金星は，水星より太陽からの距離は離れているが，表面の平均温度は高い。このことは，金星が二酸化炭素に覆われていることによる「温室効果」のためであると考えられる。二酸化炭素に覆われていることによる「温室効果」のしくみを，簡単に書きなさい。

(3)	

■令和２年度問題

4 地球と宇宙に関する(1)，(2)の問いに答えなさい。

静岡県内のある場所で，ある年の３月１日の，正午に太陽を，真夜中に星を観察した。

(1) 図９のように，天体望遠鏡で投影板に太陽の像を投影して，太陽を観察した。

① 太陽は，自ら光を出している天体である。太陽のように，自ら光を出している天体は，一般に何とよばれるか。その名称を書きなさい。

② 図10は，この日の正午に太陽の表面のようすを観察し，スケッチしたものである。図10のように，太陽の表面には，黒点とよばれる黒く見える部分がある。黒点が黒く見える理由を，簡単に書きなさい。

図９

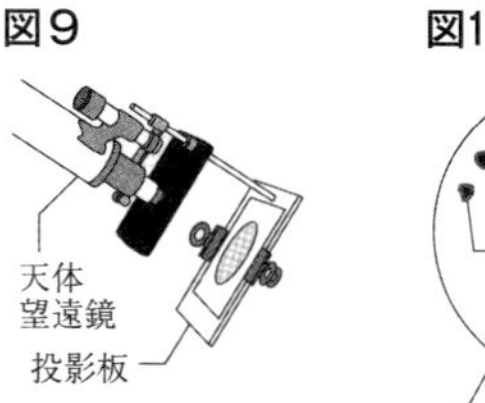

図10

(2) 図11は，この年の３月１日の真夜中に南の空を観察し，しし座のようすをスケッチしたものである。図12は，この日から３か月ごとの，地球と火星の，軌道上のそれぞれの位置と，太陽と黄道付近にある星座の位置関係を表した模式図である。図11，図12をもとにして，①，②の問いに答えなさい。

図11

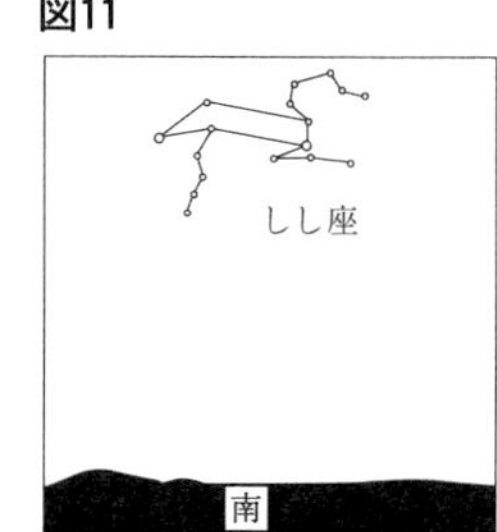

① 次のア～エの中から，この年の６月１日の真夜中に，静岡県内のある場所で，東の空に見える星座を１つ選び，記号で答えなさい。

ア おうし座　　イ しし座
ウ さそり座　　エ みずがめ座

② 次のア～エの中から，この年に地球から見て，一日中火星が観察できない時期を１つ選び，記号で答えなさい。

ア ３月　　イ ６月　　ウ ９月　　エ 12月

図12

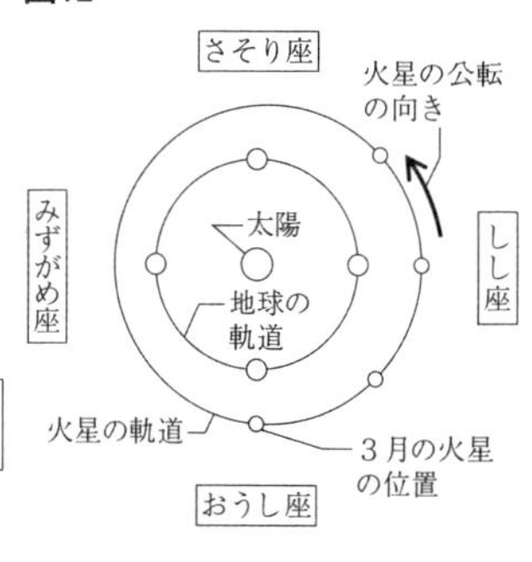

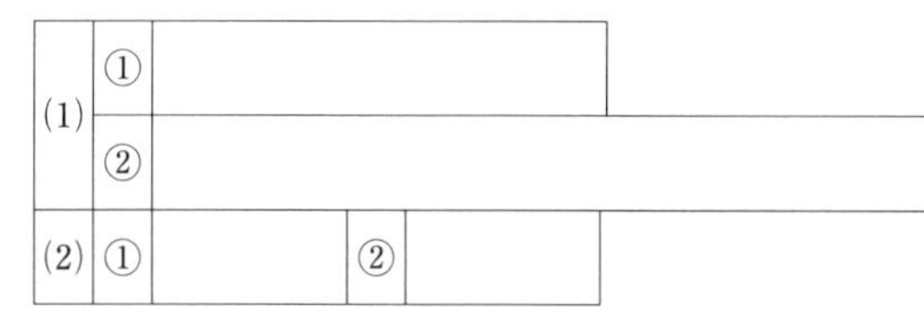

(1)	①		
	②		
(2)	①	②	

■令和４年度問題

地球と宇宙に関する⑴，⑵の問いに答えなさい。

⑴　月に関する①，②の問いに答えなさい。

①　次の**ア**～**エ**の中から，月について述べた文として，適切なものを１つ選び，記号で答えなさい。

ア　太陽系の惑星である。　　　**イ**　地球のまわりを公転している天体である。

ウ　自ら光を出している天体である。　　**エ**　地球から見た月の形は１週間でもとの形になる。

②　次の［　　］の中の文が，月食が起こるしくみについて述べたものとなるように，［　　］を，**影**という言葉を用いて，適切に補いなさい。

> 月食は，月が［　　　　　　］ことで起こる。

⑵　**図17**のⓐ～ⓒは，静岡県内のある場所で，ある年の１月２日から１か月ごとに，南西の空を観察し，おうし座のようすをスケッチしたものであり，観察した時刻が示されている。また，ⓐには，おうし座の近くで見えた金星もスケッチした。

図17

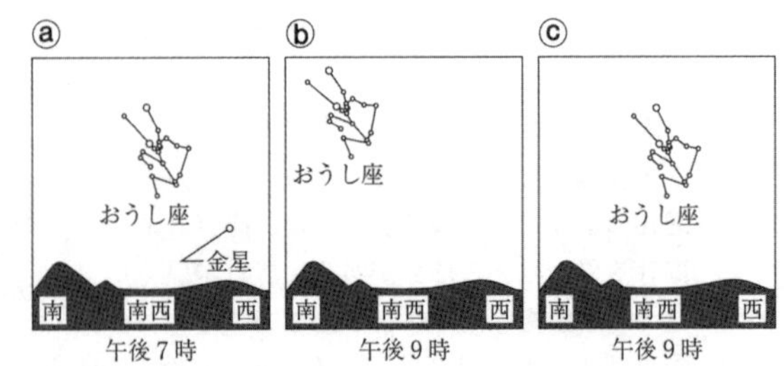

①　**図17**のⓐ～ⓒのスケッチを，観察した日の早い順に並べ，記号で答えなさい。

②　**図18**は，**図17**のⓐを観察した日の，地球と金星の，軌道上のそれぞれの位置を表した模式図であり，このときの金星を天体望遠鏡で観察したところ，半月のような形に見えた。この日の金星と比べて，この日から２か月後の午後７時に天体望遠鏡で観察した金星の，形と大きさはどのように見えるか。次の**ア**～**エ**の中から，最も適切なものを１つ選び，記号で答えなさい。ただし，地球の公転周期を１年，金星の公転周期を0.62年とし，金星は同じ倍率の天体望遠鏡で観察したものとする。

図18

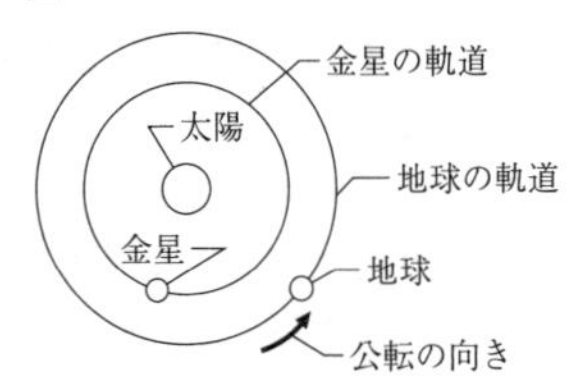

ア　２か月前よりも，細長い形で，小さく見える。

イ　２か月前よりも，丸い形で，小さく見える。

ウ　２か月前よりも，細長い形で，大きく見える。

エ　２か月前よりも，丸い形で，大きく見える。

⑴	①		②	
⑵	①	→ 　→	②	

細胞・遺伝

■平成27年度問題

2　動物のなかまと生命の連続性に関する⑵の問いに答えなさい。

⑵　カエルの成長のしかたとふえ方について調べた。**図５**は，カエルの卵が受精し，成体になるまでを表した模式図であり，**A**は精子，**B**は卵，**C**は受精卵，**D**は受精卵が細胞分裂を１回した状態，**E**は成体を示している。

図５

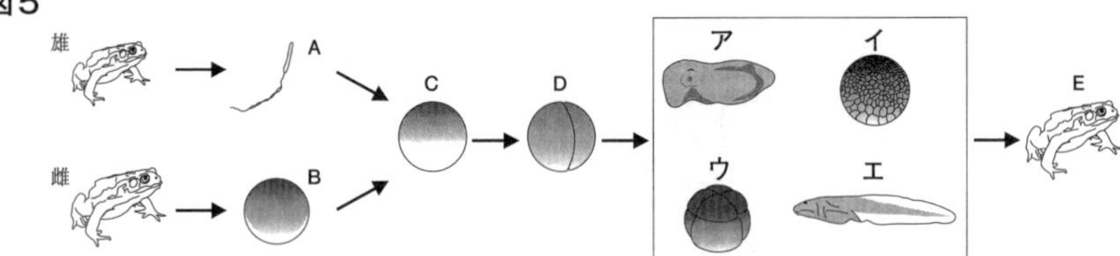

①　**D**は細胞分裂をくり返しながら成長して**E**になる。**図５**の［　　］の中の**ア**～**エ**を成長していく順に並べ，記号で答えなさい。

②　動物の場合，受精卵が細胞分裂を始めてから，自分で食物をとることのできる個体となる前までは何とよばれるか。その名称を書きなさい。

③　**図６**は，雄と雌のカエルの体細胞の核内の染色体をそれぞれ表した模式図である。**図５**の**B**と**D**の染色体はどのように表されるか。**図６**をもとにして，**B**と**D**の解答欄に染色体の模式図をそれぞれ完成させなさい。

図６

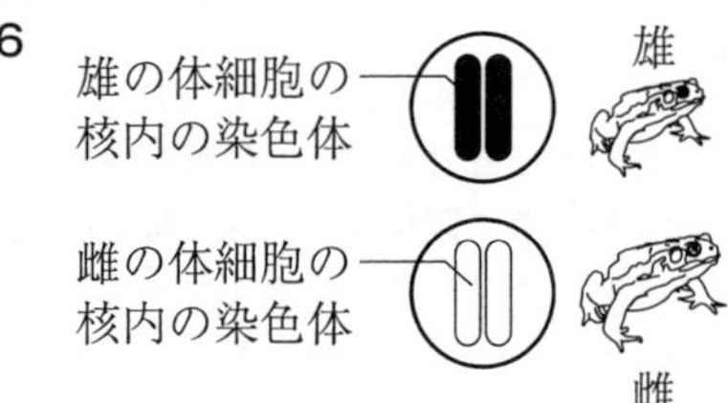

④　次の［　　］の中の文が，核の中の染色体について適切に述べたものとなるように，文中の（ ㋐ ），（ ㋑ ）のそれぞれに言葉を補いなさい。

> 核の中の染色体には，形質を伝える（　　㋐　　）が存在し，（　　㋐　　）の本体は（　　㋑　　）という物質である。

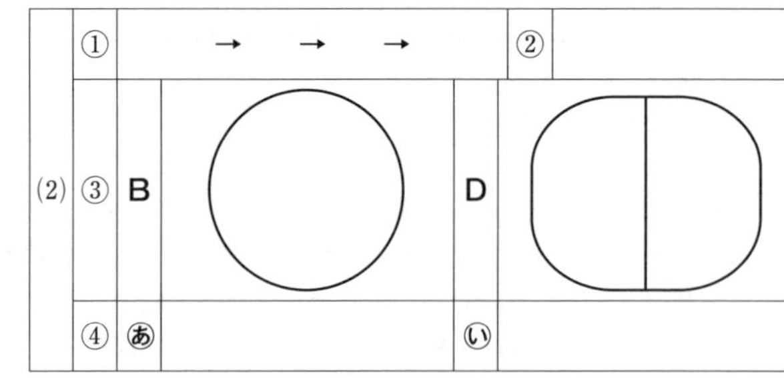

⑵	①	→ 　→ 　→		②	
	③	B		D	
	④	㋐		㋑	

■平成30年度問題

動物の生活と生物の変遷および生命の連続性に関する(1)～(3)の問いに答えなさい。

(1) **図3**のように，水槽に水草とメダカを入れ，メダカを観察した。

① 水の中にエサを入れると，メダカはエサを目で見つけて食べた。メダカがエサを見つけるときの目のように，外界からの刺激を受けとる体の部分は，一般に何とよばれるか。その名称を書きなさい。

図3

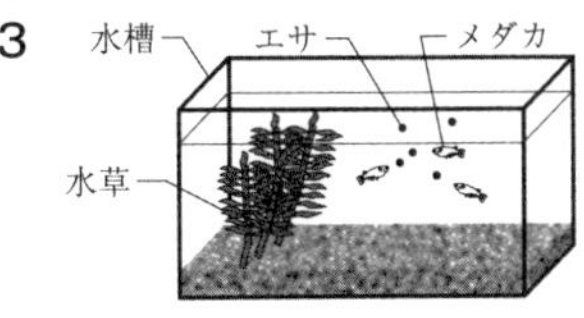

② メダカは，ヒトと同じセキツイ動物のなかまである。ヒトの反応には，「反射」と「意識して起こる反応」があり，「反射」には，熱いものに手が触れたとき，熱いと意識する前に手を引っこめるという反応がある。刺激を受けとってから反応するまでの，刺激が伝わる道すじにおいて，熱いものに手が触れたとき，熱いと意識する前に手を引っこめるという「反射」の道すじは，「意識して起こる反応」の道すじとどのように違うか。簡単に書きなさい。

③ 水槽内の水草に注目して考えると，光のあたる昼間は，水中の酸素の量が増え続ける。それに対して，光のあたらない夜間は，水中の酸素の量が減り続ける。光のあたらない夜間に，水中の酸素の量が水草によって減り続ける理由を，光のあたる昼間との違いが分かるように，簡単に書きなさい。

(2) 体色が黒色のメダカと黄色のメダカを用いて，メダカの体色の遺伝について調べた。**表1**は，メダカの体色の遺伝について調べるために行った実験の結果の一部を示したものである。**表1**において，親**X**は黒色の体色を，親**Y**は黄色の体色をもつ純系である。体色を黒色にする遺伝子を**A**，黄色にする遺伝子を**a**と表したとき，親**X**，親**Y**のもつ遺伝子の組み合わせは，それぞれ**AA**，**aa**で表される。メンデルが発見した遺伝の規則性をもとにして，①～③の問いに答えなさい。

表1

親の代の形質の組み合わせ	親X(AA) 黒色	親Y(aa) 黄色
子の代での形質の現れ方	すべて黒色	
孫の代での形質の現れ方	黒色，黄色	

① **表1**の子には，親の一方の形質である黒色の体色だけが現れ，黄色の体色は現れなかった。このように，純系の親どうしから生まれた子に現れる形質は，子に現れない形質に対して，一般に何とよばれるか。その名称を書きなさい。

(1)	①		②	
	③			
(2)	①			

② 次の［　　］の中の文が，多くの動物が新しい個体をふやしていく過程について適切に述べたものとなるように文中の（ ㋐ ），（ ㋑ ）のそれぞれに言葉を補いなさい。

> 雌の卵巣(らんそう)と雄の精巣で減数分裂という細胞分裂が起こり，雌雄それぞれの（ ㋐ ）細胞がつくられ，受精によって受精卵ができる。その後，（ ㋑ ）分裂という細胞分裂をくり返し，受精卵から胚になる。さらに，胚の細胞は，形やはたらきの違うさまざまな細胞になり，新しい個体になる。

③ **表1**の親の代を1代目として，ある同じ代の雌雄1匹ずつのメダカを交配させたとき，黒色のメダカと黄色のメダカが半数ずつ現れた。このことに関する**a**，**b**の問いに答えなさい。

a 黒色のメダカと黄色のメダカが半数ずつ現れたときの，両親の遺伝子の組み合わせとして最も適切なものを，次の**ア**～**エ**の中から1つ選び，記号で答えなさい。

ア **AAとAa**　**イ** **AAとaa**　**ウ** **AaとAa**　**エ** **Aaとaa**

b 黒色のメダカと黄色のメダカが初めて半数ずつ現れた代は，何代目のときか。その代を答えなさい。ただし，**表1**の親の代を1代目とする。

(3) 地球上のすべての生物は，細胞の中に遺伝子をもっている。その遺伝子が子に伝えられ，親と同じ種類の生物をつくる。しかし，地球上の生物は，長い年月を経て，異なる特徴を持つさまざまな種類の生物へと進化した。遺伝子が子に伝えられているにもかかわらず，地球上の生物が，長い年月を経て，異なる特徴を持つさまざまな種類の生物へと進化したのはなぜか。その理由を，**遺伝子**，**形質**という2つの言葉を用いて，簡単に書きなさい。

(2)	②	㋐		㋑		③	a		b 代目
(3)									

■令和３年度問題

2

植物の生活と種類及び生命の連続性に関する(1)～(4)の問いに答えなさい。

(1) 被子植物に関する①，②の問いに答えなさい。

① 次の**ア**～**エ**の中から，被子植物を１つ選び，記号で答えなさい。

ア イチョウ **イ** スギ **ウ** イヌワラビ **エ** アブラナ

② 被子植物の受精に関する**a**，**b**の問いに答えなさい。

a 次の［　　］の中の文が，被子植物の受精について適切に述べたものとなるように，文中の（ ㋐ ）に言葉を補いなさい。また，文中の（ ㋑ ）を**精細胞**，**卵細胞**という２つの言葉を用いて，適切に補いなさい。

> 花粉がめしべの先端にある（ ㋐ ）につくと，花粉から花粉管がのびる。花粉管がのびることによって，（ ㋑ ）ために受精することができる。

b ある被子植物の個体の自家受粉において，精細胞１個の染色体の数を**x**とするとき，その個体の卵細胞１個の染色体の数と，その個体の受精直後の受精卵１個の染色体の数を，それぞれ**x**を用いて表しなさい。

(2) **図３**のように，発芽しているソラマメの根に，等間隔に印を付けた。

図３

① **図３**のソラマメの根を，ルーペを用いて観察したところ，細い毛のような部分が見られた。このように，植物の根に見られる，細い毛のような部分は何とよばれるか。その名称を書きなさい。また，この細い毛のような部分が土の細かいすき間に入り込むことで，植物は水や水に溶けた養分を効率よく吸収することができる。この細い毛のような部分が土の細かいすき間に入り込むことで，植物が水や水に溶けた養分を効率よく吸収することができる理由を，簡単に書きなさい。

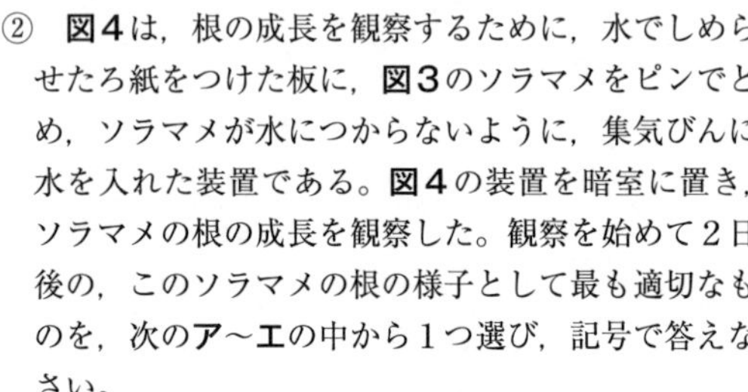

② **図４**は，根の成長を観察するために，水でしめらせたろ紙をつけた板に，**図３**のソラマメをピンでとめ，ソラマメが水につからないように，集気びんに水を入れた装置である。**図４**の装置を暗室に置き，ソラマメの根の成長を観察した。観察を始めて２日後の，このソラマメの根の様子として最も適切なものを，次の**ア**～**エ**の中から１つ選び，記号で答えなさい。

図４

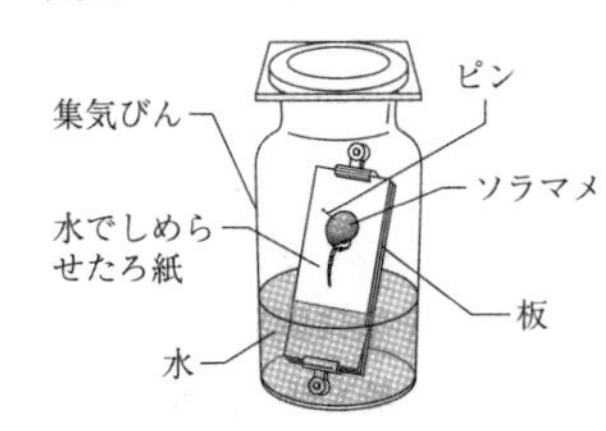

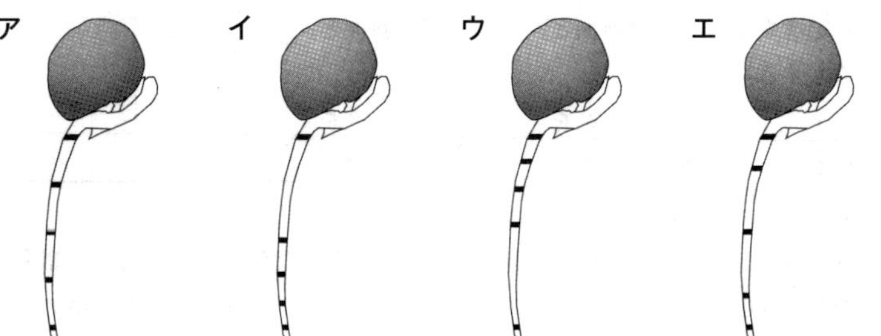

(3) ソラマメの根の体細胞分裂について調べた。**図５**は，ソラマメの根の１つの細胞が，体細胞分裂によって２つに分かれるまでの過程を表した模式図であり，**A**は体細胞分裂を始める前の細胞を，**B**は体細胞分裂後に分かれた細胞を示している。**図５**の［　　］の中の**ア**～**エ**を体細胞分裂していく順に並べ，記号で答えなさい。

図５

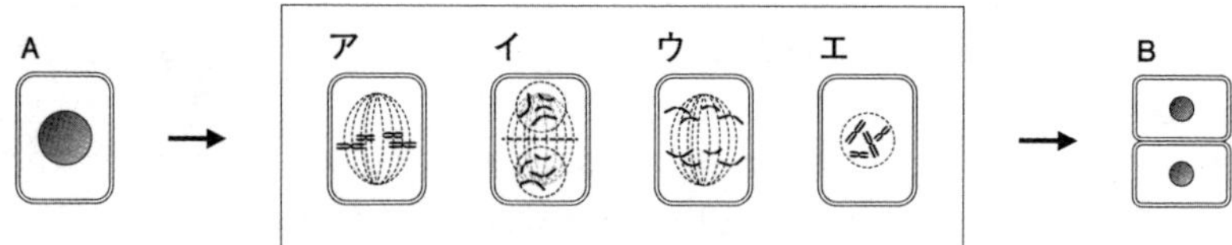

(4) 農作物として果樹などを栽培するとき，無性生殖を利用することがある。農作物として果樹などを栽培するとき，無性生殖を利用する利点を，**染色体**，**形質**という２つの言葉を用いて，簡単に書きなさい。

(1)	①		② a ㋐	
	②	a ㋑		
		b 卵細胞		受精卵
(2)	①	名称		
		理由		
	②		(3)	→ → →
(4)				

生物界のつながり

■平成29年度問題

2 生物と環境に関する(1)の問いに答えなさい。

(1) **図3**は，森林における生物の食物連鎖の一部を表した模式図である。**図3**に示したⓐ～ⓓは，森林の生物を，生態系における役割をもとに分けたものである。

図3

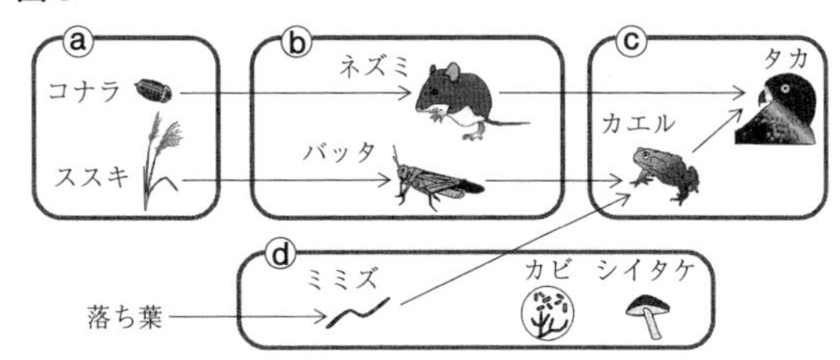

(注) ⟶は食べる・食べられるの関係を表し，矢印の先の生物は，矢印のもとの生物を食べる。

① ⓑのバッタやⓓのミミズのように，背骨がない動物のなかまは，一般に何とよばれるか。その名称を書きなさい。

② 自然界では，「有機物」，「二酸化炭素」及び「気体としての酸素」などの物質は循環している。次の**ア～カ**の中から，**図3**のⓐ～ⓓや大気の間における，「有機物の流れ」，「二酸化炭素の流れ」及び「気体としての酸素の流れ」を表した図として，適切なものを1つずつ選び，記号で答えなさい。

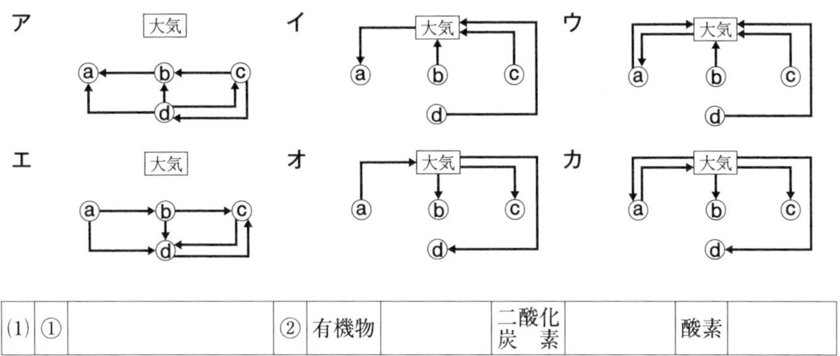

(1)	①		②	有機物		二酸化炭素		酸素	

■平成31年度問題

2 生物と細胞及び自然と人間に関する(3)の問いに答えなさい。

(3) **図7**は，ある池の中の一部の生物を，食物連鎖に着目して分けた模式図である。

① ⓐのプランクトンの中には，ミカヅキモのように，体が1つの細胞からできているものと，ミジンコのように，たくさんの細胞からできているものがいる。ミジンコのように，体がたくさんの細胞からできているものは，一般的に何とよばれるか。その名称を答えなさい。

図7

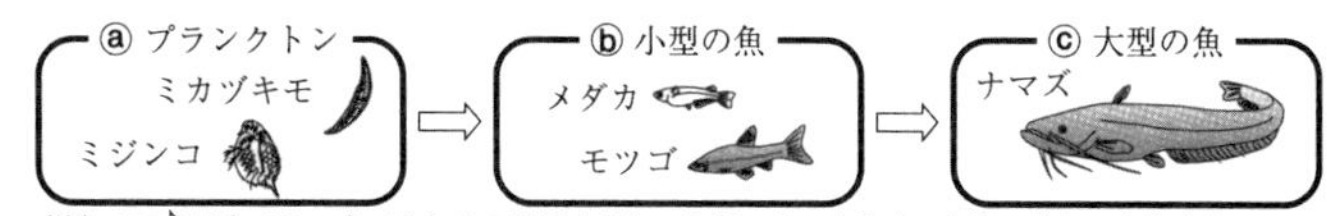

(注) ⇨は食べる・食べられるの関係を表し，矢印の先の生物は，矢印のもとの生物を食べる。

② **図8**は，ⓐ～ⓒの生物の数量のつり合いのとれた状態を模式的に表したものである。次の［　　］の中が，**図8**のつり合いのとれた状態から，何らかの原因でⓒが減少し，その後，もとのつり合いのとれた状態にもどるまでの生物の数量の変化の過程を表したものとなるように，［P］～［S］に当てはまる図を，下の**ア～エ**の中から1つずつ選び，記号で答えなさい。

図8

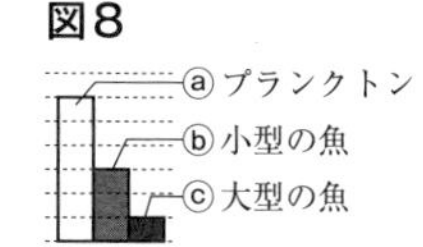

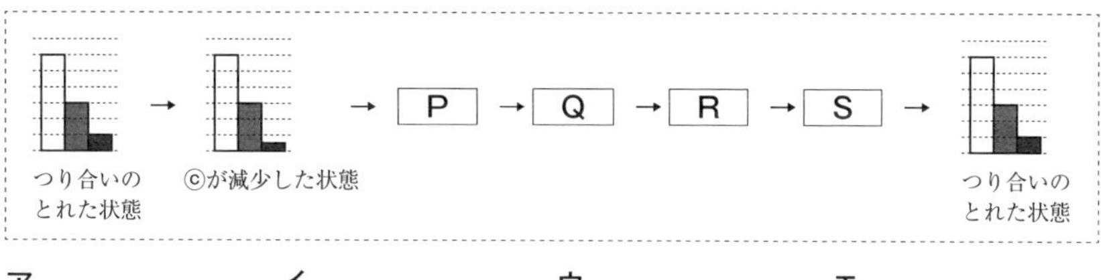

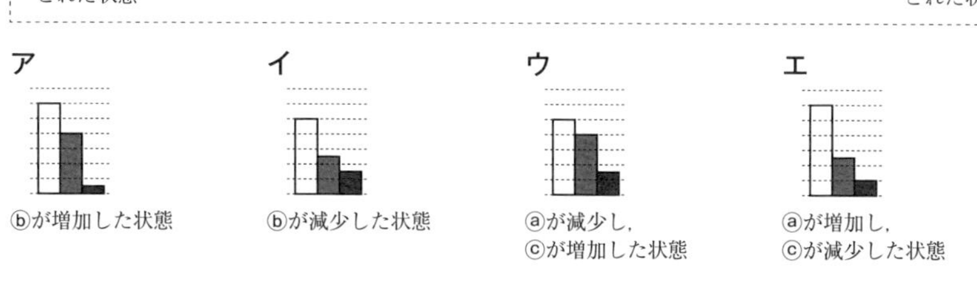

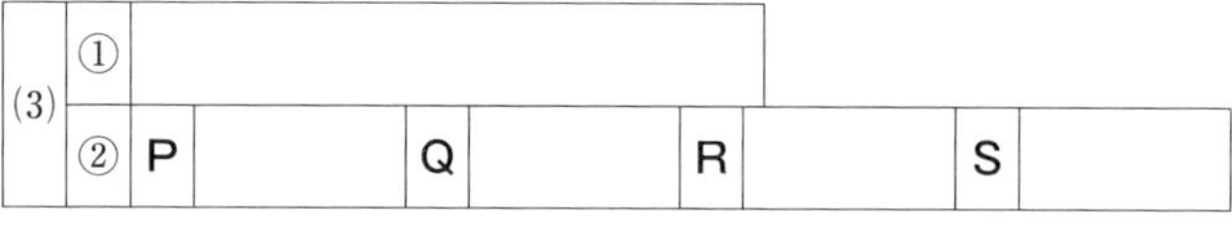

(3)	①							
	②	P		Q		R		S	

■令和4年度問題

2 いろいろな生物とその共通点，生物の体のつくりとはたらき及び自然と人間に関する(1)〜(3)の問いに答えなさい。

(1) **図3**は，ある森林の中の一部の生物を，食物連鎖に着目して分けた模式図である。

図3

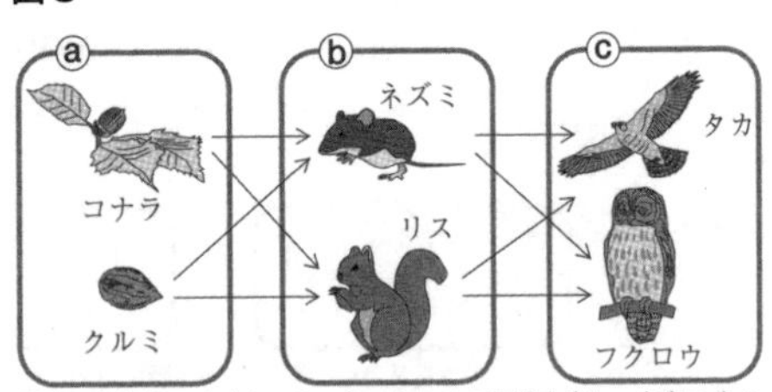

(注) 矢印(⟶)は食べる・食べられるの関係を表し，矢印の先の生物は，矢印のもとの生物を食べる。

① ⓑのネズミはホニュウ類，ⓒのタカは鳥類に分類される。次の**ア**〜**エ**の中から，ネズミとタカに共通してみられる特徴として，適切なものを２つ選び，記号で答えなさい。

ア えらで呼吸する。 **イ** 肺で呼吸する。
ウ 背骨がある。 **エ** 体の表面はうろこでおおわれている。

② ネズミには，ヒトと同様に，外界の刺激に対して反応するしくみが備わっている。**図4**は，ヒトの神経系の構成についてまとめたものである。**図4**の（ あ ），（ い ）のそれぞれに適切な言葉を補い，**図4**を完成させなさい。

図4

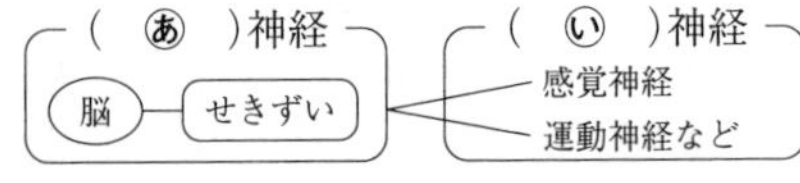

③ 森林にある池を観察すると，水中にコイの卵があった。また，池の近くにはトカゲの卵があった。コイは水中に産卵するのに対して，トカゲは陸上に産卵する。トカゲの卵のつくりは，体のつくりと同様に，陸上の生活環境に適していると考えられる。トカゲの卵のつくりが陸上の生活環境に適している理由を，コイの卵のつくりと比べたときの，トカゲの卵のつくりの特徴が分かるように，簡単に書きなさい。

④ **図3**の，ⓑの生物とⓒの生物の数量のつり合いがとれた状態から，何らかの原因でⓒの生物の数量が減少した状態になり，その状態が続いたとする。**図5**は，このときの，ⓑの生物とⓒの生物の数量の変化を模式的に表したものである。**図5**のように，ⓑの生物の数量が増加すると考えられる理由と，その後減少すると考えられる理由を，食物連鎖の食べる・食べられるの関係が分かるように，それぞれ簡単に書きなさい。ただし，ⓑの生物の増減は，**図3**の食物連鎖のみに影響されるものとする。

図5

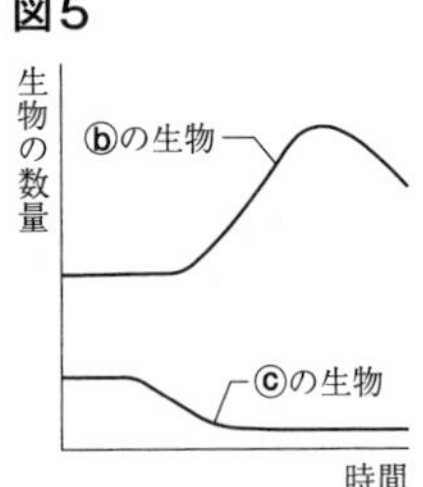

(2) **図6**のように，森林の土が入ったビーカーに水を入れて，よくかき混ぜてから放置し，上ずみ液を試験管**A**，**B**に移した。試験管**B**内の液だけを沸騰させたのち，それぞれの試験管に，こまごめピペットでデンプン溶液を加えて，ふたをして数日間放置した。その後，それぞれの試験管にヨウ素液を加えて色の変化を調べたところ，試験管内の液の色は，一方は青紫色に変化し，もう一方は青紫色に変化しなかった。

図6

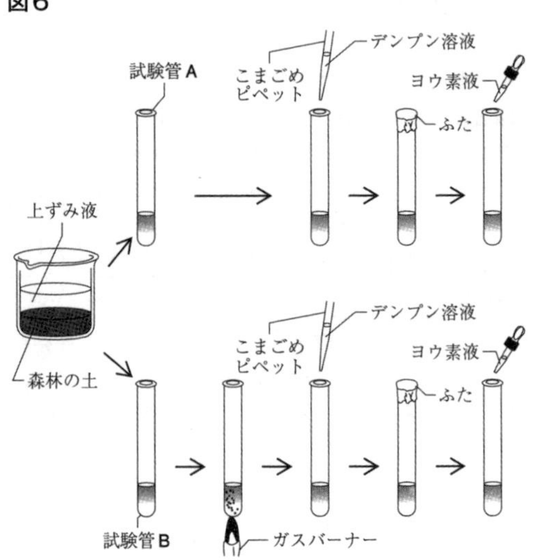

ヨウ素液を加えたとき，試験管内の液の色が青紫色に変化しなかったのは，**A**，**B**どちらの試験管か。記号で答えなさい。また，そのように考えられる理由を，微生物のはたらきに着目して，簡単に書きなさい。

(3) 植物などの生産者が地球上からすべていなくなると，水や酸素があっても，地球上のほとんどすべての動物は生きていくことができない。植物などの生産者が地球上からすべていなくなると，水や酸素があっても，地球上のほとんどすべての動物が生きていくことができない理由を，植物などの生産者の果たす役割に関連づけて，簡単に書きなさい。

(1)	①				
	②	あ		い	
	③				
	④	増加			
		減少			
(2)	記号				
	理由				
(3)					

公 立 高 校 入 試 出 題 単 元

過去９年間
（平成26年～令和４年まで）

社　　会

世界地理
■平成26年度3
■平成27年度3
■平成28年度3
■平成29年度3
■平成30年度3
■平成31年度3
■令和２年度3
■令和３年度3
■令和４年度3

日本地理
■平成26年度2
■平成27年度2
■平成29年度2
■平成30年度2
■平成31年度2
■令和２年度2
■令和３年度2
■令和４年度2

歴史
■平成27年度1
■平成28年度1
■平成29年度1
■平成30年度1
■平成31年度1
■令和２年度1
■令和３年度1
■令和４年度1

公民
■平成26年度4(1)・(2)
■平成27年度4(1)・(2)
■平成28年度4(1)・(2)
■平成29年度4(1)・(2)
■平成30年度4(1)・(2)
■平成31年度4(1)・(2)
■令和２年度4(1)・(2)
■令和３年度4(1)・(2)
■令和４年度4(1)・(2)

記述
■平成26年度4(3)
■平成27年度4(3)
■平成28年度4(3)
■平成29年度4(3)
■平成30年度4(3)
■平成31年度4(3)
■令和２年度4(3)(4)
■令和３年度4(3)
■令和４年度4(3)

世界地理

■平成26年度問題

3 　次の(1)～(4)の問いに答えなさい。なお，**地図２**中のＡ～Ｄは国を，⇨は北大西洋海流を示している。

地図２

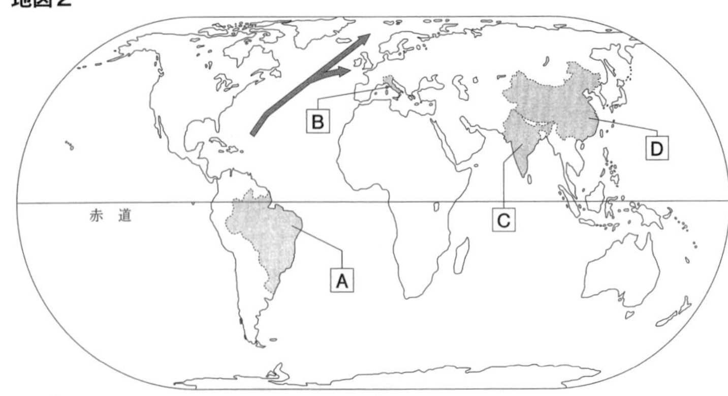

(1) 次の［　　］の中の文章は，北大西洋海流とヨーロッパの気候について述べたものである。次の**ア**～**エ**の中から，文中の（　ⓐ　），（　ⓑ　）に当てはまる語の正しい組み合わせを１つ選び，記号で答えなさい。

> 北大西洋海流は，大西洋を流れる（　ⓐ　）である。この（　ⓐ　）とその上を吹く偏西風の影響でイギリスをはじめとするヨーロッパの広い範囲が（　ⓑ　）気候に属している。

ア ⓐ　寒流　ⓑ　温暖湿潤（温帯湿潤）　　**イ** ⓐ　寒流　ⓑ　西岸海洋性
ウ ⓐ　暖流　ⓑ　温暖湿潤（温帯湿潤）　　**エ** ⓐ　暖流　ⓑ　西岸海洋性

(2) 紀元前から，Ｂを含む地中海地域とＤとを結ぶ内陸交通路がいくつかひらかれ，交易や文化交流が行われた。これらの交通路は，のちに何とよばれたか。その名称を書きなさい。

(3) **表１**のあ～えは，Ａ～Ｄのいずれかを表している。また，**表１**は，Ａ～Ｄと日本の，2010年における，人口，人口密度，１人当たりの国民総所得，人口100人当たりの自動車の保有台数を示している。**表１**に関するａ，ｂの問いに答えなさい。

a　**表１**のあに当たる国を，Ａ～Ｄの中から選び，記号で答えなさい。また，その国名も書きなさい。

表１

	人口（百万人）	人口密度（人/km²）	１人当たりの国民総所得（ドル）	人口100人当たりの自動車の保有台数（台）
あ	1,225	373	1,395	1.7
い	195	23	10,517	16.5
う	61	201	33,423	68.8
え	1,341	140	4,529	5.8
日本	128	343	44,269	59.6

注　「世界国勢図会 2012/13」などにより作成

b　次の**ア**～**エ**の中から，**表１**から読み取れることとして適切なものを１つ選び，記号で答えなさい。

ア　人口が１億人を超えている国は，人口密度が100人/km²を超えている。
イ　人口密度が低い国ほど，人口100人当たりの自動車の保有台数が多くなる。
ウ　５か国の中で１人当たりの国民総所得が最も高い国は，国民総所得の総額も最も高い。
エ　１人当たりの国民総所得の上位２か国は，国民２人につき１台以上の割合で自動車を保有している。

(4) Ａの国に関するａ，ｂの問いに答えなさい。

a　**グラフ６**は，1960年と2010年におけるＡの輸出総額に占める品目別の輸出額の割合を示している。1960年から2010年の間に，Ａの輸出品目にはどのような変化がみられるか。**グラフ６**をもとにして，1960年と2010年のそれぞれの特徴が分かるように，簡単に書きなさい。

グラフ６

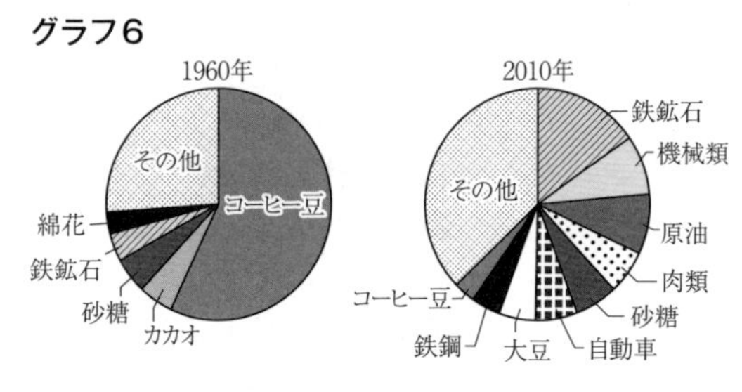

b　Ａでは，もともと現地で使われていた言葉以外に，公用語としてポルトガル語が使われている。南アメリカでは，ポルトガル語やスペイン語などのヨーロッパの言語が公用語として使われている国が多い。南アメリカでヨーロッパの言語が使われているのはなぜか。その理由を，南アメリカの歴史的な背景に着目して，簡単に書きなさい。

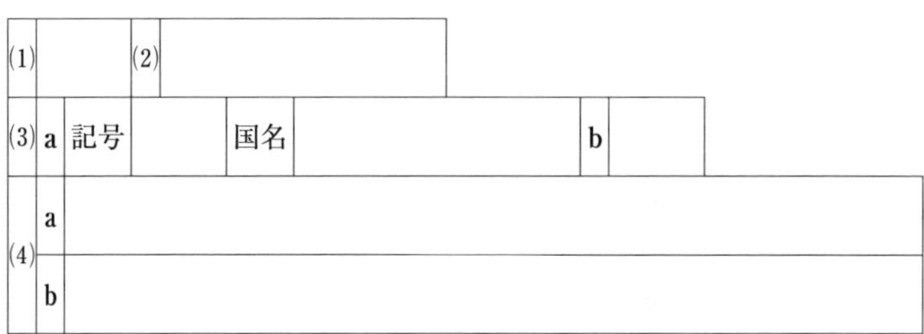

■平成27年度問題

3 次の(1)～(3)の問いに答えなさい。なお，**地図２**は緯線と経線が直角に交わった地図であり，**地図３**は地図の中心にある東京からの距離と方位が正しい地図である。**地図２**の中のA～Dは国を，ⓐ～ⓓはそれぞれの国の首都を，**地図３**の中のXは海洋を示している。

地図２

(1) **地図２**，**地図３**に関するa～cの問いに答えなさい。

a **地図２**，**地図３**から読み取れることを述べた文として適切なものを，次の**ア**～**エ**の中から１つ選び，記号で答えなさい。

ア 東京からⓑへ最短ルートで航行した場合，北極点を通過する。

イ ⓐ～ⓓはいずれも東京から5000km以上離れている。

ウ Aを通る本初子午線は，**地図２**，**地図３**ともに直線で描かれる。

エ **地図２**，**地図３**ともにA～Dの面積はすべて正しく示されている。

地図３

b **地図３**のXは，世界の三海洋（三大洋）のうちの一つである。その名称を書きなさい。

c 東京から航空機で東に向かって出発し，向きを変えることなく進んだとき，この航空機が最初に到達する大陸は世界の六大陸のうちのどの大陸か。その名称を書きなさい。

(2) **地図２**の中のA～Dではいずれも原油を産出する。**表１**は，2010年における，原油の産出量，エネルギーの消費量について，それぞれ世界の上位５か国を示したものである。ⓐに当てはまる国をA～Dの中から１つ選び，記号で答えなさい。また，その国名も書きなさい。

表１

	原油の産出量	エネルギーの消費量
1位	ロシア	中国
2位	サウジアラビア	㋐
3位	㋐	ロシア
4位	中国	インド
5位	イラン	日本

注１ 「世界国勢図会 2013/14」などにより作成
注２ エネルギーの消費量は石油換算

(3) Bに関するa～cの問いに答えなさい。

a Bを流れるナイル川の流域では，古代文明が発展した。Bで発展した文明について述べた文として適切なものを，次の**ア**～**エ**の中から１つ選び，記号で答えなさい。

ア くさび形文字が発明され，太陰暦や60進法も考え出された。

イ 天文学が発達し，太陽暦がつくられ，象形文字も発明された。

ウ 王が政治や祭りを行い，優れた青銅器や甲骨文字がつくられた。

エ 排水施設が整備された，モヘンジョ・ダロなどの都市がつくられた。

b **図７**は，ある宗教を信仰している人々が聖地に向かって祈っているようすを撮影した写真である。Bにくらす人々の約９割が，この宗教を信仰している。この宗教を信仰している人々のくらしのようすについて述べた文として適切なものを，次の**ア**～**エ**の中から１つ選び，記号で答えなさい。

図７

ア 日曜日ごとに教会に集まり，礼拝を行う。

イ 牛を神聖な動物と考えているため，牛の肉は食べない。

ウ 男子は成人する前に，一時，寺院に入り，托鉢（たくはつ）などの修行をする。

エ ラマダーン（ラマダン）の期間になると約１か月の間，日の出から日没まで，食事をしない。

c **グラフ５**は，2003年，2007年，2011年における，Bの人々の主食である，小麦の輸入量を示している。**グラフ６**は，2003年，2007年，2011年における，Bの人口と，小麦の自給率をそれぞれ示している。**グラフ５**から読み取れる，Bの小麦の輸入量の推移のようすを，その推移の理由として**グラフ６**から考えられることとあわせて，簡単に書きなさい。

グラフ５

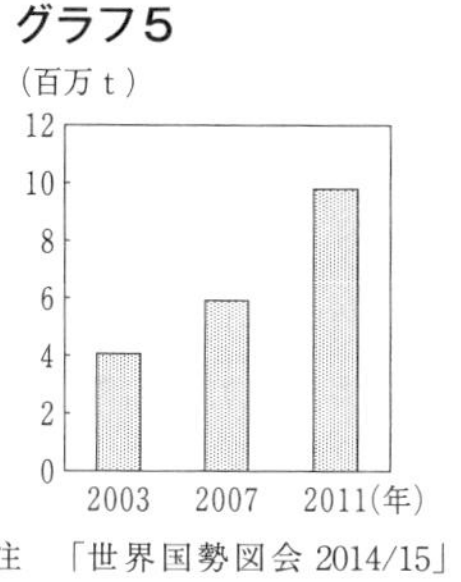

注 「世界国勢図会 2014/15」などにより作成

グラフ６

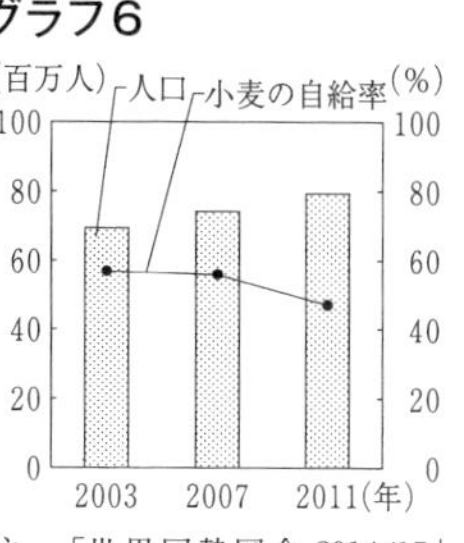

注 「世界国勢図会 2014/15」などにより作成

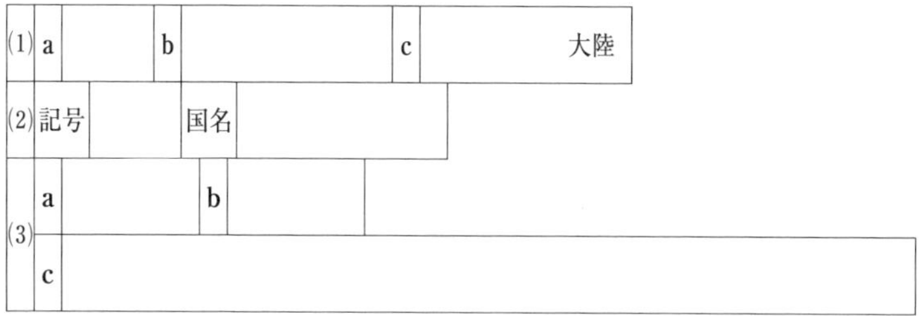

<table>
<tr><td>(1)</td><td>a</td><td></td><td>b</td><td></td><td>c</td><td>大陸</td></tr>
<tr><td>(2)</td><td>記号</td><td></td><td>国名</td><td colspan="3"></td></tr>
<tr><td rowspan="2">(3)</td><td>a</td><td></td><td>b</td><td colspan="3"></td></tr>
<tr><td>c</td><td colspan="5"></td></tr>
</table>

■平成28年度問題

3 次の(1)～(4)の問いに答えなさい。なお，**地図２**は，緯線と経線が直角に交わった地図であり，**地図２**の中のAは国を，ⓐ～ⓓは都市を，それぞれ示している。

地図２

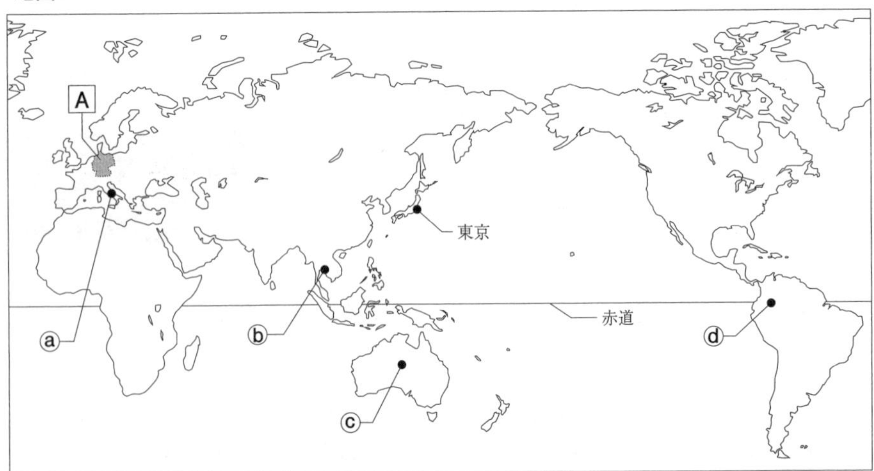

(1) **図５**は，円の中心を北極点，円周を赤道として，北半球を表した模式図である。**図５**のように，東経180度（西経180度）の経線，東経90度の経線，本初子午線，西経90度の経線によって北半球を**ア**～**エ**の４つに分けたとき，東京はどこに位置するか。**ア**～**エ**の中から１つ選び，記号で答えなさい。

図５

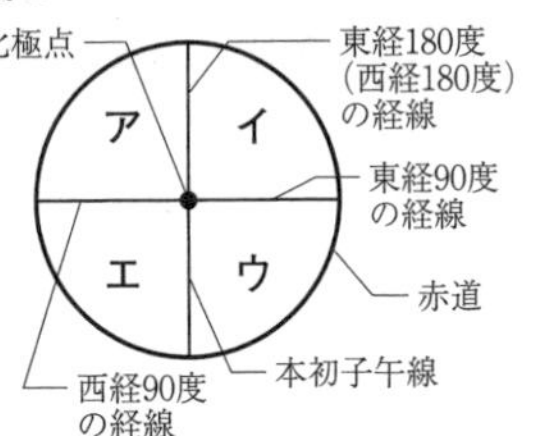

(2) **グラフ９**は，**地図２**のⓐ～ⓓのいずれかの都市の，気温と降水量を示したものである。**図６**は，**グラフ９**の都市の近郊でみられる農作業のようすを撮影した写真である。**グラフ９**に当てはまる都市として適切なものを，ⓐ～ⓓの中から１つ選び，記号で答えなさい。また，その都市に当てはまる気候帯として適切なものを，次の**ア**～**エ**の中から１つ選び，記号で答えなさい。

ア 熱帯　**イ** 乾燥帯
ウ 温帯　**エ** 冷帯（亜寒帯）

図６

グラフ９

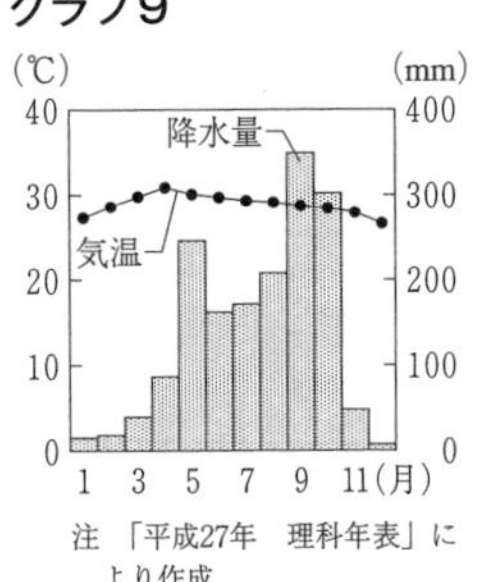

注 「平成27年　理科年表」により作成

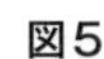

(3) **表４**は，世界の６つの州の，2010年における，人口，面積，１人当たりの総所得を示している。**表４**の中のあ～おには，ヨーロッパ州を除く世界の５つの州のいずれかが当てはまる。いとうに当てはまる州の名称をそれぞれ書きなさい。

表４

	人口（百万人）	面積（百万km²）	１人当たりの総所得（ドル）
あ	4,164	31.9	4,596
い	1,022	30.3	1,541
ヨーロッパ州	738	23.0	26,841
う	543	24.5	32,110
え	393	17.8	8,165
お	37	8.6	31,619

注１ 「世界国勢図会 2012/13」などにより作成
注２ ロシア連邦はヨーロッパ州に含めている。
注３ １人当たりの総所得は，各州に含まれる国の国民総所得を合計し，各州の人口で割ったものである。

(4) ヨーロッパ州に関するa～cの問いに答えなさい。

a Aをはじめ，Aの周辺の国々では，沼や湖で魚が生息できなくなったり，森林が枯れたりしているなどの被害が出ている。Aをはじめ，Aの周辺の国々で，沼や湖で魚が生息できなくなったり，森林が枯れたりしている原因として最も適切な現象を，次の**ア**～**エ**の中から１つ選び，記号で答えなさい。

ア 黄砂　**イ** 酸性雨　**ウ** 砂漠化　**エ** オゾン層の破壊

b Aでおきた，次の**ア**～**ウ**のできごとを，時代の古い順に並べ，記号で答えなさい。

ア ワイマール憲法が制定され，20歳以上のすべての男女に選挙権が認められた。
イ ビスマルクが富国強兵を進めるとともに，諸国をまとめ，帝国として統一した。
ウ ヒトラーの率いるナチ党（ナチス）が政権をにぎり，他の政党を解散させ，独裁を行った。

c **図７**は，2006年における，ヨーロッパ州およびその周辺の国々からの外国人労働者の移動のうち，おもな移動を矢印で示している。**図８**は，2006年における，ヨーロッパ州とその周辺の国々の１人当たりの国民総所得を示している。**図７**から分かる，外国人労働者の移動の状況を，その理由として**図８**から考えられることに関連づけて，簡単に書きなさい。

図７

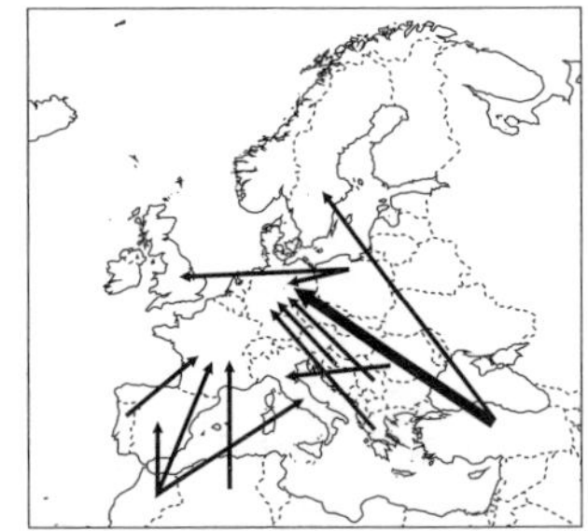

注 ＯＥＣＤ資料などにより作成

図８

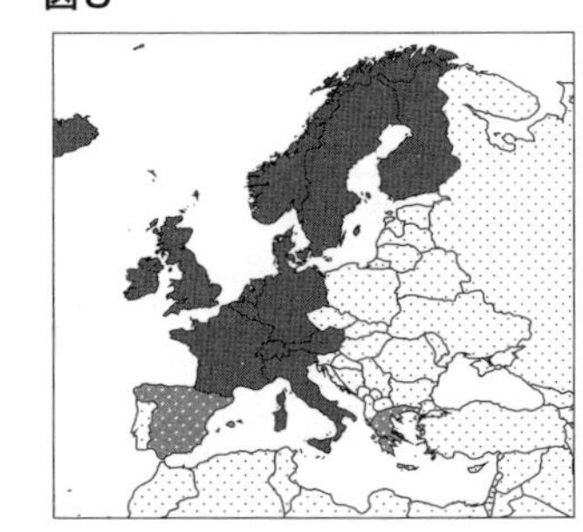

注 「データブックオブザワールド2009」などにより作成

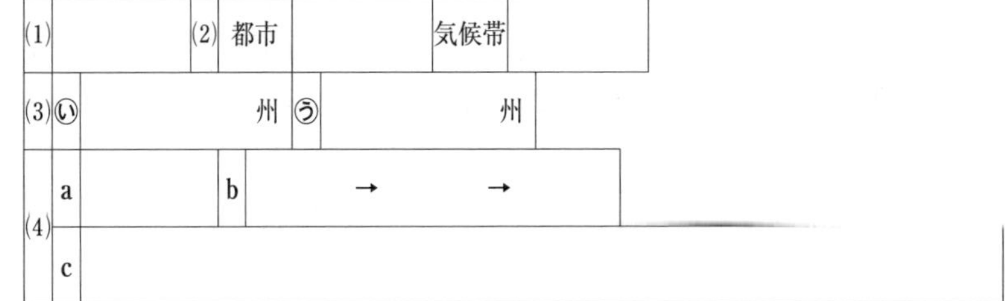

■平成29年度問題

3　次の(1)～(3)の問いに答えなさい。**地図2**は地球全体を表した，東京を中心とし，東京からの距離と方位が正しい地図である。なお，**地図2**の中の，A は国を，ⓐ，ⓑは都市を，直線 X は経線を，点線（-----）は東京と外周円のちょうど真ん中に引いた線を，それぞれ示している。

地図2

(1)　**地図2**に関する a，b の問いに答えなさい。

a　X の経度を求めなさい。ただし，東京の経度を東経 140 度とする。

b　**地図2**から読み取れることを述べた文として適切なものを，次の**ア**～**エ**の中から2つ選び，記号で答えなさい。なお，地球の全周を 40000km とする。

ア　外周円は，地球上では東京の正反対の地点を示す。

イ　東京からⓐまでの距離は，およそ 20000km である。

ウ　ⓐとⓑの最短距離は，ⓐとⓑを結んだ直線となる。

エ　東京から見ると，ⓑは北北東の方位にある。

(2)　**地図3**は南アメリカ大陸を示した地図であり，**地図3**の中の B は国を示している。**地図3**に関する a，b の問いに答えなさい。

地図3

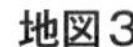

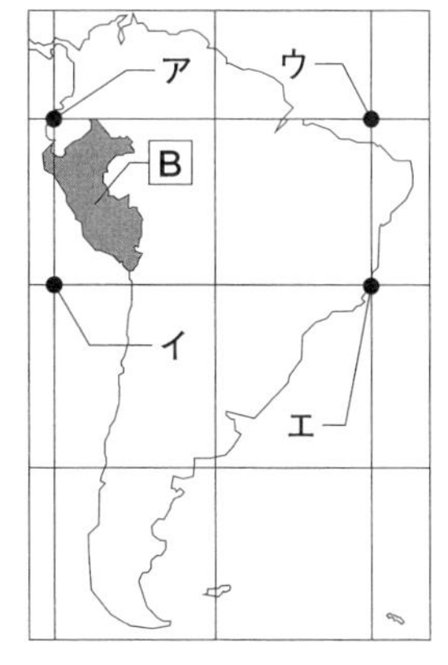

a　**地図3**の**ア**～**エ**の中から，**地図2**の中の X と赤道が交わる位置として正しいものを1つ選び，記号で答えなさい。

b　B について述べた文として誤っているものを，次の**ア**～**エ**の中から1つ選び，記号で答えなさい。

ア　16 世紀の前半にスペインによってほろぼされたインカ帝国の遺跡がある。

イ　国民の大多数がイスラム教徒で，世界有数の石油産出国として，OPEC（石油輸出国機構）に加盟している。

ウ　リャマやアルパカを家畜として飼育し，その毛を用いた衣類がつくられている。

エ　環太平洋造山帯に属するアンデス山脈があり，地震が多く発生する。

(3)　A に関する a ～ c の問いに答えなさい。

a　**表1**は，A，中国，アメリカ合衆国，ブラジル，日本の，2012 年における，自動車の生産台数，人口 100 人当たりの自動車の保有台数，CO_2排出量を示している。**表1**の中のあ～えは，A，中国，アメリカ合衆国，ブラジルのいずれかに表している。**表1**のあ～えの中から，A に当たるものを1つ選び，記号で答えなさい。

表1

	自動車の生産台数（千台）	人口100人当たりの自動車の保有台数(台)	CO_2排出量（百万 t）（CO_2換算）
あ	3,403	18.7	440
い	10,333	79.1	5,074
う	227	71.3	386
え	19,272	7.9	8,251
日本	9,943	59.9	1,223

注 「世界国勢図会 2015/16」などにより作成

b　**グラフ5**は，1965 年と 2013 年における，A の輸出総額に占める品目別の輸出額の割合を示している。1965 年から 2013 年の間に，A の輸出品目にはどのような変化がみられるか。**グラフ5**をもとにして，1965 年と 2013 年のそれぞれの特徴が分かるように，簡単に書きなさい。

グラフ5

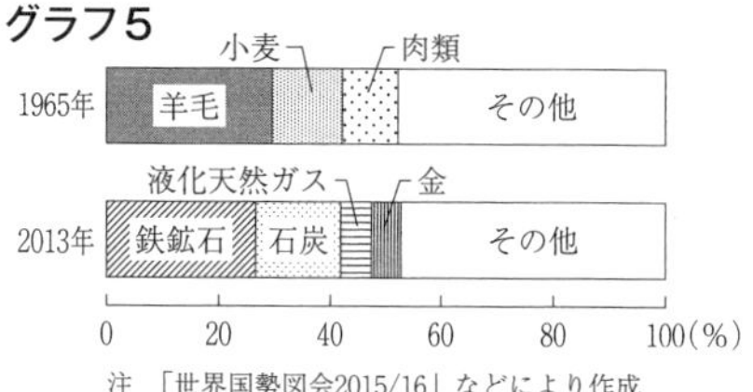

注 「世界国勢図会2015/16」などにより作成

c　**資料4**は，A とイギリスに関するできごとを示したものである。**グラフ6**は，1965 年と 2013 年における，A の輸出総額に占める国別の輸出額の割合を示している。このことに関する①，②の問いに答えなさい。

①　A が**資料4**の下線部に組み込まれたのは，A がイギリスとどのような関係にあったからか。簡単に書きなさい。

②　**グラフ6**から，A の輸出相手先が大きく変化したことが分かる。A の輸出相手先がどのように変化したかを，**資料4**から考えられることに関連づけて，簡単に書きなさい。

資料4

1932 年	イギリスがブロック経済を形成する。
1973 年	イギリスが EC（ヨーロッパ共同体）に加盟する。
1989 年	A の首相の提唱により，APEC（アジア太平洋経済協力）が発足する。
1993 年	EU（ヨーロッパ連合）が発足する。

グラフ6

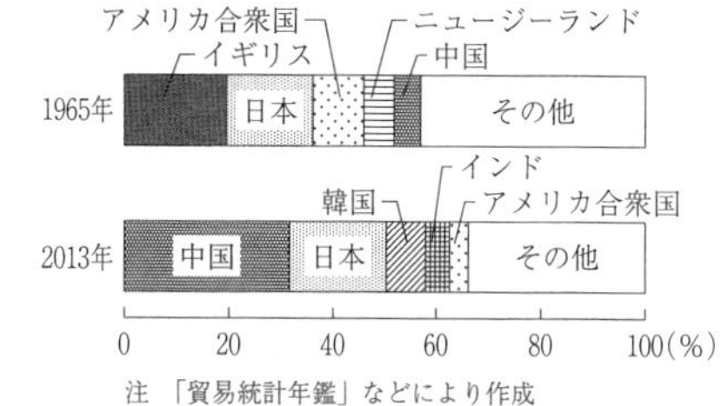

注 「貿易統計年鑑」などにより作成

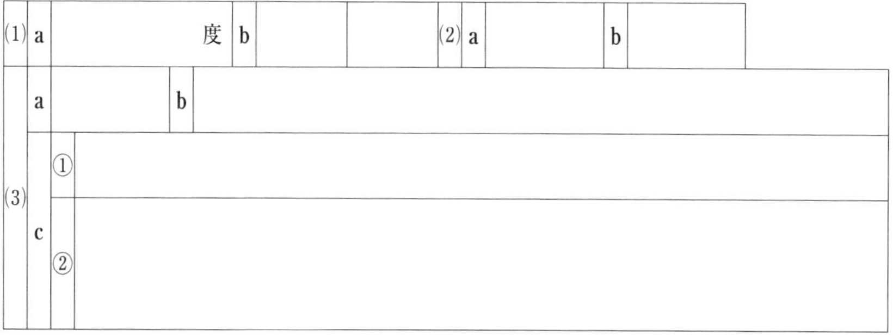

■平成30年度問題

3

次の(1)〜(3)の問いに答えなさい。なお，**地図２**は，緯線と経線が直角に交わった地図であり，**地図２**の中の［A］〜［C］は国を，ⓐ〜ⓒは都市を，それぞれ示している。また，地図欄外の数字は，緯度，経度を示している。

地図２

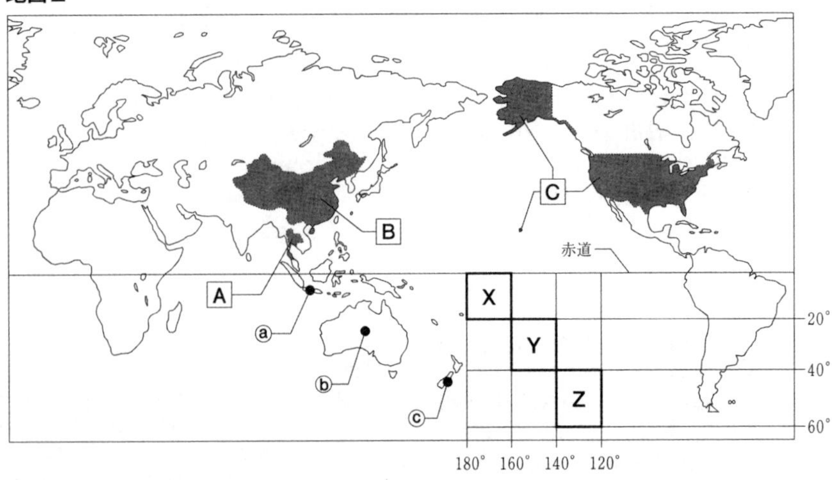

(1) **地図２**の中の［X］〜［Z］は，それぞれ20度間隔で引いた緯線と経線に囲まれた範囲を示している。**地図２**に関するａ〜ｃの問いに答えなさい。

ａ ［X］には，サモアやトンガなどの島国がある。世界を６つの州に分けたとき，［X］はどの州に含まれるか。その州の名称を書きなさい。

ｂ ［X］の地球上の正反対の範囲には，六大陸のうちの１つと三海洋（三大洋）のうちの１つがある。その大陸と海洋（大洋）の名称をそれぞれ書きなさい。

ｃ ［X］〜［Z］の地球上の実際の面積について述べた文として正しいものを，次の**ア**〜**エ**の中から１つ選び，記号で答えなさい。

ア ［X］の面積が最も小さい。　**イ** ［Y］の面積が最も小さい。
ウ ［Z］の面積が最も小さい。　**エ** ［X］，［Y］，［Z］の面積はすべて同じである。

(2) 気候に関するａ，ｂの問いに答えなさい。

ａ 北半球と南半球の中緯度帯では，その上空を，西寄りの風が一年中吹いている。この風は何とよばれるか。その名称を書きなさい。

ｂ **グラフ６**は，ⓐ〜ⓒのいずれかの都市の，気温と降水量を示したものである。**グラフ６**に当てはまる都市として適切なものを，ⓐ〜ⓒの中から１つ選び，記号で答えなさい。

グラフ６

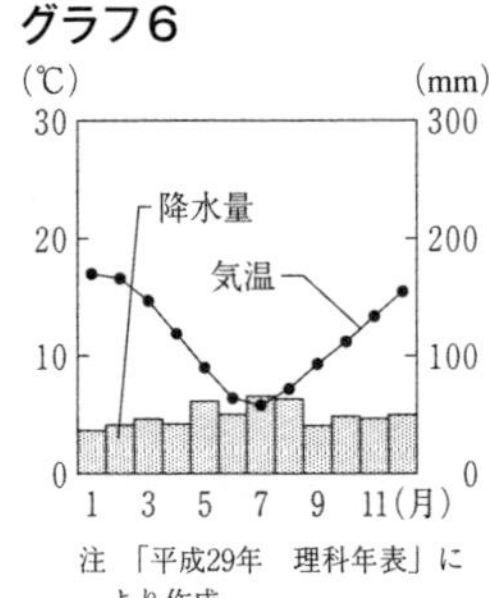

注 「平成29年　理科年表」により作成

(3) **表２**は，［A］〜［C］と日本の，2011年における，米の生産量，米の輸出量，1 ha当たりの米の収穫量，米の自給率を示している。また，世界全体の，2011年における，米の生産量と米の輸出量を示している。**表２**に関するａ，ｂの問いに答えなさい。

表２

	生産量（万ｔ）	輸出量（万ｔ）	1 ha当たりの収穫量（t/ha）	自給率（%）
A	3,613	1,067	3.10	179.7
B	20,100	49	6.69	100.0
C	839	317	7.92	190.3
日本	1,050	3	6.66	94.2
世界	72,160	3,761		

注 「世界の統計2015」などにより作成

ａ ［B］の米の生産量は，世界全体の約30％を占めているが，［B］の米の輸出量は，世界全体の約１％である。［B］の米の輸出量が少ない理由を，［B］の人口に関連づけて，簡単に書きなさい。

ｂ 次の［　　］の中の文は，［A］と［C］の，それぞれの米の生産量についてまとめたものである。このことに関する①，②の問いに答えなさい。

> ［A］は，牛などを利用して，人手をかけた伝統的な稲作が行われている地域が多く，農民一人当たりの米の生産量は少ない。また，化学肥料や農薬をあまり使用しないため，単位面積当たりの米の生産量も少ない。これらのことにもかかわらず，［A］全体で米の生産量が多くなっている要因としては，気候の面では（　あ　）が可能であることが考えられる。また，**表２**から，耕地の面では［　　　　］ため収穫が多くなることが考えられる。
>
> ［C］は，（　い　）が行われているため，農民一人当たりの米の生産量や，単位面積当たりの米の生産量が多い。

① 文中の（　あ　），（　い　）に当てはまる語として正しい組み合わせを，次の**ア**〜**エ**の中から１つ選び，記号で答えなさい。

ア あ　二期作　い　混合農業　　**イ** あ　二期作　い　企業的な農業
ウ あ　二毛作　い　混合農業　　**エ** あ　二毛作　い　企業的な農業

② 文中の［　　］に入る適切な内容を，簡単に書きなさい。

(1)	a	州				
	b	大陸	大陸	海洋		c
(2)	a		b			
(3)	a					
	b	①		②		

■平成31年度問題

3 次の(1)~(3)の問いに答えなさい。なお，**地図２**は，緯線と経線が直角に交わった地図であり，**地図２**の中の A ~ D は国を，ⓐ~ⓒは都市を，それぞれ示している。また，地図欄外の数字は，緯度と経度を示している。

地図２

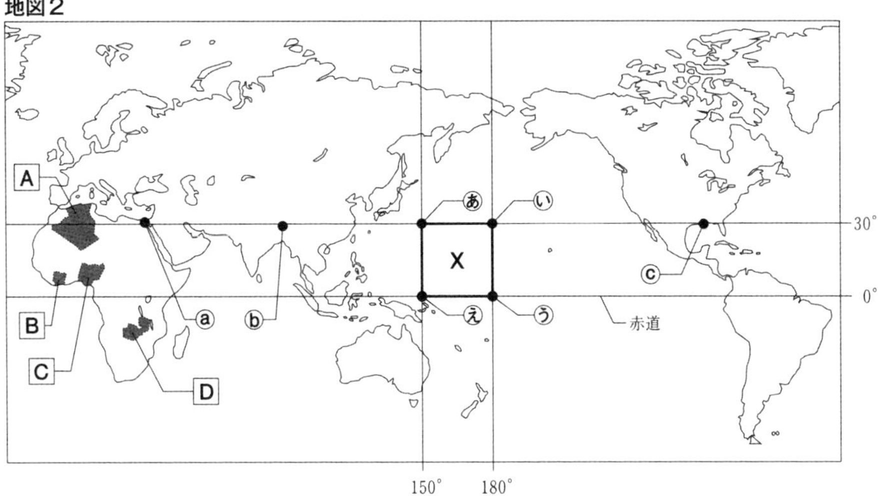

(1) **地図２**の中の X は30度間隔で引いた緯線と経線に囲まれた範囲を，あ~えは緯線と経線の交点を，それぞれ示している。**地図２**に関するａ，ｂの問いに答えなさい。

a X では，熱帯低気圧が発生しやすい。日本や東アジア，東南アジアなどに暴風雨をもたらす，発達した熱帯低気圧は何とよばれるか。その名称を書きなさい。

b あ~えについて述べた文として誤っているものを，次の**ア**~**エ**の中から１つ選び，記号で答えなさい。

ア あといを結んだ地図上の直線は，２つの地点間の地表上の最短距離を表す。
イ いとうを結んだ地図上の直線は，２つの地点間の地表上の最短距離を表す。
ウ うとえを結んだ地図上の直線は，２つの地点間の地表上の最短距離を表す。
エ えとあを結んだ地図上の直線は，２つの地点間の地表上の最短距離を表す。

(2) **グラフ７**の**ア**~**ウ**は，**地図２**のⓐ~ⓒのいずれかの都市の，気温と降水量を示したものである。**グラフ７**の**ア**~**ウ**の中から，ⓐの都市の，気温と降水量を示したものを１つ選び，記号で答えなさい。

グラフ７

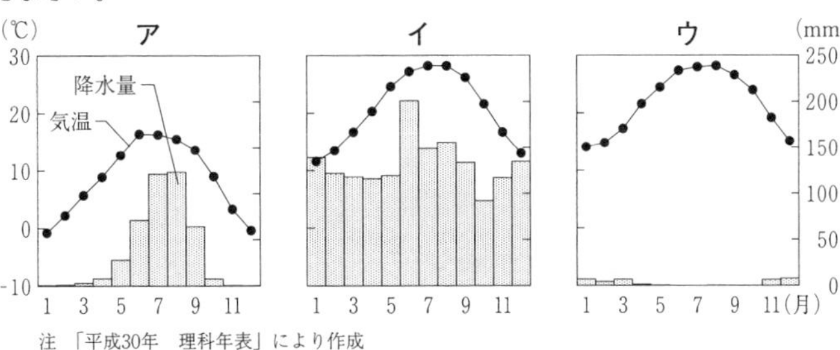

注 「平成30年 理科年表」により作成

(3) アフリカ州に関するａ，ｂの問いに答えなさい。

a アフリカのほとんどの地域は，19世紀末までに，ヨーロッパの植民地となった。第二次世界大戦後に，その多くは独立したが，国境線は，植民地時代に引かれた境界線をそのまま使っているところが多い。多くの民族が暮らしているアフリカで，独立後も，各地で民族間の対立が続いている理由を，植民地時代の境界線の引かれ方に関連づけて，簡単に書きなさい。

b **グラフ８**は，2014年における，A ~ D の，輸出総額に占める品目別の輸出額の割合を示している。**グラフ９**は，2000年から2015年における，原油，銅，カカオ豆の，国際価格の推移を，2000年を100として示している。このことに関する①，②の問いに答えなさい。

グラフ８

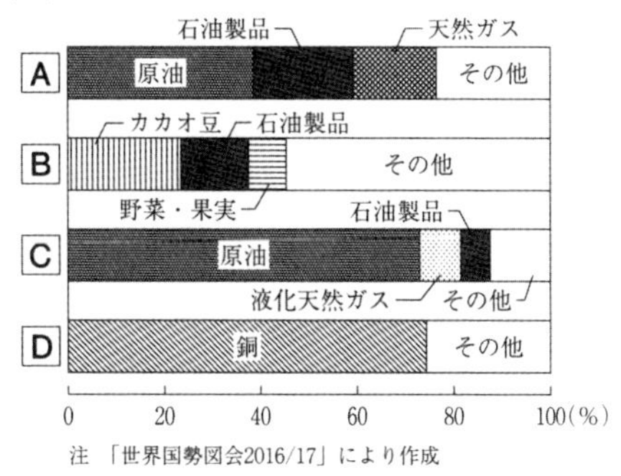

注 「世界国勢図会2016/17」により作成

① **グラフ８**の B に当たる国を，次の**ア**~**エ**の中から１つ選び，記号で答えなさい。

ア アルジェリア　　**イ** ザンビア
ウ ナイジェリア　　**エ** コートジボワール

② **グラフ８**から，A ~ D は，特定の鉱産資源や農産物の輸出が多いことが分かる。このような，特定の鉱産資源や農産物の輸出に頼る経済は何とよばれるか。その名称を書きなさい。また，このような経済によって生じる，その国の国家財政における問題点を，**グラフ９**から分かることに関連づけて，簡単に書きなさい。

グラフ９

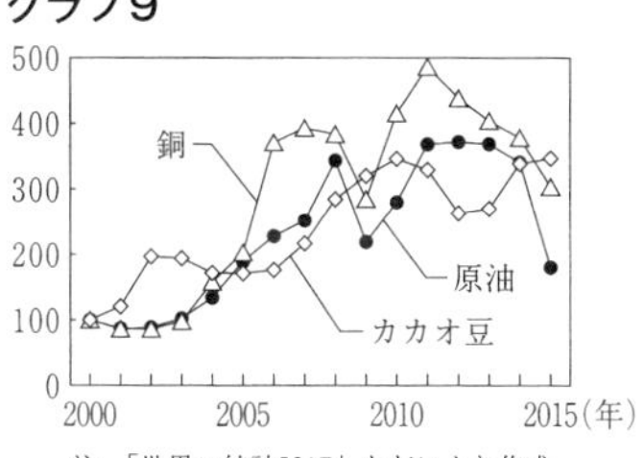

注 「世界の統計2017」などにより作成

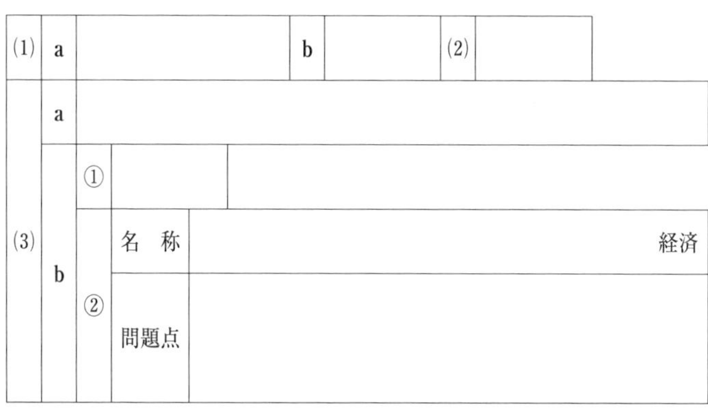

(1)	a		b		(2)	
(3)	a					
	b	①				
		②	名　称	経済		
			問題点			

■令和2年度問題

3 次の(1)～(4)の問いに答えなさい。なお，**地図2**は，緯線と経線が直角に交わった地図であり，**地図2**の中の[A]，[B]は国を，ⓐ～ⓒは都市を，それぞれ示している。

地図2

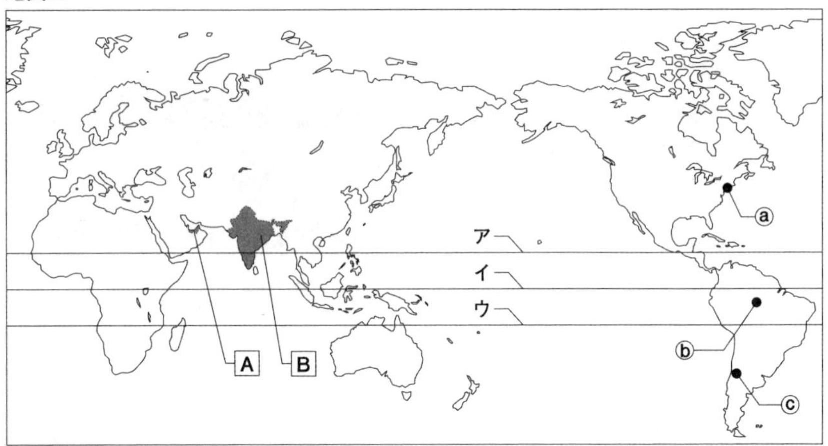

(1) **地図2**の**ア～ウ**の中から，赤道を示しているものとして正しいものを1つ選び，記号で答えなさい。

(2) **グラフ4**は，**地図2**のⓐ～ⓒのいずれかの都市の，気温と降水量を示したものである。**グラフ4**に当たる都市として適切なものを，ⓐ～ⓒの中から1つ選び，記号で答えなさい。

グラフ4

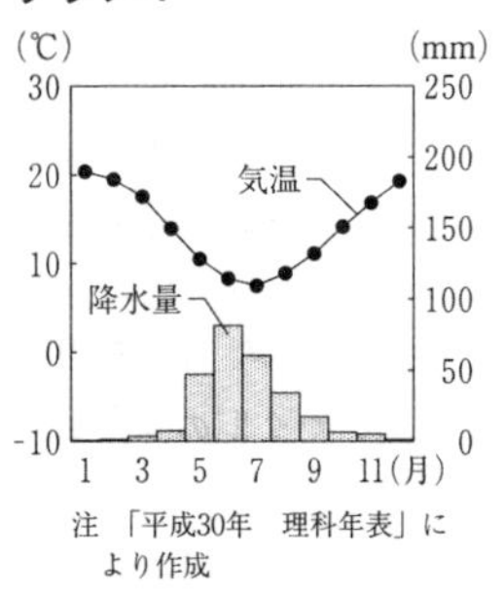

注 「平成30年 理科年表」により作成

(3) [B]に関する a，b の問いに答えなさい。

a [B]の北側には標高 8000 m級の山々が連なる高い山脈がみられる。この山脈を含む，ヨーロッパからインドネシアにのびる造山帯は何とよばれるか。その名称を書きなさい。

b **表4**は，[B]，中国，ブラジル，オーストラリア，日本の，1990 年と 2016 年における人口と，2016 年における1人当たりの国民総所得を示している。**表4**の中の**ア～エ**は，[B]，中国，ブラジル，オーストラリアのいずれかを表している。**ア～エ**の中から，[B]に当たるものを1つ選び，記号で答えなさい。

表4

	人口（万人）		1人当たりの国民総所得（ドル）
	1990 年	2016 年	
ア	117,245	140,350	7,963
イ	1,704	2,413	52,730
ウ	87,013	132,417	1,685
エ	14,935	20,765	8,467
日本	12,452	12,775	39,881

注 「世界国勢図会 2018/19」により作成

(4) 西アジアに関する a，b の問いに答えなさい。

a 宗教に関する①，②の問いに答えなさい。

① 7世紀に西アジアでおこり，現在は西アジアを中心に，広い地域で信仰されている宗教がある。この宗教には，信者が聖地に向かって1日5回の礼拝を行うなどの特徴がある。この宗教は何とよばれるか。その名称を書きなさい。

② ①の宗教には，この宗教の教えやきまりに適合していることを意味する「ハラール」という言葉がある。**図7**は，「ハラール」に当たる食品などにつけられているマークの1つである。①の宗教の信者にとって，**図7**のようなマークが食品につけられている利点を，①の宗教のきまりとあわせて，簡単に書きなさい。

図7

注 日本アジアハラール協会ホームページより

b [A]のドバイでは，原油の輸出で得た豊富な資金などを使い，1990 年代から，高級ホテルがある人工島をつくるなどのリゾート開発を進めてきた。**表5**は，1987 年における，世界の原油の可採年数（採掘可能年数）を示している。**グラフ5**は，1987 年と 2017 年における，[A]の，輸出総額と，輸出総額に占める原油の輸出額の割合を示している。[A]のドバイで，原油の輸出で得た豊富な資金などを使い，リゾート開発を進めようとした目的を，**表5**と**グラフ5**から考えられることに関連づけて，簡単に書きなさい。

表5

	可採年数(年)
原油	43.6

注 「世界国勢図会 1990/91」より作成

グラフ5

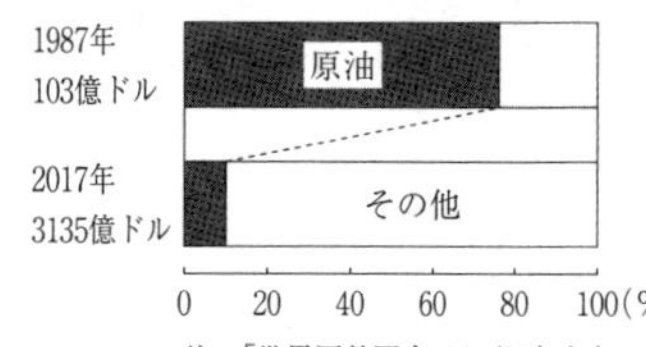

注 「世界国勢図会1995/96」などにより作成

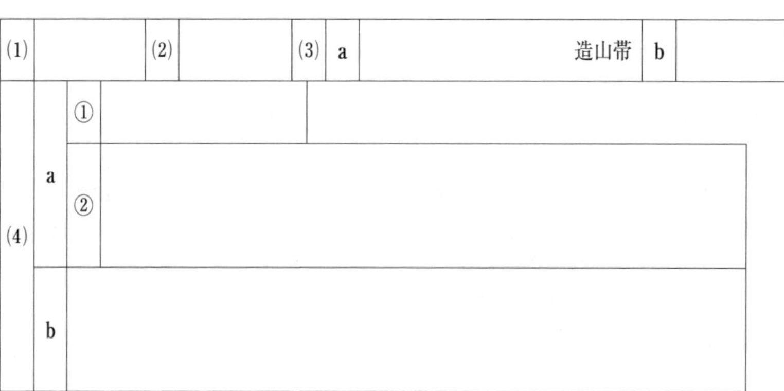

■令和３年度問題

3　次の(1)～(4)の問いに答えなさい。なお，**地図２**は，緯線と経線が直角に交わった地図であり，**地図３**は，東京を中心とし，東京からの距離と方位が正しい地図である。**地図２**の中の[A]，[B]は国を，**地図２**と**地図３**の中のⓐは都市を，**地図３**の中の[X]は大陸を，それぞれ示している。

地図２

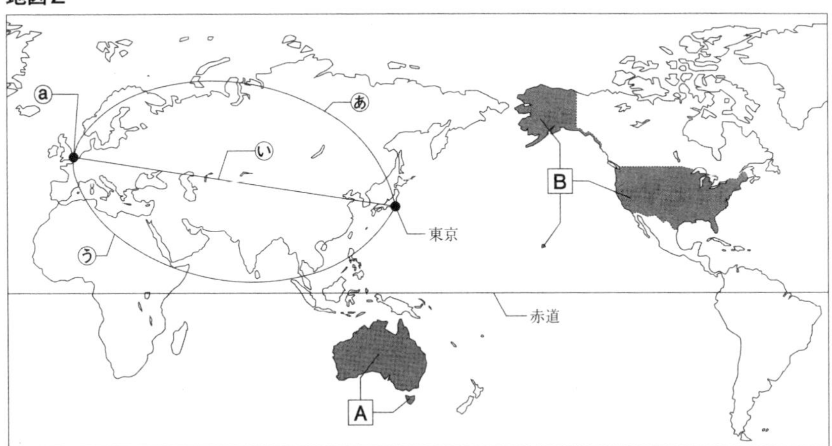

(1)　**地図２**，**地図３**に関するａ～ｃの問いに答えなさい。

ａ　航空機を利用して東京からⓐに行くときの最短経路を示したものとして最も適切なものを，**地図２**のあ～うの中から１つ選び，記号で答えなさい。

ｂ　**地図３**の[X]は，世界の六大陸のうちの１つである。[X]の大陸の名称を書きなさい。

ｃ　**地図２**において，赤道は直線で示されるが，**地図３**において，赤道は曲線で示される。**地図３**において，直線ですべて示される線を，次の**ア**～**エ**の中から１つ選び，記号で答えなさい。

地図３

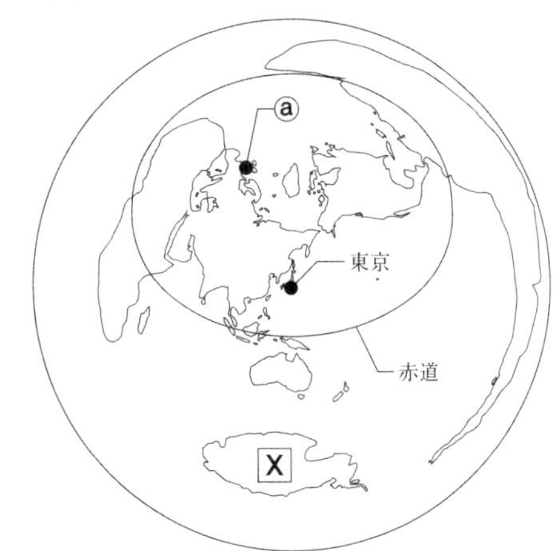

ア　東京を通る緯線　　**イ**　ⓐを通る緯線　　**ウ**　東京を通る経線　　**エ**　ⓐを通る経線

(1)	a		b	大陸	c	

(2)　次の［　　］の中の文は，ⓐの気候についてまとめたものである。文中の（　あ　），（　い　）に当てはまる語として正しい組み合わせを，次の**ア**～**エ**の中から１つ選び，記号で答えなさい。

> ⓐは，大西洋を北上する（　あ　）の北大西洋海流と，その上空を吹く偏西風の影響を受けて，（　い　）気候となる。

ア　あ　寒流　い　地中海性　　**イ**　あ　寒流　い　西岸海洋性
ウ　あ　暖流　い　地中海性　　**エ**　あ　暖流　い　西岸海洋性

(3)　**表５**は，[A]，[B]，インド，イギリスの，1970年，1990年，2010年における人口と，1985～1990年と2005～2010年における自然増加率（出生率から死亡率を引いた数）を示している。**表５**に関するａ，ｂの問いに答えなさい。

表５

	人口（万人）			自然増加率（‰）	
	1970年	1990年	2010年	1985～1990年	2005～2010年
A	1,279	1,696	2,216	7.6	5.9
B	20,951	25,212	30,901	6.3	6.4
インド	55,519	87,328	123,428	20.7	14.5
イギリス	5,557	5,713	6,346	1.5	2.3

注１　「世界の統計 2020」などにより作成
注２　‰（パーミル）は，千分率のこと。1‰は1000分の１。

ａ　インドの急激な人口増加は，出生率が高いまま，死亡率が下がったためであると考えられる。インドに見られるような，急激な人口増加は何とよばれるか。その名称を書きなさい。

ｂ　**表５**から，[A]と[B]の人口増加の理由には，インドの人口増加の主な理由とは異なる理由があると考えられる。[A]と[B]の人口増加の理由を，[A]と[B]が国家として形成されてきた過程に着目して，簡単に書きなさい。

(4)　[A]，[B]に関するａ，ｂの問いに答えなさい。

ａ　[A]，[B]，日本は，アジア太平洋地域の経済協力のための会議に参加している。この会議の名称の略称は何とよばれるか。その略称を，アルファベットで書きなさい。

ｂ　**表６**は，2013年における，[A]，[B]，インド，イギリスの，小麦の，生産量，輸入量，輸出量，自給率を示している。**表６**から，[A]や[B]と，インドやイギリスでは，小麦を生産する主な目的が異なっていると考えられる。**表６**から考えられる，[A]と[B]で小麦を生産する主な目的を，[A]と[B]で行われている大規模な農業による小麦の生産費への影響に関連づけて，簡単に書きなさい。

表６

	生産量（万ｔ）	輸入量（万ｔ）	輸出量（万ｔ）	自給率（%）
A	2,286	28	1,817	342
B	5,797	549	3,469	170
インド	9,351	3	717	108
イギリス	1,192	435	131	82

注　「世界国勢図会 2019/20」により作成

(2)		(3)	a		b	
(4)	a		b			

■令和４年度問題

次の(1)〜(4)の問いに答えなさい。なお，**地図２**は，緯線と経線が直角に交わった地図であり，**地図２**の中のⓐ〜ⓒは都市を示している。

地図２

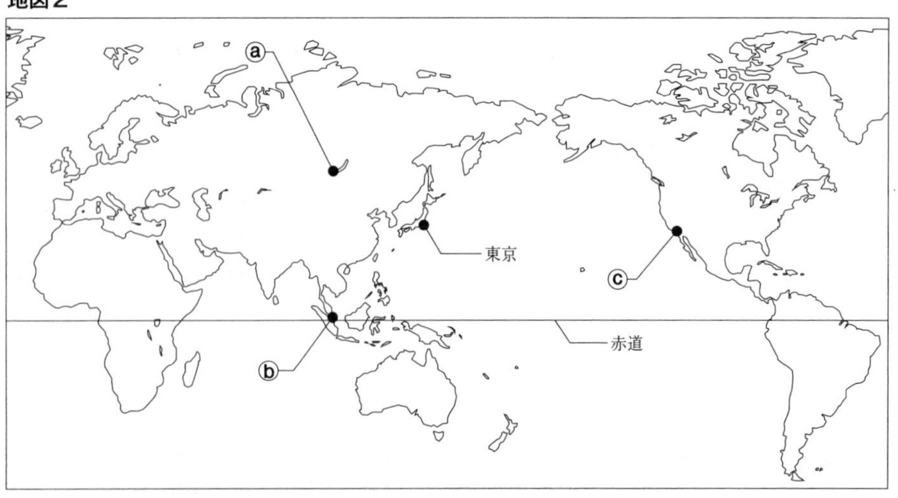

(1) 次の**ア**〜**エ**の中から，東京を通る緯線と同じ緯線が通らない大陸に当たるものを１つ選び，記号で書きなさい。

ア オーストラリア大陸　**イ** ユーラシア大陸
ウ アフリカ大陸　**エ** 北アメリカ大陸

(2) **地図２**のⓐ〜ⓒに関するａ，ｂの問いに答えなさい。

ａ **グラフ４**の**ア**〜**ウ**は，**地図２**のⓐ〜ⓒのいずれかの都市の，気温と降水量を示したものである。**グラフ４**の**ア**〜**ウ**の中から，ⓐの都市の，気温と降水量を示したものを１つ選び，記号で答えなさい。

グラフ４

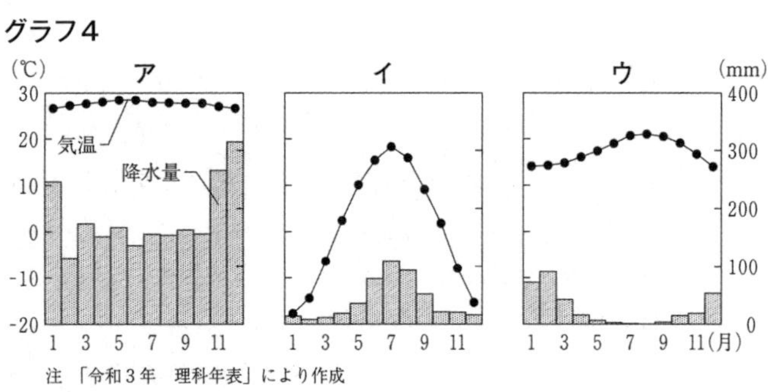

注 「令和３年　理科年表」により作成

ｂ ⓒは，ⓑと16時間の時差がある。ⓑの現地時間が８月３日午前10時のとき，ⓒの現地時間は何月何日何時であるかを，午前，午後の区別をつけて書きなさい。なお，サマータイム（夏に時間を標準時より一定時間進める制度）は考えないものとする。

(3) 東南アジアに関するａ，ｂの問いに答えなさい。

ａ 東南アジア地域の安定と発展を目指し，東南アジアの国々によって結成された組織の名称の略称は何とよばれるか。その略称を，アルファベットで書きなさい。

ｂ **表４**は，マレーシア，タイ，インドネシア，フィリピン，日本の，2000年，2010年，2018年における，人口と１人当たりの国民総所得を示している。近年，日本の製造業だけでなく，日本の商業・サービス業も東南アジアに進出するようになっている。日本の商業・サービス業が東南アジアに進出する理由を，**表４**から読み取れることとあわせて，簡単に書きなさい。ただし，**市場**（しじょう）という語を用いること。

表４

	人口（万人）			１人当たりの国民総取得（ドル）		
	2000年	2010年	2018年	2000年	2010年	2018年
マレーシア	2,319	2,821	3,153	3,716	8,753	10,968
タイ	6,295	6,720	6,943	1,968	4,864	6,925
インドネシア	21,151	24,183	26,767	804	3,147	3,773
フィリピン	7,799	9,397	10,665	1,218	2,560	3,723
日本	12,752	12,854	12,720	38,874	45,490	40,529

注 「世界国勢図会 2020/21」などにより作成

(4) 農産物は，気候や需要量などの影響を受け，生産量が変化する。穀物は，主に食用や飼料用などに用いられるが，新たな用途が開発されると生産量が増加することがある。**グラフ５**は，1990年から2015年における，米，小麦，とうもろこしの，世界全体の生産量の推移を示している。地球環境問題に関係して生産量が増えている，**グラフ５**のⒶに当たるものは何か。次の**ア**〜**ウ**の中から１つ選び，記号で答えなさい。また，Ⓐの生産量が増えている理由として考えられることを，地球環境問題に関係する新たな用途に着目して，簡単に書きなさい。

ア 米　**イ** 小麦　**ウ** とうもろこし

グラフ５

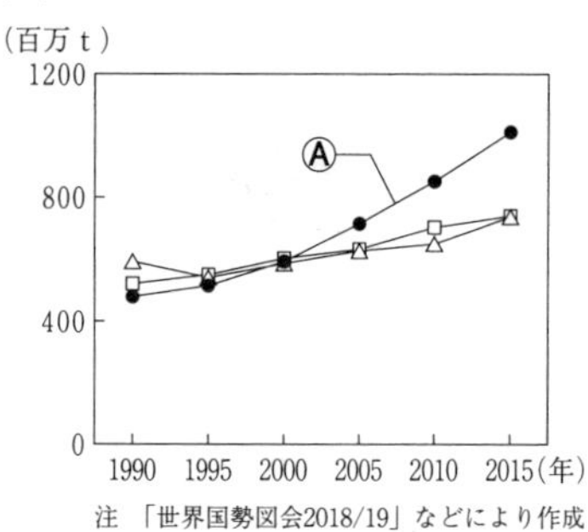

注 「世界国勢図会2018/19」などにより作成

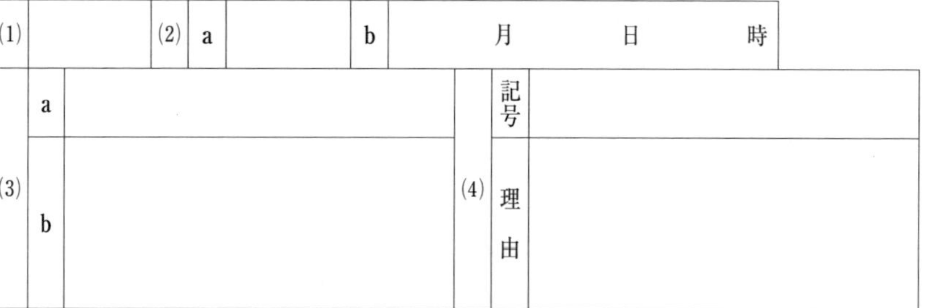

日本地理

■平成26年度問題

2

次の(1)～(4)の問いに答えなさい。なお，**地図１**の中のⓐは川を示している。

(1)　地形や気候に関するａ，ｂの問いに答えなさい。

地図１

ａ　**地図１**のⓐは，越後（えちご）平野をつらぬいて日本海に注ぐ，日本最長の河川である。この河川の名称を，次の**ア**～**エ**の中から１つ選び，記号で答えなさい。

ア　神通（じんづう）川　　**イ**　黒部（くろべ）川
ウ　信濃（しなの）川　　**エ**　最上（もがみ）川

ｂ　**グラフ２**は，**地図１**の小千谷市におけるⓐの月別の流水量（１秒間に流れる水の体積）を示したものである。また，**グラフ３**は，**地図１**の十日町市における気温と降水量を示したものである。**グラフ２**から，１年のうち３月，４月，５月にⓐの流水量が多いことが分かる。**グラフ３**をもとにして，３月，４月，５月にⓐの流水量が多くなる理由を，簡単に書きなさい。

グラフ２

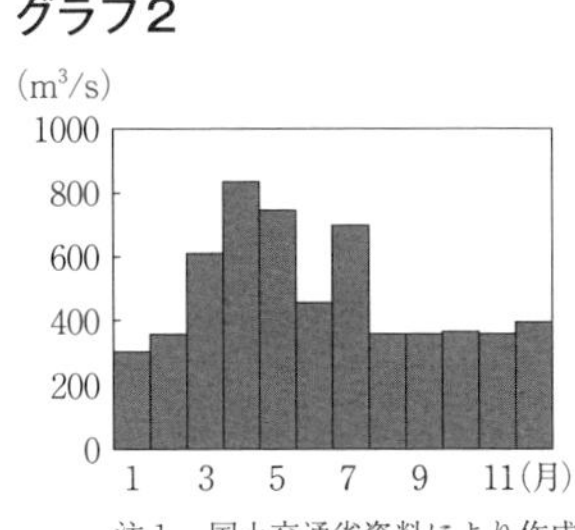

注１　国土交通省資料により作成
注２　各月の流水量は2006年から2010年までの５年間の平均値

グラフ３

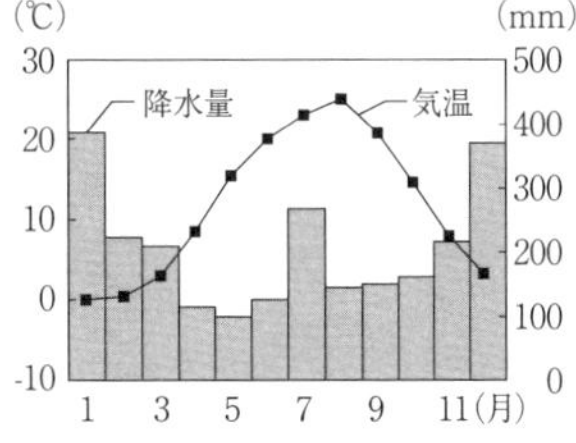

注１　気象庁資料により作成
注２　各月の気温，降水量は2006年から2010年までの５年間の平均値

(2)　**図５**は，**地図１**の富山市中心部の縮尺２万５千分の１の地形図である。Ｓさんは，この地形図をもとに，富山（とやま）駅南口から富山城（じょう）址（し）までのルートをたどり，地域の様子を調べることにした。この地形図に関するａ，ｂの問いに答えなさい。

図５

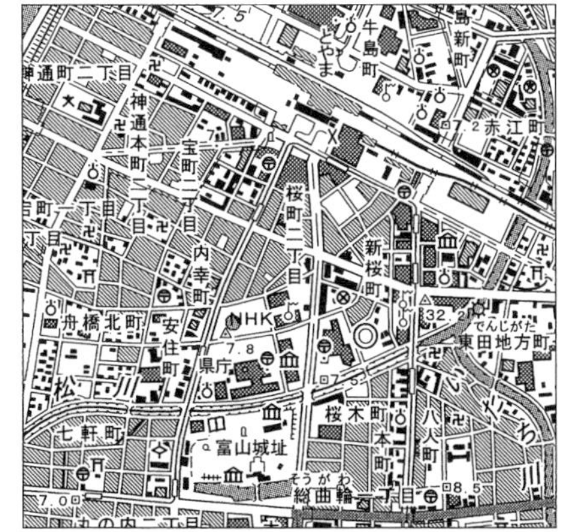

注　国土地理院発行２万５千分の１地形図「富山」により作成

ａ　Ｓさんは，富山城址付近に，🏛の地図記号がいくつかあることに気づいた。この地図記号が表す建物，施設は何か。次の**ア**～**エ**の中から１つ選び，記号で答えなさい。

ア　博物館　　**イ**　変電所
ウ　高等学校　　**エ**　寺院

ｂ　富山（とやま）駅南口から富山城址までの地形図上の距離は，およそ３cmであった。この地形図上の３cmは，実際には何ｍになるか，答えなさい。

(3)　東北地方，北陸地方は，日本を代表する稲作地帯である。稲作に関するａ，ｂの問いに答えなさい。

グラフ４

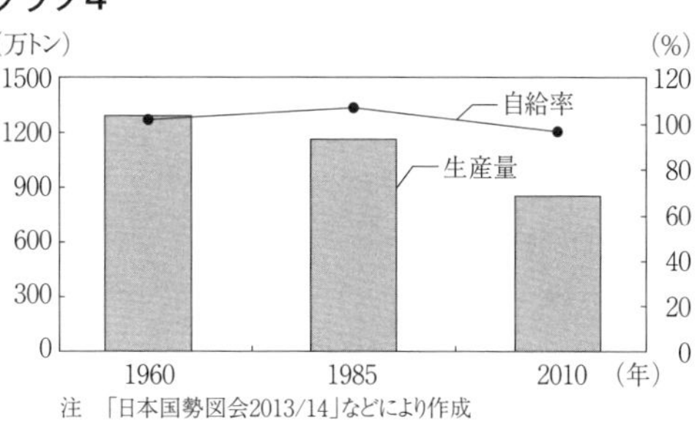

注　「日本国勢図会2013/14」などにより作成

ａ　**グラフ４**は，1960年，1985年，2010年の，日本の米の生産量と自給率の推移を示している。**グラフ４**から，日本の米の消費量はどのように変化していると考えられるか。そのように考えられる理由として**グラフ４**から読み取れることとあわせて，簡単に書きなさい。

グラフ５

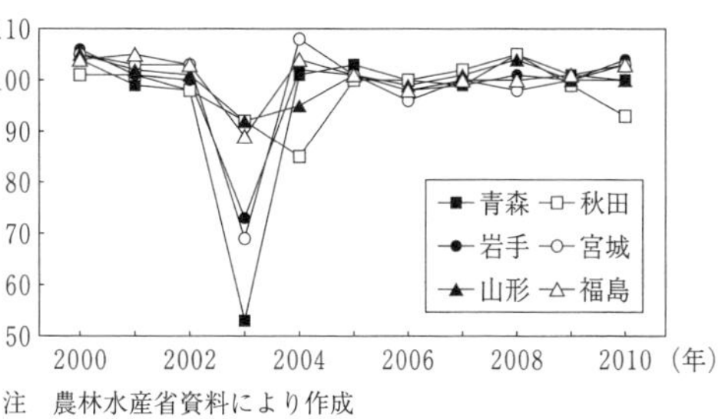

注　農林水産省資料により作成

ｂ　**グラフ５**は，2000年から2010年までの，東北地方の米の作況指数（平年の収量を100としたときの値）を示している。**グラフ５**から，2003年には３つの県で米の収量が大幅に落ち込んでいることが分かる。一般に，これら３県の米の収量が落ち込むときは，やませとよばれる風が影響していることが多い。やませによって，これら３県が大きな被害を受ける原因となる，**地図１**から分かるこれら３県の位置に共通する特徴とやませの特徴をあわせて，簡単に書きなさい。

(4)　**地図１**の金沢市には，旧加賀藩主前田家の庭園である兼六園がある。兼六園は，日本三名園の一つに数えられている。金沢市に関するａ～ｃの問いに答えなさい。

ａ　金沢市は，ある県の県庁所在地である。この県名を書きなさい。

ｂ　**図６**は，兼六園周辺に設置されていた従来の道路標識の写真であり，**図７**は，同じ場所に設置されている現在の道路標識の写真である。金沢市では，国の認定のもと，道路標識の寸法を市で定めて，**図６**から**図７**のように変更した。このように地方公共団体が独自に定める法（きまり）は，一般に何とよばれるか。その名称を書きなさい。

図６

従来の道路標識

図７

現在の道路標識

注　**図６**，**７**には，道路標識の寸法をそれぞれ書き加えてある。

c　**図8**は，金沢市にある，旧加賀藩のころの情景がみられる茶屋街の写真である。金沢市では，**図7**のような取り組みのほかに，**図8**のような茶屋街においても，屋外広告や新しくつくる建物の高さ，デザインなどの制限をする取り組みが行われ，同様の取り組みは，京都市や奈良市でもみられる。これらの取り組みはどのようなことを目的として行われているか。簡単に書きなさい。

図8

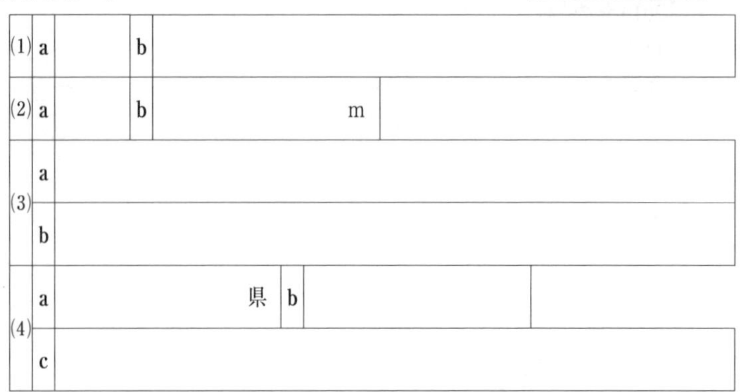

(1)	a		b		
(2)	a		b	m	
(3)	a				
	b				
(4)	a	県	b		
	c				

■**平成27年度問題**

2　次の(1)～(4)の問いに答えなさい。なお，**地図1**の中の A は県を示している。

(1)　**地図1**の高野山を含めた一帯は，世界遺産として登録されている。その登録されている名称として正しいものを，次の**ア**～**エ**の中から1つ選び，記号で答えなさい。

ア　白神山地
イ　紀伊山地の霊場と参詣道（さんけいみち）
ウ　石見（いわみ）銀山遺跡とその文化的景観
エ　白川郷・五箇山の合掌造り集落

地図1

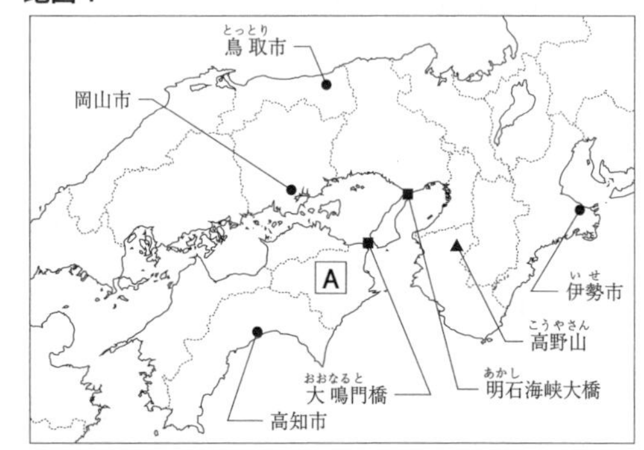

グラフ2

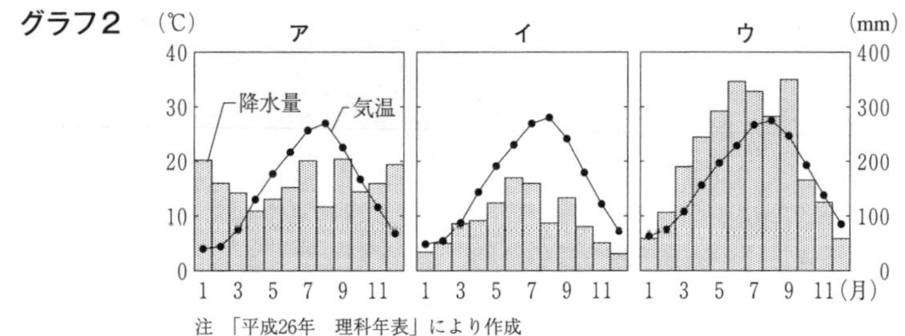

注　「平成26年　理科年表」により作成

(2)　**グラフ2のア～ウ**は，**地図1**の高知市，岡山市，鳥取市のいずれかの気温と降水量を示している。**ア～ウ**の中から，岡山市の気温と降水量を示しているものを1つ選び，記号で答えなさい。また，そのグラフから分かる，岡山市の気候の特徴を，その特徴の原因の一つとなっている地形的条件とあわせて，簡単に書きなさい。ただし，**山地**という語を用いること。

(3)　**図3**は，**地図1**の伊勢市の一部を示した地形図である。この地形図をもとにした，地域の調査に関するa～cの問いに答えなさい。

図3

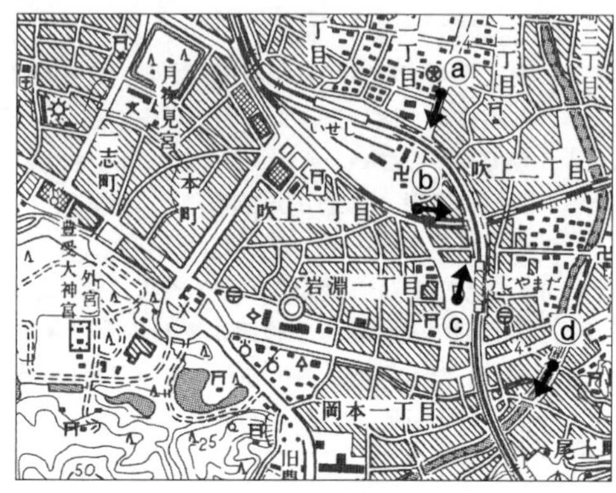

注　国土地理院発行2万5千分の1地形図「伊勢」により作成

a　**図3**には，次の**ア～エ**の地図記号がみられる。官公署を示す地図記号を，次の**ア～エ**の中から1つ選び，記号で答えなさい。

ア　〔地図記号〕　**イ**　〔地図記号〕
ウ　〔地図記号〕　**エ**　〔地図記号〕

b　**図4**は，**図3**の中のある地点で撮影した写真である。この写真の撮影地点と考えられるものを，図中のⓐ～ⓓの中から1つ選び，記号で答えなさい。なお，図中の・は撮影地点を，→は撮影方向を示している。

図4

c　伊勢市にある伊勢神宮では，2013年10月に遷御（せんぎょ）の儀（20年に1度，社殿などを新しく整える際の儀式）が行われたため，多くの注目を集めた。**グラフ3**は，2012年，2013年における，伊勢神宮の参拝者数を示している。次の［　　］の中の文は，**グラフ3**をもとに，伊勢市の宿泊施設の宿泊料金について述べたものである。文中の（ あ ）～（ う ）に当てはまる語の正しい組み合わせを，あとの**ア～エ**の中から1つ選び，記号で答えなさい。

グラフ3

(万人)
250 200 150 100 50 0
2012年　2013年
1 2 3 4 5 6 7 8 9 10 11 12(月)
注　伊勢市資料により作成

> 2013年は，前年と比べて伊勢神宮への参拝者が多く，伊勢市では限られた数の宿泊施設に対し，多くの宿泊希望者が集まったと考えられる。宿泊施設数という（ あ ）に対して，宿泊希望者数という（ い ）が増えたと考えられるため，需要と供給の関係から，2013年における伊勢市の宿泊施設の宿泊料金の平均は，前年と比べて（ う ）と推測できる。

ア　あ 需要量　い 供給量　う 上がった
イ　あ 需要量　い 供給量　う 下がった
ウ　あ 供給量　い 需要量　う 上がった
エ　あ 供給量　い 需要量　う 下がった

(4) Aに関するa～cの問いに答えなさい。

a　Aを中心とする地域は，旧国名では阿波とよばれていた。Aの県名を書きなさい。

b　**図5**は，2012年における，Aの市町村別の人口密度を示している。**図6**は，2012年における，Aの市町村別の総人口に占める高齢者の割合を示している。**図5**，**図6**からどのような傾向が読み取れるか。簡単に書きなさい。

図5　人口密度

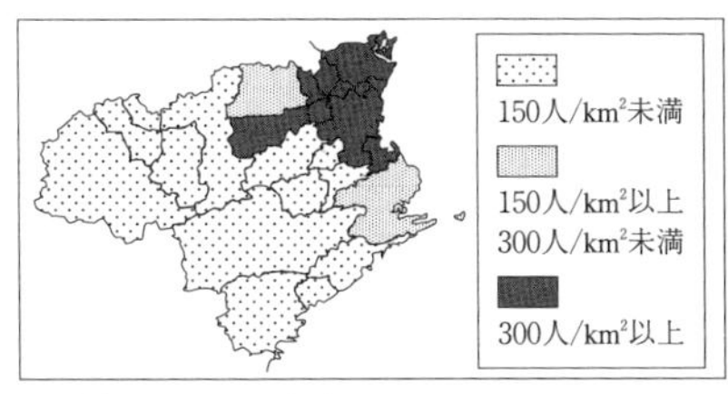

注　Aの資料により作成

図6　総人口に占める高齢者の割合

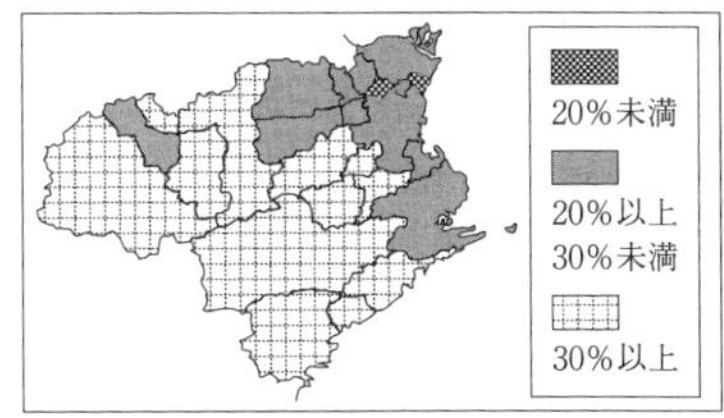

注　「データでみる県勢2014」により作成

c　大鳴門橋や明石海峡大橋の開通によってAと近畿地方が道路で結ばれた。**資料4**は，Aと近畿地方を結ぶおもな交通機関の運行と，橋の開通についてまとめたものである。**グラフ4**は，1996年から2008年における，Aと近畿地方を結ぶおもな交通機関（高速バス，フェリー・旅客船・高速船，航空機）の利用者数の推移を示したものである。**資料4**から，2001年に高速船の一部が，2002年に航空路線の一部が廃止されたことが分かる。**資料4**，**グラフ4**から考えられる，これらの高速船や航空路線が廃止された理由を，簡単に書きなさい。

資料4

1983年	和歌山までの高速船就航
1985年	大鳴門橋開通
1998年	明石海峡大橋開通
2001年	和歌山までの高速船廃止
2002年	大阪までの航空路線廃止

注　本州四国連絡高速道路株式会社資料などにより作成

グラフ4

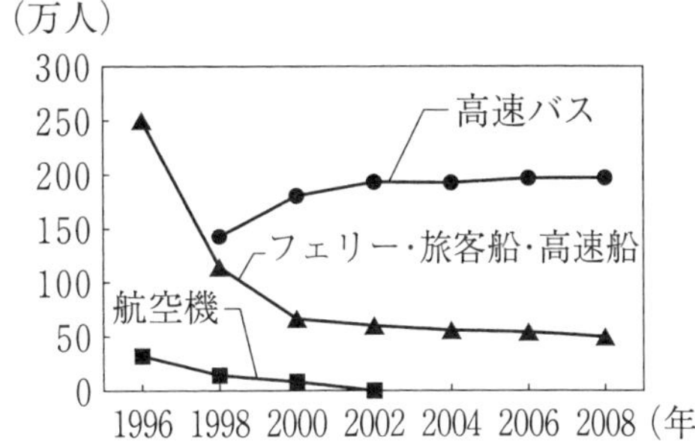

注　四国運輸局資料などにより作成

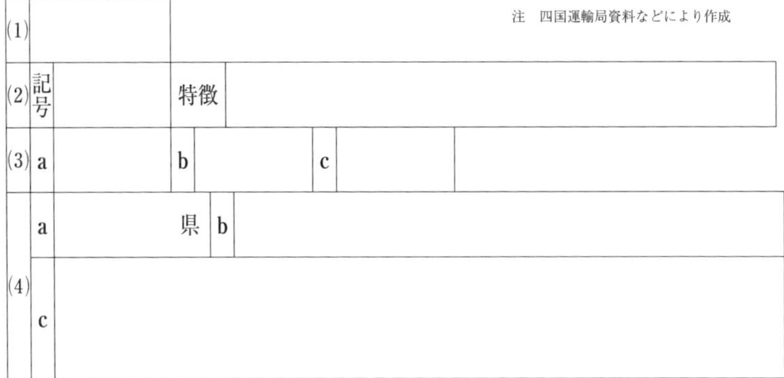

(1)					
(2)	記号		特徴		
(3)	a	b	c		
(4)	a	県	b		
	c				

■平成29年度問題

2　次の(1)～(6)の問いに答えなさい。なお，**地図1**の中のAは県を，ⓐ～ⓒは都市を，それぞれ示している。

地図1

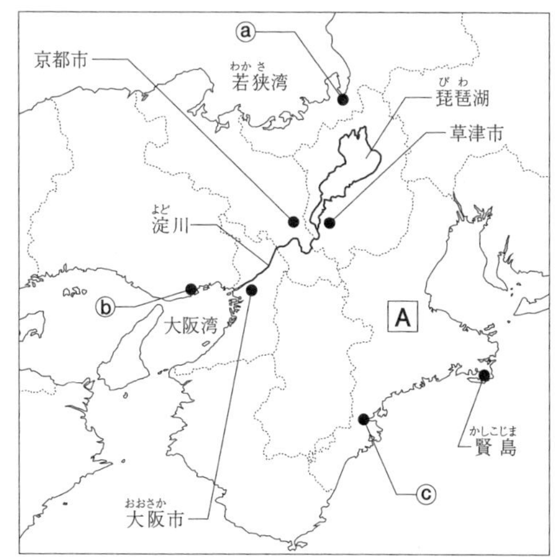

(1) Aに関するa，bの問いに答えなさい。

a　伊勢志摩サミットの会場となった賢島があるAの県名を書きなさい。

b　賢島の周辺は，**地図1**の若狭湾と同じように，海岸線が複雑に入り組んだ地形をしている所が多い。このように，海岸線が複雑に入り組んだ地形は何とよばれるか。その名称を書きなさい。

(2) **グラフ3**の**ア**～**ウ**は，**地図1**のⓐ～ⓒのいずれかの都市の気温と降水量を示したものである。**グラフ3**の**ア**～**ウ**の中から，ⓑの都市の気温と降水量を示したものを1つ選び，記号で答えなさい。

グラフ3

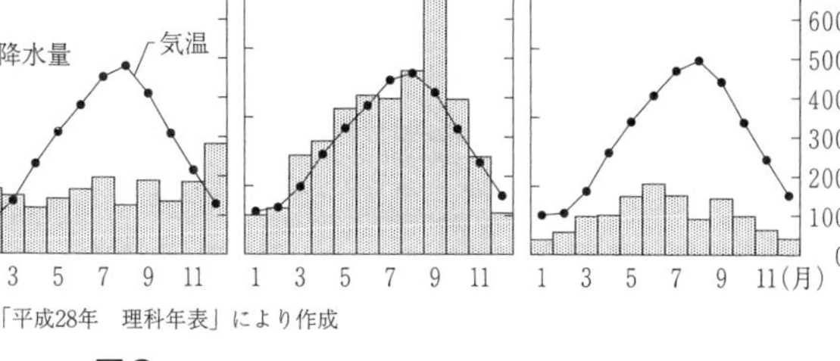

注「平成28年　理科年表」により作成

(3) **図2**は，**地図1**の草津市の中心部を示した地形図である。この地形図に関するa，bの問いに答えなさい。

a　**図2**には，次の**ア**～**エ**の地図記号がみられる。警察署を示す地図記号を，次の**ア**～**エ**の中から1つ選び，記号で答えなさい。

ア　　イ

ウ　　エ

図2

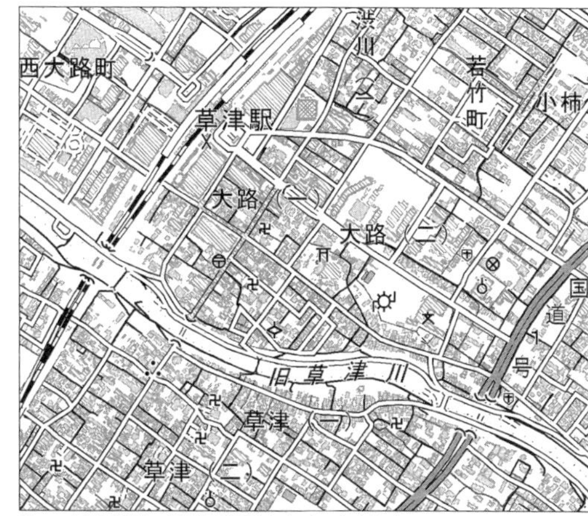

注1　国土地理院の電子地形図（タイル）により作成
注2　旧草津川は，現在は水が流れていない。

b　**図2**の旧草津川の川底の標高は，周辺住宅地の標高よりも高い。このことは，**図2**の中のどのような点から判断できるか。簡単に書きなさい。

(4)　**地図1**の琵琶湖では，1960年代から水質の悪化がみられるようになったため，地元の県は，水質改善を目的とした条例を制定した。国としても，1980年代に地球環境問題が深刻になったことを受けて，1993年に環境保全に対する社会全体の責務を明らかにした法律を制定した。この法律は何とよばれるか。その名称を答えなさい。

(5)　**図3**は，**地図1**の京都市で，建築物への制限や規制が加えられている地域を撮影した写真である。京都市では，歴史的な景観や町なみを守るため，地域の特性に応じて，建築物に制限や規制を加える条例を定めている。京都市では，建築物にどのような制限や規制を加えているか。**図3**を参考にして，簡単に書きなさい。

図3

(6)　**図4**は，**地図1**の大阪市の，江戸時代における河川と運河のようすを示している。**グラフ4**は，1960年と2014年における，卸売業の年間商品販売額に占める都道府県別の販売額の割合を示している。次の［　　］の中の文は，大阪の商業の歴史についてまとめたものである。このことに関するa，bの問いに答えなさい。

図4

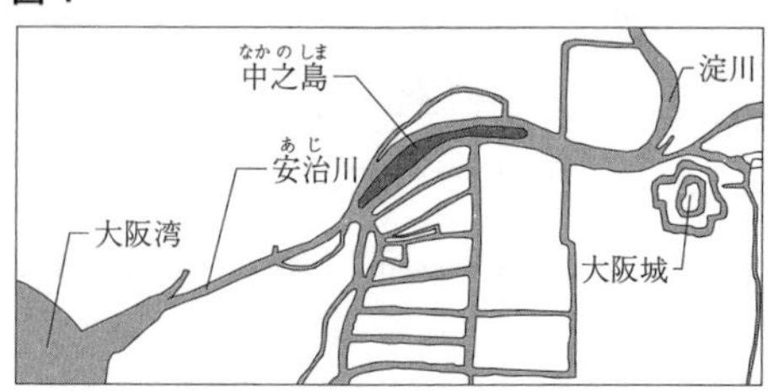

グラフ4

	ⓐ	ⓑ	ⓒ	その他
1960年				
2014年				

0　20　40　60　80　100(%)

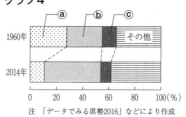

注 「データでみる県勢2016」などにより作成

> 江戸時代の大阪は，商業や流通の拠点として発展し，「天下の台所」とよばれた。北陸地方や東北地方の日本海側で生産された年貢（ねんぐ）米や特産物は，主に（　あ　）を利用して大阪へ運ばれた。諸藩は，運び込んだ年貢米や特産物を販売するため，**図4**の中之島を中心とする地域に，倉庫と取引所を兼ねた（　い　）とよばれる施設を置いた。
> 明治時代以降も大阪は商業の中心地であったが，高度経済成長期に高速交通網が整備されると，東京への一極集中が進み，大阪の卸売業は打撃を受けた。しかし，現在でも大阪には特定の商品を扱う問屋街が形成されており，商業がさかんである。

a　文中の（　あ　），（　い　）に当てはまる語として正しい組み合わせを，次の**ア**～**エ**の中から1つ選び，記号で答えなさい。

ア　あ　街道　　い　蔵屋敷（くらやしき）　　**イ**　あ　海路　　い　蔵屋敷
ウ　あ　街道　　い　土倉　　**エ**　あ　海路　　い　土倉

b　**グラフ4**のⓐ～ⓒに当てはまる都府県の正しい組み合わせを，次の**ア**～**カ**の中から1つ選び，記号で答えなさい。

ア　ⓐ 東京　ⓑ 愛知　ⓒ 大阪　　**イ**　ⓐ 東京　ⓑ 大阪　ⓒ 愛知
ウ　ⓐ 愛知　ⓑ 大阪　ⓒ 東京　　**エ**　ⓐ 愛知　ⓑ 東京　ⓒ 大阪
オ　ⓐ 大阪　ⓑ 東京　ⓒ 愛知　　**カ**　ⓐ 大阪　ⓑ 愛知　ⓒ 東京

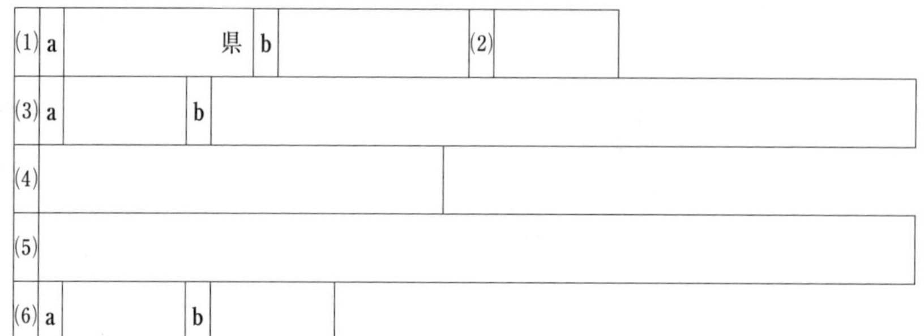

■**平成30年度問題**

2

次の(1)～(7)の問いに答えなさい。なお，**地図1**の中のＡ～Ｄは県を示している。

(1)　北陸地方に含まれる県のうち，県名と県庁所在地名の異なる県が1つある。その県名を書きなさい。

(2)　**地図1**の糸魚川市と静岡市をつなぐ，糸魚川・静岡構造線を西端とした，日本列島の地形や地質を東西に分けている帯状の地域は何とよばれるか。その名称を書きなさい。

(3)　**表1**は，Ａ～Ｄと静岡県の，2013年における，米，野菜，花き，果実の農業産出額を示している。**表1**の中のあ～えは，Ａ～Ｄのいずれかを表している。**表1**のあに当たるものを，Ａ～Ｄの中から1つ選び，記号で答えなさい。

地図1

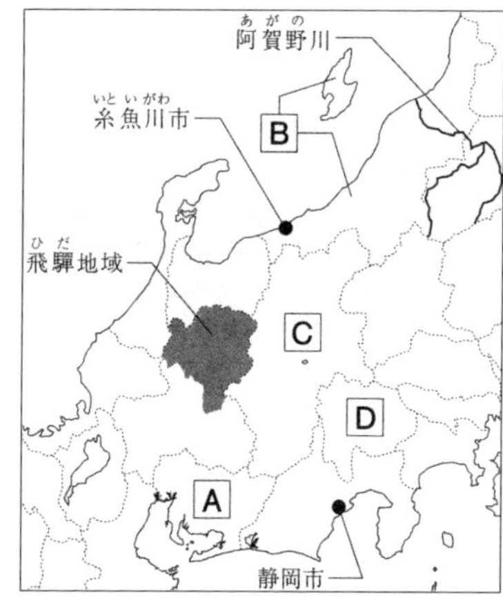

表1

県　名	農業産出額(億円)	米	野菜	花き	果実
		農業産出額の内訳(億円)			
あ	2,347	491	806	154	515
い	3,084	310	1,102	571	175
う	2,671	1,499	403	101	92
え	815	68	102	33	507
静岡県	2,138	200	593	172	286

注 「データでみる県勢2016」により作成

図2

(4) **図2**は，**地図1**の中の[B]を，標高ごとに色分けした図である。**図2**の中のⓐ～ⓒは都市を，[X]は風を，それぞれ示している。**図2**に関するa，bの問いに答えなさい。

a ⓐを含む島は，古代の五畿七道による区分では，何とよばれるか。その国名を，次の**ア**～**エ**の中から1つ選び，記号で答えなさい。

ア 対馬国(つしまのくに)　**イ** 佐渡国(さどのくに)　**ウ** 隠岐国(おきのくに)　**エ** 能登国(のとのくに)

b **グラフ2**は，ⓐ～ⓒの1年間の降雪量を示している。[X]は，冬に吹く湿気を含んだ冷たい風である。**グラフ2**から，ⓐ～ⓒの降雪量には差があることが分かる。ⓒがⓑよりも降雪量が少ない理由の一つは，ⓐを含む島が，ⓒの風上にあるからである。このこととは別に，**図2**から考えられる，ⓒがⓑよりも降雪量が少ない理由を，[X]によって雪が降るしくみに関連づけて，簡単に書きなさい。

グラフ2

(cm)
800
600
400
200
0
ⓐ ⓑ ⓒ

注1 気象庁資料により作成
注2 降雪量は，1981年から2010年までの30年間の平均値。

(5) **図3**は **地図1**の阿賀野川の下流域の地形図である。この地形図に関するa，bの問いに答えなさい。

図3

注 国土地理院の電子地形図(タイル)により作成

a 阿賀野川流域では，工場からの廃液に含まれていたメチル水銀が原因で，公害病が発生した。同じ物質が原因で公害病が発生した場所を，次の**ア**～**エ**の中から1つ選び，記号で答えなさい。

ア 渡良瀬(わたらせ)川流域　**イ** 神通(じんづう)川流域　**ウ** 四日市市周辺　**エ** 水俣(みなまた)市周辺

b **図3**の，水ヶ曽根(みずがそね)，西岡，上福岡は，かつて阿賀野川が蛇行を繰り返していたときに，川に沿って形成された集落である。**図3**から読み取れる，これらの集落の地形的な特徴を，簡単に書きなさい。また，その地形的な特徴を利用して集落が形成された理由を，簡単に書きなさい。

(6) **グラフ3**は，中京工業地帯，北陸工業地域，東海工業地域の，2013年における，工業出荷額と，それぞれの工業出荷額に占める工業製品の割合を示している。**グラフ3**の**ア**～**ウ**の中から，東海工業地域に当たるものを1つ選び，記号で答えなさい。

グラフ3

輸送用機械を除いた機械
ア 525,982億円　輸送用機械
イ 157,766億円
ウ 120,986億円　金属　化学　その他
0 20 40 60 80 100(%)

注 「日本国勢図会2016/17」などにより作成

(7) **地図1**の飛騨地域は，周囲が山地に囲まれた高地であり，合掌造りで知られる白川郷などの観光地がある。**グラフ4**は，2000年から2008年における，飛騨地域を訪れた，日帰り客数と宿泊客数の合計である観光客数と，そのうちの宿泊客数の推移を示している。**グラフ5**は，2000年から2008年における，飛騨地域を訪れた観光客の，交通機関ごとの利用者数の推移を示している。**グラフ4**から読み取れる，飛騨地域を訪れた日帰り客数の推移を，**グラフ5**から考えられる，飛騨地域への時間距離が短縮された理由に関連づけて，簡単に書きなさい。

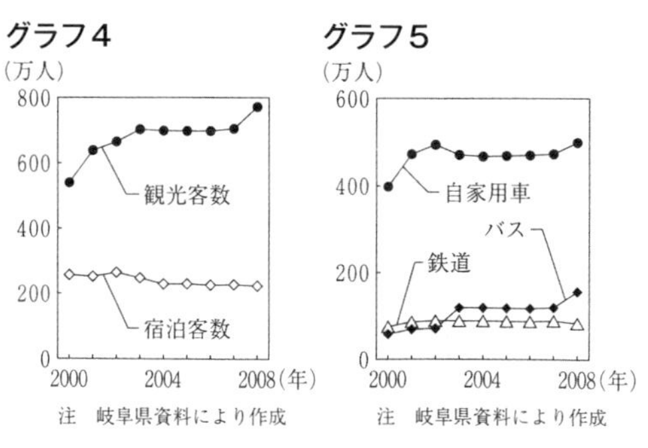

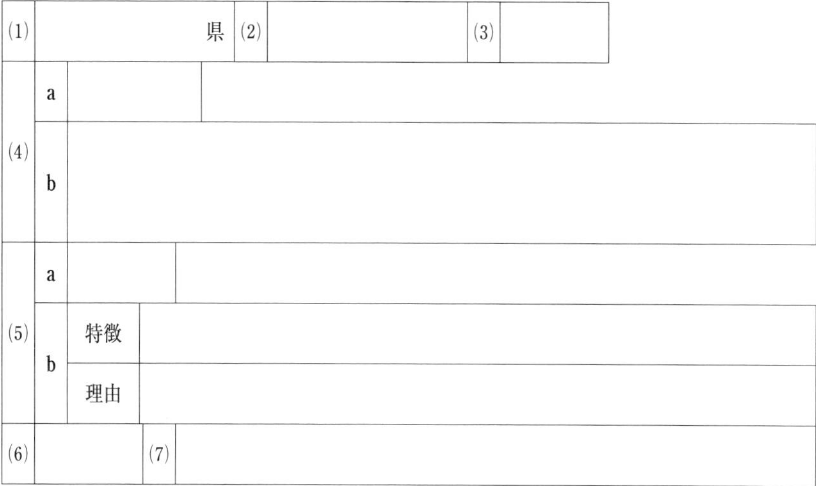

(1)		県	(2)		(3)	
(4)	a					
	b					
(5)	a					
	b	特徴				
		理由				
(6)		(7)				

■**平成31年度問題**

2

次の(1)～(6)の問いに答えなさい。なお，**地図1**の中の[A]は島を，[X]は海流を，それぞれ示している。

(1) **地図1**の札幌市は，「サッポロペッ」という北海道の先住民族の言葉が由来となった都市名である。独自の言語や文化をもつ，北海道の先住民族は何とよばれるか。その名称を書きなさい。

地図1

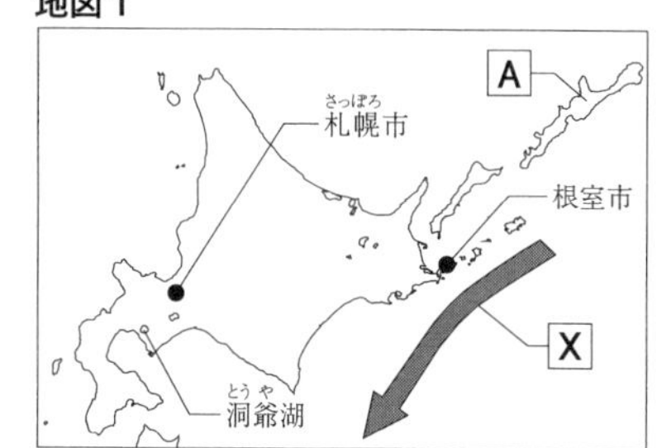

(2) 北海道の東にある，**地図１**の A の島の名称を，次の**ア**～**エ**の中から１つ選び，記号で答えなさい。

ア 色丹島(しこたん)　**イ** 択捉島(えとろふ)　**ウ** 歯舞群島(はぼまい)　**エ** 国後島(くなしり)

(3) **地図１**の洞爺湖に関するａ，ｂの問いに答えなさい。

ａ 洞爺湖は，火山の爆発や噴火による陥没などによってできた大きなくぼ地に，水がたまってできた湖である。火山の爆発や噴火による陥没などによってできた大きなくぼ地は何とよばれるか。その名称を書きなさい。

ｂ **図２**は，洞爺湖の中心付近にある島の一部を示した地形図である。このことに関する①，②の問いに答えなさい。

① **図２**のⓐとⓑの等高線の標高差は何ｍか，答えなさい。

② **図２**には，Λの地図記号がみられる。Λの地図記号が表すものを，次の**ア**～**エ**の中から１つ選び，記号で答えなさい。

図２

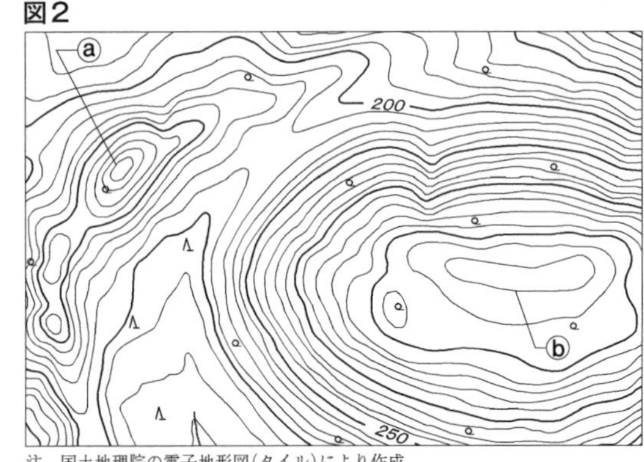

注 国土地理院の電子地形図(タイル)により作成

ア 畑　**イ** 果樹園　**ウ** 広葉樹林　**エ** 針葉樹林

(4) 観光は北海道の重要な産業の１つである。**表１**は，2012 年度と 2016 年度における，北海道へ訪れた外国人観光客数を，３か月ごとに示している。外国人観光客数を増やすためには，増加率の低い期間を見つけ，その期間の魅力を広めることが有効である。**表１**から分かる，外国人観光客数の増加率が最も低い期間を，次の**ア**～**エ**の中から１つ選び，記号で答えなさい。

表１

期間	外国人観光客数(万人)	
	2012 年度	2016 年度
４～６月	14	42
７～９月	23	58
10～12 月	17	50
１～３月	25	80
合計	79	230

注 北海道資料により作成

ア ４～６月　**イ** ７～９月　**ウ** 10～12 月　**エ** １～３月

(5) 気候に関するａ，ｂの問いに答えなさい。

ａ **地図１**の X の海流は何とよばれるか。その名称を書きなさい。

(1)		(2)					
(3)	a		b	①	m	②	
(4)		(5)	a				

ｂ **表２**は，**地図１**の根室市と札幌市の，８月の，気温と降水量を示している。**グラフ５**は，根室市と札幌市の，月別日照時間を示している。**表２**と**グラフ５**から，根室市が札幌市よりも８月の気温が低いのは，夏の日照時間が短いためだと考えられる。根室市の夏の日照時間が短い理由を，夏に根室市に吹きつける南東の季節風と，**地図１**の X の海流の，それぞれの性質に関連づけて，簡単に書きなさい。

表２

	気温(℃)	降水量(mm)
根室市	17.3	120.8
札幌市	22.3	123.8

注 「平成 30 年 理科年表」により作成

グラフ５

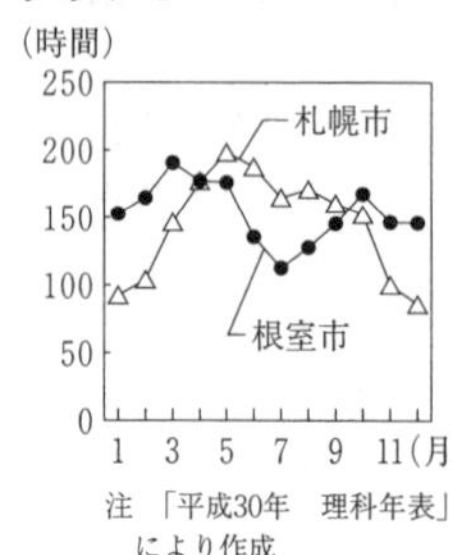

注 「平成30年 理科年表」により作成

(6) 農業に関するａ，ｂの問いに答えなさい。

ａ **表３**は，2015 年における，北海道地方，東北地方，関東地方，中部地方の，耕地面積，農業産出額，農業産出額の内訳を示している。**表３**の中の**ア**～**エ**は，北海道地方，東北地方，関東地方，中部地方のいずれかを表している。**ア**～**エ**のうち，北海道地方に当たるものを１つ選び，記号で答えなさい。

表３

地方	耕地面積(万 ha)	農業産出額(億円)	農業産出額の内訳(億円)				
			米	野菜	果実	花き	その他
ア	115	11,852	1,149	2,224	64	122	8,293
イ	85	13,170	3,732	2,415	1,988	280	4,755
ウ	65	13,558	3,312	3,588	1,727	1,122	3,809
エ	60	17,328	2,304	7,186	660	711	6,467

注 「データでみる県勢 2018」などにより作成

ｂ 北海道では，酪農がさかんであり，全国で生産される生乳のほぼ半分が生産されている。全国で生産されるほとんどの生乳は，牛乳などの飲用か，バターやチーズなどの加工用として処理されている。**グラフ６**は，2016 年における，飲用と加工用の，総処理量と，総処理量に占める都道府県別の割合を示している。**グラフ６**から分かる，北海道の生乳の用途の特徴を，そのような特徴をもつ理由として**グラフ６**から考えられることに関連づけて，簡単に書きなさい。

グラフ６

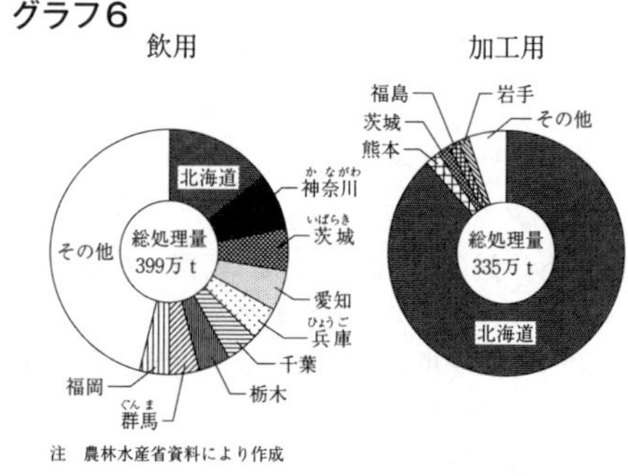

注 農林水産省資料により作成

(5)	b		
(6)	a	b	

■令和２年度問題

2　次の(1)～(6)の問いに答えなさい。なお，地図１の中の A ， B は県を， X は海を，それぞれ示している。

(1)　地図１の X は，九州と南西諸島，中国南部，台湾，朝鮮半島に囲まれた海である。 X の名称を書きなさい。

地図１

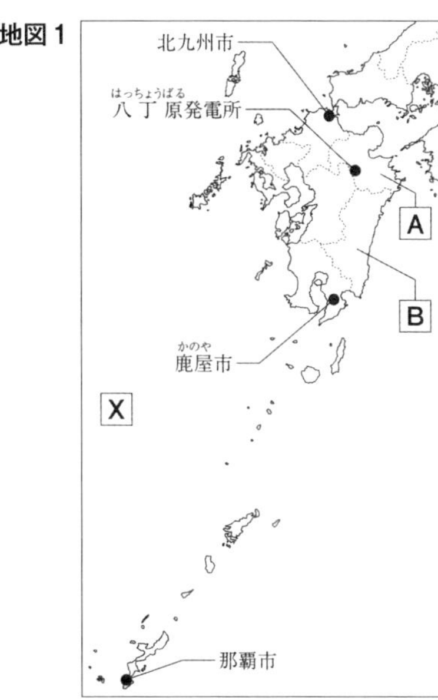

(2)　 A に関するａ，ｂの問いに答えなさい。

ａ　 A では，豊富にわき出る温泉を利用した観光業がさかんである。 A の県名を書きなさい。

ｂ　 A にある八丁原発電所では，火山活動を利用した発電が行われている。八丁原発電所で行われている発電方法を，次のア～エの中から１つ選び，記号で答えなさい。

ア　原子力　　イ　火力
ウ　水力　　　エ　地熱

(3)　図４は，地図１の鹿屋市の一部の地域を示した地形図である。このことに関するａ，ｂの問いに答えなさい。

ａ　図４に関する①，②の問いに答えなさい。

①　図４を含む九州地方南部には，古い火山の噴出物によってできた台地が広がっている。九州地方南部に広がる，古い火山の噴出物によってできた台地は何とよばれるか。その名称を書きなさい。

②　①の台地では，大雨による土砂災害がおこりやすい。そこで，鹿屋市では，災害による被害をできるだけ少なくするため，地域の危険度を住民にあらかじめ知らせる地図を作成し，公開している。このような目的で作成され，公開されている地図は何とよばれるか。その名称を書きなさい。

図４

注　国土地理院の電子地形図(タイル)により作成

(1)		(2)	a	県	b	
(3)	a	①	台地	②		

ｂ　次の［　　］の中の文は，図４の土地のようすや利用についてまとめたものである。文中の（ ㋐ ），（ ㋑ ）に当てはまる語として正しい組み合わせを，次のア～エの中から１つ選び，記号で答えなさい。

> Z は，北西から南東に向かうゆるやかな傾斜地で， Y に比べて標高が（ ㋐ ）場所にある。また， Z の付近の土地は，主に（ ㋑ ）として利用されている。

ア　㋐ 高い　㋑ 畑　　イ　㋐ 高い　㋑ 田
ウ　㋐ 低い　㋑ 畑　　エ　㋐ 低い　㋑ 田

(4)　地図１の B では，ピーマンの促成栽培がさかんであり，東京や大阪などに出荷している。グラフ２は，2018年の東京の市場における， B ，関東地方，その他の道府県の，ピーマンの月別入荷量と，ピーマン１kg当たりの平均価格を示している。促成栽培を行う利点を，グラフ２から読み取れる，入荷量と価格に関連づけて，簡単に書きなさい。

グラフ２

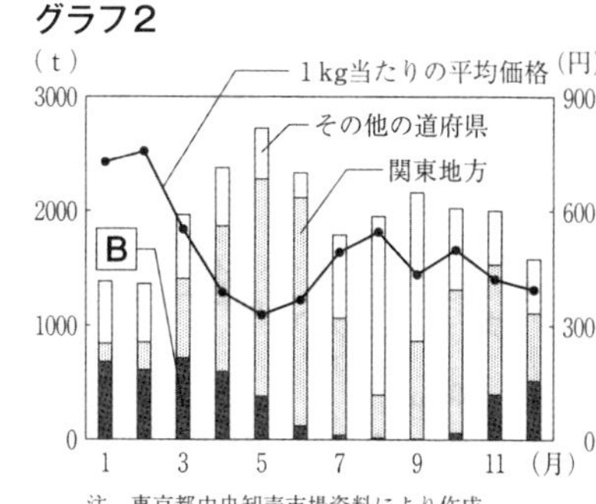

注　東京都中央卸売市場資料により作成

(5)　地図１の北九州市は，北九州工業地域(北九州工業地帯)の中心的な都市である。グラフ３は，1960年と2014年における，福岡県の工業出荷額と，工業出荷額に占める工業製品の割合を示している。図５は，2014年における，北九州市周辺の工場の分布を示している。グラフ３の⒜～⒞，図５の⒟～⒡は，機械工業，金属工業，化学工業のいずれかを表している。グラフ３の⒜～⒞，図５の⒟～⒡の中から，機械工業に当たるものを１つずつ選び，記号で答えなさい。

グラフ３

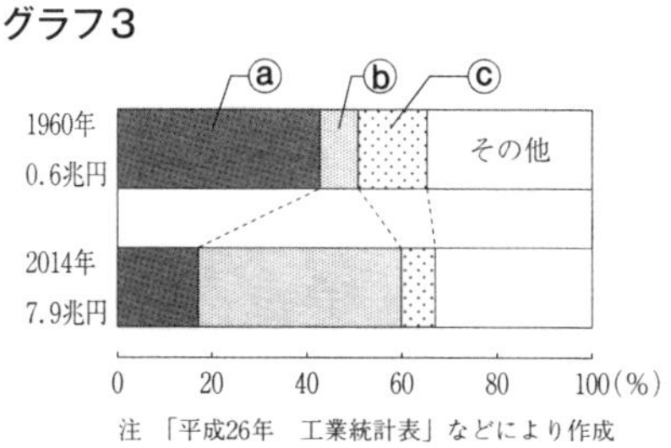

注 「平成26年　工業統計表」などにより作成

図５

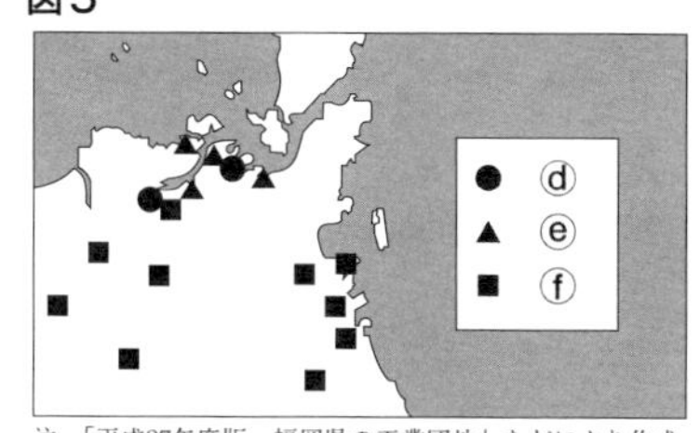

注 「平成27年度版　福岡県の工業団地」などにより作成

(3)	b		
(4)			
(5)	グラフ３		図５

(6) **表3**は，沖縄県と沖縄県を除いた全国の，河川の長さの平均を示したものである。**図6**は，沖縄島南部の代表的な河川を示した図である。那覇市は，全国平均よりも年間降水量が多いが，人々は昔から水不足に悩まされてきた。そのため，那覇市では，建造物の屋根の上にタンクを設置し，雨水をためて使用することが広く行われている。全国平均よりも年間降水量が多い那覇市が水不足になりやすい理由を，**表3**と**図6**から考えられる河川の特徴に関連づけて，簡単に書きなさい。

表3

	河川の長さの平均(km)
沖縄県	7.0
全国	44.6

注1　国土交通省資料により作成
注2　河川の長さは，1級河川と2級河川の平均。

図6

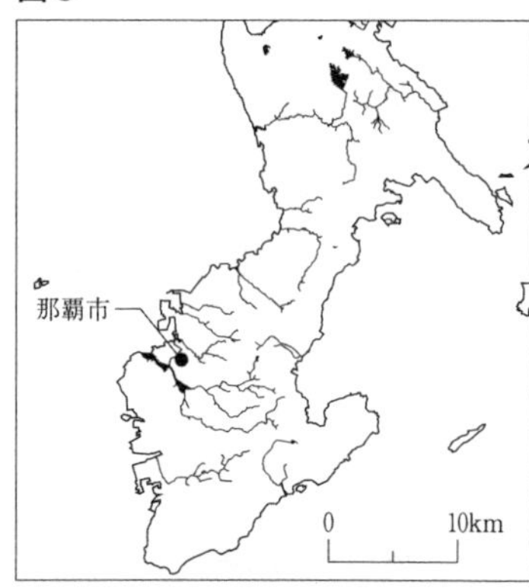

■令和3年度問題

2

次の(1)～(5)の問いに答えなさい。なお，**地図1**の中の A ～ D は県を，ⓐ～ⓒは都市を，それぞれ示している。

地図1

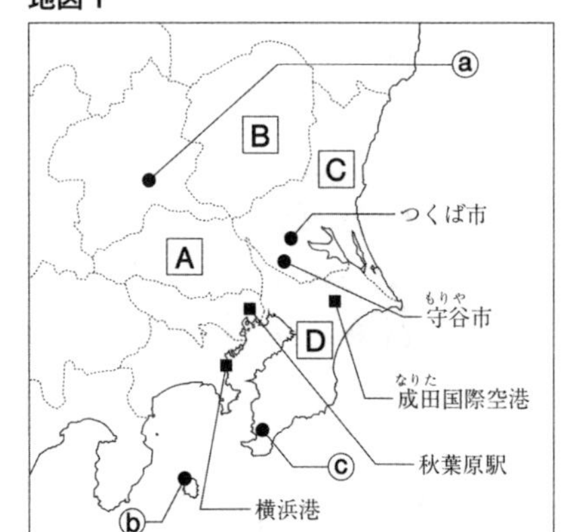

(1) **図2**は，日本の南端に位置する島を撮影した写真である。**図2**に関するa，bの問いに答えなさい。

図2

a　日本の南端に位置する島の名称を，次の**ア**～**エ**の中から1つ選び，記号で答えなさい。

ア　南鳥島　　**イ**　沖ノ鳥島
ウ　与那国島　　**エ**　択捉島（えとろふ）

b　**図2**の島には護岸工事が施され，領海の外側で，海岸線から200海里以内と定められた範囲を確保している。領海の外側で，海岸線から200海里以内と定められた，沿岸国が水産資源や鉱産資源を利用する権利をもつ範囲は何とよばれるか。その名称を書きなさい。

(1)	a		b	

(2) **表3**は，2017年における，**地図1**の A ～ D の，総人口，県庁所在地の人口，漁業漁獲量を示している。**表3**の中の**ア**～**エ**は， A ～ D のいずれかを表している。**ア**～**エ**の中から， B に当たるものを1つ選び，記号で答えなさい。また， B の県名を書きなさい。

表3

	総人口(万人)	県庁所在地の人口(万人)	漁業漁獲量(万t)
ア	195.7	52.2	0.0
イ	289.2	27.3	29.8
ウ	624.6	96.6	12.0
エ	731.0	128.1	0.0

注 「データでみる県勢2020」などにより作成

(3) **グラフ2**の**ア**～**ウ**は，**地図1**のⓐ～ⓒのいずれかの都市の，気温と降水量を示したものである。**グラフ2**の**ア**～**ウ**の中から，ⓐの都市の，気温と降水量を示したものを1つ選び，記号で答えなさい。

グラフ2

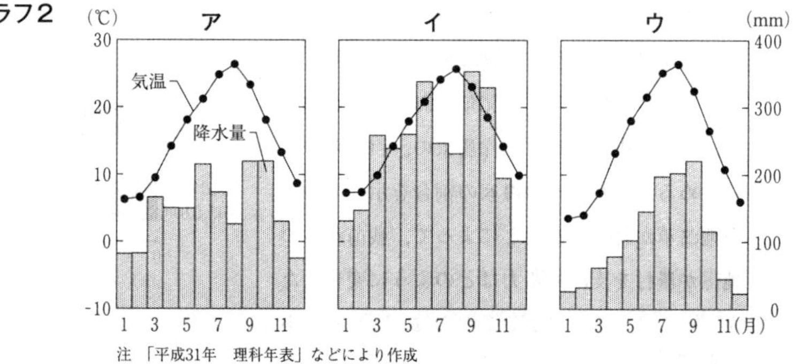

注 「平成31年　理科年表」などにより作成

(4) 工業に関するa，bの問いに答えなさい。

a　**グラフ3**は，2017年における，北関東工業地域，京葉工業地域，京浜工業地帯の，工業出荷額と，それぞれの工業出荷額に占める工業製品の割合を示している。**グラフ3**の**ア**～**ウ**の中から，北関東工業地域に当たるものを1つ選び，記号で答えなさい。

b　**グラフ4**は，2019年における，**地図1**の，成田国際空港と横浜港で扱った輸出品の，重量と金額を示している。成田国際空港と横浜港を比べると，それぞれで扱う輸出品の傾向には，違いがあると考えられる。**グラフ4**から読み取れる，成田国際空港で扱う輸出品の重量と金額の関係を，横浜港で扱う輸出品の重量と金額の関係との違いに着目して，簡単に書きなさい。

グラフ3

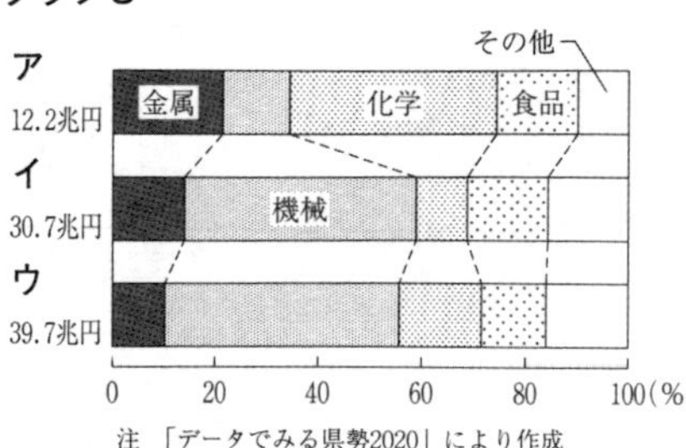

注 「データでみる県勢2020」により作成

グラフ4

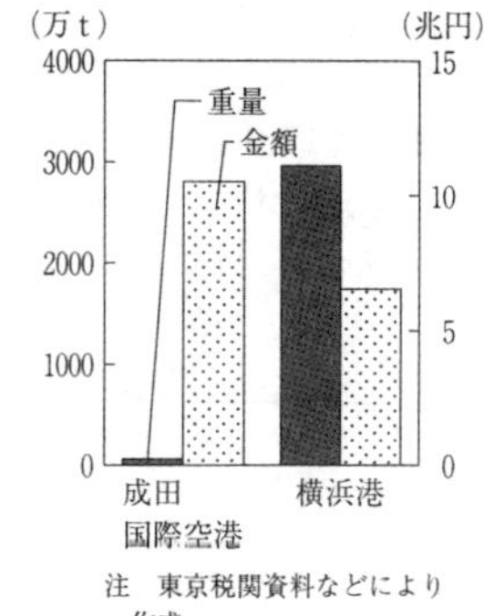

注　東京税関資料などにより作成

(5) **図３**は，**地図１**のつくば市の一部の地域を示した地形図である。**図３**に関するa～cの問いに答えなさい。

a　**図３**には，Yの地図記号が見られる。Yの地図記号が表すものを，次の**ア**～**エ**の中から１つ選び，記号で答えなさい。

ア　図書館
イ　官公署
ウ　郵便局
エ　消防署

b　**図３**の大部分は台地である。関東平野には，富士山などからの火山灰が積もってできた赤土におおわれた台地が多く見られる。関東平野に多く見られる台地をおおう，富士山などからの火山灰が積もってできた赤土は何とよばれるか。その名称を書きなさい。

図３

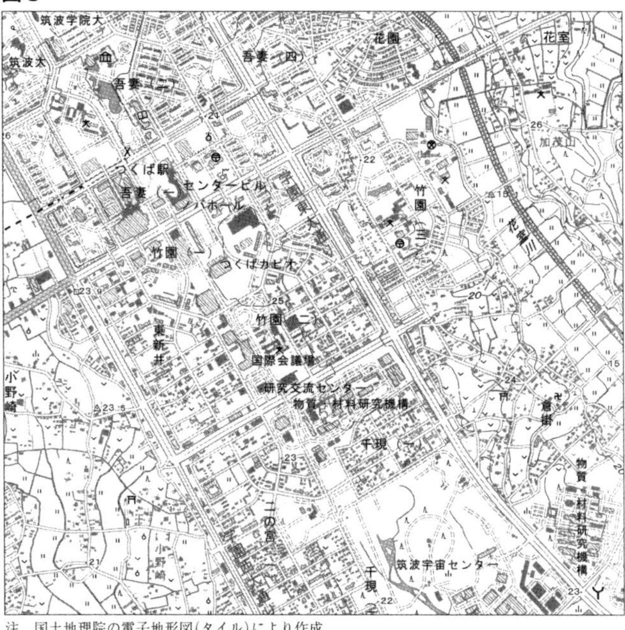

注　国土地理院の電子地形図(タイル)により作成

c　2005年に，**地図１**の秋葉原駅と**図３**のつくば駅を結ぶ鉄道が開通した。**地図１**の，つくば市と守谷市は，この鉄道の沿線にある都市である。**表４**は，2015年における，つくば市と守谷市の，夜間人口（常住人口）と昼間人口（夜間人口から，通勤・通学による人口の流入・流出を加減した人口）を示している。**表４**から考えられる，つくば市の通勤・通学による人の動きの特徴を，**図３**から読み取れる，つくば市の，夜間人口と昼間人口の違いに影響を与えているつくば市の特徴に関連づけて，簡単に書きなさい。

表４

	夜間人口（人）	昼間人口（人）
つくば市	226,963	244,163
守谷市	64,753	53,615

注　総務省資料により作成

(2)	記号		県名	県	(3)	
(4)	a		b			
(5)	a		b			
	c					

■令和４年度問題

2　次の(1)～(6)の問いに答えなさい。なお，**地図１**の中の[A]～[E]は県を示している。

(1)　[C]に関するa，bの問いに答えなさい。

a　[C]の県庁所在地には，世界文化遺産に登録された原爆ドームがある。[C]の県名を書きなさい。

b　[C]の県庁所在地の中心部は，河口付近に広がった平地に位置している。一般に，河口付近には，川が運んできた細かい土砂が堆積して平地ができやすい。河口付近に川が運んできた細かい土砂が堆積してできた平地は何とよばれるか。その名称を書きなさい。

地図１

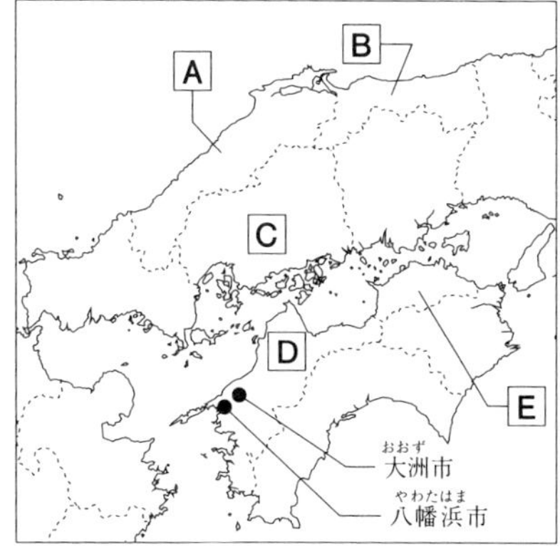

(2)　**表２**は，2015年における，[A]～[E]の，総人口，65歳以上の人口，総面積，総面積に占める過疎地域の面積の割合を示している。**表２**から読み取れることとして正しいものを，次の**ア**～**エ**の中から１つ選び，記号で答えなさい。

ア　総面積が小さい県ほど，過疎地域の面積の割合が低い。
イ　総人口が少ない県ほど，過疎地域の面積の割合が低い。
ウ　総面積が大きい県ほど，65歳未満の人口が多い。
エ　総人口が多い県ほど，65歳未満の人口が多い。

表２

	総人口（千人）	65歳以上の人口（千人）	総面積（km^2）	過疎地域の面積の割合(%)
A	694	223	6,708	85.4
B	573	169	3,507	56.5
C	2,844	774	8,479	63.3
D	1,385	417	5,676	65.2
E	976	286	1,877	36.8

注　総務省資料などにより作成

(1)	a	県	b	
(2)				

(3) **図2**は，**地図1**の八幡浜市と大洲市の，一部の地域を示した地形図である。**図2**には，**━・・━**（市の境界）が見られる。**図2**から読み取れる，**━・・━**の西側の土地のようすや利用について述べた文として正しいものを，次の**ア**～**エ**の中から1つ選び，記号で答えなさい。

図2

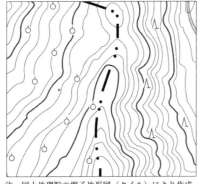

注　国土地理院の電子地形図（タイル）により作成

ア　**━・・━**の東側と比べて斜面の傾きが急であり，果樹園として利用されている。

イ　**━・・━**の東側と比べて斜面の傾きが急であり，針葉樹林として利用されている。

ウ　**━・・━**の東側と比べて斜面の傾きがゆるやかであり，果樹園として利用されている。

エ　**━・・━**の東側と比べて斜面の傾きがゆるやかであり，針葉樹林として利用されている。

(4) **グラフ2**は，1960年度から2010年度における，野菜と果実の，国内自給率の推移を示している。**グラフ3**は，1960年度から2010年度における，野菜と果実の，国内生産量と輸入量の推移を示している。**グラフ3**の**ア**～**エ**は，野菜の国内生産量，野菜の輸入量，果実の国内生産量，果実の輸入量のいずれかを表している。**グラフ2**を参考にして，果実の国内生産量と，果実の輸入量に当たるものを，**グラフ3**の**ア**～**エ**の中から1つずつ選び，記号で答えなさい。

グラフ2

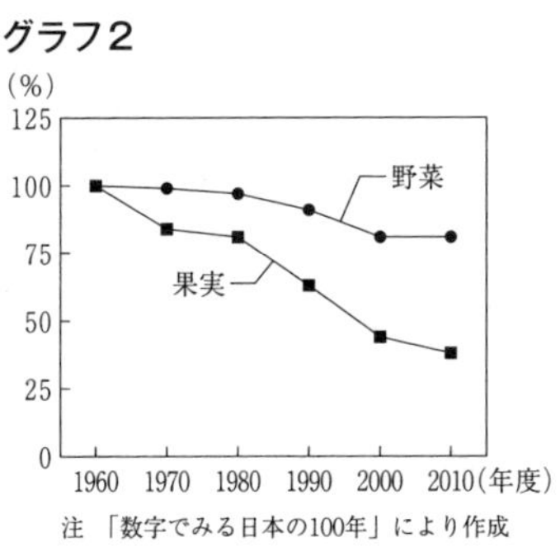

注 「数字でみる日本の100年」により作成

グラフ3

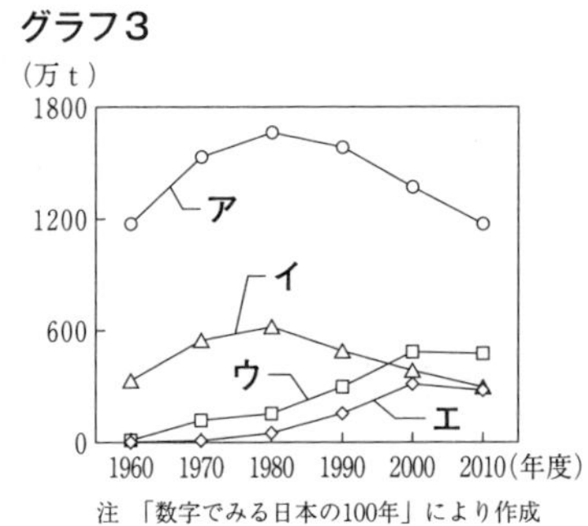

注 「数字でみる日本の100年」により作成

(3)			
(4)	果実の国内生産量		果 実 の 輸 入 量	

(5) 瀬戸内工業地域に関する a，b の問いに答えなさい。

a　関東地方から九州地方北部にかけては，瀬戸内工業地域などの工業地域が帯状につらなっている。帯状の工業地域は何とよばれるか。その名称を書きなさい。

b　**表3**は，2019年における，日本の原油の，生産量と輸入量を示している。瀬戸内工業地域の臨海部には，石油化学工業の工場群が形成されている。日本において，石油化学工業の工場群が，臨海部に形成されるのはなぜか。その理由を，**表3**から読み取れることに関連づけて，簡潔に書きなさい。

表3

	生産量（千kL）	輸入量（千kL）
2019年	522	175,489

注　「日本国勢図会 2020/21」により作成

図3

注　塩事業センターウェブサイトより

(6) **図3**は，塩田において塩の生産を行っているようすを撮影した写真である。瀬戸内海沿岸では，潮の干満差や気候を生かし，遠浅の海岸に引き入れた海水を乾燥させて塩を生産する塩田が見られた。現在，瀬戸内海沿岸の一部の塩田の跡地では，その気候を生かした発電が行われるようになっている。瀬戸内海沿岸の一部の塩田の跡地で行われるようになっている，瀬戸内海沿岸の気候を生かした発電方法として最も適しているものを，次の**ア**～**エ**の中から1つ選び，記号で答えなさい。また，瀬戸内海沿岸の塩田の跡地がその発電方法に適している理由を，瀬戸内海沿岸の気候の特徴に着目して，簡単に書きなさい。

ア　火力発電　　**イ**　原子力発電　　**ウ**　太陽光発電　　**エ**　地熱発電

(5)	a	
	b	
(6)	記号	
	理由	

歴史

■平成27年度問題

1　次の略年表を見て，(1)~(8)の問いに答えなさい。

時代	古墳・飛鳥	奈良	平安	鎌倉	室町	安土桃山	江戸	明治	大正	昭和	平成
日本のできごと	大和政権の統一が進む ①聖徳太子が摂政となる	都が平城京に移される	②摂関政治がはじまる	鎌倉幕府が成立する	③金閣が建てられる	④豊臣秀吉が天下を統一する	⑤ペリーが浦賀に来る	⑥明治維新がはじまる	⑦第一次世界大戦に参戦する	太平洋戦争がはじまる ⑧高度経済成長がはじまる	京都議定書が採択される

(1)　**資料1**は，傍線部①によって定められた法の一部である。この法は何とよばれるか。その名称を書きなさい。また，この法によって示されたこととして適切でないものを，次の**ア**～**エ**の中から1つ選び，記号で答えなさい。

ア　役人としての心構え　　**イ**　学問と武道に励むこと

ウ　仏教をうやまうこと　　**エ**　天皇の命令に従うこと

資料1

一に曰く，和をもって貴しとなし，さからう（争う）ことなきを宗と（第一に）せよ。
二に曰く，あつく三宝を敬え。三宝とは仏・法（仏教の教え）・僧なり。
三に曰く，詔（天皇の命令）をうけたまわりては必ずつつしめ。

(2)　**資料2**は，4人の娘を天皇のきさきにすることで勢力をのばし，傍線部②を最も安定させた人物によってよまれた和歌である。これをよんだ人物はだれか。その人物名を書きなさい。

資料2

この世をば　わが世とぞ思う　望月の　欠けたることも　無しと思えば

(3)　**図1**は，傍線部③の写真である。傍線部③が建てられたころの文化について述べた文として最も適切なものを，次の**ア**～**エ**の中から1つ選び，記号で答えなさい。

ア　武家と公家の文化が融合した文化である。

イ　唐の文化の影響を強く受けた国際的な文化である。

ウ　大名や大商人の気風を反映した，豪華で壮大な文化である。

エ　貴族を担い手とする，日本の風土や生活に合った文化である。

図1

(1)	名称		記号	
(2)			(3)	

(4)　傍線部④が行った政策に関する a ～ c の問いに答えなさい。

a　傍線部④は，全国各地に役人を派遣して太閤検地を行った。傍線部④は，太閤検地において，派遣した役人にどのようなことを調べさせたか。1つ簡単に書きなさい。

b　傍線部④は，刀狩を命じて，農民などから武器を取り上げた。その目的を，2つ簡単に書きなさい。

c　傍線部④が行った外交政策について述べた文として適切なものを，次の**ア**～**エ**の中から1つ選び，記号で答えなさい。

ア　宣教師の国外追放を命じたが，貿易は続けた。

イ　鎖国とよばれる，禁教や貿易統制の体制を確立した。

ウ　宣教師の勧めにより，4人の少年使節をローマ教皇のもとへ派遣した。

エ　禁教を強化し，日本人の海外への行き来を禁止し，スペイン船の来航も禁止した。

(5)　傍線部⑤によって，日本は開国へと動いた。このことに関する a，b の問いに答えなさい。

a　次の**ア**～**ウ**は，傍線部⑤以降におこったできごとについて述べた文である。**ア**～**ウ**を時代の古い順に並べ，記号で答えなさい。

ア　尊皇攘夷運動の中心であった長州藩は，下関海峡を通る外国船を砲撃した。

イ　日米和親条約が結ばれ，アメリカ船に燃料・食料・水を補給することを認めた。

ウ　岩倉具視らは，王政復古の大号令を発し，天皇中心の政治にもどすことを宣言した。

b　**グラフ1**は，傍線部⑤以降の1860年，1862年，1864年，1866年における，横浜港へ入港したアメリカの船の数を示している。**グラフ1**から，1864年に，入港した船の数が減っていることが分かる。入港した船の数が減ったことの原因として考えられる，このころにアメリカ国内で起きていたことは何とよばれるか。その名称を書きなさい。

グラフ1

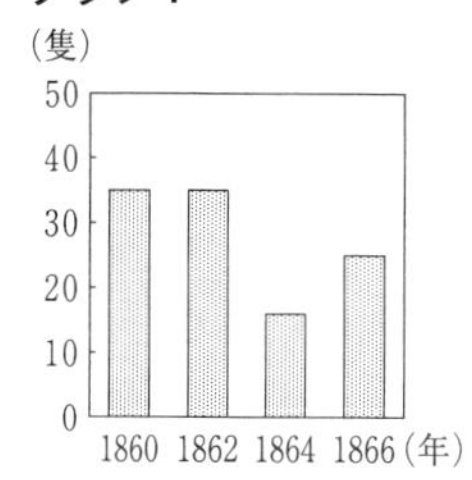

注　「横浜市史」により作成

(6)　傍線部⑥による改革の一つとして，政府は廃藩置県を行った。近代国家を目指した政府がこの改革を行った目的は，統治のしくみをどのような体制に変えることだったと考えられるか。簡単に書きなさい。

(4)	a		b	
	c			
(5)	a	→ →	b	
(6)				

(7) 傍線部⑦に関する a，b の問いに答えなさい。

a 傍線部⑦において，日本は 1902 年に結んだ同盟を理由の一つとして，連合国側に加わり，参戦した。この同盟は何とよばれるか。その名称を書きなさい。

b 傍線部⑦が終わると，1920 年に，世界平和と国際協調を目指して国際連盟が設立された。**資料３**は，アメリカ，イギリス，イタリア，ドイツ，日本，フランスの国際連盟への加盟状況を示したものである。**資料３**の中の**ア**～**エ**には，アメリカ，ドイツ，日本，フランスのいずれかが当てはまる。**ア**～**エ**のうち，日本，ドイツに当てはまるものはどれか。それぞれ１つずつ選び，記号で答えなさい。

資料３

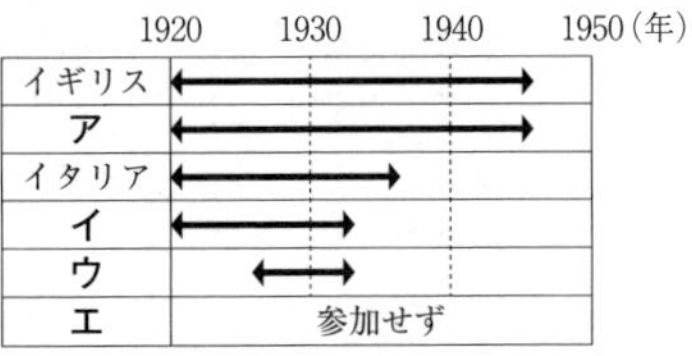

注 加盟期間は⟷で示している。
加盟しなかった国は「参加せず」と示している。

(8) 傍線部⑧が実現した一方，日本では公害が深刻な問題となった。公害や環境に関する a，b の問いに答えなさい。

a 三重県四日市市では，四大公害の一つが発生した。その公害の原因として最も適切なものを，次の**ア**～**エ**の中から１つ選び，記号で答えなさい。

ア 水質汚濁　　**イ** 騒音

ウ 大気汚染　　**エ** 土壌汚染

b **図２**は，循環型社会のしくみを表したものである。図中の⟶は，資源やものの流れを示している。循環型社会を実現することによって，天然資源の消費量を抑えることができると考えられる。**図２**から読み取れる，天然資源の消費量を抑えるための，廃棄物の処理の方法を，簡単に書きなさい。

図２

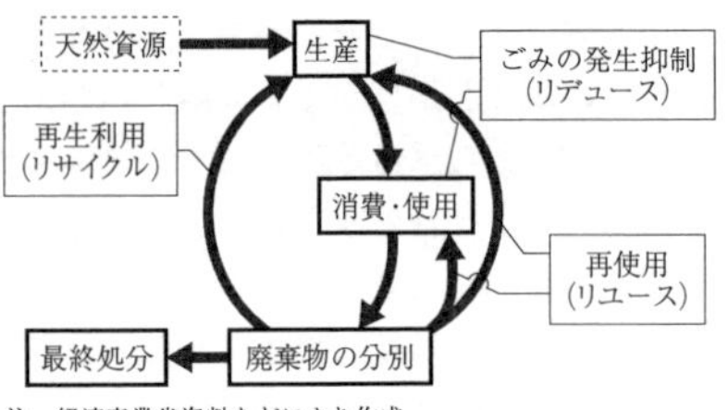

注 経済産業省資料などにより作成

(7)	a		b	日本		ドイツ	
(8)	a						
	b						

■**平成28年度問題**

1 次の略年表を見て，(1)～(7)の問いに答えなさい。

時代	古墳／飛鳥	奈良	平安	鎌倉	室町	安土桃山	江戸	明治	大正	昭和	平成
日本のできごと	大和政権の統一が進む ①大宝律令が定められる	天平文化がさかえる	②武士が力をもち始める	御成敗式目が定められる	③応仁の乱がおこる	豊臣秀吉が天下を統一する	④元禄文化がさかえる	⑤明治維新が始まる	⑥第一次世界大戦に参戦する	⑦ポツダム宣言を受諾する	

(1) 傍線部①に関する a，b の問いに答えなさい。

a 傍線部①により新しい国家のしくみが定められた。律令制のもとでは，６年ごとに戸籍がつくられ，その戸籍に登録された６歳以上の人々に田が与えられた。この田は何とよばれるか。その名称を書きなさい。

b **資料１**は，平城京跡から発見された，律令制のもとで，税の荷札として使われた木簡と，そこに書かれた文字の一部を活字にしたものである。**資料１**から，調の品目として当てはまる文字を１字抜き出し，書きなさい。また，ものを納める税である調に加えて，成人男性には九州北部の守りにつく兵役なども課せられた。この兵役により，九州北部の守りについた兵士は何とよばれるか。その名称を，次の**ア**～**エ**の中から１つ選び，記号で答えなさい。

ア 地頭　**イ** 執権　**ウ** 国司　**エ** 防人

資料１

注 奈良文化財研究所資料などにより作成

(2) 傍線部②に関する，次の**ア**～**ウ**のできごとを，時代の古い順に並べ，記号で答えなさい。

ア 源頼朝が，武士の総大将として，朝廷から征夷大将軍に任命された。

イ 関東で平将門が，瀬戸内海地方で藤原純友が，同じ時期に反乱をおこした。

ウ 院政の実権をめぐる争いから保元の乱や平治の乱がおこり，平清盛が勢力を広げた。

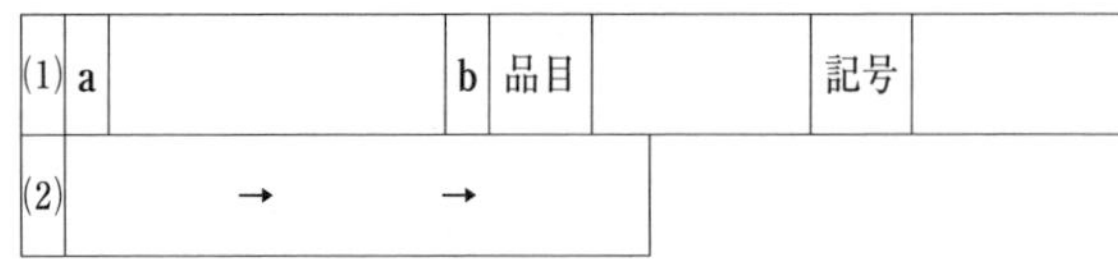

(1)	a		b	品目		記号	
(2)		→	→				

(3) 傍線部③に関するａ，ｂの問いに答えなさい。

ａ　傍線部③は，室町幕府８代将軍のあとつぎ問題などをめぐって，守護大名の対立が深まることでおこった。京都の東山に銀閣をつくらせた，この８代将軍はだれか。その人物名を書きなさい。

ｂ　傍線部③のころから，戦国大名が各地に登場するようになった。戦国大名の中には，下剋上によって実権をにぎった者もいる。下剋上とはどのようなことか。簡単に書きなさい。

(4) 傍線部④に最もかかわりの深いものを，次の**ア**～**エ**の中から１つ選び，記号で答えなさい。

ア　喜多川歌麿は，多色刷りの版画で，美人画に優れた作品を残した。

イ　運慶は，東大寺南大門の金剛力士像など，力強い作品をつくった。

ウ　狩野永徳は，城の内部のふすまや屏風に，はなやかな絵をえがいた。

エ　井原西鶴は，武士や町人の生活をもとに，浮世草子とよばれる小説を書いた。

(5) 傍線部⑤における改革の一つとして，政府は1873年から地租改正を行った。**表１**は，地租改正前後の，課税基準，納税方法，納入者を表している。**グラフ１**は，江戸時代の，1833年から1837年の，幕府領における，米の収穫高の推移を示している。**グラフ２**は，1883年度から1887年度の，全国における，地租の総額の推移を示している。政府が**表１**のように地租改正を行った目的を，**グラフ１**，**グラフ２**から読み取れることに関連づけて，簡単に書きなさい。

表１

	改正前	改正後
課税基準	収穫高	地価
納税方法	おもに米で納める	現金で納める
	村単位	個人
納入者	耕作者（本百姓）	土地所有者（地主，自作農）

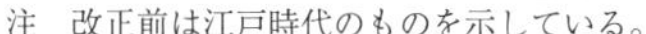
注　改正前は江戸時代のものを示している。

グラフ１

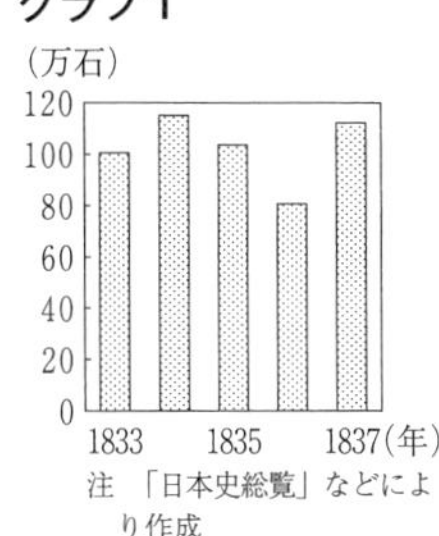

注　「日本史総覧」などにより作成

グラフ２

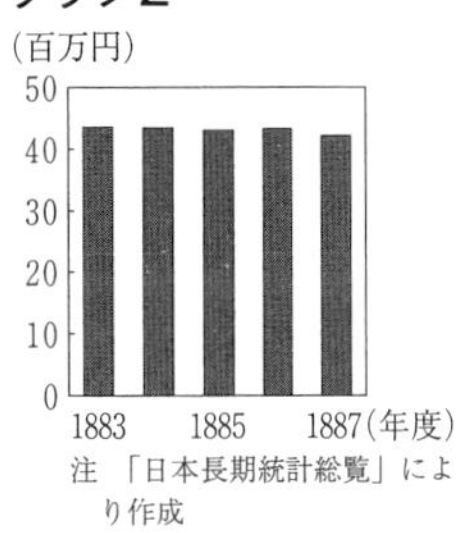

注　「日本長期統計総覧」により作成

(6) 傍線部⑥は1914年におこり，1918年に終わった。このことに関するａ，ｂの問いに答えなさい。

グラフ３

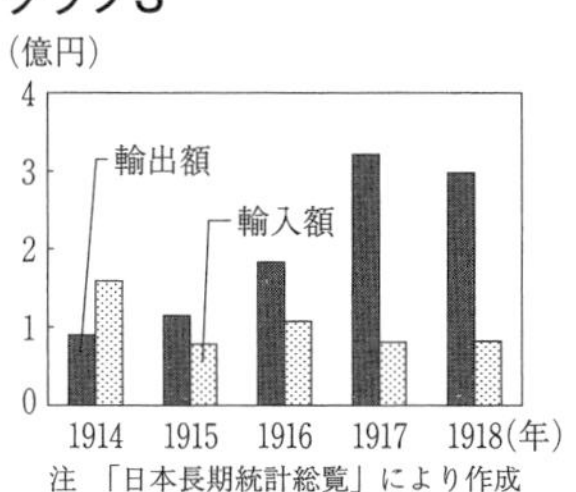

注　「日本長期統計総覧」により作成

ａ　**グラフ３**は，1914年から1918年における，日本の，ヨーロッパへの輸出額とヨーロッパからの輸入額の推移を示している。**グラフ３**のように，1915年から1918年にかけて輸出額が輸入額を上回った理由として考えられることを，当時のヨーロッパの状況とあわせて，簡単に書きなさい。

ｂ　傍線部⑥と同じ時期の国内のようすについて述べたものとして最も適切なものを，次の**ア**～**エ**の中から１つ選び，記号で答えなさい。

ア　日米修好通商条約が結ばれ，函館，神奈川，長崎，新潟，兵庫の５港が開港された。

イ　紡績業や製糸業などの軽工業から産業革命がはじまり，官営の八幡製鉄所が操業を開始した。

ウ　シベリア出兵をきっかけとした米の買い占めから米の値段が上がり，米騒動がおこった。

エ　国家総動員法が制定され，戦争遂行のために必要な人や物資を動員できるようになった。

(7) 傍線部⑦以降のことに関するａ～ｃの問いに答えなさい。

ａ　1947年に日本国憲法が施行された。この憲法によって，主権者がかわった。この憲法の施行前後で，主権者はだれからだれにかわったか。簡単に書きなさい。

ｂ　**グラフ４**は，1940年と1950年における，自作農家，自小作農家，小作農家の戸数の合計に占める，それぞれの農家の割合を示している。**グラフ４**から，自作農家の割合が増えたことが分かる。そのきっかけとなった改革は何とよばれるか。その名称を書きなさい。

グラフ４

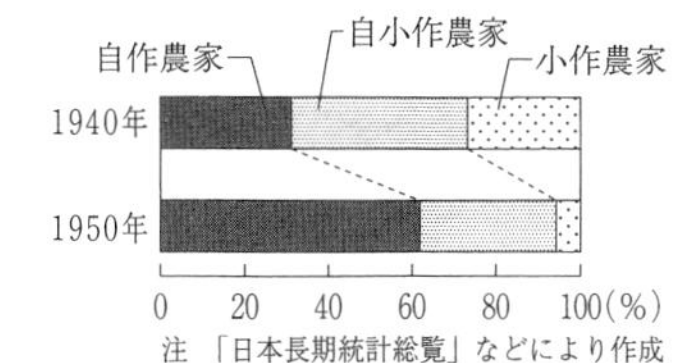

注　「日本長期統計総覧」などにより作成

ｃ　**表２**は，ある地域の状況を，傍線部⑤のころと傍線部⑦以降についてそれぞれ述べたものである。表中の（　ⓐ　），（　ⓘ　）に当てはまる名称をそれぞれ書きなさい。

表２

傍線部⑤のころ	傍線部⑦以降
政府によって，1872年に（　ⓐ　）藩が置かれ，日本の領土であるとされたが，その後1879年には軍隊が派遣され，藩が廃止されて，県が設置された。	日本の本土から切り離され，アメリカ軍の直接統治のもとに置かれたが，1971年に結ばれた（　ⓘ　）返還協定によって，翌年日本に復帰した。

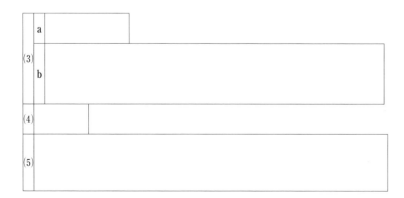

■平成29年度問題

1 次の略年表を見て，(1)～(9)の問いに答えなさい。

時代	古墳	飛鳥	奈良	平安	鎌倉	室町	安土桃山	江戸	明治	大正	昭和	平成
日本のできごと	大和政権の統一が進む	①白村江の戦いがおこる	②天平文化がさかえる ③桓武天皇が即位する		④鎌倉幕府が成立する	応仁の乱がおこる ←Ⓐ→	太閤検地がはじまる	⑤寛政の改革がはじまる	⑥日清戦争がおこる		⑦金融恐慌がおこる ⑧日本が独立を回復する	

(1) 傍線部①は，倭（日本）が，ある国を助けるために，大軍を送ったことからおこった。倭が助けようとしたある国とはどこか。その国名を書きなさい。

(2) 傍線部②に関する a，b の問いに答えなさい。

a 傍線部②がさかえたころ，橋，道，ため池，用水路をつくるなどの社会事業を行いながら，民衆の間に仏教を広めた僧はだれか。その人物名を書きなさい。

b 聖武天皇は，国ごとに国分寺と国分尼寺を，都に東大寺を建てさせた。聖武天皇がこれらの寺院を建てさせた政策の目的を，簡単に書きなさい。

(3) **資料1**は，傍線部③が行った政策に関する資料の一部を要約したものである。**資料1**の下線部の，造作とは平安京の造営のことであり，軍事とは朝廷とある人々との戦いのことである。その人々は，朝廷から何とよばれていたか。その人々が住んでいた地方名とあわせて，簡単に書きなさい。ただし，地方名は現在の七地方区分で答えること。

資料1

天皇の命令で，藤原緒嗣と菅野真道が善政について議論した。緒嗣は，「現在，民衆が苦しんでいるのは軍事と造作のためです。この２つを停止すれば民衆は助かるでしょう」と述べた。真道は反対した。天皇は緒嗣の意見を採用し，軍事と造作を停止した。

（「日本後紀」より，一部を要約）

(1)		(2) a		(3)	
(2) b					

(4) **資料2**は，傍線部④が出したある法令の一部を要約したものである。次の［　　］の中の文は，この法令が出された，背景と目的についてまとめたものである。文中の（ あ ），（ い ）に当てはまる語を，それぞれ書きなさい。

資料2

領地の質入れや売買は，御家人が困窮する原因なので今後は禁止する。……御家人以外の武士や庶民が御家人から買い取った土地は，売買後の年数に関係なく，売り主に返さなければならない。

（「東寺百合文書」より，一部を要約）

> 二度にわたる（ あ ）の襲来の際に，御家人たちは自ら費用を負担して戦ったが，幕府から十分な恩賞が与えられず，また，御家人たちは領地を分割して相続することを続けてきたため，困窮する者が増加した。そこで，幕府は，御家人たちの救済のため，（ い ）という法令を出した。

(5) 次の**ア**～**エ**の中から，略年表中のⒶの期間の，農業や農村のようすについて述べた文として最も適切なものを１つ選び，記号で答えなさい。

ア 新田開発が進み，備中ぐわや千歯こきの使用によって生産力が向上した。
イ 村には惣という自治組織がつくられ，団結を強めた農村たちが土一揆をおこした。
ウ 近畿地方を中心に二毛作がはじまり，肥料として草木を焼いた灰などが使われはじめた。
エ 口分田の不足を補うために開墾が進められ，貴族や寺社の私有地である荘園が生まれた。

(6) 傍線部⑤に関する a ～ c の問いに答えなさい。

a 傍線部⑤を行った江戸幕府の老中はだれか。次の**ア**～**エ**の中から１つ選び，記号で答えなさい。

ア 水野忠邦　**イ** 井伊直弼　**ウ** 田沼意次　**エ** 松平定信

b 傍線部⑤と同じ時期におこったできごとを，次の**ア**～**エ**の中から１つ選び，記号で答えなさい。

ア フランス革命がはじまる。
イ イギリスでピューリタン革命がはじまる。
ウ アメリカで南北戦争がはじまる。
エ ドイツやスイスで宗教改革がはじまる。

c **図1**は，問屋制家内工業から発展した生産方法のようすが描かれたものである。**図1**に描かれている生産方法は何とよばれるか。その名称を書きなさい。また，**図1**の生産方法によって，生産効率が問屋制家内工業よりも向上した。その理由を，**図1**を参考にして，２つ簡単に書きなさい。

図1

(7) 次のア～ウは，傍線部⑥以降におこったできごとについて述べた文である。ア～ウを時代の古い順に並べ，記号で答えなさい。

ア 日本は韓国を併合し，朝鮮総督府を設置して，武力を背景とする統治を行った。

イ 列強による中国分割に反発した清の民衆が暴動を起こし，義和団事件へと発展した。

ウ 日本とイギリスは，ロシアによる東アジアでの勢力拡大を警戒し，日英同盟を結んだ。

(8) 1927年におこった傍線部⑦に関するa，bの問いに答えなさい。

a 傍線部⑦の際に，日本銀行は大量の紙幣を発行した。日本銀行のような，一般の銀行とは異なり「発券銀行」や「銀行の銀行」などの特別な役割をはたす銀行は何とよばれるか。その名称を書きなさい。

b **グラフ1**は，1926年から1932年における，すべての銀行の総預金高と五大銀行（三井・三菱・住友・安田・第一）の預金高の推移を示している。**グラフ2**は，1926年から1932年における，銀行数の推移を示している。**グラフ1**から読み取れる，すべての銀行の総預金高に占める五大銀行の預金高の割合の推移を，**グラフ2**から分かることとあわせて，簡単に書きなさい。

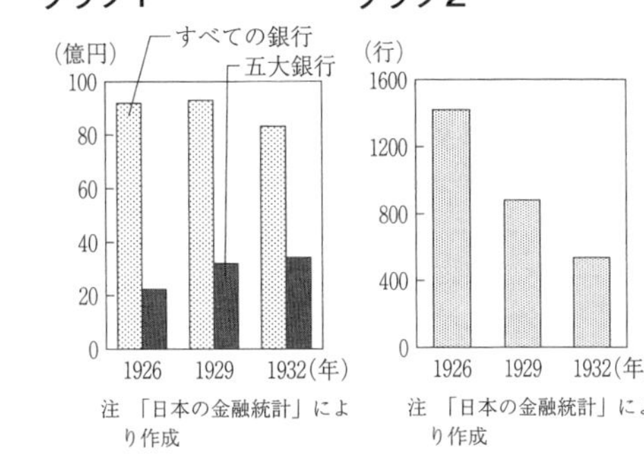

注 「日本の金融統計」により作成　　注 「日本の金融統計」により作成

(9) **資料3**は，傍線部⑧に関する，1948年から1952年のできごとを示した資料である。アメリカが日本との講和を急いだ目的を，**資料3**から読み取れる国際情勢をふまえ，簡単に書きなさい。

資料3

1948年	朝鮮半島で南北に国家が成立する。
1949年	ドイツが東西に分裂する。
1949年	中華人民共和国が成立する。
1950年	朝鮮戦争がはじまる。
1951年	サンフランシスコ平和条約を結ぶ。
1951年	日米安全保障条約を結ぶ。
1952年	サンフランシスコ平和条約が発効する。

(4) あ		い		(5)	(6) a	b
(6) c 名称		理由				
(7) → →		理由				
(8) a		b				
(9)						

■平成30年度問題

1

次の略年表を見て，(1)～(7)の問いに答えなさい。

時代	古墳	飛鳥	奈良	平安	鎌倉	室町	安土桃山	江戸	明治	大正	昭和	平成
日本のできごと	大和政権の統一が進む	①天武天皇が即位する	荘園ができ始める	②平清盛が太政大臣となる	③御成敗式目が定められる	④下剋上の風潮が広まる	太閤検地が始まる	⑤鎖国の体制が固まる	⑥立憲制国家が成立する	第一次世界大戦に参戦する	⑦石油危機がおこる	世界金融危機がおこる

(1) 傍線部①は，天智天皇の没後，あとつぎをめぐる争いに勝利して即位した。天智天皇の没後におこったこの争いは何とよばれるか。その名称を書きなさい。

(2) 傍線部②は，中国と盛んに貿易を行い，大量の銅銭などを輸入した。傍線部②が貿易相手としていた中国の王朝の名称を，次のア～エの中から1つ選び，記号で答えなさい。

ア 唐　**イ** 宋　**ウ** 元　**エ** 明

(1)		(2)	

(3) **資料1**は，傍線部③の一部を要約したものである。**資料2**は，鎌倉時代後期に，ある荘園の支配について，荘園領主と地頭が結んだ契約文書の一部を要約したものである。このことに関するa～cの問いに答えなさい。

a 傍線部③が定められたのは，あるできごとの結果，幕府の支配が全国に広がり，荘園領主と，新たに任命された地頭との間で，争いが増えていたことが背景にある。幕府の支配が全国に広がるきっかけとなったあるできごとは何か。その名称を書きなさい。

b **資料2**の契約が結ばれたことで，荘園に対する地頭の権限が強まった。荘園に対する地頭の権限は，どのように

資料1

地頭が，年貢を差しおさえているということで，荘園領主からの訴えがあれば，地頭は，すぐに決算をして，荘園領主の点検を受けなさい。訴えが本当だったならば，すぐに弁償しなさい。（「御成敗式目」より，一部を要約）

資料2

神崎荘の領主である高野山の金剛三昧院の代理人と，地頭の代官との間の土地管理についての争いは，裁判となったが，和解することとする。田畠，山川以下の現地の土地は，荘園領主と地頭が分割し，それぞれが支配をする。（「金剛三昧院文書」より，一部を要約）

注 神崎荘は，現在の広島県にあった荘園。金剛三昧院は，高野山金剛峯寺の中の寺院。

強まったか。**資料１**と**資料２**から読み取れる，契約を結ぶ前と結んだ後のそれぞれの地頭の権限が分かるように，簡単に書きなさい。

c　９世紀初めに，**資料２**の下線部の高野山に，金剛峯寺を建てさせた僧と，その僧が開いた宗派の組み合わせとして正しいものを，次の**ア**～**エ**の中から１つ選び，記号で答えなさい。

ア　最澄・天台宗　**イ**　空海・天台宗　**ウ**　最澄・真言宗　**エ**　空海・真言宗

(4)　傍線部④に関する，次の**ア**～**ウ**のできごとを，時代の古い順に並べ，記号で答えなさい。

ア　織田信長は，敵対するようになった将軍の足利義昭を，京都から追放した。

イ　加賀国の守護大名を倒した浄土真宗（一向宗）の信者たちが，加賀国で自治を始めた。

ウ　将軍家などの相続争いと，細川氏と山名氏の勢力争いが結びつき，応仁の乱が始まった。

(5)　**資料３**は，傍線部⑤に関する，1616年から1641年の命令やできごとを示したものである。このことに関するａ～ｃの問いに答えなさい。

資料３

1616年	ヨーロッパ船の来航地を長崎・平戸に制限する。
1622年	長崎でキリスト教徒ら55人が処刑される。
1624年	スペイン船の来航を禁止する。
1637年	島原・天草一揆がおこる。
1639年	<u>ポルトガル船の来航を禁止する。</u>
1641年	（　Ⓐ　）商館を出島に移す。

a　**資料３**の下線部のように，ポルトガルは，東回りでアジアに行く航路を開拓してアジアの海域に進出し，日本に鉄砲を伝えたが，来航を禁止された。ポルトガルを出航し，アフリカ南端を回って，初めてインドに到達した人物はだれか。次の**ア**～**エ**の中から１つ選び，記号で答えなさい。

ア　バスコ・ダ・ガマ　**イ**　コロンブス

ウ　フランシスコ・ザビエル　**エ**　マゼラン

b　**資料３**の中の（　Ⓐ　）に当てはまるヨーロッパの国名を書きなさい。

c　**資料３**の命令やできごとを通して傍線部⑤が固まった。傍線部⑤が固まっていく過程において，**資料３**から考えられる幕府が行った政策を，２つ簡単に書きなさい。

(3)	a		b	
	c			
(4)	→　→			
(5)	a		c	
	b			

(6)　傍線部⑥に関するａ～ｃの問いに答えなさい。

a　**図１**は，最初の衆議院議員選挙の際に，警官が監視し，投票権のない見物人が見ている中で，有権者の投票するようすが描かれたものである。このときの選挙は，現在の選挙の基本原則とは異なり，投票用紙に投票者の氏名や住所を記して投票した。氏名や住所を記して投票することによって，有権者は，どのような不利益を受けると考えられるか。現在の選挙の基本原則との違いが分かるように，簡単に書きなさい。

図１

b　現在から100年前に，立憲政友会の総裁で衆議院議員をつとめる人物が首相となり，本格的な政党内閣が成立した。「平民宰相」とよばれたこの人物はだれか。その人物名を書きなさい。

c　ｂの人物が首相となってから，犬養毅首相が暗殺されるまでの期間は，一時期をのぞいて，政党内閣が続いた時代である。この期間のできごととして正しいものを，次の**ア**～**エ**の中から１つ選び，記号で答えなさい。

ア　シベリア出兵が始まった。　**イ**　二・二六事件がおこった。

ウ　満州事変が始まった。　**エ**　二十一箇条の要求が示された。

(7)　傍線部⑦によって，日本の高度経済成長は終わり，国債発行額が増加するようになった。**グラフ１**は，1980年度から2000年度における，国債発行額と国債依存度（歳入に占める国債の割合）の推移を示している。1980年代後半に国債発行額が減少し，国債依存度が低下している理由を，当時の，日本の景気の状況とあわせて，簡単に書きなさい。

グラフ１

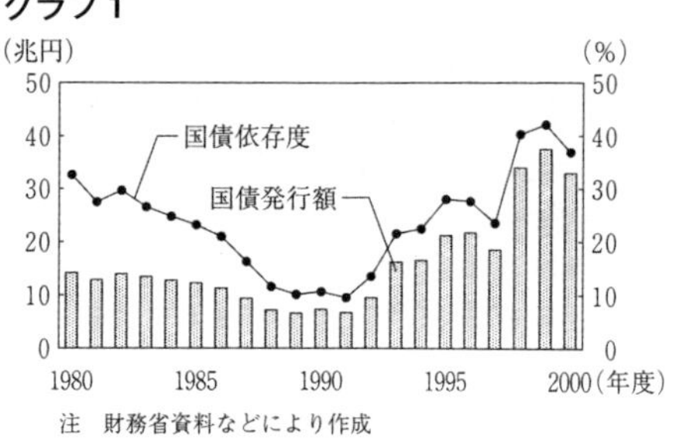

注　財務省資料などにより作成

(6)	a			
	b		c	
(7)				

■平成31年度問題

1　次の略年表を見て，(1)～(8)の問いに答えなさい。

時代	飛鳥	奈良	平安	鎌倉	室町	安土桃山	江戸	明治	大正	昭和	平成
日本のできごと	①律令国家が成立する	荘園ができ始める	②国風文化がさかえる	御成敗式目が定められる	③勘合貿易が始まる	④安土城が築かれる	⑤享保の改革が始まる	⑥大日本帝国憲法が発布される	⑦第一次世界大戦に参戦する	⑧高度経済成長が始まる	京都議定書が採択される

(1)　傍線部①では，公地・公民の方針のもと，人々は，戸籍に登録され，班田収授法によって口分田を与えられた。このことに関するａ，ｂの問いに答えなさい。

ａ　公地・公民の方針は，中大兄皇子らが行った政治の改革で示された。中大兄皇子らが行った政治の改革は，その当時の年号（元号）にちなんで，何とよばれるか。その名称を書きなさい。

ｂ　口分田を与えられた人々には，与えられた口分田の面積に応じて，税が課せられた。その税の名称を，次のア～エの中から１つ選び，記号で答えなさい。

ア　租　　**イ**　調　　**ウ**　庸　　**エ**　雑徭

(2)　**図１**は，阿弥陀如来像を納めた，傍線部②の代表的な建造物である。**図１**が建造されたころ，阿弥陀如来にすがれば，死後に極楽へ生まれ変わることができるという信仰（教え）が広まっていた。この信仰（教え）は何とよばれるか。その名称を書きなさい。

図１

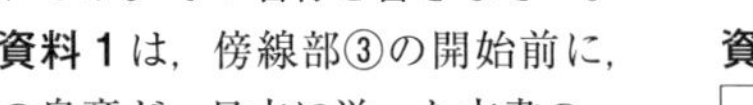

(3)　**資料１**は，傍線部③の開始前に，明の皇帝が，日本に送った文書の一部を要約したものである。このことに関するａ，ｂの問いに答えなさい。

資料１

> 私が即位してから，多くの周辺諸国の王があいさつにきた。大義に背くものでなければ，礼をもって対応しようと思う。今ここに日本国王の源道義が，貢ぎ物をおくってきた。たいへんうれしく思う。　　（「善隣国宝記」より，一部を要約）

ａ　**資料１**の下線部に当たる人物を，次のア～エの中から１つ選び，記号で答えなさい。

ア　平清盛　　**イ**　北条時宗　　**ウ**　後醍醐天皇　　**エ**　足利義満

ｂ　傍線部③は，日本と明の外交関係が変化したことによって始まった。日本と明の外交関係はどのように変化したか。**資料１**から読み取れる，外交関係が変化するきっかけとなった日本の行動が分かるように，簡単に書きなさい。

(4)　織田信長は，傍線部④の城下町に対して，同業者の団体の廃止を命じるなど，商工業の発展をうながす政策を行った。織田信長が，傍線部④の城下町に対して行った，商工業の発展をうながす政策は何とよばれるか。その名称を書きなさい。

(5)　**グラフ１**は，18世紀における，幕府領の，石高と年貢収納高の推移を示している。このことに関するａ，ｂの問いに答えなさい。

グラフ１

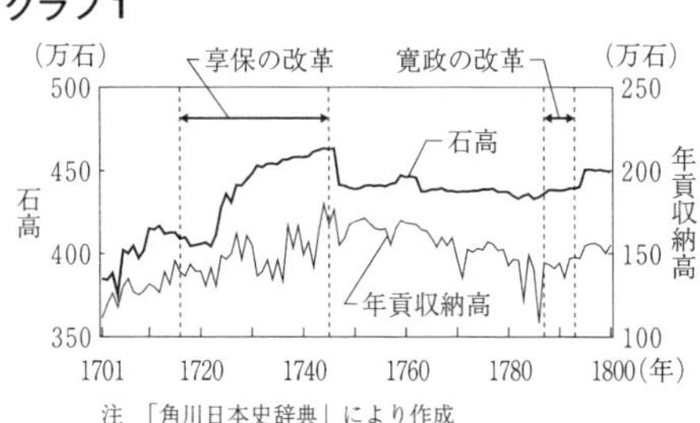

注　「角川日本史辞典」により作成

ａ　傍線部⑤が行われた期間に，幕府領の石高は大きく変化した。この変化に影響を与えた政策として最も適切なものを，次のア～エの中から１つ選び，記号で答えなさい。

ア　倹約令の徹底　　**イ**　株仲間の公認　　**ウ**　新田開発の奨励　　**エ**　目安箱の設置

ｂ　寛政の改革では，農村を復興させることで財政を立て直そうとした。**グラフ１**から考えられる，農村を復興させることで財政を立て直すことができる理由を，1780年代におこった，財政が悪化する原因となった現象に関連づけて，簡単に書きなさい。

(6)　傍線部⑥に関するａ，ｂの問いに答えなさい。

ａ　次のア～ウは，傍線部⑥の発布以前におこったできごとについて述べた文である。ア～ウを時代の古い順に並べ，記号で答えなさい。

ア　征韓論をめぐる対立により，西郷隆盛が政府を退いた。

イ　国会開設に備えて，板垣退助を党首とする自由党が結成された。

ウ　岩倉具視を大使とする政府の使節団が，欧米諸国に派遣された。

ｂ　吉野作造は，ある考えを唱え，傍線部⑥のもとで，民意に基づいた政治を行うことが可能であると説いた。吉野作造が唱えたある考えは何とよばれるか。その名称を書きなさい。

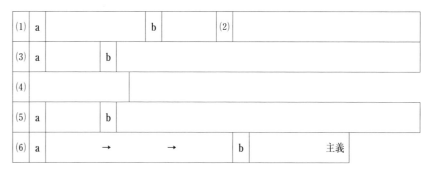

(1)	a		b		(2)	
(3)	a		b			
(4)						
(5)	a		b			
(6)	a	→ →	b	主義		

(7) 傍線部⑦に関する a，b の問いに答えなさい。

a 傍線部⑦における，ドイツの同盟国を，次の**ア**～**エ**の中から１つ選び，記号で答えなさい。

ア イギリス　**イ** ロシア　**ウ** オーストリア　**エ** 日本

b **グラフ２**は，1915 年度から 1940 年度における，日本の国家財政に占める軍事費の割合の推移を示している。1920 年代の前半に軍事費の割合が下がった理由を，当時の日本や欧米列強が重視していた外交方針に関連づけて，簡単に書きなさい。

グラフ２

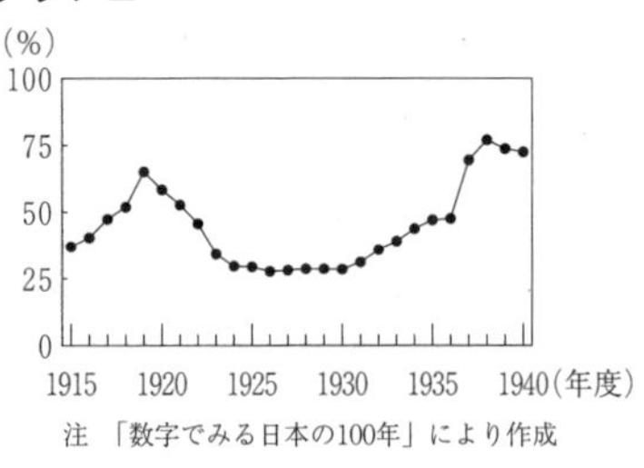

注 「数字でみる日本の100年」により作成

(8) 傍線部⑧の期間に，日本の人口分布は大きく変化した。**グラフ３**は，1955 年から 1970 年における，全国の市（東京都特別区を含む）と町村の，人口の推移を示している。**グラフ４**は，1955 年から 1970 年における，全国の市数と町村数の推移を示している。**グラフ３**，**グラフ４**から考えられる，町村の人口が減った理由を，２つ簡単に書きなさい。

グラフ３

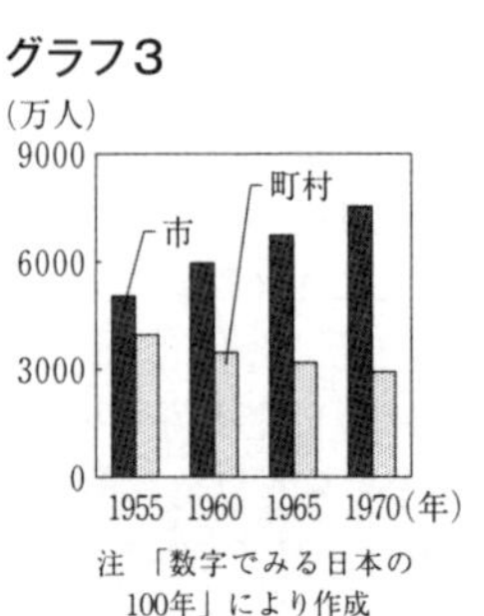

注 「数字でみる日本の100年」により作成

グラフ４

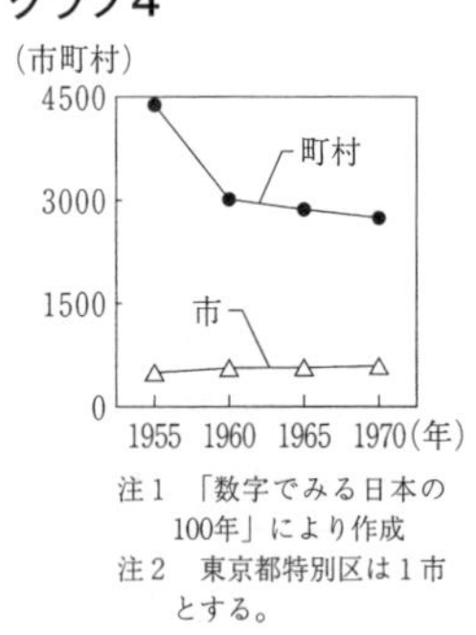

注１ 「数字でみる日本の100年」により作成
注２ 東京都特別区は１市とする。

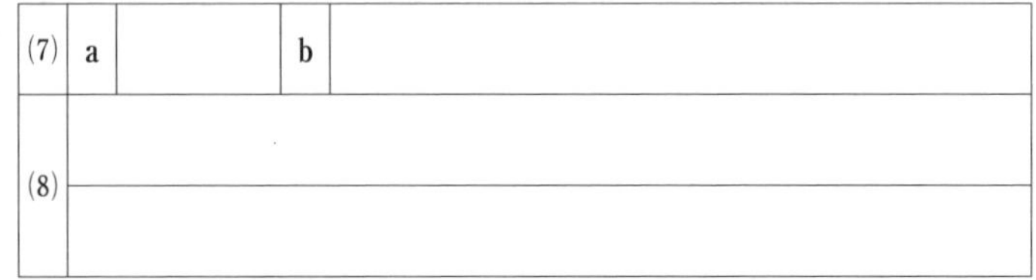

■令和２年度問題

1 次の略年表を見て，(1)～(8)の問いに答えなさい。

時代	飛鳥	奈良	平安	鎌倉	室町	安土桃山	江戸	明治	大正	昭和	平成
日本のできごと	①遣隋使が派遣される	②天平文化が栄える	③藤原氏が最も栄える	鎌倉幕府が成立する	④最初の土一揆がおこる	太閤検地が始まる	⑤徳川家康が征夷大将軍となる ⑥ペリーが浦賀に来航する	⑦日露戦争がおこる	第一次世界大戦に参戦する	石油危機がおこる	⑧バブル経済が崩壊する

(1) 傍線部①に関する a，b の問いに答えなさい。

a 傍線部①は，中国の進んだ文化を取り入れるなどの目的で派遣された。傍線部①として派遣された人物を，次の**ア**～**エ**の中から１つ選び，記号で答えなさい。

ア 中大兄皇子　**イ** 蘇我馬子　**ウ** 小野妹子　**エ** 中臣鎌足

b **図１**は，現存する世界最古の木造建築を含む寺院を撮影した写真である。傍線部①が派遣されたころに建てられたとされる，**図１**の寺院は何とよばれるか。その名称を書きなさい。

図１

(2) 傍線部②は，聖武天皇のころに最も栄えた文化である。傍線部②について述べた文として最も適切なものを，次の**ア**～**エ**の中から１つ選び，記号で答えなさい。

ア 上方が中心の，経済力をもつ町人を担い手とする文化である。
イ 仏教と唐の文化の影響を強く受けた，国際色豊かな文化である。
ウ 台頭してきた武士の気風にあった，力強い印象の文化である。
エ 武家と公家の文化がとけあい，禅宗の影響も受けた文化である。

(3) **図２**は，傍線部③と皇室の関係を示した系図の一部である。藤原道長は，三条天皇を退位させ，まだ幼い後一条天皇を即位させた。藤原道長は，まだ幼い後一条天皇を即位させることで，何という職に就こうとしたと考えられるか。**図２**から読み取れる，藤原道長と後一条天皇の関係とあわせて，簡単に書きなさい。

図２

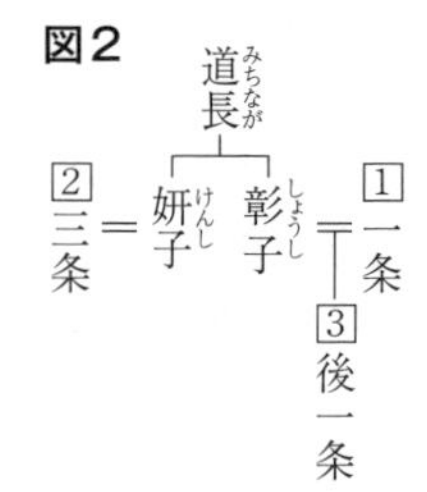

注 □内の数字は天皇の即位順を，二重線（＝）は夫婦関係を，それぞれ表している。

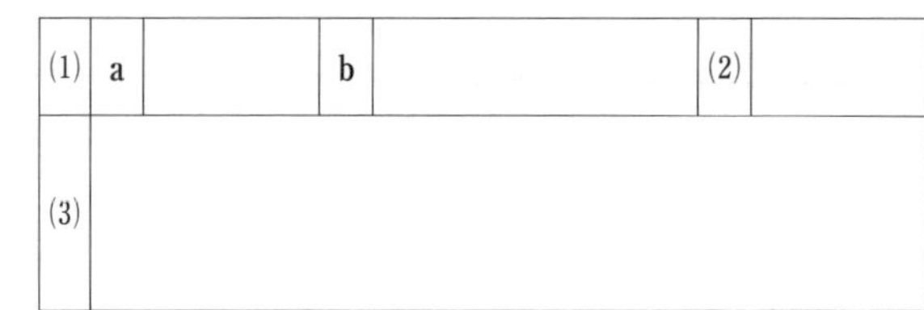

(4) 傍線部④に関するａ，ｂの問いに答えなさい。

ａ 傍線部④は，近江国の運送業者が中心となっておこした。傍線部④をおこした，このころの運送業者の名称を，次の**ア**～**エ**の中から１つ選び，記号で答えなさい。

ア 座　**イ** 馬借　**ウ** 町衆　**エ** 惣

ｂ 傍線部④では，土倉や酒屋に加えて寺院も襲われた。傍線部④をおこした人々が寺院を襲った理由は，土倉や酒屋を襲った理由と同じである。傍線部④をおこした人々が寺院を襲った理由を，傍線部④をおこした人々が要求したことに関連づけて，簡単に書きなさい。

(5) 傍線部⑤が開いた江戸幕府に関するａ，ｂの問いに答えなさい。

ａ 大名は，江戸幕府から領地を与えられ，その領地を支配した。大名が，江戸幕府から与えられた領地とその領地を支配するしくみは何とよばれるか。その名称を書きなさい。

表１

	徳川氏に従った時期
譜代大名	関ヶ原の戦い以前
外様大名	関ヶ原の戦い以後

図３

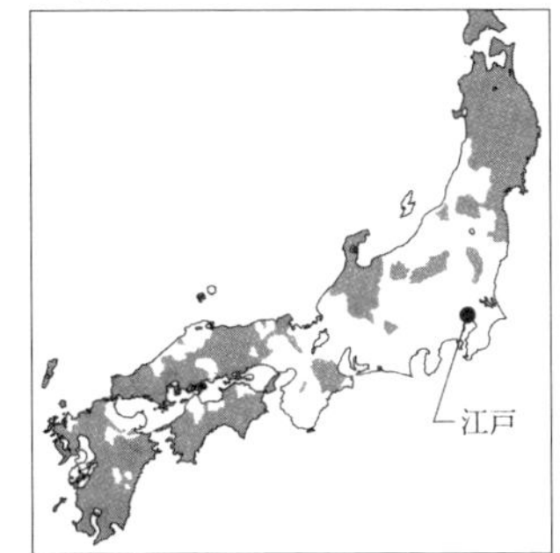

注 外様大名の領地は，1664年ごろのもの。

ｂ **表１**は，譜代大名と外様大名が，徳川氏に従った時期を示している。**図３**の▬は，外様大名に与えられた領地を示している。**表１**から，江戸幕府にとって，外様大名はどのような存在であったと考えられるか。**図３**から読み取れる，江戸からみた外様大名の配置の特徴とあわせて，簡単に書きなさい。

(6) 次の**ア**～**ウ**は，傍線部⑥以前におこったできごとについて述べた文である。**ア**～**ウ**を時代の古い順に並べ，記号で答えなさい。

ア アヘン戦争で清が敗れたことを知った幕府は，日本に来航する外国船への対応を改めた。
イ 幕府は異国船打払令（外国船打払令）を出し，接近する外国船を追い払う方針を示した。
ウ 蝦夷地の根室に来航したロシアの使節が日本との通商を求めたが，幕府は要求を断った。

(7) 傍線部⑦に関するａ，ｂの問いに答えなさい。

ａ 傍線部⑦の講和会議は，日本の求めに応じて講和を仲介した国で開かれた。日本の求めに応じて講和を仲介した国を，次の**ア**～**エ**の中から１つ選び，記号で答えなさい。

ア アメリカ　**イ** ドイツ　**ウ** イギリス　**エ** フランス

ｂ **表２**は，日清戦争と日露戦争の，日本の死者と戦費を示している。日本は日露戦争に勝利したが，1905年に結ばれた講和条約の内容に不満をもった人々による暴動がおこった。人々が講和条約の内容に不満をもった理由を，**表２**から読み取れることに関連づけて，簡単に書きなさい。

表２

	死者（万人）	戦費（億円）
日清戦争	1.4	2.3
日露戦争	8.5	18.3

注 「日本長期統計総覧」により作成

(8) 傍線部⑧は，1980年代の後半におこり，1990年代の初めに崩壊した。傍線部⑧が崩壊した後の日本は，長い不況に入った。**グラフ１**は，1985年度から2017年度における，消費税と所得税の，税収の推移を示している。**グラフ１**の，消費税と所得税の，税収の推移から考えられる，国の税収にとっての消費税の利点を，景気変動に関連づけて，簡単に書きなさい。

グラフ１

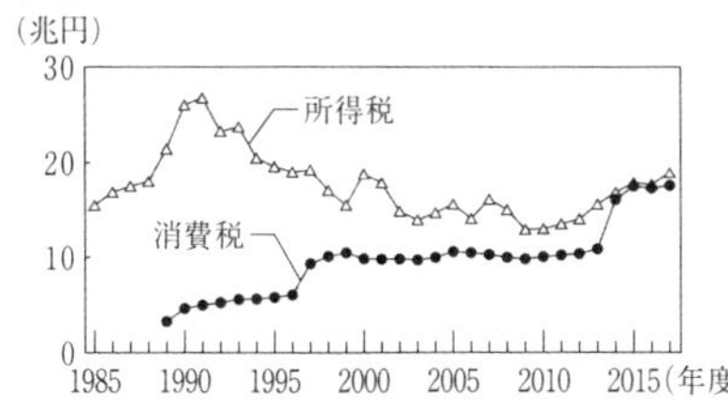

注１ 財務省資料などにより作成
注２ 消費税は，1989年４月１日に導入された。

(4)	a		b	
(5)	a		b	
(6)	→ →			
(7)	a		b	
(8)				

■令和３年度問題

1 次の略年表を見て，(1)～(7)の問いに答えなさい。

時代	飛鳥	奈良	平安	鎌倉	室町	安土桃山	江戸	明治	大正	昭和	平成
日本のできごと	①律令国家が成立する	天平文化が栄える	院政が始まる ←Ⓐ→	②鎌倉幕府が成立する	③勘合貿易が始まる	④太閤検地が始まる	⑤享保の改革が始まる	日清戦争がおこる	⑥第一次世界大戦に参戦する	⑦ポツダム宣言を受諾する	京都議定書が採択される

(1) 傍線部①に関するａ～ｃの問いに答えなさい。

ａ 傍線部①では，都から地方へ役人が派遣された。傍線部①で，都から地方へ派遣された役人の名称を，次の**ア**～**エ**の中から１つ選び，記号で答えなさい。

ア 国司　**イ** 執権　**ウ** 関白　**エ** 防人

ｂ 大宝律令の制定後，傍線部①の新たな都として奈良につくられた都は何とよばれるか。その名称を書きなさい。

(1)	a		b	

c　傍線部①では，戸籍をつくることが定められていたが，平安時代になると，戸籍にいつわりが多くなった。**表1**は，10世紀につくられた戸籍に登録された人の，性別，年齢階級別の人数を示している。**表2**は，傍線部①で定められた主な税と，その負担者を示している。このことに関する①，②の問いに答えなさい。

表1

	男子(人)	女子(人)
16歳以下	4	0
17歳～65歳	23	171
66歳以上	15	137

注「延喜二年阿波国戸籍」により作成

表2

税	負担者
租	6歳以上の男女
調	17～65歳の男子
庸	21～65歳の男子
雑徭	17～65歳の男子

①　**表1**の，男子の人数と女子の人数に大きな差が見られることから，性別のいつわりが行われていたと考えられる。**表2**をもとにして，人々が性別をいつわった理由を，簡単に書きなさい。

②　**表1**に，66歳以上の人が多く見られることから，実際には死亡している人を，人々が戸籍に登録し続けるといういつわりが行われていたと考えられる。人々が，戸籍に死亡している人を登録し続けた理由を，簡単に書きなさい。

(2)　傍線部②に関するa，bの問いに答えなさい。

a　傍線部②の将軍と，御恩と奉公による主従関係を結んだ武士は何とよばれるか。その名称を書きなさい。

b　傍線部②は武士の政権である。次の**ア～ウ**は，略年表中のⒶの期間におこった，武士に関係したできごとについて述べた文である。**ア～ウ**を時代の古い順に並べ，記号で答えなさい。

ア　天皇家や藤原氏の争いによって，保元の乱がおこった。
イ　後鳥羽上皇が，朝廷の力を回復させようと考えて兵を挙げた。
ウ　源頼朝が，朝廷に守護と地頭の設置を認めさせた。

(3)　傍線部③において，明は，朝貢する日本の船に勘合を持たせた。明が，朝貢する日本の船に勘合を持たせた目的を，朝鮮半島や中国の沿岸を襲った集団の名称を用いて，簡単に書きなさい。

(4)　豊臣秀吉は，傍線部④などを行い，兵農分離を進めた。兵農分離を進めるために，豊臣秀吉が行った，農民などから武器を取り上げた政策は何とよばれるか。その名称を書きなさい。

(5)　傍線部⑤に関するa，bの問いに答えなさい。

a　傍線部⑤を行った江戸幕府の8代将軍はだれか。その人物名を書きなさい。

b　傍線部⑤は，江戸時代の学問の発達に影響を与えた。**図1**は，江戸時代後期に杉田玄白らが出版した，「解体新書」の扉絵である。「解体新書」の出版以降に本格的に広まった，ヨーロッパの学術や文化を研究する学問は何とよばれるか。その名称を書きなさい。また，この学問の発達に影響を与えた，傍線部⑤における，ヨーロッパの書物に関する政策の内容を，簡単に書きなさい。

図1

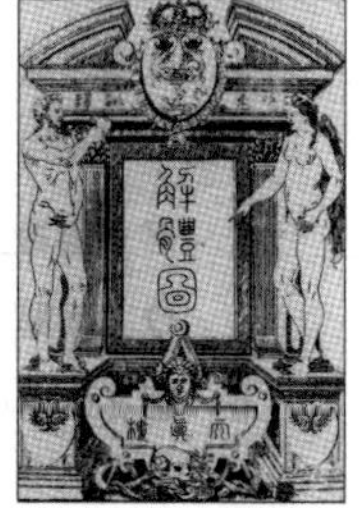

(6)　傍線部⑥に関するa，bの問いに答えなさい。

a　傍線部⑥は，オーストリア皇太子夫妻が殺害されたことをきっかけに始まり，ドイツが連合国と休戦条約を結んだことで終わった。傍線部⑥の期間中のできごとを，次の**ア～エ**の中から1つ選び，記号で答えなさい。

ア　日本は国際連盟から脱退した。
イ　日本が韓国を併合した。
ウ　日本が中国に二十一か条の要求を示した。
エ　日本は日独伊三国同盟を結んだ。

b　傍線部⑥の末期以降，欧米の多くの国では，女性の要求にこたえ，女性の参政権が認められるようになった。傍線部⑥の末期以降，欧米の多くの国で，女性の要求を無視できなくなった理由を，傍線部⑥が長期化したことによってつくられた戦争の体制に関連づけて、簡単に書きなさい。

(7)　傍線部⑦後の農村では，農地改革が行われた。**グラフ1**は，1940年と1950年における，自作農家，自作兼小作農家，小作農家の，戸数の合計に占める，それぞれの農家の割合を示している。農地改革が行われたことによって，戦前からの地主が農村を支配する力はどのように変化したか。その変化を，**グラフ1**から読み取れる，小作農家の割合の変化に関連づけて，簡単に書きなさい。

グラフ1

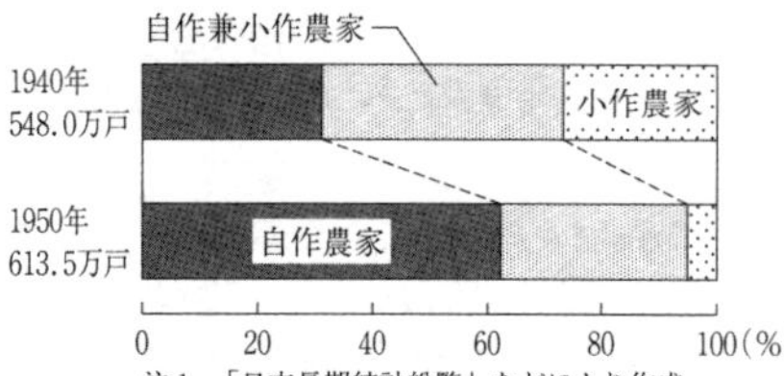

注1「日本長期統計総覧」などにより作成
注2　自作農家は，耕作地の90%以上が自作地の農家を，自作兼小作農家は，耕作地の10%以上90%未満が自作地の農家を，小作農家は，耕作地の90%以上が小作地の農家を，それぞれ指している。

(1)	c	①			
		②			
(2)	a		b	→ →	
(3)			(4)		
(5)	a				
	b	名称		内容	
(6)	a				
	b				
(7)					

■令和４年度問題

1 次の略年表を見て，(1)～(7)の問いに答えなさい。

時代	飛鳥	奈良	平安	鎌倉	室町	安土桃山	江戸	明治	大正	昭和	平成
日本のできごと	①大化の改新が始まる	荘園ができ始める	②国風文化が栄える	③鎌倉幕府がほろびる	④ヨーロッパ人が来航する	太閤検地が始まる	←Ⓐ→	⑤産業革命が進む	大正デモクラシーが始まる	⑥国際連合に加盟する	京都議定書が採択される

(1) 傍線部①に関するａ，ｂの問いに答えなさい。

ａ 傍線部①とよばれる政治改革を始め，のちに即位して天智天皇となった人物はだれか。その人物名を書きなさい。

ｂ 次の［　　］の中の文は，傍線部①が始まった後におこったできごとについてまとめたものである。文中の（ あ ），（ い ）に当てはまる語として正しい組み合わせを，次のア～エの中から１つ選び，記号で答えなさい。

> 朝鮮半島に大軍を送った倭（日本）は，唐と（ あ ）の連合軍と戦った。この（ い ）に敗れた倭（日本）は朝鮮半島から退いた。その後，朝鮮半島は（ あ ）によって統一された。

ア あ 百済　い 白村江の戦い　　**イ** あ 新羅　い 白村江の戦い
ウ あ 百済　い 壬申の乱　　**エ** あ 新羅　い 壬申の乱

(2) 傍線部②の特色の１つとして，かな文字が発達したことがあげられる。かな文字を用いて，清少納言が書いた随筆は何とよばれるか。その名称を書きなさい。

(3) 傍線部③に関するａ～ｃの問いに答えなさい。

ａ 元寇（モンゴル帝国の襲来）の後に，傍線部③が行ったことを，次のア～エの中から１つ選び，記号で答えなさい。

ア 御成敗式目を制定した。　**イ** 銀閣を建てさせた。
ウ 勘合貿易を始めた。　**エ** 徳政令を出した。

(1)	a		b		(2)		(3)	a	

ｂ **資料１**は，鎌倉時代に，ある御家人が，自らの家の相続について書いた文書の一部を要約したものである。**資料１**から，この文書を書いた御家人は，相続方法を変えたことが分かる。**資料１**から読み取れる，この御家人が相続方法を変えた理由を，今までの相続方法を続けた場合におこる領地への影響とあわせて，簡単に書きなさい。

資料１

> 私が先祖から受け継いできた領地を，嫡子（家の跡継ぎとなる子）に譲る。今までのように，嫡子以外の子にも，私が受け継いできた領地の一部を譲るべきだろうが，嫡子以外の子にも譲ってしまうと，幕府に緊急事態があったときに対応できないため，嫡子一人に譲ることとする。
>
> （「山内首藤家文書」より，一部を要約）

ｃ 後醍醐天皇は，傍線部③に不満を持つ悪党や武士を味方につけて，傍線部③をほろぼした。傍線部③をほろぼした後醍醐天皇が中心となって行った政治は何とよばれるか。その名称を書きなさい。

(4) **図１**は，傍線部④などの来航のようすが描かれたものである。**図１**に関するａ，ｂの問いに答えなさい。

図１

ａ **図１**に描かれている傍線部④の多くは，ポルトガル人やスペイン人である。16世紀から17世紀にかけて来日したポルトガル人やスペイン人と，日本人との間で行われた貿易は何とよばれるか。その名称を書きなさい。

ｂ **図１**には，宣教師が描かれている。1549年に来日したザビエル以降，イエズス会の宣教師が次々と来日した。ポルトガルがイエズス会の海外布教を支援した理由を，宗教改革の影響が分かるように，簡単に書きなさい。

(5) 次の**ア**～**ウ**は，略年表中のⒶの期間におこったできごとについて述べた文である。**ア**～**ウ**を時代の古い順に並べ，記号で答えなさい。

ア 田沼意次は，商工業者が株仲間をつくることを奨励した。
イ 徳川綱吉は，極端な動物愛護政策である生類憐みの令を出した。
ウ 井伊直弼は，幕府の政策に反対する大名や公家などを処罰した。

(3)	b			
(3)	c		(4)	a
(4)	b			
(5)	→ →			

(6) 明治時代の中期に，日本では傍線部⑤が進んだ。**グラフ１**は，1882年と1897年における，日本の輸入総額に占める品目別の輸入額の割合を示している。**グラフ１**に関するａ，ｂの問いに答えなさい。

グラフ１

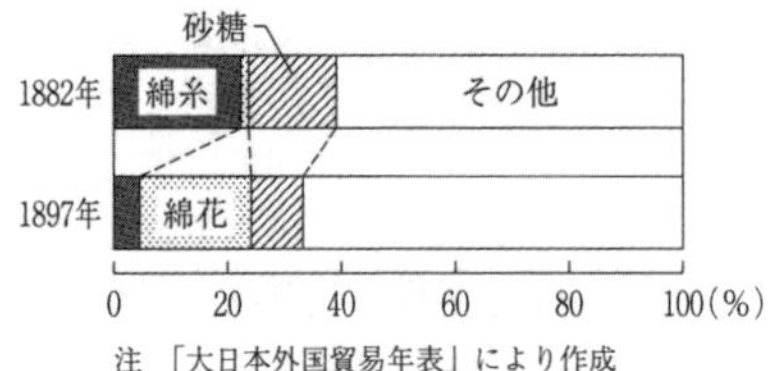

注 「大日本外国貿易年表」により作成

ａ **グラフ１**から，1897年の綿花の輸入の割合が，1882年よりも上がっていることが分かる。**グラフ１**から考えられる，1882年から1897年の間に，綿花の輸入の割合が上がった理由を，傍線部⑤の影響による綿糸の国内生産量の変化に関連づけて，簡単に書きなさい。

ｂ 1882年における砂糖の主な輸入先は台湾であった。台湾は，1882年から1897年の間に結ばれた条約によって，日本に譲られた。台湾を日本に譲る内容が含まれている条約を，次の**ア**～**エ**の中から１つ選び，記号で答えなさい。

ア 下関（しものせき）条約　**イ** 日米和親条約　**ウ** ベルサイユ条約　**エ** ポーツマス条約

(7) 傍線部⑥に関するａ，ｂの問いに答えなさい。

ａ 日本が傍線部⑥に加盟した年におこった，日本の傍線部⑥への加盟に影響を与えたできごとを，次の**ア**～**エ**の中から１つ選び，記号で答えなさい。

ア ポツダム宣言を受諾した。　**イ** サンフランシスコ平和条約が結ばれた。
ウ 日本とソ連が国交を回復した。　**エ** 日中共同声明に調印した。

ｂ **表１**は，1945年と2019年における，傍線部⑥の加盟国数を，地域別に示したものである。**表１**から，1945年と比べて，2019年の総会における，地域別に見たときの影響力は，南北アメリカが最も低下していると考えられる。**表１**から考えられる，1945年と比べて，2019年の総会における南北アメリカの影響力が低下している理由を，総会における加盟国の投票権に関連づけて，簡単に書きなさい。

表１

	1945年（か国）	2019年（か国）
南北アメリカ	22	35
ヨーロッパ	14	43
アジア	9	47
アフリカ	4	54
オセアニア	2	14
合計	51	193

注 国際連合資料により作成

(6)	a				
	b		(7)	a	
(7)	b				

公民

■平成26年度問題

4 次の(1)，(2)の問いに答えなさい。

(1) **図９**は，国会と内閣の関係を表したものである。国会と内閣に関するａ～ｃの問いに答えなさい。

図９

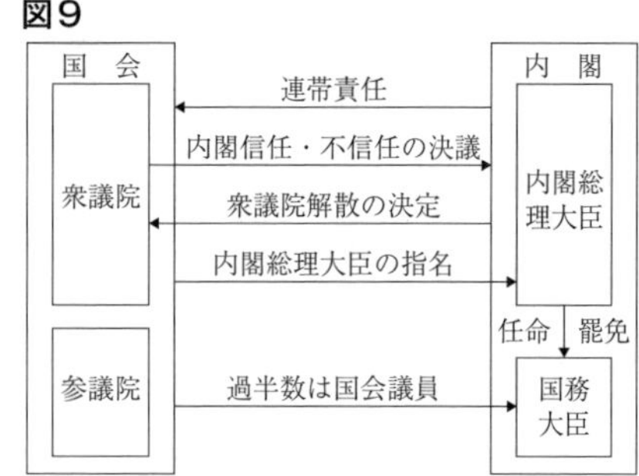

ａ 内閣は，国会の信任にもとづいて成立し，国会に対して連帯して責任を負う。このような内閣のしくみは何とよばれるか。その名称を書きなさい。

ｂ 衆議院で内閣の不信任案が可決された場合，10日以内に**図９**に示された衆議院の解散の決定が行われない限り，内閣はどのようなことをしなければならないと日本国憲法では定めているか。簡単に書きなさい。

ｃ **グラフ７**は，平成25年７月の参議院議員選挙における東京都と鳥取県の選挙区の議員１人当たりの有権者数を表している。次の［　　］の中の文章は，**グラフ７**から分かる，現在の選挙制度の課題を述べたものである。次の**ア**～**エ**の中から，文中の（ ⓐ ），（ ⓑ ）に当てはまる語の正しい組み合わせを１つ選び，記号で答えなさい。

グラフ７

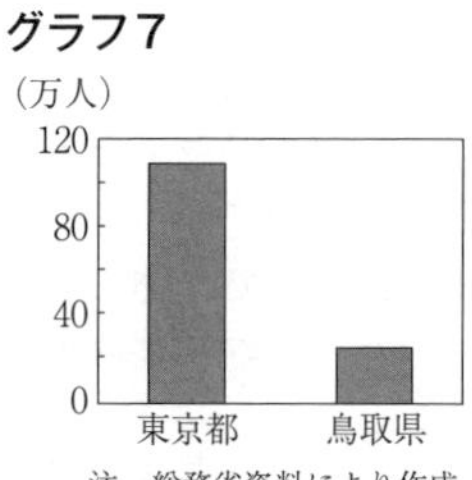

注 総務省資料により作成

> **グラフ７**の２つの選挙区を比較すると，１票の価値は，４倍以上も（ ⓐ ）の選挙区の方が高く，格差がみられる。このようなことが日本国憲法に定められた（ ⓑ ）に反するのではないかと問題視する声が上がり，選挙制度の大きな課題となっている。

ア ⓐ 東京都　ⓑ 法の下の平等　**イ** ⓐ 東京都　ⓑ 公共の福祉
ウ ⓐ 鳥取県　ⓑ 法の下の平等　**エ** ⓐ 鳥取県　ⓑ 公共の福祉

(2) 経済に関するａ～ｃの問いに答えなさい。

ａ **図10**は家計，企業，政府とそれぞれの間の経済的な結びつきを表したものである。図中のは，ものやサービスの流れを，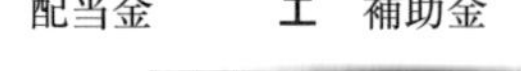は，お金の流れをそれぞれ示している。次の**ア**～**エ**の中から，図中の（ ⓐ ）に当てはまるものを１つ選び，記号で答えなさい。

図10

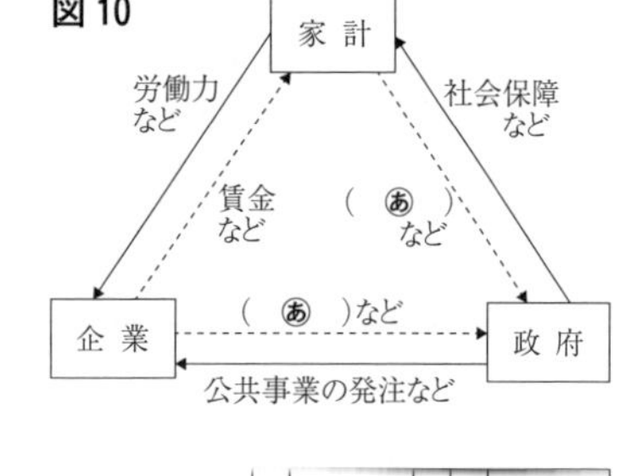

ア 社会資本　**イ** 税金
ウ 配当金　**エ** 補助金

(1)	a		b		c		(2)	a

b　政府は，公共事業への支出を増減させるなどして景気を調整することがある。一般に，好景気のときには物価の上昇が進むことが多い。物価の上昇が進むことは何とよばれるか。その名称を書きなさい。

c　次の**ア**～**エ**の中から，企業についての説明として誤っているものを１つ選び，記号で答えなさい。

ア　株式会社は，株式の発行で資金を集めて経営する企業である。

イ　企業は，その資本金の大きさによって，公企業と私企業とに分けられる。

ウ　多国籍企業とは多くの国に拠点を持ち，世界規模で活動している企業である。

エ　企業の経営者側は，労働者が結成した労働組合と，さまざまな交渉をすることがある。

(2)	b		c	

■平成27年度問題

4　次の(1)，(2)の問いに答えなさい。

(1)　人権に関するａ，ｂの問いに答えなさい。

ａ　**資料５**は，1789年，フランス革命初期に，革命派の議会が発表したものの一部である。この，革命派の議会が発表したものは何とよばれるか。その名称を書きなさい。

資料５

第１条　人は生まれながらにして，自由で平等な権利をもつ。
第３条　すべての主権の根源は，国民のなかにある。

ｂ　次の**ア**～**ウ**の文は，日本国憲法で保障されている基本的人権のうち，自由権，平等権，社会権のいずれかの内容の一部を示している。自由権，平等権，社会権の内容に当たるものを，**ア**～**ウ**の中からそれぞれ１つずつ選び，記号で答えなさい。

ア　法律の定めるところにより，能力に応じて，ひとしく教育を受ける権利を有する。

イ　法の下で，政治的，経済的または社会的関係において，差別されない。

ウ　公共の福祉に反しない限り，自分の意思で職業を選ぶことができる。

(2)　裁判に関するａ，ｂの問いに答えなさい。

ａ　**図８**は，三審制のしくみを，裁判が地方裁判所から始まる場合について示したものである。日本の裁判制度では，裁判の判決に不服があれば，控訴や上告により，原則として１つの事件について３回まで裁判を受けられる。日本でこの制度を設けている目的を，簡単に書きなさい。

図８

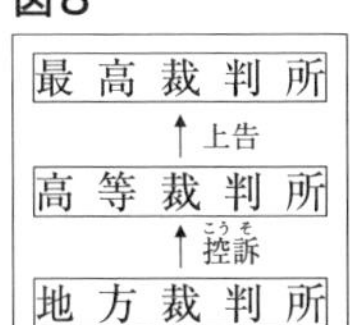

ｂ　司法制度改革の一つとして，裁判員制度が導入された。裁判員制度における裁判員の仕事について述べた文として適切なものを，次の**ア**～**エ**の中から１つ選び，記号で答えなさい。

ア　民事裁判で，弁護士と相談して，被告の利益を守る。

イ　民事裁判で，原告・被告の主張を聞き，和解を促したり，法に基づいた判決を下したりする。

ウ　重大な刑事事件の裁判で，被疑者を被告人として起訴するかどうかを決める。

エ　重大な刑事事件の裁判で，裁判官とともに被告人が有罪か無罪かを審理し，有罪であれば刑罰を決める。

(1)	a		b	自由権		平等権		社会権	
(2)	a		b						

■平成28年度問題

4　次の(1)，(2)の問いに答えなさい。

(1)　労働に関するａ，ｂの問いに答えなさい。

ａ　日本国憲法は，団結権，団体交渉権，団体行動権という労働三権を，労働者の権利として保障しており，労働者は団結して使用者と対等の立場で交渉することができる。労働者が使用者と交渉するために結成する団体は何とよばれるか。その名称を書きなさい。

ｂ　次の**ア**～**エ**の中から，日本における，雇用や労働の現状について述べたものとして誤っているものを１つ選び，記号で答えなさい。

ア　雇用において男女差別をなくすため，男女雇用機会均等法が定められている。

イ　終身雇用制の見直しや，非正規社員の増加など，雇用の形態に変化が生じている。

ウ　年功序列型賃金にかえて，能力や仕事の成果に応じて賃金を支払う企業が出てきている。

エ　ワーク・ライフ・バランスの考え方が広がり，男性の大半が育児休業制度を利用している。

(2)　国会に関するａ，ｂの問いに答えなさい。

ａ　次の□の中の文は，日本国憲法の国会に関する条文の一部である。文中の（　あ　），（　い　）に当てはまる語を，それぞれ書きなさい。

国会は，国権の（　あ　）機関であって，国の唯一の（　い　）機関である。

ｂ　**図９**は，テロ対策に関連したある法律案の採決について示したものである。**図９**をもとにすると，国会において，この法律は成立したか，成立しなかったか，どちらであったか。そのように判断した理由とあわせて，簡単に書きなさい。ただし，**出席議員**という語を用いること。

図９

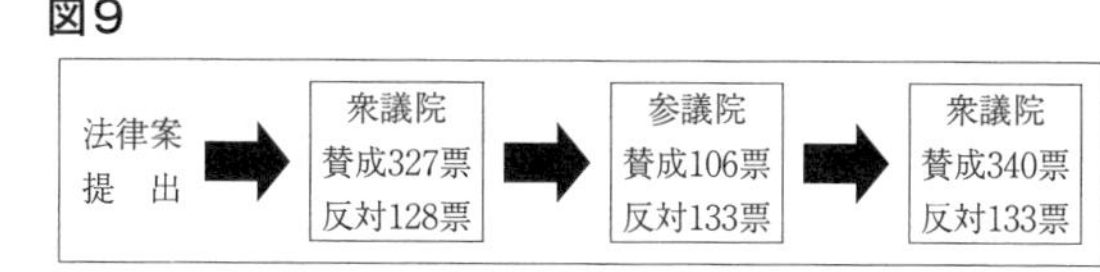

注　衆議院事務局資料などにより作成

(1)	a		b		(2)	a	あ		い	
(2)	b									

■平成29年度問題

4 次の(1), (2)の問いに答えなさい。

(1) 日本の税に関するa，bの問いに答えなさい。

a **表2**は，所得税の税率を示したものである。**表2**のように，所得が上がるにつれて税率が上がる制度は何とよばれるか。その名称を書きなさい。

b 消費税は，低所得者にとって，どのような問題があるか。所得全体に占める税負担の割合に着目して，簡単に書きなさい。

表2

課税される所得金額	税率
195万円以下	5%
195万円超 〜 330万円以下	10%
330万円超 〜 695万円以下	20%
695万円超 〜 900万円以下	23%
900万円超 〜 1,800万円以下	33%
1,800万円超 〜 4,000万円以下	40%
4,000万円超	45%

注1 国税庁資料により作成
注2 税率は2015年1月現在のもの。
注3 超とは，その金額より大きいことを示している。

(2) 民主政治に関するa，bの問いに答えなさい。

a 多くの国の憲法は，国の権力を，立法，行政，司法の三つに分ける，三権分立を採用している。三権分立を「法の精神」という著書で唱えたフランスの思想家はだれか。次の**ア**〜**エ**の中から1つ選び，記号で答えなさい。

ア ルソー　**イ** マルクス　**ウ** ロック　**エ** モンテスキュー

b 日本の国の政治では，直接民主制のしくみが一部で採用されている。日本国憲法において，国民審査を受けることが規定されている公職は何か。簡単に書きなさい。

(1)	a		b	
(2)	a		b	

■平成30年度問題

4 次の(1), (2)の問いに答えなさい。

(1) 憲法に関するa，bの問いに答えなさい。

a 次の［　　］の中の文は，日本国憲法の，天皇に関する条文の一部である。文中の（ ㋐ ），（ ㋑ ）に当てはまる語を，それぞれ書きなさい。

> 天皇は，日本国の（ ㋐ ）であり日本国民統合の（ ㋐ ）であって，この地位は，（ ㋑ ）の存する日本国民の総意に基（もとづ）く。

b 天皇は，内閣の助言と承認により国事行為を行う。次の**ア**〜**エ**の中から，天皇の国事行為として誤っているものを1つ選び，記号で答えなさい。

ア 法律の公布　**イ** 衆議院の解散　**ウ** 国会の召集　**エ** 最高裁判所長官の指名

(2) **表3**は，地方公共団体（地方自治体）における，直接請求権の内容やしくみを示したものである。このことに関するa，bの問いに答えなさい。

表3

請求の種類	必要な署名	請求後の取り扱い
条例の制定または改廃	有権者の50分の1以上	議会を招集し，結果を報告。
事務の監査		監査を実施し，その結果を公表。
議会の解散	有権者の3分の1以上	住民投票を行い，過半数の賛成があれば解散。
首長・議員の解職		住民投票を行い，過半数の賛成があれば解職。

a **表3**の「条例の制定または改廃」の請求先として正しいものを，次の**ア**〜**エ**の中から1つ選び，記号で答えなさい。

ア 首長　**イ** 選挙管理委員会
ウ 監査委員　**エ** 地方議会

b 直接請求権は，直接民主制のしくみを取り入れ，住民の意思を反映するための権利である。直接請求により解職を求めることができる，地方公共団体の首長と地方議会の議員はともに，だれによって，どのように選ばれるか。簡単に書きなさい。

(1)	a	㋐		㋑		b	
(2)	a		b				

■平成31年度問題

4　次の(1)，(2)の問いに答えなさい。

(1)　裁判に関するａ，ｂの問いに答えなさい。

ａ　公正で中立な裁判が行われるためには，司法権の独立が重要となる。次の［　　］の中の文は，日本国憲法の，司法権の独立に関する条文の一部である。文中の（　あ　），（　い　）に当てはまる語として正しい組み合わせを，次の**ア**～**エ**の中から１つ選び，記号で答えなさい。

> すべて裁判官は，その（　あ　）に従ひ独立してその職権を行ひ，この憲法及び（　い　）にのみ拘束される。

ア　あ　良心　　い　国会　　**イ**　あ　良心　　い　法律
ウ　あ　信条　　い　国会　　**エ**　あ　信条　　い　法律

ｂ　最高裁判所は，「憲法の番人」とよばれる。最高裁判所が，「憲法の番人」とよばれる理由を，簡単に書きなさい。

(2)　**図３**は，株式会社のしくみを表している。このことに関するａ～ｃの問いに答えなさい。

ａ　**図３**のⓐでは，株主や取締役が出席し，経営の基本方針の決定や役員の選任などが行われる。ⓐに当てはまる名称を書きなさい。

ｂ　**図３**のⓑとⓒに当てはまるものを，次の**ア**～**エ**の中から１つずつ選び，記号で答えなさい。

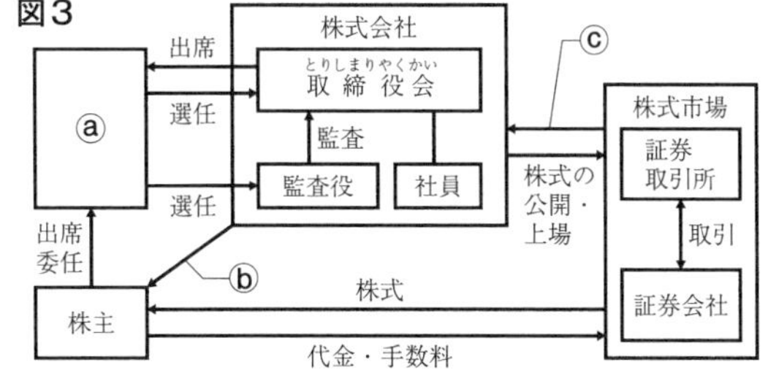

ア　賃金　　**イ**　資金　　**ウ**　配当（配当金）　　**エ**　利子（利息）

ｃ　株式会社や株式市場について述べた文として正しいものを，次の**ア**～**エ**の中から１つ選び，記号で答えなさい。

ア　株主は，株式会社が倒産しても，会社の借金をすべて返す義務を負うことはない。
イ　株式会社は，利潤の獲得を目的とする企業であり，社会的責任を担うことはない。
ウ　株価は需要と供給の関係で決まり，株式の売買で利益を得ることはできない。
エ　株主になることができるのは個人のみで，企業などの法人が株主になることはできない。

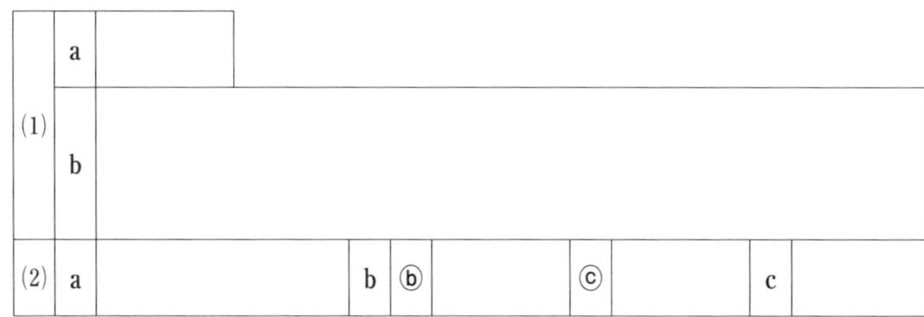

(1)	a						
	b						
(2)	a		b	ⓑ		ⓒ		c	

■令和２年度問題

4　次の(1)，(2)の問いに答えなさい。

(1)　人権に関するａ，ｂの問いに答えなさい。

ａ　日本国憲法は，法の下の平等を掲げ，誰もが等しく扱われる権利を保障している。職場での男女平等を実現するために，1985年に制定され，翌年に施行された法律は何とよばれるか。その名称を書きなさい。

ｂ　社会の変化とともに，日本国憲法に明確に規定されてはいない新しい人権が登場してきた。このような人権に当たるものを，次の**ア**～**エ**の中から１つ選び，記号で答えなさい。

ア　請求権　　**イ**　団結権　　**ウ**　参政権　　**エ**　環境権

(2)　国会に関するａ，ｂの問いに答えなさい。

ａ　国会の仕事に当たるものを，次の**ア**～**エ**の中から１つ選び，記号で答えなさい。

ア　内閣総理大臣の指名　　**イ**　条例の審議
ウ　違憲立法審査　　**エ**　衆議院解散の決定

ｂ　政党は，国会で多くの議席を獲得することで，政権を担当しようとする。複数の政党が集まってつくる政権は何とよばれるか。その名称を書きなさい。

(1)	a		b		(2)	a		b	政権

■令和３年度問題

4　次の(1)，(2)の問いに答えなさい。

(1)　社会権に関するａ，ｂの問いに答えなさい。

ａ　労働者に保障されている，労働基本権に関する①，②の問いに答えなさい。

①　労働基本権は社会権に含まれる権利である。社会権のうち，「健康で文化的な最低限度の生活を営む権利」に当たるものを，次の**ア**～**エ**の中から１つ選び，記号で答えなさい。

ア　請願権　　**イ**　生存権　　**ウ**　選挙権　　**エ**　自己決定権

②　労働基本権のうち，団結権とは，労働者が団結して労働組合を結成する権利である。労働者が団結して労働組合を結成する目的を，労働者と使用者の関係に関連づけて，簡単に書きなさい。

ｂ　労働三法のうち，使用者が最低限守るべき，賃金，休日，労働時間などの労働条件について定めた法律は何とよばれるか。その名称を書きなさい。

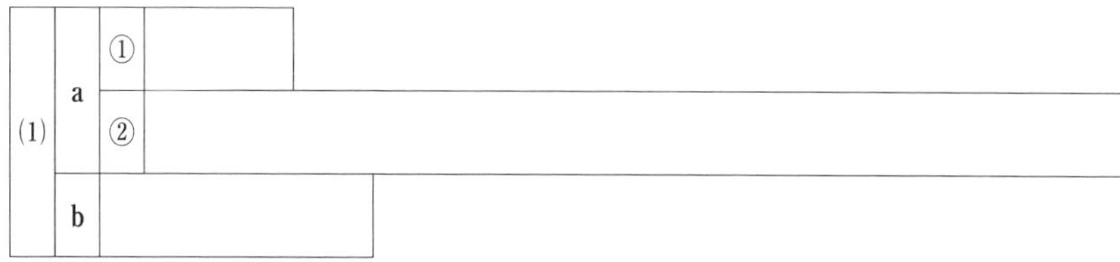

(1)	a	①	
		②	
	b		

(2) 内閣に関するa～cの問いに答えなさい。

a 次の[ ]の中の文は，日本国憲法の，内閣に関する条文の一部である。文中の（ あ ），（ い ）に当てはまる語として正しい組み合わせを，次の**ア**～**エ**の中から1つ選び，記号で答えなさい。

> 第65号　（ あ ）権は，内閣に属する。
> 第66号①　内閣は，法律の定めるところにより，その首長たる内閣総理大臣及びその他の（ い ）でこれを組織する。

ア あ 立法　い 国務大臣　**イ** あ 立法　い 国会議員
ウ あ 行政　い 国務大臣　**エ** あ 行政　い 国会議員

b 国会の信任に基づいて成立し，国会に対して連帯して責任を負う内閣のしくみは何とよばれるか。その名称を書きなさい。

c 衆議院による内閣不信任案の可決に対し，内閣が国民の意思を直接問おうとするとき，内閣が国会に対して行うことを，簡単に書きなさい。

(2)	a		b	
	c			

■令和4年度問題

4 次の(1)，(2)の問いに答えなさい。

(1) 次の[ ]の中の文は，日本国憲法第96条に定められている，憲法改正の手続きについてまとめたものである。この文に関するa～cの問いに答えなさい。

> 日本国憲法の改正は，ⓐ衆議院と参議院の，それぞれ総議員の（ あ ）の賛成を得て，国会が発議する。この発議を受けて行われる（ い ）で，国民の承認を得ると改正案が成立し，ⓑ天皇が国民の名で公布する。

a 文中の下線部ⓐの議員は，それぞれ選挙で選ばれる。下線部ⓐの議員選挙でとられている，得票数に応じて政党に議席を配分するしくみは何とよばれるか。その名称を書きなさい。

b 文中の（ あ ），（ い ）に当てはまる語として正しい組み合わせを，次の**ア**～**エ**の中から1つ選び，記号で答えなさい。

ア あ 過半数　い 国民投票　**イ** あ 過半数　い 国民審査
ウ あ 3分の2以上　い 国民投票　**エ** あ 3分の2以上　い 国民審査

c 文中の下線部ⓑは，天皇が，内閣の助言と承認によって行う，形式的・儀礼的な行為の1つである。天皇が，内閣の助言と承認によって行う，形式的・儀礼的な行為は何とよばれるか。その名称を書きなさい。

(2) 経済に関するa，bの問いに答えなさい。

a 次の[ ]の中の文は，日本銀行が行う公開市場操作について述べたものである。文中の（ あ ）～（ う ）に当てはまる語として正しい組み合わせを，次の**ア**～**ク**の中から1つ選び，記号で答えなさい。

> 好景気（好況）のとき，日本銀行は国債を（ あ ）。それによって一般の銀行は手持ちの資金が（ い ）ために，企業などへの貸し出しに慎重になる。その結果，景気が（ う ）。

ア あ 買う　い 増える　う 回復する
イ あ 買う　い 増える　う おさえられる
ウ あ 買う　い 減る　う 回復する
エ あ 買う　い 減る　う おさえられる
オ あ 売る　い 増える　う 回復する
カ あ 売る　い 増える　う おさえられる
キ あ 売る　い 減る　う 回復する
ク あ 売る　い 減る　う おさえられる

b 電気・ガス・水道などは，それぞれの地域で供給者が独占状態であることがほとんどである。これらは安定的に供給される必要があり，価格を自由に決めることが許されていない。電気・ガス・水道の料金のように，政府などが決定・認可する価格は何とよばれるか。その名称を書きなさい。また，この価格の決定・認可に政府などが関わり，価格の上昇などを規制する理由を，簡単に書きなさい。

(1)	a	制	b		c		(2)	a	
(2)	b	名称							
		理由							

記述 （解答は別紙にご記入下さい。）

■平成26年度問題

(3) 近年の日本では，少子高齢化が進み，社会保障制度に関しても議論が重ねられてきている。**資料3**は，公的年金制度の特徴をまとめたものである。**グラフ8**は，1990年，2000年，2010年，2020年の，日本の総人口の推移と予測を，年少人口（0～14歳の人口），生産年齢人口（15～64歳の人口），老年人口（65歳以上の人口）に分けて示している。**グラフ9**は，1990年，2000年，2010年の，公的年金として支払われた総額を示している。**資料3**，**グラフ8**，**グラフ9**から考えられる，公的年金制度を支えている世代の立場からみた，公的年金制度の問題点を，70字程度で書きなさい。

資料3

・国民皆年金 国民はすべて，20歳になると，公的年金制度の1つである，国民年金制度に加入する。 ・社会保険方式 公的年金制度の加入者は，それぞれ保険料を払い，一定の年齢に達すると年金を受け取る。 ・世代間扶養 基本的には，現在働いている現役世代の保険料が，そのときの高齢者が受け取る年金にあてられる。

注　厚生労働省資料により作成

グラフ8

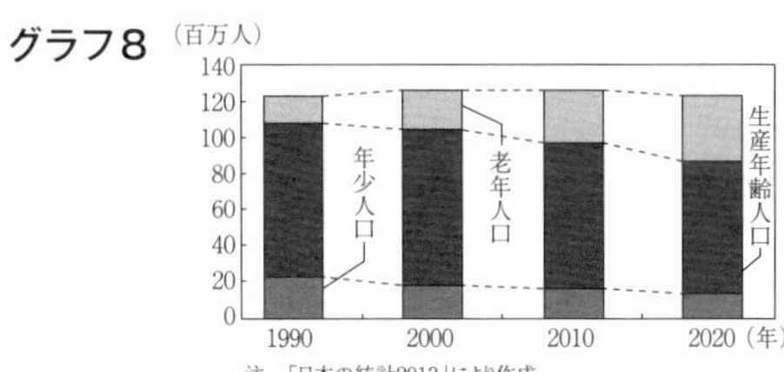

注 「日本の統計2013」により作成

グラフ9

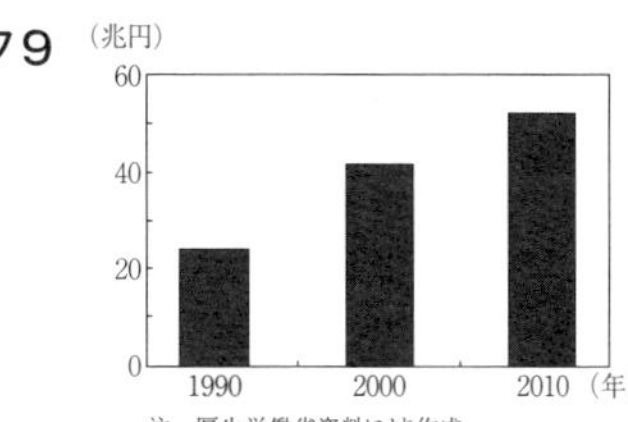

注 厚生労働省資料により作成

■平成27年度問題

(3) 日本は，ASEAN（東南アジア諸国連合）加盟国に対して，さまざまな援助を行っている。**表2**は，2010年における，ASEAN加盟国の，世界銀行による所得分類，日本からのODA（政府開発援助）の有無をまとめたものである。**グラフ7**は，2006年，2008年，2010年，2012年における，ASEAN加盟国への日本のODAのうちの贈与（返済義務を課さない援助）の総額の推移を示している。**グラフ8**は，2011年から2012年にかけて，日本から援助を行ったASEAN加盟国それぞれへのODAの贈与における，無償資金協力（資金を与える援助）と，技術協力（専門家の派遣など）の割合を示している。

日本は，ASEAN内の課題に対して，どのような方針で援助を行っているか。**表2**から読み取れるASEAN内の課題と，日本の援助における方針として，**グラフ7**から分かることと，**表2**と**グラフ8**から分かることをあわせて，70字程度で書きなさい。

表2

世界銀行による所得分類（1人当たりの国民総所得）		ASEAN加盟国	日本からのODA
高所得国	12,276ドル以上	シンガポール，ブルネイ	なし
高中所得国	3,976ドル以上 12,275ドル以下	マレーシア，タイ	あり
低中所得国	1,006ドル以上 3,975ドル以下	インドネシア，ベトナム，ラオス，フィリピン	
低所得国	1,005ドル以下	ミャンマー，カンボジア	

注　外務省資料などにより作成

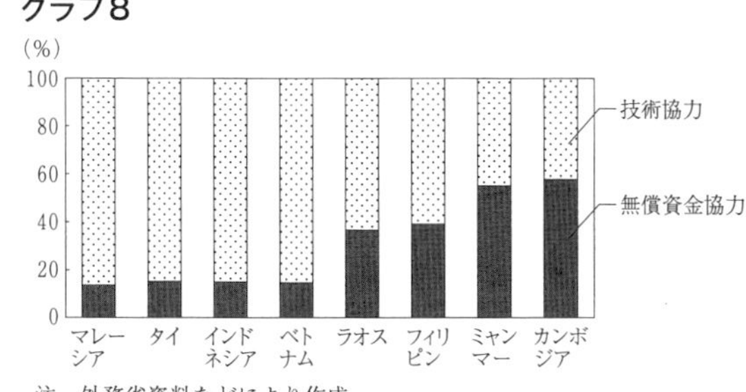

■平成28年度問題

(3) 日本では，情報化が進んで，消費に関する行動に変化がみられるようになった。**グラフ10**は，2009年度，2011年度，2013年度の，オンライン・ショッピング（インターネットを利用した買い物）の市場の大きさの推移を示している。**グラフ11**は，2009年度，2011年度，2013年度の，消費生活センター（地方公共団体が運営する，消費者のための機関）に寄せられたオンライン・ショッピングについての相談件数の推移を示している。**図10**は，消費者問題に対する行政機関の取り組みを表した模式図である。**図10**から分かる，消費者問題に対する行政機関の取り組みとその目的を，**グラフ10**と**グラフ11**から読み取れることに関連づけて，70字程度で書きなさい。

グラフ10

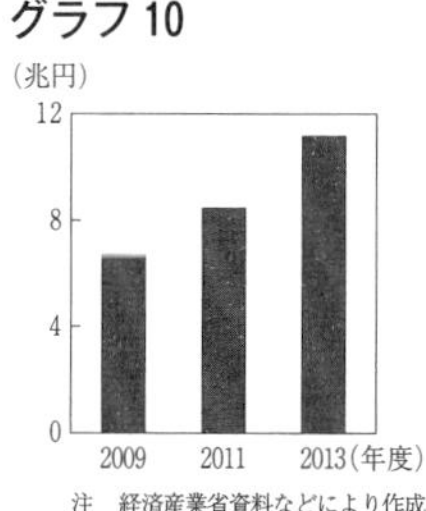

注 経済産業省資料などにより作成

グラフ11

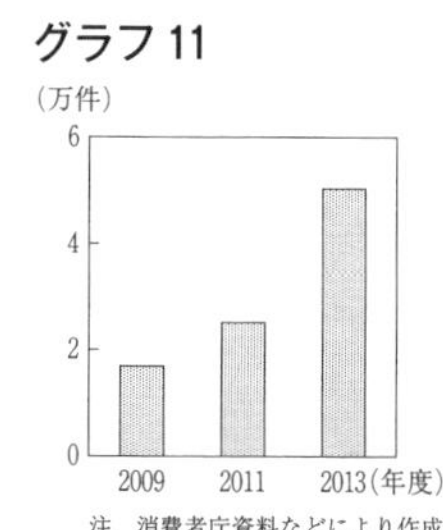

注 消費者庁資料などにより作成

図10

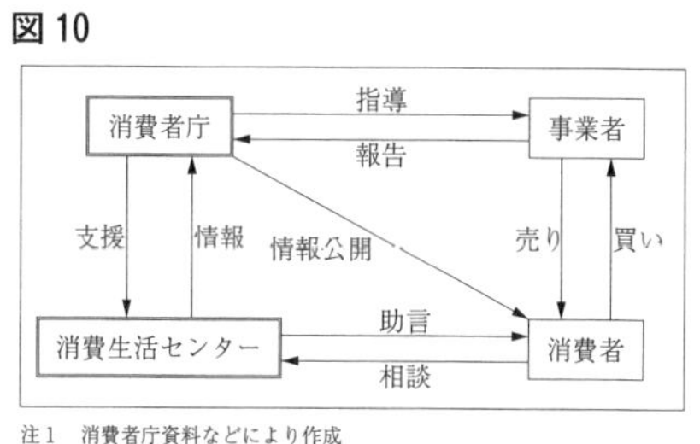

注1 消費者庁資料などにより作成
注2 ▭ は行政機関を示している。

■平成29年度問題

(3)　1985年の男女雇用機会均等法の制定以降，女性をとりまく労働環境は改善されてきたが，課題も残っている。**グラフ7**は，2012年における，男女ごとの年齢階級別の労働力人口の割合と，1980年における，女性の年齢階級別の労働力人口の割合を示している。**グラフ8**は，2012年における，男女ごとの年齢階級別の正社員の勤続年数（現在の勤め先に勤めはじめてからの年数）の平均を示している。**グラフ9**は，2012年における，男女ごとの年齢階級別の正社員の賃金の平均を示している。**グラフ7**から分かる女性の労働に関して改善されたことを書きなさい。また，**グラフ9**から分かる女性の労働環境を整えていく上での賃金における課題を，**グラフ7**と**グラフ8**から読み取れることに関連づけて書きなさい。ただし，70字程度で書くこと。

グラフ7

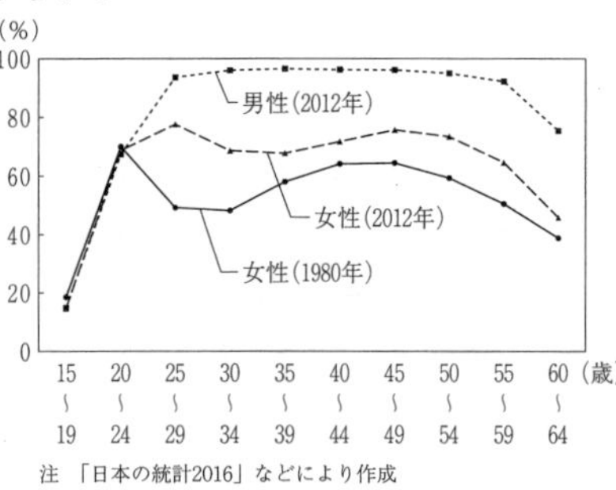

注　「日本の統計2016」などにより作成

グラフ8

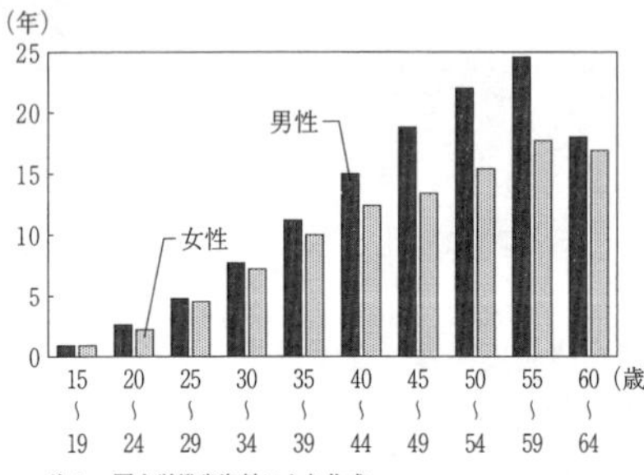

注1　厚生労働省資料により作成
注2　調査対象は，10人以上の企業の正社員。ただし，短時間労働者を除く。

グラフ9

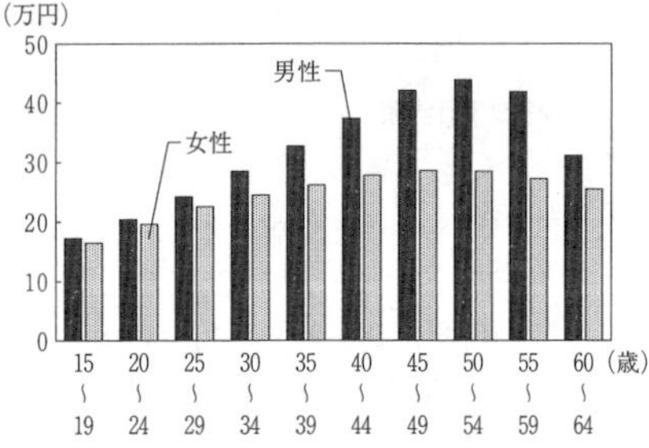

注1　厚生労働省資料により作成
注2　調査対象は，10人以上の企業の正社員。ただし，短時間労働者を除く。
注3　賃金は，1か月当たりの所定内給与額（時間外勤務や休日出勤など超過労働給与額を含まない給与の額）。

■平成30年度問題

(3)　ごみ処理や消防などの行政サービスは，納められた税金をもとに供給されている。三大都市圏では，郊外から都心部への通勤・通学者が多く，通勤・通学者が多く集まる大都市には，ごみ処理などの行政サービスにおいて，さまざまな課題がある。なかでも大阪市には，財政上の課題があると考えられる。**表4**は，横浜市，名古屋市，大阪市の，2010年における，夜間人口（常住人口）と昼間人口（夜間人口から，通勤・通学による人口の流入・流出を加減した人口）を示している。**グラフ7**は，横浜市，名古屋市，大阪市の，2010年度における，歳入の総額と歳入の内訳を示している。**グラフ8**は，横浜市，名古屋市，大阪市の，2010年度における，ごみ処理施設の年間処理量を示している。**表4**と**グラフ7**から考えられる，大阪市の人口の特徴が大阪市の財政に与えている影響を，**グラフ8**から分かる行政サービスの状況に関連づけて，70字程度で書きなさい。

表4

	夜間人口（万人）	昼間人口（万人）
横浜市	369	338
名古屋市	226	257
大阪市	267	354

注　総務省資料により作成

グラフ7

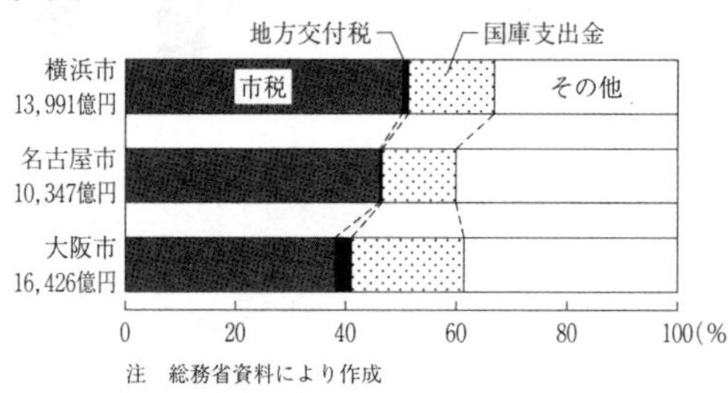

注　総務省資料により作成

グラフ8

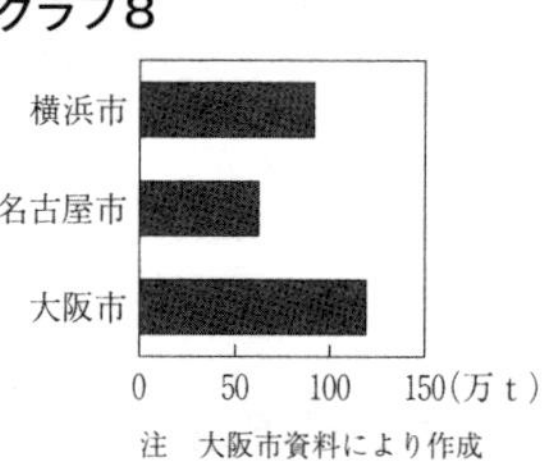

注　大阪市資料により作成

■平成31年度問題

4

(3) 2016年に，選挙権年齢を18歳以上に引き下げる法律が施行され，若い世代の積極的な政治参加が求められている。**グラフ10**は，選挙権年齢が引き下げられる前の，2014年の衆議院議員総選挙における，年代別の，有権者数と投票者数を示している。**表4**は，2014年の衆議院議員総選挙における，20～30歳代と60歳以上の有権者が投票の際に考慮したことの調査結果を示している。**グラフ11**は，2005年度と2015年度における，国の歳出の総額と歳出の内訳を示している。有権者数と投票率の世代間の違いによって生じる，若い世代にとっての問題点を，**グラフ10**，**表4**，**グラフ11**から考えられる，有権者数と投票率の世代間の違いが，政治に与えている影響に関連づけて，70字程度で書きなさい。

表4

	20～30歳代	60歳以上
1位	景気対策	年金
2位	子育て・教育	医療・介護
3位	消費税	景気対策

注　明るい選挙推進協会資料により作成

グラフ10

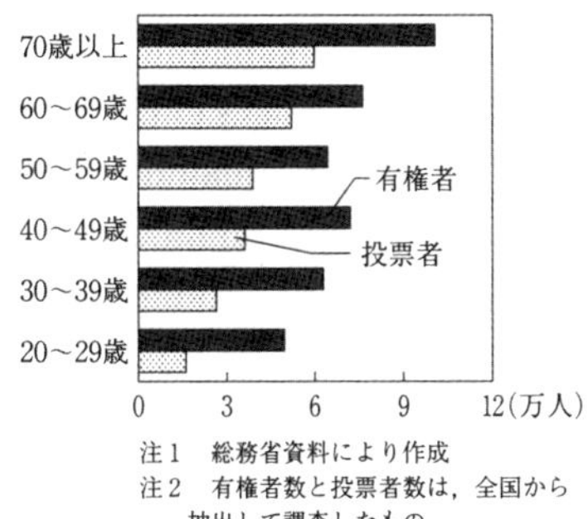

注1　総務省資料により作成
注2　有権者数と投票者数は，全国から抽出して調査したもの。

グラフ11

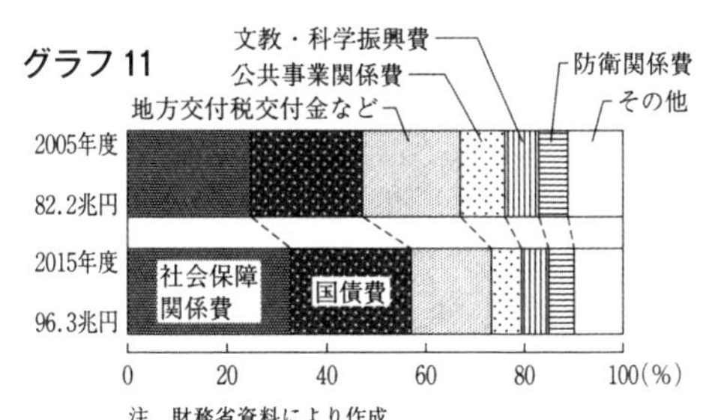

注　財務省資料により作成

■令和2年度問題

(3) 1997年に採択された京都議定書では，1990年を基準として，2008年から2012年までの二酸化炭素などの削減目標が，数値目標として定められた。京都議定書が2005年に発効すると，2008年から2012年の期間中に，各国で二酸化炭素などの排出量を削減する取り組みが行われた。このことに関するa，bの問いに答えなさい。

a　二酸化炭素やメタンなど，地球温暖化の原因と考えられている気体の総称は何か。その総称を書きなさい。

b　**表6**は，2008年から2012年における，国・地域別の二酸化炭素の削減義務の有無を示している。**グラフ6**は，1990年と2012年における，二酸化炭素の，世界の総排出量と，国・地域別の排出量の割合を示している。2008年から2012年の期間中に，各国が二酸化炭素の削減に取り組んだにもかかわらず，二酸化炭素の排出量を削減する取り組みが不十分になった理由の1つは，アメリカ合衆国が京都議定書から離脱したからである。このこととは別に，世界全体の二酸化炭素の排出量が増えている理由を，**表6**と**グラフ6**から考えられることに関連づけて，簡潔に書きなさい。

表6

削減義務	国・地域
あり	日本，EU25か国，ロシア，ウクライナ，アイスランド，ノルウェー，スイス，リヒテンシュタイン，モナコ，クロアチア，オーストラリア，ニュージーランド
なし	発展途上国など計155か国

注1　環境省資料により作成
注2　アメリカ合衆国，カナダは京都議定書から離脱。アンドラ，パレスチナ，南スーダンは京都議定書に不参加。

グラフ6

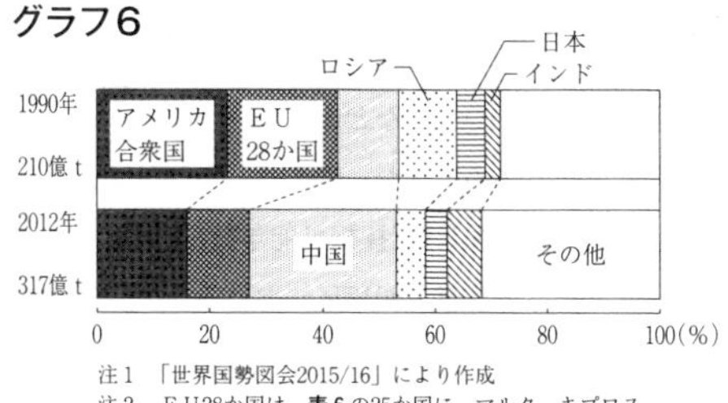

注1　「世界国勢図会2015/16」により作成
注2　EU28か国は，表6の25か国に，マルタ，キプロス，クロアチアを加えたものである。

(4) 政府は，大阪・関西万博が開催される2025年までに，キャッシュレス決済比率を40%にする目標を発表し，キャッシュレス決済を推進している。キャッシュレス決済とは，クレジットカード，電子マネー，スマートフォンなどを使って，現金を使用せずにお金を払うことである。**資料1**は，キャッシュレス決済の推進の取り組みをまとめたものである。**グラフ7**は，2005年，2015年，2025年の日本の総人口の推移と予測を，年少人口（0～14歳の人口），生産年齢人口（15～64歳の人口），老年人口（65歳以上の人口）に分けて示している。**グラフ8**は，2015年における，各国のキャッシュレス決済比率を示している。キャッシュレス決済の普及によっておこる問題点はあるが，利点もある。**資料1**，**グラフ7**，**グラフ8**から考えられる，キャッシュレス決済が普及することで期待される，日本の事業者にとっての利点を，国内の雇用と外国人観光客の消費の面から，70字程度で書きなさい。

資料1

- 政府は，キャッシュレス決済に対応した端末やレジを増やすため，補助金を出す制度を整えた。
- あるレストランチェーンには，テーブルにあるタブレット型端末で注文を行い，テーブルでキャッシュレス決済を行える店がある。
- 観光地では，電子マネーやスマートフォンを使った支払いを取り入れた店が増えている。

注　経済産業省資料などにより作成

グラフ7

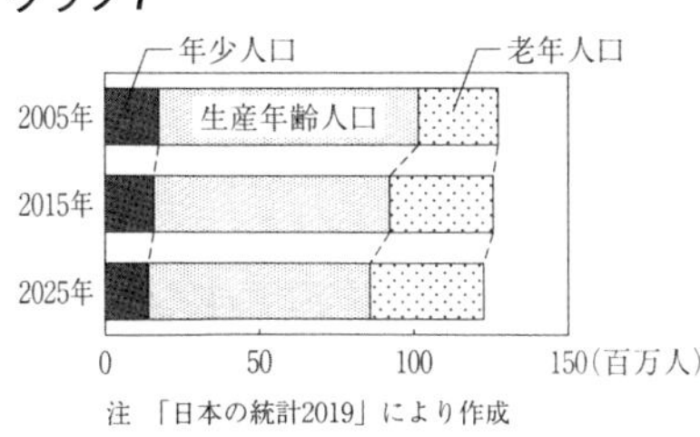

注　「日本の統計2019」により作成

グラフ8

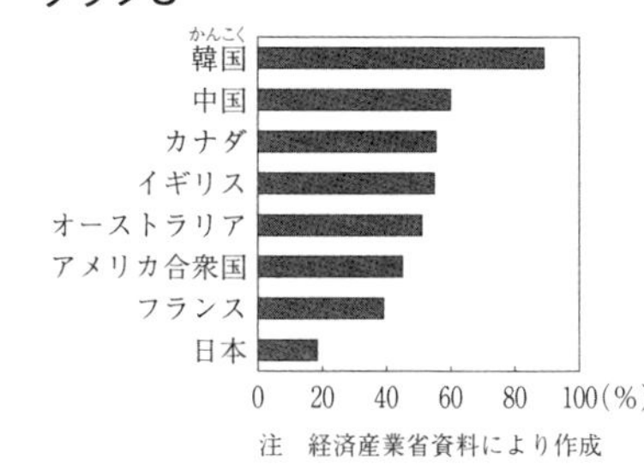

注　経済産業省資料により作成

■令和３年度問題

(3) 農家や農業協同組合などが，自ら生産した農産物を販売する直売所が，全国各地に設立されている。**表７**は，2017年における，直売所に対する調査結果をまとめたものである。**グラフ５**は，2018年における，全国の直売所の年間販売金額に占める地元産の割合と，中央卸売市場（卸売市場のうち，地方公共団体などが国の認可を受けて開設したもの）の年間取扱金額に占める地元産の割合を示している。**図４**は，商品が消費者に届くまでの主な流通経路を示している。**表７**から分かる，消費者が直売所で商品を購入するときの利点と，**表７**，**グラフ５**，**図４**から考えられる，小売業者から購入する場合と比べて，消費者が商品を購入するときに直売所で発生しやすい問題点を，70字程度で書きなさい。

表７

	直売所における販売商品のこだわり	直売所を営業する上での課題
１位	商品鮮度	季節による商品不足
２位	同一市町村産の商品のみ販売	従業員の人材確保
３位	農薬使用の軽減	生鮮物の品質管理
４位	同一都道府県産の商品のみ販売	時間帯による商品不足

注　都市農山漁村交流活性化機構資料により作成

グラフ５

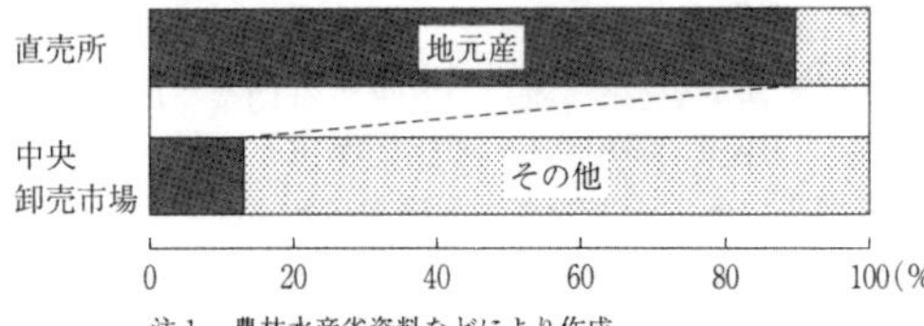

注１　農林水産省資料などにより作成
注２　たとえば静岡県の場合では，「地元産」は静岡県産を示し，「その他」は静岡県以外の都道府県産と外国産を示す。
注３　直売所の年間販売金額は，野菜類，果実類，きのこ類・山菜，畜産物，農産加工品，花き・花木の合計。中央卸売市場の年間取扱金額は，青果，食肉，花き・花木，その他の合計。

図４

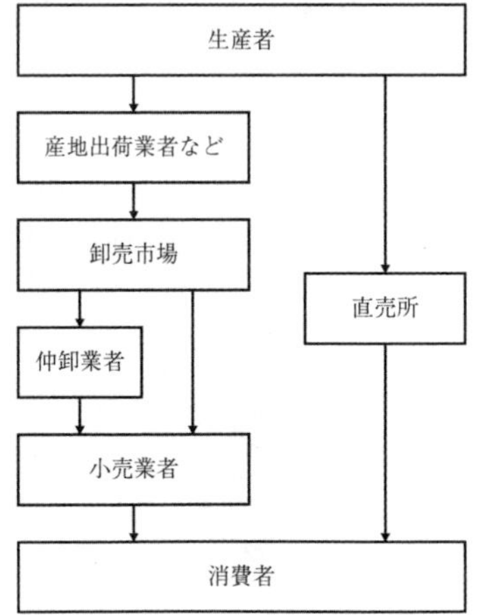

注　全国農業協同組合中央会資料などにより作成

■令和４年度問題

(3) 1990年代から，地方自治に関する改革が行われている。**資料２**は，1999年に制定された，地方分権一括法の施行前後の，変化のようすをまとめたものである。**グラフ６**は，2006年度税制改正の前後の，年収500万円の世帯における，所得税（国に納める直接税）と住民税（都道府県と市町村に納める直接税）の，１年間の負担合計額を，所得税と住民税に分けて示している。**グラフ７**は，1997年度と2007年度の，全国の地方自治体の収入の総額を，自主財源と依存財源に分けて示している。国が地方自治に関する改革で行った，財政面での改革のねらいを，**資料２**から分かる，地方分権一括法を制定した目的と，**グラフ６**と**グラフ７**から分かる，改革の内容に関連づけて，70字程度で書きなさい。

資料２

・地方分権一括法の施行前
　国と地方自治体は上下・主従の関係であり，地方自治体の仕事に国が強く関与したり，国が行うべき仕事を地方自治体が国の代わりに行ったりすることがあった。
・地方分権一括法の施行後
　国と地方自治体は対等・協力の関係となり，各地方自治体が特性を生かし，みずからの判断や責任に基づいた政治を行いやすくなった。

注　総務省資料などにより作成

グラフ６

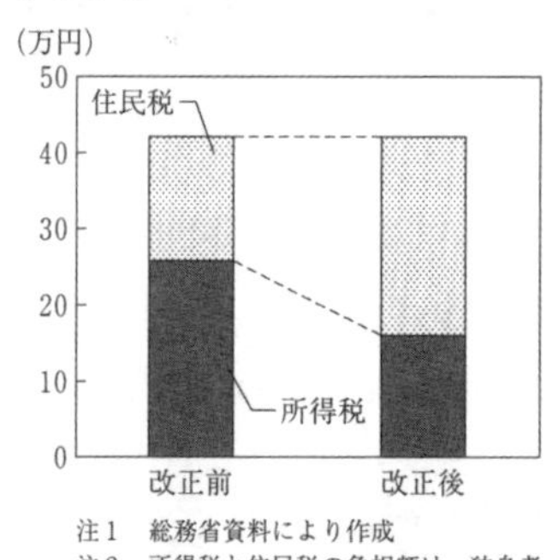

注１　総務省資料により作成
注２　所得税と住民税の負担額は，独身者の場合を示している。

グラフ７

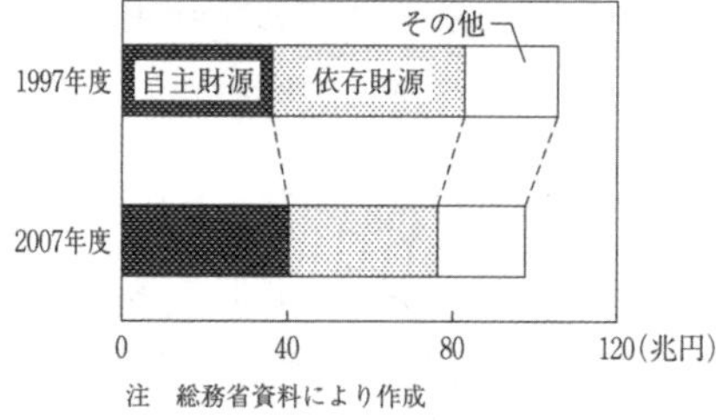

注　総務省資料により作成

■令和3年度問題

五 あなたのクラスでは、国語の授業で、次の□の中の文章が紹介された。

> 読書や一人旅には、一人で過ごす時間の中で、自分なりの楽しさを見つけることができるという魅力があります。そのような、自分が見つけた楽しさを、周囲の人に伝える人もいますが、自分の中だけで楽しむ人もいます。
> あなたなら、自分が見つけた楽しさを、周囲の人に伝えますか。

この文章について感想を述べ合ったところ、**「自分が見つけた楽しさは、自分の中だけで楽しめばよい。」**という発言をした人がいた。そこで、この発言について、それぞれが賛成、反対の立場に立って意見を述べることになった。あなたならどちらの立場で、どのような意見を述べるか。そう考える理由を含めて、あなたの意見を書きなさい。ただし、次の**条件1**、**2**にしたがうこと。

条件1　一マス目から書き始め、段落は設けないこと。
条件2　字数は、百五十字以上、百八十字以内とすること。

■令和4年度問題

五 あなたのクラスでは、総合的な学習の時間の授業で環境問題について調べたことを、班ごとに発表することになった。あなたの班は、マイクロプラスチックによる環境への影響を調べ、調べた内容を**図**のようにまとめた。そして、調べた内容を他の班の生徒へ効果的に伝えるために、発表の際、**図**とともに、**A**、**B**のポスターのどちらかを掲示することにした。

あなたなら、マイクロプラスチックによる環境への影響について調べた内容を他の班の生徒へ効果的に伝えるために、**図**とともに掲示するポスターとして、**A**と**B**のどちらがより適切と考えるか。**A**と**B**のどちらかを選び、それを選んだ理由を含めて、あなたの考えを書きなさい。ただし、次の**条件1**、**2**にしたがうこと。

条件1　一マス目から書き始め、段落は設けないこと。
条件2　字数は、百五十字以上、百八十字以内とすること。

図

マイクロプラスチックによる環境への影響

○**マイクロプラスチックとは？**
大きさが5㎜以下のプラスチック片

○**どのようにできるの？**
ビニール袋や**ペットボトル**等のプラスチック製品が適切に処理されずに、主に川から海に流れ出る。
⇒海に流れ出た**プラスチック製品**が、波や紫外線などの影響により細かくなってできる。

○**マイクロプラスチックは有害？**
・マイクロプラスチックは自然には分解されにくい。
・マイクロプラスチックには有害な化学汚染物質が付着しやすい。
・海洋生物がえさと間違えて食べてしまい、成長に影響が出たり、死亡率が上昇したりする可能性がある。
・海洋生物が取り込んだ化学汚染物質は、その生物の体内にたまっていき、その生物を食べた別の生物の体内にもたまっていく可能性がある。

参考：『海洋プラスチックごみ問題の真実』
磯辺篤彦著　令和2年 化学同人 など

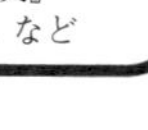

A

B

（令和二年度「こども教育支援財団　環境教育ポスター公募展」による。）

■**平成29年度問題**

五　次の二つの資料は、中学三年生を対象とした読書についてのアンケート調査の結果を表したものである。
　あなたは、この二つの資料から、どのようなことを考えるか。あなたが考えたことを、あなたの日ごろの読書の状況と関連づけて書きなさい。ただし、次の**条件1**、**2**にしたがうこと。
条件1　一マス目から書き始め、段落は設けないこと。
条件2　字数は、百五十字以上、百八十字以内とすること。

読書は好きですか

好き　どちらかといえば、好き　どちらかといえば、好きではない　好きではない

0　20　40　60　80　100(%)

1日当たりどれくらいの時間、読書をしますか

2時間以上　1時間以上2時間未満　30分以上1時間未満　30分未満　全くしない

0　20　40　60　80　100(%)

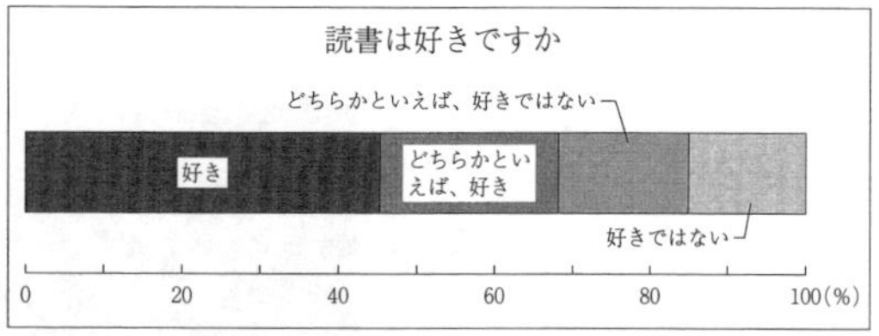

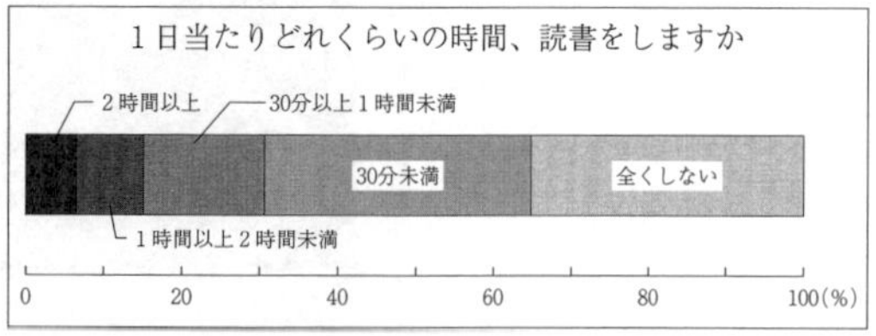

注　文部科学省 国立教育政策研究所「平成27年度 全国学力・学習状況調査報告書」により作成

■**平成30年度問題**

五　あなたのクラスでは、国語の授業で、次の□の中の文章に表された考えについて、それぞれが賛成、反対の立場に立って意見を発表し、交流することになった。あなたなら、どちらの立場で、どのような意見を発表するか。具体的な根拠を含めて、あなたの意見を、百五十字以上、百八十字以内で書きなさい。ただし、次の**条件1**、**2**にしたがうこと。
条件1　一マス目から書き始め、段落は設けないこと。
条件2　字数は、百五十字以上、百八十字以内とすること。

子曰はく、「道同じからざれば、相ひ為に謀らず。」と。
（現代語訳）
孔子さまが言われたことには、「進む道が同じでないならば、お互いに話し合いはしない方がいい。」と。
（『論語』による。）

■**平成31年度問題**

五　あなたのクラスでは、国語の授業で、次の□の中の標語が紹介された。あなたは、この標語から、どのようなことを考えるか。あなたが考えたことを、あなたが体験したことや学んだことなど、身近なところにある事柄と関連させて書きなさい。ただし、次の**条件1**、**2**にしたがうこと。
条件1　一マス目から書き始め、段落は設けないこと。
条件2　字数は、百五十字以上、百八十字以内とすること。

つなげよう　ひとりひとりの　思いやり
（厚生労働省「平成二十四年度　児童福祉週間」標語による。）

■**令和2年度問題**

五　あなたのクラスでは、国語の授業で、下の□の中の新聞記事が紹介された。
　この記事について感想を述べ合ったところ、**「言葉がもつ本来の意味や使い方を大切にするべきだ。」**という発言をした人がいた。そこで、この発言について、それぞれが賛成、反対の立場に立って意見を述べることになった。あなたならどちらの立場で、どのような意見を述べるか。そう考える理由も含めて、あなたの意見を書きなさい。ただし、次の**条件1**、**2**にしたがうこと。
条件1　一マス目から書き始め、段落は設けないこと。
条件2　字数は、百五十字以上、百八十字以内とすること。

「なし崩し」理解2割
　借金の「なし崩し」や、「げきを飛ばす」の本来の意味を理解している人が2割程度にとどまり、指揮をすることを意味する「采配を振る」を「采配を振るう」と認識している人は5割超を占めることが、文化庁の二〇一七年度国語に関する世論調査で分かった。

慣用句などの意味や使い方
（○が本来正しいとされる使い方・意味）

意味	なし崩し	**○少しずつ返していく**	19.5%
		なかったことにする	65.6%
	げきを飛ばす	**○自分の考えを広く人々に知らせ同意を求める**	22.1%
		元気のない者に刺激を与えて活気づける	67.4%
使い方	チームや部署に指図を与え、指揮する	**○采配を振る**	32.2%
		采配を振るう	56.9%

（二〇一八年九月二十六日付の新聞記事による。）

条件作文

■平成26年度問題

五 下のグラフは、若者に、「自分が社会に役立つためにしたい活動」と「実際に自分がしている、社会に役立つ活動」について調査した結果を表したものである。
あなたは、このグラフから、どのようなことを考えるか。あなたが考えたことを、あなたが体験したことや学んだことなど、身近なところにある事柄と関連させて書きなさい。ただし、次の**条件1**、**2**にしたがうこと。

条件1 一マス目から書き始め、段落は設けないこと。
条件2 字数は、百五十字以上、百八十字以内とすること。

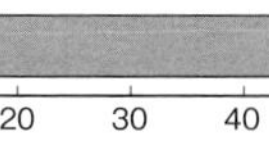

注1　静岡県青少年問題協議会「若者の社会参画に関するアンケート報告書」（平成25年）により作成
注2　調査対象は、高校生・専門学校生・大学生及び30歳未満の社会人、計約1,500人
注3　調査項目の中から一部の項目を取り上げたもの（複数回答可）

■平成27年度問題

五 あなたの学校の図書委員会では、できるだけ多くの生徒に学校の図書館を利用してもらうために、図書館をPRする活動をいくつか計画している。委員会では、それらの活動に使うシンボルマークとして次の**A**、**B**二つの案が示され、どちらがよいか考えを述べ合うことになった。
あなたが図書委員だったら、多くの生徒に図書館を利用してもらうためのPR活動に使うシンボルマークとして、**A**と**B**のどちらがよいと考えるか。**A**、**B**どちらかを選び、それを選んだ理由を含めて、あなたの考えを書きなさい。
ただし、次の**条件1**、**2**にしたがうこと。

条件1 一マス目から書き始め、段落は設けないこと。
条件2 字数は、百五十字以上、百八十字以内とすること。

A

B

■平成28年度問題

五 あなたのクラスでは、国語の授業で、次の□の中の文章が紹介された。

> 私たちのまわりには、便利な道具がたくさんあります。
> 「自動車ができて、移動時間が短くなった。」
> 「リモコンが発明され、遠くからでも操作ができるようになった。」
> 「携帯電話で、いつでもどこでも話ができるようになった。」
> このまま便利な道具が増えていくことで、私たちの生活はさらに豊かになっていくのでしょうか。

この文章について感想を述べ合ったところ、**「便利な道具があるからこそ、豊かな生活を送ることができる。」**という発言をした人がいた。そこでこの発言について、それぞれが賛成、反対の立場に立って意見を述べることになった。あなたならどちらの立場で、どのような意見を述べるか。そう考える理由も含めて、あなたの意見を書きなさい。
ただし、次の**条件1**、**2**にしたがうこと。

条件1 一マス目から書き始め、段落は設けないこと。
条件2 字数は、百五十字以上、百八十字以内とすること。

問一　二重傍線（═）部を、現代かなづかいで書きなさい。

問二　波線（〰）部**ア**〜**エ**の中から、その主語に当たるものが同じであるものを二つ選び、記号で答えなさい。

問三　傍線（―）部について、周防守は、自身の発言の中でその理由を推測して述べている。周防守が述べている、傍線（―）部のようになる理由を、周防守の気質を含めて、簡単に書きなさい。

問四　次の**ア**〜**エ**の中から、本文から読み取れる、周防守の人物像について述べた文として、最も適切なものを一つ選び、記号で答えなさい。

ア　周囲からの評判に耳を傾け、父親から伝えられた教訓を固く守り通す人。

イ　周囲からの評判に耳を傾け、現状を改善するための手段を取ることができる人。

ウ　周囲からの評判に耳を傾けるが、任務よりも自分の趣味を優先する人。

エ　周囲からの評判に耳を傾けるが、自分に都合が悪い話は聞き入れない人。

問一	問二	問三	問四
	と		

■令和４年度問題

四　次の文章を読んで、あとの問いに答えなさい。

注①東下野守は、和歌の道に達し（深く通じ）、注②古今伝授の人なりしが、注③宗祇法師が、はるばる東国にくだりて（ア）、野州（東下野守）に謁して（お会いして）古今の伝授を得けり（受けた）。然るに（さて）、下野守、注④小倉山の色紙、百枚所持したまひけるに、宗祇が志（宗祇の思い）を感じて五十枚与へらる（お与えになる）。宗祇、京都へ帰りし（イ）時、いづれにてかありけん（どこの誰かもわからない）注⑤水主に、かの（その）色紙一枚くれて（ウ）、これは天下の重宝にて、汝、水主をやめて世を安くおくる（安心して生活できる）程の注⑥料となるものなりといひふくむ（言い聞かせる）。水主へ与へくるる（与えてやる）程の事なれば、知れる人（知り合い）毎に一枚づつ、五十枚を皆くれたり。当時（現在）、世に残りし（エ）は、宗祇の（宗祇によって）散らされたる色紙なり。野州の方にありし五十枚は、野州没落（領地を奪われた）の時、焼失して一字も残らずとなり。宗祇の意（考え）は、天下の重宝なれば、私にすべきにあらず（一人だけで所有するべきではない）、諸方に散らしおきなば（あちこちに散らしておけば）、時うつり世変わりしても少しは残るべし（残るだろう）、一所（同じ所）にありては、不慮の変（思いがけない出来事）にて皆うするなるべし（失ってしまうだろう）と思ひてのことなり。誠に宗祇の志（考え）、ありがたきことにあり（立派なことである）。

（日夏繁高『兵家茶話』による。）

（注）①　東常縁。室町時代の歌人で、美濃国郡上の領主。
②　「古今和歌集」の解釈の秘話を弟子に伝えること。東常縁が始めたとされる。
③　室町時代の連歌師。
④　百人一首が、一枚に一首ずつ書かれた色紙。
⑤　船頭。小舟を操ることを職業とする人。
⑥　金銭。

問一　二重傍線（═）部を、現代かなづかいで書きなさい。

問二　波線（〰）部**ア**〜**エ**の中で、その主語に当たるものが他と異なるものを一つ選び、記号で答えなさい。

問三　宗祇が船頭（水主）に渡した天下の重宝である「小倉山の色紙」一枚にはどれくらいの価値があると、宗祇は船頭に伝えているか。宗祇が船頭に伝えている「小倉山の色紙」一枚の価値を、現代語で簡単に書きなさい。

問四　「小倉山の色紙」を傍線（―）部のように考えた宗祇は、どのような行動をとったか。「小倉山の色紙」を傍線（―）部のように考えた宗祇がとった行動を、宗祇が「小倉山の色紙」を一人だけで所有することでおこりうる問題を含めて、簡単に書きなさい。

問一	問二	問三	問四

■令和２年度問題

四　次の文章を読んで、あとの問いに答えなさい。

注①永田佐吉は、注②美濃の国羽栗郡竹ヶ鼻の人にして、親につかふることたぐひ無し。又、仏を信ず。大かた貧しきをア憐み、なべて人に交じるに誠あれば、誰となく仏佐吉とはイ呼びならしけり。幼けなき時、注③尾張名古屋、紙屋某といふ家に僕たりしが、暇ある時は砂にて手習ふことをし、又注④四書を習ひ読む。朋輩の者ねたみて、読書にことをよせ、悪しき所に遊ぶなどウ讒しければ、主もエ疑ひて竹ヶ鼻にかへしぬ。されどもなほ旧恩を忘れず、道のついであれば必ず訪ね寄りて安否を問ふ。年経て後、其の家大きに衰へければ、又よりよりに物を贈りけるとかや。主の暇を得て後は、注⑤綿の仲買といふ業をなせしが、秤といふものをオ持たず、買ふ時は買ふ人に任せ、売る時は売る人に任す。後には佐吉が直なるを知りて、売る人は心して重くやり、買ふ人は心して軽くはかりければ、いくほどなく豊かに暮らしける。

（三熊花顛・伴蒿蹊『続近世畸人伝』による。）

（注）①　江戸時代中期の人。　②　今の岐阜県羽島市の一部。
③　昔の国名。今の愛知県の一部。　④　儒教の経典である四つの書物。『大学』『中庸』『論語』『孟子』。
⑤　売り手と買い手との間に立って、物品の売買の仲介をして利益を得ること。

問一　二重傍線（══）部を、現代かなづかいで書きなさい。

問二　波線（〰〰）部ア～オの中から、その主語に当たるものが同じであるものを二つ選び、記号で答えなさい。

問三　傍線（──）部は、「仏のような佐吉」という意味である。これについて、次の⑴、⑵の問いに答えなさい。

⑴　佐吉は、竹ヶ鼻に帰されても、主から受けた恩を忘れることなく、「仏佐吉」にふさわしい行動を取っている。「仏佐吉」にふさわしい、主に対する佐吉の行動を、現代語で二つ書きなさい。

⑵　佐吉が「いくほどなく豊かに暮らしける」となったのはなぜか。その理由を、佐吉の人物像を含めて書きなさい。

問一	問二
	と

問三	
⑴	
⑵	

■令和３年度問題

四　次の文章には、江戸時代の大名、板倉重宗が、京都の警備や訴訟の処理などを行う京都所司代を務めたときのことが書かれている。この文章を読んで、あとの問いに答えなさい。

周防守は、注①父伊賀守の役儀を受け継いで、二代の誉を得たり。ある時、茶屋長古と言ふ者ア伺候しけるに、「我等の事、悪し様に批判を聞きたらば、言ひ聞かせよ。心得に成るぞ。」と申されしに、長古言はく、公事御判断の節、非分に聞こゆる方を、お叱りに成らるるゆゑ、イうろたへ候ひて、口上前後いたし、いよいよ非公事に成り候ふと取りざた仕るよしウ言ひければ、周防守、手を打ちて、「よくこそ申したれ。なるほど役所へ出てエ決断するに、非公事と見えたる者の面体を見れば、先づ悪しく成りて、自らの怒りを発するゆゑに、それに恐れて不弁の者は理を言ひ解く事、能はざるべし。向後は心得たり。」とて、それより注②茶うすをもうけて、これを挽きながら訴人の面を見ずに公事を聴かれける。

（神沢杜口『翁草』による。）

（注）①　板倉勝重。江戸時代初期の人。京都所司代を務めた。
②　茶葉を挽いて粉末状にする道具。下の図参照。

■平成31年度問題

四　次の文章には、豊臣秀吉が、飼い慣らした鷹を使って鳥などを捕らえさせる鷹狩りを行ったときのことが書かれている。この文章を読んで、あとの問いに答えなさい。

太閤秀吉公、鷹野に出で給ひ（鷹狩りにお出かけになり）、御秘蔵（非常にかわいがっていた）の御鷹に建巣丸とかやいふ（という（名の鷹を））、秀吉公、自ら御手に据ゑられ、鶴に[ア]あはせられ（鶴をねらって放たれた）たり。[注①]すけ鷹を放ちて、人びと、飛び行く跡を追ひて行く。[二重傍線]やうやう（やっと）引きおろして（鶴を）[注②]力草をとり（つかみ）、鶴を[イ]引き伏せたる所へ、お歩の侍（身分の低い侍）一人走り寄りて、御鷹を据ゑ直して秀吉公へ渡し[ウ]奉る。秀吉公、御手に据ゑられ、かきなでて御覧じければ、[注③]蹴爪を引き欠きたり（欠けていた）。秀吉公、大いに怒り給ひ、「これはいかなる者の（一体誰が）引き分けて（鶴から鷹を）、蹴爪をば欠きけるぞ。」とて、[注④]御鷹匠を御前に召され（お呼びになり）、「おのれ知るべし（お前は知っているだろう）。誰が所為ぞ（やったのだ）。名を言へ。」とて、御腰の物（刀）に手を[エ]かけ給ふ時、御鷹匠、すでに赤面し、頭を地に[オ]つけ、その人の名を申さん（申し上げよう）としける色（様子）を、秀吉公、御覧じて、小声になりて、「名を言ふな、言ふな。」と仰せられし（おっしゃった）。

[傍線]まことに有難き御心ざしなり（本当に立派なお志といえます）。御秘蔵なればとて、鷹一（鷹一羽）もとに侍一人を代へられん事（代えるなどという）、ひとへに（むやみに）これあるまじき事（あってはならない）をおぼしめさる（お思いになる）るかたじけなさ（ありがたいこと）、いふばかりなし（何ともいいようがないほどです）。

（浅井了意『浮世物語』による。）

（注）①　手助けをする別の鷹。
②　獲物に引きずられるのを防ぐために、鷹が片足でつかむ草。
③　鷹の脚の後ろ側にある、闘争用の鋭い突起。
④　鷹を飼育・訓練して鷹狩りに従う役人。

問一　二重傍線（‖）部を、現代かなづかいで書きなさい。

問二　波線（〰）部ア～オの中から、その主語に当たるものが同じであるものを二つ選び、記号で答えなさい。

問三　傍線（——）部は、秀吉の行動に対する筆者の感想である。これについて、次の(1)、(2)の問いに答えなさい。

(1)　次のア～エの中から、秀吉の行動として、最も適切なものを一つ選び、記号で答えなさい。
ア　鶴を捕らえて戻ってきた鷹を、自分の手に動かないように置いて、なでてかわいがったこと。
イ　鷹匠が、蹴爪を傷つけた者の名前を言おうとしたのを、他の者に気づかれないように止めたこと。
ウ　鷹狩りに出かけて、最初から最後まで家来の力を借りないで、自分の力でやり遂げたこと。
エ　鷹匠を自分の前に呼びつけて、鷹狩りの失敗の原因を考えさせ、責任を取らせたこと。

(2)　筆者は、秀吉の行動にはどのような考えがあったと述べているか。秀吉の「大いに怒り」の理由を含めて、簡単に書きなさい。

問一

問二
と

問三	
(1)	
(2)	

問一　二重傍線（═）部を、現代かなづかいで書きなさい。

問二　波線（〰）部ア～エの中で、その主語が他と異なるものを一つ選び、記号で答えなさい。

問三　傍線部1について、本文中にⓐ、ⓑで示した段落には、「僧」が、けちであると分かる行動が書かれている。その行動を、本文中にⓐ、ⓑで示した段落から、それぞれ読み取った内容をふまえ、簡単に書きなさい。

問四　傍線部2で、筆者は、一休の返事がおもしろいと述べている。次の［　］が、筆者の感じた一休の返事のおもしろさをまとめたものとなるように、【　】に入る適切な内容を考えて書きなさい。ただし、一休の返事のおもしろさが分かるように書くこと。

> ・一休が茶うすの件について申し出たときの、僧の返事に使われていた「癖」などの言葉を利用してこたえたこと。
> ・【　　　　】こと。

問一	問二

問三

問四

■平成30年度問題

四　次の文章を読んで、あとの問いに答えなさい。

粗忽（そこつ）なる若衆（そそつかしい若者が）、餅をまゐる（召し上がる）とて、物数（ひとつでも多く）を心がけ、あまりふためひて（あわてて）、喉に詰まる（ア）。人々せうしがりて（気の毒に思い）、薬をまゐらせても（差し上げても）、この餅通らず。

何かといふうちに（そうこうしているうちに）、天下一の注①まじなひ手を呼びければ（イ）、やがて（すぐに祈って）まじなふて（ウ）、そのまま、注②ちりげもとを、一つ叩（たた）きけ（エ）ば、りうごのごとくなる（真ん中がくびれた形をした）餅、注③三間あまり先へ、飛んで出る。みな人々これを見て、さても（本当に）めでたいことじや、このまじなひ、ちと遅くは（もう少し遅ければ）、危なかつたが、さりとては（やはり）、1天下一ほどある、といへば、若衆聞き給（たま）ひて（お聞きになり）、さのみ（それほどの）、2名人にてはない（（まじなひ手による）処置）、あつたら物（せっかくのもの）を、内へ入るやうにしてこそ、天下一よ、二でもない、といはれた。

（『きのふはけふの物語』による。）

（注）① ここでは、神仏などの力を借りて病気などを取り除く者。
② ここでは、背中側の首のつけ根のあたり。　③ 約五・四メートル

問一　二重傍線（═）部を、現代かなづかいで書きなさい。

問二　波線（〰）部ア～エの中から、その主語に当たるものが同じであるものを二つ選び、記号で答えなさい。

問三　傍線部1と傍線部2は、それぞれ、人々と若衆の「まじなひ手」に対する評価である。これについて、次の(1)、(2)の問いに答えなさい。

(1) 傍線部1は、人々の、「まじなひ手」に対する評価である。人々が傍線部1のように言ったのはなぜか。その理由を、「まじなひ手」が来る前の若衆の状況に対する人々の思いを含めて、簡単に書きなさい。

(2) 傍線部2は、若衆の、「まじなひ手」に対する評価である。若衆は、「まじなひ手」による処置に対し、餅をどのようにしてほしかったと述べているか。若衆の行動から分かる、若衆がそのように望んでいた理由を含めて、簡単に書きなさい。

問一	問二
	と

問三	
(1)	(2)

■平成28年度問題

四　次の文章を読んで、あとの問いに答えなさい。

注①守景は久隅氏、注②探幽法印の弟子にて画を能す。家貧なれども其の志高く、容易人の需めに応ずることなし。注③加賀侯、守景を召して、金沢に留めたまふこと三年に及びしかども、注④扶持給はるけしきもなかりしかば、「かくては故郷にあるも同じ、帰りなん。」とて、侯の近侍せる士に別れを告しかば、「理なり。」とて、1其のよしを申しけるに、侯笑ひたまひて、「吾よくこれを知れり、然れども守景は肝太くして、人の需めに従ふものにあらず。其の画もとより世に稀なるものなり。されば、此の男に注⑤禄を与へば、画を描くことをばせじとおもひて、かく貧しからしむ。今は三年に及べば、画も国中に多く残りなん。さらば扶持すべし。」とて、ともしからず給はりしとぞ。按ずるに、守景が為人もとより2奇なり。侯の人を知りたまへること明にして、また謀りたまへる所尤も3奇なり。

（伴蒿蹊「近世畸人伝」による。）

（注）①　久隅守景。江戸時代前期の人。　②　狩野探幽。江戸時代前期の画家。
③　加賀藩主。加賀藩は今の石川県の一部。　④　給料として与えられる米。　⑤　給料。

問一　二重傍線（＝）部を、現代かなづかいで書きなさい。

問二　傍線部1は、「そのいきさつ」という意味である。「そのいきさつ」の内容を、だれが、どうすることかが分かるように、簡単に書きなさい。

問三　傍線部2と傍線部3の「奇」は、ともに「ふつうとは変わっている」という意味である。これについて、次の(1)、(2)の問いに答えなさい。

(1)　傍線部2では、筆者は、絵に対する守景のどのような姿勢を指して「奇」と述べているか。絵に対する守景の姿勢を、簡単に書きなさい。

(2)　傍線部3では、筆者は、加賀侯がある計画を立てたことについて「奇」と述べている。加賀侯が立てた計画を、そのような計画を立てた理由を含めて、簡単に書きなさい。

問一

問二

問三	
(1)	(2)

■平成29年度問題

四　次の文章を読んで、あとの問いに答えなさい。

ⓐ　注①一休京都に御さなさるる時、御近所に人にすぐれて1しわき僧アありけるが、一休へ毎度御無心をのみ申し上げけり。ある時、一休、かの有欲の僧へ注②茶うすを借りにイつかはされける。かの僧返事申し上げけるは、茶うすの儀御申し越しなされ候ふ、やすきほどの御事にて候へども、他所へ貸し申し候へば癖がつき申し候ふあいだ、こなたへ挽きにウつかはさるべきよし申し上げければ、其のぶんにてやみ給ひぬ。

ⓑ　ほど経て、かの有欲の僧、一休の御寺へ注③登梯を借りにエつかひける。一休聞こしめして御返事あるこそ2おかしけれ。やすき事にて候へども、他所へ貸せば癖が悪くなり候ふほどに、こなたへ御越しありて登り給へ。

（『一休関東咄』による。）

（注）①　一休宗純。室町時代中期の禅宗の僧。　②　茶葉を挽いて粉末状にする道具。下の図参照。
③　はしご

古文

■平成26年度問題

四

次の文章には、江戸時代の学者、荻生徂徠が、心越禅師という僧の訪問を受けたときのことが書かれている。この文章を読んで、あとの問いに答えなさい。

注①心越禅師　律呂（音楽）の学にくはしく、注②徂徠翁の家に舶来（外国製）の琴あるよし（ということ）を聞き（ア）、たよりもとめて（つてを頼って）、来翁（徂徠翁）に対面しぬ（した）。翁（徂徠翁）豪邁（気性が強い）の人にて、児輩（子ども）のごとくあひしらふ（応対する）。心越これを心にかけず（気にせず）、終に琴をかり得て門を出ぬ（出た）（イ）。翁あとより人をはしらせていはく、「禅師、もと（本来）、舶来の琴をわれにもとむるは（借り求めたのは）製せんがためなり（（琴を）作るため）。たとひ巧手（巧みな技）ありといふとも、外よりうかがふては（様子をさぐるのでは）いかで（どうやって）製する事をせん（しようか）。砕きてよくその斧跡（（内側の））を見られよ（御覧なさい）。」といひつかはしければ（言いにやらせたところ）（ウ）、心越こたへらく（答えて言うには）、「すでにかりぬるうへは（借りたからには）、もとより主のゆるしをまたずしてかくはからはん（そうしよう）と思ふなり。」といひき（言った）（エ）。来翁はじめてその凡ならぬ（並ではないこと）を感じられしとぞ（お感じになったということだ）。

（大田南畝「仮名世説」による。）

（注）①　江戸時代の僧。琴学を盛んにした。　②　荻生徂徠。翁は、男性の老人に対する敬称。

問一　二重傍線（‖）部を、現代かなづかいで書きなさい。

問二　波線（〜〜）部ア〜エの中で、その主語に当たるものが他と異なるものを一つ選び、記号で答えなさい。

問三　次のア〜エの中から、本文から読み取れる、徂徠翁の人物像について述べた文として適切なものを一つ選び、記号で答えなさい。

ア　気性は強いが、子どもに優しく応対する人。
イ　気性は強いが、音楽の道に理解を示す人。
ウ　気性が強く、むやみに物を惜しむ人。
エ　気性が強く、客の失礼な態度を許さない人。

問四　傍線（―）部は、徂徠翁の心越禅師に対する感想である。それは、心越禅師のどのような考えについての感想か。心越禅師が琴を借りた目的を含めて、書きなさい。

問一	問二	問三	問四

■平成27年度問題

四

次の文章を読んで、あとの問いに答えなさい。

翁、注牡丹を好みてあまた植ゑられける中（たくさん植えなさっていた中に）、ことに心を尽くされける（特に大切になさっていた）花あり。やや（だんだん）けしきばめる（咲きかけていた）頃、翁宿（屋敷）におはさぬ程（いらっしゃらない間に）、やつこ（召し使いの男）戯れして（ふざけていて）かの（その）花を踏み折りけり。「こは（これは）。」1と驚けどせんすべなし（なすべき手立てがない）。とかくする程（あれこれするうちに）翁帰り、やがて園中に至り（そのまま庭に行くと）、やつこはしとどに（びっしょり汗をかいて）なりて生くる心地（生きた心地）なし。翁いとさりげなく（何事もない様子で）2、二日三日ふれど（過ぎたが）何の気色（そぶり）もなし。人々なほあやしむ（いっそう不思議に思う）。ある人このことを聞きて、翁にむかひ、「しかじか（これこれ）のことありと聞く。さこそ（さぞかし）にくし（気に食わない）と思す（思って）らめ（いらっしゃることでしょう）。」と言ひければ（言ったところ）、翁うち笑みて（ほほ笑んで）、「をのれ（私）は楽しびに（楽しみのために）花を植ゑ侍り（植えているのです）。さてそれが（そういうわけで）ために怒るべきかは（腹を立てることがあるでしょうか）。」といへりけりとぞ（言ったということだ）。

（加藤景範「間思随筆」による。）

（注）大型の花をつける観葉植物。

問一　二重傍線（‖）部を、現代かなづかいで書きなさい。

問二　傍線部**1**は、後に続く言葉が省略された表現としてとらえることができる。本文の流れから、傍線部**1**の後に言葉を補うとしたら、どのような言葉が考えられるか。その言葉を、五字以内の現代語で書きなさい。

問三　「ある人」は、傍線部**2**のような態度の翁の気持ちを、どのようであると想像しているか。本文中から三字で抜き出しなさい。

問四　花を踏み折られたにもかかわらず、翁が腹を立てたそぶりを見せなかったのはなぜか。その理由を、翁が述べていること全体から読み取って書きなさい。

問一	問二	問三	問四

三　次の文章は、図書委員会の委員長が、昼の放送で連絡事項を伝達するためにまとめている原稿である。あなたは、図書委員会の委員長から原稿についての助言を頼まれた。この文章を読んで、あとの問いに答えなさい。

図書委員会では、図書室を快適に利用してもらうために、今年は本の整頓や図書室の清掃を重点的に行っています。

このような努力が[1]十分な結果として現れたためか、先月と先々月の図書室の来室者数の合計は、昨年度の同時期に比べて二割増加していました。

一方で、本の貸出冊数はそれほど増えてはいませんでした。貸出冊数が増えていない原因について、本を選ぶ際に、タイトルや表紙からだけでは本の面白さが伝わらず、読む本を選べないからではないか、と図書委員会の顧問の先生は[2]言っていました。図書委員会では、これを課題と考えています。

これまで、[3]毎月一回のペースで作ってきた図書通信を通じて、本の紹介する活動を行ってきました。しかし、それだけでは、本の魅力を十分に伝えきることができていなかったのではないか、と考えました。

そこで、新たな企画として、本の人気投票を実施したいと思います。

1皆さんに投票してもらうため、図書委員が毎月、候補の本を数冊選びます。2その情報を参考にして、興味をもった本について、図書室に置いてある投票箱へ投票してもらいます。3皆さんの投票の結果は毎月、昇降口へ掲示します。4人気の出そうな本は、早めの貸出手続きをお勧めします。

問一　傍線部1を簡潔に表すために、慣用句を使った表現にしたい。傍線部1とほぼ同じ意味を表すように、次の（　）に適切な漢字一字を入れて、慣用句を使った表現を完成させなさい。

（　　）を結んだ

問二　傍線部2を、「図書委員会の顧問の先生」に対する敬意を表す表現にしたい。傍線部2を、敬意を表す表現に改めなさい。

問三　傍線部3を、助詞だけを一語直すことによって、適切な表現にしたい。傍線部3の中の、直すべき助詞を含む一つの文節を、適切な形に直して書きなさい。

問四　本文中に、次の［　］の一文を補いたい。補うのに最も適切な箇所を、1～4の、いずれかの番号で答えなさい。

それらのあらすじやおすすめポイントなどを図書委員がまとめ、図書室の壁に掲示します。

問五　あなたは、原稿が企画の説明で終わっていると考え、原稿の最後に次の［　］の中の文を付け加えたほうがよいと委員長に提案した。［　］の中の文が、本文で図書委員会が伝えたかった内容となるように、【　】の中に入る適切な言葉を考えて、十字以内で書きなさい。

図書委員会としては、この企画を通して、皆さんに、本の面白さや魅力を感じてもらい、【　　　　】につなげたいと思いますので、ぜひ投票に来てください。

問一
問二
問三
問四
問五

三

次の文章は、給食委員会の委員長が、委員会活動で調べて分かったことを、全校集会で発表するためにまとめている原稿である。あなたは、給食委員会の委員長から原稿についての助言を頼まれた。この文章を読んで、あとの問いに答えなさい。

　先日、学校の近くにあるコンビニエンスストアの前を歩いていたときのことです。店頭には、「食品ロスの削減を推進しています」という[1]表示を掲げていました。現在、食品ロスの削減に向けて、企業や商店などの事業所では、様々な取り組みが始まっているようです。

　食品ロスという言葉は、どのような意味で使われているのでしょうか。

ア　その食品ロスの現状を理解するために、日本の食品ロス量と国連の食料援助量を調べて、比較してみました。
イ　それは「本来食べることができるのに捨てられる食品」という意味で使われています。
ウ　次に、国連の食料援助量は、年間約三九〇万トンだと分かりました。
エ　まず、日本の食品ロス量は、年間約六一二万トンでした。

　日本の食品ロス量は、国連の食料援助量の約一・六倍に相当します。日本では、毎日、国民一人当たり茶わん一杯分の食品を捨てていることになるそうです。食料不足で苦しむ国の人々に対して、[2]恥ずかしくてひけめを感じました。

　日本の食品ロス量の内訳を示した、この図を見てください。（※）

ⓐ　そのために、私たち中学生ができる具体的な方法を、学校の栄養士の方から三つ[3]聞いたので、伝えます。買い物の際には、冷蔵庫の在庫を確認して食品を買いすぎないこと。調理の際には、作りすぎないこと。また、野菜や果物の皮を厚くむきすぎないことです。

　以上で発表を終わります。ありがとうございました。

問一　傍線部1は、受け身の表現にした方が適切であると考えた。傍線部1を、受け身の表現に直しなさい。

問二　本文中の［　］の中にあるア～エの文を、適切な順序に並べ替えたい。ア～エの文を文脈が通るように並べ替え、記号で答えなさい。

問三　傍線部2を印象的に表すために、慣用句を使った表現にしたい。傍線部2とほぼ同じ意味になる慣用句を使った表現として、最も適切なものを、次のア～エの中から一つ選び、記号で答えなさい。

ア　歯が立ちませんでした　　イ　頭をかかえました
ウ　耳に逆らいました　　エ　肩身が狭くなりました

問四　傍線部3を、「栄養士」に対する敬意を表す表現にしたい。傍線部3を、敬意を表す表現に改めなさい。

問五　あなたは、給食委員会の委員長から、本文中の（※）の部分で、次の図を聞き手に示し、本文中のⓐで示した内容につながる一文を入れたいと相談を受けた。（※）の部分に付け加えるのに適切な一文を、図から分かることを含めて、書きなさい。

図

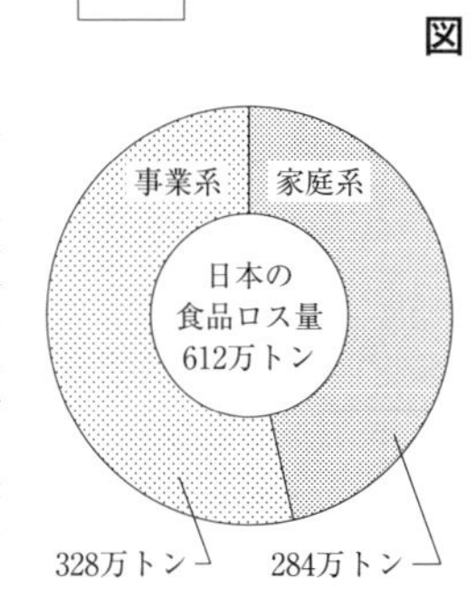

注1　農林水産省資料より作成
注2　数値は平成二十九年度の推計値

三　あなたのクラスでは、総合的な学習の時間の授業で調べたことを、地域の人に向けて、班ごとに発表することになった。次の文章は、あなたの班の原稿である。あなたはこの原稿を推敲（すいこう）することになった。この文章を読んで、あとの問いに答えなさい。

> 私たちの班は、ユニバーサルデザインについて発表します。皆さんは、ユニバーサルデザインという言葉をお聞きになったことがありますか。この言葉には「すべての人が使いやすいように工夫された設計」という意味があります。
>
> 具体的には、建築や設備、製品や情報などの設計があります。あらゆる人が使用しやすいように工夫されたデザインなのです。ユニバーサルデザインの考えが表れたものとして、自動販売機を例に挙げます。1これまで、硬貨投入口の形式は硬貨は一枚ずつ入れる形でした。また、商品選択ボタンは、地面から高い位置にありました。ユニバーサルデザインの考えが反映された自動販売機では、受け皿型の硬貨投入口となっています。商品選択ボタンは、誰でも利用しやすいように、低い位置にも設けられています。
>
> もう一つの例としてピクトグラムを紹介します。ピクトグラムとは、何らかの情報や注意を示すための絵文字のことです。皆さんも一度は、非常口のピクトグラムを2見たことがあると思います。東京五輪でも、一九六四年大会と二〇二〇年大会のそれぞれに、競技種目を示すピクトグラムが存在します。柔道のピクトグラムを比較してみると、二〇二〇年大会のピクトグラムの工夫点が分かります。
>
> （※）このように、すべての人に内容を直感的に理解してもらう目的で作られたピクトグラムは、ユニバーサルデザインの一つであることが分かります。以上で発表を終わります。

問一　第一段落には、聞き手を意識して工夫した、効果的な表現がある。次の**ア**～**エ**の中から、第一段落にある効果的な表現を説明したものとして、適切でないものを一つ選び、記号で答えなさい。

ア　問いかけることで、聞き手の注意や関心をひきつける。
イ　はじめに、発表する内容の主題を聞き手に伝える。
ウ　語句の意味を説明することで、聞き手の理解を助ける。
エ　自分の体験を交えて伝え、聞き手の共感を得る。

問二　傍線部**1**を、助詞だけを一語直すことによって、適切な一文にしたい。傍線部**1**の中の、直すべき助詞を含む一つの文節を、適切な形に直して書きなさい。

問三　本文中の、第二段落において、第一段落の内容と重なりがあるために、ある一文を削除したい。その一文の、最初の五字を抜き出しなさい。

問四　傍線部**2**を、発表を聞いている人に対する敬意を表す表現にしたい。傍線部**2**を、敬意を表す表現に改めなさい。

問五　あなたは、本文中の（※）の部分で、次の**図1**と**図2**を聞き手に示し、**図2**の工夫点が分かる一文を付け加えるとよいと考えた。本文中の（※）の部分に付け加えるのに適切な、**図2**の工夫点を伝える一文を、「**図2**には、」の書き出しで書きなさい。なお、説明は一文で書くこと。

図1　一九六四年大会「柔道」

図2　二〇二〇年大会「柔道」

問一	問二	問三	問四	問五
				図2には、

三　次の文章は、学年で実施した宿泊研修について、あなたが学年集会で発表するための原稿である。この文章を読んで、あとの問いに答えなさい。

みなさんは、宿泊研修のテーマを覚えていますか。それは「[1]宿泊研修を通して、みんなが一つになる。」でした。このテーマのもとで私が体験したことを二つ話します。
　一つは、ウォークラリーです。地図をもとに山の中や湖のほとり、つり橋を通過してゴールを目指しました。私は地図を読み取ることが苦手なため、一人では迷ってしまったと思います。しかし、班員と力を合わせることで、ゴールまでたどり着くことができました。その間、いろいろな会話をしたことで、班員のみんなと[2]お互いの考えや気持ちが一致して、打ち解けることができました。
　もう一つは、キャンプファイヤーです。クラスごとに、劇や合唱などの出しものを披露しました。私のクラスではダンスを披露することになったのですが、曲や振り付けについて、なかなか意見がまとまらず、時間だけが過ぎていきました。それでも、クラスに合ったものをみんなで考え、意見を出し合うことで、徐々に形になっていきました。全体の構成を決める際には、先生が[3]助言をしてくれて、まとまっていきました。そして、本番では、息の合ったダンスを披露できました。キャンプファイヤーの最後には、全員が輪になって炎を囲み、歌を歌いました。暗闇の中、月明かりと星空の下で揺れる炎。[4]幻想的な光景は私の心を奪いました。
　私は、この二つの体験を通して、みんなが一つになるためには、【　　　　】が大切だということを学びました。このことを忘れず、今後の学校生活を充実したものにしていきます。以上で発表を終わります。ありがとうございました。

問一　傍線部**1**を聞き手である生徒に伝えるときに、注意すべきことを考えた。次の**ア**〜**エ**の中から、注意すべきこととして、適切でないものを一つ選び、記号で答えなさい。
ア　聞き取りやすいように、はっきりとした口調で読む。
イ　明確に伝わるように、前後に間を取って読む。
ウ　端的に伝えるために、できるだけ早口で読む。
エ　理解できるように、意味によるまとまりで区切って読む。

問二　傍線部**2**を簡潔に表すために、四字熟語を使った表現にしたい。傍線部**2**と同じ意味になる四字熟語を使った表現として、最も適切なものを、次の**ア**〜**エ**の中から一つ選び、記号で答えなさい。
ア　試行錯誤する　　**イ**　有言実行する
ウ　意気投合する　　**エ**　一刀両断する

問三　傍線部**3**の中の「くれて」を、「先生」に対する敬意を表す表現にしたい。「くれて」を敬意を表す表現に言い換え、傍線部**3**を書き直しなさい。

問四　傍線部**4**を、「私は」を主語にした一文に書き直しなさい。

問五　あなたは、二つの体験を通して学んだことを、原稿の【　　　　】に入れたいと考えている。原稿の【　　　　】の中に入る適切な言葉を考えて、七字以内で書きなさい。

問一	問二	問三

問四

問五

三

次の文章は、文化祭でステージ発表の司会を務める同級生が準備している原稿の一部である。あなたは、その同級生から原稿についての助言を頼まれた。この文章を読んで、あとの問いに答えなさい。

> 合唱部の皆さん、ありがとうございました。「[1]歌詞の意味を考え、メロディーに気持ちを乗せ、歌声と共に届けよう」という目標のもと、[2]脇目もふらず集中して練習に取り組んでいる皆さんの、日々の様子が目に浮かびました。
>
> 続いて、[3]吹奏楽部による演奏です。吹奏楽部は、三年生十六名、二年生十八名、一年生十七名の計五十一名で活動しています。今年は、地区大会で金賞を受賞し、県大会に出場しました。[4]私たちがふだん、吹奏楽部の演奏を聞く機会はありません。放課後の部活動の時間に、練習する音を聞いたことがある人は多いと思いますが、一つの曲を通して聞く機会は、この文化祭のみなのです。
>
> 吹奏楽部部長からのメッセージを紹介します。「私たち吹奏楽部は、[5]顧問の山本先生は、厳しくも温かく指導し、練習に励んでいます。私たちは今年、【　　　　】ということを目標にしています。この目標の実現に向けて、練習を重ねてきた演奏をお聞きください。今日演奏するのは、地区大会で金賞を受賞した曲を含む四曲です。心を込めて演奏します。」
>
> では、吹奏楽部の皆さんによる演奏をお楽しみください。

問一　傍線部1と傍線部3の漢字には、「欠」が含まれている。この「欠」は、体のどの部分と関係した意味を持つか。関係するものとして最も適切なものを、次のア～エの中から一つ選び、記号で答えなさい。

ア　目　　イ　耳　　ウ　頬　　エ　口

問二　傍線部2を簡潔に表すために、四字熟語を使った表現にしたい。傍線部2と同じ意味になる四字熟語を使った表現として最も適切なものを、次のア～エの中から一つ選び、記号で答えなさい。

ア　悪戦苦闘して　　イ　一心不乱に
ウ　一念発起して　　エ　悠々自適に

問三　あなたは、聞いている人の興味や関心をひきつけるために、傍線部4で始まる一文の文末を、問いかけの形にした方がよいと考えた。文末を「聞いたことはありますか。」とするとき、傍線部4を、問いかけの形に合わせた主語に変えなさい。

問四　傍線部5を、その前後の言葉につながるように、適切な表現に書き直しなさい。

問五　次の［　］の中の文章は、吹奏楽部を紹介するために、部長が書いたメモの一部である。このメモをそのまま読むと長すぎるため、原稿の【　　】に、メモの内容をまとめる言葉を入れたいと相談を受けた。メモの内容をふまえ、【　　】の中に入る適切な言葉を考えて、四十字以内で書きなさい。

> 私たち吹奏楽部は、今年の目標を、楽器が演奏できることについて学校の人たちや保護者の人たちや地域の人たちに感謝する気持ちを持つことを忘れないようにしよう、部員の一人一人が音楽の演奏を楽しもうとする心を持ち続けるようにしよう、聞く人が幸せだと感じられるような演奏をするようにしよう、に決めました。

問一

問二

問三

問四

問五

40

三　あなたは、公民館で行う学習発表会について、生徒の代表として、地域のラジオ放送で伝えることになった。次の文章は、あなたが準備している原稿である。この文章を読んで、あとの問いに答えなさい。

質問者：学習発表会とは、どのようなものですか。
わたし：各学年の生徒が授業で制作したものを展示します。一年生は書写作品を、二年生は絵画作品を展示します。個人作品のほか、1気が合う友人との共同作品もあります。わたしたち三年生は職場体験の資料を展示します。
質問者：三年生の職場体験について教えてください。
わたし：わたしたちは、十一月に職場体験を行いました。

ア　一つは、商店街の人たちが地域の人を大切にしていることです。
イ　例えば、町の人のさまざまな声を取り入れ、地域のための商店街づくりを行っていました。
ウ　この体験は、九つの商店に分かれて行われました。
エ　体験した商店は別々ですが、共通する二つのことを学びました。

もう一つは、それぞれの商店が多くの工夫をしていることです。
質問者：どのような工夫をしていましたか。
わたし：わたしが職場体験を行ったスーパーマーケットでは、【　　　　　　　　】という工夫をしていました。
質問者：なるほど。そのようなことが、展示を見ると分かるのですね。では最後に一言どうぞ。
わたし：学習発表会は次の土曜日と日曜日、午前十時から午後三時まで、商店街の南にある公民館の展示室で行われます。ラジオをお聞きの皆様、わたしたちの学習発表会にぜひ2来てください。

問一　あなたは、ラジオを聞いている人に分かりやすく伝えるため、原稿を読み上げるときに注意すべきことを考えた。次のア～エの中から、注意すべきこととして適切でないものを一つ選び、記号で答えなさい。
ア　内容が早く伝わるように、間をあけず早口で読む。
イ　内容が明確になるように、言葉に強弱をつけて読む。
ウ　内容が聞き取りやすいように、はっきりとした発音で読む。
エ　内容が理解できるように、意味によるまとまりで区切って読む。

問二　傍線部1とほぼ同じ意味になるように、次の（　　）に、ある動物を表す漢字一字を入れて、慣用句を完成させなさい。

（　　）が合う

問三　本文中の［　　］の中にあるア～エの文を文脈が通るように並べ替え、記号で答えなさい。

問四　傍線部2を、ラジオを聞いている人に対する敬意を表す表現にしたい。傍線部2を、敬意を表す表現に改めなさい。

問五　次の［　］の中のメモは、あなたが職場体験をしたスーパーマーケットの店長から聞いた、販売のための工夫を書き取ったものである。原稿の【　　】に、メモの三つの内容をまとめる言葉を入れたい。メモの内容をふまえ、【　　】の中に入る適切な言葉を考えて、二十字以内で書きなさい。

・よく売れる商品　→　棚の中段より上に置く。
・子ども向けの商品　→　棚の下段に置く。
・広告に載せた商品　→　ワゴンに並べる。

問一

問二

問三
□→□→□→□

問四

問五
20

表現

■平成27年度問題

三　次の文章は、合唱部の部長が、新入生全員の前で部活動紹介をするためにまとめている原稿である。あなたは、合唱部の部長から原稿についての助言を頼まれた。この原稿を読んで、あとの問いに答えなさい。

こんにちは。合唱部です。合唱できれいなハーモニーが生まれたときの気持ちよさは、音楽の授業などで誰もが一度は経験したことがあります。(1) 合唱部では、そんな気持ちよさを味わえるだけではありません。聴いてくださる人々(2)の前で思いどおりに歌えた喜びは、特別なものです。そのために私たち合唱部は、日々の活動に励んでいます。

ⓐ「ふだんの練習では、発声練習や歌唱練習はもちろんですが、体を使ったさまざまなトレーニングも行います。まずストレッチで体をほぐした後、発声練習を兼ねて、顔の筋肉を大きく動かす運動をします。ときどきランニングも行います。」

ⓑ「作詞者や作曲者の思いを理解し、いろいろなことをやってみて、失敗を繰り返しながら、(3) 全員で一つの曲を作りあげていくのは簡単なことではありません。しかし、満足のいく合唱ができたときには、何物にもかえられない達成感が得られます。」

現在の部員は二年生と三年生合わせて十五人で、男子部員五人、女子部員十人です。毎週火曜、木曜、金曜日に音楽室で活動しています。

今度、音楽室で、私たちの歌声を聴いてもらうためのミニコンサートを行います。市の音楽祭で金賞を受賞したときの課題曲のほか、「翼をください」などを歌います。ぜひ聴きに来てください。

問一　傍線部1は、問いかけの形にした方が、聞いている人の注意や関心をひきつけることができると考えられる。傍線部1を、問いかけの形に直しなさい。

問二　傍線部2を、敬意を表す表現にしたい。傍線部2を、意味を変えずに、敬意を表す別の表現に改めなさい。

問三　傍線部3を簡潔に表すために、四字熟語を使った表現にしたい。傍線部3と同じ意味になるように、次の（　　）に入れる四字熟語として最も適切なものを、あとのア～エの中から一つ選び、記号で答えなさい。

（　　）しながら

ア　試行錯誤　　イ　孤軍奮闘　　ウ　粉骨砕身　　エ　一念発起

問四　あなたはこの原稿を読んで、ミニコンサートに来てもらうために必要な情報が不足していると気付いた。ミニコンサートに来てもらうために付け加えるべき情報とは、どのようなことだと考えられるか。簡単に書きなさい。

問五　原稿を通して読んでみると、割り当てられた時間内では部活動紹介をしきれないことが分かり、あなたは本文中にⓐ、ⓑで示した段落のどちらかを省けばよいと考えた。そこで、どちらの段落を残すかによって伝わる内容に違いがあることを、部長に伝えることにした。ⓐを残す場合と、ⓑを残す場合とでは、それぞれどのような内容がよく伝わるかを書きなさい。ただし、［　　］で示した段落中の、それぞれ五字以上の言葉を用いること。

問一

問二

問三

問四

問五

作品と対するのは、この世界でただひとりの自分です。自分には自分流の感じかたがあり、見かたがあります。たとえ百万人の人が正反対のことを言っていたとしても、自分が感じたことは絶対なのです。しかし、また、その絶対に安易によりかかってしまうと人間は単なる独断と偏見におちいってしまう。

自分の感性を信じつつ、なお一般的な知識や、他の人々の声に耳をかたむける余裕、このきわどいバランスの上に私たちの感受性というものは成り立たねばなりません。それは難しいことですが、少なくとも柳宗悦の言葉は、私たちに〈知〉の危険性というものを教えてくれます。

（五木寛之『生きるヒント』による。）

（注）① 日本の美術評論家である柳宗悦の言葉。
② 縛られて身動きの取れない状態。

問一　二重傍線（═）部あ、いのひらがなを漢字に直し、うの漢字に読みがなをつけなさい。

問二　波線（〰）部ア～オの中には、品詞の分類からみて同じものがある。それは、どれとどれか。記号で答えなさい。

問三　傍線部1は、本文全体の中で、どのような働きをしているか。その説明として、最も適切なものを、次のア～エの中から一つ選び、記号で答えなさい。

ア　柳宗悦の言葉をそのまま引用することで、本文の展開に対する興味や関心を読者に持たせる働き。
イ　引用した柳宗悦の言葉を筆者自身が解釈することで、本文で述べたい内容を読者に提示する働き。
ウ　筆者の言葉を抽象的な表現で言い換えることで、本文の展開を読者に分かりやすく説明する働き。
エ　筆者の考え方を柳宗悦の言葉を用いて表現することで、柳宗悦の主張への疑問を読者に投げかける働き。

問四　次のア～エの中から、本文中の□の中に補う語として、最も適切なものを一つ選び、記号で答えなさい。

ア　それとも　イ　もしくは　ウ　しかし　エ　なぜなら

問五　本文には、筆者の考える、ものごとに対するときの理想的な過程について述べた一文がある。その一文の、最初の五字を抜き出しなさい。

問六　筆者は、本文で、作品に対するときの危険性の一つとして、傍線部2について述べているが、傍線部2とは異なる危険性についても述べている。筆者が述べている、傍線部2とは異なる危険性を、五十字程度で書きなさい。

問一	
あ	
い	
う	（めて）

うの読み欄：（かな）

問二	問三	問四	問五
と			

問六（50字程度の解答欄）

問一　二重傍線（‖）部あ、うのひらがなを漢字に直し、い、えの漢字に読みがなをつけなさい。

問二　波線（〰）部ア～オの動詞の中には、活用の種類が一つだけ他と異なるものがある。それはどれか。記号で答えなさい。

問三　本文には、傍線部1について述べた一文がある。その一文の、最初の五字を抜き出しなさい。

問四　次のア～エの傍線部の中から、傍線部2を漢字に直した熟語と同じものを一つ選び、記号で答えなさい。

ア　産業革命が進み、資本主義体制が確立する。

イ　長年の努力が実り、作曲家として大成する。

ウ　不測の事態に備えて、万全の態勢をとる。

エ　雪解けのぬかるみに足を取られて、体勢が崩れる。

問五　筆者は、本文の10～13の段落で、人間が「不安」を感じるようになった理由を述べている。その理由を、多くの動物にとって恐怖がどのようなものとして進化してきたかを含めて、六十字程度で書きなさい。

問六　次のア～エの中から、本文で述べている内容として適切でないものを一つ選び、記号で答えなさい。

ア　ジェットコースターなど、安全が保証された範囲での恐怖が癖になるのは脳の報酬系が原因だとされる。

イ　恐怖を感じた出来事は記憶に鮮明に残るように、こころをざわざわさせた芸術作品も記憶に残りやすい。

ウ　生き物同士の命のやりとりが淡々とおこなわれる熱帯雨林のような場所にだけ、本当の美は存在する。

エ　美しいものにぞくぞくする感覚は、予測のつかない自然のなかでのざわざわひりひりするような感覚と似ている。

問一			
あ	（れた）い	う	え（われて）

問二	問三	問四	問五	問六
			（60字）	

■令和4年度問題

二　次の文章を読んで、あとの問いに答えなさい。

注①見テ　知リソ　知リテ　ナ見ソ

見てから知るべきである、知ったのちに見ようとしないほうがいい、という意味でしょうが、実はもっと深い意味があるような気がする。つまり、われわれは〈知る〉ということをとても大事なこととして考えています。しかし、ものごとを判断したり、それを味わったりするときには、そのおよび知識や固定観念がかえって邪魔になることがある。だから、まず見ること、それに触れること、体験すること、そしてそこから得る直感を大事にすること、それが大切なのだ、と言っているのではないでしょうか。

ひとつの美術作品にむかいあうときに、その作家の経歴や、その作品の意図するものや、そして世間でその作品がどのように評価されているか、また、有名な評論家たちがどんなふうにその作品を批評しているか、などという知識が頭の中にたくさんあればあるほど、一点の美術品をすなおに、自分の心のおもむくままに見ることが困難になってくる。それが人間というものなのです。実際にものを見たり接したりするときには、これまでの知識をいったん横へ置いておき、そして裸の心で自然に、また無心にそのものと接し、そこからうけた直感を大切にし、そのあとであらためて、横に置いていた知識をふたたび引きもどして、それと照らしあわせる、こんなことができれば素晴らしいことです。そうできれば、私たちの得る感動というものは、知識の光をうけてより深く、より遠近感を持った、ゆたかなものになることはまちがいありません。□、実はこれはなかなかできないことです。

では、われわれは知る必要がないのか、勉強する必要もなく、知識を得る必要もないのか、というふうに問われそうですが、これもまたちがいます。そのへんが非常に微妙なのですが、柳宗悦（やなぎむねよし）が戒めているのは、知識に注②がんじがらめにされてしまって自由で柔軟な感覚を失うな、ということでしょう。おのれの直感を信じて感動しよう、というのです。どんなに偉い人が、どんなに有名な評論家が、自分とまったく正反対の意見をのべていたり解説をしていたとしても、その言葉に惑わされるなということです。

二　次の文章を読んで、あとの問いに答えなさい。なお、文章中の1～14は、段落を示す番号である。

1　恐怖は、身の危険を回避するための基本的な情動の一つであり、多くの動物に共通して備わっている。危険なものを察知すると、瞬時に身がすくんだり、飛びのいたりする。大脳辺縁系[注①]や、自律神経系[注②]を中心とした原始的なシステムだ。

2　危険に対する選択肢は二つ。逃げるか、[ア]戦うか。交感神経系[注③]を優位にして、心拍や血圧を上げ、筋肉や脳に優先して血液を送る。だからふだんは出せないような大きな力が発揮できることもある。[1]「窮鼠（きゅうそ）猫を嚙（か）む」や「火事場の馬鹿力」の科学的な根拠だ。

3　人間の場合、原始的な恐怖発生システムが作動してから、大脳新皮質[注④]の理性によるシステムで、危険の正体をつきとめる。さまざまな知識や経験を参照して、だいじょうぶ、これは危険ではない、あるいは危険は去ったと判断すると、副交感神経系[注⑤]が優位になり、恐怖の臨戦[2]たいせいが解かれる。そのほっとするスイッチが、脳の報酬系だ。脳内麻薬物質ともいわれるエンドルフィンなどの神経伝達物質が放出され、快を感じる。ジェットコースターなど、安全が保証された範囲での恐怖が癖になるのはそのせいだとされる。

4　「美しい」が「怖い」と親和的な要因も、一つはこの報酬系にありそうだ。神経美学の川畑秀明（ひであき）さんらの研究によると、絵を見て美しいと感じるときにも、やはり報酬系が関わっているという。

5　自分が恐怖を感じた体験をあらためて思い返してみると、「美しい」につうじる部分はほかにもありそうだ。

6　たとえば、恐怖は頭よりも先にからだで感じるということ。原始的なシステムの方が、危険を察知してからの反応時間が短いからだ。見た物が「なにか」を認識するより先に、身がすくんで、冷や汗をかき、心臓がどきどきする。ふだん自分の心臓の動きを自覚することはあまりないけれど、このときばかりは心臓がその存在を主張する。自分のからだに、自分の意思や意識を[イ]超えた「自然」を感じるときでもある。

7　また、恐怖の反応として、[ウ]置かれた状況を正しく把握するために、感覚や知覚が鋭敏になるということもある。神経伝達物質のノルアドレナリンが作用して、瞳孔[注⑥]も開かれ、世界がいつもより色鮮やかに感じられる。

8　そして、恐怖を感じた出来事[注⑦]は記憶にも鮮明に[エ]残る。今後似たような危険に遭遇したときに、もっとすばやく対応できるよう、神経細胞をつなぐシナプスの結びつきを強めるからだ。たしかに、こころをざわざわさせた芸術作品も、記憶に残りやすい。

9　あらためて考えてみると、それは「生きている」ことを実感させるような部分なのかもしれない。恐怖が、危険や死に直面したときのしくみであるからこそ感じる「生きている」という感覚だ。

10　はじめてボルネオ[注⑧]の熱帯雨林を[あ]おとずれたとき、驚いたのは、森がたくさんの音にあふれていることだった。圧倒的な種類の鳥や昆虫、ヤモリにカエルに、テナガザル。たくさんの生き物が発する声や音、なかにはいままで聞いたことのないような[い]奇妙な物音までが、折り重なるように聞こえてくる。音だけではない。土のなかから樹高三〇メートルの木々の上まで、大小さまざまな無数の生き物の気配に満ちあふれていた。

11　目を[オ]こらすと、生き物同士が関わりあい、いまそこで命のやりとりが淡々とおこなわれている。そのなかに身を置くのは、ざわざわするような、ひりひりするような格別の感覚だった。

12　そんな[う]ふくざつな生態系のなかでは、すぐ先の未来も予測がつかない。次の瞬間に、おいしい餌にありつけるかもしれないけれど、次の瞬間には捕食者に[え]襲われて命を落とすかもしれない。うっかり大きな生き物に踏みつぶされたり、スコール[注⑨]で吹き飛ばされたりすることだってある。だからこそ、恐怖は多くの動物にとって、生死に直結するだいじな情動として進化してきた。

13　人間の場合はさらに、想像力を手に入れたことで、未来におこりうるよくない出来事を予想し、さきまわりの恐怖を感じるようになった。「不安」だ。だからこそ、危険を遠ざけるために、知恵をしぼって身のまわりの環境をつくりかえてきた。

14　でも「美しい」ものにぞくぞくする感覚は、頭で考えるもやもやした不安ではない。それは、予測のつかない自然のなかに身を置くときの、ざわざわひりひりするような感覚と似ている。

（齋藤（さいとう）亜矢『ルビンのツボ』による。）

（注）①・④　それぞれ、脳の一部の名称。　②・③・⑤　それぞれ、神経の系統の名称。
⑥　眼球の中央部にある黒い部分。　⑦　神経細胞の間の接合部。
⑧　東南アジアにある島。　⑨　熱帯地方特有の激しいにわか雨。強風や雷を伴うこともある。

私たちが見るすべては、ひとまず光として眼から入ってくる。それは山や空であろうと、ビルや車であろうとその区別はなく、すべて光としてまとめて眼に飛び込み網膜[注⑤]に像を結ぶ。その像の情報は視神経を伝わって脳へ送られる。その情報が脳の中で記憶や感情とブレンド[注⑥]され、処理されたものを認識した時に、私たちは初めて「見る」ということを経験する。

つまり私たちは何かを見る時に、(い)純粋に眼から入る光を見ているわけではなく、同時に心のフィルター[注⑦]を通して見ているのである。だから視界には入っているが、それが見えていない時というのは、〝心が認知できていない〟状態である。錯視や錯覚とは、眼で捉えたものと、心が捉えたものの間にズレがある場合に起こる。

私たちが見る風景というのは、むしろこの心のフィルターの方が強く影響する。だから全く同じ場所であっても、どのような想像力を込めるのかによって、まるで違った風景に見えることがある。例えば子供の時に見た場所を大人になってからもう一度訪れると、同じ場所であってもまるで異なる風景のように感じる。その場所に対して抱いていたイメージが強い時ほど、実際にそこに立ってみた時に、記憶との落差が意識される。

この心の中の風景というのは、実は視覚以上に本質的であるのかもしれない。なぜなら私たちは眠っている時でも「夢」という風景を見るからである。夢は視覚的な光のインプット[注⑧]は全くなく、心の中の情報だけで見ている風景である。そして夢を見ている時にはそこに広がる風景を、私たちは確かな現実だと思い込んでいる。

目が覚めた時に、今まで見ていた風景が夢であったことに私たちはようやく気づくが、夢から覚めるまではそれが現実かどうかは分からないことが多い。そしてその感覚を延長していくと、夢から覚めた現実でさえも、本当の現実かどうかの確信を持つことは実は難しい。夢か現実かを確かめる方法は、それを抜けだした状態になるまでは、本来は分からないからだ。

つまり私たちは現実の風景を見ていると思っているが、その風景の半分は想像でできている。だから想像が変われば風景も当然変わるのである。この事実は当たり前すぎるため、普段改めて考えることはないのだが、実は人間にとって本質的な問題である。

（ハナムラチカヒロ『まなざしのデザイン』による。）

（注）① 視覚における錯覚。 ② 中立的。 ③ 先入観。 ④ 過程。 ⑤ 眼球の内面を覆う膜。
⑥ 異なったものを混ぜ合わせること。 ⑦ 物事を選び分ける際に、その判断のもととなる心情や観点。 ⑧ 入力。

問一　二重傍線（‖）部(あ)、(い)の漢字に読みがなをつけなさい。

問二　次のア～エの中から、本文中の□の中に補う言葉として、最も適切なものを一つ選び、記号で答えなさい。

ア　やがて　**イ**　まるで　**ウ**　もちろん　**エ**　たとえ

問三　本文中の波線（〰）部と、品詞の分類からみて同じものを、次の**ア**～**エ**の波線部の中から一つ選び、記号で答えなさい。

ア　お互いに面識がない関係。　**イ**　斜面に置かれた机は安定しない。
ウ　旅立ちの場面で切ない気持ちになる。　**エ**　人口は増加傾向にはない。

問四　筆者は本文において、夢とはどのようなものだと述べているか。本文中から十五字以内で抜き出しなさい。

問五　次の**ア**～**エ**の中から、本文の構成について説明したものとして最も適切なものを一つ選び、記号で答えなさい。

ア　冒頭から同じ主張を繰り返し述べ、最後は読者に問いかける形で話題をさらに広げている。
イ　冒頭で一般に知られている現象を提示し、具体例と説明を加えながら主張を展開している。
ウ　はじめに提起した問題の答えを本文の半ばで述べ、根拠となる文献を引用して主張をまとめている。
エ　前半と後半で対照的な内容を示し、それぞれの比較を通して主張を明確にしている。

問六　筆者は、傍線（――）部について、想像が変われば風景も変わる理由を、本文を通して述べている。その理由を、ものを見る時の二つの過程を含めて、四十字程度で書きなさい。

問一	
(あ)	
(い)	

問二

問三	問四	問五

問六
40

（注）① 車が通りすぎた後に残る車輪の跡。 ② 中国での名称。 ③ 液が外ににじみ出ること。

問一 二重傍線（‖）部あ、えのひらがなを漢字に直し、い、うの漢字に読みがなをつけなさい。

問二 波線（～～）部**ア**～**オ**の中には、品詞の分類からみて同じものがある。それは、どれとどれか。記号で答えなさい。

問三 本文には、オオバコの種子が持つ粘着物質の本来の機能について述べた一文がある。その一文の、最初の五字を抜き出しなさい。

問四 筆者は、傍線（——）部がオオバコにとってどのような意味であるかを、本文の1～3の段落で述べている。その意味を、「逆境」と「プラス」の内容が分かるように、簡単に書きなさい。

問五 本文の8と9の段落は、文章の構成上、どのような役割を持っているか。その役割を説明したものとして、最も適切なものを、次の**ア**～**エ**の中から一つ選び、記号で答えなさい。

ア 6の段落と対比した内容を示し、問題を提起している。
イ 7の段落の内容を、例を付け加えて言い換えている。
ウ 10の段落の結論を、理由とともに先に述べている。
エ 12の段落で結論を述べるため、仮説を立てて説明している。

問六 筆者は本文を通して、植物が種子を遠くへ運ばなければならない理由を二つ述べている。その二つの理由を、それぞれの内容が分かるように、六十字程度で書きなさい。

問一 あ（た） い う え

問二 と

問三

問四

問五

問六

■令和2年度問題

二 次の文章を読んで、あとの問いに答えなさい。

経験的に理解できると思うが月が低い位置にある時と、高い位置にある時では大きさが異なって見える。これは「月の錯視」[注①]として古くから知られた現象である。これが幻(あ)であることは理解しているが何度経験しても不思議な風景である。

錯視がなぜ起こるのかには様々な仮説があるが、未(いま)だにその原因は解明されていない。というのも錯視の原因は錯視の数だけあると言われており、一概にその原因を説明することは難しいからである。しかしそれらに共通しているのは、私たちが何かを見る時に、目で捉えた眺めを脳が勝手に補正して認識することである。

こうした錯視の事例が何を教えてくれるのかというと、私たちのまなざしは世界をニュートラル[注②]に知覚するようにできていないという事実である。□程度の差はあるが、私たちが何かを見る時は、自分の都合に合わせるように世界を歪(ゆが)めて見ている。そうやって何かのバイアス[注③]がかかった状態で見ているにもかかわらず、私たちはそれを現実だと信じて疑わないのである。

現実を歪めて捉えてしまう大きな理由に、私たちがものを見る時には、「眼」の働きだけではなく、「心」が働くからである。心理学では、見るプロセス[注④]を「知覚」と「認知」の二つとして捉えている。「知覚」とは眼の場合は、視覚であり、主に眼球の働きである。その他の五感においても耳や鼻や舌や肌の働きがあるが、これらの感覚器を通じて外の情報が入ってくるプロセスが知覚と呼ばれるものである。その一方で「認知」とは、主に心や脳がもたらす心理的な働きと考えてもいいだろう。眼や耳で知覚して捉えた情報を、脳の中で処理するプロセスである。この両方のプロセスがないと〝見る〟ということには至らない。

二　次の文章を読んで、あとの問いに答えなさい。なお、文章中の1～12は、段落を示す番号である。

1　オオバコは、道ばたやグラウンドなど踏まれるところに生える雑草の代表である。このオオバコの種子は、紙おむつにも使われる化学構造のゼリー状の物質を持っていて、雨が降って水に濡れると膨張して粘着する。その粘着物質で人間の靴や、自動車のタイヤにくっついて運ばれていくのである。もともとオオバコの種子が持つ粘着物質は、乾燥などから種子を保護するためのものであると考えられている。しかし結果的に、この粘着物質が機能して、オオバコは分布を広げていくのである。

2　舗装されていない道路では、どこまでも轍（わだち）に沿ってオオバコが生えているのをよく見かける。オオバコは学名を「プランターゴ」と言う。これはラテン語で、「足の裏で運ぶ」という意味である。また、漢名では「車前草（しゃぜんそう）」と言う。これも道に沿ってどこまでも生えていることに由来している。こんなに道に沿って生えているのは、人や車がオオバコの種子を運んでいるからなのだ。

3　こうなると、オオバコにとって踏まれることは、耐えることでも、克服すべきことでもない。踏まれなければ困るほどまでに、踏まれることを利用しているのである。道のオオバコは、みんな踏んでもらいたいと思っているはずである。まさに逆境をプラスに変えているのだ。

4　このように人に踏まれて増えていくという雑草もある。人が集まる都会に生える雑草には、種子がでこぼこしていて、靴底に付きやすい構造をしているものも多い。私たちもまた、こうして知らぬ間に雑草の種子散布に協力しているのである。

5　植物は、こうして工夫を重ねて種子を移動させている。しかし、そもそもどうして種子を遠くへ運ばなければならないのだろうか。種子を移動させる理由の一つは分布を広げるためである。

6　それでは、どうして分布を広げなければならないのだろうか。親の植物が種子をつけるまで生育したということは、少なくとも生存できない場所ではないだろう。わざわざ別の場所に種子が移動しても、その場所で無事に生育できる可能性は小さい。そんな一か八かのために、種子をたくさん作って、散布するよりも、子孫たちも、その場所で幸せに暮らした方が良いのではないだろうか。

7　植物は、大いなる野望や冒険心を抱いて種子を旅立たせるわけではない。環境は常に変化をする。植物の生える場所にあんじゅうの地はない。常に新たな場所を求め続けなければならないのだ。そして、分布を広げることを怠った植物は、おそらくは滅び、分布を広げようとした植物だけが、生き残ってきたのである。それが、現在のすべての植物たちが種子散布をする理由である。

8　常に挑戦し続けなければいけないということなのだ。何かをするということは、失敗することである。たとえば、旅に出れば、バスに乗り遅れたり、道を間違えたり、忘れ物をしたりする。部屋の中にいれば、何も失敗することはないが、それでは面白くない。旅に出て失敗しても、後になってみれば良い思い出だ。

9　チャレンジすることは、失敗することである。しかし、チャレンジすることで変わることができる。「Challenge & Change（チャレンジしてチェンジする）」である。雑草だって、スマートに成功しているわけではない。道ばたで泥臭く挑戦している姿を見てほしい。

10　さらに、種子がさまざまな工夫で移動をする理由は、他にもある。それは、親植物からできるだけ離れるためなのである。

11　親植物の近くに種子が落ちた場合、最も脅威となる存在は親植物である。親植物が葉を繁（しげ）らせれば、そこは日陰になり、やっと芽生えた種子は十分に育つことはできない。また、水や養分も親植物に奪われてしまう。あるいは、親植物から分泌される化学物質が、小さな芽生えの生育を抑えてしまうこともあるだろう。

12　残念ながら、親植物と子どもの種子とが必要以上に一緒にいることは、むしろ弊害の方が大きいのだ。そこで植物は、大切な子どもたちを親植物から離れた見知らぬ土地へ旅立たせるのである。まさに「かわいい子には旅をさせよ」、植物にとっても大切なのは親離れ、子離れなのである。

（稲垣栄洋（ひでひろ）『雑草はなぜそこに生えているのか』による。）

10 こんなふうに考えてみよう。物の長さや大きさを計るために、定規というものがある。誰の持っている定規も目盛りは同じで、一センチは一センチと決まっている。もしこれが、使うたびに目盛りが変わったり、各人の持ち物で目盛りが全部違っていたりしたら、定規は定規の用を為(な)さない。正しく計ることができないのだから、世の中の㋑すんぽうは狂いっぱなしだし、建物ひとつ建ちゃしない。

11 これと同じことだ。自分が思っているのだから正しいと思っている人は、自分ひとりだけの定規、自分ひとりだけの目盛りを使って、すべてが正しく計れると思っているようなものだ。各人がそういうてんでんばらばらな定規を持って、お互いを計り合い、それが自由だと主張し合っているようなものなんだ。でも、正しく計ることのできないそんな定規を使って生きるなら、間違ってばかりのはずじゃないか。

12 しかし、人は、「考える」、「自分が思う」とはどういうことかと「考える」ことによって、正しい定規を手に入れることができるんだ。自分ひとりだけの正しい定規ではなくて、誰にとっても正しい定規、たったひとつの正しい定規だ。それ以外に「正しい」とは、どういう意味だと君は思う？

13 そんな定規が本当にあるんでしょうかって怪訝(けげん)(注)な顔をしているね。

14 あるんだ。どこに？ 君が、考えれば、必ずそれは見つかるんだ。正しい定規はどこだろうってあれこれ探して回っているうちは、それは見つからない。考えることこそが、全世界を計る正しい定規になるのだとわかった時に、君は自由に考え始めることになるんだ。こんな自由って他にあるだろうか。（池田晶子(あきこ)『14歳からの哲学』による。）

（注）納得がいかない様子。

問一 二重傍線（‖）部㋐の漢字に読みがなをつけ、㋑のひらがなを漢字に直しなさい。

問二 波線（〰）部**ア**～**オ**の動詞の中には、活用の種類が一つだけ他と異なるものがある。それはどれか。記号で答えなさい。

問三 本文の1～4の段落には、傍線部**1**の「思う」ことと、傍線部**2**の「感じる」ことに共通する内容が述べられている。その内容を、簡単に書きなさい。

問四 本文中の□の中に補う言葉として最も適切なものを、次の**ア**～**エ**の中から一つ選び、記号で答えなさい。

ア 花は美しい
イ 花が美しく咲こうとしている
ウ 自分が美しいと思っている
エ 自分が美しさを疑っている

問五 筆者は、傍線部**3**について、どのようにすることでわかるのかを、本文の9～12の段落で、比喩を用いて説明している。その説明を、筆者が本文中で用いている比喩を使って、六十字程度で書きなさい。

問六 本文中の筆者の主張をふまえると、本当のことを知るためには、どのようにすればよいと考えられるか。次の**ア**～**エ**の中から、適切でないものを一つ選び、記号で答えなさい。

ア 何が正しいのかを自分に問い続ける思考を持つとともに、考えるという行為そのものを大切にする。
イ 自分が思い込んでいるだけかもしれないと自問し続けるとともに、物事を客観的にみるようにしていく。
ウ 相手のことや周囲の状況をふまえ、自分の考えをたえず見直していくとともに、自分の考えを深めていく。
エ 自分や他者の意見が否定されない自由な場所を作り上げるとともに、自分の考えについての自信を高めていく。

問一 ㋐ ㋑

問二

問三

問四

問五

問六

問三　本文で述べられている、西洋語と日本語の論の進め方の違いを、簡単に書きなさい。

問三

問四　本文で述べられている、日本語の論の進め方の特徴がもたらす具体的な効果と問題を、本文中からそれぞれ十二字以内で抜き出しなさい。

問四	
効果	
問題	

問五　筆者は、傍線部**2**にかぎ（「　」）をつけることによって、傍線部**2**の内容を強調している。筆者が強調している傍線部**2**の内容は、どのようなことか。次の**ア**～**エ**の中から最も適切なものを一つ選び、記号で答えなさい。

ア　私たちの性格や行動が、使っている言語の構造を左右するのは、やむを得ないということ。
イ　私たちの性格や行動が、使っている言語の影響を受けるのは、避けられないということ。
ウ　私たちの性格や行動が、言語の運用能力を強化するのは、無意識のことだということ。
エ　私たちの性格や行動が、言語の実際の使い方に表れるのは、当然のことだということ。

問五

問六　筆者は本文において、言語の運用能力を向上させるためのトレーニング法の例を二つ示している。例として示された二つのトレーニング法の過程に共通する内容を、二十五字以内で書きなさい。

問六

■平成29年度問題

二　次の文章を読んで、あとの問いに答えなさい。なお、文章中の1～14は、段落を示す番号である。

1　本当のことを知るために、考えることを始めようと決めた君、君はまず、「思う」と「考える」が、どう違うのかを考えられるようになろう。

2　「自分がそう思う」というだけなら、それが正しいか間違っているかは、まだわからない。自分ではそれを正しいと思っていたのだけど、他の人はそれを正しいとは思っていなかったとか、以前は正しいと思っていたのだけど、今は正しいとは思わないとか、よく気をつけてみると、そんなことばかりじゃないだろうか。だから人は、自分が思っていることが正しいことなのかどうか、常に「考える」ということをするわけだ。

3　中にはこう尋ねる人がいるだろうか。でも、たとえば私は花を見て美しいと思うのですけど、私がそう思うのも正しかったり間違ってたりするのでしょうか。花を美しいと思うのが間違っているということもあるのでしょうか。

4　これはすごく鋭い質問だ。確かに、花を美しいと思うとか、遊んで楽しいとか、叱られて悲しいとか、そういうふうに「感じる」ことについては、それが正しいかどうかは言えないね。だって、本当にそう感じているのだから。

5　だけど、なぜ自分がそう感じるのかを考えてゆくなら、もっと不思議なことに気がつくはずだ。そう、花を美しいと思う時、それは花が美しいのだろうか、それとも［　　］のだろうか。これはどっちが正しいのだろうか。こう考えてゆくと、やっぱり「自分が思う」の正しさについて、考えざるを得なくなるね。

6　あるいは、叱られて腹が立つ。本当に腹が立っているのだから、そのことに正しいも間違っているもあったもんじゃない。でも、ひょっとしたら、腹を立てるというこのこと自体が、間違っていることなのかもしれない。だとしたら、やっぱり考えなければ、間違いには気がつかないはずだよね。

7　「本当にそう思う」ということと、「本当にそうである」ということは、違うことだと覚えておこう。だって、間違ったことだって、自分がそう思っているのだから、「本当にそう思う」と思えるわけだ。でも、間違ったことを本当だと思ったって、間違ったことが本当になるわけじゃない。本当にそうであることは、間違ったことじゃない。やっぱりそれは「正しい」ことだということだ。

8　でも、本当に正しいことなんて、どうやってわかるのでしょうか。それが自分が正しいと思っているだけではなくて、本当に正しいことだとどうしてわかるのでしょうか。

9　これは当然の質問だ。そしていちばん大事なことだ。君は今、「正しい」という言い方で、どういうことを言おうとしているだろうか。

論説文

■平成27年度問題

二 次の文章を読んで、あとの問いに答えなさい。

日本語では、述語が文の最後に登場します。それを根拠にして、日本語の曖昧さを指摘する論者もいますが、私はむしろそこに日本語の長所があると思います。

西洋の論理は、「AはXである。なぜなら、Bであり、Cであり、Dであるからだ。」という形をとります。最初に結論がズバッと出ますよね。そうすると、「AはYだ」と思っている人からは、すぐに反論されるわけです。いきなり結論ですから、協調的ではないんですね。「AはBである、ビコーズ[注①]……」とくるときにもう周りから反論が出るわけです。

日本語はそうじゃないでしょう。日本語では、「Aは」と言うと、みんな<u>固唾を呑んで</u>[1]次の言葉を待つわけです。Bでも、Cでも、Dでもあって——というふうに、結論が出ていないからひとまず誰もが追いかけます。それで最後に、結局のところXです、と言われたら、まあ全体を見た結果としてXだから異論はないよ、とか、Dのあたりがおかしかったからそこだけちょっと気にしたいとか、協調的に話ができるわけです。

こういう点では、日本語はすばらしい構造をもっています。ただし、問題なのは、「Aは」と話を始めて、B、C、Dとあれこれ話しているうちに、論点や話題がズレてしまうこと。最後にたどりついた頃には「何の話でしたっけ?」ということになりがちです。

結局、日本語の場合、すばらしい構造をもっているのだけれど、私たちのほうにそれをきっちり駆使する能力が身に付いていない。もちろんそうした力は、㋐一朝一夕で身に付くようなものではありません。日本語の歴史的な構造、中国語と日本語の二重構造、そして、その中で日本人の性格がどのように形づくられてきたのか、さらに西洋語が明治以降に入ってきて、それがまたどんなふうに強化されていったのか。漢語と和語との二重構造が、いかに我々の本音と建前とを作り上げて、行動を左右してきたのか。<u>「私たちは言語によって牛耳[注②]られている」</u>[2]ということを自覚して初めて、「自分の言葉」を獲得する道すじが見えてくるのだろうと思います。

それでは、個人でどういうことをすればいいか。特に決まったトレーニング法があるわけではありませんが、やはり実際に文章の一つでも書いてみるのがいいと思います。

自分の思いの丈がよく書けていると思えば、それはかなりいい線をいっているはずだし、思ったよりも自分の文章が下手だとか、思いが十分に書ききれていないと思ったら、どこかに問題があると考えていいわけですね。いったい何がまずいのかを考えるだけでも、言語の運用能力は大きく変わってくるはずです。

それに、普段からじっくりと考える習慣を身に付けること。

外国人の知己[注③]を得ると、「あなたは何を信仰しているの?」「あなたの政治的な立場はどういうところにあるの?」などと聞かれることがあります。こういうときに、日本語でもいいですから、どうやって答えるかを考えてみるべきでしょうね。こうした問いに真正面から答えることを、私たちは避けてきたように思います。

しかし、これからの時代を生きる人は、これまで以上に外国人と付き合う機会は増えていくはずです。そこで笑って㋑すませるだけでは、コミュニケーションは成立しません。普段から考える習慣がなければ、自分自身、自分のことが理解できていないわけですから、適切な応答ができるはずもありませんね。

だから、たとえば今の政治に対して賛成か反対か、賛成であればその理由を、反対であればその理由を述べなさい、みたいなことを、自分できちんと言葉にできるかどうか、反芻（はんすう）[注④]してみればいいわけです。そうすると、思いのほか自分の政治的な立場や思想的な立場があやふやであることに気が付くかもしれません。

思弁的[注⑤]な人であれば、「私とは何ぞや」「言葉とは何ぞや」と考えてみてもいい。答えは出ないけれど、それを必死で考えるプロセス[注⑥]の中で、言語能力も㋒磨かれていくのです。

（加賀野井秀一「言葉から何を学ぶか」による。）

（注）① なぜなら。 ② 支配されて。 ③ 知人。 ④ 繰り返し考えること。
⑤ 経験によらず、頭の中だけで考えるさま。 ⑥ 過程。

問一 二重傍線（‖）部㋐、㋒の漢字に読みがなをつけ、㋑のひらがなを漢字に直しなさい。

問一		
㋐	㋑ （ませる）	㋒ （かれて）

問二 傍線部1は「固唾を呑む」という慣用句である。この慣用句の意味として最も適切なものを、次の**ア**～**エ**の中から一つ選び、記号で答えなさい。

ア あれこれ疑い迷って決断をためらう。 **イ** 目の前にあるものが欲しくてたまらない。
ウ 事の成り行きが気がかりで、緊張している。 **エ** 物事が思うように進まず、もどかしい。

問二

近くで見ていた女子が、佐久田（さくた）君が長谷川君を、と言いかけた瞬間、

「佐久田君と㋒あそんでたら植木鉢にぶつかって割ってしまいました。」

さえぎるようにハセは言った。

ⓐ

先生は僕たちを廊下に連れて行って短く説教し、それから一緒に、割れた植木鉢と散らばった土を片づけ、汚れた床をきれいに雑巾で拭いた。雑巾がけをする最中、ぽろぽろと涙がこぼれて床に落ちるたび、それを気づかれないように素早く拭き取るのに、僕はいそがしかった。

「植木鉢は先生が片づけておくから、二人とも、雑巾、水道で洗ってちゃんと干しておきなさい。」先生は優しい口調で言った。

僕たちは土のにおいのする雑巾を持って廊下に出た。すでに三時間目が始まっていたので、廊下には誰もいなかった。

僕は、雑巾がけをしているあいだじゅう、この人はどうして僕をかばったのかと、ずっと考えていた。どう考えても僕が悪いのだ。面倒だから告げ口みたいなことをしなかっただけで、本当は怒っているに違いない。とにかく謝らなければいけないと思った。

唾を飲みこんで、今度こそ声が出ますようにと祈った。でも、このときもうまく声が出せなかった。謝るという簡単なことが、どうして僕にはできないんだ。

3もじもじしていると、僕より先にハセが口を開いた。「いけね、怒られちゃったな。むりやりノート覗きこんでごめん。でもさっきの絵、おれにも描いてくれよ。ほんとはずっと前から描いてほしいと思ってたんだ。おれ、絵、へただからさ。」

日焼けした顔が、無邪気に笑っていた。その笑顔に、僕は、4またぽろぽろと涙をこぼしながら、首を縦に振ることしかできなかった。

このときからずっと、いつだってハセは僕が躊躇（ちゅうちょ）[注③]してできないことを簡単にこなして、僕の前を歩いていく。僕には、そんなハセの背中がたまにまぶしく見える。

（小嶋陽太郎（こじまようたろう）『ぼくのとなりにきみ』による。）

（注）① 性格の明るくない人。② 言いふらすこと。③ ためらうこと。

問一 二重傍線（═）部㋐、㋑の漢字に読みがなをつけ、㋒のひらがなを漢字に直しなさい。

問二 次のア〜エの中から、本文中の□の中に補う言葉として、最も適切なものを一つ選び、記号で答えなさい。

ア 気をまぎらわす　**イ** 心を合わせる　**ウ** 気を悪くする　**エ** 心を痛める

問三 本文には、教室にいた「僕」が、傍線部**1**と感じたことが分かる一文がある。その一文の、最初の五字を抜き出しなさい。

問一 ㋐　㋑　㋒（んで）

問二

問三

問四 本文には、植木鉢が床に落ちて割れた場面があり、傍線部**2**のように述べている。本文中から、「僕」は、植木鉢が床に落ちていく時間を、どのように感じていたと読み取ることができるか。植木鉢の落下にかかった実際の時間を含めて、簡単に書きなさい。

問四

問五 「僕」が、傍線部**3**のようになっていたのはなぜか。その理由を、本文中のⓐで示した部分から分かる、植木鉢が割れた原因に対しての「僕」の認識と、「僕」が考える「僕」のとるべき行動を含めて、四十字程度で書きなさい。

問五

40

問六 次の**ア**〜**エ**の中から、「僕」が傍線部**4**のようになっていた理由として、最も適切なものを一つ選び、記号で答えなさい。

ア 「近くで見ていた女子」に、「ハセ」を突き飛ばしたことを先生に言われそうになったから。

イ 「ハセ」にむりやりノートを覗きこまれたことを、まだ許す気持ちにはなれなかったから。

ウ 「僕」にできないことを簡単にこなす「ハセ」の姿をずっと見てきて、「ハセ」に嫌われたくなかったから。

エ 「僕」に対して謝罪する「ハセ」の発言を聞き、「ハセ」の素直で悪意のない表情を見たから。

問六

問五　佐藤は、岩崎に傍線部**2**のように感じさせてきたのは、自分のどのようなことが原因であると考えているか。次の**ア**～**エ**の中から、その原因であると佐藤が考えていることとして、最も適切なものを一つ選び、記号で答えなさい。

ア　みんなと離れても必ず再会できると信じてきたこと。
イ　いつも傷ついたりイライラしながら生活してきたこと。
ウ　転校を繰り返す中で仲間をどの場所でも作ってきたこと。
エ　自分の感情を抑えて外に表さないように過ごしてきたこと。

問六　佐藤は、岩崎の言葉を聞いて、傍線部**3**のような気持ちになった。佐藤が、傍線部**3**のような気持ちになったのは、岩崎の言葉をきっかけとして、どのようなことを推測したからか。佐藤が推測したことを、本文中のⓑで示した部分から分かる、佐藤に対する岩崎のこれまでの態度を含めて、五十字程度で書きなさい。

問五

問六
50

■令和４年度問題

一　次の文章を読んで、あとの問いに答えなさい。

　ハセとは小三で同じクラスになった。そのころの僕は、いまよりもっとうじうじしていてクラスに友達がひとりもいなかった。もともと消極的だし、(あ)臆病なので、友達ができるのに人より何倍も時間がかかる。それまで時間をかけて仲が良くなった同級生はみな別のクラスになってしまい、にぎやかな教室の中で、僕はいつもひとりだった。やることがないので、僕はよくノートに絵を描いていた。当時流行(はや)っていたアニメのキャラクターの絵だ。べつに、絵が好きなわけではなかった。休み時間にひとりぼっちであるという情けない状況から□ための行動だった。

　その日の休み時間も、僕は絵を描いていた。窓際(まどぎわ)の席だった。ノートに突然人影が落ちて、声がした。「すげえ。おまえ、絵、うまいな！」

　顔を上げると、今年から同じクラスになった、声の大きな男子がいた。たしか、はせがわくん……と僕は思った。うまいなあ、と彼はもう一度言った。僕の絵はべつにうまくなかったし、ほめられるようなものでもなかった。ただ、休み時間にひとり、窓際で絵を描いている僕に気をつかってくれたのだろう。もしかしたら、本当にうまいと思って話しかけてくれたのかもしれないけど、それはわからない。

「なあ、ほかのも見せてくれよ。」

　ハセは持ち前の無邪気さで、僕のノートをぐっと覗(のぞ)きこんできた。**1**僕は急に話しかけられた驚きと、ひっそりと描いていた絵を見られた恥ずかしさで動転し、その瞬間に、なぜかハセを左手で強く払いのけてしまった。ハセは「うおっ」と言ってよろめいた。体勢をくずした拍子に、窓際に飾られていた植木鉢に肘をぶつけた。

　2僕はその瞬間を、いまでもスローモーションで思い出すことができる。植木鉢が落ちて床にぶつかり、割れた。落下はおそらく一秒にも満たないくらいの時間だったが、僕には永遠にも感じられた。でも永遠なわけはなく、ちゃんと床にぶつかって割れた。すごく、大きな音がした。肥料の混ざった茶色い土が床に散らばり、むっとしたにおいが鼻をついた。

　終わった。瞬間的に、僕はそう思った。大げさではなく、当時八歳だった僕は、本当にそう思ったのだ。教室で植木鉢を割るなんて、人生が終わるくらいの最悪な出来事だった。そして何よりもこたえたのが、これで間違いなく長谷川(はせがわ)君には嫌われただろうし、彼は僕を、注①根暗(ねくら)のうえに話しかけただけで突き飛ばしてきたイヤなやつとして、クラス中に注②吹聴(ふいちょう)して回るだろう、ということだった。

　いまこの瞬間に、消えてなくなりたいと思った。でも、僕は一歩も動くことができなかった。せめて謝らなければ、と思ったが、(い)喉がカラカラに渇いて、まともに声が出なかった。すぐに先生が駆けつけてきた。

「どうしたの！」

ぼくは岩崎が何を言うつもりなのかわからなかった。「正直に言うと、俺、佐藤のことが気になりながらもちょっと憎らしかった。」「……。」「俺がいくらくってかかっても、2いつも悠然としてるってところがだよ。」

ぼくが、悠然としてるなんてことは全然ない。ぼくはぼくなりにいつも傷ついたり、イライラしたりしているのだ。でも、もしぼくのことがそんな風に見えるなら、ぼくは転校を繰り返すうちに、自分の感情を表に出すことがへたくそになっていたのだと思う。本当だよ、岩崎、ぼくは本当はそんなんじゃないんだ。ぼくは心の中でそう繰り返した。

「でも佐藤、なんでそんなに無理してるんだよ。」突然の岩崎の言葉だった。ぼくは思わず岩崎を見た。「なんでもっと怒らないんだよ。なんでもっと感情をむき出しにしないんだよ。」ぼくは、少しの間何も言えずに岩崎の顔を見続けていた。ぼくが自分の感情を押し殺しながら生きてきたことは確かだ。それが転校生として生きていく最善の方法のように思っていたからかもしれない。

「じゃあ、聞くけど、岩崎もけっこう無理してるだろ。」ぼくがそう言うと岩崎はえっという表情でぼくを見た。「いつも、自分を過剰にカバーして。」岩崎はしばらく黙っていたけれどすぐににやっと笑ってぼくを見た。そのうちそれがこらえきれないというような笑いに変わっていった。「何がおかしいのさ。」ぼくは少し怒ったような口調で言った。「なんか似てるかもな、俺たち。」岩崎は笑いをかみ殺すようにしながら言った。「俺も佐藤と同じで、確かにかなり無理してるなあって、そう思ったら何だかおかしくなってきてさ。」

ⓑ

ぼくは、すっきりとうれしい気持ちになっていた。岩崎と最後に二人きりでこんな風に話ができるなんて、思ってもいなかったからだ。「あんなに反発していなかったらもっと親しくなれたのにって思うと、自分がちょっと嫌になるよ。正直に言うと少し後悔してる。」岩崎は今までになく素直な口調で言った。いいよ岩崎、時間なんてまだぼくらの前には無限に思えるほどあるんだから。もう少しぼくらが自由に動けるようになったら、きっとまた会うことができる……いや、ぼくは絶対にまたここに戻ってくるつもりだから。早い話、来年の三月にはあの廃屋(注②)でまた再会するのだから。

「吉田もな、時々羨ましいんだよ。」岩崎が言った。「俺と違ってストレートな奴(やつ)だから。」吉田のストレートに岩崎のくせ球。でもバッターを打ち取ろうと思ったらその両方をうまくⓘおり交ぜることが必要なんだ、きっと。

そのとき、車内放送がまもなく次の駅に到着することを告げた。岩崎はゆっくりと立ち上がった。「次で降りるよ。」それから岩崎は少し間を置いてから、「絶対にまた戻ってこいよ。」と言った。

3うれしかった。おそらく岩崎はこのことをぼくに伝えるためだけに、みんなと離れて、一人だけで、ぼくのいる列車に乗り込んできたのだろう。

ぼくも立ち上がり、「本当にありがとう。」と言いながら右手を岩崎の前に差し出した。岩崎はちょっと照れたような表情でぼくの顔と手を交互に見ていたけれど、やがておずおずとぼくの右手をとった。ぼくらは力強く握手をした。

(阪口正博(さかぐちまさひろ)『カントリー・ロード』による。)

(注)① 野球部の部員。佐藤が入部したことで、ピッチャーになれなかった。
② ここでは、友人たちとの再会を約束した場所のこと。

問一　二重傍線(‖)部ⓐの漢字に読みがなをつけ、ⓘのひらがなを漢字に直しなさい。

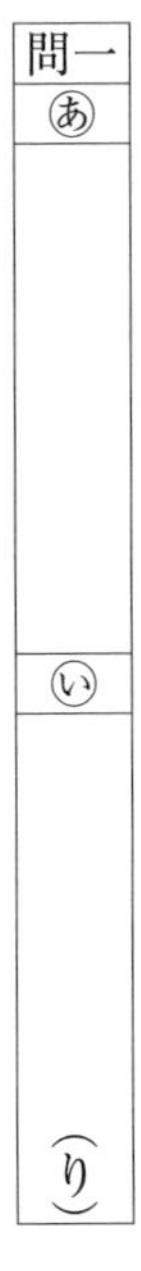

問二　次のア〜エの中から、波線(〰)部と同じ構成の熟語を一つ選び、記号で答えなさい。

ア 創造　**イ** 越境　**ウ** 速報　**エ** 禍福

問三　佐藤が傍線部**1**のような気持ちになったのは、どのようなことに対してか。その内容を、簡単に書きなさい。

問二　問三

問四　次の**ア**〜**エ**の中から、本文中のⓐで示した部分の表現の特徴として、最も適切なものを一つ選び、記号で答えなさい。

ア 擬音語や擬態語を用いて、登場人物の心情や様子が表現されている。
イ 対句や倒置法などの技巧的な言い方が使われ、登場人物の感動が強調されている。
ウ 比喩表現を多用して、車窓からの眺めと登場人物の心情が印象深く表現されている。
エ 登場人物の心の中での語りかけが描写され、心情が分かりやすく表されている。

問四

問一　二重傍線（═）部㋐の漢字に読みがなをつけ、㋑、㋒、㋓のひらがなを漢字に直しなさい。

問二　傍線部1は、どのような意味の慣用句か。その意味を、「少年」が住む島の位置が分かるように、簡単に書きなさい。

問三　傍線部2のように「少年」が翌日の天候を気にしているのは、いくつかの状況をふまえてのものである。その状況として適切でないものを、次のア～エの中から一つ選び、記号で答えなさい。

ア　強い風が吹いて波が高くなること。
イ　飼育器の卵がもうすぐかえりそうだということ。
ウ　祖父が操舵する渡し船が出なくなりそうだということ。
エ　入り江の架橋が閉鎖され遠回りをすること。

問四　波線（〰）部の熟語は、上の漢字を訓、下の漢字を音で読む「湯桶（ゆとう）読み」とよばれる読み方をする熟語である。次のア～オの中から、「湯桶読み」をするものを二つ選び、記号で答えなさい。

ア　雨具　イ　番組　ウ　荷物　エ　若者　オ　着陸

問五　次のア～エの中から、本文中のⓐで示した部分の表現の特徴として、最も適切なものを一つ選び、記号で答えなさい。

ア　文末に体言止めを多用することで、簡潔で引き締まった印象を与えている。
イ　比喩表現を用いることで、「少年」の心情を効果的に表すとともに読者に親近感を与えている。
ウ　短い文を多く用いてその場の状況を語ることで、臨場感を高める効果を持たせている。
エ　回想的な場面を挿入することで、何気ない日常と過去につながりを持たせている。

問六　傍線部3から、「少年」が喜んでいることと、その場にいた生徒たちが羨んでいることが分かる。「少年」が喜び、生徒たちが羨んでいるのは、どのような出来事があったからか。その出来事を、「少年」が喜ぶきっかけとなった紺野先生の行動を含めて、五十字程度で書きなさい。

問一　㋐　㋑　（まり）㋒　（いだ）㋓
問二
問三　問四　と　問五
問六　50

■令和3年度問題

一　次の文章には、中学二年生で野球部員の佐藤が、十一か月を過ごした町から引っ越すことになり、友人たちに見送られた後のことが書かれている。この文章を読んで、あとの問いに答えなさい。

列車が速度を増し、みんなの顔がすごい早さで流れていった。吉田（よしだ）、杉本、森田、中野美香（みか）、小森瑞穂（みずほ）、辻内早苗（つじうちさなえ）……。胸の中がぽっかりと㋐空洞になったようで、それでいてぐっとひきつっているような感覚を覚えた。ぼくは大きなため息をついてから、再び車窓に目を向けた。

何も考えることができなかった。ただみんなの顔が浮かんでは消えていった。注①岩崎の顔が浮かんだ時、彼はとうとう今日、ホームに姿を見せなかったと思った。それが1唯一の心残りだった。五分ほどで次の駅に着いた。人影のないその駅から、一人だけ乗客があった。その乗客はゆっくりとぼくのそばに近づいてきた。

ⓐ
岩崎だった。あっけにとられて見つめているぼくを尻目に、岩崎はそのまま何食わぬ顔で、ぼくの前の座席に腰を下ろした。「勘違いすんなよ。」岩崎がいつものようにぶっきらぼうな調子で言った。「ちょうど用事があって、たまたま同じ列車に乗っただけだからな。」「でもうれしいよ、もう会えないのかなって思っていたとこだったから。」ぼくは岩崎に言った。岩崎はしばらくの間、ぶすっとした顔で車窓から外の景色を眺めていたけれど、突然、「何でだよ。」とぼくを見ずに、つぶやくように言った。「なんでこんなに早く行っちゃうんだよ。俺からピッチャーを取り上げといてさ。」「父さんが転勤だから仕方がないんだ。」ぼくがそう言うと、岩崎はちぇっと小さく舌打ちをした。「そんなことは、知ってるよ。」

一　次の文章には、岬にある学校に、船で通学する「少年」の、三日間の出来事が書かれている。この文章を読んで、あとの問いに答えなさい。

架橋（注①）には、ちょうど真ん中に操作室があって、大型の船が入り江に入るときに水平可動する仕組みになっていた。その操作室の屋根に風見と風力計が取りつけてある。羽根車が勢いよく回転する日は、白ウサギの（あ）跳躍に似た波が海面を走る。すると、紺野（こんの）先生の受け持つ生徒のひとりが、必ず学校を休んだ。

少年は、岬の一部をちぎって投げたような、1目と鼻の先にある小さな島に住んでいた。しかし、波が荒い日は渡し船が通わず、少年は島から一歩も出ることができないのである。ひと家族しか住んでいない小さな島で、定期船はなく、渡し船は少年の祖父が操舵（注②そうだ）する。

「先生、あの卵、あすには孵（かえ）るかもしれませんね。」

「そうだね、そろそろだから。」

学校の飼育器では、人工孵化（ふか）をしているチャボ（注③）の卵が、もうすぐ孵るはずだった。祖父の船で島へ帰る間際（まぎわ）、2少年はしきりに翌日の天候を気にしていた。暮れなずむ天（そら）は、うす紫と（い）藍（注④あい）にそまり、たなびく夕もやを突き抜けて火炎の帯が一筋走っている。無線から、快晴だが強風であるとの予報が流れた。春の海風は気まぐれで、風向きは安定しない。少年の祖父も予想がつかないと苦笑いした。

強風ならば、渡し船を出せないだろうとも言い、かたわらの少年は浮かない顔をして帰りの船に乗りこんだ。紺野先生は自分の下宿に少年を泊めてもよいと提案したが、彼の祖父は、孵化の場面に立ち合うのと同じくらい、望みが叶（かな）わないことを辛抱する気持ちも大事だと少年を諭した。夕闇のなか、群青（注⑤ぐんじょう）の水尾（注⑥みお）をひいて船は島へ向かった。

翌朝、紺野先生は早起きをした。入り江の架橋にある風向計のことが気になった。南西風が吹きつけ、勢いよく回転している。雲ひとつない快晴だったが、海面には白い角のような波が見えた。少年が案じていたとおり、船は渡れそうもない。次に、学校の理科室へ（う）いそいだ紺野先生は、飼育器の卵のようすを観察した。何ともいえないが、紺野先生の勘では今日中に孵化しそうである。その足で高台の気象観測所まで行き、岬の突端にあって見晴らしもよいその場から、少年の住む島を眺めた。

ⓐ　つないである船が見える。近くに人影があるように思い、観測所の双眼鏡を借りてのぞいた。やはり、あの少年がいる。鞄（かばん）を手に、落ちつかないようすで船の付近を行きつ戻りつしている。舫い杭（注⑦もやいぐい）の近くに取りつけた風力計は、ちぎれて吹き飛ばされそうだった。風が強い。そこへ少年の祖父も姿を見せて、ふたりで何やら話をしている。じきに並んで家のほうへ歩きだした。

飼育器の卵をずっと見守ってきた親代わりの生徒たちにとって、孵化の場面に立ち合うことは、どんなにか満足を覚えることだろう。あれほどの強度を持った殻を、まだ目もあかないひな鳥が、渾身（こんしん）の力をこめて毀（こわ）すのである。強風のために入り江の架橋も閉鎖され、遠回りを余儀なくされた生徒たちは、いつもより遅れて登校してきた。

その朝、飼育器の卵から、ひな鳥の鳴く声が聞こえた。皆がほかの授業を受けているときは紺野先生が見守っている。殻にひびが入ったら、知らせに行くと（え）やくそくをした。その紺野先生のところへ、無線機を使った通信が入った。

「先生、ハッチ（注⑧）・アウトはどうです。始まりましたか。」

島に住む、あの少年である。

「まもなくだよ。」

ちょうど、ひびが入り始めたので、紺野先生は送信機を卵のすぐ近くへ置いて生徒たちを呼びに行った。紺野先生が戻り、ほかの授業をしていた生徒たちが飼育器のまわりに集まったとき、卵の殻にはすでに小さな穴があいていて、ひな鳥のくちばしの先が見えた。無線機の少年が言う。

「先生、もしかしたら、殻の破れる最初の瞬間に立ち合ったのはぼくだけですか。」

「そのようだね。声を聞いたかい。」

3「ええ、もちろん。」明朗な声が答えた。その場にいた生徒たちが羨んだのは言うまでもない。それから、ひな鳥は休みながら少しずつ殻を破り、数十分かけてようやくクシャクシャの全貌をあらわした。やがて、ぬれてしぼんでいた羽がふくらみ、キャラコ（注⑨）の毛糸のようになった。

翌日は風がおさまった。紺野先生は無線機に耳をそばだてていたあの少年に、ひなが残した卵の殻を手渡した。少年は最初のひとかけらに違いない小さな一片を、愛（いと）おしげに手のひらにのせている。

（長野まゆみ『夏帽子』による。）

（注）① ここでは、入り江に架けられた橋。　② 船を進めるためにかじを操作すること。
③ 小形の鶏。　④ 濃い青色。　⑤ 鮮やかな青色。　⑥ 船が通ったあとに残る水の筋。
⑦ 船をつなぎとめるために立てた柱。　⑧ 孵化。　⑨ 薄くて光沢のある綿布。

（注）① 「手つだってあげるよ」という意味の方言。　② 「いいよ、自分でやるから」という意味の方言。
③ 底が深く、内側が広い容器。　④ ころばしの入り口に取りつける部品。
⑤ ここでは、ころばしを仕掛けること。

問一　二重傍線（‖）部ⓐ、ⓤの漢字に読みがなをつけ、ⓘのひらがなを漢字に直しなさい。

問一		
あ	い	う
		（いて）

問二　傍線部**1**を比喩を使わない表現に書き直しなさい。

問二

問三　傍線部**2**のような行動をとった朝子について、本文中から、朝子は、川にいる時をどのように感じていると読み取ることができるか。ふだんの朝子の家での様子を含めて、簡単に書きなさい。

問三

問四　本文中の二つの□の中には、同じ言葉が入る。次の**ア**～**エ**の中から、二つの□の中に補う言葉として最も適切なものを一つ選び、記号で答えなさい。

ア　空の明かり　**イ**　夜明けの光
ウ　夜の暗闇　**エ**　真冬の空気

問四

問五　次の**ア**～**エ**の中から、本文中のⓐで示した部分から分かる、あつよしの行動の特徴について、最も適切なものを一つ選び、記号で答えなさい。

ア　目の前の状況に左右されず、当初からの自分の考えにこだわって行動する。
イ　他者の気持ちを第一に考え、自分のことよりも他者を優先して行動する。
ウ　人から教わったことを全面的に信頼し、自分の心情を一切交えず行動する。
エ　人から教わったことだけをするのではなく、自分でよく考えながら行動する。

問五

問六　傍線部**3**は、三つのころばしを仕掛けたときに、あつよしの心に残ったことをふまえたものである。仕掛けに対するあつよしの気持ちは、一、二回目の仕掛けに対するものと、三回目の仕掛けに対するものとで、異なっていると読み取ることができる。それぞれの、仕掛けに対するあつよしの気持ちを、三回目にあつよしが心掛けたことを含めて、六十字程度で書きなさい。

問六
60

一

次の文章には、小学生のあつよしが、兄の和夫と姉の朝子から、うなぎを捕まえるための、竹筒を使った道具である「ころばし」の仕掛け方を教わり、初めて「ころばし」を仕掛けたときのことが書かれている。この文章を読んで、あとの問いに答えなさい。

「目印を忘れたら、どこに浸けたか分からんなるぞ。ほら。」

積み石をしながら、和夫があごで示した流れを見れば、1川面は、どこも同じような顔をしていた。

「初めの一本だけ、注①手つどうちゃろ。」

注②「ええ、自分でやるけん。」

あつよしは、近寄ってきた朝子を、こばむように言って、自分のころばしを隠すようにかかえた。それを見ていた和夫が、大きな笑い声を上げて、朝子も笑った。

「ほら、あつ。見よれ。」

朝子は、そう言うなり、2流れの水を手ですくって放り上げた。水は、大小さまざまな玉になって、かがやいた。朝子は、まるで、おとぎ話に出てくる宝石のような美しさを、自分で楽しんでいるように、それをくり返した。和夫が、ころばしを浸けに動きだし、朝子も動きだした。朝子も和夫も、好きなことをやっていられる、この時を、心ゆくまで楽しんでいるようだった。学校からもどると、二人とも働きどおしだった。和夫は、たきぎ取り、風呂の水汲み、そして風呂焚き、Ⓐ炊事場の注③かめに水を蓄えておくのも、和夫の仕事だった。朝子は、台所のことから洗濯まで引き受けて、遊ぶことも休むことも知らないように働きづめだった。

「転ぶな！」

自分の浸ける場所を目でさがしながら水に入ったとき、和夫の声が聞こえた。

山を照らしていた日差しが、いつの間にかⒾいただきにのぼりつめて、竹やぶには夜が宿った。川面は［　　］を宿してはいるが、昼間のようにかがやきはしない。

ⓐ

あつよしは、ひざほどの深さのところに立って、一本めのころばしを浸けだした。朝子に教わったとおり、ころばしを踏みつけておいて、脇にあった石をのせた。もう一個のせようとしたところで、注④こじたが川下に向いているか気になった。手でそれをたしかめたとき、入り口が浮き上がっているのが気になった。うなぎが、早瀬を浮き上がって進めるとは、どうしても思えなかった。あつよしは、うなぎが、この早瀬をのぼっている想像をしてみた。石を縫うようにして進んでいく様子が浮かび、そのほかにはなにも思い浮かばなかった。入り口の方を川床に押し付け、その分浮いた尻の方に、手ごろな石をⓊ敷いて様子を見た。想像した、うなぎの泳ぎと、入り口の位置がぴたりと合った。もうひとつの石をのせているとき、竹筒が見えるのが気になった。仕掛けたと分かると、入らないのではないかと思ったら、どうしても気になって、そこを動けなくなった。あつよしは、もうひとつ石をのせ、ころばしを隠すように小さめの石を周囲に積んでいった。これで、自然の岩穴のようだと満足したとき、川下の地形のことが気になり出した。手さぐりで、川下の地形をさぐっているとき、一メートルほど前に、大きな石のあるのが気になったが、動かせそうにもなかった。そのことだけを心に残して積み石をし、次に向かった。

「……！」

二つめのころばしを浸けようとしたとき、流れの音にまざって声が聞こえた。振り返って見ると、朝子も和夫も、すでに注⑤仕事を終えて水から上がっていた。急いでころばしを浸け、入り口の前にあった石を、通り道のじゃまだと思って動かした。動かしたあと、人間の匂いが残ってしまったのじゃないかと気になり、それを心に残したまんま、三つめのころばしを浸けに動いた。三つめは、なんの工夫もせずに、できるだけ人間の匂いが残らないように、二つ石をのせて、積み石をし、そそくさと、その場を去った。もどりながら三つめのころばしが、いちばん入りそうな気になってきて、そのことを心に残して、朝子と和夫の待っている方へと歩いた。

山並みは、すでに春の色を失って、夜に染まりかけていた。谷間や竹やぶに宿っていた夜が里に広がりだしていて、空と、［　　］を映した川が、暮れゆく山里に映えていた。

「遅かったねや。」

和夫と朝子の笑顔に迎えられ、その後ろに続いて、川をあとにした。3ころばしを束ねてきた縄には、流木が束ねられている。それを、重たそうにさげている二人の後ろに続きながら、あつよしは、浸けるたびに心に残ったことがらを思い浮かべながら歩いた。そのどれもが、明日の朝まで頭の中から去りそうになかった。

（笹山久三『とおい夏の日』による。）

ている。

「たいへんだわ、お医者さんに行かなきゃ。」

あわてて二人を病院へ連れていくと、

「ダメですねえ、こんなになるまで放っておいては。……脱水症状を起こしてますよ。」

お医者さんが言った。

「すぐに点滴[注①]をしましょう。」

看護婦[注②]さんが二人を処置室へ連れていき、別々のベッドに寝かせた。すでに秀子は、べそをかきはじめていた。

消毒薬の匂い、注射器の列、真っ白いベッドとカーテン、看護婦さんの真剣な表情。そのうえ、おろおろしているママの姿。

2べそをかくのは当然だ。達夫だって膝がふるえ、胸も波うって、あやうく泣きだすところを、じっと我慢しているのだ。

やがて点滴のビニール管が、ベッドのそばに吊り下げられた。看護婦さんが近づいてきて、まず達夫の左腕をとった。ゆっくりと、するどい針を刺した。

「……ママ。」

達夫は思わず泣き声を上げかけたが、

「痛くないよう。ちっとも痛くないよう。」

すんでのところで、そう言った。

ママは達夫に顔を寄せて、ささやいた。

「えらいわね。……でも、お病気のときは我慢しないで、泣いてもいいのよ。」

しかし、達夫は隣のベッドに目を向けて、怖そうに見つめている妹へ笑ってみせた。

3「ちっとも痛くないよ、秀子。……ちょっとチクッとするだけさ。」

秀子は目に涙をためて、しゃくり上げながらも、素直にうなずいた。

看護婦さんが注射針を持って、隣のベッドへまわっていった。どうしたわけか、針を刺しても、秀子は泣かなかった。

「なっ、お兄ちゃんの言うとおりだろ?」

達夫が優しく言うと、きつく目を閉じた妹が、またうなずいた。

（内海隆一郎「お手本」による。）

（注）① 薬や栄養などを少しずつ静脈内に注入すること。　② 女性看護師の古い呼び名。

問一　二重傍線（═）部あ、うの漢字に読みがなをつけ、い、えのひらがなを漢字に直しなさい。

問二　次のア〜エの中から、傍線部1と同じ構成の熟語を一つ選び、記号で答えなさい。

ア 粗雑　**イ** 県営　**ウ** 盛衰　**エ** 遭難

問三　次のア〜エの中から、本文中の□の中に補う言葉として最も適切なものを一つ選び、記号で答えなさい。

ア 口をあわせて　**イ** 口をそろえて　**ウ** 思ったとおり　**エ** 思いがけず

問四　傍線部2のように秀子の様子を表現しているのは、いくつかの状況をふまえてのものである。その状況として適切でないものを、次のア〜エの中から一つ選び、記号で答えなさい。

ア 達夫でさえ泣きだしそうになるのを我慢している。

イ 看護婦が達夫の左腕をとり、するどい針を刺している。

ウ 秀子と達夫が病院の処置室で、別々のベッドに寝ている。

エ 看護婦が真剣な表情をしており、ママもおろおろしている。

問五　本文中の二つの波線（〰）部の秀子の動作には、達夫に対する秀子の気持ちが表れている。秀子が達夫に対して、日ごろから、どのような気持ちで接しているのかが最もよく示されている七字の表現を、本文中から抜き出しなさい。

問六　傍線部3のように達夫が話した言葉には、秀子へのどのような思いが込められていると考えられるか。ここでの達夫の秀子への思いを、それまで達夫が考えていたお手本の意味を含めて、六十字程度で書きなさい。

問一	あ	い	う	え
		（い）		（うく）

問二	問三	問四	問五

問六

60

問三　傍線部**1**について、次の(1)、(2)の問いに答えなさい。

(1)「僕」が証明して欲しいことは、どのような事柄か。その内容を具体的に書きなさい。

(2) 本文中には、「僕の正しさ」が証明され、「僕」が誇らしい気持ちになっていることが分かる態度が書かれている部分がある。その部分を、七字以内で抜き出しなさい。

問四　本文中の□の中には、ひろしの、「僕」への発言が入る。その発言として最も適切なものを、次の**ア**～**エ**の中から一つ選び、記号で答えなさい。

ア　いいなあ、いいなあ。　**イ**　楽しいなあ、楽しいなあ。

ウ　大きかったなあ、大きかったなあ。　**エ**　惜しかったなあ、惜しかったなあ。

問五「おばさん」の言葉を聞いた「僕」が、傍線部**2**に表れているような気持ちになったのはなぜか。「おばさん」の言葉を思いがけないと感じることにつながった状況を含めて、六十字以内で書きなさい。

問三(1)

問三(2)

問四

問五

60

■平成28年度問題

一　次の文章を読んで、あとの問いに答えなさい。

「ニンジンも食べなきゃダメよ、秀子(ひでこ)。」

ママが妹に言うのを聞くと、達夫(たつお)は大急ぎでニンジンの煮物(あ)を口にほおばった。

「ほら、お兄ちゃんを見てごらんなさい。」

□ママは言い足した。食事のときは、きまってそうなのだ。

小学一年生の達夫は、死ぬ思いで口のなかの嫌な味を飲み込んだ。お皿には、まだ二つ残っている。ついでに、つぎつぎとほおばって、必死で喉へ押し込む。すぐに水を飲めば、なんとか我慢できる。

「ほらほら、お兄ちゃんなんか、みんな食べちゃったわよ。さあ、秀子も食べなさい。」

四歳の妹は、ニンジンの半欠けを口にねじ入れられて、泣きべそをかきながら食べはじめた。

「秀子、……えらいなあ。」

達夫が大人っぽく励ますと、妹は涙をあふれさせながらも、微笑(ほほえ)んでみせた。

いつでも、こうである。

たとえば、ママと三人でお買い物に行ったとき、秀子がダダをこねはじめる。

「ねえ、ママ、ジュース。」

秀子でなくても冷たいジュースかコーラを飲みたいと思うようなあつい(い)日でも、

「おうちに帰ってからにしましょうね。」

と、ママが言おうものなら、なぜか達夫はじっと我慢してしまう。

「秀子。……水、飲もうな。」

妹の手を引いて、水飲み場へ連れていく。そんなようすを、ママは横目で見て、感心感心とばかりに微笑んでいる。

達夫が我慢づよくなったのは、秀子が幼稚園に入ったあたりからだ。

そのころ達夫は同じ幼稚園の年長組だったから、毎日、通園バス[1]で出かけて帰宅するまで、妹の世話をすることになった。秀子のほうも兄にべったりへばりついて、頼りにしていたのは言うまでもない。

「お兄ちゃん、たのむわね。……秀子のお手本になってちょうだいよ。」

ママが口ぐせのように言った。

初めは、お手本という言葉の意味など分からなかった。しかし、なんとなく妹の面倒を見ているうちに理解するようになった。

いつも秀子が見ていて真似(まね)するから、ぼくは立派にしなくちゃいけないんだな。

すると、急に自分が大人になったような気がした。とてもいい気持ちだった。それからというもの妹の前では、つねにお手本となるように努めてきた。

だけど、お手本って、とってもたいへんなことだな。なんでもかんでも我慢しなくちゃなんないんだから。このごろ達夫は、そう思っている。

六月の末になって、ぐずついた天気がつづいたためか、達夫と秀子は風邪をひいた。

「二人とも寝冷えしたのかしら?」

小説文・随筆文

■平成26年度問題

一　次の文章には、川で大きな紅鯉（べんごい）をとり逃がして悔しがっていた五年生の「僕」の周りに、人が集まってきてコイをさがしていたときのことが書かれている。この文章を読んで、あとの問いに答えなさい。

川下から、腰まであるゴム長（注①）をはいた頭のはげたおじさんが、じゃぶじゃぶと水をはじき飛ばしながら上ってきた。手に投網を抱えていた。「なんか、おっとですか（注②）？」おじさんは陽気な声で聞いた。「いやね、このガキがベンゴイのおったて言うとばってん（注③）……。」と、ワシ鼻（注④）のおじさんが言った。「こいつはさっきも、そぎゃんこつば（注⑤）言うとったばってん、何もおらんだった。だけん（注⑥）、あてにはならんたい。」僕は、もう紅鯉をとり逃がした悔しさなど忘れていた。それより、だれかが1僕の正しさを証明してくれることを祈っていた。だから、早くそこから逃げ出したい気持ちと、懸命に闘っていたのだ。「そんなら、ひとつ、網ば打ってみまっしょか。」「無駄（あ）かもしれんばい。」「よかよか、なんかおるだろうたい。」おじさんは、はげた頭をひとなぜすると、投網を両手に抱え、ひざと腰を弾（い）ませながら、ぶらんぶらんと揺すり始めた。そして、えんじ色の網がいちばん大きく揺れたところで、ぱっと水面めがけて投げた。網は見事に広がって、その淵（ふち）（注⑦）の形いっぱいに落ちた。人々の目が、じっとおじさんの手もとに集中した。おじさんは、ゆっくりと網をたぐっていく。はたして、コイはいるか。おじさんの右手が、しだいに網をしぼっていった。最後のひとしぼりをして、水から引き上げようとしたそのときである。ばしっと、大きな音がして、何かが網の中で跳ねたかと思うと、黒い大きなかたまりが、網の外に飛び出して逃げた。なんと、それはまぎれもないコイだったのだ。しかも、僕がとりのがした紅鯉とは違う黒いコイだったのだ。だとすると、その淵には、二匹のコイがいることになる。僕は意外な展開にびっくりしていた。はげ頭のおじさんは、少しも慌てた様子も見せずに、丁寧に網から小魚や、ごみを取り去ると、再び深みの端に立った。それから、ぐいと淵を見渡し、初めと同じ形に網を打った。おじさんは、さっきは網を跳ねて逃げられたので、今度はいっそう注意深く網をたぐっていった。僕たちがかたずをのんで見守っていると、おじさんは水の中に右腕を肩の付け根まで突っ込んで、網の底を抱え込むようにして、そっくり持ち上げた。その網の中で、大きな獲物が動くのが見えた。おじさんは重そうに両手で抱え、勢いをつけて、網ごと河原に放り投げた。すると、網から黒いかたまりが転がり出た。大きなコイだった。コイは乾いた河原の砂利の上を、勢いよく跳ねまわった。水から上がったおじさんは、まず手ぎわよくそれを袋におさめ、それから放っておいた網を広げにかかった。すると、まもなく「おっ！」という声が上がった。網の中に、鮮やかな朱色が見えたからだ。「ベンゴイだ！」ひろし（注⑧）が目を丸くして、僕の顔を見た。「修（しゅう）ちゃん、ほんなこつ（注⑨）、おったなあ。」僕はひろしをにらみつけてやった。ひろしは僕の気持ちにおかまいなく、「□」を連発していた。確かに、それは僕の手に入るべきコイだった。でも、そのときはもう、そんなことはどうでもよかった。僕は胸を張って、例のワシ鼻のおじさんをにらんだ。おじさんは顔をそらすと、ペッとつばを吐き、それからそそくさと立ち去っていった。

人々の輪がち（う）った。僕はなんだか気が抜けてしまって、深みの縁（ふち）にぼんやりたたずんでいた。ウソツキにならなくてよかったという満足感の後から、じわじわと、あの美しい紅鯉を自分の手に入れることができなかった悔しさが、また頭をもたげてくる。するとそのとき、後ろで、おばさんの声がした。「よかった、よかった。あんた、よかったな。」それは思いがけない言葉だった。おばさんはしわだらけの顔をほころばせて、二度、三度とうなずいた。「あんたの気持ちは全部分かってるよ」という声が聞こえるようだった。2僕は急に胸がいっぱいになって、あやうく泣きだしそうだった。「ひろちゃん、ベンゴイば、探しに行こ！」僕は涙を見られるのが恥ずかしくて、水を蹴上げながら、川下へ向かって駆け出していった。

（丘修三（しゅうぞう）「紅鯉（べんごい）」による。）

（注）① ゴム製の長靴。　②・③ それぞれ「いるのですか」、「言うのだけれど」という意味の方言。
④ ワシのクチバシのような形をした鼻。　⑤・⑥ それぞれ「そんなことを」、「だから」という意味の方言。
⑦ 水が深くよどんでいる所。　⑧ 「僕」の同級生。　⑨ 「本当に」という意味の方言。

問一　二重傍線（‖）部あ、いの漢字に読みがなをつけ、うのひらがなを漢字に直しなさい。

問一		
あ	い	う
	（ませ）	（った）

問二　次のア〜エの文中の「られ」の中から、本文中の波線（〜〜）部と同じ意味・用法のものを一つ選び、記号で答えなさい。

ア　昨日はお客様が来られた。
イ　この春は花粉症に苦しめられた。
ウ　楽しい時間は短く感じられた。
エ　今朝は自分ひとりで起きられた。

問二

公 立 高 校 入 試 出 題 単 元

過去９年間
（平成26年～令和４年まで）

国　　語

小説文・随筆文

■平成26年度[1]
■平成28年度[1]
■平成30年度[1]
■令和２年度[1]
■令和３年度[1]
■令和４年度[1]

論 説 文

■平成27年度[2]
■平成29年度[2]
■平成31年度[2]
■令和２年度[2]
■令和３年度[2]
■令和４年度[2]

表　　現

■平成27年度[3]
■平成28年度[3]
■平成30年度[3]
■平成31年度[3]
■令和２年度[3]
■令和３年度[3]
■令和４年度[3]

古　　文

■平成26年度[4]
■平成27年度[4]
■平成28年度[4]
■平成29年度[4]
■平成30年度[4]
■平成31年度[4]
■令和２年度[4]
■令和３年度[4]
■令和４年度[4]

条件作文

■平成26年度[5]
■平成27年度[5]
■平成28年度[5]
■平成29年度[5]
■平成30年度[5]
■平成31年度[5]
■令和２年度[5]
■令和３年度[5]
■令和４年度[5]

公 立 高 校 入 試 出 題 単 元

過去９年間
（平成26年～令和４年まで）

解答　と　解説

解　答

解　説

数学解答

〈計算〉

H26 [1] (1) ア -3 イ $3a-2b$ ウ $\frac{5x-7y}{12}$ エ $8\sqrt{3}$

(2) 10 (3) aの値 [9], もう1つの解 [6]

H27 [1] (1) ア 21 イ $2a$ ウ $\frac{5x+19y}{14}$ エ $3-\sqrt{3}$

(2) 4 (3) $x=\frac{5\pm\sqrt{13}}{2}$

H28 [1] (1) ア 15 イ $8a-3b$ ウ $\frac{x-13y}{10}$ エ $3\sqrt{5}$

(2) 6 (3) $x=-9$, $x=7$

H29 [1] (1) ア 9 イ $-3ab$ ウ $\frac{2x+11y}{15}$ エ $15-9\sqrt{6}$

(2) 73 (3) $x=\frac{5\pm\sqrt{17}}{2}$

H30 [1] (1) ア -5 イ $9a+4b$ ウ $\frac{2x-13y}{21}$ エ $9\sqrt{3}$

(2) 24 (3) $x=-8$, $x=7$

H31 [1] (1) ア -9 イ $20a$ ウ $\frac{x+13y}{12}$ エ $6-9\sqrt{6}$

(2) 40 (3) $x=-1\pm\sqrt{3}$

R2 [1] (1) ア -19 イ $5a-2b$ ウ $\frac{5x-13y}{14}$ エ $9\sqrt{7}$

(2) 23 (3) $x=-3$, $x=7$

R3 [1] (1) ア -12 イ $3ab$ ウ $\frac{5x-17y}{21}$ エ $8-7\sqrt{15}$

(2) 87 (3) $x=-4$, $x=8$

R4 [1] (1) ア -18 イ $2a+9b$ ウ $\frac{3x+7y}{10}$ エ $9\sqrt{7}-10\sqrt{3}$

(2) 26 (3) $x=-2$, $x=6$

〈方程式・連立方程式〉

H26 [4] **方程式と計算の過程**

A班の人数を x 人，B班の人数を y 人とすると，

A班とB班合わせて 34 人なので，$x+y=34$…①

新しいイスは $3x$ 脚，古いイスは $5y+\frac{1}{2}y$ 脚，合わせて 157 脚なので

$3x+5y+\frac{1}{2}y=157$…②

①，②より $x=12$ $y=22$

よってA班は 12 人，古いイスは $5\times22+\frac{1}{2}\times22=121$ 脚

答 A班の人数 [12] 人，古いイスの数 [121] 脚

H27 [3] (2) **方程式と計算の過程**

100 g用をx袋，200 g用をy袋用意したとすると

$$\begin{cases}100x+200y=5200\cdots①\\1000(x-3)+2400+1800y=48400\cdots②\end{cases}$$

$$\begin{cases}x+2y=52\\1000x+1800y=49000\end{cases}\qquad\begin{cases}x+2y=52\cdots①'\\10x+18y=490\cdots②'\end{cases}$$

①′より$x=-2y+52$…①″ ②′に代入して解くと$y=15$

$y=15$を①″ に代入して解くと$x=22$ $\begin{cases}x=22\\y=15\end{cases}$

よって販売した100 g入りと200 g入りのお茶は合わせて 37袋

答 37

H28 [4] **方程式と計算の過程**

6月に本を3冊以上借りた生徒の人数をx人，全校生徒の人数をy人とする。

$$\begin{cases}33+50+x=\frac{60}{100}y\cdots①\\33\times2+50\times\left(1-\frac{8}{100}\right)+x\times\left(1+\frac{25}{100}\right)=\frac{60}{100}y+36\cdots②\end{cases}$$

①，②を整理して，

$$\begin{cases}5x-3y=-415\\25x-12y=-1520\end{cases}$$

これを計算すると，$x=28$，$y=185$

よって，10月に本を3冊以上借りた生徒の人数は，$28\times\left(1+\frac{25}{100}\right)=35$人

答 35

H29 [4] **方程式・計算の過程**

運び出した長机をx台，運び出した椅子をy脚とする。

$$\begin{cases}2x+\frac{y}{4}=74\\3\times4+\frac{3(x-4)}{2}+\frac{2(x-4)}{2}=y\end{cases}$$

これを解いて，$x=28$，$y=72$ **答** 長机28台，椅子72脚

H30 [3] **方程式** $\begin{cases}x+y=200\\100x+132y=24000\end{cases}$

計算の過程 $\begin{cases}x+y=200\cdots①\\100x+132y=24000\cdots②\end{cases}$

$$\begin{array}{r}100x+132y=24000\cdots②\\-)\ 100x+100y=20000\cdots①\times100\\\hline 32y=4000\end{array}$$

$y=125$

$x=75$

答 あんパン [75] 個，メロンパン [125] 個

H31 4 **方程式** $\begin{cases} x+y=98 \\ \dfrac{x}{60}+\dfrac{20}{60}+\dfrac{y}{40}=2\dfrac{15}{60} \end{cases}$

計算の過程 学校から休憩所までの道のりを$x$km，休憩所から目的地までの道のりを$y$kmとする。

$\begin{cases} x+y=98 \\ \dfrac{x}{60}+\dfrac{20}{60}+\dfrac{y}{40}=2\dfrac{15}{60} \end{cases}$

これを解いて，$x=64$，$y=34$

答 学校から休憩所まで 64 km
休憩所から目的地まで 34 km

R2 4 **方程式：(例)** $\begin{cases} x+y=183 \\ 0.8x\times500+0.2x\times450+y\times300=76750 \end{cases}$

計算の過程：(例)

方程式を整理すると

$\begin{cases} x+y=183 & \cdots① \\ 49x+30y=7675 & \cdots② \end{cases}$

①×49－② より

$$\begin{array}{r} 49x+49y=8967 \\ -)\ 49x+30y=7675 \\ \hline 19y=1292 \\ y=68 \end{array}$$

これを①に代入すると，$x+68=183$，
つまり　$x=115$　これは問題に合う

以上より $\begin{cases} x=115 \\ y=68 \end{cases}$

答 すべての大人の入館者数 115 人
子どもの入館者数 68 人

R3 4 **方程式と計算の過程**

5月の可燃ごみの排出量を$x$kg，5月のプラスチックごみの排出量を$y$kgとする。

$\begin{cases} (x-33)+(y+18)=(x+y)\times\left(1-\dfrac{5}{100}\right) \\ x-33=4(y+18) \end{cases}$

これを解いて，$x=261$，$y=39$より，
6月の可燃ごみの排出量は，$261-33=$ 228 kg
6月のプラスチックごみの排出量は，$39+18=$ 57 kg

R4 4 **方程式・計算の過程**

水槽Aで飼育していたメダカの数をx匹，水槽Bで飼育していたメダカの数をy匹とする。

$\begin{cases} x+y=86 \\ \dfrac{1}{5}x+\dfrac{1}{3}y=\dfrac{4}{5}x-4 \end{cases}$

これを解いて，$x=35$，$y=51$より，水槽Cに移したメダカは全部で

$35\times\dfrac{1}{5}+51\times\dfrac{1}{3}=24$匹　　**答** 24

〈数と式・文字式〉

H26 2 (1) $7n+2$

H27 2 (1) $\dfrac{19a+b}{20}$

H29 2 (1) $1.09a+0.93b$

H30 2 (2) $y=\dfrac{6}{x}$　(4) a の範囲 $3465\leqq a<3475$　月の直径 3.5×10^3 km

H31 2 (2) $y=\dfrac{3}{100}x$

R4 2 (2) $y=\dfrac{4000}{x}$

〈確率〉

H26 3 確率 $\dfrac{1}{5}$，記号 ウ

H27 3 (1) $\dfrac{7}{10}$

H28 2 (3) Aの方法で取り出すときの確率 $\dfrac{1}{10}$
Bの方法で取り出すときの確率 $\dfrac{4}{25}$
答 Bの方法の方が起こりやすい。

H29 3 **樹形図等**

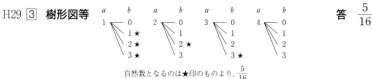

a	b	a	b	a	b	a	b
1	0	2	0	3	0	4	0
	1★		1		1		1
	2★		2★		2		2
	3★		3		3★		3

自然数となるのは★印のものより，$\dfrac{5}{16}$

答 $\dfrac{5}{16}$

H30 3 (1) $\dfrac{3}{20}$

H31 2 (3) $\dfrac{3}{5}$

R2 2 (3) $\dfrac{11}{15}$

R3 2 (2) **ア** $a-b+15$　**イ** $\dfrac{5}{9}$

R4 2 (3) $\dfrac{4}{15}$

〈資料の整理〉

H26 2 (4) Sさんの記録は中央値より小さいので，上位20番以内に入っていない。

H27 [2] (4) **標本**における7時間未満の生徒の割合を，**母集団**における7時間未満の生徒の割合と考える。　**答え**　70

H28 [3] (1) ㋐　40　㋑　38.5

(2) 剣道部員の資料の範囲は8kgで，柔道部員の資料の範囲は17kgなので，散らばりの程度は柔道部員の資料の方が大きいことになります。

H29 [2] (3) 54 g以上56 g未満の階級の**相対度数**は，機械Aが0.95で，機械Bが0.94なので，合格品をつくる割合が大きかったのは機械Aである。

H31 [3] (1) 75　(2) **イ**，**オ**

R2 [3] (1) 7　(2) [10] $\leqq a \leqq$ [16]

R3 [3] (1) 3年1組　**エ**　3年2組　**イ**　(2) 41.9

R4 [3] (1) 11　(2) **2010年**　4　**2020年**　7

〈平面図形(作図)〉

H26 [2] (3) 右図

H27 [2] (3) 右図

H28 [2] (2) 右図

H26 [2] (3)

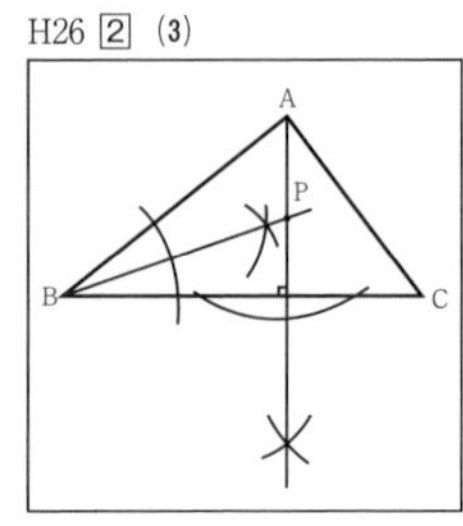

H27 [2] (3)

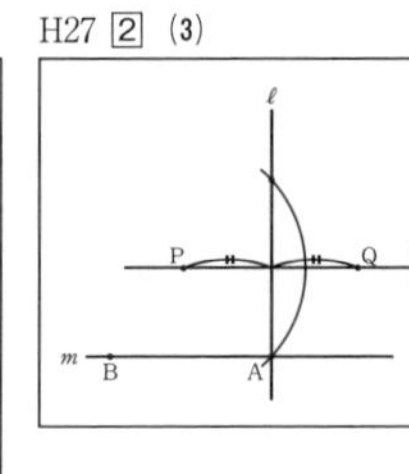

H28 [2] (2)

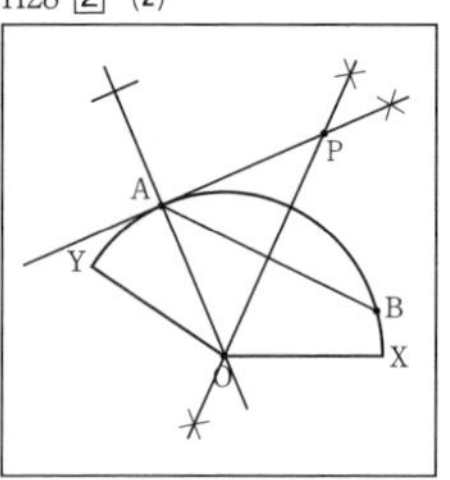

H29 [2] (2) 右図

H30 [2] (1) 51

(3) 右図

H31 [2] (1) 右図

H29 [2] (2)

H30 [2] (3)

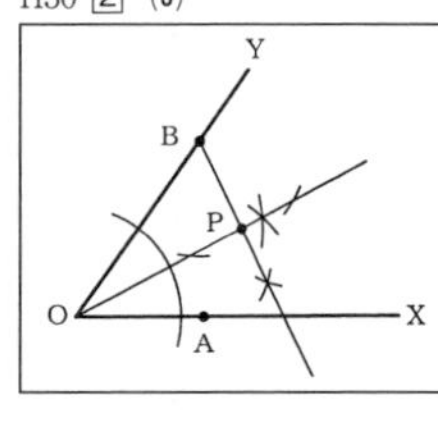

H31 [2] (1)

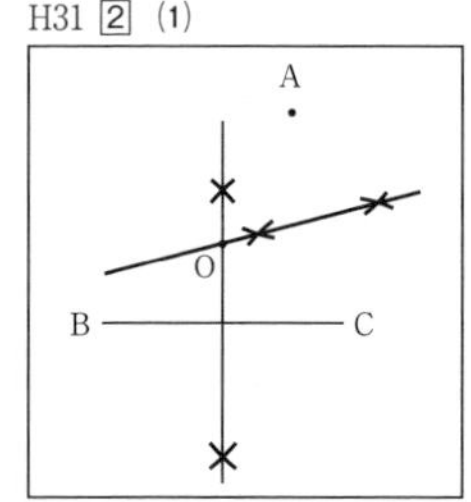

R2 [2] (1) 右図

(2) 144

R3 [2] (1) 右図

R4 [2] (1) 右図

R2 [2] (1)

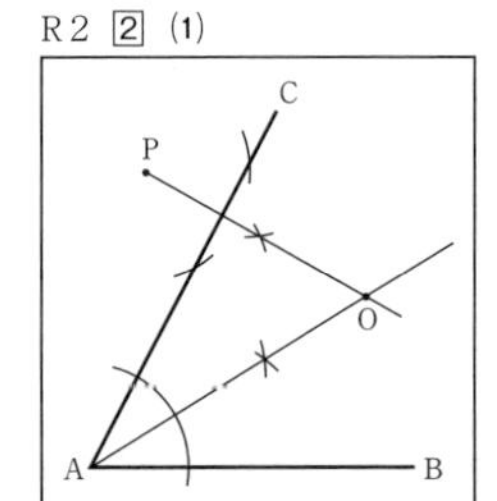

R3 [2] (1)

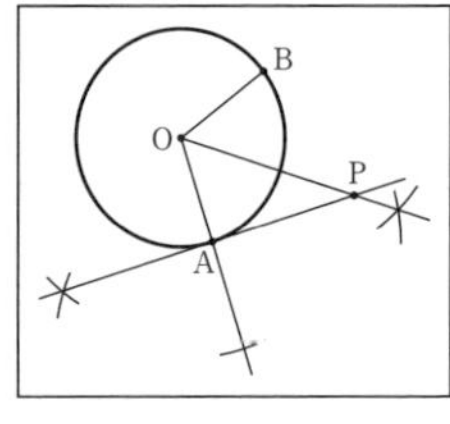

R4 [2] (1)

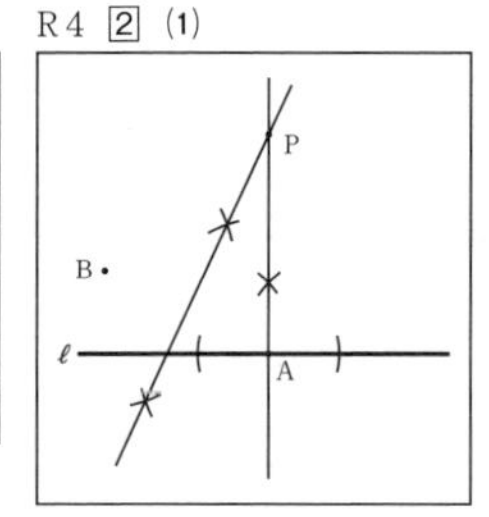

〈立体図形〉

H26 [5] (1) $\sqrt{7}$

(2) $\dfrac{15}{2}$

H27 [4] (1) 底面の面積比は，$P:Q=1^2:2^2$

高さの比は，$P:Q=1:2$

また，容器Pは正四角すい，容器Qは直方体であるから

体積比は，$P:Q=1^4:2^3\times 3=1:24$

したがって，24杯分である。

(2) **AD**　12 cm　**ML**　$8\sqrt{2}$ cm　**記号**　ア

H28 [5] (1) 5　(2) $\dfrac{1}{4}$　(3) $2\sqrt{23}$

H29 [5] (1) 辺EH，辺FG　(2) $\sqrt{26}$　(3) $\dfrac{25}{9}$

H30 [4] (1) 4　(2) $18\sqrt{7}$

H31 [5] (1) 18　(2) 117π　(3) $2\sqrt{17}$

R2 [5] (1) 辺FG，辺GH　(2) 6　(3) $\dfrac{16}{3}$

R3 [5] (1) ∠ADB，∠ADC　(2) $\dfrac{7}{16}$　(3) $\sqrt{67}$

R4 [5] (1) 8　(2) 48π　(3) $\sqrt{61}$

〈証明(円と直線)〉

H27 $\boxed{6}$ (1)

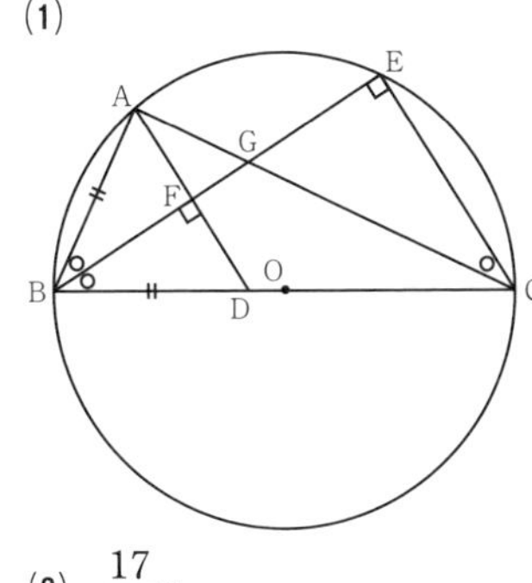

△FBDと△ECGにおいて　AD∥ECより

∠BFD＝∠CEG（同位角）

＝90°（直径の円周角）

よってBFは二等辺三角形ABDの∠Bを二等分するので　∠FBD＝∠FBA

また，∠FBAと∠GCEは$\overset{\frown}{\mathrm{AE}}$の円周角であるから

∠GCE＝∠FBA＝∠FBD

2組の角がそれぞれ等しいので　△FBD∽△ECG

(2) $\dfrac{17}{5}\pi$

H28 $\boxed{7}$ (1) △BFDと△ECDにおいて，仮定から，∠ACD＝∠BDF …①　AC∥DE …②

②から，∠ACD＝∠EDC …③

①，③より，∠BDF＝∠EDC …④

また，仮定より，AD∥BC …⑤

②，⑤より，2組の対辺がそれぞれ平行であるから，四角形ACEDは平行四辺形である。

平行四辺形の２組の対角はそれぞれ等しいから，∠DAC＝∠CED …⑥

$\overset{\frown}{\mathrm{CD}}$に対する円周角は等しいから，∠DAC＝∠FBD …⑦

⑥，⑦より，∠FBD＝∠CED …⑧

⑧より，２つの角が等しいから，△DBEは二等辺三角形である。

よって，DB＝DE …⑨

④，⑧，⑨より，１組の辺と両端の角がそれぞれ等しいから，△BFD≡△ECD

合同な図形の対応する辺は等しいから，BF＝EC

(2) 42

H29 $\boxed{7}$ (1) △AEGと△CDEで，仮定より，∠ABE＝∠FBE…①

BF＝EFより，△FBEは二等辺三角形だから，∠FBE＝FEB…②

①，②より，∠ABE＝∠FEBで，錯角が等しいから，　AB∥EF…③

③より，平行線の錯角は等しいから，∠BAE＝∠GEA…④

また，$\overset{\frown}{\mathrm{BC}}$の円周角より，∠BAE＝∠EDC…⑤

④，⑤より，∠GEA＝∠EDC…⑥　$\overset{\frown}{\mathrm{CD}}$の円周角より，∠GAE＝∠FBE…⑦

$\overset{\frown}{\mathrm{AD}}$の円周角より∠ABE＝∠ECD…⑧　①，⑦，⑧より，∠GAE＝∠ECD…⑨

⑥，⑨より，2組の角が等しいから，△AEG∽△CDE

(2) $\dfrac{12}{5}$

H30 $\boxed{6}$ (1) △ＡＢＣと△ＢＤＣで，

ＡＢ＝ＡＣより，△ＡＢＣは二等辺三角形だから，∠ＡＢＣ＝∠ＢＣＤ　…①

ＢＣ＝ＢＤより，△ＢＤＣは二等辺三角形だから，∠ＢＣＤ＝∠ＢＤＣ　…②

①，②より，∠ＡＢＣ＝∠ＢＤＣ　…③

また，∠ＡＣＢ＝∠ＢＣＤ（共通）…④

③，④より，2組の角がそれぞれ等しいから，△ＡＢＣ∽△ＢＤＣ

相似な三角形の対応する角の大きさは等しいから，∠ＢＡＣ＝∠ＤＢＣ　…⑤

$\overset{\frown}{\mathrm{BC}}$の円周角は等しいから，∠ＢＡＣ＝∠ＢＥＣ　…⑥

⑤，⑥より，∠ＤＢＣ＝∠ＢＥＣだから，△ＢＣＥは二等辺三角形である。

よって，ＣＢ＝ＣＥ

(2) $\dfrac{20}{9}$

H31 $\boxed{7}$ (1) △ＤＡＣと△ＧＥＣで，

$\overset{\frown}{\mathrm{DC}}$の円周角は等しいから，∠ＤＡＣ＝∠ＧＥＣ　…①

仮定より，∠ＧＦＣ＝90°　…②

直径に対する円周角より，∠ＢＡＣ＝90°　…③

②，③より，同位角が等しいから，ＡＢ∥ＦＧ　…④

④より，平行線の錯角は等しいから，∠ＥＤＢ＝∠ＡＢＤ　…⑤

$\overset{\frown}{\mathrm{BE}}$の円周角は等しいから，∠ＥＤＢ＝∠ＥＣＧ　…⑥

$\overset{\frown}{\mathrm{AD}}$の円周角は等しいから，∠ＡＢＤ＝∠ＡＣＤ　…⑦

⑤，⑥，⑦より，∠ＡＣＤ＝∠ＥＣＧ　…⑧

①，⑧より，２組の角がそれぞれ等しいから，△ＤＡＣ∽△ＧＥＣ

(2) 48

R２ $\boxed{7}$ (1) **(例)**　△BCFと△ADEにおいて仮定より，∠BCF＝∠ACE　…①

円周角の定理より　∠ACE＝∠ADE　…②，∠ACB＝∠ADB　…③

①，②より　∠BCF＝∠ADE　…④

△ACDはAC＝ADの二等辺三角形なので，∠ACD＝∠ADC　…⑤

③，⑤から円周角の定理より　$\overset{\frown}{\mathrm{AB}}$＝$\overset{\frown}{\mathrm{AE}}$　…⑥，$\overset{\frown}{\mathrm{AC}}$＝$\overset{\frown}{\mathrm{AD}}$　…⑦

⑥，⑦と仮定より　$\overset{\frown}{\mathrm{DE}}$＝$\overset{\frown}{\mathrm{BC}}$＝$\overset{\frown}{\mathrm{CD}}$　…⑧

⑧と$\overset{\frown}{\mathrm{CD}}$における円周角の定理より，∠CBF＝∠CAD＝∠DAE　…⑨

④，⑨より２組の角がそれぞれ等しいので，△BCF∽△ADE

(2) $\dfrac{9}{4}$

R３ 7 (1) △BOEと△DOGで，仮定より，円Oの半径だから，BO＝DO …①

$\overset{\frown}{\mathrm{CD}}$の円周角は等しいから，∠OBE＝∠CFD …②

OD∥FCより，平行線の錯角は等しいから，∠CFD＝∠ODG …③

②，③より，∠OBE＝∠ODG …④

同じ弧の中心角は円周角の２倍と等しいから，∠BOE＝2∠BCA …⑤

△OCAはOA＝OCの二等辺三角形より，∠BCA＝∠OAC …⑥

仮定より，∠OAC＝∠CAD …⑦

同じ弧の中心角は円周角の２倍と等しいから，∠DOG＝2∠CAD …⑧

⑤，⑥，⑦，⑧より，∠BOE＝∠DOG …⑨

①，④，⑨より，１組の辺とその両端の角がそれぞれ等しいから，△BOE≡△DOG

(2) $\frac{14}{5}\pi$

R４ 7 (1) △AGDと△ECBにおいて，仮定より，∠ABD＝∠EBC …①

$\overset{\frown}{\mathrm{AD}}$の円周角より，∠ABD＝∠AFD …②

仮定より，AF＝ADだから，△AFDは二等辺三角形である。

よって，∠AFD＝∠ADG …③

①，②，③より，∠ADG＝∠EBC …④

また，∠GAD＝∠BAC＋∠CAD …⑤

$\overset{\frown}{\mathrm{DC}}$の円周角より，∠CAD＝∠CBD …⑥

①，⑥より，∠CAD＝∠ABD …⑦

△ABEの外角より，∠CEB＝∠BAC＋∠ABD …⑧

⑤，⑦，⑧より，∠GAD＝∠CEB …⑨

④，⑨より，２角がそれぞれ等しいから，△AGD∽△ECB

(2) 36

〈関数〉

H26 6 (1) C（ 3 ， $9a$ ）

(2) $\frac{5}{2}$ ≦y≦ 50

(3) **求める過程**

A(−3, $9a$)B(5, $25a$) より，直線ABの式は $y=2ax+15a$

よって△AOBの面積は $\frac{1}{2}\times15a\times\{(+3)+5\}=60a$

$60a=48$ となるので　$a=\frac{4}{5}$

△ABPにおいてBPを底辺とすると，高さは８

$\mathrm{BP}\times8\times\frac{1}{2}=48$　　BP＝12

$a=\frac{4}{5}$ のとき，Bの座標は(5, 20)なので，Pの座標は(5, 8)

答　aの値 $\frac{4}{5}$ ，点Pの座標（ 5 ， 8 ）

H27 5 (1) 0 ≦y≦ 12　　(2) $y=-2x+9$

(3)

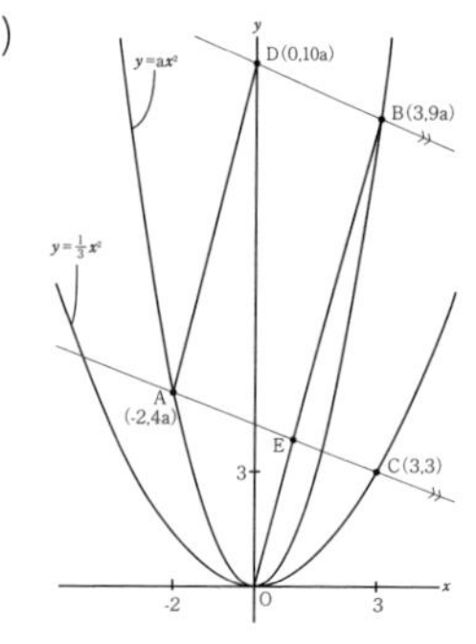

求める過程

2点A，Bは $y=ax^2$ 上の点なのでA(−2, $4a$)，B(3, $9a$)

また，四角形DAEBが，平行四辺形となるのは

DB∥AE，DA∥BE

線分ACの傾き＝DBの傾き＝$-\frac{1}{3}a$

A(−2, $4a$)なので，C(3, $\frac{7}{3}a$)とおける。

ゆえに$\frac{7}{3}a=3$　$a=\frac{9}{7}$　　**答**　$\frac{9}{7}$

H28 2 (1) **式**　$y=\frac{50}{\pi x}$ ，　**記号**　イ

6 (1) 0 ≦y≦ $16a$　　(2) **通る点**　A ，**bの値**　−5

(3) **求める過程**

A(−2, −2)，C(4, −8)より，直線ACの式は，$y=-x-4$だから，

D(−1, −3)となる。

よって，直線ODの式は$y=3x$より，E(4, 12)となる。

△EDC＝$\{12-(-8)\}\times\{4-(-1)\}\times\frac{1}{2}=50$

また，B(4, $16a$)だから，△BAC＝$\{16a-(-8)\}\times\{4-(-2)\}\times\frac{1}{2}=48a+24$

△EDCの面積が四角形BADEの面積の３倍だから，

△EDCの面積は△BACの面積の$\frac{3}{4}$倍となる。

よって，$50=(48a+24)\times\frac{3}{4}$　　$a=\frac{8}{9}$　　**答**　$\frac{8}{9}$

H29 6 (1) $y=\frac{20}{x}$　(2) E$(-4,\ 16a)$

(3) **求める過程**

A$(-4,\ -5)$，B$(-2,\ 4a)$，C$(3,\ 9a)$とおく。

四角形AFCBは平行四辺形だから，点Bと点Cのx座標の差が

$3-(-2)=5$より，点Aと点Fのx座標の差も5となるから，

点Fのx座標は1とわかる。

また，直線BOの式は$y=-2ax$より，F$(1,\ -2a)$とおける。

直線AFと直線BCの傾きは等しいから，$\frac{-2a-(-5)}{1-(-4)}=\frac{9a-4a}{3-(-2)}$

これを解いて，$a=\frac{5}{7}$，F$(1,\ -\frac{10}{7})$

答　aの値 $\frac{5}{7}$，点Fの座標$(1,\ -\frac{10}{7})$

H30 5 (1) $-8\leqq y\leqq 0$　(2) $y=-x-12$

(3) **求める過程**

条件より，A $(-4,\ 16a)$，B $(-4,\ -8)$，C $(2,\ 4a)$，D $(2,\ -2)$ と分かる。

B $(-4,\ -8)$ より，直線ＯＢの式は$y=2x$だから，E $(2,\ 4)$ また，2点A，Cを通る直線の式は，$y=-2ax+8a$より，F $(0,\ 8a)$

四角形ＡＢＯＦは台形より，その面積は，$\frac{1}{2}\times\{16a-(-8)+8a\}\times 4=48a+16$

△ＥＢＤの面積は，$\frac{1}{2}\times\{4-(-2)\}\times\{2-(-4)\}=18$

よって，$(48a+16):18=8:3$だから，$a=\frac{2}{3}$　　**答**　$\frac{2}{3}$

H31 6 (1) $0\leqq y\leqq 25a$　(2) $y=\frac{5}{2}x-1$

(3) **求める過程**

A$(-3,\ 9a)$，D$(-2,\ 4)$ より，直線ＡＤの傾きは，

$\frac{4-9a}{-2-(-3)}=4-9a$

また，直線ＡＢの式は　$y=-ax+6a$　より，E$(0,\ 6a)$

よって，直線ＥＣの傾きは，C$(2,\ 4)$ より，

$\frac{4-6a}{2-0}=2-3a$

ＡＤ∥ＥＣより，$4-9a=2-3a$，$a=\frac{1}{3}$　　**答**　$\frac{1}{3}$

R２ 6 (1) $y=-\frac{12}{x}$　(2) $-7a$

(3) **求める過程：(例)**

直線AOの傾きは$\frac{-6}{2}=-3$

なので式は　$y=-3x$　　よって，点Fの座標は$(-4,\ 12)$

直線BCの傾きは，$\frac{9a-16a}{3-(-4)}=\frac{-7a}{7}=-a$

よって直線BCの式は，$y=-ax+b$　…①と表せる

①に点Cの座標を代入すると，$9a=-a\times 3+b$　より　$b=12a$

よって直線BCの式は　$y=-ax+12a$，より点Eの座標は　$(2,\ 10a)$

四角形BFAEは台形なので，その面積は

$\{(16a-12)+(10a+6)\}\times 6\times\frac{1}{2}=6(13a-3)$

一方，$\triangle\mathrm{AFD}=\frac{1}{2}\times 14\times 6=42$　より，

$6(13a-3)=2\times 42$　　これを解くと　$a=\frac{17}{13}$　　**答**　$\frac{17}{13}$

R３ 6 (1) $-2\leqq y\leqq 0$　(2) E(-4 ， -8)

(3) **求める過程**

A$(-3,\ 9a)$，B$(4,\ 16a)$ より，F$(1,\ 25a)$

点Gは直線ABとy軸との交点より，$(0,\ 12a)$

直線CFと直線DGの傾きが等しいから，

$\frac{0-25a}{4-1}=\frac{-8-12a}{4-0}$

これを解いて，$a=\frac{3}{8}$

答　$\frac{3}{8}$

R４ 6 (1) $0\leqq y\leqq 9a$　(2) $y=-3x-9$

(3) **求める過程**

A$(-2,\ 4a)$，B$(4,\ 16a)$ より，直線ABの式は，

$y=2ax+8a$

よって，D$(0,\ 8a)$ より，$\mathrm{ED}=\mathrm{DO}=8a$

△DCF＝四角形ACDE×2より，

$\frac{1}{2}\times 8a\times\{6-(-2)\}=\frac{1}{2}\times\{8a+4a-(-3)\}\times 2\times 2$

これを解いて，$a=\frac{3}{4}$

答　$\frac{3}{4}$

英語解答

〈対話文〉

H26 2 (1) ⓐ ア　ⓑ ウ　ⓒ ア　(2) A ウ　B ア　C イ
(3) ウ｜オ｜イ｜エ｜ア
(4) (例) I will bring a lot of foods because I may be hungry.
(5) one small thing

H28 2 (1) ⓐ ウ　ⓑ ア　ⓒ エ
(2) A イ　B ア　C ウ　(3) オ｜イ｜エ｜ウ｜ア
(4) (例) How do you spend your holidays ?
(5) learning foreign languages

H29 2 (1) ⓐ エ　ⓑ イ　ⓒ ウ
(2) A ウ　B イ　C ア　(3) イ｜オ｜エ｜ア｜ウ
(4) (例) Japanese has a lot of〔many〕words with (the word) "ocha"
(5) part of

H30 2 (1) A ウ　B ア　C イ
(2) ⓐ イ　ⓑ エ　ⓒ ウ
(3) (例) What (food) should I eat〔try, have〕?
(4) オ｜ウ｜ア｜エ｜イ　(5) very special events

H31 2 (1) A イ　B ア　C ウ　(2) ⓐ イ　ⓑ エ　ⓒ ア
(3) (例) there is a store which sells Japanese things
(shop)　(goods)
(4) エ｜イ｜ウ｜オ｜ア　(5) way of using

R2 2 (1) A ア　B ウ　C イ　(2) ⓐ イ　ⓑ エ　ⓒ ウ
(3) (例) In this park, it is a good time to see Sakura this weekend.
(4) オ｜ウ｜イ｜ア｜エ　(5) a long history

R3 2 (1) ⓐ エ　ⓑ ウ　ⓒ エ　(2) A ウ　B イ　C ア
(3) (例) Why are you interested in *noren* ?
(4) オ｜ウ｜イ｜エ｜ア　(5) a special way

R4 2 (1) A ア　B ウ　C ア　(2) ⓐ イ　ⓑ エ　ⓒ ウ
(3) イ｜ア｜オ｜ウ｜エ
(4) (例) How about this Sunday ?
Are you free on this Sunday ?
(5) understand Japanese culture

〈長文読解〉

H26 5 (1) ⓐ practicing (practising でもよい。)　ⓑ brought　(2) エ
(3) ① Her teacher did.　② (She went there) By bus.
(4) お母さんは，私が今どんな気持ちでいるか分かっていない。お母さんには陸上大会に来てほしくない。
(5) **事柄**　母親は1か月前から少し具合が悪かったということ。
理由　涼子には，もうすぐ大切な陸上大会があるから。
(6) イ，エ

H27 5 (1) ⓐ felt　ⓑ earliest　(2) ア
(3) ① (The doctor told her to stop playing basketball) For a month.
② She was cleaning the floor (alone for the team to make things ready before practicing basketball).
(4) 7月の試合に勝つために，3年生と一緒に試合に出ること。
(5) バスケットボールはまだできないけれど，チームのためにできることはある。
(6) イ，オ

H29 5 (1) イ　(2) ⓐ stopped　ⓑ thinking
(3) ① (Because) It was his first game as captain.　② (It got) Two (goals).
(4) お互いを理解するために話し合うこと（がなければチームは機能しない)。
(5) エ，オ　(6) 祖父に考え直してもらうため，祖父の言葉を利用したから。

H30 5 (1) ⓐ told　ⓑ harder　(2) エ
(3) ① (It was) Cleaning the tables and the chairs.
② (Because) She couldn't say anything.
(4) 自分の失敗を考えすぎず，お客さんのためにできることを考えることが大切である。
(5) C エ　D ア　(6) ウ
(7) お客さんが（レストランで）楽しい時間を過ごしているのを見ること。

H31 5 (1) ウ　(2) ⓐ getting　ⓑ gave
(3) ① (Because) She wanted the singing voice of her part to be more cheerful.
② (She found) It was often too big.
(4) (悪い所に気づいていたにも関わらず) 晴菜は指揮者としてみんなに悪い所を伝えず，パートリーダーにパートメンバーへの助言を頼んだこと。
(5) エ　(6) エ
(7) 言いにくい悪い所でさえ，私がパートメンバーに伝えることが必要である。

R２ 5 (1) ⓐ sat ⓑ best (2) エ
(3) ① (He felt)(A little)Nervous. ② He told her about various things.
(4) 礼子さんと分かち合える話題を見つけたこと。 (5) ウ
(6) 知らないことをたくさん話してくれたことと，興味のあることを話す機会を与えてくれたこと。
(7) エ

R３ 5 (1) ⓐ stood ⓑ going
(2) ① (Because she found that)They had the same towel.
② (She joined it)Three(days).
(3) ウ (4) ア (5) 吹奏楽部の練習に参加していた。
(6) 恵子が挑戦したいことは早紀が彼女に望むことと違うということ。 (7) イ

R４ 5 (1) ⓐ took ⓑ running
(2) ① She was planting sunflowers (with some people in the park).
② (There were) Six (students).
(3) イ (4) ア
(5) 町の多くの若者が，将来，大都市に住みたいと思っていること。
(6) 何かを変えるためには，他の人と話すことが必要であること。
(7) エ

〈条件英作文〉

H26 3 (1) I heard a good news. (2) This is between us.
4 (例) I will go out at four PM. If Mike comes home before that time, could you tell him to call me back ?

H27 3 (1) (例) Do you have time now ? (2) (例) I want you to go shopping.
4 (例) I will make you Japanese food with my mother. Will you tell me anything you don't like eating?

H28 3 (1) (例) It will be a perfect day to go out〔for going out〕.
(2) (例) I (also) need to rest.
4 (例) We can feel old Japan〔traditional Japanese culture〕at the festival in our town, so let's go to see it together.

H29 3 (1) A (例) You learn (it)(so) quickly〔fast〕.
(2) B (例) I wrote kanji a lot〔many times〕
4 (例) I'll bring〔take〕a small〔little〕present to my host family. What kind(s) of present(s) will make them glad〔happy〕?

H30 3 (1) (例) It is hard to take care of him.
(2) (例) Because you can see cherry blossoms in spring.
4 (例) I will visit Yumi in the hospital and give her letters from the members of our club. So, would you write a letter to her? I'd like to come to get it tomorrow.

H31 3 (1) (例１) I have never heard about that. (例２) I didn't know that.
(of) (it)
(2) (例) It is the festival for girls in Japan.
(March)
4 (例１) My father bought me a camera for my birthday, and why don't we go and take pictures during the winter vacation ?
(例２) My father bought a camera as my birthday present, so shall we go to take some pictures during the winter vacation ?

R２ 3 (1) (例) It is necessary for us now.
(2) (例) You shoul'd take notes, and you'll never forget.
4 (例) I arrived in London yesterday.
I am doing sightseeing around the city.
I am excited about everything I see.

R３ 3 (1) (例) we don't have to go to a shop.
(2) (例) we can try them on[see and touch clothes]at a[the]store.
4 (例) (I) Thank you for telling me(about) [introducing me]the music that[which]is popular among[loved by]young people in Canada. I'll send you an e-mail. Will [Can / Would / Could]you send me an e-mail back[answer it]?

R４ 3 (1) (例) I have just bought a new bike.
Riding bike is good for our health.
(2) (例) we can get there faster than bike.
4 (例) I am planning to sing (I will be singing) English songs for children who are studying (learning) English next month. Would you like to come to (over) my house (room) and play the piano for us ?

〈リスニング〉(H26～R2省略)

R３ 1 (1) A イ B エ C ア D イ
(2) **質問１** work **質問２** ⓐ washes ⓑ twice
質問３ her father brought another dog home

R４ 1 (1) A エ B エ C イ D ウ
(2) **質問１** ７又はseven **質問２** ⓐ cleaned ⓑ house
質問３ made a cake for them

理科解答

〈小問〉

H26 [1] (1) イオン　(2) ㋐ イ　㋑ ウ　㋒ ア
(3) **記号** ウ　**圧力** 4000Pa　(4) ア，エ，オ，カ

H27 [1] (1) 葉緑体　(2) エ　(3) $2CuO + C \rightarrow 2Cu + CO_2$
(4) ① 天球
② （北極星が）地球の地軸の延長方向にあるから。

H28 [1] (1) ㋐ 火成岩　㋑ 火山岩　(2) A －　C －
(3) ㋐ 減数　㋑ 分離　(4) 右図

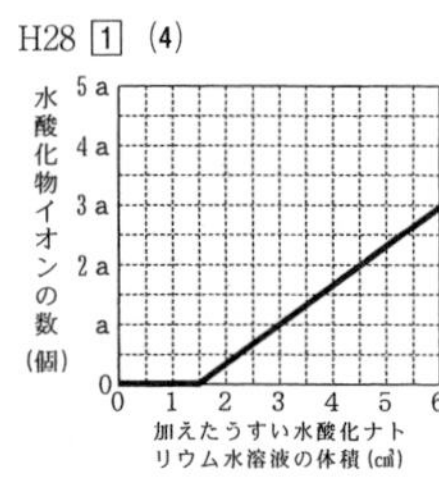

H29 [1] (1) ㋐ 血しょう　㋑ 組織液
(2) 右図　(3) ⓐ ア　ⓑ ウ
(4) **記号** イ　**訂正** 深くしても一定である

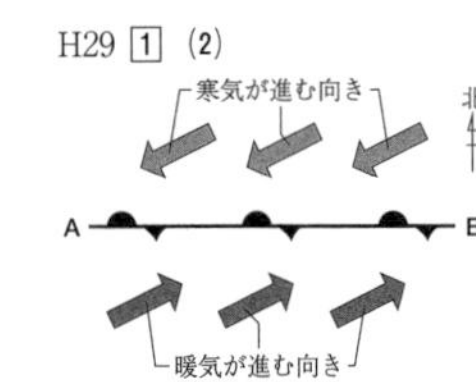

H30 [1] (1) 露点　(2) 右図　(3) ㋐ **エ**　㋑ **ア**
(4) $4Ag + O_2$（「$O_2 + 4Ag$」でもよい。）

H31 [1] (1) 相同器官　(2) **月食 エ**　**日食 イ**
(3) 二酸化炭素が発生したから。　(4) 0.6

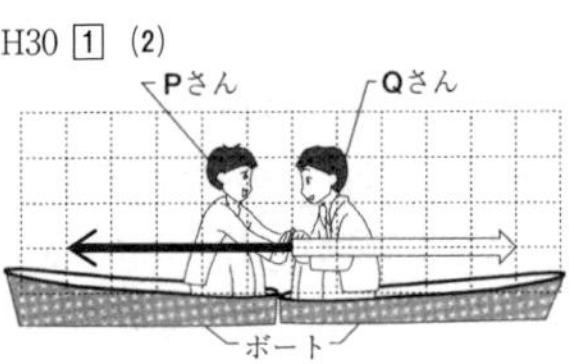

R2 [1] (1) 食物連鎖（「食物網」でもよい。）　(2) **エ**
(3) **記号 イ**
理由 水の深さが深いほど水圧が大きくなるから。
(4) **マグマのねばりけ** 強い。又は，大きい。
噴火のようす 激しく爆発的。

R3 [1] (1) 恒温動物　(2) 132　(3) 右図　(4) 2.5

R4 [1] (1) 子房　(2) **イ**
(3) $2Mg + O_2 \rightarrow 2MgO$
(4) 海上と比べて陸上の方が気圧が低く，海から陸に向かって風が吹く。

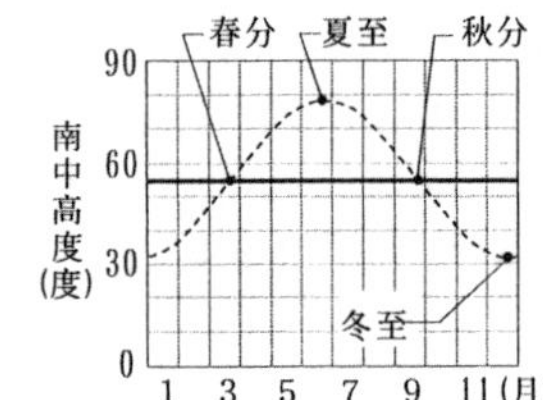

◎1分野

〈身近な科学〉

H30 [6] (2) ①**大きい音 ア**　**高い音 ウ**　②875
(3) ①㋐光源　㋑焦点　②**a** [75] cm以上，[156] cm以下　**b** 変わらない。

R3 [3] (4) ①**イ**　②**a** 4　**b** **エ**

〈化学変化と物質の性質〉

H26 [5] (1) ①（試験管Bに集めた気体は）装置内（試験管Aの中）にあった空気を多く含むから。
② **a** ㋐ CO_2　㋑ H_2O
b 分解，又は熱分解
③ **原子**の組み合わせ（結びつく相手，結びつき方）が変わり，別の**物質**になる。
④ 1.1
(2) ① 溶解度　② **ア**　③ 右図

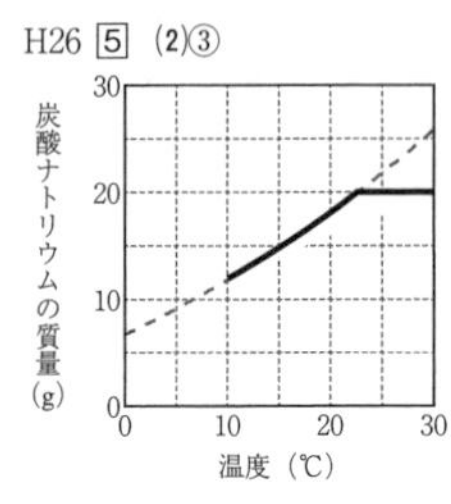

H28 [3] (1) ①ア
②**a記号** ア　**理由** エタノールの方が水よりも沸点が低いから。
b ウ　**c** 0.61
(2) ①**化学反応式** $2H_2O \rightarrow 2H_2 + O_2$　**名称** 酸素
②**光合成**によって，大気中にあった**二酸化炭素**をとり入れ，それを大気中にもどすだけだから。

H31 [3] (1) ①**イ**　②36.5
③**物質** 硝酸カリウム　**質量** 63.6
④温度による溶解度の差が小さいから。

R2 [3] (2) ①二酸化炭素　②**a** 右図　**b** 20

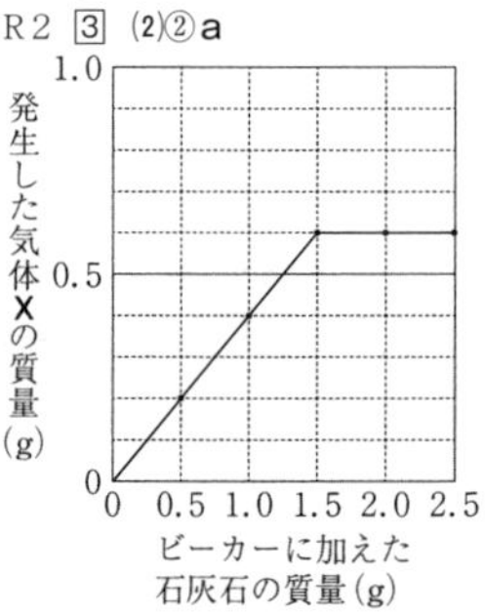

R3 [6] (2) ①一定量の銅と化合する酸素の質量は決まっているから。又は，すべての銅が酸素と化合したから。
②右図

R4 [6] (1) ①**イ**
②**a** 試験管Pの中にあった空気が含まれているから。
b 空気よりも**密度**が大きいから。　**c** **ア**

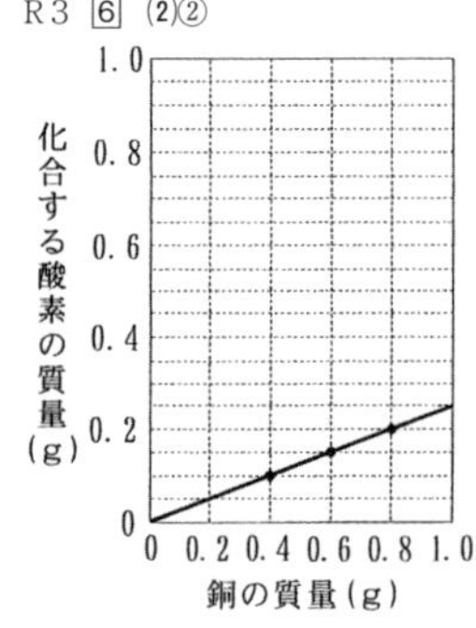

〈イオン〉

H27 [3] (1) ①非電解質　②**溶質** 4　**溶媒** 76　③H_2
(2) ①ウ　②**記号** カ　**理由** 実験Aと比べることで，光電池用モーターの回転を続ける時間が，塩酸の質量パーセント濃度と関係があることを確かめられるから。
(3) 化石燃料の燃焼によって，化学エネルギーが熱エネルギーに変換され，熱エネルギーでつくられた水蒸気によってタービンを回転させる。

H30 3 (1) ①ア，エ　②a右図　b7.6

(2) ① a㋐イ，エ

b㋑電流が大きいほど大きくなり，質量パーセント濃度とは無関係です。

② アとイから電流との関係が分かり，アとウから質量パーセント濃度との関係が分かるから。

H30 3 (1)②a

H31 3 (2) ①㋐NaCl　㋑Na^+　㋒Cl^-

②㋐－　㋑＋　記号　ア

R2 3 (1) ①発熱反応　②$Fe+S \rightarrow FeS$

③a㋐　塩化物　㋑2　b　エ

R3 6 (1) ①ア　②$CuCl_2 \rightarrow Cu+Cl_2$　③イオンが生じないから。

R4 6 (2) ①1.5　②中和　③$\frac{3}{4}n$　④24

〈電流とそのはたらき〉

H27 6 (1)

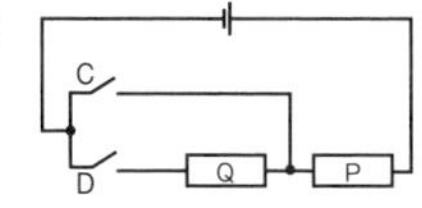

(2) ①ア　②対流，又は熱対流　③右図

(3) ①　200

②a 周期的に入れかわる。 b㋐イ　㋑ア　c 4.8

H27 6 (2)③

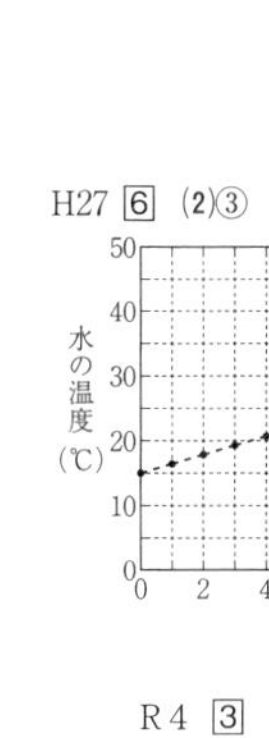

H30 6 (1) ①放電　②イ

R3 3 (3) 電磁誘導

R4 3 (1) ①不導体，又は絶縁体

②ア

(2) ①ア，ウ　②㋐イ　㋑エ

(3) ①右図　②右図　③12.5

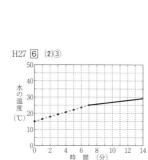

R4 3 (3)①　R4 3 (3)②

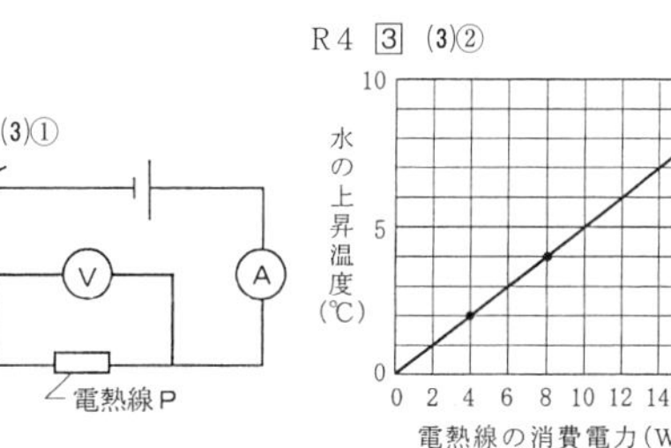

〈運動とエネルギー〉

H26 6 (1) 右図

(2) ① 力学的エネルギー　② a エ　b エ

(3) ① a 誘導電流　b ㋑ イ　㋒ ア

② 記号　イ

理由　棒磁石のもつエネルギーは，電気エネルギーへと（電気エネルギーへ，そして熱エネルギーへと）変わり，小さくなるから。

H26 6 (1)

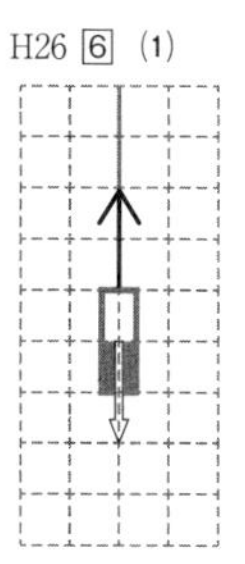

H28 6 (1) ①a　アとイ，ウとエ　b　アとエ

②点線と垂直方向の，F_A の分力と F_B の分力がつりあっている。

③慣性

(2) ①㋐ 2.5　②㋑ ウ　③㋒ 7　㋓ 56

④㋔ ウ　㋕ エ　㋖ ウ

H31 6 (1) ①フック　②右図

(2) ①㋐0.5　㋑2　②ア

(3) ①a 0.25　b 右図　②ウ

H31 6 (1)②　H31 6 (3)①b

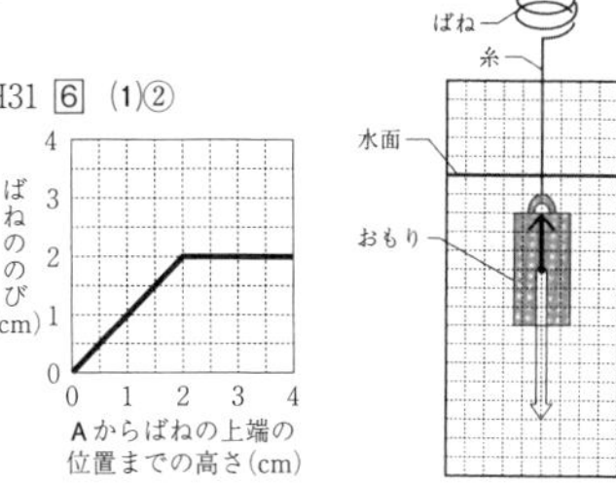

R2 6 (1) ①等速直線運動　②右図

(2) ①ア　②オ

③記号　イ

理由　同じ高さからはなすと位置エネルギーが等しいため，コイルを通過する速さは等しくなるから。

④10.7

R2 6 (1)②

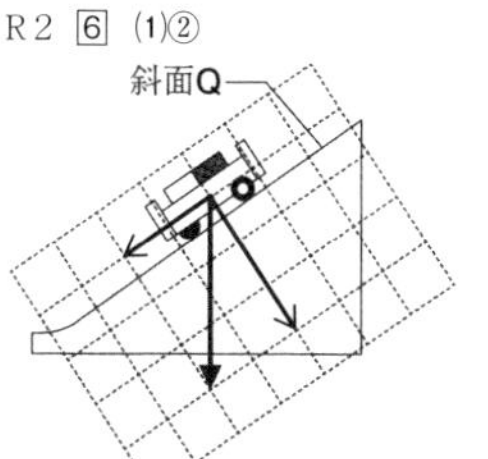

R3 3 (1) 0.2　(2) ①1.6　②ア

◎2分野

〈植物のつくりとはたらき〉

H26 2 (1) ①**a** エ **b** 胞子 ② ア
③**茎の維管束** 輪のように並んでいる。 **根** 主根と側根に分かれている。
(2) ① 気孔
② Ⓐ 二酸化炭素の割合（濃度） Ⓘ タンポポの葉，又は葉のはたらき
③ **袋A** ウ **袋B** イ
(3) 持ち込まれた地域の生物の数量のつり合いがくずれる。もともとあった自然環境が失われる。 など

H29 2 (2) ①枝や葉から蒸散した質量だけを測定するため。
②**装置R** 葉の表と裏の両側にワセリンを塗る。（「葉を全部とる。」でもよい。）
蒸散した量 3.5
③**気孔**を閉じることで，葉に取り込まれる**二酸化炭素**が減る

H31 2 (1) ①**ウ** ②Ⓐコケ Ⓘシダ
(2) ①プレパラートが対物レンズにぶつかるのをさけるため。 ②**イ**
③**a** 青紫色になったことから，デンプンをつくることが確認できる。 **b** 光

R2 2 (1) ①単子葉類 ②**a** **接眼** 10 **対物** 40 **b** **ウ** ③**ア**

〈動物のからだのはたらき〉

H27 2 (1) ①**視野の明るさ** 暗くなる。 **すき間の距離** 近くなる。 ② Ⓐ イ Ⓑ ウ
③トカゲのなかまは肺呼吸をし，メダカのなかまはえら呼吸をする。

H28 2 (1) ①師管 ②**記号** ア **訂正** すい液
(2) ①加熱する。
②**内容** うすいデンプン溶液に水を入れた混合液をつくる。
理由 デンプンを分解したのは，だ液であることを確認するため。対照実験のため。 など
記号 ウ
(3) ①1.44 ②細胞の活動によってアンモニアが生じ，アンモニアが肝臓のはたらきによって尿素に変化する。

R2 2 (2) ①酸素の多いところでは酸素と結びつき，酸素の少ないところでは酸素を放す性質。
②70 ③**エ**
④ 酸素を使って養分からとり出されるエネルギーが，より多く必要になるから。

〈大地の変化〉

H26 4 (1) ① **震度5弱** ウ **震度6弱** イ **震度7** ア
② 土地のようす（地盤のかたさ）の違い。 など
(2) ① 主要動 ② 7

H27 4 (1) 示相化石 (2) 右図
(3) **記号** Ⓤ
理由 粒の小さい泥が，河口から遠く離れたところに運ばれて堆積したと考えられるから。

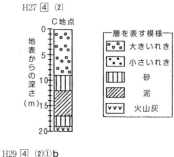

H27 4 (2)

H29 4 (1) 断層
(2) ①**a** 7時22分15秒 **b** 右図
②エ

H29 4 (2)①b

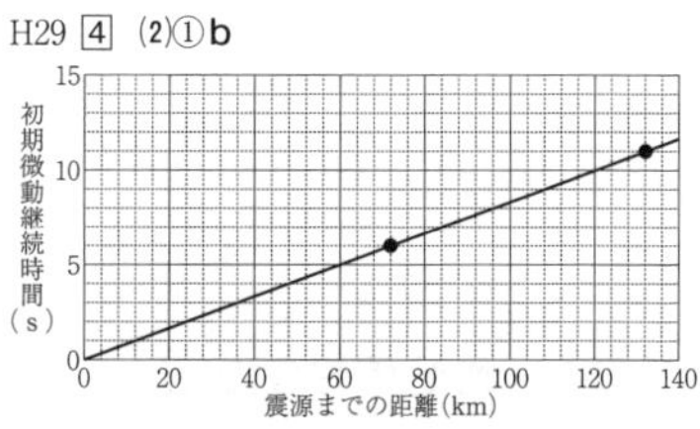

H30 4 (1) **イ**
(2) ① **記号** **オ**
理由 粒の大きいものほど速く沈むから。
② **記号** **ウ**
理由 **C**地点は**B**地点より，標高が5m高く，**B**地点の柱状図を**C**地点の柱状図の5m以下と比べると一致するから。

H31 5 (1) マグニチュード
(2) ①ウ ②**a** 10 **b** 14時8分9秒

R3 4 (1) **ア** (2) ①**イ** ②**イ** ③6.1

R4 4 (1) 示準化石 (2) ①**エ** ②流水によって運ばれたから。 ③1.4

〈天気の変化〉

H27 5 (1) ア (2) 寒冷前線が温暖前線に追いついてできる。
(3) ①**記号** イ **理由** 気温が下がったから。風向が南よりから北よりに変わったから。
②エ

H28 4 (1) ①右図 ②偏西風
(2) ①Ⓐ 8 Ⓘ 8
②（高緯度帯と比べ，低緯度帯では） 太陽の高度が高く，地表にあたる太陽の光の量が多いため，地表があたたまりやすいから。

H28 4 (1)①

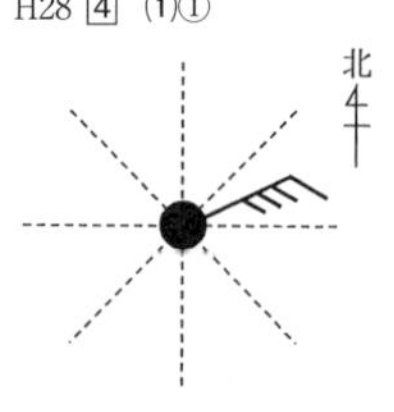

H31 4 (1) **天気** くもり **風向** 南東
(2) **記号** **エ** **理由** **前線** 気温が急に下がったから。 **天気** 湿度が高いから。
(3) 地上が**寒気**に覆われ，**上昇気流**が発生しなくなるから。

R２ 5 (1) **ア**
(2) ①**ウ** ②**a** **標高** 1100 **温度** 2

R３ 5 (1) ①1012 ②停滞前線 ③**ウ**
(2) ①あたたかく湿っている。
②小笠原気団が発達しているから。又は，小笠原気団が日本列島をおおっているから。

〈地球と太陽系〉

H26 3 (1) 衛星 (2) **a** ウ **b** エ
(3) **記号** イ
理由 太陽，地球，月の順に並び，地軸の北極側を，夏では月と反対方向に，冬では月の方向に傾けているから。

H28 5 (1) **月** エ **恒星** イ (2) エ (3) **方角** 北 **高度** 70

H29 5 (1) ㋐日周運動 ㋑52 (2) **公転** イ **自転** エ (3) **記号** イ
(3) **理由** 地軸は南極側が太陽の方に傾いていて，緯度が高いほど日の出の時刻は遅くなるから。

H30 5 (1) ①惑星 ②**エ** (2) 170
(3) 二酸化炭素が宇宙へ放出される熱を吸収し，その一部を地表へ戻す。

R２ 4 (1) ①恒星 ②周りより温度が低いから。
(2) ①**エ** ②**ウ**

R４ 5 (1) ①**イ** ②地球の影に入る (2) ①ⓑ→ⓒ→ⓐ ②**ウ**

〈細胞・遺伝〉

H27 2 (2) ①ウ → イ → ア → エ ②胚 ③**B** **D**
④ ㋐ 遺伝子
㋑ デオキシリボ核酸（DNA）

H30 2 (1) ①感覚器官（「感覚器」でもよい。）
②脳を通らない。 ③光合成を行わず，呼吸をするから。
(2) ①優性形質，又は優性（「顕性」でもよい。）
② ㋐生殖 ㋑体細胞 ③ **a** **エ** **b** 4
(3) **遺伝子**が変化し，子に伝えられる**形質**が変わることがあるから。

R３ 2 (1) ①**エ**
②**a**㋐ 柱頭 ㋑ **精細胞**が**卵細胞**まで移動する
b **卵細胞** x **受精卵** 2 x
(2) ①**名称** 根毛 **理由** 土と接する面積が大きくなるから。
②**ウ**
(3) **エ → ア → ウ → イ**
(4) 子は親と同じ**染色体**を受けつぐため，**形質**が同じ農作物をつくることができる。

〈生物界のつながり〉

H29 2 (1) ①無セキツイ動物 ②**有機物** エ **二酸化炭素** ウ **酸素** カ

H31 2 (3) ①多細胞生物 ②**P** ア **Q** ウ **R** イ **S** エ

R４ 2 (1) ①**イ**，**ウ** ②㋐中枢 ㋑末しょう
③トカゲの卵には殻があり，乾燥に強いから。
④**増加** ⓑの生物を食物とするⓒの生物が減少したから。
減少 ⓑの生物の食物となるⓐの生物が不足するから。
(2) **記号** **A** **理由** 微生物がデンプンを分解したから。
(3) 動物は有機物をとり入れることが必要であるが，有機物をつくることができるのは生産者だけだから。

社会解答

〈世界地理〉

H26 3 (1) エ　(2) シルクロード，又は絹の道
(3) a **記号** C **国名** インド　b エ
(4) a コーヒー豆が輸出の中心だったが，鉱産資源や工業製品などを輸出するようになった。
b ヨーロッパの国々から，植民地支配を受けていたから。

H27 3 (1) a イ　b 大西洋　c 南アメリカ（「南米」でもよい。）
(2) **記号** D　**国名** アメリカ合衆国，又はアメリカ
(3) a イ　b エ
c 人口は増加し，小麦の自給率は低下しているので，輸入量は増加している。

H28 3 (1) イ　(2) **都市** ⓑ　**気候帯** ア　(3) ㋑ アフリカ　㋒ 北アメリカ
(4) a イ　b イ→ア→ウ
c 1人当たりの国民総所得の低い国から高い国へ，移動している。

H29 3 (1) a 西経40度　b ア，エ　(2) a ウ　b イ
(3) a ㋒　b 農産物から鉱産資源へと変化した。
c ① Aはイギリスの植民地だった。
② イギリスがECに加盟してヨーロッパとの関係を強めたため，アジアの国々との貿易が多くなった。

H30 3 (1) a オセアニア　b **大陸** アフリカ　**海洋** 大西洋　c ウ
(2) a 偏西風（「ジェット気流」でもよい。）　b ⓒ
(3) a 人口が多いことで，国内での消費量が多いから。
b ① イ　② 耕地面積が大きい

H31 3 (1) a 台風　b ア　(2) ウ
(3) a 民族の分布と関係なく，境界線が引かれたから。
b ① エ　② **名　称** モノカルチャー
問題点 国際価格の変動が大きく，国家財政が安定しない。

R2 3 (1) イ　(2) ⓒ　(3) a アルプス・ヒマラヤ　b ウ
(4) a ① イスラム教（「イスラーム」でもよい。）
② 食に関する細かいきまりがあり，食べられるものを簡単に選ぶことができる。
b 原油がとれなくなることを見越し，原油に依存する経済から脱却するため。

R3 3 (1) a ㋐　b 南極　c ウ　(2) エ
(3) a 人口爆発　b 外国からの移民が多いから。
(4) a APEC　b 生産費を安くおさえて輸出するため。

R4 3 (1) ア　(2) a イ　b 8月2日午後6時
(3) a ASEAN
b 東南アジアの人口や1人当たりの国民総所得が増加しており，**市場**の拡大が期待できるから。
(4) **記号** ウ　**理由** バイオ燃料として使われる量が増えているから。

〈日本地理〉

H26 2 (1) a ウ　b 冬に多く降った雪が，春になってとけるから。
(2) a ア　b 750
(3) a 生産量は減少しているが，自給率はほぼ変わっていないので，米の消費量は減少している。
b 3県は太平洋に面し，やませは北東から吹く冷たい風である。
(4) a 石川　b 条例
c 歴史的な景観を守るため。伝統的な町並みを観光資源として保存するため。など

H27 2 (1) イ　(2) **記号** イ　**特徴** 山地にはさまれていて，降水量が少ない。
(3) a ア　b ⓑ　c ウ
(4) a 徳島　b 人口密度が低い市町村は，高齢者の割合が高い。　など
c 橋の開通によって，高速バスが運行されるようになり，フェリー・旅客船・高速船，航空機の利用者数が減少したから。

H29 2 (1) a 三重　b リアス海岸，又はリアス式海岸　(2) ウ
(3) a エ　b 鉄道や道路が川の下を通っているという点。　(4) 環境基本法
(5) 建築物の高さを制限する。建築物の形を規制する。　など　(6) a イ　b オ

H30 2 (1) 石川　(2) フォッサマグナ　(3) C
(4) a イ
b Xが山地にあたって雪が降るので，ⓑと比べて山地から離れているⓒは降雪量が少なくなる。
(5) a エ　b **特徴** 周辺より標高が高い。　**理由** 洪水による被害を避けるため。
(6) イ　(7) 道路が整備されたことで，日帰り客数が増加している。

H31 2 (1) アイヌ民族，又はアイヌ　(2) イ
(3) a カルデラ　b ① 80　② エ　(4) イ
(5) a 親潮，又は千島海流
b 暖かく湿った空気が寒流の上で冷やされて，濃霧（海霧）が発生するから。
(6) a ア　b 大消費地から遠いため，加工用が多い。

R2 2 (1) 東シナ海　(2) a 大分　b エ
(3) a ① シラス　② ハザードマップ（「防災マップ」でもよい。）　b ア
(4) 入荷量が少なく，価格が高い時期に出荷できる。
(5) **グラフ3** ⓑ　**図5** ⓕ
(6) 河川が短く，降った雨の多くが海に流れてしまうから。

R3 2 (1) a イ　b 排他的経済水域（「経済水域」でもよい。）
(2) **記号** ア　**県名** 栃木　(3) ウ
(4) a イ　b 重量が軽い割に金額が高い。　(5) a エ　b 関東ローム
c 研究機関や大学があり，市外から通勤・通学してくる人が多い。

R４ 2 (1) a 広島 b 三角州，又はデルタ (2) **エ** (3) **ウ**
(4) **果実の国内生産量 イ 果実の輸入量 ウ**
(5) a 太平洋ベルト
b 原油の多くを輸入しており，海外から船で運び入れるのに便利であるから。
(6) **記号 ウ 理由** 日照時間が長いから。又は，降水日数が少ないから。

〈歴史〉

H27 1 (1) **名称** 十七条の憲法（「憲法十七条」でもよい。） **記号** イ
(2) 藤原道長 (3) ア
(4) a 田畑の面積，土地のよしあし など
b 農民による一揆を防ぐため。農民を耕作に専念させるため。年貢をとどこおらせないため。 など
c ア
(5) a イ→ア→ウ b 南北戦争
(6) 中央集権国家の体制。（「政府が全国を直接治める体制」でもよい。）
(7) a 日英同盟 b **日本** イ **ドイツ** ウ
(8) a ウ b 資源やものの再使用と再生利用を行う。又は廃棄物を分別し，リユースとリサイクルを行う。

H28 1 (1) a 口分田 b **品目** 綿 **記号** エ (2) イ→ウ→ア
(3) a 足利義政 b 下位の者が上位の者に打ち勝ち，地位を奪うこと。又は，実力のある者が力をのばして，上の身分の者に打ち勝つこと。
(4) エ (5) 収穫高が年により上下することから収入は不安定だったので，地価を基準として安定した収入を確保できるようにするため。 など
(6) a ヨーロッパでは戦争が続き，物資が必要になったから。又は，ヨーロッパが戦場となり，輸入がとだえた品目が出たから。 b ウ
(7) a 天皇から国民にかわった。 b 農地改革 c あ 琉球 い 沖縄

H29 1 (1) 百済 (2) a 行基 b 仏教の力に頼って国家を守ろうと考えたため。
(3) 東北地方に住んでいた蝦夷。
(4) あ 元（「モンゴル帝国」，「蒙古」でもよい。）
い 徳政令（「永仁の徳政令」でもよい。） (5) イ
(6) a エ b ア c **名称** 工場制手工業（「マニュファクチュア」でもよい。）
理由 働く人を一つの場所に集めたこと。分担して作業をしたこと。 など
(7) イ→ウ→ア (8) a 中央銀行
(8) b 銀行数は減り，すべての銀行の総預金高に占める五大銀行の預金高の割合が増えた。
(9) 冷戦の緊張が高まり，アメリカは日本を西側陣営の一員にしようと考えたため。

H30 1 (1) 壬申の乱 (2) **イ**
(3) a 承久の乱
b 地頭は，年貢を取り立てていたが，土地の支配をするようになった。
c **エ**
(4) **ウ → イ → ア**
(5) a **ア** b オランダ
c キリスト教を禁止すること。貿易を統制すること。 など
(6) a 投票の秘密が守られていなかったため，有権者が自由な意思で投票できない。
b 原敬 c **ウ**
(7) 好景気のため，国の税収が多かったから。

H31 1 (1) a 大化の改新 b **ア** (2) 浄土信仰，又は浄土の教え
(3) a **エ**
b 貢ぎ物をおくり，国交が開かれた。又は，朝貢をして，正式な外交関係となった。
(4) 楽市・楽座
(5) a **ウ**
b ききんによって減った年貢収納高を増やすことができるから。
(6) a **ウ → ア → イ** b 民本
(7) a **ウ**
b 国際協調によって，軍備縮小が行われたから。又は，各国の協調によって，平和が維持されたから。
(8) 町村から市へ移住したから。町村が合併して市になったから。 など

R２ 1 (1) a **ウ** b 法隆寺（「斑鳩寺」でもよい。） (2) **イ**
(3) 後一条天皇の祖父として，摂政に就こうとした。又は，孫の後一条天皇の摂政に就こうとした。
(4) a **イ** b 徳政を要求しており，寺院が高利貸しをしていたから。又は，借金の帳消しを要求しており，寺院がお金の貸し付けを行っていたから。
(5) a 藩 b 江戸から遠い地に配置されており，警戒される存在であった。
(6) **ウ → イ → ア**
(7) a **ア** b 日清戦争と比べて死者や戦費が増えたが，賠償金が得られなかったから。
(8) 景気変動の影響を受けにくく，安定した税収が得られる。

R３ 1 (1) a **ア** b 平城京
c ① 調・庸・雑徭の負担から逃れようとしたから。男子の税負担が重かったから。 など
② 口分田（班田）を返したくなかったから。
(2) a 御家人 b **ア → ウ → イ** (3) 倭寇と区別するため。
(4) 刀狩 (5) a 徳川吉宗
b **名称** 蘭学（「洋学」でもよい。）
内容 ヨーロッパの書物の輸入禁止をゆるめた。
(6) a **ウ** b 戦争が総力戦となり，女性も戦争に貢献したから。
(7) 小作農家の割合が減少しており，地主の支配する力は衰えた。

R４ 1 ⑴ a 中大兄皇子 b イ ⑵ 枕草子 ⑶ a エ
b 領地が細分化し，幕府に緊急事態があったときに対応できなくなるから。
c 建武の新政 ⑷ a 南蛮貿易
b プロテスタントが広まったが，カトリックを信仰していたから。又は，宗教改革に対抗し，カトリックを守ろうとしたから。
⑸ イ → ア → ウ
⑹ a 綿糸の国内生産量が増え，原料としての綿花の需要が高まったから。 b ア
⑺ a ウ
b 投票権は平等に１票を与えられており，全加盟国に占める南北アメリカの割合が下がっているから。

〈公民〉

H26 4 ⑴ a 議院内閣制 b （内閣）総辞職 c ウ
⑵ a イ b インフレーション，又はインフレ c イ

H27 4 ⑴ a フランス人権宣言，又は人権宣言 b **自由権** ウ **平等権** イ **社会権** ア
⑵ a 裁判を慎重に行い，人権を守るため。（「えん罪を防ぐため」でもよい。）
b エ

H28 4 ⑴ a 労働組合 b エ
⑵ a ㋐ 最高 ㋑ 立法
b 衆議院の**出席議員**の３分の２以上の多数で再可決したので，成立した。

H29 4 ⑴ a 累進課税（「累進課税制度」でもよい。）
b 低所得者ほど，所得に対する税負担の割合が高くなること。
⑵ a エ b 最高裁判所の裁判官。

H30 4 ⑴ a ㋐ 象徴 ㋑ 主権 b エ
⑵ a ア b 住民によって，選挙で選ばれる。

H31 4 ⑴ a イ
b 法律などが合憲か違憲かについて，最終的に決定する権限があるから。又は，違憲審査について，最終的に判断する権限があるから。
⑵ a 株主総会 b ⓑ ウ ⓒ イ c ア

R２ 4 ⑴ a 男女雇用機会均等法 b エ
⑵ a ア b 連立（「連合」でもよい。）

R３ 4 ⑴ a ① イ
② 使用者に対して弱い立場にある労働者が，対等な立場で使用者と交渉するため。
b 労働基準法 ⑵ a ウ b 議員内閣制 c 衆議院を解散する。

R４ 4 ⑴ a 比例代表 b ウ c 国事行為
⑵ a ク b **名称** 公共料金 **理由** 国民の生活に大きな影響を与えるから。

〈記述〉

H26 4 ⑶ 老年人口の増加に伴い，給付年金の総額も増加が見込まれるが，生産年齢人口が減り続けているため，世代間扶養の担い手となる現役世代の負担が大きくなること。

H27 4 ⑶ ＡＳＥＡＮ内に経済的な格差があり，日本は贈与の総額を増やし，低所得国には無償資金協力を，中所得国には技術協力を重点的に援助を行っていること。

H28 4 ⑶ オンライン・ショッピング市場の拡大とともに消費者からの相談件数が増えているので，消費者を守るために行政機関は情報公開や助言，指導を行っている。（71字）

H29 4 ⑶ 働く女性の割合は高くなったが，男性に比べて労働力人口の割合が低く，正社員の勤続年数が短いことがあり，男女の賃金に格差が生じていること。

H30 4 ⑶ 昼間人口よりも夜間人口の方が少ない大阪市は，行政サービスが多いにもかかわらず，歳入に占める市税の割合が低く，財政における負担が大きくなっていること。

H31 4 ⑶ （例）有権者数が多く投票率も高い世代は年金などの充実を望んでおり，社会保障関係費の増加に影響している。一方，若い世代の要望は，反映されにくい状況にある。

R２ 4 ⑶ a 温室効果ガス b 削減義務がない国の排出量が増えているから。
⑷ 人手が少なくてすむため，労働力不足への対応になることと，キャッシュレス決済が普及している国からの観光客による，消費の増加が期待される。

R３ 4 ⑶ （例）直売所は卸売業者を通す小売業者と比べて，鮮度の高い地元の商品が多いが，季節や時間帯による商品不足が起こったり，従業員の人材確保という問題が発生する。

R４ 4 ⑶ 地方自治体が自主的な活動を行いやすくするため，住民税の割合を高め，自主財源を増やすことで，地方自治を進めるための財源を確保するねらい。

国語解答

（小説文・随筆文）

H26 一 **1** あ むだ　い はず（ませ）　う 散（った）
2 イ　**3** (1) ベンゴイがいること。　(2) 胸を張って　**4** エ
5 自分の言葉をだれにも信じてもらえず、嫌な思いをしていた僕の気持ちを、おばさんが理解してくれていたと分かったから。

H28 一 **1** あ にもの　い 暑（い）　う しょうじょう　え 危（うく）　**2** エ
3 ウ　**4** イ　**5** 頼りにしていた
6 それまでは妹が真似をするから立派に行動するということがお手本の意味であり、ここでは妹を安心させようという思い（が込められている）。

H30 一 **1** あ すいじ　い 頂　う し（いて）　**2** 川面は、どこもよく似ていた
3 ふだんは家で働きづめのため、川にいる時を楽しいと感じている。
4 ア　**5** エ
6 一、二回目は満足できていないが、人間の匂いを残さないようにした三回目は、うなぎがいちばん入りそうと期待している。

R2 一 **1** あ ちょうやく　い 染（まり）　う 急（いだ）　え 約束
2 岬からの距離が近いこと。　**3** エ　**4** アとウ　**5** ウ
6 紺野先生が無線機の送信機を卵の近くへ置いたことで、少年だけが殻の破れる最初の瞬間に立ち合うことができたこと。

R3 一 **1** あ くうどう　い 織（り）　**2** イ
3 岩崎がホームに姿を見せなかったこと。　**4** ア　**5** エ
6 反発してきた岩崎が、絶対にまた戻ってこいよと伝えるためだけに一人だけで列車に乗り込んできたこと。

R4 一 **1** あ おくびょう　い のど　う 遊（んで）　**2** ア　**3** ノートに突
4 （おそらく）一秒にも満たないくらいの時間だったが、永遠のように感じていた。
5 自分が悪いと認識し、ハセに謝らなければいけないが、謝ることができないでいたから。
6 エ

（論説文）

H27 二 **1** あ いっちょういっせき　い 済（ませる）　う みが（かれて）　**2** ウ
3 西洋語では最初に結論を言うが、日本語では最後に結論を言う。
4 （効果）協調的に話ができる　（問題）論点や話題がズレてしまう
5 イ　**6** 自分の思いを適切に言葉にするように考えること。

H29 二 **1** あ するど（い）　い 寸法　**2** ウ
3 （思うことも感じることもそれ自体は）正しいか間違っているかはわからないということ。　**4** ウ
5 自分が思うとはどういうことかと考えることによって、誰にとっても正しい、たったひとつの定規を手に入れることでわかる。　**6** エ

H31 二 **1** あ 似（た）　い ぼうちょう　う ほそう　え 安住
2 アとエ　**3** もともとオ
4 踏まれることを利用して、分布を広げている。　**5** イ
6 環境の変化によって滅びないように分布を広げるためと、必要以上に一緒にいることで弊害が大きくならないように親植物から離すため。

R2 二 **1** あ まぼろし　い じゅんすい　**2** ウ　**3** イ
4 心の中の情報だけで見ている風景　**5** イ
6 （私たちは）知覚と認知の両方の過程でものを見ているが、むしろ認知の方が強く影響するから。

R3 二 **1** あ 訪（れた）　い きみょう　う 複雑　え おそ（われて）
2 イ　**3** 交感神経系　**4** ウ
5 生死に直結するだいじな情動として進化してきた恐怖に加え、想像力を手に入れたことで未来におこりうるよくない出来事を予想するから。
6 ウ

R4 二 **1** あ 予備　い 豊（かな）　う いまし（めて）　**2** アとウ　**3** イ
4 ウ　**5** 実際にもの
6 自分が感じたことを絶対と信じ、その絶対に安易によりかかることで、独断と偏見におちいってしまう危険性。

（表現）

H27 三 **1**　経験したことがあるのではないでしょうか　など
2　方々、皆さん　など　　**3**　ア　　**4**　日時
5　ⓐを残すと日々の活動の様子が、ⓑを残すと思いどおりに歌えた喜びがよく伝わる。　など

H28 三 **1**　ア　　**2**　馬　　**3**　ウ→エ→ア→イ　　**4**　お越し、おいで　など
5　お客さんが買いやすいように商品を並べる
商品に応じて並べる場所をかえる　など

H30 三 **1**　**エ**　　**2**　**イ**　　**3**　皆さんは　など
4　顧問の山本先生に、厳しくも温かくご指導いただき　など
5　感謝の気持ちと楽しむ心を忘れず、聞く人に幸せを感じてもらえる演奏をしよう　など

H31 三 **1**　**ウ**　　**2**　**ウ**　　**3**　助言をしてくださって　など
4　私は幻想的な光景に心を奪われました。　など
5　協力すること、話し合うこと　など

R2 三 **1**　**エ**　　**2**　硬貨を　　**3**　あらゆる人
4　ご覧になった、見られた　など
5　（**図2**には、）競技の内容が具体的にわかる工夫があります。　など

R3 三 **1**　表示が掲げられていました　など　　**2**　イ→ア→エ→ウ　　**3**　**エ**
4　うかがった、お聞きした　など
5　日本の食品ロス量の約半分を家庭が占めており、各家庭での工夫により食品ロス量を減らすことができます。　など

R4 三 **1**　実　　**2**　おっしゃって、言われて　など　　**3**　本を　　**4**　2
5　貸出冊数の増加　など

（古文）

H26 四 **1**　くわしく　　**2**　ウ　　**3**　イ
4　琴を作るためには、借りた琴を、持ち主の許可なく砕いてもかまわないという考え。　など

H27 四 **1**　むかい　　**2**　どうしよう、困った　など　　**3**　にくし
4　花を植えているのは、腹を立てるためではなく楽しみのためだから。　など

H28 四 **1**　おもいて　　**2**　守景が給料をもらえないので故郷に帰ると言っていること。
3　⑴ たやすく人の求めに応じないという姿勢。
⑵ 守景に絵を描かせるために、守景を貧しくさせておくという計画。

H29 四 **1**　つかわされける　　**2**　イ
3　僧は、いつも一休からものを借りるが、一休には茶うすを貸したがらなかったこと。
4　必要な場所へ持っていって使わなければ意味がないはしごを、一休のところで使うように言った　など

H30 四 **1**　まいる　　**2**　**ウ**と**エ**
3　⑴（若衆が餅を詰まらせたことを）人々は気の毒に思っており、まじなひ手が喉に詰まった餅をすぐに取り除いたから。
⑵（あわてて食べようとするほど）若衆は餅をひとつでも多く食べることを望んでいたため、餅を腹の中へ入れてほしかったと述べている。

H31 四 **1**　ようよう　　**2**　**ア**と**エ**
3　⑴ **イ**
⑵ かわいがっていた鷹の蹴爪が欠けていたといっても、鷹一羽に侍一人の命を代えるなどということがあってはならないという考え。

R2 四 **1**　たぐい　　**2**　**ア**と**オ**
3　⑴ 機会があれば必ず訪ね寄って無事かどうかを聞いたこと。
主人の家が衰えた時にたびたび物を贈ったこと。
⑵ 佐吉が正直なことを知って、売る人は気を配って重くして与え、買う人は気を配って軽くしてはかったから。

R3 四 **1**　ゆえ　　**2**　**ア**と**ウ**
3　道理のない訴えと感じられた者の顔かたちを見ると憎くなって自然と怒りを生じるため、口べたな者が恐れるから。　　**4**　**イ**

R4 四 **1**　たまい　　**2**　**エ**
3　船頭をやめても安心して生活できるくらいの金銭となる価値。
4　（同じ所にあると）思いがけない出来事ですべて失ってしまうことがあるので、知り合いごとに一枚ずつ五十枚をすべて与えた。

（条件作文）… 模範解答等はありません。

注 意 …　正しい原稿用紙の使い方、誤字、脱字、主語・述語の対応などに注意すること。

※原稿用紙の正しい使い方
（1）各段落の書き出しは、一字分下げる。　（2）文の終わりには、句点をつける。
（3）句読点や符号などは、それぞれ一字分をあてる。　（4）行頭には、句点は打たない。

数学　問題形式別解説

★応用①

方程式の計算と同じように両辺をそれぞれまとめ，ax＞b，ax＜b,の形にしたら，両辺をxの係数aで割る。そのとき，aが負の数の場合は，不等号の向きを変える。

★応用② 接線と弦のつくる角

接弦定理 円の接線とその接点を通る弦とのつくる角は，その角内の弧に対する円周角に等しい。

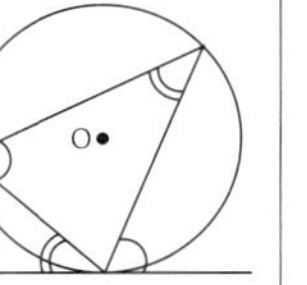

★応用③ 円に内接する四角形

対角の和は180°である。1つの外角は，それととなり合う内角の対角に等しい。

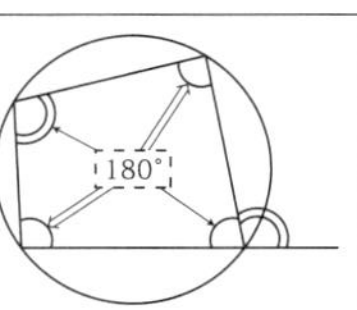

★応用④ 計量と相似（相似比a：bのとき）

周の長さの比　a：b　　**面積・表面積の比**　$a^2：b^2$　　**体積の比**　$a^3：b^3$

ポイント①

傾きmと，傾きkが垂直になるとき，次の関係がある。　　m×k＝－1

ポイント②

2次関数$y=ax^2$について，xがpからqまで増加するときの変化の割合は，a(p＋q) で求められる。

ポイント③

三角形の外角は，それととなり合わない2つの内角の和に等しい。

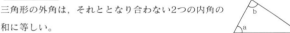

ポイント④ 中点連結定理

①AM＝MB，AN＝NCならば，MN//BC，$MN=\frac{1}{2}BC$

②AM＝MB，MN//BCならば，AN＝NC，$MN=\frac{1}{2}BC$

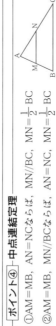

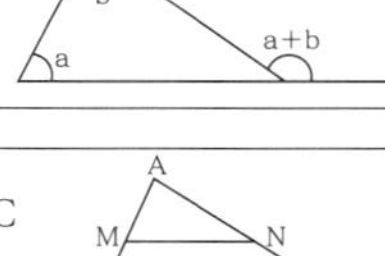

〈 計算 〉

■平成26年度　1

(1) ア　$9+(-2)\times6=9-12=-3$

イ　$(24ab-16b^2)\div8b=3a-2b$

ウ　$\frac{3x-y}{4}-\frac{x+y}{3}=\frac{3(3x-y)-4(x+y)}{12}=\frac{5x-7y}{12}$

エ　$\sqrt{27}+\frac{15}{\sqrt{3}}=3\sqrt{3}+5\sqrt{3}=8\sqrt{3}$

(2) $(2a+3)^2-4a(a+5)=4a^2+12a+9-4a^2-20a=-8a+9$

$a=-\frac{1}{8}$を代入　$-8\times\left(-\frac{1}{8}\right)+9=10$

(3) $x^2-ax+2a=0$ に $x=3$ を代入すると

$3^2-3a+2a=0$

$-a=-9$

$a=9$

よって $x^2-9x+18=0$ となる。

これを計算すると

$(x-3)(x-6)=0$　$x=3,\ 6$　よってもう1つの解は6

■平成27年度　1

(1) ウ　$\frac{7x+7y-2x+12y}{14}=\frac{5x+19y}{14}$　　エ　$3-5\sqrt{3}+4\sqrt{3}=3-\sqrt{3}$

(2) $a^2-6ab+9b^2=(a-3b)^2$　　$a=5,\ b=\frac{7}{3}$ を代入

$(5-3\times\frac{7}{3})^2=(5-7)^2=(-2)^2=4$

(3) $x^2-4x=x-3$　　$x^2-5x+3=0$　解の公式より　　$x=\frac{5\pm\sqrt{13}}{2}$

■平成28年度　1

(1) ア　$7-4\times(-2)=7-(-8)=7+8=15$

イ　$(48a^2-18ab)\div6a=\frac{48a^2}{6a}-\frac{18ab}{6a}=8a-3b$（分配法則）

ウ　$\frac{x+y}{2}-\frac{2x+9y}{5}=\frac{5x+5y}{10}-\frac{4x+18y}{10}$（通分して）

$=\frac{5x+5y-4x-18y}{10}=\frac{x-13y}{10}$

エ　$\frac{30}{\sqrt{5}}-\sqrt{45}$

有理化して

$=\frac{30\sqrt{5}}{5}-3\sqrt{5}=6\sqrt{5}-3\sqrt{5}=3\sqrt{5}$

(2) すぐに，$a=\frac{6}{7}$を代入するのではなく，式を整理してから代入する。

$(a-3)(a-8)-a(a+10)$

$=a^2-11a+24-a^2-10a=-21a+24$

これに，$a=\frac{6}{7}$を代入して，$-21\times\frac{6}{7}+24=-18+24=6$

(3) $(x+1)^2=64$

$x+1=\pm8$　　$x=7,\ x=-9$

■平成29年度　1

(1) ア　$11+8\div(-4)=11-2=9$

イ　$\frac{(-9a^2)\times7b}{21a}=-3ab$

ウ　$\frac{5(x+y)-3(x-2y)}{15}=\frac{5x+5y-3x+6y}{15}=\frac{2x+11y}{15}$

エ　$6-6\sqrt{6}+9-3\sqrt{6}=15-9\sqrt{6}$

(2) $a^2-9b^2=(a-3b)(a+3b)=(37-3\times12)(37+3\times12)=1\times73=73$

(3) $x^2-5x+2=0$

解の公式より

$x=\frac{-(-5)\pm\sqrt{25-4\times2}}{2}=\frac{5\pm\sqrt{17}}{2}$

■平成30年度　1

(1) ア　$9-7\times2=9-14=-5$

イ　$(54ab+24b^2)\div6b=\frac{54ab+24b^2}{6b}=9a+4b$

ウ　$\frac{3x-2y}{7}-\frac{x+y}{3}=\frac{9x-6y}{21}-\frac{7x+7y}{21}$

$=\frac{9x-6y-7x-7y}{21}=\frac{2x-13y}{21}$

エ　$\frac{15}{\sqrt{3}}+\sqrt{48}=\frac{15\sqrt{3}}{3}+4\sqrt{3}=5\sqrt{3}+4\sqrt{3}=9\sqrt{3}$

(2) 先に式を整理してから$a=\frac{1}{8}$を代入する。

$(2a-5)^2-4a(a-3)=4a^2-20a+25-4a^2+12a$

$=-8a+25$

$a=\frac{1}{8}$を代入すると　$-8\times\frac{1}{8}+25=-1+25=24$

(3) $(x-6)(x+6)=20-x$

$x^2-36=20-x$　　$x^2+x-56=0$

$(x+8)(x-7)=0$　　$x=7,-8$

■平成31年度 1

(1) ア $-12+9\div3=-12+3=-9$

イ $(-5a)^2\times8b\div10ab=25a^2\times8b\times\frac{1}{10ab}=20a$

ウ $\frac{x+y}{3}-\frac{x-3y}{4}=\frac{4(x+y)-3(x-3y)}{12}$

$=\frac{4x+4y-3x+9y}{12}=\frac{x+13y}{12}$

エ $\sqrt{6}(\sqrt{6}-7)-\sqrt{24}=6-7\sqrt{6}-2\sqrt{6}=6-9\sqrt{6}$

(2) $ab^2-81a=a(b-9)(b+9)=\frac{1}{7}\times(19-9)\times(19+9)$

$=\frac{1}{7}\times10\times28=40$

(3) 2乗を外すと　$x+1=\pm\sqrt{3}$

よって　$x=-1\pm\sqrt{3}$

(展開して解の公式を使ってもよい)

■令和２年度 1

(1) ア $5+(-3)\times8=5-24=-19$

イ $(45a^2-18ab)\div9a$

$=(45a^2-18ab)\times\frac{1}{9a}$

$=5a-2b$

ウ $\frac{x-y}{2}-\frac{x+3y}{7}$

$=\frac{7x-7y}{14}-\frac{2x+6y}{14}$

$=\frac{7x-7y-(2x+6y)}{14}$

$=\frac{5x-13y}{14}$

エ $\frac{42}{\sqrt{7}}+\sqrt{63}=6\sqrt{7}+3\sqrt{7}=9\sqrt{7}$

(2) $(3a+4)^2-9a(a+2)$

$=(9a^2+24a+16)-9a^2-18a$

$=6a+16$

より求める値は　$6\times\frac{7}{6}+16=7+16=23$

(3) $x^2+x=21+5x$

$x^2-4x-21=0$

$(x-7)(x+3)=0$

$x=7,\ -3$

■令和３年度 1

(1) ア $18\div(-6)-9=-3-9=-12$

イ $(-2a)^2\div8a\times6b=4a^2\div8a\times6b=3ab$

ウ $\frac{4x-y}{7}-\frac{x+2y}{3}$

$=\frac{12x-3y-(7x+14y)}{21}=\frac{5x-17y}{21}$

エ $(\sqrt{5}+\sqrt{3})^2-9\sqrt{15}=5+2\sqrt{15}+3-9\sqrt{15}$

$=8-7\sqrt{15}$

(2) $16a^2-b^2=(4a+b)(4a-b)$

これに$a=11$，$b=43$を代入すると，

$(4\times11-43)(4\times11+43)=1\times87=87$

(3) $(x-2)(x-3)=38-x$　　$\therefore x^2-5x+6=38-x$

$\therefore x^2-4x-32=0$　　$\therefore(x-8)(x+4)=0$

$\therefore x=8,\ -4$

■令和４年度 1

(1) ア $6+8\times(-3)=6-24=-18$

イ $(8a^2b+36ab^2)\div4ab=\frac{8a^2b+36ab^2}{4ab}=2a+9b$

ウ $\frac{4x+y}{5}-\frac{x-y}{2}=\frac{2(4x+y)-5(x-y)}{10}=\frac{3x+7y}{10}$

エ $\sqrt{7}(9-\sqrt{21})-\sqrt{27}=9\sqrt{7}-7\sqrt{3}-3\sqrt{3}=9\sqrt{7}-10\sqrt{3}$

(2) $(a-5)(a-6)-a(a+3)=a^2-11a+30-a^2-3a=-14a+30$

$a=\frac{2}{7}$を代入して，$-14\times\frac{2}{7}+30=26$

(3) $x-2=\pm4$　より，　$x=2\pm4=6,-2$

〈 方程式・連立方程式 〉

■平成28年度 4

（解説１）　６月に本を３冊以上借りた生徒の人数をx人とおく

	60%			
6月	33人	50人	x人	
	1冊	2冊	3冊以上	
			36人	
10月	33人×2	50人×0.92	x人×1.25	
	1冊	2冊	3冊以上	

$33+50+x+36=33\times2+50\times(1-0.08)+(1+0.25)x$

$119+x=112+1.25x$

$0.25x=7$

$x=28$

よって，10月に本を3冊以上借りた生徒の人数は　$28\times1.25=35$

（解説２）　全校生徒の人数をx人，6月に本を3冊以上借りた生徒の人数をy人とおくと，

$\begin{cases}0.6x=33+50+y\\0.6x+36=33\times2+50\times(1-0.08)+1.25y\end{cases}$　$\begin{cases}6x-10y=830\cdots①\\60x-125y=7600\cdots②\end{cases}$

①×10－②より　　$60x-100y=8300$

$-)\ \ 60x-125y=7600$

$25y=700$

$y=28$

①に代入して　$x=185$

よって10月に本を３冊以上借りた生徒の人数は　$28\times1.25=35$

■平成29年度 4

運び出した長机→x台
運び出した椅子→y脚

・まず，生徒の数で式を立てる。

2人で1台ずつ長机を運んだ→長机を運んだ生徒$=2x$人

1人4脚ずつ椅子を運んだ→椅子を運んだ生徒$=\frac{y}{4}$人

よって，合計は　$\underset{人}{2x}+\underset{人}{\frac{y}{4}}=\underset{人}{74}$ ――①

・次に，椅子の数で式を立てる。

受付用…長机4台それぞれに3脚ずつ→4×3脚

本部用と来賓用の長机の数は，$(x-4)$台で，同じ数なので，

それぞれ　$\frac{x-4}{2}$台

本部用…それぞれに3脚ずつ→$\frac{x-4}{2}\times3=\frac{3(x-4)}{2}$脚

来賓用…それぞれに2脚ずつ→$\frac{x-4}{2}\times2=\frac{2(x-4)}{2}$脚

よって，合計は，$\underset{脚}{4\times3}+\underset{脚}{\frac{3(x-4)}{2}}+\underset{脚}{\frac{2(x-4)}{2}}=\underset{脚}{y}$ ――②

①，②の連立方程式を解けばよい。

■平成30年度 3

あんパンの個数をx，メロンパンの個数をyとする。あんパンとメロンパンを合わせて200個用意したので，　$x+y=200\cdots①$

あんパンはすべて100円で売ったので，$100\times x=100x$円　売り上げた。

メロンパンはy個のうち6割の$0.6y$個は150円

4割の$0.4y$個は150円の30%引きで売ったので，

$150\times0.6y+150\times(1-0.3)\times0.4y=132y$円　売り上げた。

売り上げの合計は　24000円なので　$100x+132y=24000\cdots②$

■令和３年度　4

	5月	6月
可燃ごみ	x	$x-33$
プラスチック	y	$y+18$
計	$x+y$	$\frac{95}{100}(x+y)$

×4

$\begin{cases} x-33=4(y+18) & —① \\ x-33+y+18=\frac{95}{100}(x+y) & —② \end{cases}$

②に①を代入すると，

$5(y+18)=\frac{19}{20}(x+y)$

$\therefore 100y+1800=19x+19y$

$\therefore 19x=1800+81y$ —③

③を①に代入して，

$\frac{1800}{19}+\frac{81}{19}y-33=4y+72$

$\frac{5}{19}y=\frac{195}{19}$　　$y=39$

これを①に代入して，

$x-33=4(39+18)=228$

$y+18=57$

よって6月の可燃ごみ 228kg

プラスチック 57kg

〈 数と式・文字式 〉

■平成26年度　2

(1) 紙が１枚のとき，横の長さは９cm

紙が２枚のとき，横の長さは９+７cm

紙が３枚のとき，横の長さは９+７×２cm

紙が４枚のとき，横の長さは９+７×３cm

紙が n 枚のとき，横の長さは $9+7\times(n-1)$cm

$9+7(n-1)=7n+2$ cm

■平成27年度　2

(1) 20人の合計タイムは　$19a+b$　　よって平均記録は　$\frac{19a+b}{20}$

■平成29年度　2

(1) 今年度の男子の参加者は$1.09a$人，今年度の女子の参加者は$0.93b$人なので，合計は$1.09a+0.93b$

■平成30年度　2

(2) y時間＝$60y$分

毎分xLで$60y$分水を入れると360Lたまる。

よって，$x\times60y=360$　$60xy=360$　　$y=\frac{360}{60x}=\frac{6}{x}$

■平成31年度　2

(2) 針金がxmのとき，重さは

$30x$［g］$=\frac{30}{1000}x$［kg］$=\frac{3}{100}x$［kg］

よって，$y=\frac{3}{100}x$

■令和４年度　2

(2) 4L＝4000mLより，１時間当たりの水の減る量yは，

$y=4000\div x=\frac{4000}{x}$

〈 確率 〉

■平成26年度　3

６個の玉を赤１，赤２，赤３，白１，白２，黒とすると，取り出した２個の玉の組み合わせは

(赤１，赤２)(赤１，赤３)(赤１，白１)(赤１，白２)(赤１，黒)

(赤２，赤３)(赤２，白１)(赤２，白２)(赤２，黒)(赤３，白１)

(赤３，白２)(赤３，黒)(白１，白２)(白１，黒)(白２，黒)　の15通り

このうち，ともに赤玉になるのは(赤１，赤２)(赤１，赤３)(赤２，赤３)の３通りなので，確率は$\frac{1}{5}$

また，ア～エの中で確率が$\frac{1}{5}$になるのは，赤玉と黒玉になるウである。

■平成27年度　3

(1) 男子3人をa，b，c，女子2人をd，eとすると

販売係となる全ての組み合わせは，以下のとおり，

(a，b)　(a，c)　(a，d)　(a，e)

(b，c)　(b，d)　(b，e)

(c，d)　(c，e)

(d，e)

この内，［　］で囲んだ部分が「少なくとも1人は女子」であるから，求める確率は$\frac{7}{10}$

■平成28年度　2

(3) Aの方法

５個（赤玉２個）から赤玉を取り出す。　$\frac{2}{5}$

それを戻さず４個（赤玉１個）から赤玉を取り出す。　$\frac{1}{4}$

よって　$\frac{2}{5}\times\frac{1}{4}=\frac{1}{10}$

Bの方法

５個（赤玉２個）から赤玉を取り出す。　$\frac{2}{5}$

よって　$\frac{2}{5}\times\frac{2}{5}=\frac{4}{25}$

確率が高い方が起こりやすいので，Bの方法の方が起こりやすい。

■平成29年度　3

表は右のようになる。

条件をみたすのは表の丸印なので，

求める確率は$\frac{5}{16}$

b＼a	1	2	3	4
0	0	0	0	0
1	①	$\frac{1}{2}$	$\frac{1}{3}$	$\frac{1}{4}$
2	②	①	$\frac{2}{3}$	$\frac{1}{2}$
3	③	$\frac{3}{2}$	①	$\frac{3}{4}$

■平成30年度　3

(1) 会計係　宣伝係　販売係

A ― B ― C，D，E
　― C ― B，D，E
　― D ― B，C，E
　― E ― B，C，D

B ― Ⓐ ― C，D，E
　― C ― A，D，E
　― D ― A，C，E
　― E ― A，C，D

C ― Ⓐ ― Ⓑ，D，E✓
　― B ― A，D，E
　― D ― A，B，E
　― E ― A，B，D

D ― Ⓐ ― Ⓑ，C，E✓
　― B ― A，C，E
　― C ― A，B，E
　― E ― A，B，C

E ― Ⓐ ― Ⓑ，C，D✓
　― B ― A，C，D
　― C ― A，B，D
　― D ― A，B，C

より$\frac{3}{20}$

■平成31年度　2

(3)

10 ― 11，12○，13，14，15○

11 ― 12○，13，14，15○

12 ― 13○，14○，15○

13 ― 14，15○

14－15○

樹形図は上図の通りで，条件をみたすのは○の部分，

よって　$\frac{9}{15}=\frac{3}{5}$

■令和２年度　2

(3)

1 ＜ 2○, 3○, 4○, 5○, 6○
2 ＜ 3○, 4, 5○, 6
3 ＜ 4○, 5○, 6
4 ＜ 5○, 6
5 ― 6○

樹形図は上の通りで，条件をみたすのは○のところである。

よって求める確率は　$\frac{11}{15}$

■令和３年度　2

(2) ア　小さい方からa番目の数はa

大きい方からb番目の数は$15-b$と表せる。

よって和は，$a-b+15$

イ　さいころの出方は全部で，6×6＝36通り

ｉ）円形と六角形が残るとすると

$(a,\ b)=(1〜2,\ 5〜6)$の計4通り

ⅱ）六角形と四角形が残るとすると，

$(a,\ b)=(3〜6,\ 1〜4)$の計16通り

ｉ），ⅱ）を合わせて　20通り

よって確率は　$\frac{20}{36}=\frac{5}{9}$

■令和４年度　2

(3) 玉の取り出し方は，

−3 ＜ −2, −1, 0, 1, 2
−2 ＜ −1, 0, 1, 2
−1 ＜ 0, 1, 2✓
0 ＜ 1✓, 2✓
1 ― 2✓

の15通りで，✓が数の和が正となるときなので，

$\frac{4}{15}$

〈 資料の整理 〉

■平成26年度　2

(4) 40人の中央値は20番目と21番目の平均で，236 cmとなっている。20番目の記録は21番目の記録より大きいので236 cm以上となる。よって，Sさんの記録は上位20番目以内に入っていない。

■平成27年度　2

(4) 標本における7時間未満の生徒の割合を，母集団における7時間未満の生徒の割合と推定する。　　$175\times\frac{16}{40}=70$　　70人

■平成28年度　3

(1) 問題の文章から，剣道部員の記録と柔道部員の記録の平均値と中央値は，同じということがわかるので，剣道部員の記録で考える。

㋐　$\frac{39+38+37+45+43+38}{6}=\frac{240}{6}=40$

㋑　記録を小さい順に並べると，37．38．38．39．43．45．

中央値は　$\frac{38+39}{2}=38.5$

■平成31年度　3

(1) 1回以上利用した人は

11＋7＋2＋3＋1＝24

よって　$\frac{24}{32}\times100=75$［%］

(2) ア　正しい範囲は　5−0＝5

イ　$\frac{1\times11+2\times7+2\times3+4\times3+5\times1}{32}$

$=\frac{48}{32}=1.5$　より正しい

ウ　正しい最頻値は1

エ　正しい中央値は$\frac{1+1}{2}=1$

■令和２年度　3

(2) 日数を小さい順に並びかえると，

4，6，7，7，7，7，10，10，13，15，16

このとき，中央値が8.5になるのは，6，7番目がそれぞれ7，10になればよいので，aは後半にあればよい。

よって　$10\leqq a\leqq16$

■令和３年度　3

(1)

	最大値	中央値
ア	80〜90	60〜70
イ	70〜80	40〜50
ウ	50〜60	30〜40
エ	60〜70	50〜60

この中で条件に合うのは，1組エ，2組イ

(2) 全員の合計は，45.4×60＝2724（cm）

上位10人の合計は　62.9×10＝629（cm）

なので，残り50人の合計は　2724−629＝2095（cm）

よって平均は　2095÷50＝41.9（cm）

■令和４年度　3

(1) 12−1＝11

(2) 2010年から2019年までの中央値は，5番目と6番目の平均値なので，

表1より　$\frac{4+6}{2}=5$日

これが，2011年から2020年だと，中央値が6.5日になったということは　$6.5=\frac{6+7}{2}$　より，5番目が6月で，6番目が7月であることがわかる。したがって，2010年は4日以下で，2020年は7日以上である。

平均値が0.3日大きかったということは，データは10個より

0.3×10＝3日増えたということである。

よって，3日増えるには2010年が4日，2020年が7日しかない。

〈 平面図形（作図）〉

■平成26年度　2

(3)

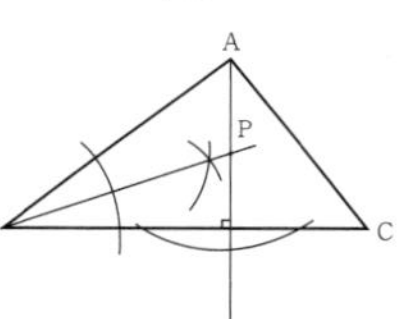

① AからBCに垂線をひく

Aを中心にした円を，BCと２回交わるように書き，その２つの交点を中心とした，半径が等しい円を２つ書き，その交点とＡを結ぶ。

② 角Bの二等分線をひく。Bを中心とした円を書くとAB，CBと交わるので，その２つの交点を中心とし，半径が等しい円を２つ書き，その交点とBを結ぶ。

③ ①，②でひいた直線の交点がPとなる。

■平成30年度　2

(1) Gを通り，ABとCDに平行な補助線HIを引く。

∠AEG＝180−124＝56°

錯覚より，∠EGI＝56°

よって，∠IGF＝107°−56°＝51°

錯覚より，∠GFC＝51°

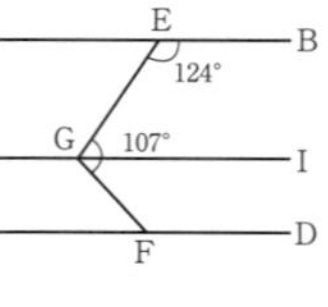

■令和２年度　[2]

(2) 円すいの側面の弧の長さは，底面の円の円周と長さが等しいので，

$2\times2\times\pi=4\pi$〔cm〕

よって，求める値を$a°$とおくと，

$2\times5\times\pi\times\dfrac{a}{360}=4\pi$

これを解くと　$a=144$〔°〕

■令和３年度　[2]

(1) ∠AOBの角の二等分線を引く。点Aを通る直線OAに垂直な線を引く。上の2つの交点が点Pとなる。

〈 立体図形 〉

■平成26年度　[5]

(1) △AEFは図のようになる。

$AE=\sqrt{5^2+7^2}=\sqrt{74}$ cm

AG＝9 cmなので

$EG=\sqrt{9^2-(\sqrt{74})^2}=\sqrt{7}$

(2) 点PがEにあるとき，点QはLMの中点にある

点PがFにあるとき，点QはLNの中点にある

点PがNにあるとき，点QはNにある

点PがMにあるとき，点QはMにある

よって点Qが動いてできる図形は上図のようになる。

面積は，$(2+4)\times\dfrac{5}{2}\times\dfrac{1}{2}=\dfrac{15}{2}$ cm²

■平成27年度　[4]

(2) MLはCEとBFの中点を結んだ線なので

$ML=CB=\sqrt{8^2+8^2}=8\sqrt{2}$　　$ML=8\sqrt{2}$

容器Qは直方体だから

$AD=\sqrt{(8\sqrt{2})^2+4^2}=\sqrt{128+16}=12$　　AD＝12

よって　ア

■平成28年度　[5]

(1) x秒後に四角形APEBの面積が39cm²になるとすると

$\dfrac{1}{2}(x+8)\times6=39$　　$x=5$

(2) △DEFは正三角形なので三平方の定理より

高さは$3\sqrt{3}$ cm

したがって面積は$\dfrac{1}{2}\times6\times3\sqrt{3}=9\sqrt{3}$〔cm²〕

点Aを出発してから2秒後，PDの長さは6cm。

したがって三角すいPDEFの体積は，

$\dfrac{1}{3}\times9\sqrt{3}\times6=18\sqrt{3}$〔cm³〕

図３の立体の体積は$9\sqrt{3}\times8=72\sqrt{3}$〔cm³〕

よって　$\dfrac{18\sqrt{3}}{72\sqrt{3}}=\dfrac{1}{4}$〔倍〕

(3) 点Aを出発してから9秒後，DPの長さは2cm。

したがって，右図より三平方の定理から

FPの長さをx cmとおくと

$x^2=1^2+(3\sqrt{3})^2$

$=28$

$x=2\sqrt{7}$〔cm〕

よって，CPの長さをy cmとおくと，三平方の定理より

$y^2=8^2+(2\sqrt{7})^2$

$=92$

$y=2\sqrt{23}$〔cm〕

■平成29年度　[5]

(1) 辺ABとねじれの位置にあるのは辺DH，CG，EH，FGの4辺。その中で面ABCDと平行である辺は辺EHと辺FGのみ。

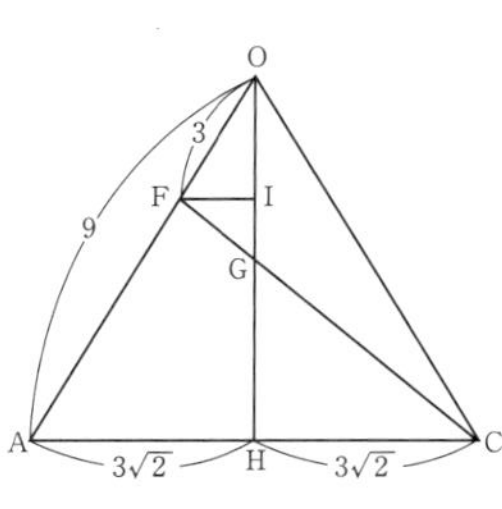

(2) △HEFにおける三平方の定理より

$HF^2=2^2+6^2=40$

HF＞0より$HF=2\sqrt{10}$〔cm〕

したがって，$HI=\dfrac{1}{2}HF=\sqrt{10}$〔cm〕

したがって，回転体の母線は，辺DIのことなので，△DHIの三平方の定理より，

$DI^2=4^2+(\sqrt{10})^2=26$

DI＞0より　$DI=\sqrt{26}$〔cm〕

(3) DP＋PQ＋QGが最小となるのは，右図のようにD，Gが一直線で結ばれるときである。

ここで，△DAP∽△DEGであり，相似比は　DA：DE＝1：3なので，

AP：EG＝1：3

AP：8＝1：3

3AP＝8

$AP=\dfrac{8}{3}$〔cm〕

したがって，$BP=6-\dfrac{8}{3}=\dfrac{10}{3}$〔cm〕

また，△GQF∽△GDEであり，相似比はGF：GE＝1：4なので，

QF：DE＝1：4

QF：6＝1：4

4QF＝6

$QF=\dfrac{3}{2}$〔cm〕

よって，$BQ=4-\dfrac{3}{2}=\dfrac{5}{2}$〔cm〕

したがって，右図より求める体積は，

$\left(\dfrac{1}{2}\times\dfrac{10}{3}\times\dfrac{5}{2}\right)\times2\times\dfrac{1}{3}=\dfrac{25}{6}\times2\times\dfrac{1}{3}=\dfrac{25}{9}$〔cm³〕

■平成30年度　[4]

(1) △ODBと△OACは同じなので，

△OACに注目する。

△EAHは，△OAHの半分。

△OAHは，△OACの半分。

(2) 底面にある△ABCにおいて，

三平方の定理より

$AC^2=AB^2+BC^2=6^2+6^2=72$

AC＞0より，$AC=\sqrt{72}=6\sqrt{2}$

AHはACの半分なので，$AH=3\sqrt{2}$

また，△OAHにおいて，三平方の定理より，

$OH^2=OA^2-AH^2=9^2-(3\sqrt{2})^2=63$

OH＞0より，$OH=\sqrt{63}=3\sqrt{7}$

△OACに注目する。

ここで，点FからOHに垂線を下ろし，その交点をIとする。

△OFIと△OAHは相似なので，

OI：OH＝3：9＝1：3

FI：AH＝1：3

よって，$FI=\sqrt{2}$，$OI=\sqrt{7}$

$IH=3\sqrt{7}-\sqrt{7}=2\sqrt{7}$

また△FGIと△CGHは相似なので

IG：GH＝1：3

よって，$GH=\dfrac{3}{4}\times2\sqrt{7}=\dfrac{3\sqrt{7}}{2}$

したがって，四角すいGABCDの体積は

$6\times6\times\dfrac{3\sqrt{7}}{2}\times\dfrac{1}{3}=18\sqrt{7}$　〔cm³〕

■平成31年度　5

(1)　辺DFを底辺と，点Pが辺AC上にあるとき，高さは9cmとなる。よって
$\triangle PDF=\frac{1}{2}\times4\times9=18$ [cm²]

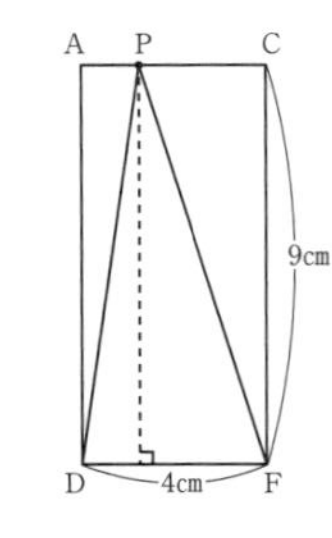
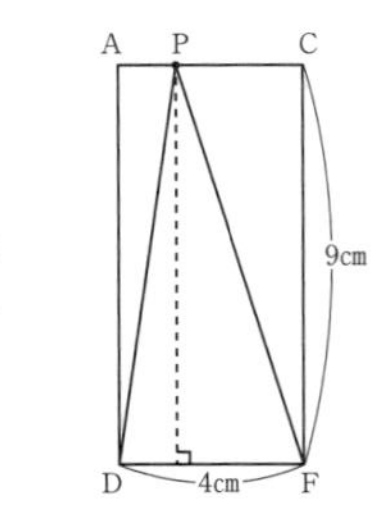

(2)　点Pが点Aを出発してから3秒後，PCの長さは1cm。できる立体は，下図のように，円柱から円錐をくり抜いた図形になる。よって，
$(4\times4\times\pi)\times9-\frac{1}{3}\times(3\times3\times\pi)\times9$
$=144\pi-27\pi=117\pi$

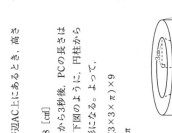

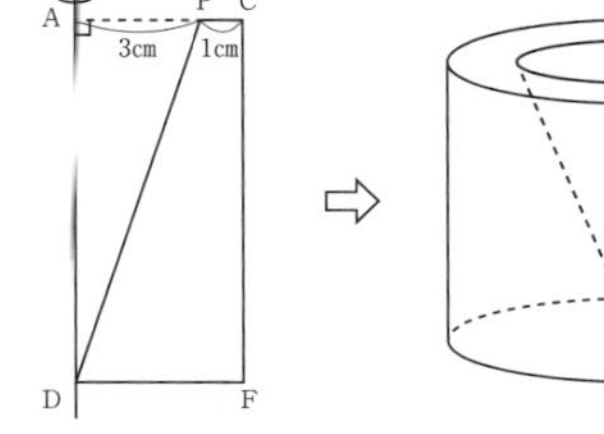

(3)　条件よりCP=5cm
右図のように点H，Iを定めると，△CHP∽△CIGであり，相似比は1：2。よって
CH：CI=1：2　より　CH=3cm,
HP：IG=1：2　より　HP=4cm
HF=CF−CH=9−3=6 [cm]
から，△HPFにおける三平方の定理より
$PF^2=HP^2+HF^2=16+36=52$
PF>0　より　$PF=2\sqrt{13}$ [cm]
よって△PDFにおける三平方の定理より
$PD^2=PF^2+DF^2=52+16=68$
PD>0　より　$PD=2\sqrt{17}$ [cm]

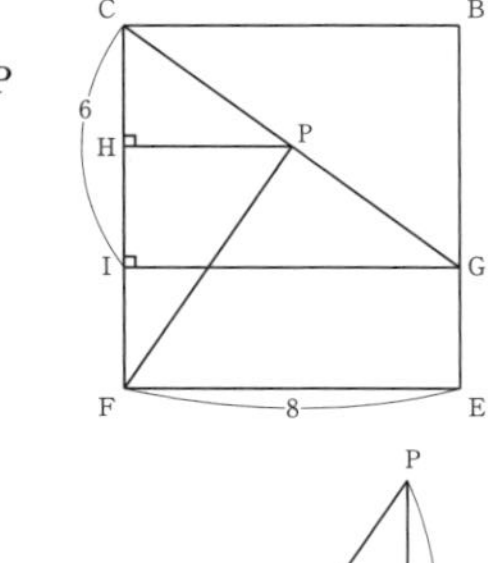

■令和２年度　5

(1)　面ABCDに属する辺(例えば辺BC，辺CD)は面ABCDと平行とは言わないことに注意する。

(2)　△HELにおける三平方の定理より，
$HL^2=2^2+4^2$
$=20$
HL>0　より　$HL=2\sqrt{5}$ [cm]
よって　△DHLにおける三平方の定理より
$DL^2=4^2+(2\sqrt{5})^2=16+20=36$
DL>0　より　DL=6 [cm]

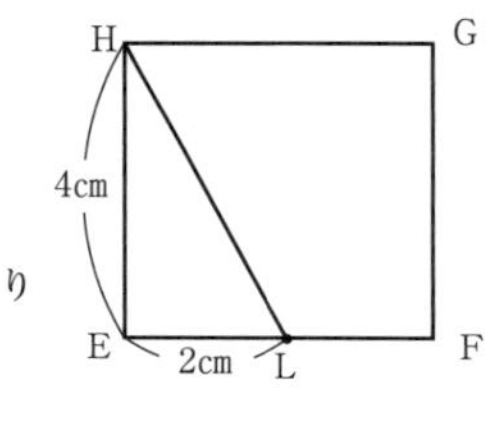
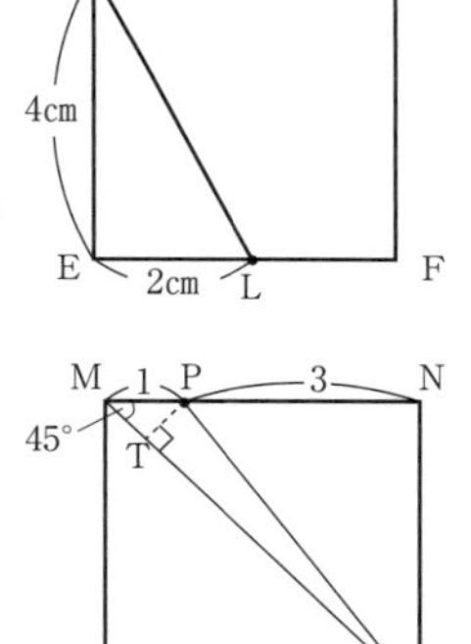

(3)　△AEFにおける三平方の定理より
$AF^2=4^2+4^2=32$
AF>0　より　$AF=4\sqrt{2}$ [cm]
右図のように点Tを定めると，
∠PMT=45°　より
$PT=\frac{1}{\sqrt{2}}\times MP$
$=\frac{1}{\sqrt{2}}$ [cm]
以上より求める体積は　$(4\times4\sqrt{2})\times\frac{1}{\sqrt{2}}\times\frac{1}{3}=\frac{16}{3}$ [cm³]

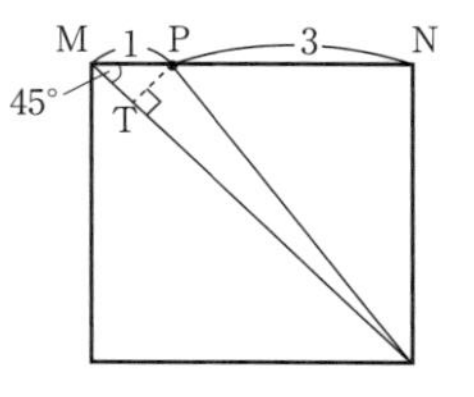

■令和３年度　5

(1)　面BCDにADは直角なので
∠ADC=∠ADB=90°

(2)　△BCDは正三角形より，△BCD∽△PQD
相似比は12：9=4：3なので，
面積比は16：9
よって四角形BCQPは△BCDの$\frac{16-9}{16}=\frac{7}{16}$倍

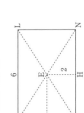

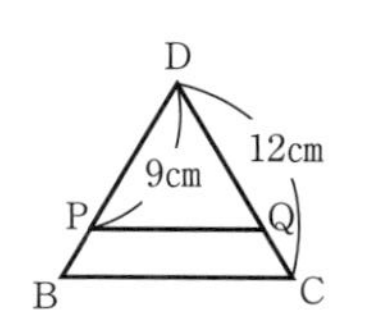
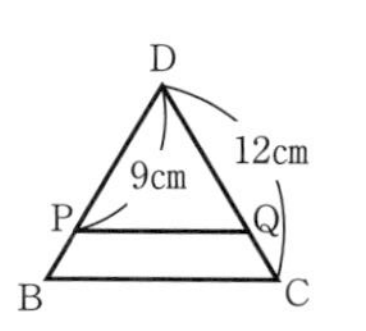

(3)　四角形KMNLはKM=4，KL=6の長方形である。

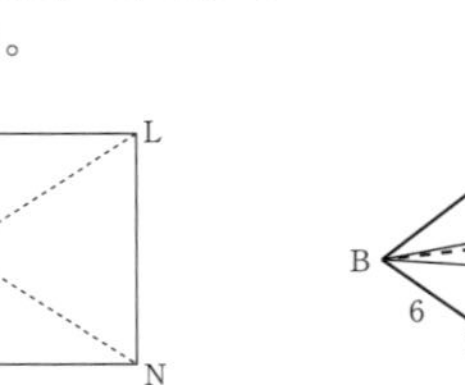
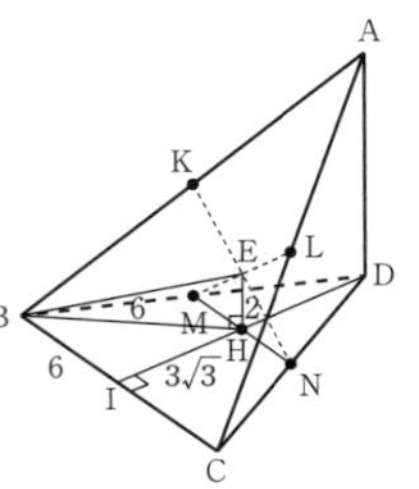

点EからMNに垂線を下ろし，その交点をH，HからBCに垂線を下ろし，その交点をIとすると，EH=2，BI=6，$HI=3\sqrt{3}$
よって，$BE=\sqrt{BH^2+EH^2}$
$=\sqrt{HI^2+BI^2+EH^2}$
$=\sqrt{(3\sqrt{3})^2+6^2+2^2}$
$=\sqrt{27+36+4}$
$=\sqrt{67}$ (cm)

■令和４年度　5

(1)　EP=xより，DP=$12-x$
したがって，$\triangle ADP=(12-x)\times3\times\frac{1}{2}=6$
$x=8$

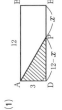

(2)　求める立体は，①Aを頂点とする円すいから②Pを頂点とする円すいを引くと求められる。
$①=12\times12\times\pi\times3\times\frac{1}{3}=144\pi$
$②=12\times12\times\pi\times2\times\frac{1}{3}=96\pi$
より，$①-②=144\pi-96\pi=48\pi \text{cm}^3$

(3)　CP+PDが最小になるのは，展開図にしたとき
C，P，Dが一直線になるときである。

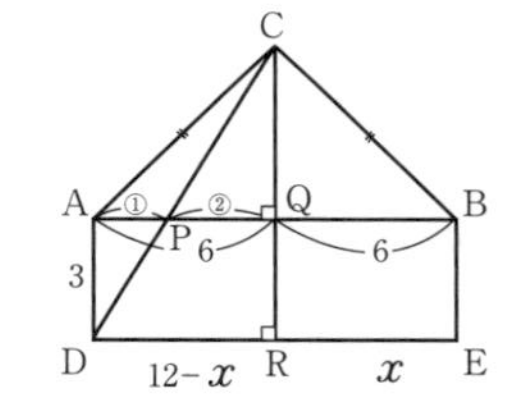

CからAB，DEに垂線を下ろし，その交点をそれぞれQ，Rとすると，△ACQが45°，45°，90°の直角二等辺三角形なので，
CQ=AQ=6
△APD∽△QPCより，
AP：QP=AD：CQ=3：6=1：2
よって，$QP=6\times\frac{2}{3}=4$
△CPQにおいて，三平方の定理より，$CP=\sqrt{4^2+6^2}=\sqrt{52}$
△CPFは∠PCF=90°より，三平方の定理から，
$PF=\sqrt{(\sqrt{52})^2+3^2}=\sqrt{61}$

〈証明(円と直線)〉

■平成27年度　6

(2)

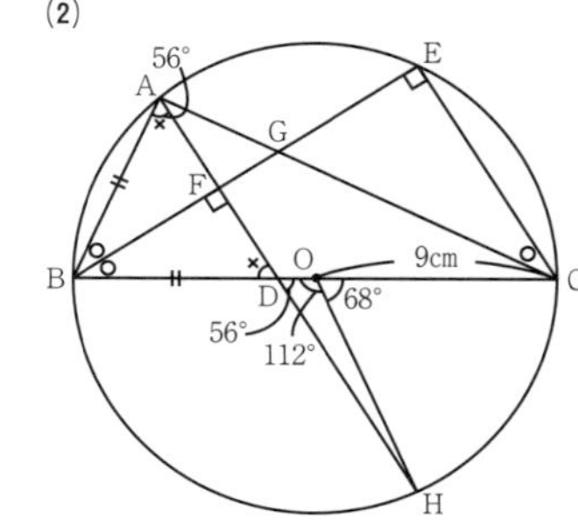

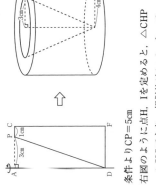

線分OHを引く
∠CDH=∠FDB（対頂角）
△ABDは二等辺三角形なので
∠CDH=∠FAB=56°
∠FABは$\overset{\frown}{BH}$の円周角なので$\overset{\frown}{BH}$の中心角である∠DOH=112°
よって∠COH=180°−112°=68°
ゆえに$\overset{\frown}{CH}$の長さは
$9\times2\times\pi\times\frac{68}{360}=\frac{17}{5}\pi$

■平成28年度　7

(2)　∠ACD＝x°とおくと，仮定より∠BDF＝∠ACD＝x°
錯角より∠CDE＝∠ACD＝x°
$\overset{\frown}{AD}:\overset{\frown}{BC}=1:2$より，
∠DBC＝∠DEC＝2∠ACD＝$2x$°
したがって∠DCF＝∠CDE＋∠DEC
＝x°＋$2x$°＝$3x$°
∠DFC＝∠BDF＋∠DBF
＝x°＋$2x$°
＝$3x$°
また∠ACF＝∠DCF－∠ACD
＝$3x$°－x°＝$2x$°
したがって，△HFCに注目すると，180°＝65°＋$3x$＋$2x$
x＝23°
よって，∠FDC＝y°とおくと，
△FDCに注目して，
180°＝3×23°×2＋y
y＝42°

■平成29年度　7

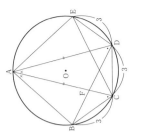

(2)　∠GAE＝∠ECDより，△ADCはDA＝CDの二等辺三角形。
したがって，CD＝4cm。
(1)より△AEG∽△CDEなので，
AE：AG＝CD：CE
2：AG＝4：3　4AG＝6　AG＝$\frac{3}{2}$〔cm〕
したがって，DG＝$4-\frac{3}{2}=\frac{5}{2}$〔cm〕
よってAG：DG＝3：5より，
△AGE：△DGE＝3：5
△AGEの面積をSとすると，
S：△DGE＝3：5　△DGE＝$\frac{5}{3}S$
また，AE：EC＝2：3より，△DAE：△CDE＝2：3
ここで，△DAE＝△DGE＋△AGE
＝$\frac{5}{3}S+S=\frac{8}{3}S$　なので
$\frac{8}{3}S$：△CDE＝2：3　△CDE＝$4S$
よって，△CDEの面積は，△DGEの
$\dfrac{4S}{\frac{5}{3}S}=4S\div\left(\frac{5}{3}S\right)=4S\times\frac{3}{5S}=\frac{12}{5}$〔倍〕

■平成30年度　6

(2)　$\overset{\frown}{AE}$における円周角より，∠ABE＝∠ACE
$\overset{\frown}{BC}$における円周角より，∠BAC＝∠BEC
よって，△ABD∽△ECDである。
AB：CE＝BD：DCより，6：4＝4：DO
よって，DC＝$\frac{8}{3}$
AD＝AC－DC＝$6-\frac{8}{3}=\frac{10}{3}$
また，AD：DE＝AB：CEより
$\frac{10}{3}$：DE＝6：4
よって，DE＝$\frac{20}{9}$

■平成31年度　7

(2)　AB∥DEより∠ABC＝70°
$\overset{\frown}{AD}:\overset{\frown}{DC}$より∠ABD：∠DBC＝3：2
したがって　∠ABD＝$\frac{3}{5}\times70=42$°
∠ABD＝∠DCFより
△DFCに注目すると，
∠EDC＝∠FDC
＝180－(∠DFC＋∠DCF)
＝180－(90＋42)
＝48

■令和２年度　7

(2)　△ABC≡△AFD　より　FD＝3cm
△ACD∽△DFC　より
AC：CD＝DF：FC
6：3＝3：FC
これを解くと　FC＝$\frac{3}{2}$〔cm〕
これより
AF＝AC－FC＝$9-\frac{3}{2}=\frac{9}{2}$〔cm〕
よって，△BCF∽△ADF　より
BC：BF＝AD：AF
3：BF＝6：$\frac{9}{2}$
これを解くと　BF＝$\frac{9}{4}$〔cm〕

■令和３年度　7

(1)　まずOD∥FCより，
錯角より，∠GOD＝∠GCF，∠GDO＝∠GFC
よって2組の角の大きさが等しいので，△GDO∽△GFC
ここで円周角の定理より，

∠CBD＝∠CFD
また△GDO∽△GFCより
∠CBD＝∠CFD＝∠GDO　―①
ここで△OBDと△OACについて考えると，
OB＝OA＝OD＝OCかつ∠OAC＝∠OBD（∵円周角の定理より）
なので二組の辺とその間の角が等しいので
△OBD≡△OAC
よって∠BOD＝∠AOC
∠AODは共通なので，∠BOA＝∠COD　―②
OBとODは半径より，OB＝OD　―③
①，②，③より，一組の辺とその両端の角が等しいので，
△BOE≡△DOG

(2)　△BOE≡△DOGより
∠OGD＝∠EOB＝180－72＝108°
$\overset{\frown}{CD}$について中心角と円周角の関係より
∠OBE＝xとすると
∠COD＝$2x$
よって∠EOB＝$2x$
よって△BOEは
$x+2x+108=180$　∴x＝24°
よって∠BOE＝48°
BCは直線より
∠ABD＝180°－48°－48°＝84°
よって$\overset{\frown}{AD}$の長さは　$6\times2\times\pi\times\frac{84}{360}=\frac{14}{5}\pi$（cm）

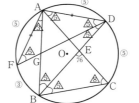

■令和４年度　7

(2)　AF：FB＝5：3より
∠AFD＝△5，∠FAB＝△3とおくと，円周角の定理より，それぞれの角度の大きさは左図のようになる。
△EBCにおいて，
△5＋△8＋76＝180より，
△13＝104，△1＝8
△AFD＝∠BAC＋△3＋△5＋△5＋△5＝180　より，
∠BAC＋△18＝180
∠BAC＋18×8＝180　　∠BAC＝36°

〈 関数 〉

■平成26年度　6

(1)　点Aの座標は(－3，$9a$)
点Cは点Aからy軸にひいた垂線の延長にあるので点Aとy座標が等しい。$y=ax^2$に$y=9a$を代入すると$x=\pm3$によって点Cの座標は(3，$9a$)

(2)　点Bの座標は(5，$25a$)
$\frac{1}{10}\leqq a\leqq2$のとき
$\frac{5}{2}\leqq25a\leqq50$　よって$\frac{5}{2}\leqq y\leqq50$

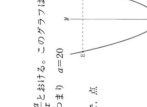

■平成27年度　5

(1)

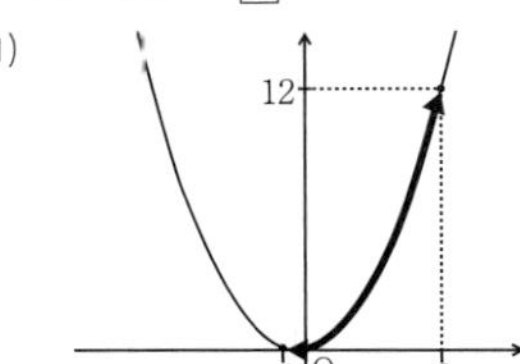

xの変域が$-1\leqq x\leqq 6$であるとき，関数$y=\frac{1}{3}x^2$の変域は$0\leqq y\leqq 12$

(2)

点Cは$y=\frac{1}{3}x^2$上の点であり
x座標は3だからC(3，3)
題意より求める直線の式は
$y=-2x+b$とおけるのでこれにCの座標を代入すると
$3=-2\times 3+b$　　$b=9$
ゆえに$y=-2x+9$

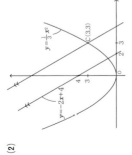

■平成28年度　2

(1)　図1の立体の展開図は，
(側面の横の長さ)＝(底面の円の円周)
$=2\pi x$
よって，側面積は，
$y\times 2\pi x=100$　　$y=\frac{50}{\pi x}$
この式から，xとyは反比例の関係と分かるので　イ

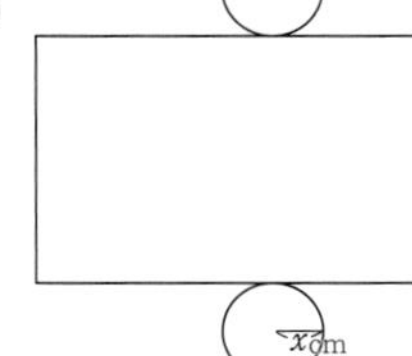

■平成28年度　6

(1)　右図より　$0\leqq y\leqq 16a$

(2)　点Aの座標は$(-2,-2)$
点Cの座標は$(4,-8)$
点Oを通るとき　$0=-\frac{3}{2}\times 0+b$
$b=0$
点Aを通るとき　$-2=-\frac{3}{2}\times(-2)+b$
$b=-5$
点Cを通るとき　$-8=-\frac{3}{2}\times 4+b$
$b=-2$
よって点Aを通るときで，bの値は　-5

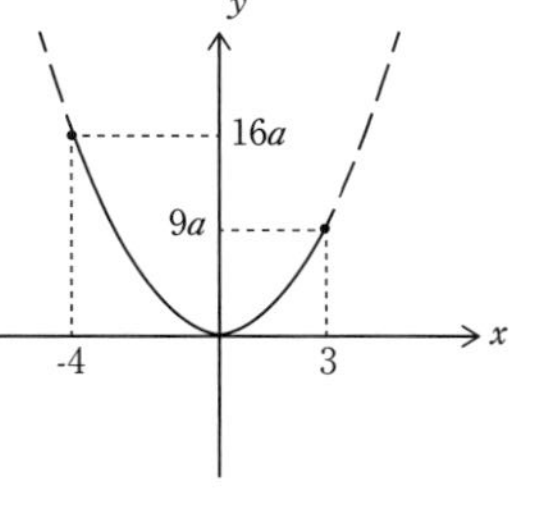

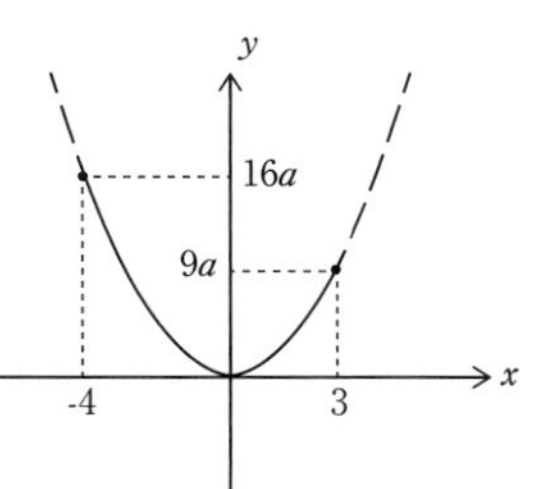

(3)　直線ACの式は$y=-x-4$なので，点Dの座標は$(-1,-3)$。
したがって直線ODの式は$y=3x$なので，点Eの座標は$(4,12)$。
線分BCの長さは$16a+8$，線分ECの長さは20，底辺をBCとしたときの△ABCの高さは6，底辺をECとしたときの△EDCの高さは5。
したがって△EDCの面積は$\frac{1}{2}\times 20\times 5=50$。
△ABCの面積は$\frac{1}{2}\times(16a+8)\times 6=48a+24$
よって，四角形BADEの面積は
$\triangle ABC-\triangle EDC=48a+24-50=48a-26$なので，
$(48a-26)\times 3=50$。　これをとくと　$a=\frac{8}{9}$

■平成29年度　6

(1)　曲線①のグラフは反比例なので，$y=\frac{a}{x}$とおける。このグラフは，点Aを通るので，代入すると，$-5=\frac{a}{-4}$　つまり　$a=20$
よって，$y=\frac{20}{x}$

(2)　点Dの座標は，$(4,\ 16a)$と表せるので，点Eのy座標も$16a$。
したがって，$16a=ax^2$
つまり，$x=\pm 4$
点Eのx座標は負なので，求める座標は
$(-4,\ 16a)$

■平成30年度　5

(1)　右のグラフの実線部。
よって，yの変域は　$-8\leqq y\leqq 0$

(2)　$y=-x+2$に平行なので，傾きは-1
よって，求める直線は　$y=-x+b$とおる
この直線は点B$(-4,\ -8)$を通るので，
$y=-x+b$に$x=-4$，$y=-8$を代入して
$-8=-(-4)+b$
$b=-12$
よって，求める直線の式は　$y=-x-12$

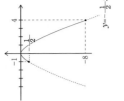

■平成31年度　6

(1)　右図より
$0\leqq y\leqq 25a$

(2)　点Cのx座標は2なので，y座標は，
$y=2^2=4$
求める直線の傾きは$\frac{5}{2}$なので
$y=\frac{5}{2}x+b$　と表せる。
これに点Cの座標（2，4）を代入して
$4=\frac{5}{2}\times 2+b$，つまり　$b=-1$
よって求める直線は　$y=\frac{5}{2}x-1$

■令和２年度　6

(1)　①は反比例のグラフなので
$y=\frac{a}{x}$　と表せる。これに点Aの座標を代入すると　$-6=\frac{a}{2}$　つまり，
$a=-12$，　よって　$y=-\frac{12}{x}$

(2)　$x=-5$のとき$y=25a$，$x=-2$のとき$y=4a$　より，求める値は
$\frac{4a-25a}{-2-(-5)}=\frac{-21a}{3}=-7a$

■令和３年度　6

(1)　yの変域は太線部分より
$-\frac{1}{2}\cdot 2^2\leqq y\leqq 0$　　　$\therefore -2\leqq y\leqq 0$

(2)　Eのy座標はDのy座標と等しい
D(4，-8)より，$-\frac{1}{2}x^2=-8$
$\therefore x=\pm 4$
よってE$(-4,\ -8)$

(3)　A$(-3,\ 9a)$，B$(4,\ 16a)$なので
F$(4-3,\ 16a+9a)=(1,\ 25a)$
C(4，0)より
CFの傾きは$-\frac{25}{3}a$
ここでABの傾きはaより，G$(0,\ 12a)$
DGの傾きは$-\frac{25}{3}a$なので，
DGの傾き$-\frac{12a+8}{4}=-3a-2$は$-\frac{25}{3}a$である。
よって　$-3a-2=-\frac{25}{3}a$
$\frac{16}{3}a=2$　　$a=\frac{3}{8}$

■令和４年度　6

(1)

左のグラフより，$0\leqq y\leqq 9a$

(2)　$y=-3x+b$　とおくと，C$(-2,-3)$　を代入して，
$-3=-3\times(-2)+b$，$b=-9$　より，$y=-3x-9$

英語　問題形式別解説

〈 対話文 〉

■平成26年度　2

（健太は部屋で富士山の写真をいくつかジョンに見せている。）

健　太：これらは私が富士山に登った時に撮ったいくつかの写真です。富士山は昨年，世界遺産になりました。あなたは富士山について（　a　）ことはありますか？

ジョン：はい。富士山は日本で最も高い山ですよね？それは（　b　）高さですか？

健　太：高さ3776メートルです。見てください，私は頂上に着いた時に雲の上でこれらの写真を撮りました。

ジョン：おお，美しい！太陽の下にある雲は海のように見えます。私も富士山に登りたいです。

健　太：［　A　］ええと，もし本当に富士山に登りたいなら夏に登った方がいいです。たいてい，私達は午後に登り始めて山小屋で一晩過ごします。早朝に私達は日の出を見るために頂上に登ることができるのです。

ジョン：私達は何を持ってくる必要がありますか？

健　太：まず，あなたは暖かい服を持ってくるべきです。

ジョン：私はもし夏に登るなら暖かい服は必要ないだろうと思いました。

健　太：夏は暖かいですが，富士山の頂上は寒いです。

ジョン：なるほど。他に私が持っていくべきものはありますか？

健　太：あなたは食べ物と飲み物もいくらか持っていくべきです。

ジョン：わかりました。［　　　］

健　太：ゴミは全て持って帰らなければいけないので，それはすべきではありません。

ジョン：［　B　］なぜですか？富士山にゴミ箱はないのですか？

健　太：いいえ，一つもないとは思いません。誰もが自分自身のゴミを（　c　）しなければいけません。私達は長い間，富士山を美しくするためにたった1つの小さなことでもすべきです。

ジョン：［　C　］私もゴミのためにプラスチックのバッグも持ってきます。

健　太：わかりました，でも大きなバッグは持って来ないでください。

(1)　(a)は「聞いたことはありますか？」とする。(b)は山の高さの話なのでウが正しい。(c)は「take care of：引き受ける」という意味になるようにアを入れる。

(2)　［A］ア　着きましたよ。　イ　それは残念です。
　　　　ウ　登りたいのですか？
　　［B］ア　それは本当ですか？　イ　素晴らしい！
　　　　ウ　問題ないです。
　　［C］ア　私はそうは思いません。　イ　それはいい考えですね。
　　　　ウ　よくやった。

(3)　need to～「～する必要がある」を使って，「私達は何を持ってくる必要がありますか？」という文を作る。

(4)　「私はお腹がすくかもしれないのでたくさんの食べ物を持っていくつもりです。」という文をつくる場合，以下のような文になる。
「I will bring a lot of foods because I may be hungry.」

(5)　本文で，健太が「富士山を美しくするためにはたった1つの小さなことでもすべきだ」と言っているので，そこから上の空欄に入る3語を考える。

■平成28年度　2

(1)　ⓐ　直後のベル先生の答えから「なぜ」日本に来たのかと聞いているとわかる。
　ⓑ　ア 例えば　イ 少し待って　ウ すみません　エ 初めて
　ⓒ　後ろの語を強調するために【so】や【such】を使う。【so】の後には形容詞だけがくる。形容詞＋名詞の形の場合にはsuchを使う。

(2)　A ア もちろん。　イ すばらしい。　ウ 大変です。
　直後の文からベル先生は日本での生活を楽しんでいるとわかる。
　B ア もっと教えて下さい。　イ 助けてくれますか。
　　ウ 聞こえません。
　空欄の後に，ベル先生は日本語の間違いの例をあげている。
　C ア ええと。　イ そうは思いません。　ウ その通り。
　直前の直人の意見に対してのベル先生の感想である。

(3)　【can】の後ろには動詞の原形が必ず入るのでイのbeが来るとわかる。

(4)　「休日にあなたは何をしますか。」という文を英訳すると以下の様な文になる。【What do you do on holidays】

(5)　空欄を含む文章は「□が世界の人々とコミュニケーションをより良くとるためのドアを開くということに私は気付いた。」という文章になる。

■平成29年度　2

（日本料理店にて）

春子　：これはあなたの緑茶です。

カレン：ありがとう。日本の緑茶は本当に美味しいです。

春子　：特に静岡はその美味しいお茶（　ⓐ　）有名です。

カレン：私は静岡に住めて幸せです。私は緑茶が日本のレストランで無料で出されているのを見て驚きました。

春子　：夏には，冷たい緑茶が出されます。

カレン：A。お茶はお客さんを迎えるために出されるのですよね。

春子　：はい，そして私たちはそれを水のように，非常によく飲みます。

カレン：へぇ，日本で［　　　　　］。

春子　：ええっと，お茶は元々，約1200年前に中国から伝えられました。最初，それはとても高価だった（　ⓑ　），特別な人だけがそれを手に入れることができました。一般の人がそれを飲み始めるまでに数百年かかりました。

カレン：B。それはとても長い歴史を持っていて，今でもあなたがたの生活の一部分なのですね。

（いくつかの食べ物の後，お茶漬けが出されました。）

カレン：これは何ですか。

春子　：それはお茶漬けです。私たちはご飯にお茶という緑茶を注いで，それらを一緒に食べます。

カレン：これは本当に良いですね。私は緑茶と一緒にご飯を食べることを考えた（　ⓒ　）。

春子　：緑茶は飲むためだけのものではありません。例えば，もしあなたがそれでうがいをすると，あなたは風邪をひかなくなるでしょう。

カレン：C。私はそれを試してみなければいけませんね。

春子　：知っていると思いますが，［　　　　　　］。居間はお茶の間と呼ばれています。私たちは緑茶を飲んでそこで話をして楽しみます。

カレン：いいですね。私は緑茶には大きな力があると思っています。私たちはそれを飲んで楽しみ，それで健康を保ち，その周りに集まります。それは人々をつなぎます。ちょうど今夜の私たちのようにね。

春子　：その通りです。

カレン：緑茶には大きな影響力があります。あなたがたの文化のなかでとても重要です。私はもっと緑茶について知りたいです。

(1)　ⓐ　famous for～　――　～で有名である
　ⓑ　so…that～　――　…なので，～だ
　ⓒ　"I've（　ⓒ　）thought" とあるので，現在完了が使われていることに気づけば，文脈から「今まで考えたことがなかった。」という意味が適していることが分かる。

(2) A：空欄の直前，「夏には，冷たい緑茶が出されます。」に対して，ア「私は賛成でない」，イ「あなたを助けましょうか。」は不適である。

B：空欄の直前では，春子がお茶の歴史について説明している。それに対して，ア「私もだ。」，ウ「私はそうなることを願っている。」は不適である。

C：空欄の直後から，カレンが話に興味を持っていることが分かる。

(3) 問われている箇所の文末にクエスチョンマークがあるので，この文は疑問文であり，ア become，オ hasから現在完了を使うことが分かる。

(4) 問題文を「日本語には『茶』を使った言葉がたくさんある。」と言い直せば書きやすい。

(5) **【日記の訳】**

私は今日カレンと日本料理店に行きました。彼女は緑茶には長い歴史があるということに気づきました。また，彼女はそれが私たちの生活に大きく影響していることにも気づきました。彼女は緑茶が私たちの文化［　　　　］とても重要であると言っていました。私もそう思います。私たちはとてもいい時間を過ごしました。

カレンの最後の発言から，「あなたがたの文化のなかでとても重要です。」とある。その部分を参考にし，日記に合うような英単語を考えれば良い。

■平成30年度　2

(球場周辺で)

健太　：ラグビーは君の国ではとても人気がある，でしょ？

ジャック：［A］国民的なスポーツで私たちは一番好きです。日本ではどうですか。

健太　：2019年にラグビーのワールドカップを開催する予定です。その（ⓐ）人気が出てきています。

ジャック：素晴らしい。

健太　：私たちの都市は開催都市の1つで，今日はたくさんのイベントがあります。ほら，見て！人々にモチを配っています。

ジャック：［B］

健太　：モチ，rice cakeです。歓迎の贈り物なんです。

ジャック：わかりました。でもなぜモチなのですか。

健太　：モチが私たちに幸運を（ⓑ）と私たちは信じています。私たちはとても特別な出来事の時にそれを食べます。例えば，私たちはモチを食べながら元旦をお祝いします。今日の試合はとても重要です，だから彼らは私たちにモチをくれたのです。

ジャック：面白いですね。健太，あの人たちは何を見ているのですか。

健太　：漁師がまるまる1匹のマグロを切っています。

ジャック：わあ，こんなに大きな（ⓒ）は一度も見たことがありません。

健太　：さあ，刺し身の準備ができました。［C］

ジャック：食べてみよう…わあ，おいしい！もっと欲しいです。

健太　：球場のまわりでたくさんの種類の食べ物を手に入れることができますよ。

ジャック：素晴らしい！［何を食べるとよいですか。］

(球場にて)

ジャック：本当に食べ物を楽しみました，そして今はお気に入りのスポーツが楽しめます。私はとても幸運です。

健太　：それを聞いて嬉しいです。さあ，試合を見ましょう。

ジャック：選手たちは試合の前にハカのような何かを行ったりするのですか。

健太　：ハカ？

ジャック：伝統的な踊りです。ニュージーランドでは，選手たちは重要な試合の前にはハカを行います。それは相手チームに対して彼らの力を見せつけ，試合を見に来ている人々に彼らの感謝を示すためのものです。

健太　：今日はハカのような何かは行わないと思います。ハカはラグビーの試合でだけ行われるのですか。

ジャック：いいえ。何かを祝う時にも私たちはハカを行います。例えば，結婚式です。

健太　：へー，生活の中で［D］時にハカを行うのですね。私はそういう点ではハカは少しモチに似ていると思います。

ジャック：その通りです。

(1) A　ア はい，お願いします。　イ 全くわかりません。　ウ もちろん。

B　ア もう一度おっしゃってください。　イ どういたしまして。　ウ あなたはどうですか。

C　ア 静かにしていただけますか。　イ 少し試してみましょう。　ウ それは残念です。

(2) ⓐ【because of A】「Aのせいで，Aのために」

ⓑ ア 手に入れる　イ 来る　ウ 留まる　エ もたらす

ⓒ【one】は一度出てきた名詞の繰り返しをさけるために使われる代名詞。ここでは直前の健太の【tuna】を指している。

(3) 【should】「～するべき」などを使うと良い。

(4) 同じ文の【show】に続く形で考える必要がある。【show 人 物】又は【show 物 to 人】

(5) 空欄の後の文にハカとモチは似ているという発言があることに注目する。空欄に入る単語は空欄の近くに必ずあるとは限らない。【be similar to ～】「～に似ている」

■平成31年度　2

(教室にて)

悠太　：お昼ご飯を食べましょう，ニック。私はとてもお腹が空きました。

ニック：［A］。だから，私は自分の弁当箱を開けることが待ちきれません。ああ，あなたの弁当箱を包んでいる布は美しいデザインですね。

悠太　：この布の種類は手ぬぐいと呼ばれています。

ニック：手ぬぐい？　私にそれについて教えてくれませんか。

悠太　：［B］。「て」は日本語で「手」，「ぬぐい」は「拭くこと」のことです。それは日本の伝統的なタオルです。

ニック：わかりました。実は，私は家族にプレゼントを探しています。私は他の手ぬぐいを見てみたいです。

悠太　：ここの周りで［　　　　］。放課後，そこに行ってみましょう。

(お店にて)

ニック：うわあ，本当にたくさんの手ぬぐいがありますね。これを見てください。この手ぬぐいはたくさんの漢字が書かれています。これらは誰かの有名な言葉ですか。

悠太　：いえいえ。これらの漢字はすべて魚の名前を（ⓑ）。

ニック：それらは似ていて，かっこいい模様です。それは驚きました。それと…この手ぬぐいはいくらかわかりますか。

悠太　：ええと…見てください，それは800円ですね。

ニック：［C］。私はそれを買います。私はこの手ぬぐいが素晴らしいプレゼントになると思います。

悠太　：私はあなたの家族がそれを好きになると思います。うわあ，壁に飾られている手ぬぐいを見てください。私は今まであのような使い方を見たことがありませんでした。手ぬぐいは何かを拭いたり包んだりするために使われるだけではないのですね。

ニック：おお，いいことを思いつきました。私はあなたの弁当箱のようにプレゼントを包むために手ぬぐいを使いたいです，悠太。私の家族にとってプレゼントを開ける前にそれを使う方法について考えることは楽しいでしょう。

悠太　：賛成です。しかしもし包むためにそれを使うなら，あなたは（ⓒ）よいプレゼントを探すべきです。

ニック：しまった…

(1) A　直後のニックの発言からニックもお腹が空いているということが分かる。したがって，裕太の発言に同意するセリフが答えになる。

Me, too.　私もそうです。

B　文脈判断で分かる。

C　値段を聞いた後，ニックはそれを買うと言っている。この間の返答として合うのはウ。

You're welcome.　どういたしまして。

Pardon?　もう一度言ってください。

No problem.　問題ありません。

(2) ⓐ look for　探す

ⓑ それぞれの単語の意味を考えれば良い。　mean　意味する

ⓒ another　もうひとつの　each　それぞれの　every　すべての

(4) 直後に値段を聞いていることと選択肢からHow much is this *tenugui*？となるが，残りの選択肢から間接疑問文を用いればよいことが分かる。

(5) 【文章訳】

悠太と私は今日手ぬぐいについて話し，私はそれを好きになった。放課後，私は悠太と店に行った。私はそこでとてもたくさんの手ぬぐいを見つけました。私のお気に入りの手ぬぐいは漢字のデザインがあるものです。私は悠太の弁当箱を包んでいたように，手ぬぐいを同じ［　　　　］で家族のためにプレゼントを包みたい。次は，それに包むためのもうひとつの物を見つけなければならない。

本文最後から２つ目のニックの発言から分かる。

■令和２年度　2

（ジョンと由紀は公園を歩いている。）

ジョン：わあ、この公園にはたくさんの桜がありますね。私は外国から来る全員が桜を見るべきだと思います。

由紀　：［A］。桜は日本では春の象徴です。

ジョン：見てください。多くの人が桜を見て木の下でピクニックをしています。

由紀　：日本では、この行事を花見と呼んでいます。毎年、多くの人が家族や友人と花見を行います。それは長い歴史を持つ人気の行事です。だから、多くの日本人は桜（ ⓐ ）春を想像することはできません。

ジョン：わかりました。この公園では［　　　　］。

由紀　：私もそう思います。おお、私はあなたにいくつかの春の甘い菓子を見せたいのです。それらをあなたの国で見つけることができるとは思いません。［B］。さあ、行きましょう。

（デパートで）

由紀　：見てください、たくさんの春の甘い菓子がありますよ。例えば、桜の花がケーキの上に乗っています。その風味は良いです。

ジョン：［C］。私は桜の花を食べることが出来るとは知らなかったです。

由紀　：桜の花は塩水でつけて、甘い菓子に使われます。

ジョン：本当ですか。葉で包まれたあの食べ物はなんですか。

由紀　：それは桜餅といい、春に食べられる日本の甘い菓子です。あの葉は桜の木のものです。日本人は数百年の間､桜餅を食べています。

ジョン：様々な方法で春を楽しんでいますね。う～ん、私は桜の甘い菓子をいま買いたいです。

由紀　：わかりました。何を買いますか。ケーキや桜餅、その他たくさんの甘い菓子を買うことができます。どの菓子を買うか決めることができましたか。

ジョン：いいえ。このデパートはたくさんの菓子を売りすぎています。私にとってただ一つに（ ⓑ ）ことは難しいです。

由紀　：わかりました。いくつかの菓子を買うのはどうですか。そうしたら、もっと春を楽しむことが出来るはずです。このフロアを見回して、（ ⓒ ）桜の菓子を探しましょう。

ジョン：幸せそうですね、由紀。あなたもいくつかの甘い菓子を買ってはどうですか。

由紀　：もちろんです。私は花を見るより甘い菓子を食べることのほうが好きです。

(1) A．ア 賛成です。　イ はい、喜んで。　ウ お気の毒に。

由紀は直前のジョンの意見に同意しようとしている場面である。

B．ア どうしたのですか。　イ 聞こえません。　ウ きっと驚きますよ。

ジョンに春の甘い菓子を勧めている場面であることからウと判断出来る。消去法でもよい。

C．ア どうでしたか。　イ それですか。　ウ それでしたか。

直前で “Their flavor is good.” とbe動詞の現在形が使われている。ジョンはこれについて聞き返していることからイと分かる。

(2) これらは文脈から適切な意味を当てはめれば良い。

ⓐア ～を横切って　イ ～なしで　ウ ～に対して　エ ～を通して

ⓑア 集める　イ ～を覆う　ウ 変える　エ 選ぶ

ⓒア 速い　イ 退屈な　ウ 異なる　エ 空腹な

(4) whichを間接疑問文として用いることに注意する。

decide～…～を決心する

(5) 【日記訳】

今日、私は公園に行き由紀と桜を見ました。由紀は私に日本で人気の行事である花見について教えてくれました。その時、彼女は私にいくつかの春の甘い菓子をデパートで見せてくれました。それらのひとつに桜餅がありました。それは和菓子で、［　　　　］があります。日本人はそれを春に食べます。

６番目の由紀の発言から推測する。

■令和３年度　2

（放課後、拓真とベル先生が教室で話をしています）

拓真　：先月（ ⓐ ）日本に住んでいます。ここでの生活はどうですか？

ベル先生：素晴らしいです。日本の人々は私に親切です。そして最近、新しい物を見つけました。

拓真　：［A］

ベル先生：それは暖簾です。店のドアに掛ける布です。暖簾を知ってますか？

拓真　：勿論です。［　　　　］

ベル先生：暖簾は多くのデザインがあります。暖簾はカーテンもしくは看板の様なものですよね？

拓真　：そうです。カーテンの様に、暖簾はお店の物を太陽から守ります。

ベル先生：そうですよね。また看板の様に暖簾はその店の名前を（ ⓑ ）為にいつも店の外に掛けられます。

拓真　：いつも店の外に掛けるのではありません。

ベル先生：それは知りませんでした。いつ暖簾を店の中に入れるのですか？

拓真　：その店の閉店直前です。

ベル先生：なるほど。人は暖簾がどこにあるか見ることによってその店が開いているか、閉まっているか分かるのですね。

暖簾にその様な特別な使い方があるのは知りませんでした。

拓真　：今まさに新しい事を学びましたね。

ベル先生：はい。私はまた多くの暖簾の写真を撮りました。これを見て下さい。

拓真　：ワォ。本当に多くの暖簾ですね。

ベル先生：私は多くのラーメン屋さんを見ました。全てのお店は赤い暖簾を使っていました。ラーメン屋さんの暖簾はいつも赤なのですか？

拓真　：［B］ラーメン屋さんはその色を選ぶことが出来ます。私の好きなラーメン屋さんは白を使っています。

ベル先生：他の暖簾を見てみたいです。

拓真　：私の家に美しいデザインの暖簾があります。（ⓒ私の母は季節折々の暖簾を掛けます。）

ベル先生：暖簾が家に？それは知りませんでした。あなたの家で使われている暖簾を見たいです。

拓真　：その暖簾の写真を持って来ましょうか？

ベル先生：［C］待ち遠しいです。

(1) （ ⓐ ）前置詞を選ぶ語彙問題。現在完了形で「過去のある時点から」を表す前置詞はsince

（ ⓑ ）動詞を選ぶ語彙問題。文脈から「表す、示す」という動詞を選ぶ。

模範解答は「show」だが、「carry」も文法的にも意味的にも合致する。

（ ⓒ ）関係代名詞を選ぶ問題。物（*Noren*）が先行詞なので「Which」を選ぶ。

(2) ［A］ア　何をしているのですか？　イ　あなたはどうですか？

ウ　それは何ですか？

［A］の発言を受けて、「それは暖簾です。」と答えている事から判断する。

［B］ア　良くないですね。　イ　そうは思いません。

ウ　どういたしまして。

「ラーメン屋さんの暖簾はいつも赤ですか？」という問いに対しての回答を考える。

［C］ア　ハイ、お願いします。　イ　そうしたのですか？

ウ　いいえ、できません。

「暖簾の写真をもってきましょうか？」という問いに対する回答を考える。

(3) Why are you interested in *Noren*?　もしくは　What part (point) of *Noren* are you interest in ?

(4) 文脈から判断して「いつ暖簾は店内に入れられるのですか？」という問いになる。主語が「暖簾」、動詞が「put」の受け身の形になる。

(5) ベル先生と私は暖簾について話をしました。彼女は暖簾には多様なデザインがある事を最近知りました。彼女は暖簾はカーテンもしくは看板の様に使われるだけだと思っていました。しかし今日彼女は暖簾が**その店が開いているか、否か伝える特別な用途に使われる**事を知りました。私は自宅の暖簾の写真を彼女に持っていきます。

本文14行目に「I never knew that there is such a special way of using *noren*」とある。

■令和４年度　2

（冬休みの後、JudyとKyokoは学校で話をしています。）

Judy　：新年のあいさつ状、年賀状を有難う。とても綺麗だったのでホストファミリー全員に見せたわ。

Kyoko　：［　A　］和紙と呼ばれる伝統的な日本の紙で作られているのよ。

Judy　：和紙が好きで、ホストファミリーが和紙についてのビデオを見せてくれたの。

Kyoko　：ビデオ？［　B　］

Judy　：正倉院にある古い紙の文書についてのビデオだったわ。紙の文書は約1300年前に和紙で作られた物だったの。人々はそれ以来、和紙を使用しています。

Kyoko　：長い間ですね。知らなかったわ。

Judy　：和紙に書かれている色々な（　ⓐ　）情報を読む時、昔の生活について知ることが出来るわ。

Kyoko　：なるほど。日本の長い歴史を（　ⓑ　）ことができるので和紙は大切なのね。
今まで考えた事なかったわ。日本文化を更に理解することが出来てうれしいわ。

Judy　：ところで、その綺麗なはがきはどこで手に入れたの？

Kyoko　：歴史博物館で作ったの。

Judy　：自分自身で作ったという意味？

Kyoko　：［　C　］小さいサイズの和紙を作ってはがきに使ったの。

Judy　：すてき。でも和紙を作るのは簡単じゃないわ。（　ⓒ　）私があなたなら、お店ではがきを買うでしょう。

Kyoko　：それで….あなたは伝統的な日本の物が好きだから和紙を使って特別なものを作ってあげたかったの。[いかにして素敵な年賀状を作ろうか考えるのは楽しかったわ。]

Judy　：あなたの年賀状は素晴らしかったわ。その年賀状は日本文化の面白い面を知る機会を与えてくれたの。あなたの文化では和紙は綺麗なだけでなく、大切であるという事を知ったわ。

Kyoko　：和紙について何か新しいことを教えてくれて、そしてあなたと話すことが出来て楽しかったわ。もし良かったら、博物館に行きましょう！

［　　　　　　　　］

Judy　：勿論よ。

(1) ア それを聞いて嬉しい。イ 怒らないで。　ウ 全力を尽くします。
ア どうぞ。　イ どういたしまして。　ウ もっと教えて。
ア その通り。　イ そうなの？　ウ そうは思いません。
答えが明らかな為、解説なし。

(2) ⓐには適切な前置詞を選ぶ問題。色々な情報という内容なので「of」が入る。
ⓑにはア 借りる イ 失う ウ 終える エ 学ぶ の選択より意味が合う、エが入る。
ⓒにはア 何故なら、イ ～時 ウ もし～なら エ ～の前 の中から、仮定法であるのでウのIfを選ぶ。

(3) 並べられた単語から判断して「いかにして素敵な年賀状を作るかを考えるのは楽しかったわ」という英文をつくる。

(4) How about this Sunday?
Is this Sunday OK with (for)you?
Is this Sunday convenient for you?
Are you free on this Sunday?

(5) 本文の主旨は年賀状によって日本の歴史や文化を学ぶことが出来たということである。本文12行目に「understand Japanese culture」という句がある。

〈 長文読解 〉

■平成26年度　5

私は陸上部です。私はもうすぐ最後の陸上大会があるので，毎日，放課後に走る練習をしています。私は100メートル競争に勝ちたいです。

陸上大会の１週間前，私は苦しい練習の後でとても疲れていて，[　　　]なのであまり満足していませんでした。私は思いました。「なぜ私のタイムは良くならないのだろう？毎日とても一生懸命に練習しているのに！」すると私の母が部屋に来て言いました。「夕食の時間よ。夕食が終わったらお風呂に入って宿題を終わらせなさい。あなたが疲れているのは知ってるわ。でもこれがあなたの最後の陸上大会だから一生懸命練習し続けなさい。私はあなたが勝つことを願ってるわよ。」

「私が今どう思ってるのかお母さんはわかってない。お母さんには陸上大会に来て欲しくない。」私は母に言いました。彼女はそれを聞いて驚いたように見えました。私は彼女にそのような悪口を言いたくなかったのですが，言葉が口から出てしまいました。母は言いました。「わかったわ。私は行かないわ。でも冷たくなる前に夕食は食べてね。」そして彼女は部屋を出ました。その日の夜，私は夕食を食べずに早く寝ました。

次の日の朝，母と私は朝食中何も言いませんでした。私の父は私にたずねました。「お前はお母さんと昨日の夜に口げんかでもしたのか？」私は答えずに家を出ました。

その日の練習中に，私の先生が私のところに来て言いました。「お母さんがたった今，病院に連れて行かれました。あなたは病院に行きなさい。」

病院に向かうバスで，私は母のことしか考えられませんでした。雨がひどく降り始め，それと同時に私の目は涙でいっぱいになりました。「私が悪口を言ったからお母さんは病気になったんだ。」

病院では，母は部屋で寝ていて，父が彼女のそばにいました。彼は言いました。「お母さんは１ヶ月前から少し具合が悪かったんだ。もうすぐ大事な陸上大会があるからお母さんはこのことをお前に話して欲しくないと思ってたんだ。今はもうお母さんは大丈夫だよ。」「私はそれを知らなかったわ。」と私が言ったとき，彼は母の気持ちについて私に言いました。私が病院に来る前，母は父に言いました。「私は昨晩，話したときに涼子にプレッシャーをたくさん与えてしまったの。私はあの子がどう感じているのか理解できてなかったのよ。私は陸上大会には行けないけど，病院で応援するとあの子に話して。」私の父が私にこのことを話した後，私は目に涙を浮かべて母を見ました。それから父は言いました。「お母さんは昨晩，夢を見たんだ。その夢の中でお前は競争で１位だったそうだよ。」私は少しの間，母の顔を見て，彼女にたずねました。「私は本当に勝つことができる？」彼女はまだ眠っていましたが，私は彼女が「もちろん勝てるわ。」と答えたように感じました。

その時，私は窓の外を見ました。美しく晴れた空に太陽が沈んでいました。

(1) aはkeep ～ing「～し続ける」を使い，bは受け身の文にする。

(2) 涼子が満足していなかった理由を考える。

(3) ①「彼女の母が病院にいることを涼子に言ったのは誰ですか？」という質問。
②「涼子は母に会うためにどうやって病院に行きましたか？」という質問。

(4) 涼子の発言は第３段落にある。

(5) 父親が伝えた内容は第６段落にある。

(6) ア　夕食の後に宿題をするように言った。
ウ　母は，陸上大会には行けないから病院で応援すると言っている。
オ　母が答えたように「涼子が感じた」のであって，本当に答えた訳ではない。

■平成27年度　5

<全訳>

友恵と私は学校のバスケットボール部の２年生の部員だった。私たちは７月にある重要な試合でレギュラーになりたいと思っていた。それは３年生の部員にとって最後の試合だった。ある日の練習後，私は友恵に言った。「３年生の部員はとても親切だわ。私たちがバスケットボールをうまくプレーできないとき，もっと上手にプレーする方法をいつも教えてくれるわ。私は３年生が好きだから７月の試合に勝つために一緒にプレーしたいの。」「私もよ。」彼女はそう答えた。

試合の２週間前，バスケットボールの先生が体育館で全選手の前でレギュラーの名前を発表した。レギュラーのほとんどすべてが３年生だった。レギュラーになった［　］もいて，私はそのうちの一人だった！友恵は私のところに来て言った。「すごいね，彩香！」私はそれを聞いてとても嬉しかった。彼女は言った。「私はレギュラーじゃないけど，チームのためにできることはなんでもするわ。」

その日の練習のとき，私は転んだ。足首に痛みを感じ，立ち上がることができなかった。みんなが私を助けに来た。先生が私の足首を見て言った。「医者に行った方がいい。」それから彼は私の母を呼んだ。しばらくして母がやってきて私を医者に連れて行った。医者は言った。「１ヶ月間バスケットボールをやめなければいけません。」私はとても悲しかった。

次の日の朝，友恵が私にたずねた。「足首はどう，彩香？」「１ヶ月間バスケットボールができないわ。」私は答えた。彼女は言った。「悲しまないで，彩香。今回はプレーできないけど，次回はきっとレギュラーでできるよ。」「いや，次だと私には意味がないの。」私はそう言って彼女のところを立ち去った。

私はその日，友恵とチームについて考えていた。放課後，私は先生のところに行って言った。「医者に行かなければいけません。」それから私は学校を離れる前に体育館に行った。そこで友恵を見つけた。彼女はバスケットボールの練習前に準備をしようと，チームのために一人で床を掃除していた。私は自分がレギュラーになったときの彼女の言葉を思い出した。私は彼女のところに行って言った。「私はまだバスケットボールができないけどチームのためにできることがあるわ。」「それを聞けて嬉しいわ。」彼女は答えた。

その後，友恵と私はチームの選手の中で最も早く体育館に行き，手伝うためにたくさん仕事をした。７月に私たちのチームは試合に勝てなかった。それは悲しかったけど私は友恵から大切なことを学んだ。今やこれは私たちのチームスローガンである。「チームのために！」

(1) ⓐ過去形にする。ⓑ比較の最上級の形にする。

(2) ［　］の直前に「レギュラー選手のほとんどすべてが３年生だった」，直後に「私はその中の一人だった」とあるので，アが正しい。

(3) ① 医者は彩香にどのくらいの間バスケットボールをやめるように言いましたか？本文の第３段落第７文にある。

② 彩香が転んだ次の日に体育館に行ったとき，友恵は何をしていましたか？本文の第５段落第５文にある。

(4) 第１段落第４文で彩香が友恵に対して述べた言葉の中にある。

(5) 第５段落第７文にある彩香の言葉をそのまま和訳する。

(6) ア バスケットボールの先生は７月の試合の１ヶ月前にレギュラーの名前を言った。

イ 友恵は７月の試合のチームでレギュラーの一人になれなかった。

ウ 彩香が足首に痛みを感じたとき，バスケットボールの先生は医者を呼んだ。

エ 次の朝，友恵が彩香に足首のことを尋ねたとき，彩香は何も言わなかった。

オ 彩香は友恵から大切なことを学び，それが今はチームスローガンになっている。

レギュラーを発表したのは試合の２週間前なのでアは誤り。彩香が転んだとき，先生は母を呼んだのでウは誤り。友恵が彩香に足首のことを尋ねたとき，彩香はちゃんと答えたのでエは誤り。

■平成29年度 5

私の祖父は他の街に一人で暮らしていました。ある日，彼は怪我をして，家事をすることが困難になりました。彼は私の家族に迷惑をかけたくないと言っていましたが，私たちは彼に少しの間，私たちと一緒に住むよう頼みました。彼が私たちのところに来たとき，彼は私に「学校生活はどうですか？」と尋ねました。私は「私がサッカーチームの部長になりました。私のチームは９月に試合があります。」と答えました。彼は「いいですね。」と言いました。

部長として初めての試合だったので，私は本当に試合に勝ちたかったです。私は全力を尽くそうと決心しました。他のチームの一員が学校に来るよりも前に練習を始めるために，私は早く起きました。私は彼らに何をすべきなのかを伝えました。私は一生懸命［A］，しかし彼らは［B］。彼らは喜んでいるようには見えませんでした。彼らはときどき練習をやめて，立ち尽くしたり，話をしたりしました。私はそれが好きではありませんでした。

ある日の夕食，私の祖父は「チームはどうですか。」と尋ねました。私は，「よくありません。私は全力を尽くしていますが，十分に一生懸命に練習しない一員もいます。私はなぜなのかがわかりません…」と言いました。少し考えてから，彼は「ええっと，あなたはお互いを理解するために話し合う必要があります。」と言いました。彼は「チームはそれ無しではよくなることはないです。」と続けました。

私は彼の言葉を聞くことを決めました。次の日，私たちは練習をする前に，私は一員に「私は試合に勝ちたいですが，何をすべきなのかがわかりません。何かいい考えはありませんか。」と言いました。彼らは驚いたようでしたが，そのうちの一人が「ええっと，私が思うことは…」と言いました。その後，他の人もそれに続きました。私たちはたくさんの考えを得ました。私は，「もし私たちがそれらをすべて試したら，私たちは一晩中練習しなければならなくなるでしょう。」と言いました。私たちは笑いました。

私たちのチームは変わりました。私たちは試合のためにとても一生懸命練習しました。そして，その日は来ました。私たちは２点取ることができましたが，私たちは負けてしまいました。私はそれらの一つを得ましたが，私はとても悲しかったです。

試合の後，私は一員に「ごめんなさい。私は部長としてうまくできませんでした。」と言いました。彼らは「あなたはとても良いはたらきをしたよ，部長！あなたの得点は素晴らしかった！」と言いました。「もし私たちがもっと練習すれば，私たちは次の試合で勝てるでしょう。」彼らの言葉は私をとても幸せにしました。私は私たちがついにチームになったと感じました。

夜ご飯のとき，私は祖父に「あなたの助言が私とチームを変えました。最初は，私は勝つことが全てだと思っていました。しかし，私は勝つことよりも，お互いに助け合い，一緒に頑張ることが大事だと学びました。」と言いました。彼は「良いですね。あなたが学んだことを覚えておきなさい。それは人生の中であなたを助けるでしょう。私たちは一人で生きていくことができますが，私たちがお互いを支え合うとき，私たちの生活はより良くなると私は思います。」と言いました。私は「助言をありがとうございます。次の試合に見に来てください。」彼は「ええっと，私はもうすぐ家に戻ろうと思います。私は再び一人で生きて，あなたたちに迷惑をかけたくないのです。」私は「本当にあなたは私たちに迷惑をかけていると思っているのですか。あなたはそれについて父や母と話をしたのですか。あなたが私に教えたことを思い出してください。」と言いました。彼は笑って，「なんて賢い子なんだ！」と言いました。

彼は次の試合の日まで私たちと一緒に住むことになりました。私は，私たちがより長く一緒に生きられることを望んでいます。

(1) 第２段落１，７文目から，「私」は一生懸命練習しているが，他の部員がそうでないということがわかる。Ｂの選択肢の後ろには “work” が省略されている。

(2) ⓐ 第２段落は，部員があまり一生懸命に練習していない「過去」の出来事の話をしている。

ⓑ 空欄の直前が前置詞の “After” である。前置詞の後ろに動詞を置くときは，動名詞を使う。

(3) ① 第２段落１文目に「私は本当に試合に勝ちたかった」とあり，その直後に “because” とあるので，その箇所を解答にすればよい。

② 第５段落４文目から分かる。

(4) 下線部ⓒの “his words” は「祖父の助言」を指している。「祖父の助言」は第３段落３，４文目にかかれているので，その内容をまとめれば良い。

(5) ア：「直人がサッカーの試合で怪我をしたときから祖父は家族と一緒に住み始めた。」とあるが，第１段落２文目から怪我をしたのは祖父だと分かる。したがって誤り。

イ：「直人は祖父に彼はチームの部長を続けたくなかったと言った。」とあるが，直人が部長を続けたくないという内容は本文にはない。よって誤り。

ウ：「直人は部員から何もいい考えを得ることができず，それが彼を悲しませた。」とあるが，第４段落４文目から誤りであることが分かる。

エ：「試合の後，直人は彼と部員がついにチームになったと感じた。」とあるが，第６段落５文目から正しい。

オ：「直人は祖父の助言が本当にうまくいったと思っている。」とあるが，第７段落１文目から正しい。

(6) 第７段落２文目の会話文では祖父は「私たちは一人で生きていくことができますが，私たちがお互いを支え合うとき，私たちの生活はより良くなると私は思います。」といい，同段落４文目の会話文で祖父は「私は再び一人で生きて，あなたたちに迷惑をかけたくないのです。」と，先の話と矛盾した話をしている。それに対し，直人が同段落５文目の会話文で「あなたが私に教えたことを思い出してください。」と指摘していることに祖父は感心したと分かる。

■平成30年度　5

去年の夏、私は３日間職業体験をしました。私は街で最も人気のレストランの１つで働きました。私は始める前にとてもワクワクしていました。

「職業体験の間にあなたがここで働くことの喜びを感じてくれたらいいなあと思っています。」働き始める前に、これらの言葉を私は接客責任者の竹田さんからかけられました。私は最初の仕事として机と椅子を掃除しました。それからお客さんがやって来始めて、私は彼らをテーブルに案内しました。レストランが忙しくなってきた時には、私は皿洗いを手伝いました。やるべきことがあまりにも多すぎて，私は休憩するための［A］。ここに来る前は、私はレストランで働くことは簡単だと思っていました、［B］。そこで働くことは大変で私はとても疲れました。

二日目、私はもっと働きました。私はすばやくたくさんの注文をとり、食事を出し、テーブルを掃除しました。その時、１人のお客さんが私に言いました、「これは私が注文した料理ではない。」それは私の注文の誤りでした。私はとてもショックを受けたので何も言うことができませんでした。これがお客さんを怒らせてしまい、竹田さんが私を助けにきてくれました。彼はお客さんに何かを言いましたが、私は彼の言葉を覚えていません。私は私の誤りについて考えているだけでした。私は泣き出しそうでした。

その日の終わりに、竹田さんは私に言いました，「誤りについてあまり考えすぎないようにね。お客さんのために何をすることができるか考えることが大切だよ。」私は家への帰り道に彼の言葉について何度も何度も考えました。

最終日、私はたとえ忙しいときでも笑顔を保ち続けました。私は確かめるためにお客さんの注文を繰り返しました。しかし、他の問題が私に起こりました。私はお客さんのカップを倒してしまったのです。二日目の竹田さんの言葉が私を助けてくれました。私は「大変申し訳ありません。」と言いました。私はいそいでテーブルをふきました。お客さんが言いました、「大丈夫ですよ。」私は今度はうまくできたので嬉しかったです。一番忙しい時間は他に何の問題もなく過ぎていきました。それから、２人の女性が来ました。彼らのうちの１人は車いすでした。私は彼女のところまで笑って歩いていって、言いました、「いらっしゃいませ。こちらへどうぞ。」彼女は言いました、「ありがとう。あなたは学生ですか。」私は言いました、「はい。」私たちはしばらくの間話しました。彼女が店を出る時に、彼女は言いました、「あなたの笑顔は食べ物をもっと美味しくしてくれたわ。ありがとう。」私は本当に幸せを感じました。

レストランで働くことは私を変えてくれました。最初は、私がすべきことについてすることだけを考えていました。それから私はお客さんのために私ができることを考え始めました。職業訓練は私に２つの重要なことを教えてくれました。１つは私たちは誤りから［C］ことができるということ。もう一つは他の人がどう感じるのかを私たちは［D］べきということです。

竹田さんと私は職業訓練の最後に話をしました。彼は言いました、「ここで働いた後にどう感じましたか。」私は言いました、「学校で勉強するよりも大変でした。」私たちは笑いました。私は言いました、「でも、お客さんがここでの時間を楽しんでいるのを見ることは本当に素敵なことでした。」彼は笑って言いました、「それがここで働くことの喜びで私があなたに感じてほしかったことです。」

(1) ⓐ 直前にbe動詞があり、後ろには【by Takeda-san】とあるので、受け身の文とわかる。よって、過去分詞に直す。

ⓑ 直後の【than】「～より」から比較級に直すことがわかる。

(2) 空欄直後の【right】は「正しい」という意味である。【had no time】「時間がなかった」

(3) ① レストランでの明子の最初の仕事は何だったか。

→第2段落第3文、【first】「最初の」に注目するとわかりやすい。

②なぜ明子が注文のミスをした時にお客さんは彼女に怒ったのか。

→第３段落第６文、【This】が何を指すのかを考える。この【This】は前の文の内容を指している。

(4) 第４段落の竹田さんの発言内容を全て日本語に直せば良い。【important】「重要である」

(5) C　ア 集める　イ 費やす　ウ 借りる　エ 学ぶ

D　ア 想像する　イ 続ける　ウ 再使用する　エ 忘れる

(6) ア　明子は職業訓練を始める前はレストランで働くことに興味がなかった。

→第１段落最終文、ワクワクしているのだから興味が無いとは言えない。

イ　明子は３日目に誤りをおかした時に竹田さんに助けを求めに行った。

→第５段落第５文。竹田さんの言葉を思い出しただけで、助けを求めに行ってはいない。

ウ　明子は車いすのお客さんからの言葉を聞いて嬉しかった。

→第５段落最終文。

エ　明子は３日間全てにおいてレストランで注文をとり、料理を出した。

→第２段落に初日の仕事内容が述べられているが、注文もとっていないし、料理も出していない。

(7) 第７段落最終文の竹田さんの発言に【That's the joy of working here】とあることに注目する。【That】の内容はその前の明子の発言を指している。

■平成31年度　5

去年の秋に，私たちの中学校で合唱コンクールがあった。私はアルトパートのリーダーだった。

私のクラスの曲は［A］だったが，私のパートのメンバーはとても早くそれを［B］。私は私たちが最初の段階に来ていたことに気づき，このことが私を幸せにした。このとき，私はもっと元気づけるために自分のパートの歌声がほしかった。なので，私はいつも自分のパートのメンバーに「大きな声で歌おう」と言った。私たちはより大きな声で歌った。私は自分たちの歌声がより大きくなったと思い，嬉しかった。私はリーダーとして良い働きをしたと思った。

数日後，指揮者である晴菜が「すべてのパートリーダーは，前に来て，合唱を聞いてください」と言った。私は合唱を聞いたとき，とてもショックを受けた。アルトパートの声がしばしば大きすぎだった。私は「自分の助言はアルトパートだけのためのものだった。私は他のパートのことを考えていなかった」と思った。このとき，晴菜は「リーダーは，自分のパートのメンバーに何をすべきか伝えてください。そしてパート練習を始めてください」と言った。パート練習では，私は歌声について何も言えなかった。

練習の後，私は何も言わずに晴菜と帰っていた。私はリーダーとしての自分の働きについてのみ考えていた。晴菜は私に「何かについて心配しているのですか。」と尋ねた。私は「リーダーとしての自分の助言が良くなかったので，自分のパートの声がしばしば大きくなりすぎました。でも…私はパートメンバーへそれについて伝えることができませんでした。私は彼らに私が悪いリーダーだと思われたくないです」と答えた。晴菜は少し驚いた様子で，「私も自分たちの合唱の悪い点を見つけましたが，私はそれを指揮者として誰かに伝えませんでした。そして，私はパートリーダーにメンバーに助言を与えるよう頼みました」と言った。彼女は続けて「ごめんなさい，美咲。私はあなたが今大変な時期であることを理解しています。」と言った。私は「いいえ，それはあなたのせいではないです。私が自分のパートメンバーを上手く導けなかったのです」と言った。最後に，晴菜が「明日から，お互い［　　　］すべきです」と言った。

次の日，私たちがクラスメート全員で一緒に歌っている間に，晴菜は全員に「小さい声で歌い始めましょう。ここからは，少し強くしましょう」と言った。晴菜は良い助言を与えて，全員をより良くなるように導いた。その時，私は「私にとって自分のパートメンバーに，たとえ言いづらい悪い点であっても伝えることが必要だ」と思った。パート練習のとき，私はメンバーに「私はあなたたちに言いたいことがあります。私は大きな声で歌うようにいつも言っていましたが，それは美しいハーモニーから遠ざかっていました」と言った。彼らはお互いを見て，笑った。彼らの一人が「本当ですか。わたしたちの声が大きすぎますか。」と言った。もう1人のメンバーが「教えてくれてありがとう，美咲。私たちにもっと助言をください。あなたは私たちのリーダーですから」と言った。私はその言葉を聞いて本当に嬉しかった。そして，私は「わかりました。パート練習を再開しましょう」と言った。

(1) 問題の文の文末のquicklyから「難しい曲だが，早く歌うことができた」という文脈になることが分かる。

(2) ⓐ be動詞のあとなので，進行形か受け身かを考える。文脈から進行形にしなければならない。

ⓑ 同じ文にあるandの直後に過去形が来ていることに注意すればよい。

(3) ① ［質問］美咲はなぜパートメンバーに大きな声で歌って欲しかったか。

第２段落３文目から分かる。

② ［質問］美咲が合唱を聞いたとき，アルトパートの声について何を見つけましたか。

第３段落３文目から分かる。

(4) 第４段落の晴菜の発言に注目する。

(5) ア　彼らの考え方を聞く

イ　もっと一生懸命に歌うよう練習する

ウ　彼らに良い点を伝える

エ　より良いリーダーになろうとする

第４段落での美咲と晴菜の会話を踏まえよう。

(6) ア　美咲はリーダーなので，大きな声で歌うべきだと思っていなかった。

第２段落の３文目に反する。

イ　美咲は晴菜と一緒に帰っているときに，晴菜にアルトパートについて何も言えなかった。

アルトパートについて言えなかったのはパート練習のときである（第３段落最後の文）。

ウ　美咲は悪い点をパートメンバーに伝えることができず，彼女は晴菜にそうするよう頼んだ。

後半の部分が書かれていない。

エ　美咲はアルトパートのメンバーの言葉を聞いたとき，とても幸せに感じた。

第５段落の最後から２番目の文と合致する。

(7) 第５段落の５文目にかかれている。

■令和２年度　5

夏休みの間、私は４日間ボランティアとして働くために老人ホームを訪れた。

最初の日の午後に、たくさんの入居者がお茶の時間を楽しんでいた。８人の入居者は食堂の大きなテーブルの周りに座っていた。１人の介護福祉士が私に「健、ここに来てください。一緒に話をしませんか。」と言った。私は少し憂鬱な気持ちになった。しかし私はテーブルに行き、８人の入居者に「こんにちは、私は健です。よろしくおねがいします。」と言った。そのとき、礼子さんと言う老婦人が隣に座っていた。彼女は微笑みかけ、私に「こんにちは。おいくつですか。どこに住んでいますか。」と言った。私は「ええと、14歳です。私はこの老人ホームの近くに住んでいます。」と答えた。礼子さんが私に話しかけてくれたとき、私は嬉しかった。そして、私は彼女にいくつか質問をしたかったが、私は何を尋ねるべきか［A］。だから、私は［B］、そして黙り込んでしまった。私は彼女に申し訳ないと思った。

２日目のお茶の時間に、礼子さんはお茶を飲んでいた。私が彼女をみたとき、私は彼女とたくさん話したくなった。だから、私は彼女に様々なことについて話した。しかし彼女はずっと笑って私の話を聞いてくれた。礼子さんが私との時間を楽しんでいたとは思えなかった。

次の日の午後、私は老人ホームの大広間の掃除を手伝った。私が掃除をしていたとき、私は入居者が描いたたくさんの絵を見つけた。私は絵が好きなので、絵を見るために掃除するのをやめた。そのとき、素晴らしい絵が私の目を奪った。私はその下に礼子さんの名前があることに気がついた。私は介護福祉士に「この礼子さんが描いた絵は素晴らしいですね。」と言った。彼は「はい。彼女はすべての入居者の中で最も上手に絵を描くことが出来る。」と言った。私は礼子さんと共有できる話題を見つけて嬉しくなった。

最後の日、私は礼子さんに会った。私は彼女に「私はあなたの素晴らしい絵を見ました。実は、私は絵を描くことが好きです。あなたも絵を描くことが好きですか。」と言った。礼子さんは「はい、絵を描くことが大好きです。」と答えた。そして、私は「あなたに［　　　　］を尋ねてもいいですか。」と続けた。彼女は笑って、「もちろん。私がだいたい40歳のときからですもの。」と答えた。私たちは絵を描くことについてたくさん話した。私は礼子さんと話すことを楽しんだ。その日の終わり、彼女は「ありがとう。」と言った。私はなぜ彼女がそういったのかわからなかった。私は少しの間、彼女を見続けた。そのとき、礼子さんは「あなたは私が知らなかったことをたくさん教えてくれました。そして、あなたは私が興味のあることについて話す機会を与えてくれました。」と続けた。私はそれを聞いて嬉しくなった。私は彼女に「他の絵も見せてくれませんか。」と尋ねた。礼子さんは「もちろん。私もあなたの絵を見てみたいです。もう一度来て、それを持ってきてくれませんか。」と答えた。私は「問題ありません。」と言った。私たちはお互い笑いあった。

私はボランティアとして老人ホームを訪れたことがとても嬉しい。まもなくもう一度彼女に会いに行くつもりです。

(1) ⓐ　直前に「このとき」とあるので、前の文章の時制に、つまり過去形にすればよい。

ⓑ　直後に範囲を表すofがあることから、最上級に直せば良いことが分かる。

(2) A：直前に “but” があり、逆説になっていることに注意すれば良い。

B：直前に “So” があるので、Aの内容と合うように選べば良い。

(3) ①　健は初日に８人の住居者と話す前はどのように感じていたか。

第２段落の４文目に答えがある。

②　健は２日目に礼子さんとたくさん話すために何をしたか。

第３段落の３文目を用いれば良い。

(4) 各段落の日時の句から、３日目については第４段落に書いてあると分かる。その段落の最後に “I was glad …” とあるのでこの部分を和訳すれば良い。

(5) ア　あなたがいつ老人ホームに住み始めたか

イ　なぜ私にあなたの絵について教えてくれなかったのか

ウ　あなたは絵を描いてどのくらいか

エ　あなたはどのくらい上手に絵を描いたか

直後の文章で「私がだいたい40歳のときからですもの。」とあることを踏まえる。

(6) 下線部の３文後に礼子さんの発言があるので、そこから引用すれば良い。

(7) ア　初日に、礼子さんは８人の住居者と午後のお茶の時間に健を招待した。

第２段落から、健を招待したのは介護福祉士である。

イ　２日目に、健は礼子さんが笑っていたので彼と話すことを楽しんだと思った。

第３段落の最後の文に合わない。

ウ　３日目に、健は礼子さんに自分もまた絵を描くことがとても好きだと言った。

３日目の内容は第４段落にあるが、そこでは礼子さんと会ったと書かれていないので不適。

エ　４日目に、礼子さんは健に彼の絵を彼女に見せるためにもう一度会うと尋ねた。

第５段落の12文目にこの内容と合致する。

■令和３年度　5

夏休みが終わって最初の日、我々のクラスは転校生の恵子さんを迎えました。彼女は私達の前にⓐ（立ち）、そして言いました。“こんにちは、私の名前は恵子です。よろしくお願いします。” クラスの皆は温かい拍手を送りました。それから彼女は私の隣に座りました。

短い休憩の時，恵子さんと私は同じタオルを持っているのを気付きました。そう、私のタオルが彼女に話しかけるきっかけをくれたのです。私は彼女に言いました。“私のタオルを見てください。” 恵子さんは言いました。“私達のタオルのキャラクターは私のお気に入りです。” それから［　　　　　　］そして私達二人は多くのことを語りました。休憩が終わって、私達は友達になりつつあると感じました。私は思いました、“恵子さんの事をもっと知りたいと。” 翌日、恵子さんに言いました。“私はバレー部に所属しています。あなたは以前、何クラブでしたか？” 恵子さんは言いました。“私もバレー部でした。” その時彼女は何かもう少し言おうとしましたが、次の言葉を言う事を［A］。私は彼女が何を言いたかったか、どのクラブに入りたかったか分かりませんでした。しかし、彼女をバレー部の練習に誘うことを［B］。私は彼女に言いました。“放課後、私達と一緒にバレーボールの練習をしませんか？” 彼女は “いいですよ” と言いました。彼女はその日、練習に参加しました。彼女はバレーボールが上手でした。その週、彼女は後２回ほど練習しました。我々は恵子さんと素敵な時間を過ごし、そしてバレーボール部に入部するように尋ねました。しかし、彼女はそれについて何も言いませんでした。

次の週の月曜日に体育館にⓑ（行く）前に恵子さんに言いました。“昨日バレーボール部の練習に参加しませんでしたね。今日は参加しますか？” それで彼女は言いました。“早紀さん、ごめんなさい。練習するつもりはありません。” 私は言いました。“どうしてですか？” 恵子さんは言いました。“実は、やることがあるのです。” 彼女は足早に教室を出ていき、バレー部の練習に参加しませんでした。私はバレーの練習をしながら、恵子さんのことばかり考えていました。

翌日、恵子さんが教室に入ってきた時、彼女に話しかけました。私は言いました。“おはようございます。恵子さん。昨日は何をしたんですか？” 恵子は何を言うか考え、そしていいました。“吹奏楽部の練習に参加してきました。吹奏楽部員になりたいのです。” 私は尋ねました。“何故それを言わなかったのですか？” 恵子さんは言いました。“以前の学校は吹奏楽部がありませんでした。それで私はその部にずっと入れませんでした。だから上手く出来るか、確かではありませんでした。その部員になるのは大きな挑戦になります。”

恵子さんの言葉を聞いた時、彼女がやりたかった事は私が彼女にして欲しかった事とは違いました。放課後、恵子さんに言いました。“ 吹奏楽部に入るべきですよ。いい経験が積めて大切な事を学ぶことができます。うまくいくことを祈っています。” 恵子さんは嬉しそうに私の言うことを聞いて言いました。“ええ、挑戦してみます。”

現在、恵子さんは吹奏楽部でうまくやり、そして彼女は私の親友です。

(1) ⓐ 文全体が過去形で進行しているのでstandの過去形が答えになる。
　ⓑ 前置詞beforeの後には名詞が続く必要があるのでgoを動名詞に変える。

(2) ① 早紀のタオルは何故、恵子と話すきっかけになったのでしょう？
　「早紀と恵子は同じタオルを持っていたから」とあるので
　Because they had the same towel.と答える。Whyで聞かれているのでBecauseで回答を始める。
　② バレーボールチームの練習に何日参加しましたか？という問いである。
　本文15行目に「In that week, she practiced with us two more days.」とある。

(3) ア 私は恵子さんに耳を傾けませんでした。
　イ 恵子さんは私との会話を終えました。
　ウ 私は恵子さんについて多くの質問をしました。
　エ 恵子さんは休憩時間を私と過ごしませんでした。

(4) A の直前を見てみると、「恵子は何かを言おうとした」とあり“but” が続くので “何も言わなかった” という文が入る事がわかる。
　B の直後に “バレーボール部の練習に参加しませんか” と練習に招待することを決めているのでbut I decidedが入る。

(5) 「I joined the practice of the brass band」とあるのでこれを日本語訳する。

(6) When I heard Keiko's words, I found the thing she wanted to try was different from the thing I wanted her to do.とある。

(7) ア 転校生としての初日、恵子はクラスに挨拶もせず、早紀の隣に座った。
　イ 恵子がバレー部の部員にと誘われた時、彼女は何も言わなかった。
　ウ 恵子が足早に教室を後にした時、早紀はバレーボール部の練習に参加しなかった。
　エ 早紀と恵子はバレーボール部を辞め、いい経験になると思い吹奏楽部に入った。
　本文16－17行目に「We had a good time with Keiko and asked her to be on the volleyball team. But she didn't say anything about it.とある。

■令和４年度　5

春のある日、教室でポスターを見ました。そのポスターには“一緒に町の公園にひまわりを植えましょう”と書いてありました。それは我が町のボランティアグループが企画したイベントでした。私は興味深く思わなかったので、カバンをⓐ（取り）教室を後にしました。

次の土曜日の朝、バスケットボールの練習の為に学校に行きました。町の公園のそばを通りかかったとき公園で、祖母が数人とひまわりを植えているのを見ました。

その時、私はあのポスターを思い出しました。“ボランティアグループに所属しているの？”と祖母に聞きました。“ええ、毎週土曜日に公園のゴミ拾いをしているの。でも今日はひまわりを植えに来たの。わたしがこの新しいイベントを企画したのよ。”と祖母は答えました。

私は祖母に言いました。“えっ　本当に？どうしてそれを企画したの？”彼女は言いました。

“この町の多くの若者が将来、大都市に住みたいと思うわ。私はそれが悲しいの。もしこの大きな公園にきれいなひまわりがあれば、この町を素敵な町だと思う人もいると思うの。”彼女はこうもいいました。“直人、参加したら？多くの所にポスターを送ったけど、今、10しかいないの。”私は思いました。“この公園は大きい。ひまわりを10人で植えるのは大変だ。彼女は　A　、しかし自分にはバスケットボールの練習がある。”だから彼女に言いました。“ごめんね。学校に行かなければならないんだ。”そして　B　始めました。彼女は悲しそうでした。

学校の体育館に着いた時、この体育館は大き過ぎると思いました。私のチームは８人の部員がおり、その内２人はその日は来ませんでした。３名の部員と私は一生懸命練習しましたが、２人はそうしませんでした。彼らは時折、ⓑ（走る）のを止め、練習中に座りこみました。彼らは言いました。“僕たちは小さなチームなのでいつも同じ練習をしなければならない。もっとチームメイトがいないと試合に勝てない。”それを聞いた時、私は悲しく思いました。

“　　　　しかし強いチームになる方法はあると信じる”と思いました。

彼らに何か言いたかったのですが、止めました。

練習後、再び公園の近くを歩きました。その時、驚きました。公園で30人程がひまわりを植えていました。私の祖母もそこにいました。彼女に尋ねました。“なぜ多くの人がここにいるの？”彼女は答えました。“公園に多くの人を見つけたので、ここで一緒にひまわりを植えましょうと声をかけたの。それで多くの人たちが参加したの。”彼女に尋ねました。“それだけ？”“そうよ、話しただけ。”と彼女は答えました。彼女の言葉は私の問題への答えでした。それから私はそのイベントに参加し、祖母と仕事をしました。

イベントの後、彼女に自分のバスケットボールチームの事について話し、そして言いました。“何かを変える為には他の人と話をすることが必要なんだと今日、分かったよ。来週、チームメイトに一緒に強いチームを作りたいと伝えるよ。僕を分かってくれればいいけど。”彼女は私の話を聞きそして微笑みました。

(1) ⓐ この文は過去時制の文章であるので過去形にする。
　ⓑ 走ることを止めたということなのでstopの後は「running」と動名詞にする。不定詞「to run」にすると「走る為に立ち止まった」という意味になるので不可。

(2) ① 土曜日の朝、直人が公園のそばを通りかかったとき、彼の祖母は何をしていましたか？
　という問いである。ひまわりを植えていたので、過去進行形を使い「She was planting sunflowers」
　② 土曜日、何人の生徒がバスケットボールの練習に参加しましたか？という問いである。
　全部員で８名の中で２名欠席だったので６名が参加した。よって答えは、
　「There were six students」

(3) ア　A：もっと人が必要　　B：公園で働き
　イ　A：もっと人が必要　　B：学校に歩き
　ウ　A：一人も必要としない　　B：公園で働き
　エ　A：一人も必要としない　　B：学校に歩き
　「10人でひまわりを植えるのは大変だ」といっているのでAには「もっと人が必要」がはいる。Bは直前に「学校にいかなければならない」といっているので「学校に歩き（始める）」が入る。よって正解は（イ）。

(4) ア 我々は多くの部員がいない。
　イ 我々は練習する場所がない。
　ウ 我々のチームはいつも試合に勝つ。
　エ 我々のチームはいつも練習を楽しんでいる。
　「小さなチームである」という文章があるのでアが正解。イ、ウ、エについては触れられていない。

(5) 本文10-11行目に「Many young people in this town want to live in big cities in the future」とある。

(6) 本文、下から4-3行目に「Today , I found that talking with other people is necessary to change something」とある。

(7) ア　学校で直人がポスターを見た時、ボランティアグループのメンバーになりたかった。

イ　直人の祖母はボランティアグループに在籍し、毎春、ひまわりを植えた。

ウ　直人の祖母は学校にポスターを送ったので、約30名がイベントに参加した。

エ　バスケットの練習の後、直人は祖母とひまわりを植えた。

本文、下から6-5行目に「Then, I joined the event and worked with her.」とあるので正解はエである。

〈 条件英作文 〉

■平成27年度　3

母：(1)今，時間ある？
息子：本を読んでるけど，どうして？
母：(2)買い物に行って欲しいの。
息子：うーん，分かったよ。何が必要なの？
母：牛乳とオレンジジュースよ。

和文英訳の場合，日本語をそのまま英語にするのではなく，「手があいている」→「時間がある」というふうに，英文を作りやすい日本語に変える。

■平成28年度　3

英作文を作る時は，日本語をそのまま英語にしようとしないこと。

(1) 「出かけるにはもってこいだなぁ。」⇒「出かけるためには最も良い日です。」のように考えて
【It will be the best day to go out. 】「明日」の話なので未来の形にすることを忘れない。

(2) 「息抜きだって必要だよ。」⇒「（私にとっては）休憩することが必要です。」
【It is necessary for me to have a break. 】

■平成29年度　3

ジョン：毎日私に日本語を教えてくれてありがとうございます。
太郎　：問題ありません。［ A ］。とても良いです。
ジョン：ありがとうございます。日本語はとても興味深いですが，漢字はとても難しいです。あなたはどのようにして漢字を学びましたか。
太郎　：私が小学生の時に，［ B ］。それによって私は本当に助けられました。
ジョン：わかりました。それを試そうと思います。

■平成30年度　3

(1) メアリー：こんにちは、賢。どうしたのですか。
賢　　：ちょうど犬を買ったところです。彼はとてもかわいいけど、［手がかかるんだ。］
メアリー：私も犬を飼っています。だからあなたの言いたいことはわかるわ。

(2) メアリー：私の家族が日本に来たがっています。どの季節に日本を訪れるのが最も良いですか。
賢　　：うーん、春が一番良いと思います。
メアリー：なぜ？
賢　　：［　　　　］
メアリー：すばらしい。家族にそのことを伝えますね。

■平成31年度　3

(1) 百合　：やあ，ジョン。新しい生徒が東京から私たちの学校に来るそうです。
ジョン：まあ，本当ですか。［　　　　］。
「初耳だよ」→「初めて聞いた」,「今まで聞いたことがない」などに文章を変換する。

(2) ジョン：あなたの母はひな祭りがもうすぐやってくると言いました。ひな祭りとは何ですか。
百合　：［　　　　］。
ジョン：わかりました。教えてくれてありがとう。
ひな祭りの説明をする。「女の子のための祭り」であることを書けば良い。

■令和２年度　3

(1) ルーシー：私はインターネットを使い、私が欲しい物を買っていました。インターネットはとても役に立ちます。
直人　：私もそう思います。［　　　　］。

(2) ルーシー：おっと、私は図書館にこの本を返却することを忘れていました。私は物事をすることをよく忘れます。
直人　：本当ですか。
ルーシー：私は物事をすることを忘れないようにするために何が出来るでしょうか。
直人　：［　　　　］。
ルーシー：わかりました。そうしてみます。

■令和３年度　3

Ayaka　：ハイ、ニック。そのシャツ似合いますね。
Nick　：母がインターネットで買ってくれました。
Ayaka　：インターネットで衣類を買うのは便利です。何故なら、［　(1)　］
Nick　：先週、家の近くの店でシャツを買いました。お店で衣類を買うことはインターネットで買うことより時に、良い時があります。何故なら［　(2)　］
Ayaka　：なるほど。

［　(1)　］についてはインターネットで衣類を買う利点を考えてみる。「店に行く必要がない。」「家に居ながら色々買える」などが、考えられる。
You don't have to go to (visit) a store (shop).
You can buy a lot of things at home.
a lot of の代わりにmanyでも可能だが、manyは肯定文では使われない傾向が英米では強い。

［　(2)　］については、実際のお店で服を買う良さについて考えてみる。「試着が出来る。」「直接、見て触ることが出来る。」などが考えられる。
you can try them on at a store (stores, a shop, shops).
you can see and touch them at store.
「clothes」を受ける代名詞は「them」であり、「試着する」という動詞「try on」を使う時「try them on」となり語順に注意する。「try on them」は間違い。

■令和４年度　3

Shota　：やあ、マーク。来週、海に行こうよ！
Mark　：いいね。海には自転車で行こうよ、何故なら［　(1)　］
Shota　：分かるよ、だけれど電車で行く方が良いよ。もし電車を使うと［　(2)　］
Mark　：なるほど。

(1) 自転車で行く理由を考える。
I have just bought a new bike.
Taking a train is a little expensive.
We do not need to spend any money
Riding bike is good for our health.

(2) 電車を使う利点を考える。
we can get there faster than bike.
we can take a lot of things with us.
we can talk about a lot of thing.

理科　問題形式別解説

〈 小問 〉

■平成26年度　1

(2)　反射の経路は脳と関係なく起こる。

(3)　スポンジが最も深くへこむのは，圧力が一番大きいときである。
このとき，面積は一番小さくなるときだから，ウが正しくなる。
また，$\text{圧力}=\dfrac{\text{面を押す力（N）}}{\text{力がはたらく面積（m}^2\text{）}}$ より
押す力（N）＝20（N），面積＝0.05×0.1＝0.005（m^2）
よって，$\text{圧力}=\dfrac{20\text{（N）}}{0.005\text{（m}^2\text{）}}=\dfrac{20000\text{（N）}}{5\text{（m}^2\text{）}}=4000\text{（Pa）}$

(4)　夏の晴れた日には，海よりも陸の方があたたまりやすく，上昇気流が発生する。上昇気流が発生するのは低気圧だから，海側よりも陸側で気圧が低くなる。
模式的に気流（風）の様子を表すと下のようになる。

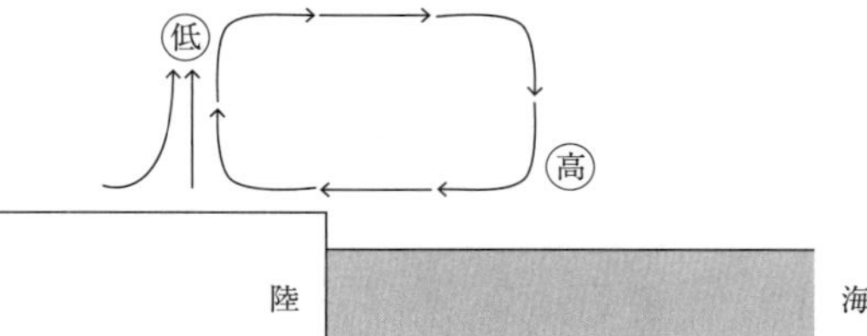

■平成27年度　1

(2)　Hz（ヘルツ）は振動数の単位で，振動数が大きいほど音は高くなる。

(4)　②　地球が地軸を中心に自転することで星が動いているように見えるので，地軸を延長した方向にある星は，ほとんど動かないように見える。

■平成28年度　1

(2)　陰極線は電子でできており，電子は－極から＋極に流れる。したがって電極Aは－極
また，陰極線は電極Cから遠ざかっているので，電極Cは－極

(4)　水酸化ナトリウムを$1.5cm^3$加えたとき，BTB溶液が緑になったことからそのとき中和されたことがわかる。つまり，それまではビーカーの中の水酸化物イオンは0である。
また，塩酸と水酸化ナトリウムは1：1で反応することから，$1.5cm^3$の水酸化ナトリウムにはa個の水酸化物イオンが存在する。したがって解答は図のようになる。

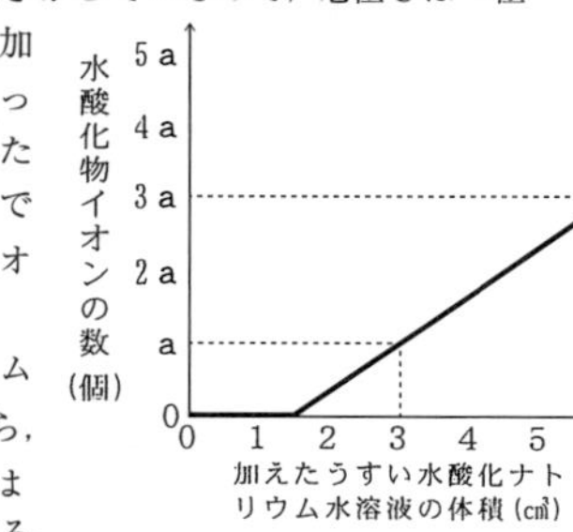

■平成29年度　1

(2)　寒気と暖気がぶつかり合っている前線を停滞前線という。

(3)　ⓐ　酸化銀が酸素と反応して，次のような反応になる。
$2Ag_2O \rightarrow 4Ag+O_2$
ⓑ　酸化銅と炭素が反応して，次のような反応になる。
$2CuO+C \rightarrow 2Cu+CO_2$

■平成30年度　1

(2)　作用・反作用の関係である。

(3)　アサガオ，ツユクサは被子植物。マツは裸子植物である。また，アサガオは双子葉類，ツユクサは単子葉類に分類される。

■平成31年度　1

(2)　月食が起きるのは太陽，地球，月の順に並んだとき，日食が起きるのは太陽，月，地球の順に並んだとき。

(4)　合成抵抗の大きさは　2.5＋1.5＝4.0［Ω］。よってオームの法則より
$\dfrac{2.4}{4.0}=0.6$［A］

■令和２年度　1

(2)　ろ過を行うときは，ガラス棒に伝わらせること，ろうとの先端をビーカーの壁にあわせることがポイントである。

■令和３年度　1

(2)　溶質（g）／溶液（g）×100＝質量パーセント濃度（%）
溶液（g）×質量パーセント濃度（%）／100＝溶質（g）
溶液（g）＝溶質（g）＋溶媒（g）
150×12/100＝18（g）
150－18＝132（g）
（別解）
100から質量パーセント濃度を引くと溶媒が溶液の何%であるかがわかる。
100－12＝88（%）
150×88/100＝132（g）

(3)　季節によって南中高度が異なるのは地球の地軸が公転面に対して23.4度傾いているからであり，垂直であれば年間を通して春分・秋分と同じ90°－緯度となる。

(4)　Aの面の面積＝4×6＝24㎠
Bの面の面積＝6×10＝60㎠
圧力（Pa）＝面を垂直におす力（N）÷力がはたらく面積（㎡）
力がはたらく面積と圧力は反比例の関係にあるので，
60（㎠）÷24（㎠）＝2.5（倍）

◎１分野

〈 身近な科学 〉

■平成30年度　6

(2)　①　音の大きさは振幅の大きさが表している。
②　汽笛を鳴らし始めたときの船と岸壁の距離をXmとおくと，
5秒後船は
5×10＝50［m］進んでいるので，音が進んだ距離は
2X－50［m］と表せる。
よって　2X－50＝340×5
これをとくと　X＝875［m］

(3)　②　a　足下を鏡越しに見たときの光の進み方は右図である。

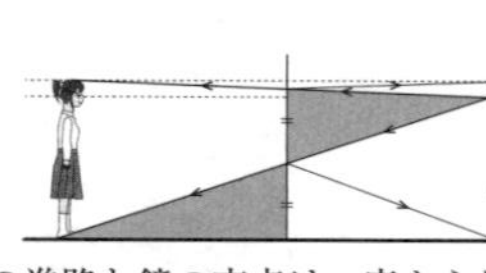

このとき，色のついた2つの三角形は合同なので，光の進路と鏡の交点は，床から目線までの中点である。よって，
$150\times\dfrac{1}{2}=75$［cm］
同様に，頭の先を見たときを考えると，頭の先は目線から
$(162-150)\times\dfrac{1}{2}=6$［cm］の高さに見える。
よって，床からの高さは　150＋6＝156［cm］

b　鏡から何m離れたとしても斜線の入った2つの三角形が合同であることは変わらない。したがって，光の進路と鏡の交点は，Yさんと鏡の距離によらない。

■令和３年度　3

(4) ①　レンズの向こうのスクリーンにうつるのは実像なので、上下左右が逆の像ができる。

②　a　下図より４（cm）

b　物体を左に動かすと、実像ができる位置も左に動く。また、物体をレンズから遠ざけると、できる実像は小さくなる。

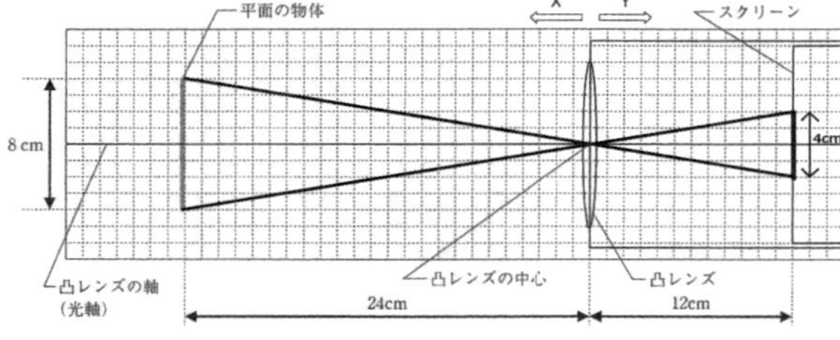

〈 化学変化と物質の性質 〉

■平成26年度　5

(1) ②　a　下線部㋐より発生した気体は，二酸化炭素（CO_2）ということが分かり，下線部㋑から発生した液体は水（H_2O）ということが分かる。

④　表２よりＰ班は，完全に反応している。このとき，水や二酸化炭素の質量は，2.2－1.4＝0.8〔g〕となる。

一方，Ｑ班の水や二酸化炭素の質量は，2.2－1.8＝0.4〔g〕となり，Ｐ班よりも半分の質量である。

反応した，炭酸水素ナトリウムの質量も半分と考えられるので，残った炭酸水素ナトリウムの質量は，2.2－1.1＝1.1〔g〕となる。

(2) ②　フェノールフタレイン溶液は，アルカリ性では赤色，酸性・中性では，無色（変化なし）となる。

■平成28年度　3

(1) ①　ビーカーに液体が存在しているとき，その気体分子も，必ず存在する。

②　b　表２の結果からエタノールの割合が小さくなっていることが分かる。また，「エタノールの密度は水の密度の0.79倍である」というところから，割合が大きくなっている水の方が密度が大きい。したがって，各液体の密度は大きくなっている。

c　液体１cm^3の質量は，0.87×１＝0.87〔g〕

また，エタノールの質量パーセント濃度が70％なので，

0.87×0.7＝0.609〔g〕よって四捨五入して　0.61〔g〕

(2) ①　化学反応式から，水素と酸素は２：１の割合で出てくる。よって，体積比から，気体Ｐが酸素であると分かる。

■平成31年度　3

(1) ②　表１より　$\frac{57.5}{100+57.5}\times100=36.50\cdots\fallingdotseq36.5$［％］

③　出てくる結晶の質量は

ミョウバン：57.5－16.5＝41［g］

硝酸カリウム：109.2－45.6＝63.6［g］

■令和２年度　3

(2) ②　b　aのグラフより，気体Ｘが1.0ｇ発生したとき，石灰石は2.5ｇ存在すれば，塩酸は完全に反応する。よって求める体積をx㎤とおくと，表１と比較して

12：1.5＝x：2.5

これを解くとx＝20［㎤］

■令和３年度　6

(2) ①　定比例の法則。

■令和４年度　6

(1) ②　c　青色リトマス紙を赤色に変化させるのは酸性の物質。

〈 イオン 〉

■平成27年度　3

(1) ②　溶質-砂糖，溶媒-水より，80×0.05＝４ｇ…溶質，80－４＝76ｇ…溶媒

③　塩酸HClに電極を入れると，陰極で水素H_2，陽極で塩素Cl_2が発生する。

(2) ①　亜鉛板では，亜鉛原子が亜鉛イオンになって電子を２個放出し，電子は銅板に移動する。

②　実験Ａと実験Ｂでは塩酸の質量パーセント濃度が等しく，銅板と亜鉛板のそれぞれの面積が異なる。したがって，実験Ｃは銅板と亜鉛板のそれぞれの面積が実験Ａか実験Ｂと等しく，塩酸の質量パーセント濃度が異なるものを選ぶ。ア～カのうち，カのみが実験Ａと面積が等しい。

■平成30年度　3

(1) ②　a　問題文から，電気分解で使われた塩化銅の質量と，析出する銅の質量の比は21：10　析出した銅が0.4gのときの塩化銅の質量をＸｇとすると，21：10＝Ｘ：0.4　これをとくと，Ｘ＝0.84。したがって，グラフを描くことができる。

b　電気分解する前，塩化銅水溶液の質量パーセント濃度は10％だったので塩化銅は，80×0.1＝８［g］含まれている。

銅が１ｇ析出したときに使われる塩化銅をＸｇとおくと，

21：10＝Ｘ：１　これをとくと　Ｘ＝2.1［g］

よって，$\frac{8-2.1}{80-2.1}\times100=7.5\overset{\frown}{7}\cdots$

＝7.6

(2) ①　銅イオンが銅になる反応の化学反応式は次のように書ける。

$Cu^{2+}+⊖⊖ \rightarrow Cu$

したがって，流れてくる電子の量で析出する銅の質量が決まる。

■平成31年度　3

(2) ②　㋐，㋑　電子を放出するのは－極。

㋒～㋔　キッチンペーパーには水酸化物イオンが溶け出しているのでアルカリ性。キッチンペーパーにはフェノールフタレイン溶液をしみこませていることに注意する。

■令和２年度　3

(1) ③　b　ア～ウは結晶からなる物質である。

■令和３年度　6

(1) ①　単体とは単一の元素からなる純物質をいう。
ア　O_2　イ　H_2O　ウ　FeS　エ　HCl

② $CuCl_2$ → Cu ＋ Cl_2

③ 塩化銅などの電解質は水に溶けると電離して陰イオンと陽イオンになり、電流を流すとイオンが水中を移動して電流が流れる。これに対して砂糖は水に溶けて電離しないので電流が流れない。

■令和４年度　6

(2) ①　$50\times\frac{3}{100}=1.5$ g

③ 水酸化ナトリウム８㎤を加えたところで中性になることから図21より、その中に含まれる水酸化物イオンの数は、水素イオンの数と同じｎ個。したがって、水酸化ナトリウム６㎤に含まれる水酸化物イオンの数は

$n\times\frac{6}{8}=\frac{3}{4}n$個

④ ③より、ビーカーＸの水酸化ナトリウム水溶液８㎤に含まれる水酸化物イオンの数はn個。よって、３㎤に含まれるイオンの数は、$n\times\frac{3}{8}=\frac{3}{8}n$個。したがって、ビーカーＹの水酸化ナトリウム水溶液15㎤に含まれる水酸化物イオンの数は、$n-\frac{3}{8}n=\frac{5}{8}n$個であることがわかる。
ビーカーＣに加えた水酸化ナトリウム水溶液はＹのみなので、この中にn個の水酸化物イオンがなければならない。このときの体積は、

15㎤　－　$\frac{5}{8}n$

□㎤　－　n　より、$15\times\frac{8}{5}=24$㎤

〈 電流とそのはたらき 〉

■平成27年度　6

(2) ③　スイッチＣだけを入れたときは電熱線Ｐのみに電流１Ａが流れ，電力は６Ｗになる。スイッチＤだけを入れると電熱線Ｐ，Ｑに電流0.5Ａが流れ，電力は３Ｗになる。電力が半分になるので，温度の上昇も半分になる。図19より最初の７分間で10℃上昇しているので，残りの７分間で５℃上昇する。

(3) ①　電熱線Pの消費電力は6Wなので1200÷6＝200倍。

② a　交流は＋極と－極が絶えず入れかわり，向きが変化する電流のこと。

b　抵抗を並列につなぐと全体の抵抗は小さくなり，電流は大きくなる。

c　Ｅに流れる電流は12Ａ，Ｆに流れる電流は９Ａで合計21Ａとなり，電圧は100Ｖなので，全体の抵抗は100÷21＝4.76…［Ω］。

■令和４年度　3

(1) ②　右ねじの法則より、磁界の向きは下図のとおり、

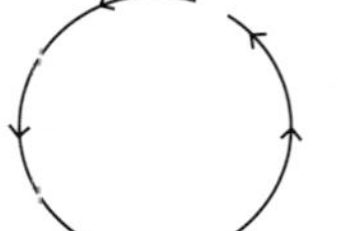

Ｎ極が磁界の向きを指すので、アが答え。

(2) ①　図10のコイルの状態のとき、たて向きの力が加わると、コイルはア、ウのたて向きになる。これに同じたて向きの力を加えてもコイルは回転しない。しかし、電流の向きを変えると力が横向きになるので回転する。

(3) ③　４Ｖの電圧を加えたときのＱ、Ｒの消費電力は、８Ｗ、16Ｗなので、流れる電流はそれぞれ２Ａ、４Ａ。直列のとき電流は同じなので、ＱとＲの電圧の比は４：２＝２：１なので、

$Q=7.5\times\frac{2}{3}=5.0$Ｖ、　$R=7.5\times\frac{1}{3}=2.5$Ｖ

このときに電熱線Ｑに流れる電流をxＡとすると、

４：２＝5.0：x、　$x=2.5$Ａ

よって、電力＝2.5×5.0＝12.5W

〈 運動とエネルギー 〉

■平成26年度　6

(2) ② a　点Ｃに棒磁石が達したとき，運動エネルギーは０である。
よって，糸が切れると，下向きに運動すると考えられる。

b　選択肢ア～エの中で，高さが高いほど最下点での棒磁石の速さは大きくなる。⇨イかエにしぼられる。
同様に，糸の長さが長いほど最下点での棒磁石の速さは大きくなる。⇨エが答え。

(3) ① b　ここで重要なことは，Ｎ極が電熱線に近づいているか遠ざかっているかということである。
下線部㋐では，Ｎ極が電熱線に近づいており，電流はＰの向きに流れている。
下線部㋑では，Ｎ極が電熱線から遠ざかっているため，電流はＱの向きに流れる。
下線部㋒も下線部㋐と同様なので，電流はＰの向きに流れる。

■平成28年度　6

(1) ① a　作用，反作用の関係は互いに相手の物体にはたらく力である。

b　つりあいの関係は１つの物体にはたらく２力の関係である。

② 船が水平に動いていたことから，点線と垂直方向の力がつり合っていることが分かる。

(2) ①　質量は150＋25×4＝250〔ｇ〕　よって　2.5〔Ｎ〕

② ４個載せると，水面と箱の上面が一致する。
したがって重力の大きさと浮力の大きさは等しい。

③ ㋒高さ10 cmに対して水の高さが３cmなので　10－３＝７〔cm〕
㋓１cmあたり８個載せられるので，７×８＝56〔個〕

④ 箱Ｍと56個載せたおもりの質量の和は600＋25×56＝2000〔ｇ〕
したがって箱Ｓと箱Ｍの，載せたおもりと箱の質量の和の比は
250：2000＝１：８　よって　㋖はウ

■平成31年度　6

(1) ②　ばねを引き上げたときのばねの上端の位置が，Ａの位置よりも２cm高くなるまでは，ばねは伸びているが，その後は伸びていない。

(2) ①　動滑車により図18では２本の糸でおもりを引いているので，ばねにかかる力（ばねののび）は0.5倍になり，ばねを引く距離は２倍になる。

② 図19では，おもりを引くための縦方向の力に加え，横方向の力も生じているため，ばねののびは大きくなる。

(3) ① a　まず，ばね定数を求める。40ｇのおもりを引き上げたとき，ばねののびは２cmなので，ばね定数は，$F=kx$
$0.4=k\times2$　　$k=0.2$
となる。また，図21より水面からおもりの底面までの距離が４cmのとき，ばねののびが1.25（cm）なので，フックの法則より，$F=0.2\times1.25=0.25$（Ｎ）となる。

b　図22より，0.4（Ｎ）が８目盛りで表されているので，１目盛りは，0.05（Ｎ）を表している。また，ａよりばねにはたらく力は0.25（Ｎ）なので，浮力の大きさは，
0.4（Ｎ）－x（Ｎ）＝0.25（Ｎ）
$x=0.15$（Ｎ）
である。よって，作用点から上向きに３目盛りとなる。

② おもりが水面に達すると浮力が生じるので，空気中と比べ，速さの増加量が小さくなる。

■令和２年度　6

(2)　①　コイルを通過する前は「ⓑ側にＳ極が近づく」という動きをし，コイルを通過した後は「ⓐ側からＮ極が遠ざかる」という動きをすることに注意する。

②　コイルを通過するたびに，運動エネルギーを電気エネルギーに変換しているので，力学的エネルギーは徐々に減っていく。

④　白熱電球の発熱量は

$40\times10\times60\times0.9=21600$［Ｊ］

一方，LED電球の発熱量は

$4.8\times10\times60\times0.7=2016$［Ｊ］

よって求める値は，

$21600\div2016=10.71\cdots$

$\fallingdotseq10.7$

■令和３年度　3

(1)　仕事率（W）＝仕事（Ｊ）÷時間（秒）

仕事（Ｊ）＝力の大きさ（N）×移動距離（M）

仕事率＝$4\times0.6\div12=0.2$（W）

(2)　①　$0.4\times0.6\div1.5=1.6$（N）

②　高さが高くなると位置エネルギーが増加する。

◎２分野

〈 植物のつくりとはたらき 〉

■平成26年度　2

(1)　①　a　ゼニゴケは，種子植物ではなく，コケ植物に分類されるため，維管束はなく，葉や茎などの区別もない。

③　双子葉類と単子葉類のつくりの違い。

	子葉	葉脈	根	茎の維管束
単子葉類	1枚	平行	ひげ根	ばらばら
双子葉類	2枚	網目状	主根と側根	輪状

(2)　③　袋Ａは光をあてているため，光合成も呼吸も行っている。光があたっているとき（昼間）は，呼吸よりも光合成の方がさかんである。

袋Ｂは，光があたっていないため，呼吸のみ行っている。

■平成31年度　2

(1)　①　ア，イが葉，エが根である。

(2)　③　b　光合成は光を必要とするので，光の有無を比べればよい。

■令和２年度　2

(1)　②ａレンズの倍率の積が400倍となるように選べばよい。

〈 動物のからだのはたらき 〉

■平成27年度　2

(1)　①　顕微鏡は倍率が大きくなるほど見える範囲は狭くなるので，視野の明るさは暗くなる。倍率が大きいほどレンズは長くなるので，レンズとプレパラートの間の距離は近くなる。

②　トカゲはセキツイ動物のハチュウ類，カエルはセキツイ動物の両生類，ミミズは無セキツイ動物。

③　メダカは魚類なのでえら呼吸。トカゲはハチュウ類なので肺呼吸。

■平成28年度　2

(1)　②　胃液はタンパク質にのみ作用する。

(2)　①　糖が存在すれば，赤褐色ににごる。

②　デンプン溶液に水のみを入れることで，内液のデンプンは分解されないので，内液にも外液にも糖は存在しない。

したがって，内液のみヨウ素デンプン反応を起こし，内液，外液ともに，ベネジクト液は反応しない。よって　ウ

(3)　①　１日＝24×60分＝1440分

したがって１日に心臓からじん臓に送られる血液の量は，

$1440\times\underline{5\times0.2}=1440$〔L〕　└１分あたりにじん臓に送られる血液

よって，１日につくられる尿は　$1440\times0.001=1.44$〔L〕

■令和２年度　2

(2)　②　体内の全血液量が体内に送り出されるのにかかる心臓の拍動数は

$\frac{5600}{64}=87.5$〔回〕

よって，求める時間は，

$\frac{87.5}{75}\times60=70$〔秒〕

③　エは，小腸で吸収したブドウ糖を肝臓に蓄えるために通る血管である。

〈 大地の変化 〉

■平成26年度　4

(1)　①　地盤の違いなどから，震源からの距離が同じでも震度が異なると考えられている。

(2)　②　震源から132㎞離れた位置の地震計にＰ波が伝わるまでの時間は$132\div6=22$（秒）である。

この10秒後にテレビで緊急地震速報が流れているので，Ｔさんが地震を認識したのは，$22+10=32$秒後となる。

Ｔさんが感じるＳ波は，$156\div4=39$秒後に到達するから，緊急地震速報が流れて，$39-32=7$秒後に大きなゆれを感じる。

■平成27年度　4

(2)　Ａ地点とＢ地点の層を標高に合わせて10ｍずらすと同じ層が重なるので，地層の傾きはないと考えられる。Ｃ地点はＢ地点よりも５ｍ低いので，Ｂ地点の地表から深さ５ｍの層が地表にくるように書く。

(3)　河口付近には粒の大きいれきが堆積し，河口から遠く離れるほど粒は小さくなる。

■平成29年度　4

(2)　①　a　表４のＡ地点に注目すると，

７時22分48秒－７時22分37秒＝11秒。４㎞/s×11秒＝44㎞。

これが，Ｐ波がＡ地点に届いたときにＰ波とＳ波が離れている距離なので，44㎞÷（６－４㎞/s）＝22秒が，Ａ地点にＰ波が届くまでの時間。よって，７時22分37秒－22秒＝<u>７時22分15秒</u>。

b　ａより，震源からＡ地点までの距離は，６㎞×22秒＝132㎞で，初期微動継続時間は11秒。同様に，震源からＢ地点までの距離は，６㎞×12秒＝72㎞で，初期微動継続時間は６秒。

震源からの距離は初期微動継続時間に比例するので，上をもとにグラフを書けばよい。

②　震源を•，震央を☆で表すと，

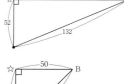

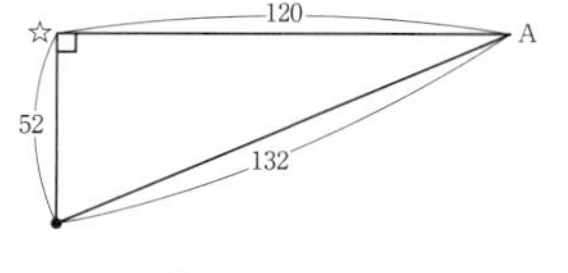

☆～Ａは三平方の定理より

$\sqrt{(132)^2-(52)^2}\fallingdotseq120$㎞

☆　50　B　52　72

☆～Ｂは三平方の定理より

$\sqrt{(72)^2-(52)^2}\fallingdotseq50$㎞

よって，Ａ～Ｂが120－50＝70㎞であることを基準に，Ａから120㎞，Ｂから50㎞である地点が震央である。

■平成31年度　5

(2) ①　海洋プレートが大陸プレートの下に沈み込む際に，大陸プレートの先端部が沈降する。これに耐えきれなくなった大陸プレートの先端部が，隆起する際に大陸プレート内部で地震が発生する。

②　a　震源からの距離が56km地点では，初期微動継続時間が６秒なので，地点ＡにＳ波が到達した時刻は14時７分40秒である。また，Ｓ波が伝わる速さは3.5km/sなので，地震が発生して地点Ａに到達するまでにかかる時間は，
56（km）÷3.5（km/s）＝16（s）である。
したがって，地震が発生した時刻は14時７分24秒と判断できるので，地震が発生してから地点ＡにＰ波が到達するまでにかかった時間は10秒となる。

b　aより，Ｐ波が伝わる速さは，
56（km）÷10（s）＝5.6（km/s）である。
したがって，地震が発生してから地点ＢにＰ波が到達するまでにかかった時間は，
255（km）÷5.6（km/s）＝45（s）である。
よって，地点ＢにＰ波が到達する時刻は14時７分24秒の45秒後の14時８分９秒である。

■令和３年度　4

(1)　太平洋プレートが北アメリカプレートに、フィリピン海プレートがユーラシアプレート及び北アメリカプレートに沈み込んでいる。

(2) ①　震央を中心として同心円状に同じ時間が並ぶ。

②　初期微動を伝えるＰ波を検知した段階で、主要動を伝えるＳ波の到達時間や大きさを予想することができる。

③　73.5÷3.5＝21（秒）
21－(12－3)＝12（秒）
73.5÷12＝6.125≒6.1（km/s）

■令和４年度　4

(2) ③　まず、Ａ、Ｂ、Ｃの地点において同じ層を探す。全てに上から、れき→泥→火山灰→砂という順の層が見えるので、一番上のれきの標高をそれぞれ求めると、
Ａ＝38－6＝32m、Ｂ＝40－5＝35m、Ｃ＝50－8＝42m。
つまり、ＡからＣへと傾斜していることがわかるので、これを図に表すと、

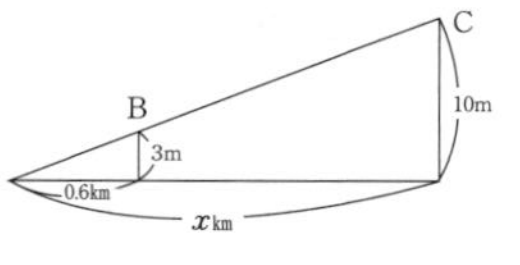

となる。

ＡからＣまでの水平距離を$x$kmとすると、相似を用いて
$0.6:3=x:10$、　$x=2.0$
したがって、ＢからＣまでの水平距離は、2.0－0.6＝1.4km

〈 天気の変化 〉

■平成27年度　5

(3) ①　前線の部分では暖気と寒気がぶつかっているので，寒冷前線が通過すると，暖気の部分から寒気の部分に入って気温が下がり，風向が逆方向に変わる。

②　11月10日17時の気温は10℃で飽和水蒸気量は9.4ｇ，露点が5.0℃なので水蒸気量は6.8ｇ　よって湿度は$\frac{6.8}{9.4}\times100=72.3$%

■平成28年度　4

(2) ①　降水量と蒸発量の差が移動する水の量である。
㋐　海についてみると，86－78＝8
㋑　陸についてみると，22－14＝8

■平成31年度　4

(1)　天気記号◎はくもりを表しており，矢印は風が吹いてくる方角を表している。

(2)　寒冷前線が通過すると，気温が下がり，短期間で激しい雨が降るため，湿度が上がる。

■令和２年度　5

(1)　梅雨の時期には日本上空には停滞前線が発達している。

(2) ②　a　地点Ａでの気温と湿度の情報から，１㎥あたりの水蒸気量は
$13.6\times\frac{50}{100}=6.8$［g/㎥］
よって露点は５℃なので，
求める標高は100×(16－5)＝1100［m］
また，露点に達してから1700mまでは
残り1700－1100＝600［m］より
気温は600÷100×0.5＝3［℃］低下する。よって5-3＝2［℃］

b　山頂での１㎥あたりの水蒸気量は表２より5.6ｇ/㎥。また，地点Ｂにおける気温は，山頂より
1700÷100＝17［℃］高いので，
2＋17＝19［℃］
よって求める湿度は
$\frac{5.6}{16.3}\times100=34.35\cdots$
$=34.4$［%］

■令和３年度　5

(1) ①　等圧線は4hPaごとに実線、20hPaごとに太線になる。

③　台風は低気圧なので、反時計回りに風が吹きこむ。よって、北東←北西←南西の順になる。

(2) ①　日本列島の南東の太平洋上に位置しているため、あたたかく、湿っている。

②　高気圧である小笠原気団が発達し、日本列島を覆っているため、低気圧である台風はその南側のふちに沿って進む。

〈 地球と太陽系 〉

■平成26年度　3

(2) a　月は，約30日かけて地球のまわりを公転する。
よって，１週間後には，図７より$\frac{1}{4}$だけ進んだところに月はある。
したがって，月が南中するのは，地球も同じ方向にある時刻のときなので，夕方（午後６時）ごろであると分かる。

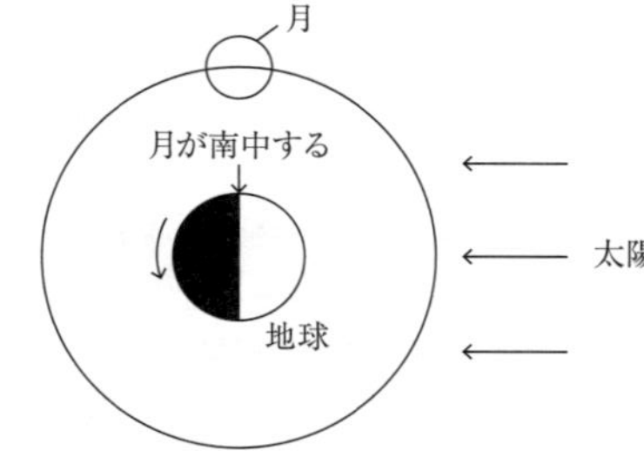

b　１週間後は，上弦の月となるため，観測者からみて，右半分が輝いている。

■平成28年度　5

(2) シリウスとベテルギウスに注目する。
南の空では弧を描くように動くので，右図の位置あたりに星が動く。よって　エ

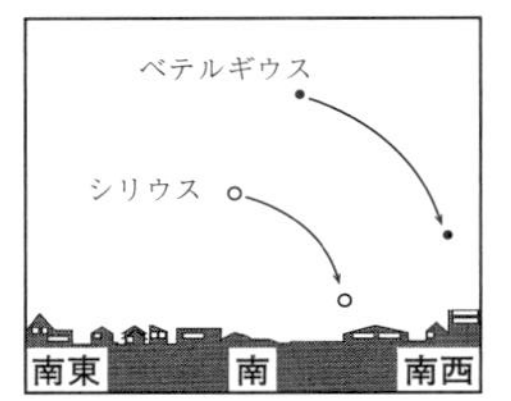

(3) 北緯35°上で観測されたシリウスは高度40°であった。このシリウスを赤道上で観測すると下図のように35°+40°=75°の高度となります。さらに南緯35°上で観測すると，75°+35°=110°の高度となります。南を見上げて110°の高度を言い換えると，北を見上げて70°の高度となる。

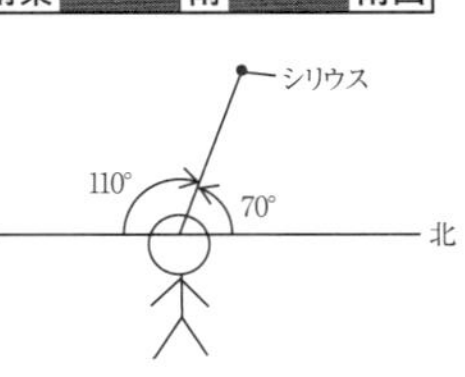

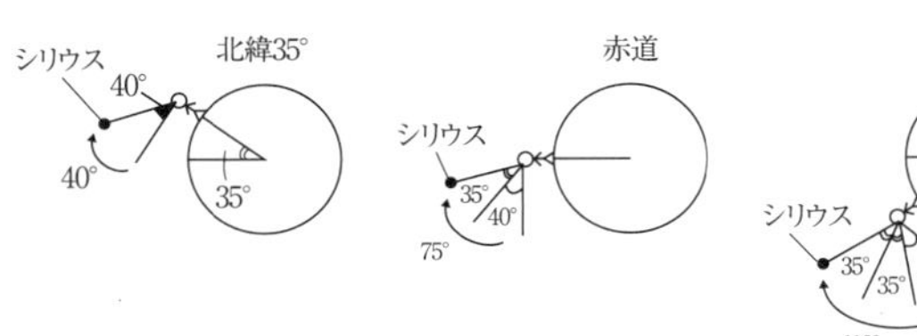

■平成29年度　5

(1) ⓘ 南中時刻は，緯度が15°で1時間ずれます。よって札幌と那覇の緯度は141-138＝13°差があるので，

$\begin{cases} 15° —— 60分 \\ 13° —— X分 \end{cases}$ これを解くと，$60\times\frac{13}{15}=52$分

■平成30年度　5

(2) 地球は1年で1回公転するので2012年6月から2117年12月までに地球は105.5回公転する。
よって，求める値は，105.5÷0.62＝170.1̸…
＝170

■令和2年度　4

(2) ① 地球の公転を考えると，6月の東の空は9月の南の空と一致する。よって，みずがめ座が見える。

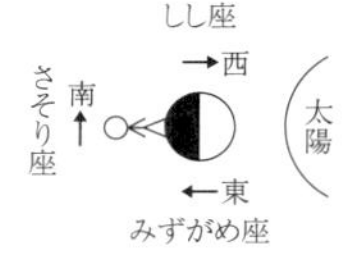

② 地球，太陽，火星の順に並ぶと，太陽光により火星は観測できなくなる。

■令和4年度　5

(2) ① 南の空の星座は東→南→西へと動く。まず同じ時刻のⓑとⓒを比べると、ⓒの方が西の位置にあるので、早い順に並べるとⓑ→ⓒ。ⓐとⓒは同じ位置に見えているが、ⓐは午後7時のときなので、午後9時にはさらに西の位置に動く。したがって、ⓒ→ⓐ。よって、ⓑ→ⓒ→ⓐ。

② 金星の方が地球よりも公転周期が短いので、2か月後金星は地球に近づくことになる。よって、細長い形で大きく見える。

〈細胞・遺伝〉

■平成27年度　2

(2) ③ Bの卵は雌の細胞の染色体を1本持つ。Cの受精卵は雄と雌の細胞の染色体を1本ずつ持ち，Dでは細胞分裂した2つの細胞がそれぞれ雄と雌の細胞の染色体を1本ずつ持つ。

■平成30年度　2

(2) ③ a　それぞれの選択肢で子がどのような遺伝子をもつか考える。

ア	A	A
A	AA	AA
a	Aa	Aa

全て黒

イ	a	a
A	Aa	Aa
A	Aa	Aa

全て黒

ウ	A	a
A	AA	Aa
a	Aa	aa

黒：黄＝3：1

エ	A	a
a	Aa	aa
a	Aa	aa

黒：黄＝1：1

b　aより，Aaとaaがいる代の次に黒色と黄色が半数ずつ表れる。

■令和3年度　2

(1) ① イチョウ・スギは裸子植物、イヌワラビはシダ植物、アブラナは被子植物。
② a　花粉管をのばすことで精細胞を卵細胞に届ける。
b　減数分裂によって染色体の数を半分にしてから受精する。

(2) ① 根毛は表面積を広くすることで養分の吸収の効率をよくしている。
② 根は先端の根幹を除いた部分が活発に細胞分裂しており、細胞の数が増え、元の細胞と同じ大きさになることで成長する。

(3) A　染色体の数が倍になる。
エ　核が消え、染色体が見えるようになる。
ア　染色体が赤道面に並ぶ。
ウ　染色体が両極にわかれていく。
イ　しきりができて細胞質が2つに分けられる。
B　核ができて染色体が見えなくなる。

(4) 無性生殖をおこなうと、染色体が同じなので同じ形質のものができ、品質のばらつきを抑えることができる。

国語　問題形式別解説

※作文の解説は省略しております。

〈 小説文・随筆文 〉

■平成26年度　一

問二　波線部は「受身」の意味を持つ。ア「尊敬」、イ「受身」、ウ「自発」、エ「可能」。

問三　(1)　傍線部1直前に注目する。ワシ鼻のおじさんが、ベンゴイがいることを疑っている様子が読み取れる。
(2)　第一段落の後半が、ベンゴイが見付かった場面である。そこから探す。

問四　［　　］直後に、「確かに、それ僕の手に入るべきコイだった。」とある。よって、ベンゴイは姿を見せたが、実際には手に入らなかったことがわかる。

問五　傍線部2直前の「『よかった、よかった。あんた、よかったな。』それは思いがけない言葉だった。」、「『あんたの気持ちは全部分かってるよ』という声が聞こえてくるようだった。」に注目する。また、問題文に「『おばさん』の言葉を思いがけないと感じることにつながった状況も含めて」とあるので、それまでは自分の言葉を誰も信じてくれなかったといった内容も必ず入れること。

■平成28年度　一

問二　通園…「園（に）通（う）」。遭難…「難（に）遭（う）」。

問三　直後の「きまってそうなのだ」に注目する。

問四　達夫に看護婦が注射をするのはもう少し後のことなので、イが適当でない。

問六　本文の「ぼくは立派にしなくちゃいけないんだな」に注目する。また、「ちっとも痛くないよ」という言葉には、注射を怖がっている妹を安心させようという気持ちが込められている。

■平成30年度　一

問二　「同じような顔」の部分が比喩表現。ここを川に合わせた表現に変える。

問三　傍線部2直後の「自分で楽しんでいるように」,「遊ぶことも休むことも知らないように働きづめだった」に注目する。

問四　初めの［　　］の直後にある「昼間のようにかがやきはしない」に注目する。

問五　まず朝子に教わったようにした後で，自分で試行錯誤しながら工夫している様子がうかがえる。

問六　傍線部3の前にある「三つめは，なんの工夫もせずに，できるだけ人間の匂いが残らないように」,「もどりながら三つめのころばしが，いちばん入りそうな気になってきて」に注目する。

■令和２年度　一

問三　エ　少年は船で通学しており、架橋を利用していないので不適。

問四　ア「具」の訓読みは「そな（える）」であるので、「ぐ」は音読み。

問五　ア「体言止めを多用」が不適。
イ「比喩表現を用いる」が不適。
エ「回想的な場面を挿入」が不適。

問六　傍線部3の直前に注目する。

■令和３年度　一

問二　「握手」、「手を握る」と上が下の目的語になっている。
ア　似た意味の組み合わせになっている。
イ　上が下の目的語になっている。
ウ　修飾・被修飾になっている。
エ　反対の意味の組み合わせになっている。

問三　「それが唯一の心残り」とあるので、その直前に注目する。

問四　ア　擬態語「ぶすっ」、擬音語「ちぇっ」が用いられている。
イ　「対句や倒置法などの技巧的な言い方が使われ」が不適。
ウ　「比喩表現が多用され」が不適。
エ　「心の中での語り掛けが描写され」が不適。

問五　傍線部2の後「もしぼくのことがそんな風に見えるなら」以下に注目する。

問六　ⓑの岩崎の発言「あんなに反発していなかったらもっと親しくなれた」とあることから、岩崎は佐藤に反発していたことがわかる。また、傍線部3直後「おそらく岩崎はこのことをぼくに伝えるためだけに、みんなと離れて、一人だけで、ぼくのいる列車に乗り込んできたのだろう」と、佐藤は推測している。

■令和４年度　一

問三　第2段落に注目する。「急に」=「突然」、「話しかけられた」=「声がした」

問四　傍線部2の直後に注目する。

問五　「どう考えても僕が悪いのだ」、「とにかく謝らなければいけないと思った」に注目する。

問六　傍線部4直前の「無邪気に笑っていた」に注目する。

〈 論説文 〉

■平成27年度　二

問三　第2段落の「最初に結論がズバっと出ますよね」、第3段落の「日本語はそうじゃないでしょう」に注目する。

問四　第3、4段落に注目する。

問六　トレーニング法の一つは、第6、7段落に書かれているように「自分の思いの丈を文章にすること」。もう一つは、第8段落以降に書かれているように「自分の考えを他人に伝えること」。したがって、両者に共通しているのは、「自分の思いや考えを言葉にすること」である。

■平成29年度　二

問二　ウは上一段活用。ア，イ，エ，オは下一段活用。

問三　3段落，4段落に注目する。

問四　直後の「『自分が思う』の正しさについて，考えざるを得なくなるね。」に注目する。

問五　正しいか正しくないかを判断する基準を「定規」という比喩を使って表現している。

問六　エ「意見が否定されない」,「自信を高めていく」が不適。

■平成31年度　二

問二　アとエは形容詞。イは副詞、ウは形容動詞、オは動詞。

問四　1段落の「オオバコは分布を広げていく」、3段落の「踏まれることを利用している」に注目する。

問五　8段落の「たとえば」に注目する。

問六　7段落、12段落に注目する。

■令和２年度　二

問二　直後の「程度の差があるか」、「見ている」に注目する。

問三　波線部とイは「助動詞」。ア、エ「動詞」、ウ「形容詞の一部」。

問四　第八段落に書かれてある。

問五　ア「最後は読者に問いかける」が不適。
ウ「根拠となる文献を引用」が不適。
エ「前半と後半で対照的な内容を示し」が不適。

問六　第四段落に書かれているように、ものを見る時の二つの過程は「知覚」と「認知」。そして、「風景の半分は想像でできている」ということは、「想像」つまり「認知」の方が強いということである。

■令和３年度　二

問二　ア「戦う」ワ行五段活用の動詞
イ「超える」ア行下一段活用の動詞
ウ「置く」カ行五段活用の動詞
エ「残る」ラ行五段活用の動詞
オ「こらす」サ行五段活用の動詞

問三　傍線部①直前に「だから普段は出せないような大きな力が発揮できることもある」とあるので、その前に根拠が書いてあることがわかる。

問五　⑫段落に「恐怖は多くの動物にとって生死に直結するだいじな情動として進化してきた」とあり、それを踏まえて⑬段落で「人間の場合はさらに～」とある。

問六　ウ「熱帯雨林のような場所にだけ、本当の美は存在する」が誤り。

■令和４年度　二

問二　アとウは形容詞。イは副詞、エは動詞、オは形容動詞。

問三　ア「そのまま引用」が不適。

問四　直前の「ゆたかになることはまちがいありません」と直後の「なかなかできないことです」に注目すると、逆接の接続詞が適当だということがわかる。

問五　第３段落の「こんなことができれば素晴らしいことです」＝「理想的」に注目する。

問六　第５段落に注目する。

〈古文〉

ポイント
語頭以外の「は・ひ・ふ・へ・ほ」は、現代かなづかいでは「わ・い・う・え・お」に直す。

■平成26年度　四

【現代語訳】

心越禅師は、音楽の知識に詳しく、徂来翁の家に外国製の琴があるということを聞いて、つてを頼って徂来翁に対面した。徂来翁は気性が強い人で、子どものように対応する。心越はこれを気にせず、ついに琴を借りることができて門を出た。翁はあとから人を走らせて、「禅師、本来、外国製の琴をわたしに借り求めたのは（琴を）作るためだ。たとえ、巧みな技があるといっても、外から様子をさぐるのではどうやって作ることができようか。砕いてよくその内側を御覧なさい。」と言いにやらせたところ、心越が答えて言うには、「すでに借りたからには、もともと持ち主の許しを待たないでそうしようと思っていた。」と言った。来翁は、はじめてその並でないことをお感じになったということだ。

問二　ア、イ、エは心越。ウは徂来翁。

問三　徂来翁が、琴を作るためなら、砕いて内側を見てもよいと許可を与えたことから読み取る。

問四　傍線部直前の心越の言葉に注目する。

■平成27年度　四

【現代語訳】

翁は牡丹の花が好きで、たくさん植えなさっていた中に、特に大切になさっていた花があった。だんだん咲きかけていた頃、翁が屋敷にいらっしゃらない間に、召し使いの男がふざけていてその花を踏んで折ってしまった。「これは。」と驚いたけれども、なすべき手立てがない。あれこれするうちに、翁が帰ってきてそのまま庭に行くと、召し使いの男はびっしょり汗をかいて生きた心地がしない。翁は何事もない様子で二、三日過ぎたが何のそぶりもない。人々はいっそう不思議に思った。ある人がこのことを聞いて、翁に向かって「これこれのことがあったと聞きました。さぞかし気に食わないと思っていることでしょう。」と言ったところ、翁はほほ笑んで、「私は楽しみのために花を植えているのです。そういうわけで、そのために腹を立てることがあるでしょうか。」と言ったということだ。

■平成28年度　四

【現代語訳】

久隅守景は狩野探幽の弟子で絵が上手だった。家は貧しかったけれども、志が高く、たやすく人の（絵を描いてほしいという）求めに応じることはなかった。加賀藩主は守景を呼び寄せて、金沢に三年間滞在させなさったけれども、給料をお与えになる様子もなかった。「これでは故郷にいるのと同じだ、帰ろう。」と、加賀侯のそばに使える武士に別れを告げたところ、「もっともである。」とそのいきさつを（侯に）申し上げると、侯はお笑いになって「わたしはよくこのことを知っている。しかし、守景は強い信念をもっていて人の求めに従いはしない。彼の絵はもともと世にも珍しいものである。だから、この男に給料を与えれば絵を描くことをしないだろうと思って、このように貧しくさせておいたのだ。今では３年経ったので、絵も国中に多く残っているだろう。それでは給料を与えよう。」と言って、じゅうぶんにお与えになった。考えてみると、守景の人柄はもとよりふつうと変わっていた。侯は守景のことをよくおわかりになっており、また計画なさったことはそれ以上にふつうと変わっていた。

■平成29年度　四

【現代語訳】

一休が京都にいらっしゃる時，近所に人と比べてとてもけちな僧がいたのだが，一休にいつもものをお借りすることばかりであった。

ある時，一休があの欲張りの僧へ茶うすを借りに使いの者をお送りになった。すると，あの僧が「茶うすの件の申し出をなさったことについて，茶うすをお貸しするのはたやすいことでございますが，よそへ貸してしまうと悪い癖がついてしまいますので，こちらへ茶を挽きに人を寄こしてください」と返事を申し上げたので，一休はそれだけで止めなさった。

しばらくして，あの欲張りな僧が一休のお寺へはしごを借りに使いのものを送った。一休がそれをお聞きになって，お返事した内容がおもしろかった。はしごをお貸しするのは，たやすいことでございますけれども，よそへ貸せば悪い癖がついてしまいますので，こちらへお越しになってお登りください，と。

■平成30年度　四

【現代語訳】

そそっかしい若者が，餅を召し上がろうというときにひとつでも多く食べようと，とてもあわてて喉に詰めてしまった。人々は気の毒に思い薬を差し上げたのだが，この餅は通らなかった。

そうこうしているうちに，天下一の祈祷師を呼んですぐに祈ってもらい，そのまま首のつけ根をひとつ叩いたところ，真ん中がくびれた形をした餅が三間も先に飛んで出た。人々はみなこれを見て，本当にめでたいことだ，処置がもう少し遅ければ危なかったがやはり天下一の腕前だと言うと，若衆はお聞きになって，それほどの名人ではない，せっかくのものだから体の内に入れてこそ天下一だ，二番目でもないとおっしゃった。

■平成31年度　四

【現代語訳】

豊臣秀吉公が，鷹狩りにお出かけになり，非常にかわいがっていた建巣丸という（名の鷹を）秀吉公自ら手の上に置き，鶴をねらって放たれた。手助けをする鷹も放って，人々は飛び行く後を追って行った。やっと（鶴を）引き下ろして草をつかみ，鶴を引き伏せたところに，ちょうど一人の身分の低い侍が走り寄ってきて，鷹をとらえて秀吉公へ渡し申し上げた。秀吉公は自らの手の上に置き，かきなでてご覧になると，蹴爪が欠けていた。秀吉公はとてもお怒りになり「これは一体誰が（鶴から鷹を）引き離して蹴爪を欠けさせたのか。」と，鷹匠をお呼びになり「お前は知っているだろう。誰がやったのだ。名を言え。」と刀に手をおかけになった時に，鷹匠がすでに顔を赤くし，頭を地につけ，その人の名前を申し上げようとしている様子を，秀吉公はご覧になって，小声で「名を言うな，言うな。」とおっしゃった。本当に立派なお志といえます。非常にかわいがっていたといっても，鷹１羽と侍１人を代えることなどは，むやみにあってはならないとお思いになるありがたいことは，何ともいいようがないほどです。

■令和２年度　四

【現代語訳】

永田佐吉は，美濃の国羽栗郡竹ヶ鼻の人で，親につくすことにおいては他と比較するものがないほど優れている。また，仏を信じている。いつも貧しい人を気の毒に思い，総じて人と付き合う時に真心を持って接するので，誰となく「仏の佐吉」と通称として呼んだ。幼い時，尾張名古屋の，紙屋である何とかという家に召し使われていたが，休暇がある時には砂で文字を習うことをし，また四書を習って読む。仲間の者がねたんで，読書のことを口実にして，悪い所で遊んでいるなどと事実ではない悪口を言ったので，家の主人も疑って竹ヶ鼻に帰した。そうであってもやはり，昔の恩を忘れず，道中の機会があれば必ず訪ね聞いて無事かどうか聞く。何年か経った後，その家がとても衰えたので，たびたび物を贈ったとかいうことである。主人から解雇された後は，綿の仲介という仕事をしていたが，秤を持たず，買う時は佐吉が買う相手に任せ，売る時は佐吉が売る相手に任せる。後には佐吉が正直なことを知って，佐吉に売る人は気を配って重くして与え，佐吉から買う人は気を遣って秤のおもりを軽くしてはかったので，しばらくすると豊かに暮らした。

■令和３年度　四

【現代語訳】

板倉重宗は，父である板倉勝重の任務を受け継いで，二代の栄誉を得た。ある時，茶屋長古と言う者が参上したところ，「私の事を悪く言う批判を聞いたならば，言い聞かせよ。私の戒めになるのだ。」と申されたところ，長古が言うには，裁判の時に，道理に合わないように聞こえる方をお叱りになられるため，うろたえまして，話の内容が相違して，ますます道理に合わない訴えになると世間の評判でございますと言ったところ，板倉重宗は，手を打って，「よく言ってくれた。確かに役所へ出て裁決するのに，道理のない訴えと感じられた者の顔かたちを見ると，まず，憎くなって，自然と怒りが生じるため，それを恐れて口べたな者は道理を説明することができなくなるのだろう。今後は承知した。」と言って，それからは茶臼を用意してこれを回しながら訴え出た人の顔を見ずに訴えをお聴きになった。

■令和４年度　四

【現代語訳】

東下野守は，和歌の道に深く通じ，古今伝授の人であったが，宗祇法師がはるばる東に下って行って，東下野守にお会いして古今伝授を受けた。さて，下野守は小倉山の色紙を百枚持っていらっしゃったが，宗祇の思いに感心し五十枚をお与えになった。宗祇は京都に帰った時，どこの誰かもわからない船頭にその色紙を一枚あげて，これは天下の重宝なので，お前が船頭をやめても安心して生活できる程の金銭になるものであると言い聞かせた。船頭に与えてやる程のことなので，知り合いにも一枚ずつ，五十枚すべてをあげてしまった。現在世の中に残っているものは，宗祇によって散らされた色紙である。野州の方にあった五十枚は野州が領地を奪われた時焼失して一字も残らなかった。宗祇の考えは，天下の重宝であれば，一人で所有するべきではなく，あちこちに散らしておけば時が移り世の中が変わっても少しは残るだろう，同じ所にあっては思いがけない出来事で失ってしまうだろうと思ってのことであった。

本当に宗祇の考えは，立派なことである。

令和5年度　高校入試問題と解答・解説

公立高校入試出題単元

（国語のみ逆綴じになっております）

数学
【1】計算
【2】小問（作図・文字式・確率）
【3】資料の整理（箱ひげ図）
【4】方程式（文章題）
【5】空間図形（投影図・弧の長さ・面積）
【6】関数と図形
【7】平面図形（相似証明・線分の長さ）

英語
【2】対話文（空欄補充・抜き出し・内容把握）
【3】英作文
【4】長文読解（語形変化・英質英答・空欄補充・内容把握・内容真偽）
【1】リスニング

理科
【1】小問（天体・静電気・溶解度）
【2】植物のつくりとはたらき（顕微鏡・光合成・蒸散・プランクトン）
【3】イオン（イオンのなりやすさ・電池）
【4】天気の変化（天気図・前線・飽和水蒸気量）
【5】大地の変化（堆積岩・火成岩）
【6】運動とエネルギー（ばね・分力・力学的エネルギー・速さ）

社会
【1】歴史（飛鳥から平成までの出来事）
【2】日本地理（農業・地形・工業・漁業・地形図・エネルギー）
【3】世界地理（経線・海洋・気候・貿易・アフリカ州）
【4】公民（経済・政治・憲法・労働）

国語
【1】小説（漢字・熟語・内容把握・心情把握・空欄補充）
【2】論説文（漢字・文法・抜き出し・接続詞・内容把握・内容真偽）
【3】表現（敬語・文削除・内容補充）
【4】古文（現代仮名遣い・主語・内容把握）
【5】課題作文

英語リスニング　問題と台本
解答ページ
解説ページ

令和5年度入試問題　数学

1　次の(1)～(3)の問いに答えなさい。

(1)　次の計算をしなさい。

ア　$-8+27\div(-9)$　　　イ　$(-6a)^2\times9b\div12ab$

ウ　$\dfrac{2x+y}{3}-\dfrac{x+5y}{7}$　　　エ　$\sqrt{45}+\dfrac{10}{\sqrt{5}}$

(2)　$a=41$，$b=8$のとき，a^2-25b^2 の式の値を求めなさい。

(3)　次の２次方程式を解きなさい。
$x^2+7x=2x+24$

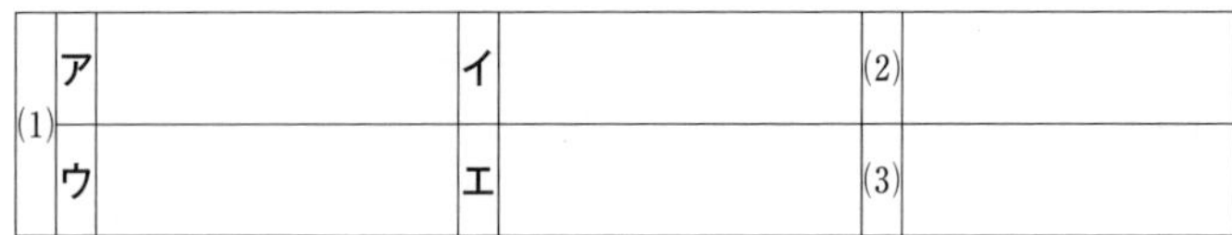

					(2)	
(1)	ア		イ			
	ウ		エ		(3)	

2　次の(1)～(3)の問いに答えなさい。

(1)　図１において，点Aは辺OX上の点である。点Aから辺OYに引いた垂線上にあり，２辺OX，OYから等しい距離にある点Pを作図しなさい。ただし，作図には定規とコンパスを使用し，作図に用いた線は残しておくこと。

図１

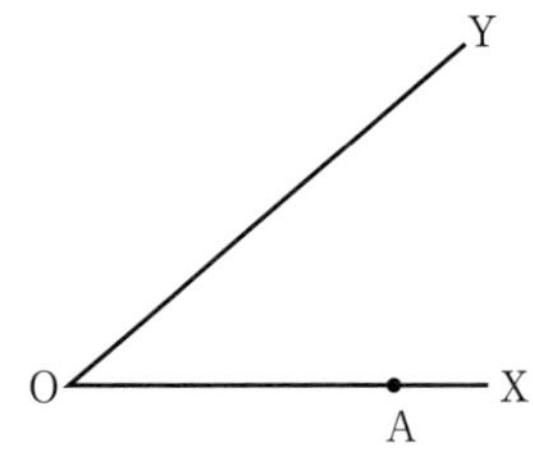

(2)　次の□の中に示したことがらの逆を書きなさい。

> aもbも正の数ならば，$a+b$は正の数である。

また，□の中のことがらは正しいが，逆は正しくない。□の中のことがらの逆が正しくないことを示すための反例を，１つ書きなさい。

(3)　２つの袋Ⅰ，Ⅱがあり，袋Ⅰには２，３，４，５の数字を１つずつ書いた４枚のカードが，袋Ⅱには６，７，８，９，10の数字を１つずつ書いた５枚のカードが入っている。図２は，袋Ⅰと袋Ⅱに入っているカードを示したものである。

２つの袋Ⅰ，Ⅱから，それぞれ１枚のカードを取り出すとき，袋Ⅱから取り出したカードに書いてある数が，袋Ⅰから取り出したカードに書いてある数の倍数である確率を求めなさい。ただし，袋Ⅰからカードを取り出すとき，どのカードが取り出されることも同様に確からしいものとする。また，袋Ⅱについても同じように考えるものとする。

図２

袋Ⅰに入っているカード

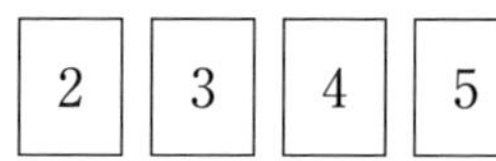

袋Ⅱに入っているカード

6　7　8　9　10

(2)	逆	
	反例	
(3)		

3

あるクラスの10人の生徒A～Jが，ハンドボール投げを行った。表1は，その記録を表したものである。図3は，表1の記録を箱ひげ図に表したものである。

このとき，次の(1)，(2)の問いに答えなさい。

表1

生　徒	A	B	C	D	E	F	G	H	I	J
距離(m)	16	23	7	29	34	12	25	10	26	32

図3

7　12　(あ)　29　34(m)

(1)　図3の（　あ　）に適切な値を補いなさい。また，10人の生徒A～Jの記録の四分位範囲を求めなさい。

(2)　後日，生徒Kもハンドボール投げを行ったところ，Kの記録はamだった。図4は，11人の生徒A～Kの記録を箱ひげ図に表したものである。

このとき，aがとりうる値をすべて求めなさい。ただし，aは整数とする。

図4

7　12　25　32 34(m)

(1)	あ		四分位範囲	m	(2)	

4

ある中学校の生徒会が，ボランティア活動で，鉛筆とボールペンを集め，2つの団体S，Tへ送ることにした。団体Sは鉛筆のみを，団体Tは鉛筆とボールペンの両方を受け付けていた。

この活動で，鉛筆はボールペンの2倍の本数を集めることができた。鉛筆については，集めた本数の80％を団体Sへ，残りを団体Tへ送った。また，ボールペンについては，集めた本数の4％はインクが出なかったため，それらを除いた残りを団体Tへ送った。団体Tへ送った，鉛筆とボールペンの本数の合計は，団体Sへ送った鉛筆の本数よりも18本少なかった。

このとき，集めた鉛筆の本数とボールペンの本数は，それぞれ何本であったか。方程式をつくり，計算の過程を書き，答えを求めなさい。

(方程式と計算の過程)

(答) 鉛筆　　　　本，ボールペン　　　　本

5

図5の立体は，円Oを底面とする円すいである。この円すいにおいて，底面の半径は3cm，母線ABの長さは6cmである。また，線分OAと底面は垂直である。

このとき，次の(1)～(3)の問いに答えなさい。

図5

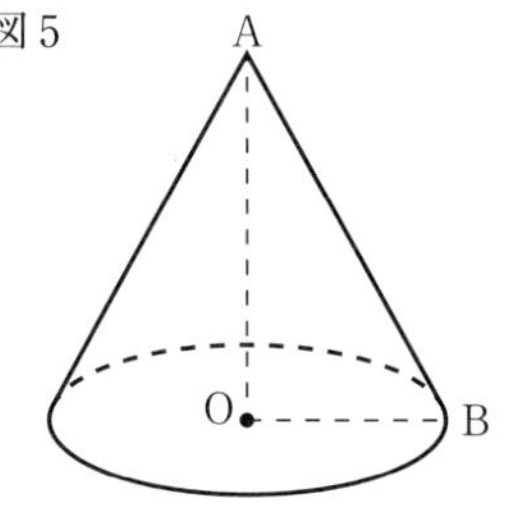

(1)　次のア～オの5つの投影図のうち，1つは円すいの投影図である。円すいの投影図を，ア～オの中から1つ選び，記号で答えなさい。

ア　イ　ウ　エ　オ

立面図

平面図

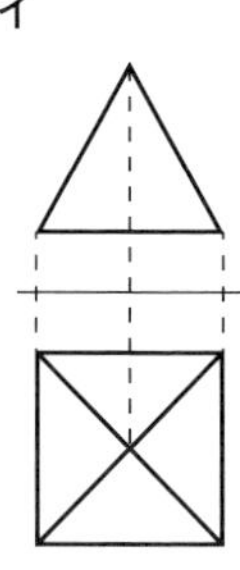
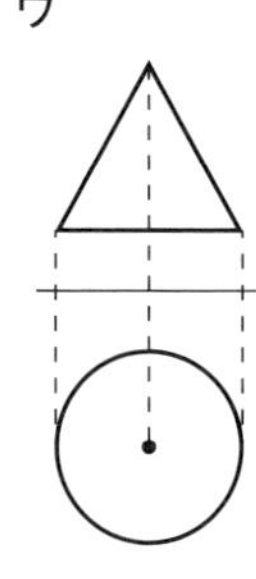
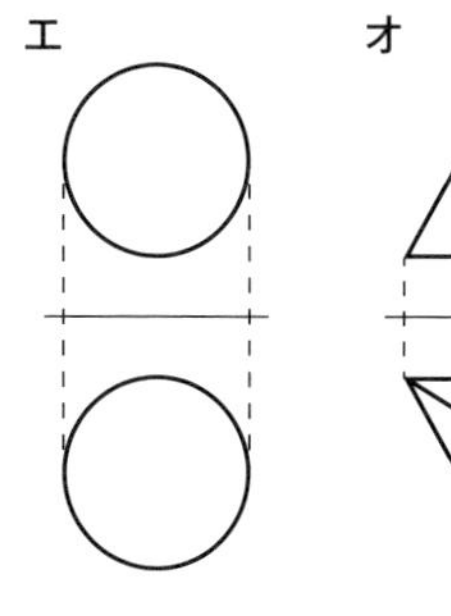

(2)　この円すいにおいて，図6のように，円Oの円周上に∠BOC＝110°となる点Cをとる。小さい方の$\overset{\frown}{BC}$の長さを求めなさい。ただし，円周率はπとする。

図6

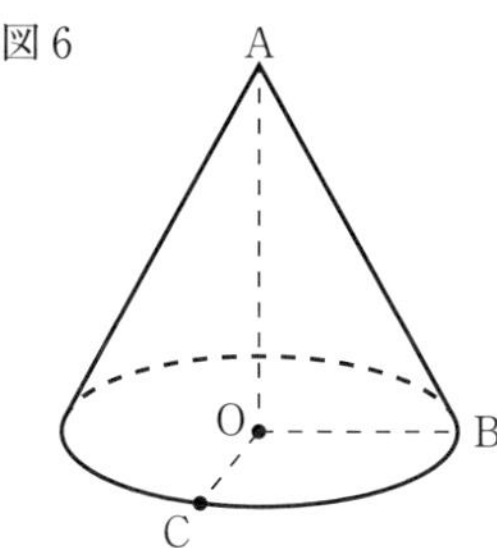

(3)　この円すいにおいて，図7のように，ABの中点をDとし，点Dから底面に引いた垂線と底面との交点をEとする。また，円Oの円周上に∠OEF＝90°となる点Fをとる。△ODFの面積を求めなさい。

図7

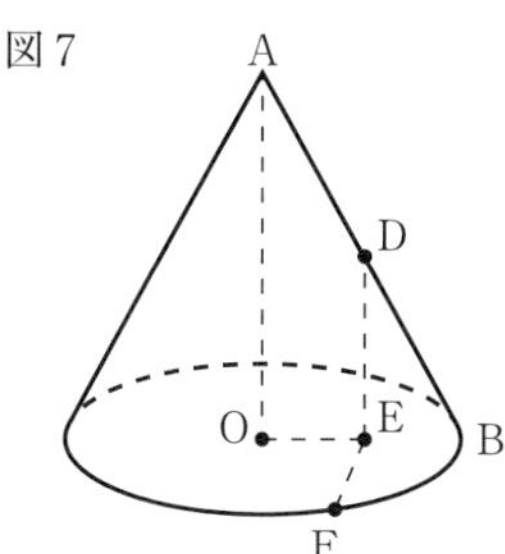

(1)		(2)	cm	(3)	cm²

6

次の [ ] の中の文は，授業でT先生が示した資料である。
このとき，次の(1)〜(3)の問いに答えなさい。

> 図8において，①は関数$y=ax^2$ $(a>0)$のグラフであり，②は関数$y=bx^2$ $(b<0)$のグラフである。2点A，Bは，放物線①上の点であり，そのx座標は，それぞれ-3，2である。点Cは，放物線②上の点であり，その座標は$(4, -4)$である。点Cを通りx軸に平行な直線と放物線②との交点をDとし，直線CDとy軸との交点をEとする。点Cを通りy軸に平行な直線と放物線①との交点をFとする。また，点Gは直線AB上の点であり，そのx座標は1である。

図8

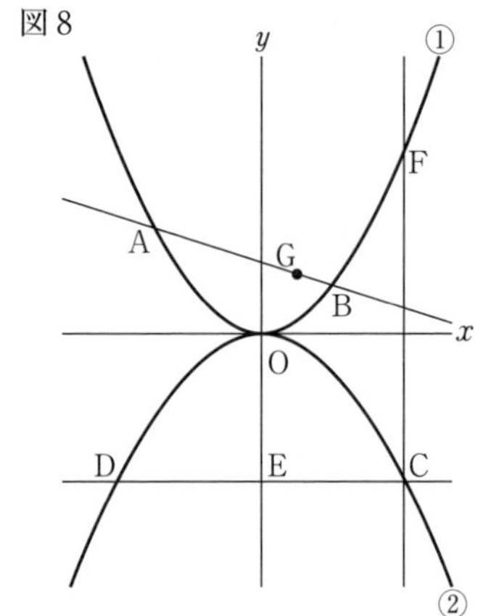

RさんとSさんは，タブレット型端末を使いながら，図8のグラフについて話している。

> Rさん：関数$y=bx^2$の比例定数bの値は求められるね。
> Sさん：②は点Cを通るからbの値は（　あ　）だよ。
> Rさん：関数$y=ax^2$のaの値は決まらないね。
> Sさん：タブレット型端末を使うと，㋐aの値を変化させたときのグラフや図形の変化するようすが分かるよ。
> Rさん：そうだね。㋑3点D，G，Fが一直線上にある場合もあるよ。
> Sさん：本当だね。計算で確認してみよう。

(1) （　あ　）に適切な値を補いなさい。

(2) 下線部㋐のときの，グラフや図形の変化するようすについて述べたものとして正しいものを，次の**ア**〜**オ**の中からすべて選び，記号で答えなさい。

ア　aの値を大きくすると，①のグラフの開き方は小さくなる。
イ　aの値を小さくすると，点Aのy座標から点Bのy座標をひいた値は大きくなる。
ウ　aの値を大きくすると，△OBEの面積は大きくなる。
エ　aの値を小さくすると，直線OBの傾きは小さくなる。
オ　aの値を大きくすると，線分CFの長さは短くなる。

(3) 下線部㋑のときの，aの値を求めなさい。求める過程も書きなさい。

(1)		(2)	
(3)	（求める過程）		（答）$a=$

7

図9において，4点A，B，C，Dは円Oの円周上の点であり，△ABCはBA＝BCの二等辺三角形である。ACとBDとの交点をEとし，点Eを通りADに平行な直線とCDとの交点をFとする。また，BD上にGC＝GDとなる点Gをとる。

このとき，次の(1)，(2)の問いに答えなさい。

(1) △BCG∽△ECFであることを証明しなさい。

図9

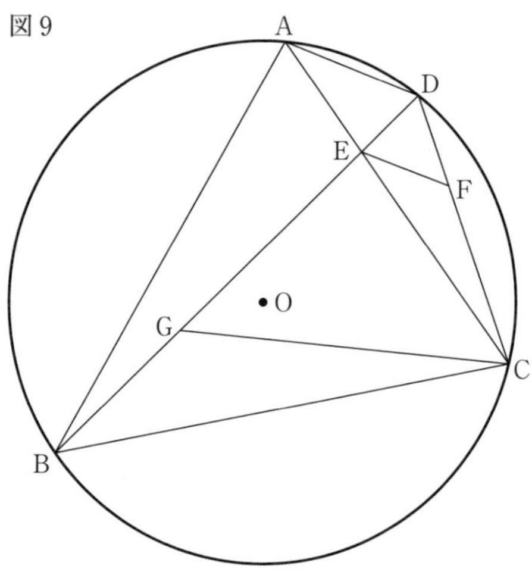

(2) GC＝4cm，BD＝6cm，CF＝2cmのとき，GEの長さを求めなさい。

(1)	（証明）
(2)	cm

令和5年度入試問題　英語　1 リスニングは後にあります

2

次の英文は，静岡県でホームステイをしているケイト（Kate）と，ホームステイ先の奈々（Nana）との会話である。この英文を読んで，(1)～(6)の問いに答えなさい。

(*Nana is showing Kate a photo at home.*)

Kate：You are wearing a red *kimono* in this photo.　[A]
Nana：Thank you.　My mother took it at my uncle's wedding.
Kate：The flower pattern on your *kimono* is amazing.
Nana：That's true.　It's my family's precious *kimono*.
Kate：Why is the *kimono* precious?
Nana：Actually, [ア is　イ bought　ウ my grandmother　エ this　オ the *kimono*] for my mother thirty years ago.
Kate：Oh, you used your mother's *kimono*.
Nana：Yes, but she gave it to me last year.　So the *kimono* is (ⓐ).
Kate：Why did your mother give it to you?
Nana：This red *kimono* has long sleeves.　She thinks this kind of *kimono* is for young people, so she doesn't wear it now.
Kate：I have a (ⓑ) experience.　My mother has a nice dress in her closet, but she doesn't wear it.　I always wear it when I go to birthday parties.
Nana：I'm sure your friends like the dress.
Kate：Thanks.　When I wear it, [　　　　　　　　]
Nana：The designs of old clothes are different from the new ones, right?
Kate：Yes!　I think wearing used clothes is fun.　(ⓒ), wearing other people's clothes isn't easy because of the size.　Actually, my mother's dress was large for me, so she adjusted it.　Who adjusted your *kimono*?
Nana：[B]　*Kimono* has a simple shape, so it can be used easily by different people.
Kate：Interesting.　*Kimono* is not only beautiful but also functional.
Nana：Right, so I love *kimono*.　I'm glad to give my red *kimono* a new life.
Kate：[C]
Nana：If I wear my red *kimono*, it will have more chances to get out of the closet like your mother's dress.
Kate：That's good idea to use the *kimono* again.
Nana：I'll wear it on special days!

(注)　wedding：結婚式　　pattern：柄　　precious：大切な　　sleeve：そで
closet：クローゼット　　adjust：(丈など) を直す　　simple：単純な
functional：機能的な　　chance：機会　　get out of：～から出る

(1)　会話の流れが自然になるように，本文中の [A] ～ [C] の中に補う英語として，それぞれア～ウの中から最も適切なものを１つ選び，記号で答えなさい。

[A]　ア Excuse me.　　イ How beautiful!　　ウ I didn't know that.
[B]　ア You helped me a lot.　　イ Please let me know.　　ウ No one did it.
[C]　ア What do you mean?　　イ What are you doing?　　ウ What's wrong?

(2)　本文中の [　　] の中のア～オを，意味が通るように並べかえ，記号で答えなさい。

(3)　本文中の (ⓐ) ～ (ⓒ) の中に補う英語として，それぞれア～エの中から最も適切なものを１つ選び，記号で答えなさい。

(ⓐ)　ア mine　　イ yours　　ウ his　　エ hers
(ⓑ)　ア difficult　　イ free　　ウ sad　　エ similar
(ⓒ)　ア Especially　　イ However　　ウ Suddenly　　エ As a result

(4)　本文中の [　　　] で，ケイトは，みんなが私にどこでそれを見つけたのかときく，という内容を伝えている。その内容となるように，[　　　] の中に，適切な英語を補いなさい。

(5)　次の英文は，ケイトがこの日に書いた日記の一部である。本文の内容と合うように，次の [　　] の中に補うものとして，本文中から最も適切な部分を３語で抜き出しなさい。

Nana showed me a photo today.　She was wearing a red *kimono* in the photo.　The red *kimono* is a precious thing for Nana's family, but her mother doesn't wear it now. Nana will wear it on special days, so the *kimono* [　　　　　] again by Nana. I think that's a good idea.

(6)　次の英文は，翌日のケイトと奈々との会話である。あなたが奈々なら，ケイトの質問に対してどのように答えるか。会話の流れが自然になるように，次の [D]，[E] の中に，英語を補いなさい。ただし，[E] は，７語以上の英語を書くこと。

Kate：I want to know more about *kimono*.　What should I do?
Nana：[D]
Kate：I see.　What is the good point of it?
Nana：[E]
Kate：Thank you for your help.

(1)	A		B		C		(2)						(3)	ⓐ		ⓑ		ⓒ	
(4)													(5)						

(6)	D	
	E	

3

陸（Riku）は，英語の授業で，友人のアレックス（Alex）のスピーチを聞き，コメントを書いて渡すことになった。伝えたいことは，アレックスの国の祭りについて学べたので，アレックスのスピーチはとても良かったということと，私たちは地域の文化を尊重しなければならないということである。あなたが陸なら，これらのことを伝えるために，どのようなコメントを書くか。次の [　　] の中に英語を補い，コメントを完成させなさい。

〈 To Alex 〉

〈 From Riku 〉

4

次の英文は，中学生の正太（Shota）が，同級生の亜希（Aki）と良（Ryo）とのできごとを振り返って書いたものである。この英文を読んで，(1)〜(7)の問いに答えなさい。

Every year in May, we have the sports day in our school. Each class shows a dance performance on that day. When I became one of the dance leaders in my class, I ⓐ(feel) excited. Aki and Ryo became leaders, too.

One day in April, Aki, Ryo, and I had the first meeting in the classroom. We wanted to decide what kind of music to use for our dance. First, Aki said to us, "We should choose a famous Japanese song. By using a song that [A], our classmates can dance easily. Also, the audience will have more fun if they hear famous melody." I didn't agree with her. I said to Aki, "If we use a popular Japanese song, our dance may be the same as dances of other classes. I want to use old American rock music to [B]. I think the audience will be interested in it." Aki said, "You mean we use a song ⓑ(write) in English? We shouldn't do that. I like old American rock music, but no class used it for the performance last year."

During the meeting, Aki never changed her opinion, and I didn't change my opinion, either. Ryo was just listening to us. Finally, Aki and I stopped talking, and the classroom became quiet.

After a few minutes, Ryo started talking. "Well, the music you want to use is different, but Aki and Shota want to do the same thing." I was surprised and said, "The same thing?" Ryo answered, "Yes. Both of you want [ ], and I agree. Your opinions are great, so let's put them together. How about using two songs?" Aki and I looked at each other.

Then, Aki said, "That's a good idea! Let's begin our dance with old American rock music. I'm sure the audience will be surprised." I said, "Great! After they are surprised, let's use a popular Japanese song. They can enjoy our dance together." Ryo said, "OK. Now let's talk about how to tell our plan to our classmates."

After the meeting, I said, "Ryo, you made us a good team." Ryo smiled and said, "No, you and Aki did it. Both of you had your own ideas and weren't afraid to say them to improve our dance. That influenced me."

On the next day, I told our plan to our classmates, but some students didn't like the plan. They said, "Old American rock music isn't cool." So Aki showed a CD of old American rock music to our classmates. We listened to it together, and Ryo danced. Thanks to their support, all of the classmates agreed with us, and we chose an old Amerian rock song and a popular Japanese song. I said to Aki and Ryo, "I realized that things which I can do without your help are limited. Let's create a wonderful dance performance together."

（注） sports day：運動会　leader：リーダー　meeting：会議　melody：メロディー
rock music：ロック音楽　put ~ together：~をまとめる
influence：~に影響を与える　thanks to~：~のおかげで

(1) 本文中のⓐ，ⓑの（　　）の中の語を，それぞれ適切な形に直しなさい。

(2) 次の質問に対して，英語で答えなさい。
① What did the dance leaders want to decide at the first meeting?
② What was Ryo doing before Shota and Aki stopped talking?

(3) 本文中の[A]，[B]の中に補う英語の組み合わせとして，次のア〜エの中から最も適切なものを１つ選び，記号で答えなさい。

ア　A：many students already know　B：follow the other classes
イ　A：many students already know　B：make our dance unique
ウ　A：only a few students know　B：follow the other classes
エ　A：only a few students know　B：make our dance unique

(4) 本文中の[ ]の中に補う英語として，次のア〜エの中から最も適切なものを１つ選び，記号で答えなさい。

ア　to use a famous English song for our dance
イ　to show other students that you're good at dancing
ウ　our classmates to dance quickly
エ　people watching our dance to enjoy it

(5) 良は，正太と亜希のどのようなようすが自分に影響を与えたと述べているか，日本語で書きなさい。

(6) 正太がクラスメートに計画を話した日，正太はどのようなことに気付いたと亜希と良に伝えているか。亜希と良に伝えている，正太が気付いたことを，日本語で書きなさい。

(7) 次のア〜エの中から，本文の内容と合うものを１つ選び，記号で答えなさい。

ア　Aki, Ryo, and Shota had the first meeting, and they told all of the classmates to join it.
イ　Ryo told Shota that popular Japanese songs were always used at the dance performance.
ウ　Aki and Shota had different opinions at first, but Ryo helped them have a better idea.
エ　Shota's class chose two Japanese songs because some students didn't like English songs.

(1)	ⓐ		ⓑ	
(2)	①			
	②			
(3)		(4)		
(5)				
(6)				
(7)				

令和5年度入試問題　理科

1

次の(1)～(4)の問いに答えなさい。

(1) 月のように，惑星のまわりを公転する天体は何とよばれるか。その名称を書きなさい。

(2) **図1**のように，同じ材質のプラスチックでできているストローAとストローBを一緒にティッシュペーパーでこすった。その後，**図2**のように，ストローAを洗たくばさみでつるした。

図2のストローAに，ストローBと，こすったティッシュペーパーをそれぞれ近づけると，電気の力がはたらいて，ストローAが動いた。**図2**のストローAが動いたときの，ストローAに近づけたものとストローAとの間にはたらいた力の組み合わせとして最も適切なものを，右の**ア**～**エ**の中から1つ選び，記号で答えなさい。

図1　**図2**

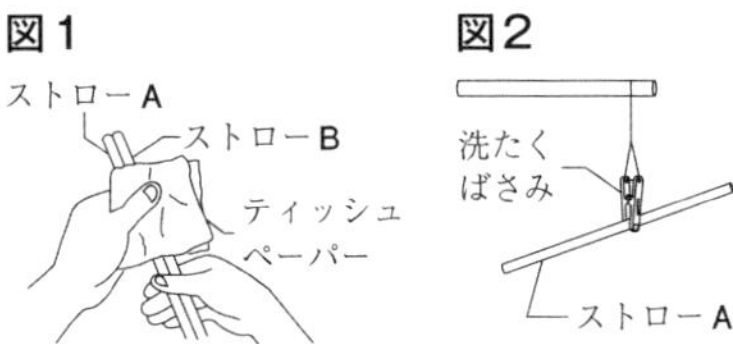

	ストローAに近づけたもの	
	ストローB	ティッシュペーパー
ア	退け合う力	引き合う力
イ	退け合う力	退け合う力
ウ	引き合う力	引き合う力
エ	引き合う力	退け合う力

(3) 有性生殖において，子の形質が親の形質と異なることがある理由を，**受精**，**染色体**という2つの言葉を用いて，簡単に書きなさい。

(4) **表1**は，硝酸(しょうさん)カリウムの，水100gに溶ける最大の質量と温度の関係を表したものである。30℃の水が入っているビーカーに，硝酸カリウムを加え，質量パーセント濃度が20%の硝酸カリウム水溶液250gをつくる。この水溶液250gの温度を30℃から10℃まで下げると，硝酸カリウムが結晶となって出てきた。結晶となって出てきた硝酸カリウムは何gか。**表1**をもとに，計算して答えなさい。

表1

温度(℃)	硝酸カリウム(g)
10	22
30	46

(1)		(2)	
(3)			
(4)	g		

2

いろいろな生物とその共通点及び生物の体のつくりとはたらきに関する(1)，(2)の問いに答えなさい。

(1) ある湖とその周辺の植物を調査したところ，オオカナダモ，ツバキ，アサガオが見られた。

① オオカナダモの葉を1枚とって，プレパラートをつくり，**図3**のように，顕微鏡を用いて観察した。

図3

a 次の［　　］の中の文が，低倍率で観察してから，高倍率に変えて観察する時の，**図3**の顕微鏡の操作について適切に述べたものとなるように，文中の（ あ ），（ い ）のそれぞれに補う言葉の組み合わせとして，下の**ア**～**エ**の中から正しいものを1つ選び，記号で答えなさい。

> 倍率を高くするときは，レボルバーを回し，高倍率の（ あ ）にする。倍率を高くすると，視野全体が（ い ）なるので，しぼりを調節してから観察する。

ア あ 対物レンズ　い 明るく　　**イ** あ 接眼レンズ　い 明るく
ウ あ 対物レンズ　い 暗く　　**エ** あ 接眼レンズ　い 暗く

b オオカナダモの葉の細胞の中に，緑色の粒が見られた。この緑色の粒では光合成が行われている。細胞の中にある，光合成が行われる緑色の粒は何とよばれるか。その名称を書きなさい。

② ツバキとアサガオは，双子葉類に分類される。次の**ア**～**エ**の中から，双子葉類に共通して見られる特徴を2つ選び，記号で答えなさい。

ア 胚珠(はいしゅ)が子房の中にある。　**イ** 根はひげ根からなる。
ウ 胚珠がむき出しになっている。　**エ** 根は主根と側根からなる。

③ **図4**のように，葉の枚数や大きさ，枝の長さや太さがほぼ同じツバキを3本用意し，装置A～Cをつくり，蒸散について調べた。装置A～Cを，室内の明るくて風通しのよい場所に3時間置き，それぞれの三角フラスコ内の，水の質量の減少量を測定した。その後，アサガオを用いて，同様の実験を行った。**表2**は，その結果をまとめたものである。**表2**をもとにして，a，bの問いに答えなさい。ただし，三角フラスコ内には油が少量加えられており，三角フラスコ内の水面からの水の蒸発はないものとする。

図4

すべての葉の表にワセリンを塗る。

装置A

すべての葉の裏にワセリンを塗る。

装置B

何も塗らない。

装置C

(注) ワセリンは，白色のクリーム状の物質で，水を通さない性質をもつ。

表2

	水の質量の減少量(g)	
	ツバキ	アサガオ
すべての葉の表にワセリンを塗る	6.0	2.8
すべての葉の裏にワセリンを塗る	1.3	1.7
何も塗らない	6.8	4.2

a　**表2**から，ツバキとアサガオは，葉以外からも蒸散していることが分かる。この実験において，１本のツバキが葉以外から蒸散した量は何 g であると考えられるか。計算して答えなさい。

b　ツバキとアサガオを比べた場合，１枚の葉における，葉の全体にある気孔の数に対する葉の表側にある気孔の数の割合は，どのようであると考えられるか。次の**ア**～**ウ**の中から１つ選び，記号で答えなさい。ただし，気孔１つ当たりからの蒸散量は，気孔が葉の表と裏のどちらにあっても同じであるものとする。

ア　ツバキの方が大きい。　**イ**　どちらも同じである。　**ウ**　アサガオの方が大きい。

(2)　海の中には，多くの植物プランクトンが存在している。次の[　　]の中の文は，植物プランクトンの大量発生により引き起こされる現象についてまとめた資料の一部である。

> 生活排水が大量に海に流れ込むと，これを栄養源として植物プランクトンが大量に発生することがある。大量に発生した植物プランクトンの多くは，水中を浮遊後，死んで海底へ沈む。<u>死んだ大量の植物プランクトンを，微生物が海底で分解することで，海底に生息する生物が死ぬことがある</u>。植物プランクトンを分解する微生物の中には，分解するときに硫化水素などの物質を発生させるものも存在し，海底に生息する生物が死ぬ原因の１つになっている。

①　植物プランクトンには，体が１つの細胞からできているものがいる。体が１つの細胞からできているものは，一般に何とよばれるか。その名称を書きなさい。

②　下線部のような現象が起こるのは，硫化水素などの物質の発生のほかにも理由がある。硫化水素などの物質の発生のほかに，微生物が大量の植物プランクトンを分解することによって，海底に生息する生物が死ぬことがある理由を，簡単に書きなさい。

(1)	①	a		b		②	
	③	a	g	b			
(2)	①						
	②						

3

化学変化とイオン及び化学変化と原子・分子に関する(1)～(3)の問いに答えなさい。

(1)　**図5**のように，ビーカー内の硫酸亜鉛水溶液に，硫酸銅水溶液が入ったセロハンの袋を入れ，硫酸亜鉛水溶液の中に亜鉛板を，硫酸銅水溶液の中に銅板を入れて電池をつくる。この電池の，亜鉛板と銅板に光電池用モーターを接続すると，光電池用モーターは回転した。

図5の電池のしくみを理解したＲさんとＳさんは，光電池用モーターの回転を速くする方法について話している。このとき，次の①～③の問いに答えなさい。

図5

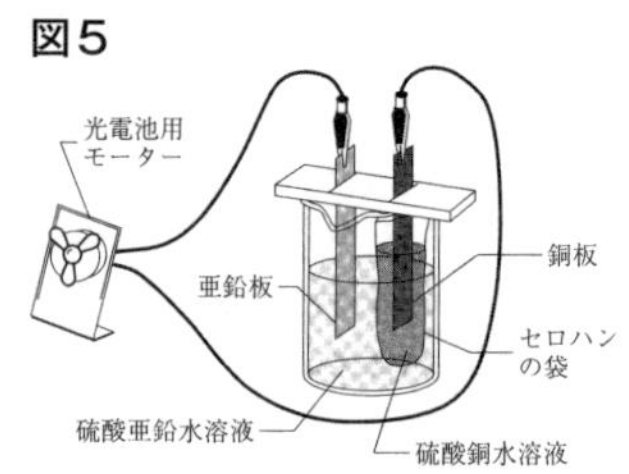

> Ｒさん：ⓐ<u>**図5**の電池は，金属のイオンへのなりやすさによって，銅板と亜鉛板で起こる反応が決まっていたよね。</u>
> Ｓさん：そうだね。光電池用モーターの回転の速さは，使用した金属のイオンへのなりやすさと関係していると思うよ。
> Ｒさん：銅は変えずに，亜鉛を，亜鉛よりイオンになりやすいマグネシウムに変えて試してみよう。そうすれば，光電池用モーターの回転が速くなりそうだね。
> Ｓさん：金属板の面積を大きくしても，電子を放出したり受け取ったりする場所が増えて，光電池用モーターの回転が速くなりそうだね。
> Ｒさん：なるほど。ⓑ<u>**図5**の，亜鉛板と硫酸亜鉛水溶液を，マグネシウム板と硫酸マグネシウム水溶液に変えて，銅板，マグネシウム板の面積を，**図5**の，銅板，亜鉛板の面積よりも大きくして，光電池用モーターの回転が速くなるかを調べてみよう。</u>

①　硫酸銅や硫酸亜鉛は，電解質であり，水に溶けると陽イオンと陰イオンに分かれる。電解質が水に溶けて陽イオンと陰イオンに分かれることは何とよばれるか。その名称を書きなさい。

②　下線部ⓐの銅板で起こる化学変化を，電子１個を e^- として，化学反応式で表すと，$Cu^{2+} + 2e^- \rightarrow Cu$ となる。

a　下線部ⓐの銅板で起こる化学変化を表した化学反応式を参考にして，下線部ⓐの亜鉛板で起こる化学変化を，化学反応式で表しなさい。

b　次の**ア**～**エ**の中から，**図5**の電池における，電極と，電子の移動について，適切に述べたものを１つ選び，記号で答えなさい。

ア　銅板は＋極であり，電子は銅板から導線を通って亜鉛板へ移動する。
イ　銅板は＋極であり，電子は亜鉛板から導線を通って銅板へ移動する。
ウ　亜鉛板は＋極であり，電子は銅板から導線を通って亜鉛板へ移動する。
エ　亜鉛板は＋極であり，電子は亜鉛板から導線を通って銅板へ移動する。

③ 下線部ⓑの方法で実験を行うと，光電池用モーターの回転が速くなった。しかし，この実験の結果だけでは，光電池用モーターの回転の速さは使用した金属のイオンへのなりやすさと関係していることが確認できたとはいえない。その理由を，簡単に書きなさい。ただし，硫酸銅水溶液，硫酸亜鉛水溶液，硫酸マグネシウム水溶液の濃度と体積は，光電池用モーターの回転が速くなったことには影響していないものとする。

(2) Sさんは，水素と酸素が反応することで電気が発生する燃料電池に興味をもち，燃料電池について調べた。**資料1**は，燃料電池で反応する水素と酸素の体積比を調べるために，Sさんが行った実験の結果をまとめたレポートの一部を示したものである。

〈**資料1**〉

準備　燃料電池，タンク**P**，タンク**Q**，光電池用モーター

実験　**図6**のように，タンク**P**に気体の水素8㎤を，タンク**Q**に気体の酸素2㎤を入れ，水素と酸素を反応させる。燃料電池に接続した光電池用モーターの回転が終わってから，タンク**P**，**Q**に残った気体の体積を，それぞれ測定する。その後，タンク**Q**に入れる気体の酸素の体積を4㎤，6㎤，8㎤に変えて，同様の実験を行う。

結果　**表3**のようになった。

考察　**表3**から，反応する水素と酸素の体積比は2：1である。

図6

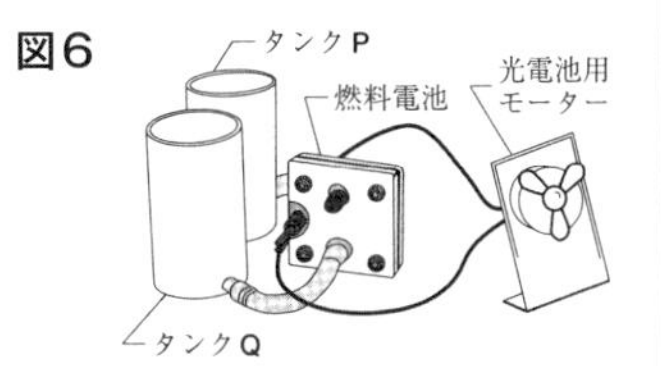

表3

入れた水素の体積(㎤)	8	8	8	8
入れた酸素の体積(㎤)	2	4	6	8
残った水素の体積(㎤)	4	0	0	0
残った酸素の体積(㎤)	0	0	2	4

① この実験で用いた水素は，水を電気分解して発生させたが，ほかの方法でも水素を発生させることができる。次の**ア**～**エ**の中から，水素が発生する反応として適切なものを1つ選び，記号で答えなさい。

ア　酸化銀を試験管に入れて加熱する。
イ　酸化銅と炭素を試験管に入れて加熱する。
ウ　硫酸と水酸化バリウム水溶液を混ぜる。
エ　塩酸にスチールウール(鉄)を入れる。

② 燃料電池に接続した光電池用モーターが回転しているとき，反応する水素と酸素の体積比は2：1であり，水素1㎤が減少するのにかかる時間は5分であった。**表3**をもとにして，タンク**P**に入れる水素の体積を8㎤にしたときの，タンク**Q**に入れる酸素の体積と光電池用モーターが回転する時間の関係を表すグラフを，**図7**にかきなさい。ただし，光電池用モーターが回転しているとき，水素は一定の割合で減少しているものとする。

図7

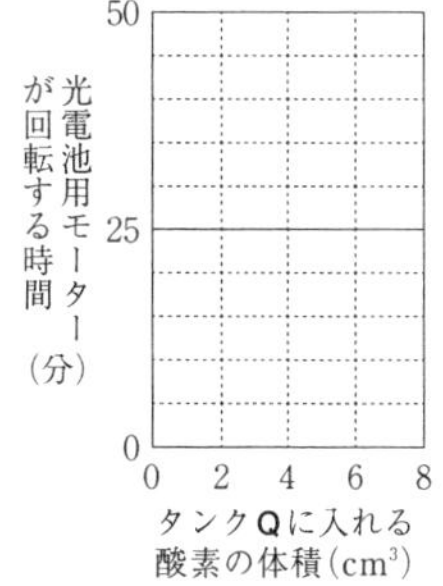

(3) **図8**のように，ポリエチレンの袋の中に，同じ体積の，水素と空気を入れて密閉し，点火装置で点火すると，水素と酸素が2：1の体積の割合で反応し，水が発生した。反応後，ポリエチレンの袋の中に残った気体の温度が点火前の気体の温度と等しくなるまでポリエチレンの袋を放置したところ，発生した水はすべて液体になり，ポリエチレンの袋の中に残った気体の体積は28㎤になった。ポリエチレンの袋の中の酸素はすべて反応したとすると，反応後にポリエチレンの袋の中に残っている水素の体積は何㎤であると考えられるか。計算して答えなさい。ただし，空気には窒素と酸素だけが含まれており，窒素と酸素は4：1の体積比で混ざっているものとする。また，水素と酸素の反応以外の反応は起こらないものとする。

図8

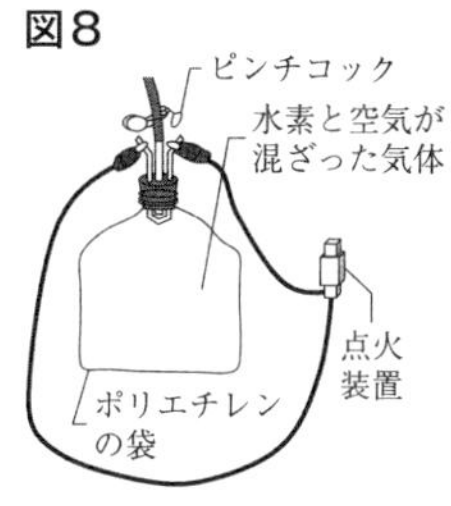

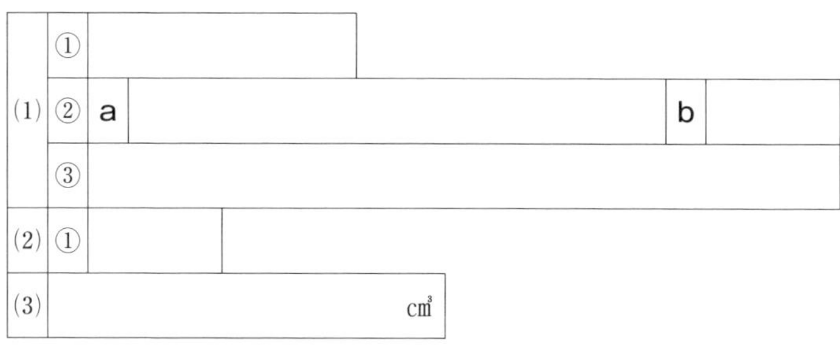

(1)	①			
	②	a	b	
	③			
(2)	①			
(3)		㎤		

4

気象とその変化に関する(1)～(3)の問いに答えなさい。

図９は，ある年の４月７日９時における天気図である。

図９

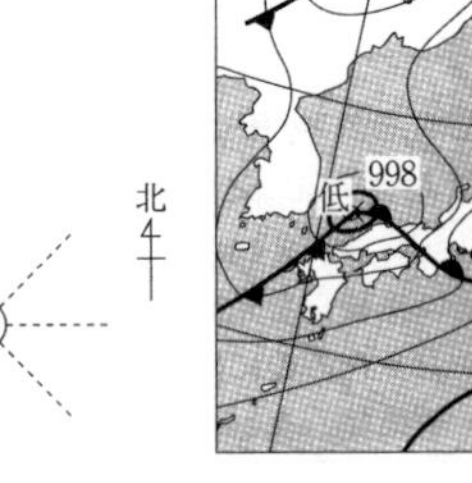

(1) **図９**の岩見沢市における４月７日９時の気象情報を調べたところ，天気はくもり，風向は南，風力は４であった。岩見沢市における４月７日９時の，天気，風向，風力を，天気図記号で，**図10**にかきなさい。

図10

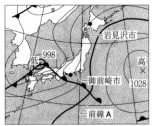

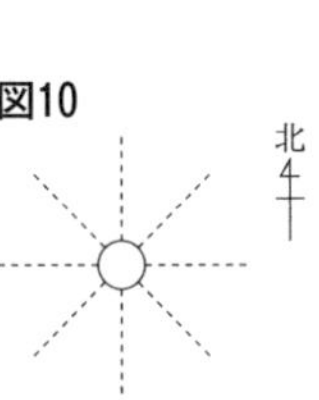

(2) **表４**は，**図９**の御前崎(おまえざき)市における４月７日の４時から20時までの，１時間ごとの気象情報の一部をまとめたものである。

表４

	時刻	気温	風向	風力
4月7日	4	14.7	北東	3
	5	15.0	北東	3
	6	14.8	北東	3
	7	14.3	北北東	3
	8	14.1	北東	3
	9	11.4	北北東	4
	10	11.3	北北東	4
	11	12.3	北東	4
	12	12.4	北北東	4
	13	12.7	北東	3
	14	13.2	北東	3
	15	18.6	南西	4
	16	18.7	南西	5
	17	18.9	南西	5
	18	18.9	南西	6
	19	19.1	南西	6
	20	19.2	南西	6

① **表４**で示された期間中に，**図９**の前線**A**が御前崎市を通過した。前線**A**が御前崎市を通過したと考えられる時間帯として最も適切なものを，次の**ア**～**エ**の中から１つ選び，記号で答えなさい。

ア　４時～７時　　**イ**　８時～11時
ウ　13時～16時　　**エ**　17時～20時

② 前線に沿ったところや低気圧の中心付近では雲ができやすいが，高気圧の中心付近では，雲ができにくく，晴れることが多い。高気圧の中心付近では，雲ができにくく，晴れることが多い理由を，簡単に書きなさい。

(3) 御前崎市では，前線**A**が通過した数日後，湿度が低下したので，Rさんは，部屋で加湿器を使用した。Rさんは，飽和水蒸気量を計算して求めるために，部屋の大きさ，加湿器を使用する前後の湿度，加湿器使用後の貯水タンクの水の減少量を調べた。**資料２**は，その結果をまとめたものである。加湿器使用後の部屋の気温が加湿器使用前と同じであるとすると，この気温に対する飽和水蒸気量は何g/m³か。**資料２**をもとに，計算して答えなさい。ただし，加湿器の貯水タンクの減少した水はすべて部屋の中の空気中の水蒸気に含まれており，加湿器を使用している間の気圧の変化は無視できるものとする。また，部屋は密閉されているものとする。

〈**資料２**〉

部屋の大きさ　50m³
加湿器使用前　湿度は35%
加湿器使用後　湿度は50%
　　　　　　　貯水タンクの水は120g減少。

(2)	①		②	
(3)	g/m³			

5

大地の成り立ちと変化に関する(1)，(2)の問いに答えなさい。

(1) 静岡県内を流れる天竜川の河口付近の川原を調査したところ，堆積岩が多く見られた。堆積岩は，れき，砂，泥などの堆積物が固まってできた岩石である。

① 岩石は，長い間に気温の変化や水のはたらきによって，表面からぼろぼろになってくずれていく。長い間に気温の変化や水のはたらきによって，岩石が表面からぼろぼろになってくずれていく現象は何とよばれるか。その名称を書きなさい。

② 川の水のはたらきによって海まで運ばれた，れき，砂，泥は海底に堆積する。一般に，れき，砂，泥のうち，河口から最も遠くまで運ばれるものはどれか。次の**ア**～**ウ**の中から１つ選び，記号で答えなさい。また，そのように判断した理由を，粒の大きさに着目して，簡単に書きなさい。

ア　れき　　**イ**　砂　　**ウ**　泥

(2) 天竜川の流域で採取した火成岩を，ルーペを使って観察した。**表５**は，観察した火成岩の特徴を示したものであり，**ア**～**エ**は，玄武岩，流紋岩，はんれい岩，花こう岩のいずれかを表している。また，**図11**は，火成岩の種類と，マグマのねばりけの関係を示したものである。**表５**の**ア**～**エ**の中から，花こう岩に当たるものを１つ選び，記号で答えなさい。

表５

	特徴
ア	つくりは等粒状組織からなる。色は黒っぽい。
イ	つくりは等粒状組織からなる。色は白っぽい。
ウ	つくりは斑状組織からなる。色は黒っぽい。
エ	つくりは斑状組織からなる。色は白っぽい。

図11

火山岩	玄武岩	安山岩	流紋岩
深成岩	はんれい岩	せん緑岩	花こう岩
マグマのねばりけ	弱い ←→ 強い		

(1)	①			
	②	記号		理由
(2)				

6

身近な物理現象及び運動とエネルギーに関する(1)～(3)の問いに答えなさい。

(1) **図12**のように，斜面上に質量120 g の金属球を置き，金属球とばねばかりを糸で結び，糸が斜面と平行になるようにばねばかりを引いて金属球を静止させた。ただし，糸の質量は無視でき，空気の抵抗や摩擦はないものとする。

図12

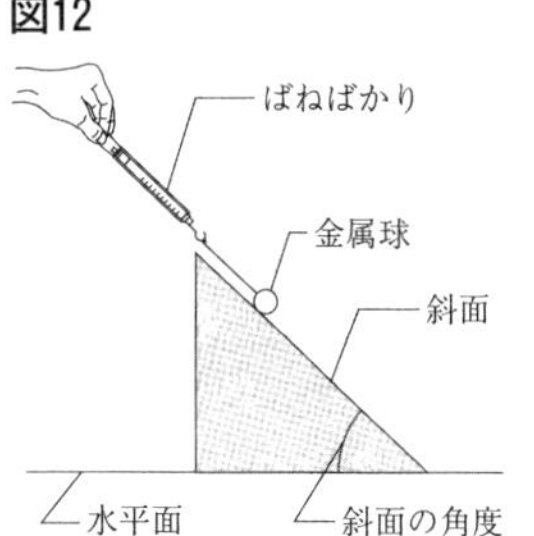

① ばねばかりは，フックの法則を利用した装置である。次の［　　］の中の文が，フックの法則について適切に述べたものとなるように，［　　］に言葉を補いなさい。

> ばねののびは，［　　　　］の大きさに比例する。

② **図12**の斜面を，斜面の角度が異なるさまざまな斜面に変え，糸が斜面と平行になるようにばねばかりを引いて質量120 g の金属球を静止させたときのばねばかりの値を読み取った。**図13**は，このときの，斜面の角度とばねばかりの値の関係を表したものである。

図13

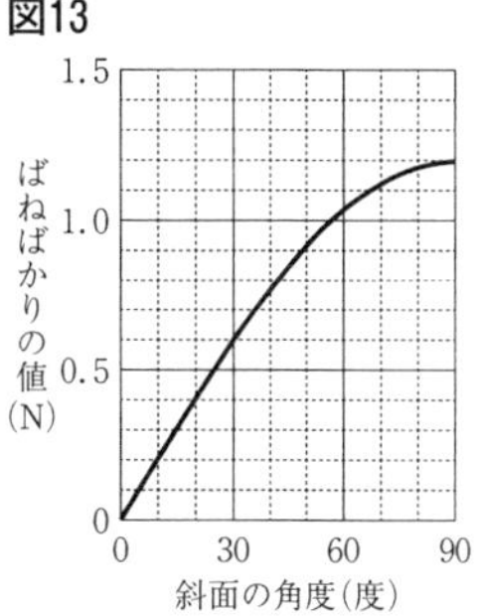

a 斜面の角度が大きくなると，ばねばかりの値が大きくなる。その理由を，**分力**という言葉を用いて，簡単に書きなさい。

b **図12**の質量120 g の金属球を，質量60 g の金属球に変え，糸が斜面と平行になるようにばねばかりを引いて静止させた。このとき，ばねばかりの値は0.45 N であった。**図13**をもとにすると，このときの斜面の角度は何度であると考えられるか。次の**ア**～**カ**の中から，最も近いものを１つ選び，記号で答えなさい。

ア 10°　**イ** 20°　**ウ** 30°　**エ** 40°　**オ** 50°　**カ** 60°

(2) **図14**のように，レールを用いて，区間**AB**が斜面，区間**BC**が水平面である装置をつくり，区間**BC**の間に木片を置く。ただし，区間**AB**と区間**BC**はなめらかにつながっているものとする。

図14

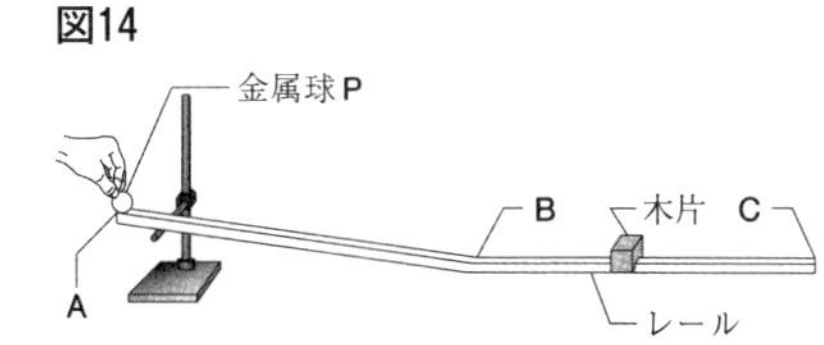

金属球**P**を**A**に置き，静かにはなして，木片に当てたところ，木片は金属球**P**とともに動いて，やがてレール上で静止した。次に，金属球**P**を，金属球**P**より質量が大きい金属球**Q**に変えて，同様の実験を行ったところ，木片は金属球**Q**とともに動いて，やがてレール上で静止した。ただし，空気の抵抗はないものとする。また，摩擦は，木片とレールの間にのみはたらくものとする。

① 位置エネルギーと運動エネルギーの和は何とよばれるか。その名称を書きなさい。

② 金属球**P**，**Q**が木片に当たる直前の速さは同じであった。このとき，金属球**P**を当てた場合と比べて，金属球**Q**を当てた場合の，木片の移動距離は，どのようになると考えられるか。運動エネルギーに関連付けて，簡単に書きなさい。

(3) **図15**のように，**図14**の装置に置いた木片を取り除く。金属球**P**を**A**に置き，静かにはなしたところ，金属球**P**は斜面を下り，**C**に達した。**図16**は，金属球**P**が動き始めてから**C**に達するまでの，時間と金属球**P**の速さの関係を，**C**に達したときの金属球**P**の速さを１として表したものである。ただし，空気の抵抗や摩擦はないものとする。

図15

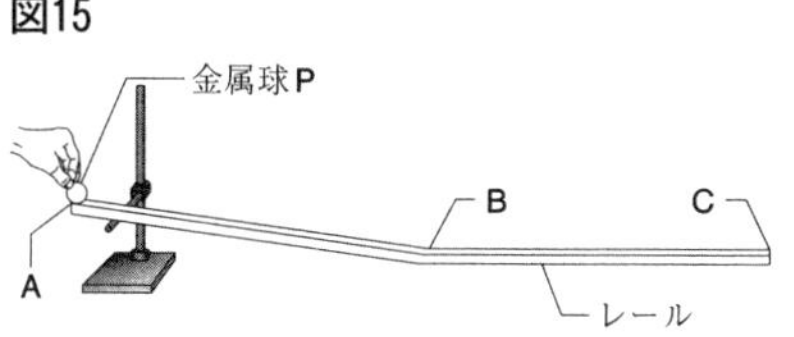

図16

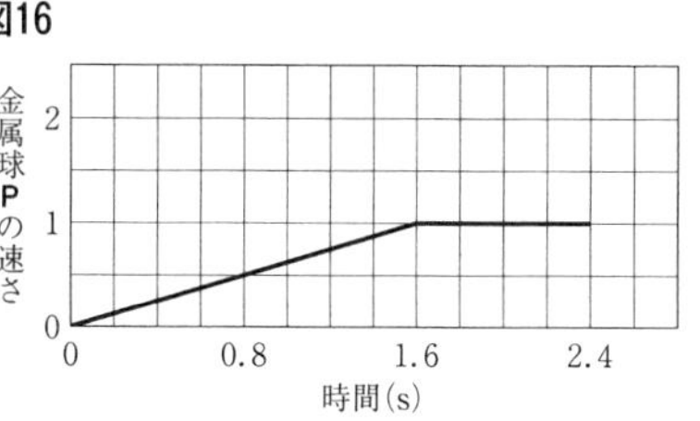

① **図16**をもとに，金属球**P**が動き始めてから区間**AB**の中点に達するまでの時間として適切なものを，次の**ア**～**ウ**の中から１つ選び，記号で答えなさい。

ア 0.8秒より長い時間
イ 0.8秒
ウ 0.8秒より短い時間

② **図17**のように，**図15**の装置の区間**AB**，**BC**の長さを変えずに水平面からの**A**の高さを高くする。金属球**P**と，同じ材質でできた，質量が等しい金属球**R**を**A**に置き，静かにはなしたところ，金属球**R**は斜面を下り，**C**に達した。金属球**R**が動き始めてから**C**に達するまでの時間は1.2秒であった。また，金属球**R**が**C**に達したときの速さは，金属球**P**が**図15**の装置で**C**に達したときの速さの２倍であった。金属球**R**の速さが，金属球**P**が**図15**の装置で**C**に達したときの速さと同じになるのは，金属球**R**が動き始めてから何秒後か。**図16**をもとにして，答えなさい。

図17

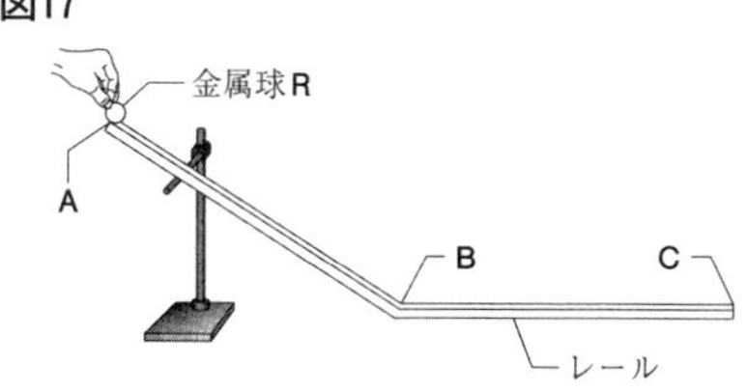

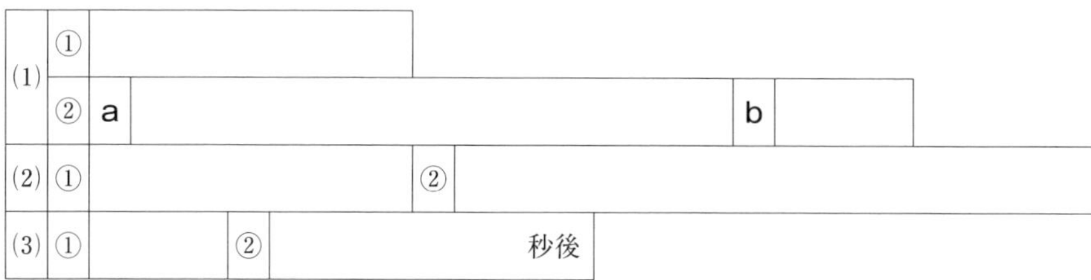

(1)	①			
	②	a	b	
(2)	①		②	
(3)	①		②	秒後

令和５年度入試問題　社会

1

次の略年表を見て，(1)～(9)の問いに答えなさい。

時代	飛鳥(あすか)	奈良(なら)	平安	鎌倉	室町	安土(あづち)桃山	江戸	明治	大正	昭和	平成
日本のできごと	①小野妹子(おののいもこ)を中国に派遣する	②天平(てんぴょう)文化が栄える	③院政が始まる	鎌倉幕府が成立する	④勘合貿易が始まる ⑤応仁(おうにん)の乱がおこる	太閤(たいこう)検地が始まる	田沼意次(たぬまおきつぐ)が老中になる ↔Ⓐ ペリーが浦賀に来る	⑥明治維新が始まる	大正デモクラシーが始まる	⑦太平洋戦争が始まる ⑧高度経済成長が終わる	京都議定書が採択される

(1)　傍線部①は，中国の進んだ制度や文化を取り入れるために派遣された。傍線部①が派遣された中国の王朝の名称を，次のア～エの中から１つ選び，記号で答えなさい。

ア 漢　**イ** 隋(ずい)　**ウ** 唐　**エ** 宋(そう)

(2)　傍線部②が栄えたころにつくられた，地方の国ごとに，自然，産物，伝承などをまとめて記したものは何とよばれるか。その名称を書きなさい。

(3)　傍線部③が行われていた平安時代の末期には，武士が政治のうえで力をもつようになった。武士として初めて，政治の実権を握り，太政(だいじょう)大臣となった人物はだれか。その人物名を書きなさい。

(4)　傍線部④が行われていた15世紀には，琉球(りゅうきゅう)王国が中継貿易で栄えていた。このことに関するａ，ｂの問いに答えなさい。

ａ　琉球王国の都を，次のア～エの中から１つ選び，記号で答えなさい。

ア 十三湊(とさみなと)　**イ** 漢城　**ウ** 首里　**エ** 大都

ｂ　**資料１**は，琉球王国が中継貿易で栄えたようすを表した文章が刻まれた鐘と，その文章の一部を要約したものである。**図１**は，東アジアの一部と東南アジアの一部を表した地図である。**資料１**から読み取れる，琉球王国が中継貿易で果たした役割を，**図１**から読み取れる，琉球王国の位置に関連付けて，簡単に書きなさい。

資料１

琉球王国は，……船で各国へ渡って万国のかけ橋となり，異国の産物は国中に満ちている。

(「万国津梁(しんりょう)の鐘」より，一部を要約)

図１

(5)　傍線部⑤の後に，戦乱が全国に広がり，戦国大名が各地に登場した。戦国大名が，領国を支配するためにつくった独自のきまりは何とよばれるか。その名称を書きなさい。

(6)　略年表中のⒶの期間に関するａ，ｂの問いに答えなさい。

ａ　Ⓐの期間の半ばには，化政文化が栄えた。化政文化に最もかかわりの深いものを，次のア～エの中から１つ選び，記号で答えなさい。

ア　歌川(うたがわ)（安藤(あんどう)）広重(ひろしげ)が，宿場町の風景画を描いた。

イ　井原西鶴(いはらさいかく)が，町人の生活をもとに小説を書いた。

ウ　出雲(いずも)の阿国(おくに)が，京都でかぶき踊りを始めた。

エ　兼好(けんこう)法師が，民衆の姿を取り上げた随筆を書いた。

ｂ　Ⓐの期間に，北アメリカでは，イギリスの植民地が，本国であるイギリスに対してアメリカ独立戦争をおこした。**資料２**は，アメリカ独立戦争に関するできごとを示した資料である。アメリカ独立戦争で植民地側がイギリスに勝利した理由を，**資料２**から考えられる，イギリスとフランスの関係に関連付けて，簡単に書きなさい。

資料２

1754年	北アメリカの支配をめぐる，イギリスとフランスの戦争開戦
1763年	イギリスがフランスに勝利し，北アメリカでの支配地を拡大
1775年	アメリカ独立戦争開戦
1778年	フランスが植民地側で参戦
1783年	イギリスが植民地の独立を承認

(7)　傍線部⑥において，新政府は富国強兵をめざして改革を行った。このことに関するａ，ｂの問いに答えなさい。

ａ　国民による軍隊をつくるために，1873年に新政府が発布した，原則として満20歳になった男子に兵役を義務づけた法令は何とよばれるか。その名称を書きなさい。

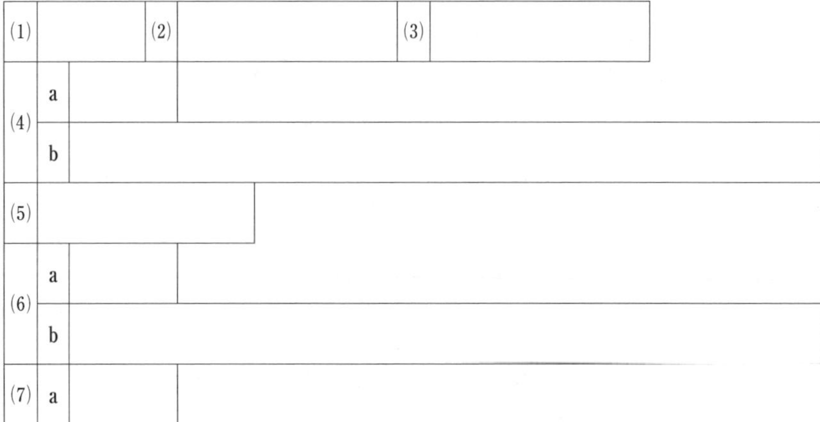

(1)		(2)		(3)	
(4)	a				
	b				
(5)					
(6)	a				
	b				
(7)	a				

b　新政府は，財政の安定を目的として1873年に地租改正を行い，その後，1877年に地租改正の内容の一部を変更した。**資料3**は，地租改正の内容の変更が記載された，ある土地所有者に与えられた地券の内容の一部を要約したものである。**資料4**は，1876年におこったできごとを示した資料である。**資料4**から考えられる，1877年に新政府が地租改正の内容の一部を変更した目的を，**資料3**から読み取れることに関連付けて，簡単に書きなさい。

資料3

地価　四円七十三銭
地価の百分の三　　金　十四銭二厘
明治十年より
地価の百分の二ヶ半　金　十一銭八厘

注1　明治十年は1877年。
注2　1円は100銭，1銭は10厘。

資料4

真壁暴動　茨城県でおこった地租改正に反対する農民の一揆。
伊勢暴動　三重県でおこった地租改正に反対する農民の一揆。岐阜県，愛知県に広がった。

(8)　次の**ア**～**ウ**は，傍線部⑦以前におこったできごとについて述べた文である。**ア**～**ウ**を時代の古い順に並べ，記号で答えなさい。

ア　中国では，国民党（国民政府）と共産党が協力し，抗日民族統一戦線を結成した。
イ　日本の関東軍は，南満州鉄道の線路を爆破し，満州の大部分を占領した。
ウ　アメリカは，日本への石油の輸出を制限し，イギリスやオランダも同調した。

(9)　傍線部⑧は1970年代に終わった。**グラフ1**は，1970年から2000年における，就業者数（15歳以上の人口のうち収入を伴う仕事をしている人の数）と，就業者数全体に占める15～64歳の就業者の割合の推移を示している。**グラフ1**に関するa，bの問いに答えなさい。

a　**グラフ1**の，1970年の統計には，沖縄県のデータは含まれておらず，1980年以降の統計には含まれている。**グラフ1**の1980年以降の統計に，沖縄県のデータが含まれるようになったのは，1970年から1980年までの間にどのようなできごとがあったからか。そのできごとを書きなさい。

グラフ1

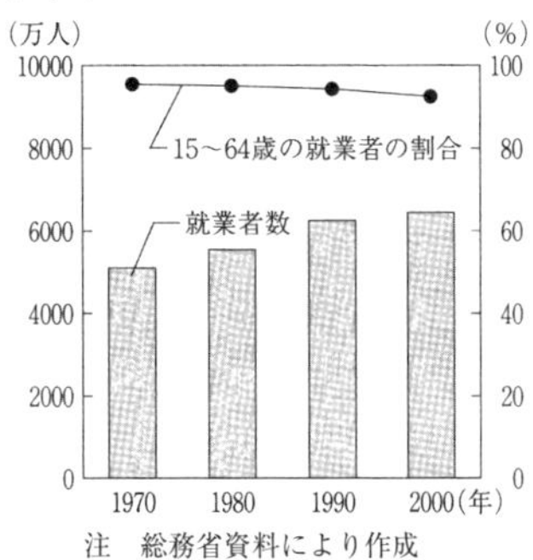

注　総務省資料により作成

b　**グラフ1**から，65歳以上の就業者数はどのように変化していると考えられるか。そのように考えられる理由として**グラフ1**から読み取れることとあわせて，簡単に書きなさい。

(7)	b			
(8)	→　　→	(9)	a	
(9)	b			

2

次の(1)～(4)の問いに答えなさい。なお，**地図1**の中の A ～ E は県を示している。

(1)　A に関するa，bの問いに答えなさい。

a　A では，りんごの栽培が盛んである。A の県名を書きなさい。

b　りんごの栽培が盛んな A では，もも栽培にも取り組み，近年，ももの栽培面積が増えている。一般に，果樹は，一度植えると30年程度は栽培が続くため，気候変動の影響を受けやすい。**表1**は，りんごとももの，栽培に適する自然的条件の一部を示している。**表1**から考えられる，A で，もも栽培面積が増えている理由を近年の気候変動に関連付けて，簡単に書きなさい。

地図1

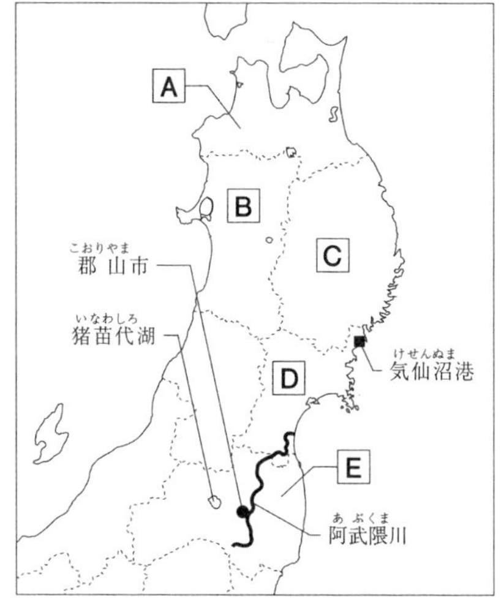

表1

	年間の平均気温	4月1日～10月31日の平均気温	冬期の最低極温	低温要求時間
りんご	6℃以上14℃以下	13℃以上21℃以下	－25℃以上	1,400時間以上
もも	9℃以上	15℃以上	－15℃以上	1,000時間以上

注1　農林水産省資料により作成
注2　最低極温は，1年を通して最も低い気温であり，低温要求時間は，気温が7.2℃以下になる期間の延べ時間である。

(2)　C に関するa，bの問いに答えなさい。

a　C について述べた文として正しいものを，次の**ア**～**エ**の中から1つ選び，記号で答えなさい。

ア　県の西部に奥羽山脈があり，県庁所在地は仙台市である。
イ　県の東部に奥羽山脈があり，県庁所在地は仙台市である。
ウ　県の西部にリアス海岸が見られ，県庁所在地は盛岡市である。
エ　県の東部にリアス海岸が見られ，県庁所在地は盛岡市である。

b　**表2**は，2019年における，B～Eの，人口，農業産出額の内訳，工業出荷額を示している。**表2**の中の**ア～エ**は，B～Eのいずれかを表している。**ア～エ**の中から，Cに当たるものを1つ選び，記号で答えなさい。

表2

	人口（千人）	農業産出額の内訳（億円）				工業出荷額（億円）
		米	果実	畜産	その他	
ア	2,306	839	27	736	330	45,590
イ	1,846	814	273	435	564	51,232
ウ	1,227	603	130	1,569	374	26,435
エ	966	1,126	84	362	359	12,998

注 「データでみる県勢 2022」などにより作成

(3) 漁業に関するa，bの問いに答えなさい。

a　**地図1**の気仙沼港は三陸海岸の漁港である。三陸海岸の沖合いは，海底の栄養分がまき上げられてプランクトンが集まり，さまざまな魚がとれる豊かな漁場になっているため，沿岸部には水あげ量の多い漁港が点在している。三陸海岸の沖合いが，このような豊かな漁場になっている理由を，海流に着目して，簡単に書きなさい。

b　近年，遠洋漁業のような「とる漁業」に加えて，栽培漁業のような「育てる漁業」にも力が入れられるようになっている。「育てる漁業」のうち，三陸海岸でも盛んな，いけすやいかだなどで，魚介類を大きく育てたのち出荷する漁業は何とよばれるか。その名称を書きなさい。

(4) **地図1**の猪苗代湖に関するa～cの問いに答えなさい。

図2

a　**図2**は，猪苗代湖に面した猪苗代町にある信号機を撮影した写真である。猪苗代町の気候には日本海側の気候の特色があり，**図2**の信号機には猪苗代町の気候に適応するための工夫が見られる。**図2**の信号機に見られる工夫が，猪苗代町の気候に適応している理由を，日本海側の気候の特色が分かるように，簡単に書きなさい。

b　**図3**は，**地図1**の郡山市の一部の地域を示した地形図である。**図3**の安積疏水（あさかそすい）は，明治時代に整備が始められた，猪苗代湖の水を引くための水路である。**図3**のXの付近では，近くを流れる阿武隈川の水は引けず，安積疏水を整備して，より遠くの猪苗代湖の水を引いて利用した。Xの付近では阿武隈川の水が引けなかった理由を，**図3**から読み取れる，地形上の特色に着目して，簡単に書きなさい。また，Xの付近の土地は，主に何に利用されているか。次の**ア～エ**の中から最も適切なものを1つ選び，記号で答えなさい。

ア　田　　**イ**　畑　　**ウ**　広葉樹林　　**エ**　針葉樹林

図3

注　国土地理院の電子地形図（タイル）により作成

c　猪苗代湖から日本海に流れる川では水力発電が行われている。**グラフ2**は，日本の，1960年，1980年，2000年，2020年における，それぞれの総発電量に占めるエネルギー源別発電量の割合を示している。また，**グラフ2**の**ア～ウ**は，1960年，1980年，2000年のいずれかを，ⓐ～ⓒは，水力，火力，原子力のいずれかを表している。**ア～ウ**を時代の古い順に並べ，記号で答えなさい。

グラフ2

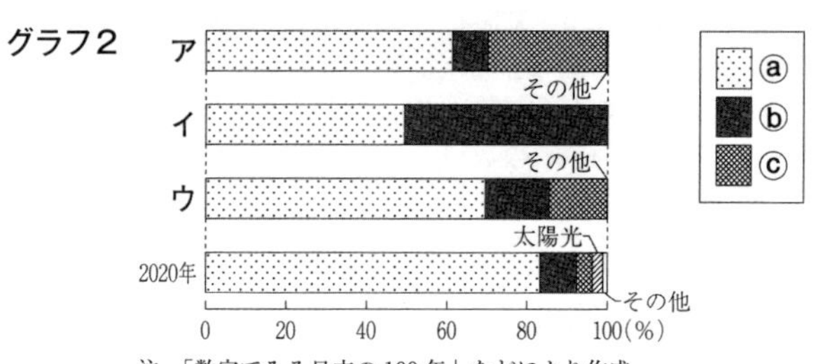

注 「数字でみる日本の100年」などにより作成

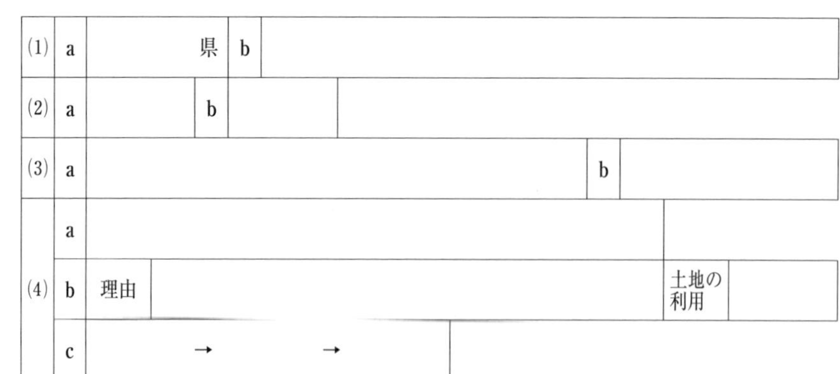

(1)	a	県	b	
(2)	a		b	
(3)	a		b	
(4)	a			
	b	理由	土地の利用	
	c	→ →		

3

次の(1)～(4)の問いに答えなさい。なお，**地図２**は，緯線と経線が直角に交わった地図であり，**地図２**の中の A ～ D は国を，ⓐ～ⓓは都市を， X は経線を，それぞれ示している。

地図２

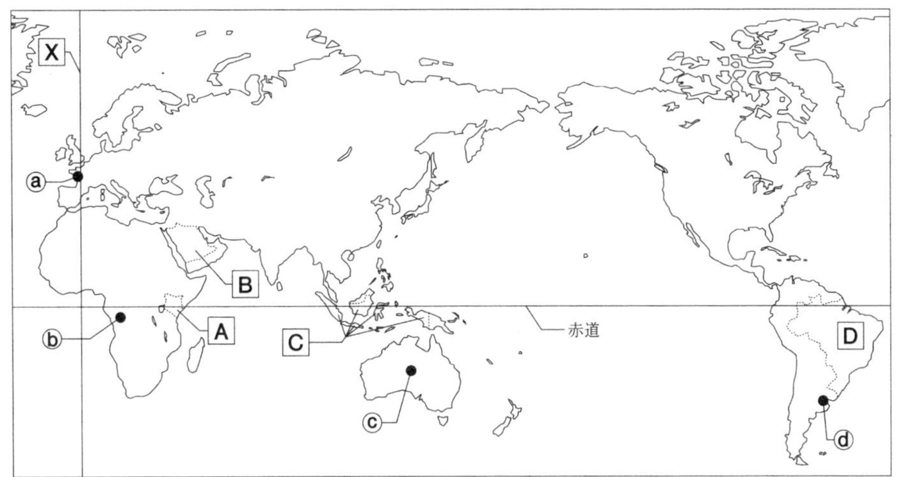

(1) **地図２**に関するａ，ｂの問いに答えなさい。

ａ X は，イギリスを通る経度０度の経線である。 X の名称を書きなさい。

ｂ **地図２**のⓐの地点から，地球の中心を通った反対側の地点には，三海洋（三大洋）のうちの１つがある。その海洋（大洋）の名称を書きなさい。

(2) **グラフ３**は，**地図２**のⓐ～ⓓのいずれかの都市の，気温と降水量を示したものである。**グラフ３**に当たる都市として適切なものを，ⓐ～ⓓの中から１つ選び，記号で答えなさい。

グラフ３

（℃） 気温 （mm） 降水量 1 3 5 7 9 11（月）

注 「令和４年 理科年表」により作成

(3) **表３**は，2019年における， A ～ D の，人口，１人当たりの国民総所得，輸出額の多い上位３品目を示している。**表３**の中のあ～えは， A ～ D のいずれかを表している。あに当たる国を， A ～ D の中から１つ選び，記号で答えなさい。

表３

	人口（千人）	１人当たりの国民総所得（ドル）	輸出額の多い上位３品目
あ	270,626	4,012	石炭，パーム油，機械類
い	34,269	23,372	原油，石油製品，プラスチック
う	52,574	1,780	紅茶，園芸作物，石油製品
え	211,050	8,523	大豆，原油，鉄鉱石

注 「世界国勢図会 2021/22」などにより作成

(4) アフリカ州に関するａ～ｃの問いに答えなさい。

ａ アフリカ州では，スマートフォンなどの電子機器に使われるコバルトなどの金属が産出される。コバルトなどの，地球上の存在量が少ない金属や，純粋なものを取り出すことが技術的，経済的に難しい金属の総称は何か。その総称を書きなさい。

ｂ アフリカ州では，民族によって異なるさまざまな言語が使われている。**グラフ４**は，2009年における， A の民族構成を示している。 A では，英語とスワヒリ語が公用語に定められており，国会などでは英語が使われ，小学校ではスワヒリ語の授業がある。 A において公用語が定められている理由を，**グラフ４**から読み取れることに関連付けて，簡単に書きなさい。

グラフ４

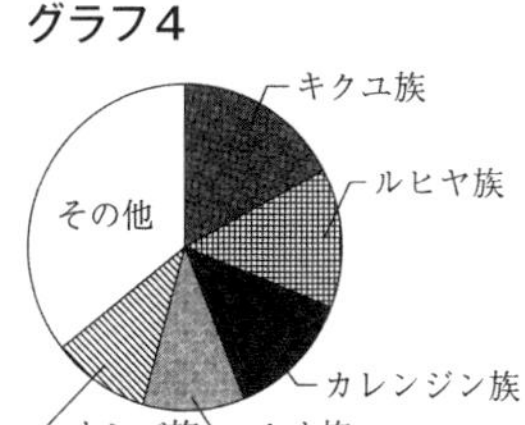

注 「世界の統計 2022」により作成

ｃ **図４**は， A を含めた東アフリカ地域の一部を表した地図であり，**図４**の中の○は A にある港を，●は A の隣国のウガンダの首都を，━━は整備が進められている道路の一部を示している。━━の道路の整備は，東アフリカ地域の経済発展につながると考えられている。━━の道路が整備されることの，ウガンダにとっての経済発展上の利点を，**図４**から読み取れる，ウガンダの国の位置に関連付けて，簡単に書きなさい。

図４

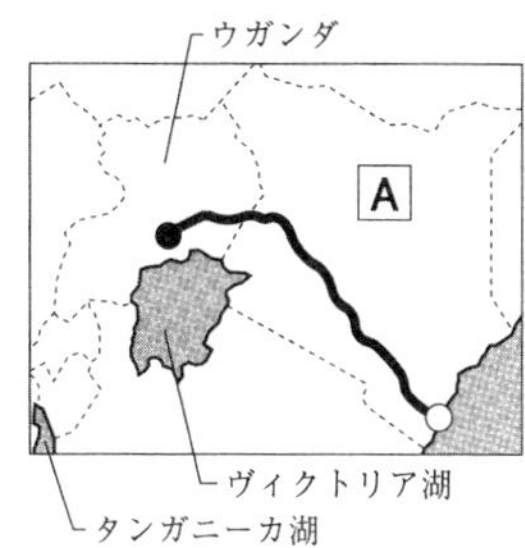

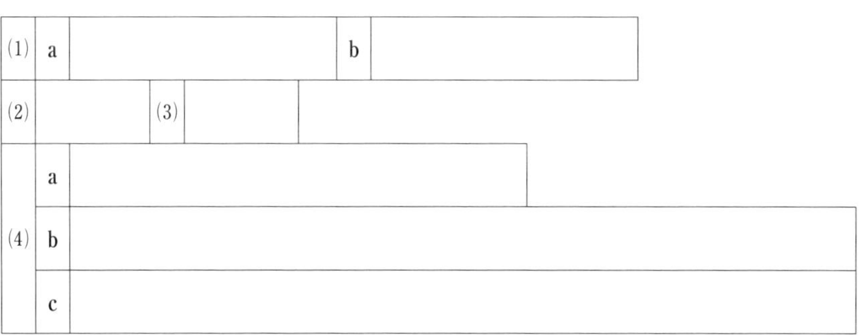

(1)	a		b	
(2)		(3)		
(4)	a			
	b			
	c			

4

次の(1)～(3)の問いに答えなさい。

(1) 貿易に関するａ，ｂの問いに答えなさい。

ａ　外国との間で異なる通貨を交換する際の比率を為替レート（為替相場）という。**表４**は，2022年２月と2022年４月における，１ドルに対する円の為替レートを示したものである。次の［　　］の中の文は，**表４**について述べたものである。文中の（ ㋐ ），（ ㋑ ）に当てはまる語として正しい組み合わせを，次の**ア**～**エ**の中から１つ選び，記号で答えなさい。

表４

年月	１ドルに対する円の為替レート
2022年２月	115.2円
2022年４月	126.1円

注１　日本銀行資料により作成
注２　為替レートは１か月の平均。

> **表４**の為替レートで考えると，2022年２月より2022年４月の方が，１ドルに対する円の価値が（ ㋐ ）なっており，2022年２月と2022年４月では，同じ金額の円をドルに交換するとき，ドルの金額が高くなるのは，2022年（ ㋑ ）である。

ア　㋐ 高く　㋑ ２月　　**ウ**　㋐ 低く　㋑ ２月
ウ　㋐ 高く　㋑ ４月　　**エ**　㋐ 低く　㋑ ４月

ｂ　輸入品に関税をかけることには，税収入の確保のほかにも利点がある。税収入の確保とは異なる，輸入品に関税をかけることの利点を，関税をかけることによっておこる輸入品の価格の変化に関連付けて，簡単に書きなさい。

(2) 国の権力と国民の関係に関するａ～ｃの問いに答えなさい。

ａ　**図５**は，「法の支配」と「人の支配」のしくみを表したものである。権力者が思うままに権力を行使する「人の支配」では，国民は自由な生活をうばわれるおそれがあるため，政治は「法の支配」に基づいて行われる必要がある。**図５**の㋐～㋒に当てはまる語として正しい組み合わせを，次の**ア**～**カ**の中から１つ選び，記号で答えなさい。

表５

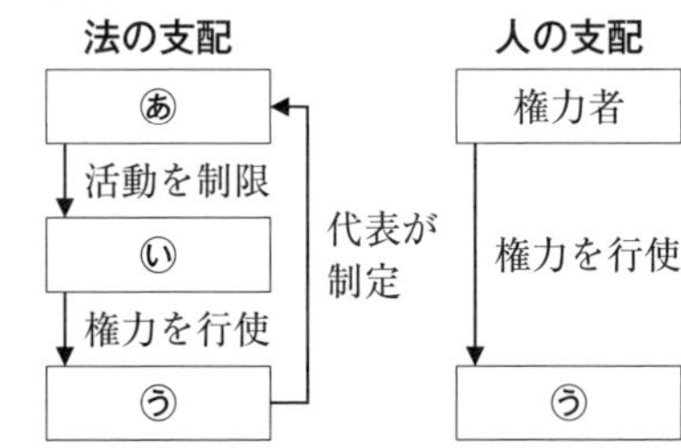

ア　㋐ 国民　㋑ 政府　㋒ 法　　**イ**　㋐ 国民　㋑ 法　㋒ 政府
ウ　㋐ 政府　㋑ 国民　㋒ 法　　**エ**　㋐ 政府　㋑ 法　㋒ 国民
オ　㋐ 法　㋑ 国民　㋒ 政府　　**カ**　㋐ 法　㋑ 政府　㋒ 国民

ｂ　日本の政治では，国の権力のうち，立法権を国会，行政権を内閣，司法権を裁判所が担当し，相互に抑制し合い均衡を保つしくみがとられている。このしくみは何とよばれるか。その名称を書きなさい。

ｃ　請求権（国務請求権）は，国民の権利が侵害されたり，不利益な扱いを受けたりしたときに，国に対して一定の行いをすることを求める権利である。日本国憲法が保障する請求権に当たるものを，次の**ア**～**エ**の中から１つ選び，記号で答えなさい。

ア　選挙権　　**イ**　環境権　　**ウ**　教育を受ける権利　　**エ**　裁判を受ける権利

(3) 我が国では，「働き方改革」が進められている。**資料５**は，「働き方改革」に関する政策の一部をまとめたものである。**表５**は，2016年における，企業規模別の，労働者１人当たりの年次有給休暇（一定期間勤続した労働者に与えられる，取得しても賃金が減額されない休暇）の取得率を示している。**グラフ５**は，2016年における，全国の企業数に占める，大企業と中小企業の割合を示している。**表５**から考えられる，**資料５**の政策を国が打ち出したねらいを，**グラフ５**から読み取れることと，**資料５**の政策の内容に関連付けて，70字程度で書きなさい。

資料５

> ・年次有給休暇取得の促進などに向けた環境整備に取り組む中小企業に対して，その実施に要した費用の一部を支援する。
> ・各都道府県の労働局に専門家を配置し，中小企業を中心とした企業からの，年次有給休暇取得などに関する相談に応じるなどの支援を行う。

注　厚生労働省資料により作成

表５

常用労働者の人数	年次有給休暇の取得率(%)
1,000人以上	55.3
300～999人	48.0
100～299人	46.5
30～ 99人	43.8

注１　厚生労働省資料により作成
注２　常用労働者は，期間を定めずに雇われている労働者，または１か月以上の期間を定めて雇われている労働者。
注３　取得率は，与えられた日数の合計に対する，実際に取得した日数の合計の割合。

グラフ５

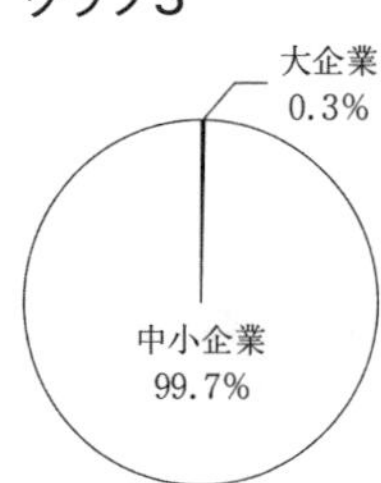

注　中小企業庁資料により作成

(1)	a		b			
(2)	a		b		c	
(3)						

四 次の文章を読んで、あとの問いに答えなさい。

注①頼義(よりよし)の郎等(らうどう)(家来)に、注②近江国(あふみのくに)の住人、日置の九郎といふものあり。〔ア〕馬、注③もののぐの出(いで)たち(よそおい)奇麗(きれい)なり(きらびやかだ)。頼義見て気色を損じ(機嫌を悪くし)〔イ〕、「いまいましき(感心しない)有様なり、汝(なんぢ)、かならず身を亡(ほろ)ぼすべし(命を落とすだろう)、はやく売りはらふべし(売り払ってしまいなさい)、それも味方の陣には売るべからず(売ってはならない)、敵方へ売るべし(売りなさい)。」九郎かしこまつて(恐縮して)〔ウ〕、後日のいくさに、また先に(以前)おとらぬ奇麗をつくしたるもののぐを着たり。着替の料(代品)なりといふ。頼義、なほ身を失ふ相なり(やはり命を落とす格好である)、売りはらふべし、かまへて(絶対に)着すべからずと。次の日には、黒革縅(くろかわをどし)の(黒色のよろいで)古き(古いもの)を着たり〔エ〕。頼義、これこそめでたしめでたし(喜ばしく結構である)と仰(おほ)せ(お言葉)あり。奇麗(着飾ること)にたから(金銭)をつひやせば、家まづしくなりて、よき郎等を扶持(ふち)すべき(召し抱えることができる)ちからなし、されば(それゆえ)、敵にむかひて(相対して)亡びやすしと、仰せありしなり。

（志賀(しが)忍(しのぶ)・原義胤(はらよしたね)『三省録(さんせいろく)』による。）

（注）① 源頼義。平安時代の武将。　② 昔の国名。今の滋賀県。　③ よろいなどの武具。

問一 二重傍線（═）部を、現代かなづかいで書きなさい。

問二 波線（〰）部ア〜エの中で、その主語に当たるものが他と異なるものを一つ選び、記号で答えなさい。

問三 傍線（──）部は、九郎のよそおいの変化に対する、頼義の感想である。頼義が、傍線（──）部のような感想を述べたのは、九郎のよそおいが、どのようなものから、どのようなものに変化したからか。その変化を、現代語で簡単に書きなさい。

問四 頼義が、九郎に対して、命を落とすことになるという内容の発言をしたのは、頼義にどのような考えがあったからか。頼義の考えを、現代語で書きなさい。

問一	
問二	
問三	
問四	

五 下のグラフは、日本語に関する意識や理解の現状について調査した「国語に関する世論調査」のうち、「国語（日本語）について関心があること」について調査した結果を表したものである。

あなたは、このグラフから、どのようなことを考えるか。あなたが考えたことを、あなたが体験したことや学んだことなど、身近なところにある事柄と関連付けて書きなさい。ただし、次の**条件1**、**2**にしたがうこと。

条件1 一マス目から書き始め、段落は設けないこと。
条件2 字数は、百五十字以上、百八十字以内とすること。

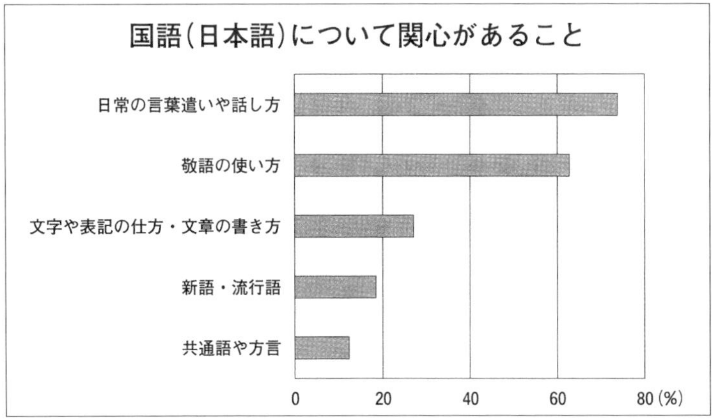

国語（日本語）について関心があること

日常の言葉遣いや話し方
敬語の使い方
文字や表記の仕方・文章の書き方
新語・流行語
共通語や方言
0　20　40　60　80（%）

注1　文化庁「平成30年度　国語に関する世論調査」により、調査項目の中から一部の項目を取り上げて作成（複数回答可）
注2　調査対象は、「国語について関心がある」と答えた、16歳以上の男女、約1,500人

三

次の文章は、陸上部の部長が、体育館にいる新入生全員の前で、部活動紹介をするためにまとめている原稿である。あなたは、陸上部の部長から原稿についての助言を頼まれた。この原稿を読んで、あとの問いに答えなさい。

こんにちは。陸上部です。陸上部は、短距離種目を専門とする部員と長距離種目を専門とする部員、合わせて二十人で活動しています。陸上競技は、個人で取り組むことが多いので、孤独な競技と思う人もいるのではないでしょうか。[1]しかし、わたしたち陸上部は、「切磋琢磨（せっさたくま）」という、部員の活動する姿勢を表す合言葉を共有することで、一つのチームとして結束しています。活動日は、毎週火曜、木曜、土曜日の三日間で、顧問の山田先生に[2]教えてもらいながら練習しています。

では、練習内容を紹介します。あさってには、見学会を学校のグラウンド西側で実施する予定です。まず全員でウォーミングアップを行います。全員で体幹を鍛えるトレーニングも行った後、種目ごとに分かれます。短距離では、スタートダッシュを強化する練習などを行います。大会前にはリレーのバトンパスの練習も行います。長距離の部員は、男子五人、女子三人です。長距離では全力走とジョギングを繰り返す練習などを行います。練習の最後に、再び全員で集まり、ストレッチやミーティングを行います。

どの部活動に入るか、悩んでいる人もいると思います。ぜひ、[3]合言葉の表す陸上部員の活動する姿勢を感じ取ってから、入部する部活動を考えてみてください。新入生の皆さん、一緒に青春の一ページを刻みましょう。

なお、あさって行う見学会は、持ち物や着替えの必要はありません。グラウンド西側に集合してください。

問一　傍線部1を聞き手である新入生に伝えるときに、注意すべきことを確認したい。次のア～エの中から、注意すべきこととして、適切でないものを一つ選び、記号で答えなさい。

ア　印象づけるように、言葉に強弱をつけて話す。
イ　理解できるように、意味によるまとまりで区切って話す。
ウ　冷静に伝えるために、原稿に目線を落として話す。
エ　聞き取りやすくするために、はっきりとした発音で話す。

問二　傍線部2の中の「もらい」を、「山田先生」に対する敬意を表す表現にしたい。「もらい」を敬意を表す表現に言い換え、傍線部2を書き直しなさい。

問三　本文中の、第二段落において、練習内容をより簡潔に伝えるために、練習内容ではない、ある一文を削除したい。その一文の、最初の五字を抜き出しなさい。

問四　あなたはこの原稿を読んで、新入生が見学会に参加するために必要な情報が不足していると気付いた。新入生が見学会に参加するために必要な情報として、付け加えるべき内容とはどのようなことか。簡単に書きなさい。

問五　次の［　］の中のメモは、「切磋琢磨」の意味をまとめたものである。あなたは、傍線部3の意味が新入生には伝わりづらいと考え、メモの内容をふまえた表現に書き直したほうがよいと部長に提案した。メモの内容をふまえ、陸上部員の活動する姿勢が新入生に分かりやすく伝わるような表現を考えて、傍線部3を書き直しなさい。

①石や玉などを切り磨くように、道徳・学問に励むこと。
②志を同じくする仲間と互いに競い合い、励まし合って向上すること。

（『広辞苑（こうじえん）』などによる。）

問一

問二

問三

問四

問五

むしろわたしたちの現実はわからないものばかりで編まれていると言ってもいいほどです。

少し具体的にお話ししましょう。［　］政治、それは外交をとっても国内行政をとっても、不確定な要素に満ちています。政治は、状況が刻々と変わる（ウ）なかで、きちんとした見通しもつかないまま、しかも即刻なんらかの決定をしなければならない、そんな判断が求められる（エ）世界です。すぐにも実行しなければならない施策が二つ、A、Bとあっても、Aを先にやるかBを先にやるかによって、ABそれぞれの施策の意味も実効性も大きく変わってしまいます。そんな不確定な状況のなかであいだを置かずもろもろの決定をしなければならないのが、政治的な判断というものです。

次に、場面を変えて、介護や看護といったケアのいとなみについて考えてみましょう。ケアの現場では、ケアを受ける当事者とその家族、さらにはケアに携わる人や介護スタッフ、医師や施設の管理運営を預かる者というふうに、それぞれの立場で判断はときに微妙に、ときに大きく異なります（オ）。そういう対立した思いが錯綜（さくそう）[注②]するなかで、いいかえると、だれの思いを通してもだれかに割り切れなさが残るそういう現場のなかで、それでもこの場合に何がいちばんいいケアなのかを考え、ケアの方針を立てねばなりません。ここでは、正解のないところでそれでも一つの解を選び取る、そういう思考が求められます。

さらに場面を変えて、芸術制作の現場を考えてみます。制作者は自分が何を表現したいのか、自分でもよくわかっていません。はじめは、表現しなければならないという衝迫[注③]だけがあるだけです。けれどもできあがった作品は、美術の場合ならここにはこの線、この色、音楽の場合ならここにはこの音、この和音しかありえないといった、必然性が隅々まで行き渡っています。ここでは、曖昧な事を割り切るのではなく、曖昧な感情を曖昧なまま正確に表現することが求められているわけです。

このように不確定なこと、わからないことが充満する世界、正解のない世界のなかで重要なことは、すぐにはわからない問題を手持ちのわかっている図式や枠に当てはめてわかった気にならないことです。わかっていることよりもわかっていないことをきちんと知ること、わからないけれどこれは大事ということを知ることが重要なのです。そしてそのうえで、わからないものにわからないまま的確に対応する術を磨いてゆかなければなりません。

（鷲田清一（わしだきよかず）『岐路の前にいる君たちに　鷲田清一　式辞集』による。）

（注）① 軽んじること。　② 複雑に入りくむこと。　③ 心の中にわきおこる強い欲求。

問一　二重傍線（‖）部あ、いのひらがなを漢字に直し、うの漢字に読みがなをつけなさい。

問二　波線（〰）部ア～オの動詞の中には、活用の種類が一つだけ他と異なるものがある。それはどれか。記号で答えなさい。

問三　本文で述べられている、報道で知る世界の出来事と日常生活とのつながりを理解するために不可欠なものを、本文中から十字以内で抜き出しなさい。

問四　次のア～エの中から、本文中の［　］の中に補う言葉として、最も適切なものを一つ選び、記号で答えなさい。

ア　しかし　**イ**　たとえば　**ウ**　むしろ　**エ**　したがって

問五　筆者は本文において、傍線（―）部のような世界における重要なことについて述べている。そのうえでさらに、どのようなことが必要であると述べているか。傍線（―）部のような世界の仕組みが、見抜きづらい理由を含めて、五十字程度で書きなさい。

問六　次の**ア**～**エ**の中から、本文で述べている内容として適切でないものを一つ選び、記号で答えなさい。

ア　身近な人たちだけでなく、まだ会ったこともない人たちともどのようにかかわって生きるかが重要である。

イ　外交や国内行政を行う政治の世界では、確定していない状況の中でも素早い判断が求められる。

ウ　介護などのケアの現場では、それぞれの立場によってケアに対する思いが食い違うことがある。

エ　芸術の世界では、曖昧なまま表現された作品が意外性にあふれたものとなる。

問一　あ　（らして）　い　う

問二

問三

問四

問五　50

問六

たしかに、その通りだ。でも、ハセオの句と知ったいま、ユミは隠された意図をそこに読み取っていた。これは挨拶なんだ。ハセオから、ソラへの。「そら」には、かけがえのない友人の名前を、掛けてあるのだ。

（髙柳克弘『そらのことばが降ってくる 保健室の俳句会』による。）

（注）① 表紙、カバーなどの体裁を整えること。 ② 製本の仕方の一つ。
③ 俳句を作り批評し合う会の校内での名称。ユミ、ハセオ、ソラだけが所属している。 ④ 軽んじること。
⑤ 投稿された俳句のこと。 ⑥ ここでは、俳句大会で好きな句に貼る、生徒に配られたシールのこと。

問一 二重傍線（‖）部あ、うの漢字に読みがなをつけ、いのひらがなを漢字に直しなさい。

問二 次のア～エの中から、波線（〰）部と同じ構成の熟語を一つ選び、記号で答えなさい。

ア 軽重 イ 読書 ウ 花束 エ 日没

問三 本文には、校長先生が考えておくことにした「宿題」の内容が分かる一文がある。その一文の最初の五字を抜き出しなさい。

問四 傍線（―）部の句に、ユミが「サクラシール」を貼ることに決めたのはなぜか。その理由を、俳句大会でユミが、傍線（―）部の句を見て気付いたことが分かるように、三十字程度で書きなさい。

問五 次のア～エの中から、本文中の□の中に補う言葉として、最も適切なものを一つ選び、記号で答えなさい。

ア 頼りない イ 大人げない ウ 新しい エ 力強い

問六 ユミは、俳句大会のハセオの句に、かけがえのない友人への挨拶が隠されていることを読み取っている。ユミは、ハセオが俳句大会の句に、かけがえのない友人への挨拶を、どのように隠したと読み取っているか。ハセオが俳句を作る目的を含めて、五十字程度で書きなさい。

問一 あ い う（んで）

問二

問三

問四

問五

問六

二

次の文章を読んで、あとの問いに答えなさい。

わたしたちにとって何よりも重要なことは、自分以外の人びととどのように関係しながら生きるかということです。自分以外の人びととは、生まれたときから頼りあってくらしている身近な人はもちろん、まだ会ったこともない地球上のさまざまな人びとでもあります。

そうした人びととのかかわりの平面はしかし、わたしたちにとってごく限られています。地球上で起こっているさまざまな出来事について、わたしたちは多くの場合、新聞やテレビの報道で知ります。まるでかんきゃくのようにしてそれにふれます。その人たちの運命と自分のそれとはあまりに遠く隔たっていて、それらが自分の毎日の生活とどうつながっているのかは、相当な知識と想像力がなければ理解できません。他方、毎日の生活のなかで絶対なおざりにできないのは、同僚や友だち、あるいは家族との関係です。ここでは相手の一言一言に深く傷ついたり、落ち込んだり、逆に強く励まされたりしています。

ここから抜け落ちているのは、よく〈中間世界〉と呼ばれているものです。自治体の市民としての生活、地域住民としての生活です。いいかえると、ふだんの生活の具体的な文脈となっている世界であり、ともに社会を動かす主体でありながらたがいに未知であるような人たちとのかかわりです。それこそ政治や経済が具体的に働きだしている世界です。

ところがそのような世界の仕組みは、さまざまな要因が複雑に絡まっていて、容易に見通せるものではありません、

令和5年度入試問題　国語

一　次の文章には、校内の俳句大会で優勝したユミが、同級生で俳句を作る仲間である、ハセオとソラを、春休みに学校で待っているときのことが書かれている。この文章を読んで、あとの問いに答えなさい。

校長先生から聞かされた、ハセオの話を、ユミは思い出していた。

春休み前、"豪華景品"(あ)を受け取りに行ったときのことだ。

なんのことはない、校長先生が学生時代に出した詩集を、自費出版で立派な装丁(そうてい)[注①]の本にしたものだった。タイトルは、『青春はがんもどき』。

気持ちはうれしいけど、こういうのをもらって、喜ぶ子はいるんだろうか……。でも、「造本に凝って、時間がかかってしまったよ、ほらこのフランス装[注②]がきれいでしょう?」とうれしそうな校長先生を前にして、不満げな顔を見せるわけには、いかなかった。

それよりも、ユミにとって重要だったのは、「ヒマワリ句会[注③]のハセオくんなんだけどね。」と前置きをして始まった話のほうだった。

「俳句大会の開会宣言のあとですぐ、私に直談判(じかだんぱん)を求めてきたんだ。」

校長室に、いきなりやってきたハセオは、言いたいことがあるという。校長先生の発言を取り消してほしい、と。俳句は伝統文化。そう言った先生の言葉が、どうしても許せないのだという。伝統文化と言ったとたんに、祠(ほこら)の中の神様みたいになるのが、自分はいやだ。俳句は確かに昔からあるけれど、いまの自分の気持ちや、体験を盛るための器として、自分は俳句をやっている。校長先生の発言は、"いま、ここの詩"として、俳句を作っている自分たちを、ないがしろ[注④]にするものだ。

「彼の言葉が、ぐさっとむね(い)に突き刺さってね。」

俳句とはなにか、詩とはなにか。生徒から問われた気がしたのだという。「あの生徒も、やはり、わが校の誇りだよ。」

校長先生は、私も考えがあって言ったことなので、発言の取り消しはしないが、あなたから与えられた"宿題"として、あなたの卒業の日までに、考えておくと返したそうだ。ハセオは、それでいちおう、満足した様子だったという。

校長先生に自分が"宿題"を出したというのが、うれしかったのかも、などとユミは思う。あいつは、いつも宿題に苦しめられていたから。

「この本を出そうと思ったのも、彼の言葉がきっかけだったんだ。——ところで、俳句大会に彼が出した句を、君は知ってる?」

ユミは頭(かぶり)を振る。本人に聞いても、適当にはぐらかされたまま、いまに至っていた。

校長先生は少し考えてから、「君は彼と同じ句会の仲間、つまり句友だしね。俳句大会の優勝者でもある。感想を聞いてみたい。彼には、私が伝えたことは、内緒にしておいてくれよ。」と断ってから、「こんな句なんだ。」と、一枚の短冊(たんざく)を渡した。俳句大会の投稿用紙として、使われたものだ。短冊の裏に、クラスと名前を書く欄があるから、それを手掛かりにボックスの中の大量の投句[注⑤]の中から、ハセオの句を探しだしたのだろう。ユミにとっては、記名欄を確認する必要はなかった。まぎれもなく、ハセオのくせの強い字で、

　雪がふるそらのことばを受け止める

と書いてある。

「その句はね、大会では、三点しか入っていなかったんだ。でも、私はいい句だと思う。あなたはどうかな?」

ユミは、その短冊の字を、何度も目で追った。追うだけではなくて、思わず一度、口に出してもみた。まちがいない。それは、ユミが、自分のサクラシール[注⑥]を貼った句だった。

ヒマワリ句会に出るようになって、たくさんの言葉とめぐりあった。誰かの言葉にも、そして自分の中に潜んで(う)いた言葉にも。今まで聞いたことのない言葉もあった。なじみのある言葉であっても、それががらりと違って見えたこともあった。

言葉は、とても[　　]。形がなくて、すぐに消えてしまう。まさに、雪のように。でも、その言葉を受け止めて、一歩踏み出すことができたのも、ゆるがない事実だ。この学校に、自分と同じように言葉に助けられた人がいたということがうれしくて、最終的にこの句を選んだのだった。

やっぱり、ふざけなければ、いい句も書けるじゃないか。もしいまここに、ハセオがいたなら、その背中をばーん!と叩(たた)いてやるところだ。

「てのひらに降ってくる雪。それを、『そらのことば』と言いかえてみせたのは、あっと驚くマジックじゃないかい?ふつうは『空の言葉』と書くところ、ひらがなにしているのはきっと、そのことで、雪のつぶのやわらかさを表現したかったんだと、私は思う。」校長先生は、ユミの感想も待たないで、少し興奮した口調で、鑑賞の弁を述べた。

放送による問題

1 (1) これから，中学生の健（Ken）と留学生のリサ（Lisa）が，英語で[A]，[B]，[C]，[D]の４つの会話をします。それぞれの会話のあとに，英語で質問をします。その質問の答えとして最も適切なものを，ア，イ，ウ，エの４つの中から１つ選び，記号で答えなさい。

[A] Lisa : Hi, Ken. Look at this picture. This is my favorite movie character.
Ken : Oh, she has a long pencil in her hand. Why does she have it?
Lisa : Because she loves studying. She also likes plants, so she holds three flowers in her other hand.
Ken : I see.
質問 Which is Lisa's favorite movie character?

ア  イ  ウ  エ 

[B] Ken : We're going to visit the science museum tomorrow. I'm so excited.
Lisa : Me, too. Don't forget your cap, lunch, and something to drink.
Ken : I see, but we'll go there by bus. So we don't need a cap.
Lisa : You're right. Oh, if you have a camera, can you bring it?
Ken : Sure. I have a good one.
質問 What will Ken bring to the science museum?

ア 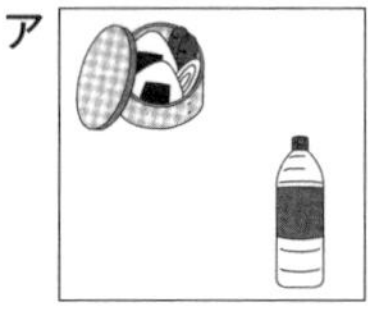 イ 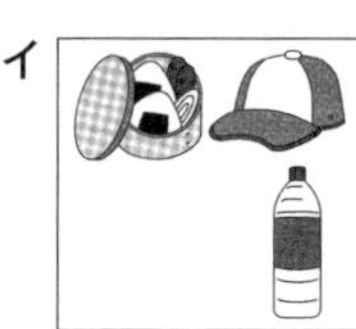 ウ  エ 

[C] Ken : Lisa, have you finished your tennis practice?
Lisa : Yes, it was hard.
Ken : Would you like to eat some cookies? I made them yesterday.
Lisa : Wow, your cookies look delicious. Can I eat this big one now?
Ken : Of course, but wait. Before eating it, wash your hands.
Lisa : Oh, I've already done it.
Ken : OK, here you are.
質問 What will Lisa do next?

ア  イ  ウ  エ 

[D] Lisa : Good morning, Ken. Why do you have an umbrella? It's cloudy now, but it will be sunny here in Shizuoka this afternoon.
Ken : I'm going to see my grandmother in Tokyo. This morning, the TV news said, "It has been raining in Tokyo since yesterday."
Lisa : Oh, I watched that, too. It will not stop raining there until tomorrow, right?
Ken : Yes. I wish it would be sunny in Tokyo today.
質問 Which TV news did Ken and Lisa watch?

ア 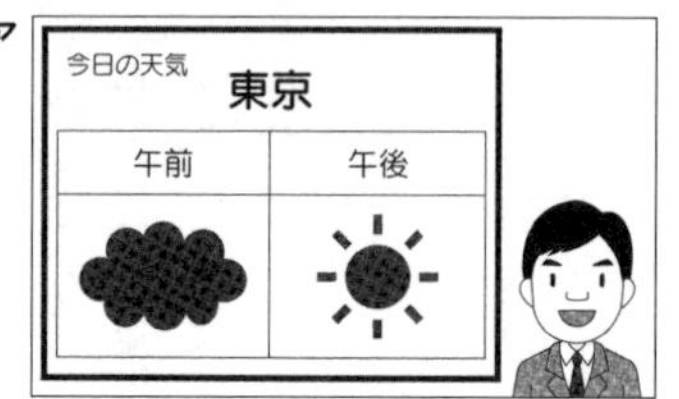

イ 

ウ 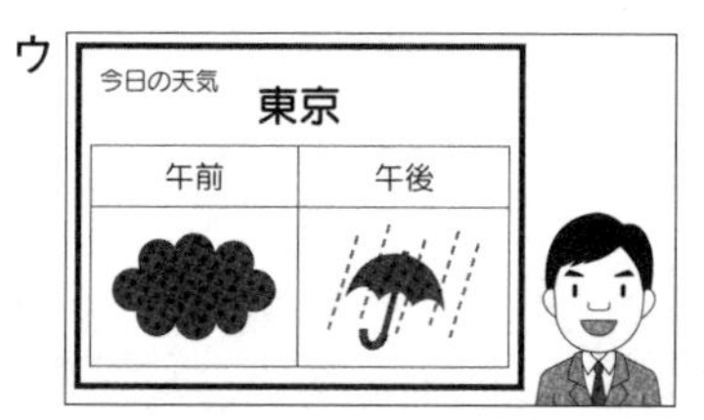

エ 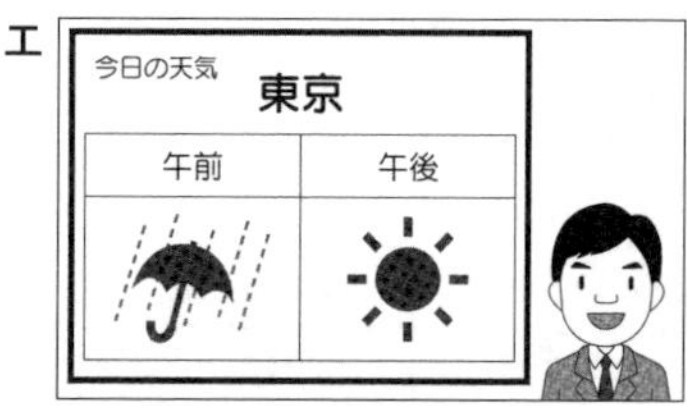

(2) これから，中学生の健（Ken）が，英語で話をします。その話の内容について，３つの質問をします。それぞれの質問に対する正しい答えとなるように，(　　　)の中に，適切な語や語句を記入しなさい。

What time do you usually get up? Every morning, I wake up at five thirty and walk in my town with my brother.

While we are walking, we talk a lot. It is a good time for us. Also, I enjoy two things. First, it's fun for me to watch some white birds. When they are flying in the morning sky, they look beautiful. Second, there is a station near my house, and some colorful trains stay there. I enjoy watching them, and I sometimes take pictures of them.

After we come home, my father makes green tea for me, and I drink it. My father and brother drink coffee. It is the happiest moment in the morning.

質問１ Who walks with Ken every morning?
質問２ What does Ken enjoy watching in the morning?
質問３ What does Ken do after walking?

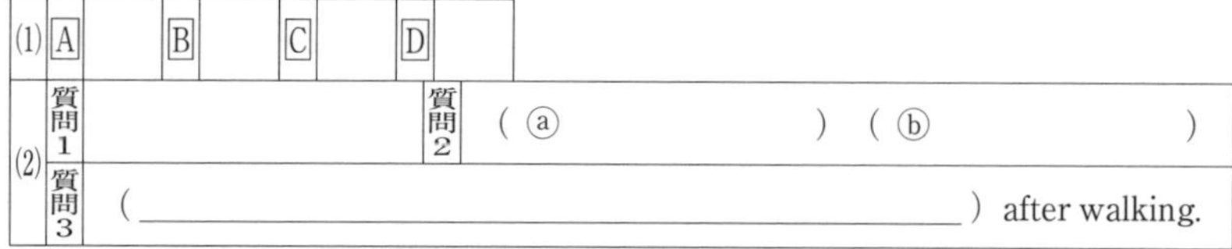

(1)	A		B		C		D	
(2)	質問1		質問2	(ⓐ　　　　) (ⓑ　　　　)				
	質問3	(　　　　　　　　　　) after walking.						

令和5年度入試問題　解答

数学

[1]　(1)　ア　-11　　イ　$27a$　　ウ　$\dfrac{11x-8y}{21}$　　エ　$5\sqrt{5}$

(2)　81　　(3)　$x=-8$，$x=3$

[2]　(1)　右図

(2)　**逆**　$a+b$が正の数ならば，aもbも正の数である。

反例　$a=-1$，$b=2$のとき，「$a+b$が正の数ならば，aもbも正の数である」は成立しない。

(3)　$\dfrac{7}{20}$

[3]　(1)　ⓐ　24　　**四分位範囲**　17　　(2)　32，33，34

[4]　**方程式と計算の過程**

集めた鉛筆の本数をx本，ボールペンの本数をy本とする。

$$\begin{cases} x=2y & \cdots① \\ 0.2x+0.96y=0.8x-18 & \cdots② \end{cases}$$

②×100より，$20x+96y=80x-1800$　→　$60x-96y=1800$

これに①を代入して，$120y-96y=1800$

$y=75$

$y=75$を①に代入して，$x=150$　　**答**　鉛筆[150]本，ボールペン[75]本

[5]　(1)　ウ　　(2)　$\dfrac{11}{6}\pi$　　(3)　$\dfrac{9\sqrt{15}}{8}$

[6]　(1)　$-\dfrac{1}{4}$　　(2)　ア，エ

(3)　**求める過程**

A$(-3,\ 9a)$，B$(2,\ 4a)$より，直線ABの式は，

$y=-ax+6a$

よって，G$(1,\ 5a)$となる。

D$(-4,\ -4)$，F$(4,\ 16a)$より，3点D，G，Fが一直線上にあるのは，DGの傾きとGFの傾きが等しいときである。

$$\frac{5a-(-4)}{1-(-4)}=\frac{16a-5a}{4-1}$$

これを解いて，$a=\dfrac{3}{10}$

答　$\dfrac{3}{10}$

[7]　(1)　△BCGと△ECFにおいて，

仮定より，△ABCは二等辺三角形だから，

∠BAC＝∠BCA　…①

$\overset{\frown}{\mathrm{BC}}$の円周角より，∠BAC＝∠BDC　…②

仮定より，GC＝GDだから，△GCDも二等辺三角形のため，

∠GDC＝∠GCD　…③

①，②，③より，∠BCA＝∠GCD　…④

また，∠BCG＝∠BCA－∠GCE　…⑤

∠ECF＝∠GCD－∠GCE　…⑥

④，⑤，⑥より，∠BCG＝∠ECF　…⑦

$\overset{\frown}{\mathrm{CD}}$の円周角より，∠CBG＝∠CAD　…⑧

仮定より，AD∥EFだから，平行線の同位角は等しいため，

∠CAD＝∠CEF　…⑨

⑧，⑨より，∠CBG＝∠CEF　…⑩

⑦，⑩より，2組の角がそれぞれ等しいから，

△BCG∽△ECF

答　$\dfrac{13}{4}$

英語

[2]　(1)　A　イ　　B　ウ　　C　ア

(2)

エ	ア	オ	ウ	イ

(3)　ⓐ　ア　　ⓑ　エ　　ⓒ　イ

(4)　(例)　everyone asks me where I found [got] it.

(5)　can be used

(6)　(例１)　D　You can go to a kimono shop.

E　You can see many kinds of beautiful kimonos there.

(例２)　D　You should use the Internet [internet].

E　You can get a lot of information easily [quickly].

[3]　(例１)　Your speech was very good because I could learn about the festival(s) in your country.

We have to respect the local culture(s).

(例２)　Your speech was very nice and I could learn about the festival(s) in your country.

We must love our own culture.

(例３)　I learned about the festival(s) in your country, so your speech was very good.

We must make the cultures of various areas important.

4 (1) ⓐ felt ⓑ written
(2) ① (They wanted to decide) (What kind of) Music to use for their dance.
② He was (just) listening to them.
(3) イ (4) エ
(5) 自分の意見をもち，ダンスをよりよくするために，意見を言うことをおそれなかったようす。
(6) あなたたちの助けなしに自分ができることは限られているということ。
(7) ウ

1 (1) A エ B ウ C ウ D イ
(2) **質問１** brother **質問２** ⓐ birds ⓑ trains
質問３ He drinks green tea

理科

1 (1) 衛星 (2) **ア**
(3) **受精**によって両方の親からそれぞれの**染色体**を受け継ぐから。
(4) 6

2 (1) ①**a ウ b** 葉緑体 ②**ア，エ**
③**a** 0.5 **b ウ**
(2) ①単細胞生物
②水中の酸素が不足するから。又は，分解に大量の酸素を使うから。

3 (1) ①電離 ②**a** $Zn \rightarrow Zn^{2+} + 2e^-$ **b イ**
③金属板の面積も変えたから。
(2) ①**エ** ②右図 (3) 12

4 (1) 右図 (2) ①**ウ** ②下降気流が生じるから。 (3) 16

5 (1) ①風化 ②**記号 ウ 理由** 粒が最も小さいから。
(2) **イ**

6 (1) ①(ばねを) 引く力
②**a** 重力の斜面に平行な**分力**の大きさが大きくなるから。
b オ
(2) ①力学的エネルギー
②運動エネルギーが大きいため，移動距離は大きくなる。
(3) ①**ア** ②0.4

3(2)②

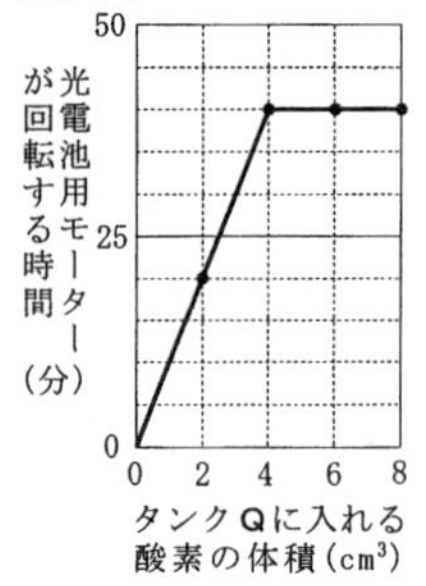

4(1)

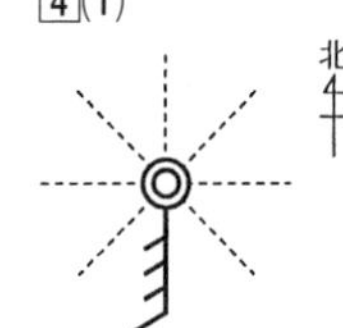

社会

1 (1) **イ** (2) 風土記 (3) 平清盛
(4) **a ウ b** 東アジアと東南アジアの間に位置し，万国のかけ橋となった。
(5) 分国法
(6) **a ア b** イギリスと対立していたフランスが，植民地側で参戦したから。
(7) **a** 徴兵令 **b** 地租の税率を引き下げて，農民の不満をおさえるため。
(8) **イ→ア→ウ**
(9) **a** 沖縄が日本に返還された。
b 15歳～64歳の就業者の割合が減少し，就業者数は増加しているので，65歳以上の就業者数は増加している。

2 (1) **a** 青森 **b** 気温が上昇しており，ももの方が高い気温でも栽培できるから。
(2) **a エ b ウ**
(3) **a** ２つの海流がぶつかる場所だから。**b** 養殖漁業
(4) **a** 冬に多く降る雪が，積もりにくいから。
b 理由 阿武隈川より X の付近の方が標高が高いから。 **土地の利用 ア**
c イ→ウ→ア

3 (1) **a** 本初子午線 **b** 太平洋 (2) ⓑ (3) C
(4) **a** レアメタル，又は希少金属
b 多くの民族がおり，共通の言語が必要だから。
c ウガンダは海に面していないが，港を利用しやすくなる。

4 (1) **a イ b** 輸入品の価格が高くなり，国内の産業が保護される。
(2) **a カ b** 三権分立，又は権力分立 **c エ**
(3) (例) 日本の企業の大多数は中小企業であり、企業規模が小さくなるほど有給休暇の取得率が低いので、国が支援を行うことで有給休暇の取得率を向上させるねらい。

国語

一 **問一** ㋐ ごうか ㋑ 胸 ㋒ ひそ（んで） **問二 ウ** **問三** 俳句とはな
問四 自分と同じように言葉に助けられた人がいたことがうれしかったから。
問五 ア
問六 いまの自分の気持ちや、体験を盛るために俳句をやっており、「そら」に友人の名前を掛けて隠した。

二 **問一** ㋐ 暮（らして） ㋑ 観客 ㋒ どうりょう **問二 エ**
問三 相当な知識と想像力 **問四 イ**
問五 さまざまな要因が複雑に絡まっているため、わからないものにわからないまま的確に対応する術を磨くこと（が必要）。
問六 エ

三 **問一 ウ** **問二** 教えていただき（など） **問三** 長距離の部
問四 （見学会の）集合時間
問五 仲間と互いに競い合い、励まし合う陸上部員の姿勢（など）

四 **問一** かまえて **問二 イ**
問三 きらびやかなよそおいの武具から黒色のよろいで古いもの（に変化したから）。
問四 着飾ることに金銭をついやすと家が貧しくなり、良い家来を召し抱えられなくなるという考え。

五 （略）

令和5年度　問題解説

〈数　学〉

1 (1) ア　$-8+27\div(-9)=-8-3=-11$

イ　$(-6a)^2\times 9b\div 12ab=\dfrac{36a^2\times 9b}{12ab}=27a$

ウ　$\dfrac{2x+y}{3}-\dfrac{x+5y}{7}=\dfrac{7(2x+y)-3(x+5y)}{21}=\dfrac{11x-8y}{21}$

エ　$\sqrt{45}+\dfrac{10}{\sqrt{5}}=3\sqrt{5}+\dfrac{10\times\sqrt{5}}{\sqrt{5}\times\sqrt{5}}=3\sqrt{5}+2\sqrt{5}=5\sqrt{5}$

(2) $a^2-25b^2=(a+5b)(a-5b)$

これに$a=41$，$b=8$を代入して，$(41+5\times 8)(41-5\times 8)=81\times 1=81$

(3) $x^2+7x-2x-24=0$

$x^2+5x-24=0$

$(x-3)(x+8)=0$　　$\therefore x=-8,\ 3$

2 (1) ①　Aを中心に円をかき，OYと２つの交点をとる

②　それぞれの交点を中心として円をかき，その交点とAを結ぶとそれが点Aから辺OYに引いた垂線

③　２辺OX，OYから等しい距離にある点Pは∠XOYの二等分線上にあるので，Oを中心に円をかき，OXとの交点，OYとの交点をとる。

④　それぞれの交点を中心として円をかき，その交点とOを結ぶとそれが∠XOYの二等分線

⑤　②と④の交点が点P

(3)
2 — 6 ✓, 7, 8 ✓, 9, 10 ✓
3 — 6 ✓, 7, 8, 9 ✓, 10
4 — 6, 7, 8 ✓, 9, 10
5 — 6, 7, 8, 9, 10 ✓

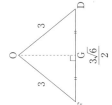

より，$\dfrac{7}{20}$

3 (1) あ　中央値は小さい方から並べたときの５番目と６番目の平均値なので，$\dfrac{23+25}{2}=24$

四分位範囲$=29-12=17$

(2) 図３と図４を比べると，中央値が24→25，第３四分位数が29→32となっている。

したがって，第３四分位数と最大値の間に（それぞれの値と同じでもよい）aがくることがわかる。

よって，$a=32,\ 33,\ 34$

5 (2) $3\times 2\times\pi\times\dfrac{110}{360}=\dfrac{11}{6}\pi$

(3) まず，△ODFのOF，OD，DFをそれぞれ求める。

半径なのでOF＝3

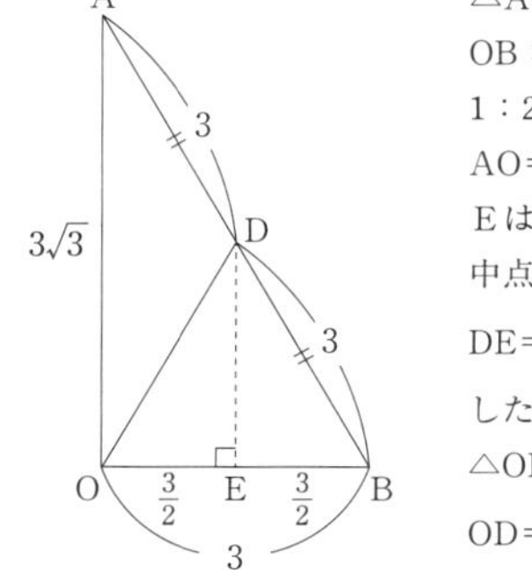

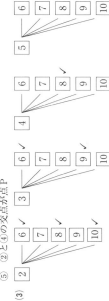

△AOBにおいて，∠AOB＝90°，

OB：AB＝1：2より

$1:2:\sqrt{3}$の三角形だから，

$AO=3\times\sqrt{3}=3\sqrt{3}$

EはOBの中点なので，$OE=3\times\dfrac{1}{2}=\dfrac{3}{2}$

中点連結定理より，

$DE=3\sqrt{3}\times\dfrac{1}{2}=\dfrac{3\sqrt{3}}{2}$

したがって，$OE:DE=1:\sqrt{3}$より，

△ODEも$1:2:\sqrt{3}$の三角形だから，

$OD=\dfrac{3}{2}\times 2=3$

$OF=3$，$OE=\dfrac{3}{2}$より，△OEFも

$1:2:\sqrt{3}$の三角形なので，$EF=\dfrac{3}{2}\times\sqrt{3}=\dfrac{3\sqrt{3}}{2}$

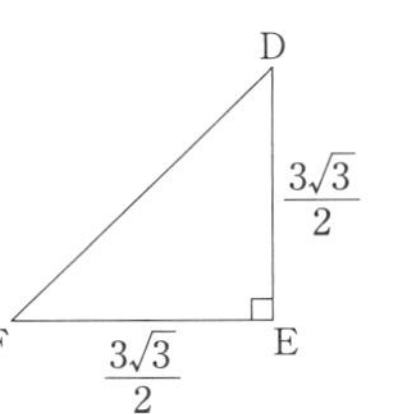

$DE=EF=\dfrac{3\sqrt{3}}{2}$より，

△DEFは$1:1:\sqrt{2}$の三角形なので，

$DF=\dfrac{3\sqrt{3}}{2}\times\sqrt{2}=\dfrac{3\sqrt{6}}{2}$

OからFDに垂線を下ろし，

その交点をGとするとFG＝GDより，

$FG=\dfrac{3\sqrt{6}}{2}\times\dfrac{1}{2}=\dfrac{3\sqrt{6}}{4}$

△OFGにおいて三平方の定理より，

$OG=\sqrt{3^2-\left(\dfrac{3\sqrt{6}}{4}\right)^2}=\dfrac{\sqrt{90}}{4}=\dfrac{3\sqrt{10}}{4}$

よって，

$\triangle ODF=\dfrac{3\sqrt{6}}{2}\times\dfrac{3\sqrt{10}}{4}\times\dfrac{1}{2}=\dfrac{9\sqrt{15}}{8}$

6 (1) $y=bx^2$に，C(4，−4)を代入して，$-4=b\times 4^2$

$b=-\dfrac{1}{4}$

(2) ア…$a>0$のとき，aの値を大きくするとグラフの開き方は小さくなるので，正しい。

イ…$a=\dfrac{y\text{の増加量}}{x\text{の増加量}}$より，$a$の値を小さくすると，$y$の増加量も小さくなるので，誤り。

ウ…aの値を大きくしても，Eのy座標，Bのx座標は変わらない。つまり，OEの長さと，高さは変わらないので，△OBEの面積は変わらないので，誤り。

エ…直線の傾きもaと同じ変化の割合だから，aの値を小さくすると直線OBの傾きも小さくなるので，正しい。

オ…aの値を大きくすると，下のy座標は大きくなるから，線分CFの長さは長くなるので，誤り。

7 (2)

GD＝GC＝4より，GB＝BD－4＝2

△BCG∽△ECFより

GC：GB＝CF：EF

4：2＝2：EF　　∴EF＝1

ここで角に注目する

・$\overset{\frown}{BC}$に対する円周角は等しいので，∠BAC＝∠BDC

・$\overset{\frown}{AB}=\overset{\frown}{BC}$より，∠ACB＝∠BAC

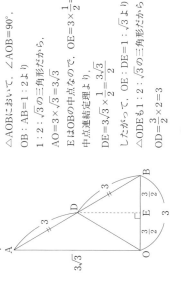

・$\overset{\frown}{AB}$に対する円周角は等しいから，∠ADB＝∠ACB

・AD∥EFより錯角は等しいから∠DEF＝∠ADB

・△GDCは二等辺三角形より，∠GCD＝∠GDC

よって，図に印を入れた角は全て等しい。

△GDC∽△FDEより，

GC：CD＝FE：ED

4：3＝1：ED　　$\therefore ED=\dfrac{3}{4}$

したがって，$GE=4-\dfrac{3}{4}=\dfrac{13}{4}$

〈英　語〉

2

（家でNanaはKateに写真を見せている。）

Kate：この写真ではあなたは赤い着物を着ていますね。［　A　］

Nana：有難うございます。叔父の結婚式で母が撮ってくれました。

Kate：着物の花柄が素晴らしいですね。

Nana：そうですね。これは私の家族の大切な着物です。

Kate：どうしてその着物は大切なのですか？

Nana：実はこれは30年前祖母が私の母のために買った着物です。

Kate：あなたのお母さんの着物を着たのですね。
Nana：ええ。去年，母は私にくれました。だからその着物は（ ⓐ ）
Kate：どうしてお母さんはそれをあなたにあげたのですか？
Nana：この赤い着物は長い袖です。母はこの種の着物は若い人にいいと思っているので，彼女は着ません。
Kate：私は（ ⓑ ）経験をしました。私の母は素敵なドレスをクローゼットに持っているのですが，それを着ません。誕生会に行くときに私はいつもそれを着ます。
Nana：あなたの友達はきっとそのドレスが好きでしょうね。
Kate：有難うございます。私はそれを着た時，[　　　　]
Nana：昔の衣類のデザインと新しいものとは違いますよね？
Kate：ええ。古着を着るのは楽しいです。（ ⓒ ），サイズのせいで他人の衣類を着るのは簡単ではありませんね。事実，母のドレスは私に大きかったので母は丈を直しました。あなたの着物は誰が直しましたか？
Nana：[B]着物は単純な形なので容易に他の人に使ってもらえます。
Kate：面白いですね。着物は奇麗なだけでなく，機能的でもあるのですね。
Nana：そうですね。だから着物が好きです。私の赤い着物に新しい命を与えられてうれしいです。
Kate：[C]
Nana：もし私がその赤い着物を着るとあなたのお母さんのドレスの様にクローゼットから出る機会が増えるでしょう。
Kate：着物を再び着るいい考えですね。
Nana：特別な日にはその着物を着るつもりです。

(1) [A] ア　すみません。　イ　なんて奇麗なんでしょう。
ウ　それを知りませんでした。
[B] ア　あなたは私をよく助けてくれた。
イ　お知らせください。
ウ　誰もしていません。
[C] ア　どういう意味ですか？　イ　何をしているのですか？
ウ　どうしましたか？

(2) 前後の会話から［これは私の祖母が買った着物です。］となるように並べる。
This is the Kimono my grandmother bought. と関係代名詞が省略された文になる。

(3) （ ⓐ ）ア　私のです。　イ　あなたのです。
ウ　彼のです。　エ　彼女のです。
適切な所有代名詞を選ぶ。
（ ⓑ ）ア　難しい　イ　自由な　ウ　悲しい　エ　同じような
適切な形容詞を選ぶ。
（ ⓒ ）ア　特に　イ　しかしながら
ウ　突然に　エ　結果として
適切な副詞，副詞句を選ぶ。

(4) 間接疑問の文章を作る。主語は「Everyone, Everybody」でも可。この名詞は単数扱いにすることに気を付ける。

(5) 「Nanaは今日一枚の写真を見せてくれました。その写真では彼女は赤の着物を着ていました。その着物はNanaの家族にとって大切なものですが，彼女の母は今は着ることがありません。Nanaは特別な日に着るつもりなので，その着物は再びNanaによって[　　　　]。私はそれは良い考えだと思います。

その着物がNanaによってなされることは「再び使われること」である。3語の表現が本文下から8行目に「can be used」とある。

(6) Kate：着物についてもっと知りたいと思います。何をしたらいいですか？
Nana：[D]
Kate：分かりました。それのどういう点が良いですか？
Nana：[E]
Kate：助言を有難う。
着物に対しての知識を深めるには実際に色々な着物を見るという方法と，ネットで情報を集めるという方法が考えられる。
解答例の「a kimono shop」は「kimono shops」でも良い。
Internetは大文字が一般的だが，小文字でも可，しかし定冠詞「the」が必ず必要。

[3] 「アレックスの国の祭りについて学べた」は解答例では「could」が使われているが，解答例3の様に単純に「learned」を使う方が英語らしい表現である。
解答例1の様にシンプルな英訳を心がける。

[4]

毎年，5月，わが校では運動会を開催します。その日はクラスそれぞれがダンス演技を披露します。クラスでダンスリーダーになった時は，すごく胸の高鳴りをⓐ（感じました）。AkiとRyoもリーダーになりました。4月のある日，Aki，Ryoと私は教室で最初の会議をしました。ダンスの為に使う曲の種類について決めたかったのです。最初にAkiが私たちに言いました。"有名な日本の曲を使った方がいい。[A]，クラスメートが容易く踊ることが出来ます。また，観衆も有名なメロディを聞いたら，より楽しむことが出来るでしょう。"私は彼女に同意しませんでした。私はAkiに言いました。"私たちが有名な日本の曲を使えば，私たちのダンスは他のクラスのダンスと同じになるかもしれません。私は，[B]為に古いアメリカのロック曲を使いたい。観衆はそれに興味を持ってくれると思います。"Akiは言いました。"英語でⓑ（書かれた）曲を使いたいということですか？　私たちはそれをしない方がいいと思います。私は古いアメリカのロック曲は好きですが，どのクラスも昨年は使いませんでした。"

会議の間，Akiは決して意見を変えませんでした。そして私も自分の意見を変えませんでした。Ryoはただ私たちの意見を聞いていました。最終的にAkiと私は話すのを止め，教室は静かになりました。数分後，Ryoが話し始めました。"あなた達が使いたい曲は違いますが，AkiとShotaは同じ事をしたいと思っています。"　私は驚きそして言いました。"同じ事？"Ryoは答えました。"はい。あなた達二人は[　　　]を望んでいて，私もそう思います。あなた方の意見は素晴らしいので，それをまとめましょう。二曲使うのはどうですか？"Akiと私はお互いを見つめました。それから，Akiは言いました。"いい考えですね！古いアメリカロックの曲でダンスを始めましょう。観衆はきっと驚くと思います。"私は言いました。"素晴らしい！観衆が驚いたら人気のある日本の曲を使いましょう。私たちのダンスと一緒に楽しむことが出来ます。"Ryoは言いました。"OK。今から，どのように私たちの意見をクラスメートに伝えるかを話しましょう。"

会議終了後，私は言いました。"Ryo，あなたは私たちをいいチームにしました。"Ryoは微笑み，そして言いました。"いいえ，あなた達二人がしたのです。あなた達二人は自分自身の意見をもっていて，そしてダンスを良くする為に，自分の意見を言うことをおそれませんでした。それは私に影響を与えました。"

次の日，私は私たちの計画をクラスメートに伝えましたが，それを気に入らない生徒がいました。

彼らは言いました。"古いアメリカのロックの曲は恰好良くないです。"それでAkiは古いアメリカのロック曲のCDをクラスメートに見せました。私たちはそれを一緒に聞き，そしてRyoが踊りました。彼らの応援のおかげで，クラス全員が私たちに同意してくれました。そして古いアメリカのロックの曲と有名な日本の曲を選びました。私はAkiとRyoに言いました。"あなた達の助けなしで私が出来ることは限られているということを知りました。素晴らしいダンス演技を一緒に作り上げましょう。"

(1) ⓐ　本文は過去形を使った文章であるので「feel」を過去形にする。
ⓑ　「英語で書かれた曲」という文にしたいので「write」の過去分詞に変える。

(2) ①　ダンスのリーダー達は最初の会議で何を決めたかったのですか？
「ダンスの為に使う曲の種類について決めたかった」という文が本文4行目にある。
代名詞を「They, their」に変える。また語数の制限がされていないので短く答えるなら「music to use for their dance」でも可。
②　ShotaとAkiが話を止めるまでRyoは何をしていましたか？
Ryoはただ彼らの意見を聞いていたとあるので「He was just listening to them」

(3) ア　A：多くの生徒が既に知っている。
　　B：他のクラスを追ずいする。
　イ　A：多くの生徒が既に知っている。
　　B：私たちのダンスをユニークにする。
　ウ　A：わずかな生徒しか知らない。
　　B：他のクラスを追ずいする。
　エ　A：わずかな生徒しか知らない。
　　B：私たちのダンスをユニークにする。

(4) ア　私たちのダンスに有名な英語の曲を使う事
　イ　あなた達がダンスが得意である事を他の生徒に見せる事
　ウ　私たちのクラスメートが速く踊る事
　エ　私たちのダンスを見る人々が楽しんでくれる事

(5)「Both of you had your own ideas and weren't afraid to say them to improve our dance」とRyoは述べている。

(6) 本文最後から二行目に "I realized that things which I can do without your help are limited." とAkiとRyoに伝えている。

(7) ア　Aki，Ryo，そしてShotaは最初の会議を開き，クラスメート全員にそれに参加するように伝えた。
　イ　Ryoはダンス演技で人気のある日本の曲はいつも使われると伝えた。
　ウ　AkiとShotaは初めは違う意見だったが，Ryoが二人がより良いアイデアを持つ様手助けをした。
　エ　Shotaのクラスは英語の曲が好きでない生徒がいたので，日本の曲を２曲選んだ。

〈理　科〉

1 (2) ティッシュペーパーをこすると電子がティッシュペーパーからストローに移り，ティッシュペーパーがプラスに帯電し，ストローがマイナスに帯電する。よって，ストローAとストローBはプラス同士なので退け合う力がはたらき，ティッシュペーパーとストローはプラスとマイナスなので引き合う力がはたらく。

(4) 質量パーセント濃度が20％の硝酸カリウム水溶液250gには$250\times0.2=50$（g）の硝酸カリウムが溶けていることになる。温度を10℃に下げたとき水100gに溶ける硝酸カリウムの量は22gであるから，水200gに溶ける硝酸カリウムは44gである。よって，$50-44=6$（g）の硝酸カリウムが溶けきれずに結晶となって出てくる。

2 (1) ① a　レボルバーで倍率を変えるのは対物レンズであり，倍率を高くすると視野全体が暗くなる。
b　光合成が行われるのは細胞の中にある葉緑体である。

② アは被子植物，イは単子葉類，ウは裸子植物，エは双子葉類に見られる特徴であり，双子葉類は被子植物である。

③ a　ワセリンを塗ると気孔がふさがれるので，装置Aのツバキは葉の裏＋葉以外，装置Bのツバキは葉の表＋葉以外，装置Cのツバキは葉の表＋葉の裏＋葉以外から蒸散していることがわかる。葉の表から蒸散する量をx，裏から蒸散する量をy，葉以外から蒸散する量をzとすると，装置A＋装置B－装置C＝$(y+z)+(x+z)-(x+y+z)=z$となるので，葉以外から蒸散した量$=6.0+1.3-6.8=0.5$（g）

b　aより，ツバキの葉以外からの蒸散する量：$z=0.5$gであるから，葉の全体から蒸散する量：$x+y=6.8-0.5=6.3$（g），葉の表から蒸散する量：$(x+z)-z=1.3-0.5=0.8$（g）となり，葉の全体にある気孔の数に対する葉の表側にある気孔の数の割合は$0.8\div6.3=0.126...\fallingdotseq0.13$となる。アサガオについて同様に計算すると0.36となり，アサガオのほうが大きい。

(2) ② 微生物が有機物である大量の植物プランクトンを分解して無機物にする際に大量の酸素を消費するため，海底の酸素の量が不足する。

3 (1) ② 銅板で起こる化学変化をみると銅イオンが２つ電子を受け取って銅原子になっている。この電子は亜鉛が放出したものなので，

$Zn \rightarrow Zn^{2+} + 2e^-$

③ 光電池用モーターの回転の速さが使用した金属のイオンへのなりやすさと関係していることを確かめるには，金属の種類以外の条件は全て同じにして他の条件による影響をなくさなければならない。

(2) ② 水素$1cm^3$減少するのに５分で，水素の体積が$8cm^3$なのであるから，$5\times8=40$（分）で水素がなくなり，それ以上酸素を加えても反応が起こらないため，それ以上モーターは回転しない。

(3) 体積比が水素：空気＝１：１，空気中の窒素と酸素が４：１であるから，水素：窒素：酸素＝５：４：１となり，ポリエチレンの袋に入っていた気体の体積は，酸素の体積をxとおくと，水素は$5x$，窒素は$4x$とおける。水素と酸素が２：１の比で反応するのであるから，酸素xに対して水素$2x$が反応するので，水素は$5x-2x=3x$残り，水素と酸素以外の反応は起こらない。窒素は$4x$残るので，残った気体はあわせて$7x$である。
残った気体：$7x=28$（cm^3）より$x=4cm^3$，水素：$3x=3\times4=12$（cm^3）となる。

4 (1) ○で天気（くもりは◎），矢羽根の向きで風向，矢羽根の数で風力を示す。

(2) ① 図９の前線Aは温暖前線であるから，通過後は気温が上昇し，風向は南寄りになる。

(3) $50m^3$の部屋で加湿器の水が120g減少していることから，$1m^3$あたりで考えると$120\div50=2.4$（g/m^3）水蒸気量が増加している。湿度は$50-35=15$（％）増加しているのであるから，$2.4g/m^3$は15％分の水蒸気量であることがわかる。
よって，飽和水蒸気量$\times0.15=2.4$（g/m^3）
飽和水蒸気量$=2.4\div0.15=16$（g/m^3）

5 (1) ② 粒が小さいほうが河口から遠くへ運ばれるので，最も粒の小さい泥が河口から最も遠くまで運ばれる。

(2) 花こう岩は深成岩でねばりけが強い。つくりは深成岩なので地中深くでゆっくりと冷え固まってできた等粒状組織，色はねばりけが強いので白っぽい。

6 (1) ② a　金属球にかかる重力は斜面に垂直な分力と斜面に平行な分力に分けられる。金属球がばねばかりを引く力は，斜面に平行な分力であり，斜面が急になればなるほど大きくなる。
b　図13は質量120gのときのばねばかりを引く力であり，金属球にかかる重力は質量に比例するので，質量60gのとき0.45Nであれば120gのとき0.90Nになる。よって，グラフより50度となる。

(2) 金属球Pと金属球Qが木に当たる直前の速さが同じで，運動エネルギーは物体の質量に比例するので，質量の大きい金属球Qの運動エネルギーの方が大きくなる。そのため，移動距離は大きくなる。

(3) ① 斜面を転がる金属球は斜面を転がっている間，斜面に平行な力を受け続けるため，等加速直線運動をしている。等加速直線運動をしている物体の速さは時間に比例するので図16より金属球Pは1.6秒でBに達し，2.4秒でCに達したことがわかる。物体の移動距離は時間の２乗に比例し，時間が経つにつれて変化の割合が大きくなっていくので，ABの中点に達する時間はBに達する時間の半分の0.8秒より長い。

② 金属球RがCに達するまでの時間は1.2秒，速さは金属球PがCに達したときの速さの２倍である。AB，BCの長さは変えていないのであるから，金属球RがBに到達する時間は金属球PがBに到達する時間の半分の0.8秒である。よって右図のようになり，金属球Rの速さが金属球PがCに達したときの速さと同じになるのは金属球Rが動き始めて0.4秒後である。

図16

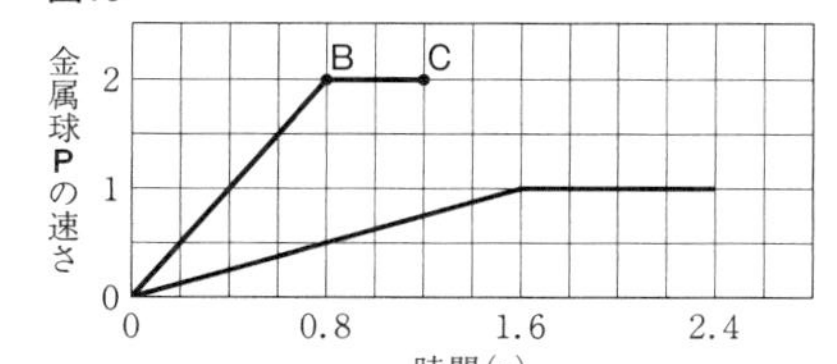

〈国　語〉

一 **問二**　波線部とウは、上の語が下の語を修飾している。アは反対の意味の語の組み合わせ、イは下の語が上の語の目的語になっている、エは主語・述語の関係である。

問四　最後から３段落目にある「自分と同じように～この句を選んだのだった。」に注目する。

問五　直後の「形がなくて、すぐに消えてしまう」に注目する。

問六　前半の校長先生の言葉の中に「いまの自分の気持ちや、～自分は俳句をやっている。」とある。また、最終文より「そら」には友人の名前を掛けていることがわかるので、これらをまとめればよい。

二 **問二**　ニは下一段活用だが、その他は五段活用。

問三　第２段落に注目する。

問四　直後に、外交や国内行政といった具体的な事柄が書かれているので「たとえば」が適当である。

問五　第４段落と最終段落に注目する。

問六　ウ　芸術の話は第７段落に書かれているが、そのような記述はない。

四 **【現代語訳】**

頼義の家来に近江の国に住んでいる日置の九郎という者がいた。馬や武具といったよそおいはきらびやかだった。頼義はこれを見て機嫌を悪くし感心しない様子で「お前はきっと命を落とすだろう。早く売り払ってしまいなさい。それも味方には売ってはならない。敵に売りなさい」と言った。九郎は恐縮して、後日のいくさの時に、また以前に劣らないきらびやかな武具を着ていた。着替えになる代品がないのだと言う。頼義は「やはり命を落とす格好であるから、売り払ったほうがよい。絶対に着てはいけない」と言った。次の日には、(九郎は) 黒色のよろいで古いものを着てきた。頼家は「これこそが喜ばしく結構である」とおっしゃった。「着飾ることに金銭を費やせば、家が貧しくなって、よい家来を召し抱えることができる力がなくなり、それゆえ敵に相対して命を落としやすい」と、(頼義は) おっしゃったことだった。

公立高校入試出題単元

（国語のみ逆綴じになっております）

数学
【1】計算
【2】小問（作図・文字式・確率）
【3】方程式（文章題）
【4】空間図形（ねじれ・線分の長さ・体積）
【5】資料の整理（相対度数・箱ひげ図）
【6】関数と図形（二次関数・範囲・面積）
【7】平面図形（証明・角度の大きさ）

英語
【2】対話文（空欄補充・並べ替え・内容把握）
【3】英作文
【4】長文読解（語形変化・空欄補充・内容把握・内容真偽）
【1】リスニング

理科
【1】小問（遺伝・原子・電流）
【2】動物のつくりとはたらき（分類・食物連鎖・消化）
【3】化学（物質の性質・化学変化）
【4】地球と天体（太陽）
【5】天気の変化（前線・気圧）
【6】運動とエネルギー（力・仕事・速さ）

社会
【1】歴史（飛鳥から平成までの出来事）
【2】日本地理（山脈・気候・地形図・公害・工業・農業）
【3】世界地理（赤道・経済・環境・輸送）
【4】公民（経済・国際社会・地方自治）

国語
【1】小説（漢字・熟語・心情把握・空欄補充・表現）
【2】論説文（漢字・文法・内容把握・接続詞）
【3】表現（受け身・敬語・文補充・空欄補充）
【4】古文（現代仮名遣い・主語・内容把握）
【5】課題作文

英語リスニング　問題と台本
解答ページ
解説ページ

令和6年度入試問題　数学

1

次の(1)〜(3)の問いに答えなさい。

(1)　次の計算をしなさい。

ア　$9+3\times(-6)$　　　イ　$(21ab-49b^2)\div 7b$

ウ　$\dfrac{x-y}{3}-\dfrac{x+2y}{5}$　　　エ　$\sqrt{6}(8+\sqrt{42})+\sqrt{63}$

(2)　$a=\dfrac{3}{8}$のとき，$(2a-3)^2-4a(a-5)$ の式の値を求めなさい。

(3)　次の２次方程式を解きなさい。

$(x-8)(x-1)=x-13$

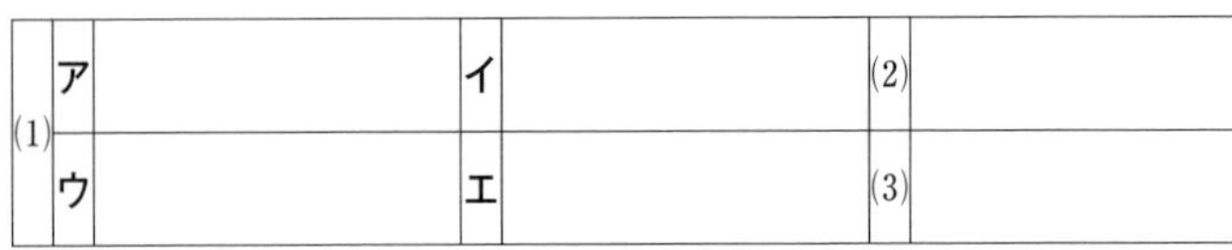

(1)	ア		イ		(2)	
	ウ		エ		(3)	

2

次の(1)〜(3)の問いに答えなさい。

(1)　**図１**において，２点A，Bは円Oの円周上の点である。点Aを接点とする円Oの接線上にあり，２点O，Bから等しい距離にある点Pを作図しなさい。ただし，作図には定規とコンパスを使用し，作図に用いた線は残しておくこと。

図１

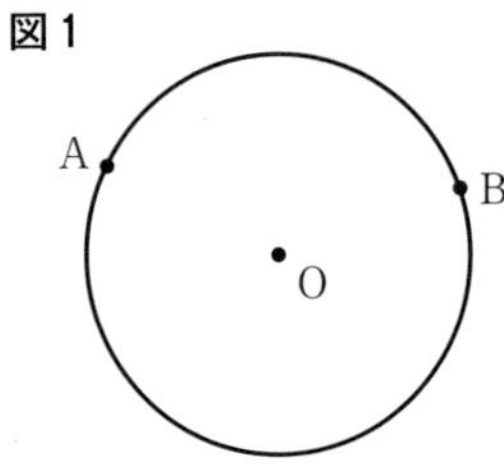

(2)　**表１**は，偶数を２から順に縦に４つずつ書き並べていったものである。この表で，上から３番目で左からn番目の数を，nを用いて表しなさい。

表１

2	10	18	…
4	12	20	…
6	14	22	…
8	16	24	…

(3)　２つの袋A，Bがある。袋Aには，赤玉３個，青玉２個，白玉１個の合計６個の玉が入っている。袋Bには，赤玉１個，青玉２個の合計３個の玉が入っている。２つの袋A，Bから，それぞれ１個の玉を取り出すとき，袋Aから取り出した玉の色と，袋Bから取り出した玉の色が異なる確率を求めなさい。ただし，袋Aから玉を取り出すとき，どの玉が取り出されることも同様に確からしいものとする。また，袋Bについても同じように考えるものとする。

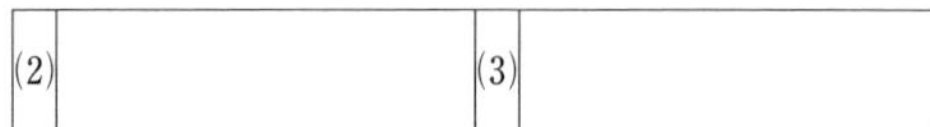

(2)		(3)	

3

ある中学校の２年生が職場体験を行うことになり，Aさんは野菜の直売所で，きゅうりとなすの販売を行った。きゅうりとなすは合わせて360本用意されており，きゅうりは１袋に６本ずつ，なすは１袋に３本ずつで，余ることなくすべて袋詰めされていた。きゅうりは１袋200円，なすは１袋140円で販売したところ，閉店の１時間前に，きゅうりは売り切れ，なすは５袋売れ残っていた。そこで，売れ残っていたなすを１袋につき４割引きにして売ることになり，すべて売り切ることができた。その結果，用意されていたきゅうりとなすの売上金額の合計は13000円となった。

このとき，用意されていたきゅうりとなすは，それぞれ何本であったか。方程式をつくり，計算の過程を書き，答えを求めなさい。

（方程式と計算の過程）

（答）きゅうり　　　　本，なす　　　　本

4

図2 の立体は，AB＝4 cm，AD＝4 cm，AE＝6 cmの直方体である。
このとき，次の(1)～(3)の問いに答えなさい。

(1) 辺CDとねじれの位置にあり，面BFGCと平行である辺はどれか。すべて答えなさい。

図2

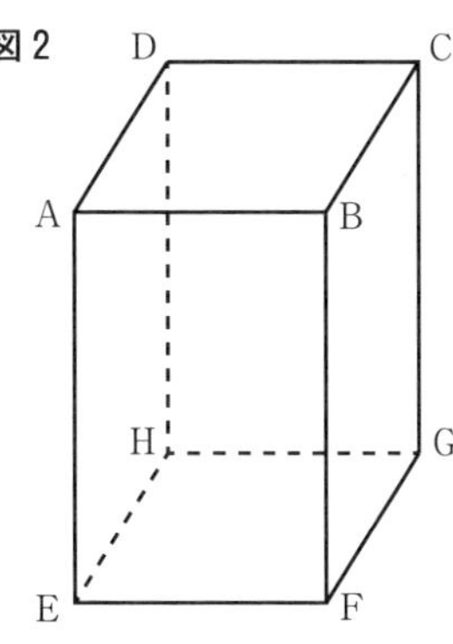

(2) この直方体において，**図3** のように，辺ADの中点をKとし，辺CG上にCL＝2 cmとなる点Lをとる。線分KLの長さを求めなさい。

図3

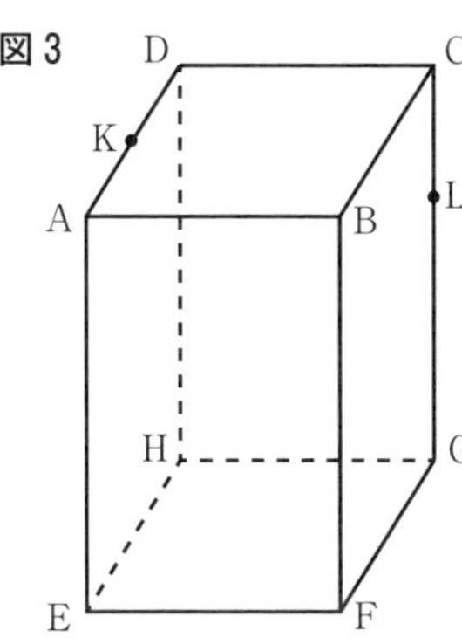

(3) この直方体において，**図4** のように，辺EFの中点をRとする。また，CS＝1 cmとなる辺CD上の点をSとし，SEとDFとの交点をTとする。三角すいTHRGの体積を求めなさい。

図4

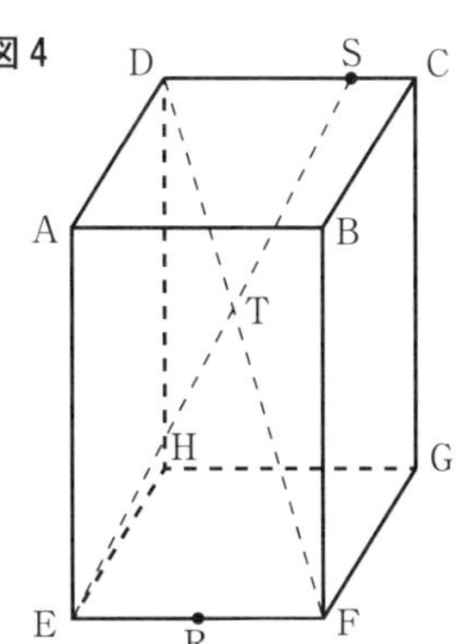

(1)		(2)	cm	(3)	cm³

5

ある中学校の，2年1組の生徒35人，2年2組の生徒35人，2年3組の生徒35人の合計105人について，9月の1か月間の読書時間を調べた。
このとき，次の(1)，(2)の問いに答えなさい。

(1) **表2** は，2年1組から2年3組までの生徒105人について調べた結果を，相対度数分布表にまとめたものである。**表2** について，度数が最も多い階級の累積相対度数を求めなさい。

表2

階級（時間）	相対度数
以上　未満	
0 ～ 5	0.11
5 ～ 10	0.18
10 ～ 15	0.21
15 ～ 20	0.28
20 ～ 25	0.19
25 ～ 30	0.03
計	1.00

（注） 相対度数は小数第3位を四捨五入したものである。

(2) **図5** は，2年1組から2年3組までの生徒105人について調べた結果を，組ごとに箱ひげ図に表したものである。下の**ア**～**エ**の中から，**図5** から読み取れることとして正しいものをすべて選び，記号で答えなさい。

図5

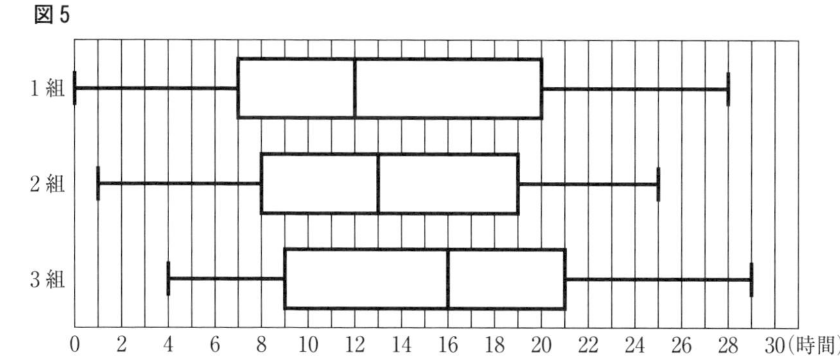

ア 1か月間の読書時間の範囲は，1組が最も大きい。
イ 1か月間の読書時間が8時間以下の生徒の人数は，3組より2組の方が多い。
ウ 1か月間の読書時間がちょうど20時間の生徒は，すべての組にいる。
エ 1か月間の読書時間の平均値は，1組より2組の方が大きい。

(1)		(2)	

6 次の［　　］の中の文と**図6**は，授業で示された資料である。
このとき，次の(1)，(2)の問いに答えなさい。

> **図6**において，点Aの座標は（-6，3）であり，①は，点Aを通り，xの変域が$x<0$であるときの反比例のグラフである。点Bは曲線①上の点であり，その座標は（-2，9）である。点Pは曲線①上を動く点であり，②は点Pを通る関数$y=ax^2$（$a>0$）のグラフである。点Cは放物線②上の点であり，そのx座標は4である。また，点Aからx軸に引いた垂線とx軸との交点をDとする。

図6

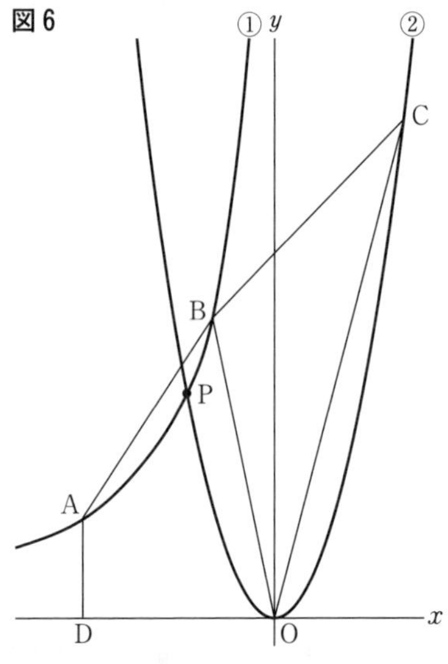

(1) 曲線①をグラフとする関数について，yをxの式で表しなさい。

(2) RさんとSさんは，タブレット型端末を使いながら，**図6**のグラフについて話している。

Rさん：点Pが動くと，②のグラフはどのように変化するのかな。
Sさん：点Pを動かして，変化のようすを見てみよう。
Rさん：②のグラフは点Pを通るから，点Pを動かすと，②のグラフの開き方が変化するね。
Sさん：つまり，aの値が変化しているということだね。

下線部に関する**ア**，**イ**の問いに答えなさい。

ア 点Pが点Aから点Bまで動くとき，次の［　　］に当てはまる数を書き入れなさい。

aのとりうる値の範囲は，［　　］$\leqq a \leqq$［　　］である。

イ 四角形ADOBの面積と△BOCの面積が等しくなるときの，aの値を求めなさい。求める過程も書きなさい。

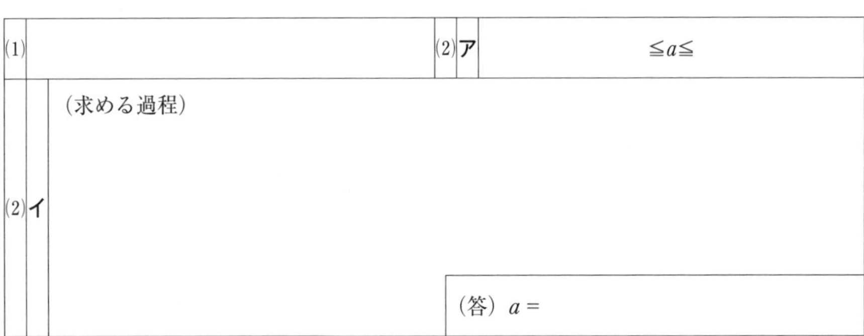

(1)		(2) ア	$\leqq a \leqq$
(2) イ	（求める過程）		（答）$a=$

7 **図7**において，3点A，B，Cは円Oの円周上の点である。AC上にAB＝ADとなる点Dをとり，BDの延長と円Oとの交点をEとする。また，点PはAE上を動く点であり，CPとBEとの交点をFとする。ただし，点Pは点A，Eと重ならないものとする。

このとき，次の(1)，(2)の問いに答えなさい。

図7

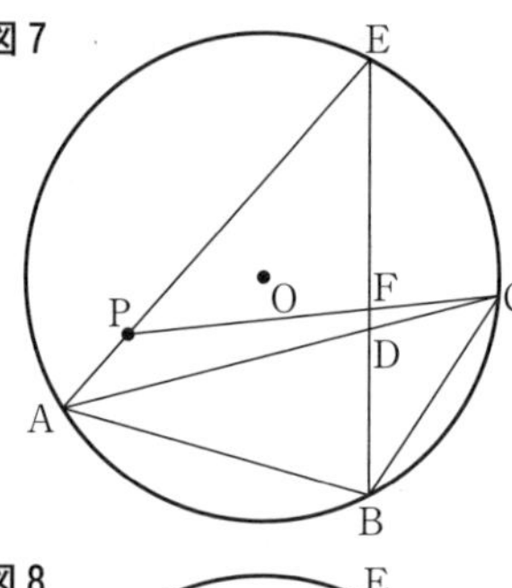

(1) **図8**は，**図7**において，点Pを∠EFC＝∠ABCとなるように動かしたものである。

このとき，PA＝PCであることを証明しなさい。

図8

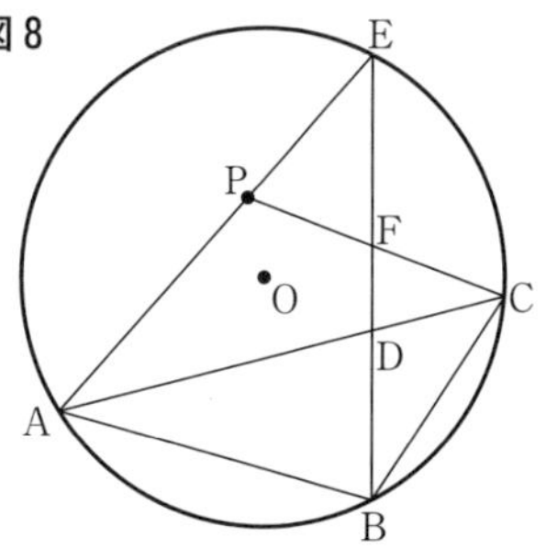

(2) **図9**は，**図7**において，点Pを∠EPC＝90°となるように動かしたものである。

$\overset{\frown}{BC}:\overset{\frown}{CE}=4:5$，∠CFD＝49°のとき，∠ABEの大きさを求めなさい。

図9

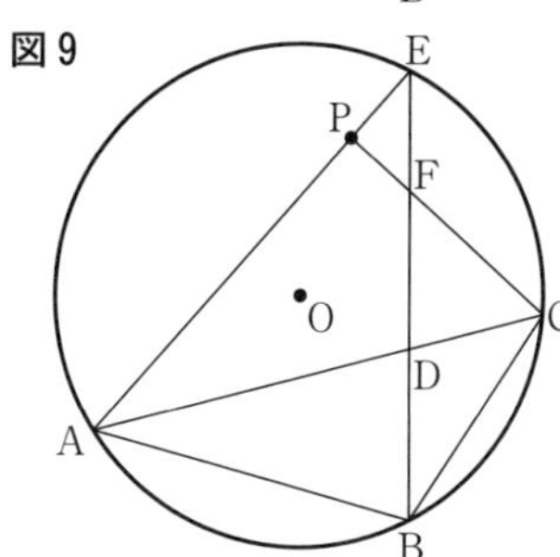

(1)	（証明）
(2)	度

令和6年度入試問題　英語　1 リスニングは後にあります

2

次の英文は，勇太（Yuta）と，勇太の家にホームステイしている留学生のトム（Tom）との会話である。この英文を読んで，(1)～(6)の問いに答えなさい。

(*At Yuta's house*)

Tom：Hi, Yuta.（ ⓐ ）are you going?

Yuta：I'm going to a supermarket. My mother asked me to buy *tofu* there. For today's dinner, we'll eat a cold *tofu* dish called *hiya-yakko*.

hiya-yakko

Tom：I'm interested in Japanese food and supermarkets. [A]

Yuta：Sure.

(*At the supermarket*)

Tom：There is a lot of *tofu* on the *shelf. Many *customers are buying *tofu*.

Yuta：It's very hot today, so they may eat cold *tofu*.

Tom：That means cold *tofu* is（ ⓑ ）on hot days.

Yuta：Right. The TV news said some supermarkets started to use AI to sell *tofu*.

Tom：AI? You mean *Artificial Intelligence? [B]

Yuta：It checks the weather information and finds the best amount of *tofu* to sell on each day.

Tom：Wow. That's very good for the environment.

Yuta：What do you mean?

Tom：If supermarkets *prepare the same amount of *tofu* every day without checking the weather, some of them may be（ ⓒ ）on the shelf. That's "*mottainai*," right?

Yuta：I've never thought of that.

Tom：I think [ア the problem　イ helpful　ウ AI　エ to solve　オ is] of food *waste. If supermarkets find the best amount of *tofu* to prepare, they can sell it easily.

Yuta：That's true. Also, *tofu* can't be *kept for a long time, so supermarkets want to sell it quickly.

Tom：For customers, they may want to buy *fresh *tofu*, right?

Yuta：Yes. My mother always checks the *shelf life. [　　　　] So she tries to buy the freshest food. Now, I'll buy this *tofu* with the longest shelf life.

Tom：Wait, Yuta. We'll eat *tofu* today, so we don't need to buy the freshest one.

Yuta：[C] We don't have to worry about the shelf life too much today.

Tom：Yeah. Not only supermarkets but also customers can do something to *sell out food.

（注）*shelf：棚　*customer：客　*Artificial Intelligence：人工知能
*prepare：～を用意する　*waste：廃棄物
*kept：keep（～をとっておく）の過去分詞形　*fresh：新鮮な
*shelf life：賞味期間　*sell out：～を売り切る

(1) 本文中の（ ⓐ ）～（ ⓒ ）の中に補う英語として，それぞれア～エの中から最も適切なものを1つ選び，記号で答えなさい。

（ ⓐ ）ア Why　イ What　ウ When　エ Where
（ ⓑ ）ア bad　イ hungry　ウ popular　エ serious
（ ⓒ ）ア eaten　イ left　ウ chosen　エ caught

(2) 会話の流れが自然になるように，本文中の [A] ～ [C] の中に補う英語として，それぞれア～ウの中から最も適切なものを1つ選び，記号で答えなさい。

[A] ア Can I go with you?　イ What happened?　ウ May I stay at home?
[B] ア Who started it first?　イ When did you watch it?　ウ What does it do?
[C] ア You are right.　イ I don't think so.　ウ I have a question.

(3) 本文中の [　　] の中のア～オを，意味が通るように並べかえ，記号で答えなさい。

(4) 本文中の [　　] で，勇太は，彼女は週に一度しか買い物に行かない，という内容を伝えている。その内容となるように，[　　] の中に，適切な英語を補いなさい。

(5) 次の英文は，トムがこの日に書いた日記である。本文の内容と合うように，次の [①] と [②] の中に補う英語として最も適切なものを，下のア～エの中から1つずつ選び，記号で答えなさい。

Today, Yuta and I went to a supermarket. Yuta told me [①] affects the amount of *tofu* bought by people. Some supermarkets use AI when they prepare *tofu*. Also, we talked about the shelf life of *tofu* and which *tofu* to buy. Finally, we realized [②] can do something good for the environment.

ア both supermarkets and customers　イ the TV news about AI
ウ only customers　エ the weather of the day

(6) 次の英文は，この日の夜の勇太とトムとの会話である。あなたがトムなら，勇太の質問に対してどのように答えるか。次の [　　] の中に，12語以上の英語を補いなさい。ただし，2文以上になってもよい。

Yuta：I want to start doing a small thing to help the environment. What can we do in our lives? Please tell me your idea. I also want to know why it is good for the environment.

Tom：All right. [　　　　　　　　]

(1)	ⓐ		ⓑ		ⓒ		(2)	A		B		C		(3)					
(4)														(5)	①		②		
(6)																			

3

恵（Kei）は，旅先の奈良から，友人のジョイス（Joyce）にはがきを送ることにした。あなたが恵なら，右の [　　] の中の内容を，どのように伝えるか。次の [　　] の中に英語を補い，はがきを完成させなさい。ただし，2文以上になってもよい。

・長い歴史を持つ寺で，塔（a pagoda）を見た。
・その塔が，1426年に建てられたと聞いて驚いた。

Hi, Joyce.　I'm in Nara.

Your friend,
Kei

4 次の英文は，中学生の志保（Shiho）が，健（Ken）とのできごとを振り返って書いたものである。この英文を読んで，(1)～(7)の問いに答えなさい。

Ken and I are classmates. He lives near my house, and we have been friends for ten years. He is good at playing tennis.

One day, we had P.E. class and played tennis. That was my first time to try tennis. First, our teacher and Ken showed us how to *hit the ball. Then, we ⓐ(hold) rackets and started the practice. I practiced with Ken. He hit a ball to me *slowly, but I couldn't *return the ball. I tried it many times and did my best, but hitting the ball back to him was difficult for me.

When the P.E. class finished, I said to Ken, "I'm sorry. You couldn't practice tennis enough today because [A]." He said, "Don't worry about that. Everyone is a beginner at first. Instead, enjoy trying something new!" His words gave me power to try tennis again.

In the next P.E. class, I decided to be positive. I asked Ken and the other classmates why I couldn't hit balls well, and we tried various practices together. Finally, at the end of the class, [B]. The ball reached Ken. He hit it back to me, and I hit it again. That made me excited.

On the next morning, when I arrived at the classroom, Ken was playing the *keyboard very slowly. I said, "Wow. Are you practicing the keyboard?" He said, "Yes. Do you know the piano at the station? Last month, I saw a boy who was playing it very well there, and I decided to practice the keyboard." I said, "You've never learned how to play the keyboard, so it's hard for you, right?" Ken said, "Yes. My fingers can't move fast like the boy, but I'm enjoying trying something new." I remembered Ken's words in P.E. class.

One month later, after P.E. class, I talked with Ken. I said to him, "Playing tennis in P.E. class was a lot of fun, but it ended. [   ]." He said, "If you think so, join the tennis team of our town. My grandfather plays tennis on the team every Sunday. All of the members are ⓑ(old) than you, and they are kind." "Interesting. I want to join the team," I said.

Next Sunday morning, I went to a park to join the practice of the tennis team. There were no junior high school students on the team. However, the members of the tennis team were friendly and positive, so I enjoyed playing tennis with them. When they couldn't hit balls well, they didn't look sad. Ken's grandfather said to me, "I'm sure that I can return the ball next time. I believe *myself."

After the practice, I thought, "Believing that I can do everything is as important as enjoying something new. When I start a new thing and can't do it well, I should remember that."

（注） *hit：～を打つ（過去形もhit） *slowly：ゆっくりと *return：～を打ち返す
*keyboard：（電子楽器の）キーボード *myself：私自身を

(1) 本文中のⓐ，ⓑの（　　）の中の語を，それぞれ適切な形に直しなさい。

(2) 次の質問に対して，英語で答えなさい。
① How long have Shiho and Ken been friends?
② Why did Shiho enjoy the practice with the members of the tennis team on Sunday morning?

(3) 本文中の[A]，[B]の中に補う英語の組み合わせとして最も適切なものを，次のア～エの中から１つ選び，記号で答えなさい。
ア A：I couldn't play tennis well　　B：I stopped hitting a ball
イ A：I didn't practice tennis hard　　B：I could return a ball
ウ A：I couldn't play tennis well　　B：I could return a ball
エ A：I didn't practice tennis hard　　B：I stopped hitting a ball

(4) 健がキーボードの練習を始めようと決めたのは，どのようなできごとがあったからか。そのできごとを，日本語で書きなさい。

(5) 本文中の[   ]の中に補う英語として最も適切なものを，次のア～エの中から１つ選び，記号で答えなさい。
ア I want to try other sports in P.E. class　　**イ** I got bored of playing tennis
ウ I'm happy I don't have to practice tennis　　**エ** I wish I could play tennis more

(6) 志保は，日曜日の練習の後，新しいことを始めてうまくできないとき，どのようなことを思い出すとよいと思ったか，日本語で書きなさい。

(7) 次のア～エの中から，本文の内容と合うものを１つ選び，記号で答えなさい。
ア Ken helped Shiho enjoy trying new things, and became positive about playing tennis.
イ Shiho didn't enjoy playing tennis at first, so the teacher told her to try various practices.
ウ Ken practiced the keyboard very hard for a month, so he could play it fast like the boy.
エ Shiho and Ken found new things they wanted to try, and they helped each other to take actions.

(1)	ⓐ		ⓑ	
(2)	①			
	②			
(3)		(4)		(5)
(6)				
(7)				

令和6年度入試問題　理科

1

次の(1)～(4)の問いに答えなさい。

(1) エンドウの種子の形には，丸形としわ形があり，エンドウの1つの種子には丸形としわ形のどちらか一方の形質しか現れない。丸形としわ形のように，どちらか一方の形質しか現れない2つの形質どうしは何とよばれるか。その名称を書きなさい。

(2) **図1**は，ある原子の構造を表した模式図である。**図1**の原子核は，＋の電気をもつ粒子ⓐと電気をもたない粒子ⓘからできている。次の**ア**～**カ**の中から，ⓐ，ⓘのそれぞれの名称の組み合わせとして正しいものを1つ選び，記号で答えなさい。

図1

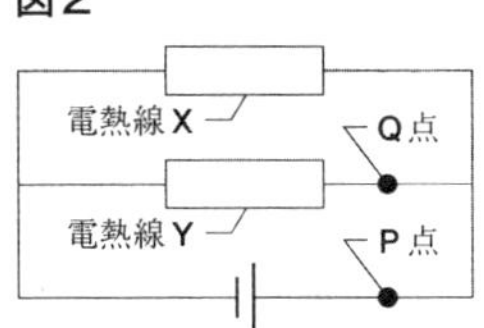

ア ⓐ 電子　ⓘ 中性子　　**イ** ⓐ 電子　ⓘ 陽子
ウ ⓐ 陽子　ⓘ 中性子　　**エ** ⓐ 陽子　ⓘ 電子
オ ⓐ 中性子　ⓘ 陽子　　**カ** ⓐ 中性子　ⓘ 電子

(3) 火成岩は，でき方の違いによって火山岩と深成岩に大別される。深成岩ができるときのマグマの冷え方を，深成岩ができるときのマグマの冷える場所とあわせて，簡単に書きなさい。

(4) **図2**のように，2種類の電熱線**X**，**Y**と直流電源装置を接続した。直流電源装置の電圧が6Ｖ，電熱線**X**の抵抗が3Ω，**図2**の**P**点に流れる電流が2.5Ａのとき，**図2**の**Q**点に流れる電流は何Ａか。計算して答えなさい。

図2

電熱線X　Q点
電熱線Y　P点

(1)		(2)	
(3)		(4)	A

2

いろいろな生物とその共通点，生物の体のつくりとはたらき及び自然と人間に関する(1)～(4)の問いに答えなさい。

(1) ある湖とその周辺には，トカゲ，フクロウ，フナ，カエル，ネズミが生息している。**図3**は，これら5種類のセキツイ動物について，その特徴に関する問いかけに対し，「はい」または「いいえ」のうち，当てはまる側を選んでいった結果を示したものである。

図3

子は卵からかえるか。（はい／いいえ→ネズミ）
はい→子は肺で呼吸するか。
はい→Ⓐ（はい→トカゲ／いいえ→フクロウ）
いいえ→Ⓐ（はい→フナ／いいえ→カエル）

① ネズミの子は，親の体内である程度育ってからうまれる。このような子のうまれ方は，一般に何とよばれるか。その名称を書きなさい。

② **図3**のⒶには同じ問いかけが入る。Ⓐに当てはまる適切な問いかけを，「体表は」という書き出しで書きなさい。

(2) 食物連鎖をもとにした生物のつながりがみられるときには，物質の循環がみられる。**図4**は，自然界における炭素の循環の一部を表した模式図であり，**ア**～**キ**の矢印（――→）はそれぞれ，有機物に含まれる炭素の流れ，または，二酸化炭素に含まれる炭素の流れのいずれかを表している。**図4**の**ア**～**キ**の中から，有機物に含まれる炭素の流れを表す矢印をすべて選び，記号で答えなさい。

図4

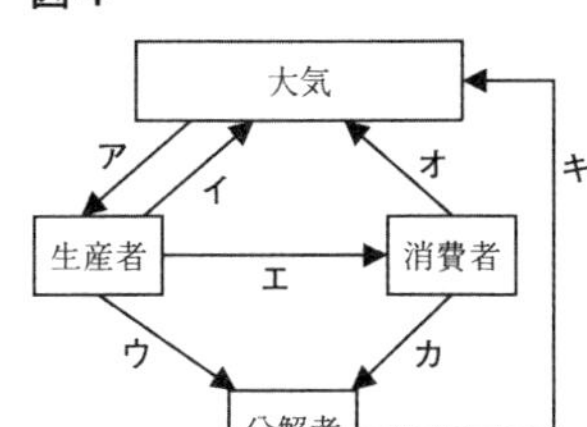

(3) ヒトは，食べることで養分をとり入れ，からだの中で消化，吸収を行う。

① Sさんは，養分であるデンプンに対するヒトのだ液のはたらきを調べる実験を行った。

図5のように，試験管**A**，**B**を用意し，試験管**A**にはうすいデンプン溶液10cm³と水でうすめただ液2cm³を，試験管**B**にはうすいデンプン溶液10cm³と水2cm³を入れ，試験管**A**，**B**を，約40℃の水が入ったビーカーに10分間入れた。次に，試験管**C**，**D**を用意し，試験管**C**には試験管**A**の溶液の半分を，試験管**D**には試験管**B**の溶液の半分を入れた。その後，試験管**A**，**B**にはヨウ素液を，試験管**C**，**D**にはベネジクト液を数滴加え，試験管**C**，**D**を加熱し，試験管**A**～**D**の溶液の色の変化を調べた。**表1**は，その結果をまとめたものである。

図5

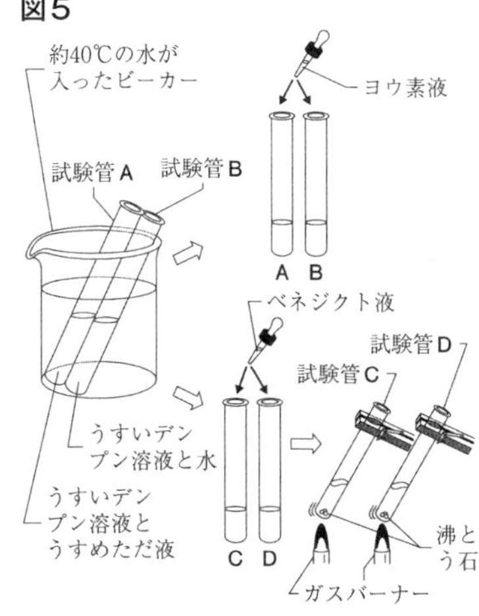

表1

	A	B	C	D
色の変化	×	○	○	×

(注) ○ あり　× なし

a　次の　　　の中の文が，デンプンの分解について適切に述べたものとなるように，文中の（ ㋐ ）～（ ㋒ ）のそれぞれに補う言葉の組み合わせとして正しいものを，下の**ア**～**カ**の中から１つ選び，記号で答えなさい。

> **図５**の実験において，４本の試験管のうち，試験管**B**の溶液の色は（ ㋐ ）に変化し，試験管**C**の溶液の色は（ ㋑ ）に変化したことから，ヒトのだ液にはデンプンを分解するはたらきがあることが分かる。デンプンは，だ液のほかに，すい液や小腸の壁にある消化酵素のはたらきにより，最終的に（ ㋒ ）に分解される。

ア　㋐ 赤褐色　㋑ 青紫色　㋒ アミノ酸
イ　㋐ 赤褐色　㋑ 青紫色　㋒ ブドウ糖
ウ　㋐ 赤褐色　㋑ 赤褐色　㋒ アミノ酸
エ　㋐ 青紫色　㋑ 赤褐色　㋒ ブドウ糖
オ　㋐ 青紫色　㋑ 赤褐色　㋒ アミノ酸
カ　㋐ 青紫色　㋑ 青紫色　㋒ ブドウ糖

b　Sさんは，ヒトのだ液がデンプンに対してよくはたらく温度があるのではないかと考えた。この考えが正しいかどうかを確かめるためには，**図５**の実験の一部を変えて同様の実験を行う必要がある。**図５**の実験において変えることは何か。簡単に書きなさい。

② 消化酵素のはたらきによって分解されてできた，ブドウ糖，アミノ酸，脂肪酸，モノグリセリドは，小腸の柔毛の表面から吸収され，吸収された脂肪酸とモノグリセリドは脂肪になる。小腸の柔毛の表面から吸収された後の，ブドウ糖，アミノ酸，脂肪は，それぞれ柔毛内部のどこに入るか。簡単に書きなさい。

(4) ヒトは，とり入れた養分から活動するエネルギーを得ており，そのエネルギーの一部を脳で消費している。ある中学生が１日に消費するエネルギーを2400kcalとし，そのうちの20％は脳で１日に消費されるものとする。ご飯100ｇから得られるエネルギーを150kcalと仮定したとき，脳で１日に消費されるエネルギーは，ご飯何ｇから得られるエネルギーに相当するか。計算して答えなさい。

(1)	①		②	体表は
(2)				
(3)	①	a	b	
	②			
(4)	g			

3

身の回りの物質，化学変化と原子・分子及び科学技術と人間に関する(1)，(2)の問いに答えなさい。

(1) プラスチックに関する①，②の問いに答えなさい。

① プラスチックには，ポリエチレンやポリスチレンなどさまざまな種類があり，いずれも化合物である。次の**ア**～**エ**の中から，化合物を２つ選び，記号で答えなさい。

ア　水　　**イ**　マグネシウム　　**ウ**　水素　　**エ**　塩化ナトリウム

② ３種類のプラスチック**A**～**C**の小片と３種類の液体**X**～**Z**を用意し，液体**X**～**Z**をそれぞれビーカーに入れた。ビーカー内の液体**X**の中に，プラスチック**A**～**C**の小片を入れ，それぞれ沈むかどうか調べた。その後，ビーカー内の液体**Y**，**Z**でも同様の実験を行った。**表２**は，その結果をまとめたものである。**表２**をもとにして，**A**～**C**及び**X**～**Z**の６種類の物質を，密度の大きい順に並べ，記号で答えなさい。

表２

		プラスチック		
		A	B	C
液体	X	▼	▼	▼
	Y	△	▼	△
	Z	▼	▼	△

（注）△印は小片が液体に浮くことを示し，▼印は小片が液体に沈むことを示している。

(2) **図６**のように，試験管**A**に，黒色の酸化銅8.0ｇと炭素粉末0.3ｇをよく混ぜ合わせて入れ，いずれか一方が完全に反応するまで加熱した。このとき，気体の二酸化炭素が発生して試験管**P**の中の石灰水が白くにごった。気体の発生が終わった後，いくつかの操作を行ってから，試験管**A**を放置し，十分に冷めてから，試験管**A**の中の固体の質量を測定した。次に，試験管**B**～**E**を用意し，混ぜ合わせる炭素粉末の質量を変えて，同様の実験を行った。**表３**は，その結果をまとめたものである。ただし，酸化銅と炭素粉末の反応以外の反応は起こらないものとする。

図６

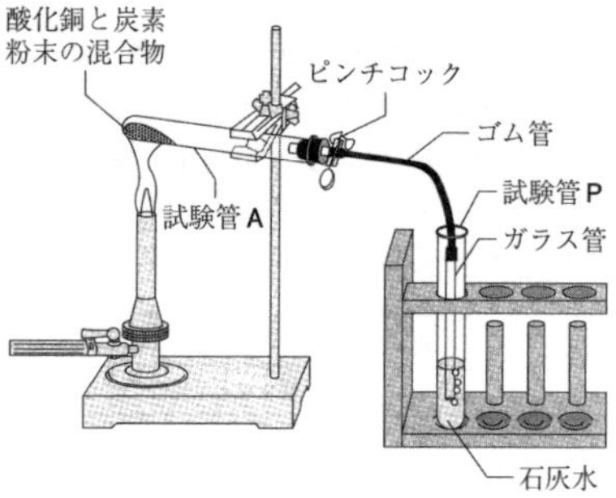

酸化銅と炭素粉末の混合物
ピンチコック
ゴム管
試験管P
ガラス管
試験管A
石灰水

表３

	A	B	C	D	E
混ぜ合わせた炭素の質量（g）	0.3	0.6	0.9	1.2	1.5
反応後の試験管の中の固体の質量（g）	7.2	6.4	6.7	7	7.3

① 気体の発生が終わった後，下線部の操作として，次の**ア**～**ウ**の操作を行う必要がある。下線部の操作として正しい手順となるように，**ア**～**ウ**を操作順に並べ，記号で答えなさい。

ア　ゴム管をピンチコックで閉じる。
イ　火を消す。
ウ　ガラス管を石灰水からとり出す。

② 反応後の試験管**A**の中の固体をろ紙にとり出し，薬さじの裏で強くこすった後の固体を観察すると金属の性質が確認できた。このとき確認できた金属の性質を１つ，簡単に書きなさい。

③　黒色の酸化銅に炭素粉末を混ぜ合わせて加熱すると，酸化銅が還元され，赤色の銅ができ，二酸化炭素が発生する。この化学変化を，化学反応式で表しなさい。なお，酸化銅の化学式はCuOである。

④　**表3**をもとにして，次の**a**，**b**の問いに答えなさい。

a　試験管**E**において，発生した二酸化炭素の質量は何gか。計算して答えなさい。

b　酸化銅8.0gに混ぜ合わせた炭素の質量と，反応せずに残った酸化銅の質量の関係を表すグラフを，**図7**にかきなさい。

図7

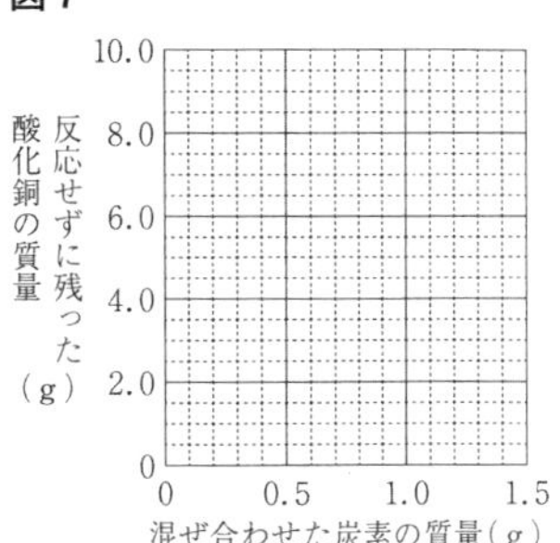

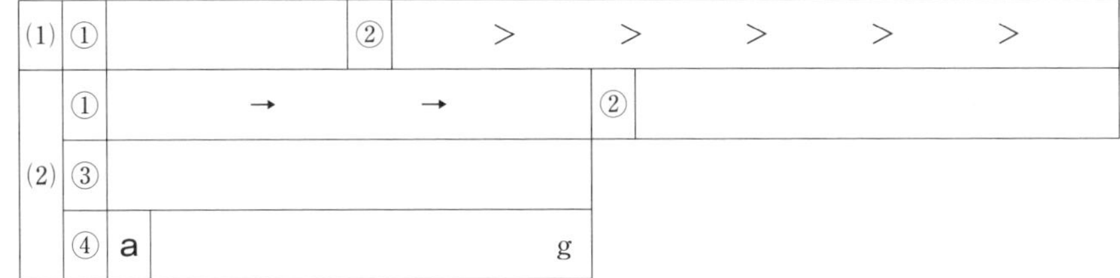

(1)	①		②	＞　＞　＞　＞　＞
(2)	①	→　→	②	
	③			
	④	a　　g		

4　地球と宇宙に関する(1)，(2)の問いに答えなさい。

ある晴れた日に，静岡県内の東経138°，北緯35°の場所で，透明半球を平らな板の上に固定してから，方位を合わせて水平に置き，太陽の動きを観測した。**図8**は，その結果を表したものである。**図8**の●印は，9時20分から14時20分まで1時間ごとに，ペンの先端の影が点**O**と一致するように透明半球上に付けたものである。**図8**の線**a**は●印をなめらかな線で結んだ曲線であり，点**P**，**Q**は線**a**と透明半球のふちとの交点である。

図8

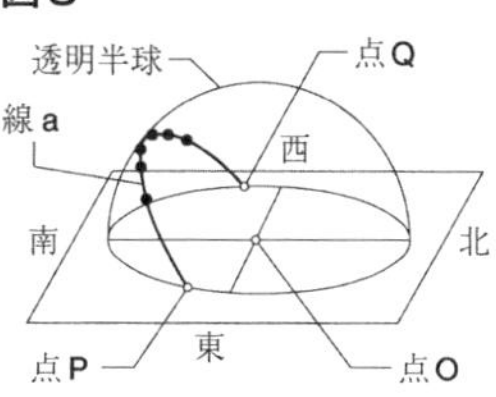

（注）点**O**は，透明半球のふちをなぞってできた円の中心である。

(1)　観測後，線**a**にそって紙テープをはり付けて，●印をうつしとり，●印の間の長さをはかった。**表4**は，その結果をまとめたものである。

表4

観測時刻		9：20		10：20		11：20		12：20		13：20		14：20	
●印の間の長さ（mm）			24		24		24		24		24		

①　**図8**の線**a**は，地球の自転による，太陽の見かけの動きを表している。線**a**で表されるような太陽の見かけの動きは何とよばれるか。その名称を書きなさい。

②　14時20分の●印と点**Q**との間の透明半球上の長さをはかったところ，その長さは55mmであった。表4をもとにすると，この観測を行った日の，日の入りの時刻は何時何分であったと考えられるか。次の**ア**～**エ**の中から，最も近いものを1つ選び，記号で答えなさい。

ア　16時25分　　**イ**　16時40分　　**ウ**　16時55分　　**エ**　17時10分

(2)　**図8**を観測した同じ日に，東経138°，南緯35°の場所で観測される太陽の動きは，透明半球上でどのように表されると考えられるか。次の**ア**～**エ**の中から，最も適切なものを1つ選び，記号で答えなさい。

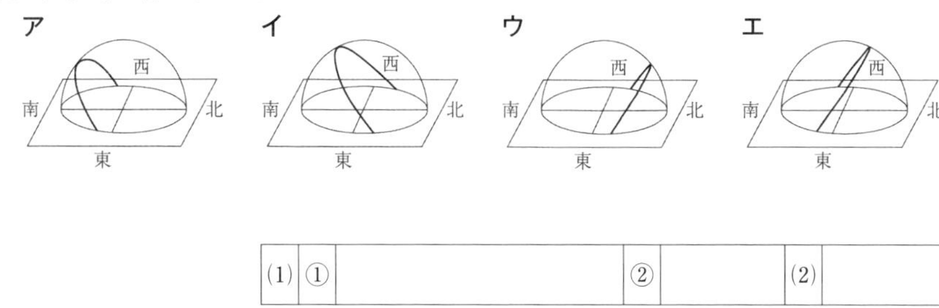

(1)	①		②		(2)	

5 気象とその変化に関する(1)，(2)の問いに答えなさい。

図9は，ある年の3月15日9時における天気図である。**図9**の中の×印と数字は，高気圧と低気圧のそれぞれの中心とそこでの気圧の値を示している。

図9

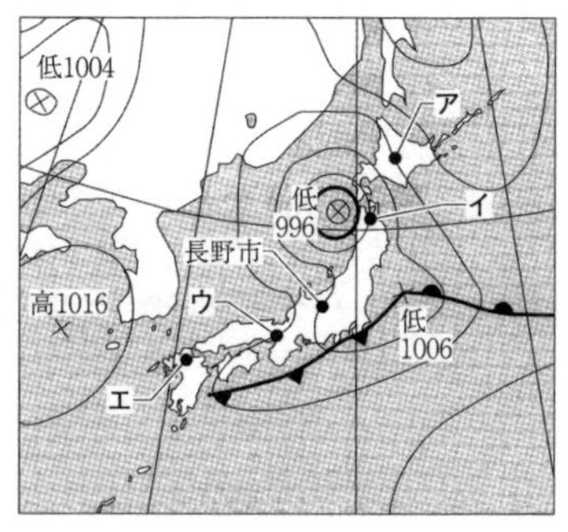

(1) **図9**の中には前線がみられる。

① 一般に，寒冷前線は温暖前線より速く進むため，寒冷前線が温暖前線に追いつき，閉そく前線ができることがある。**図10**を適切に補い，閉そく前線を表す記号を完成させなさい。

図10

② 一般に，寒冷前線付近にできる雲は，温暖前線付近にできる雲と比べて，せまい範囲にできる。寒冷前線付近にできる雲の範囲が，温暖前線付近にできる雲の範囲と比べて，せまい理由を，**寒気**，**暖気**という2つの言葉を用いて，簡単に書きなさい。

(2) 気圧に関する①，②の問いに答えなさい。

① **図9**において，**ア**～**エ**の地点の中から，長野市より気圧が低い地点を1つ選び，記号で答えなさい。

② 山頂で密閉した空のペットボトルをふもとまで持ってきたとき，ペットボトルの内側と外側の気圧の差により力が生じ，ペットボトルは変形することがある。山頂からふもとまで持ってきた空のペットボトルが変形したときの，ペットボトルが変形した理由と，ペットボトルの状態について述べたものとして，最も適切なものを，次の**ア**～**エ**の中から1つ選び，記号で答えなさい。

ア ペットボトルの，内側の気圧に比べて，外側の気圧が低くなったため，へこんだ。
イ ペットボトルの，内側の気圧に比べて，外側の気圧が低くなったため，ふくらんだ。
ウ ペットボトルの，内側の気圧に比べて，外側の気圧が高くなったため，へこんだ。
エ ペットボトルの，内側の気圧に比べて，外側の気圧が高くなったため，ふくらんだ。

(1)	②			
(2)	①		②	

6 身近な物理現象及び運動とエネルギーに関する(1)～(3)の問いに答えなさい。

(1) **図11**のように，定滑車を1つ用いて荷物を持ち上げる装置をつくり，床に置かれた質量3kgの荷物を，糸が引く力によって，床から80cmの高さまでゆっくりと一定の速さで真上に持ち上げた。

図11

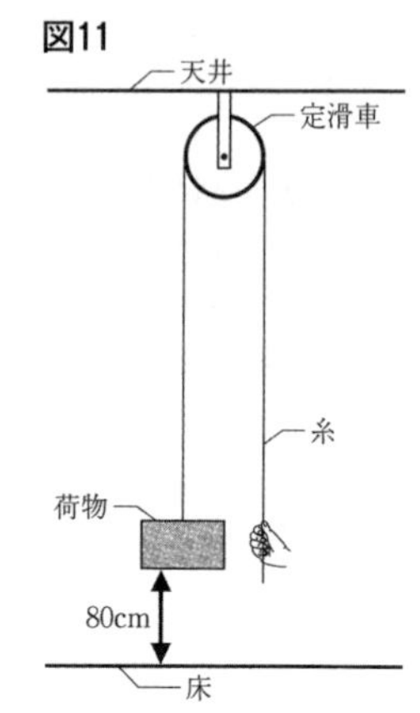

① 力には，物体どうしがふれ合ってはたらく力や，物体どうしが離れていてもはたらく力がある。次の**ア**～**エ**の中から，物体どうしが離れていてもはたらく力として適切なものを2つ選び，記号で答えなさい。

ア 磁石の力　　**イ** ばねの弾性力
ウ 重力　　**エ** 垂直抗力

② 床に置かれた質量3kgの荷物を80cmの高さまでゆっくりと一定の速さで真上に持ち上げたときに，手が加えた力がした仕事の大きさは何Jか。計算して答えなさい。ただし，100gの物体にはたらく重力の大きさを1Nとする。また，糸の質量は無視でき，空気の抵抗や糸と滑車の間にはたらく摩擦はないものとする。

(2) 重い荷物を持ち上げるとき，クレーンなどの道具を使うことがある。クレーンには定滑車のほかに動滑車が使われており，小さな力で荷物を持ち上げることができる。**図12**は，定滑車1つと動滑車1つを用いて荷物を持ち上げる装置で，質量1kgの荷物をゆっくりと一定の速さで持ち上げたときの，荷物にかかる重力と糸が動滑車を引く力と手が糸を引く力を矢印（⟶）で示している。**図13**は，定滑車1つと動滑車3つを用い，糸**a**を引いて荷物を持ち上げる装置である。動滑車が1つのときに成り立つ原理は，動滑車が複数になっても，それぞれの動滑車において成り立つ。

図12

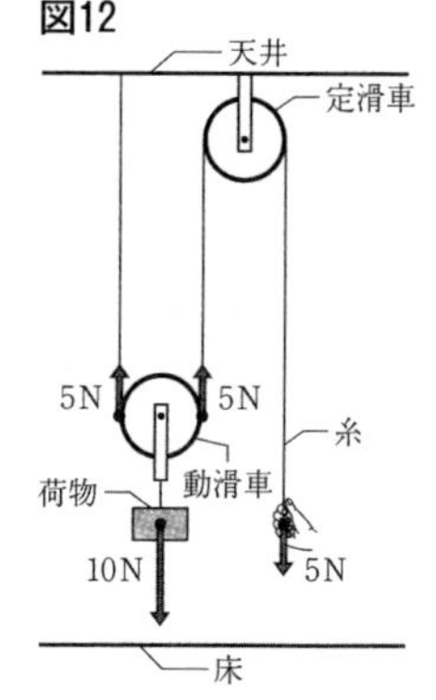

次の［　　］の中の文が，**図11**と**図13**の，それぞれの装置を用いて，同じ荷物を床から同じ高さまでゆっくりと一定の速さで真上に持ち上げたときの，手が加えた力がした仕事について述べたものとなるように，文中の（ ㋐ ）～（ ㋒ ）のそれぞれに適切な値を補いなさい。ただし，糸や滑車の質量は無視でき，空気の抵抗や糸と滑車の間にはたらく摩擦はないものとする。

> **図11**と**図13**の，それぞれの装置を用いて，同じ荷物を床から同じ高さまでゆっくりと一定の速さで真上に持ち上げたとき，**図11**の装置を用いた場合と比べて，**図13**の装置を用いると，手が糸**a**を引く力の大きさは（ ㋐ ）倍になり，手が糸**a**を引く距離は（ ㋑ ）倍になり，手が加えた力がした仕事の大きさは（ ㋒ ）倍になる。

図13

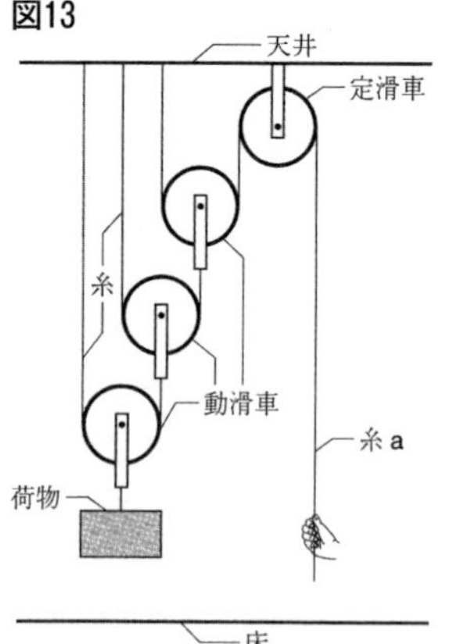

(3) **図14**のように，水平な床の上に斜面をつくり，斜面の上に台車を置く。台車には，テープをつけ，1秒間に50回打点する記録タイマーに通して，台車の運動を記録できるようにする。台車を静かにはなしたところ，台車は斜面を下り，水平な床の上を進んだ。**図15**は，このときの台車の運動を記録したテープを，**a**点から5打点ごとに区間**1**～**8**と区切ったようすの一部を表した模式図であり，**b**点は**a**点から15打点目の点である。ただし，斜面と床はなめらかにつながっていて，テープの質量は無視でき，空気の抵抗や摩擦はないものとする。

図14

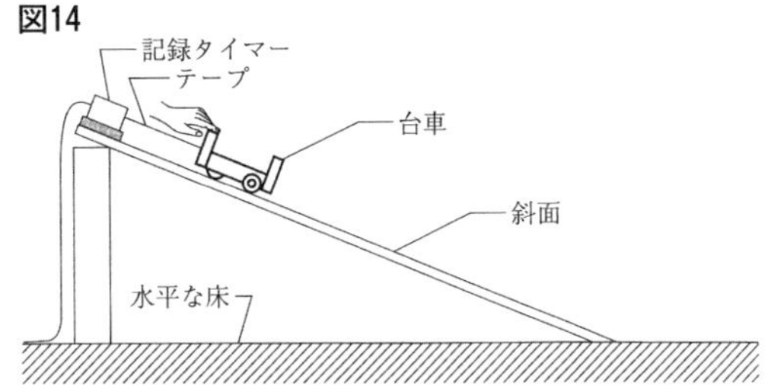

図15

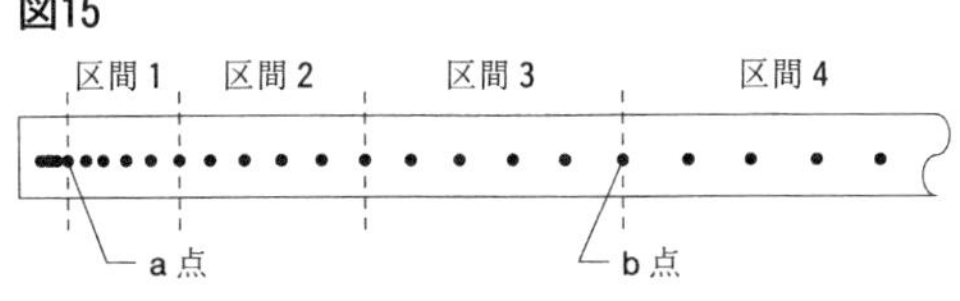

① 次の**ア**～**エ**の中から，台車が斜面を下っているときの，台車にはたらくすべての力を表したものとして，最も適切なものを1つ選び，記号で答えなさい。ただし，同じ種類の力は合力として1本の矢印で表している。

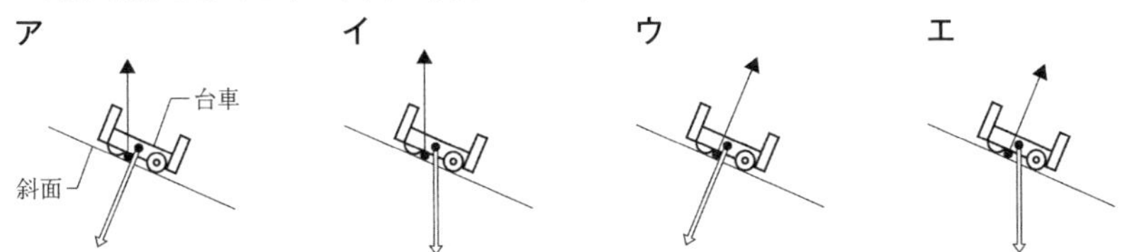

② **図15**の**a**点から**b**点までの長さは22.5cmであった。**a**点を打ってから**b**点を打つまでの間の，台車の平均の速さは何cm/sか。計算して答えなさい。

③ **図16**は，区間**1**～**8**の各区間のテープの長さを表したものである。**図16**をもとにして，台車が水平な床に到達したときの区間を，区間**1**～**8**の中から1つ選び，数字で答えなさい。また，そのように判断した理由を，台車が斜面を下っているときの，速さの増え方に関連付けて，簡単に書きなさい。

図16

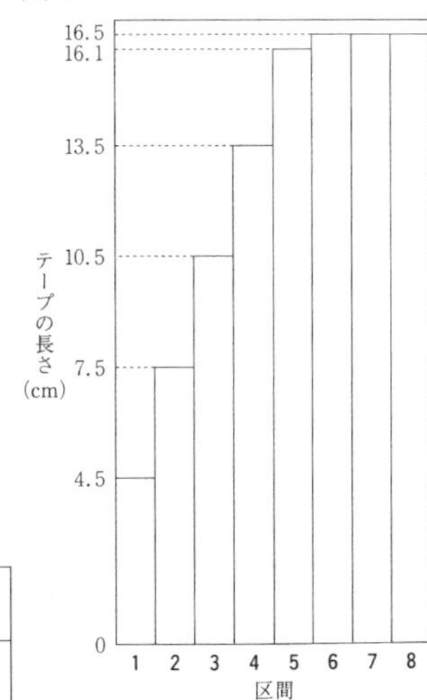

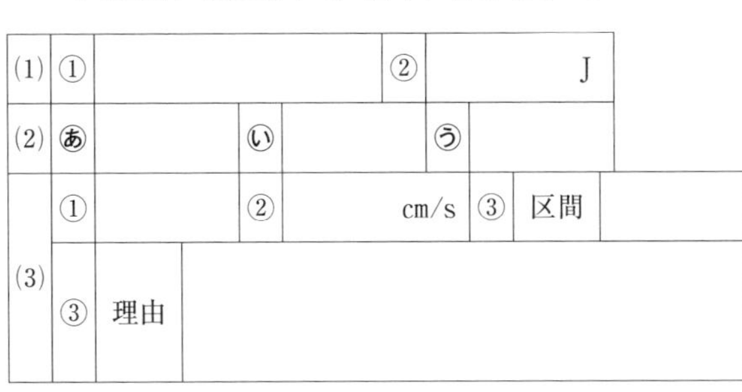

(1)	①		②	J		
(2)	あ		い		う	
(3)	①		②	cm/s	③	区間
	③	理由				

令和6年度入試問題　社会

1

次の略年表を見て，(1)～(8)の問いに答えなさい。

時代	飛鳥	奈良	平安	鎌倉	室町	安土桃山	江戸	明治	大正	昭和	平成
日本のできごと	①推古天皇が即位する	②墾田永年私財法が定められる	③中尊寺金色堂が建てられる	鎌倉幕府がほろびる	銀閣が建てられる	④安土城が築かれる	⑤江戸幕府が成立する	明治維新が始まる	関東大震災がおこる　←Ⓐ→	⑥世界恐慌の影響を受ける　⑦民主化の改革が行われる	バブル経済が崩壊する

(1) 傍線部①のもとで聖徳太子（厩戸皇子，厩戸王）らが行った政治改革で定められた，天皇の命令に従うことなどの役人の心構えを示した法は何とよばれるか。その名称を書きなさい。また，この法が定められた時代より前のできごとを，次の**ア**～**エ**の中から1つ選び，記号で答えなさい。

ア　ローマ教皇が十字軍の派遣を呼びかけた。　**イ**　シャカがインドで仏教を開いた。
ウ　フビライ・ハンが都を大都に移した。　**エ**　スペインがインカ帝国をほろぼした。

(2) 傍線部②は，朝廷が税収を増やそうとして定めたものである。**表1**は，奈良時代の主な税と，その課税対象を示している。**表1**から考えられる，傍線部②を定めることによって朝廷の税収が増加する理由を，傍線部②による開墾の状況の変化に関連付けて，簡単に書きなさい。

表1

税	課税対象
租	田地
調	17～65歳の男子
庸	21～65歳の男子

(3) **図1**は，傍線部③の内部を撮影した写真である。次の［　　］の中の文は，傍線部③が建てられたころに東北地方を支配していた勢力についてまとめたものである。文中の（ あ ），（ い ）に当てはまる語として正しい組み合わせを，下の**ア**～**エ**の中から1つ選び，記号で答えなさい。また，文中の（ ⓐ ）に当てはまる人物名を書きなさい。

図1

11世紀後半の大きな戦乱を経て東北地方を支配した奥州（ あ ）氏は，（ い ）を拠点として，金や馬などの産物や，北方との交易によって栄えたが，12世紀後半，（ ⓐ ）によってほろぼされた。（ ⓐ ）はその後，朝廷から征夷大将軍に任命された。

ア　あ 伊達　い 多賀城　　**イ**　あ 伊達　い 平泉
ウ　あ 藤原　い 多賀城　　**エ**　あ 藤原　い 平泉

(4) **資料１**は，織田信長が傍線部④の城下町に出した法令の一部を要約したものである。織田信長が**資料１**の政策を行った，城下町を発展させる上でのねらいを，**資料１**から読み取れる，座に対する政策に関連付けて，簡単に書きなさい。

資料１

> 安土山下町（城下町）に定める
> 一，この街を楽市とした以上は，座の特権などは認めない。
> 一，往来する商人は，上海道を通行せず，必ずこの町で宿をとること。
> 一，領国内で徳政を行っても，この町では行わない。
> （「安土山下町中掟書」より，一部を要約）

(5) 傍線部⑤の対外政策に関するａ，ｂの問いに答えなさい。

ａ　傍線部⑤は，17 世紀前半に鎖国の体制を固めたが，いくつかの藩は外国や貿易を許されていた。鎖国の体制のもとで，朝鮮との外交や貿易を担っていた藩を，次の**ア**～**エ**の中から１つ選び，記号で答えなさい。

ア　薩摩藩　　**イ**　長州藩　　**ウ**　対馬藩　　**エ**　土佐藩

ｂ　蘭学者の渡辺崋山と高野長英は，傍線部⑤の対外政策を批判し，幕府によって処罰された。渡辺崋山と高野長英が批判した，傍線部⑤の対外政策として適切なものを，次の**ア**～**エ**の中から１つ選び，記号で答えなさい。

ア　日米和親条約を結び，港を開いた。　**イ**　日米修好通商条約を結び，貿易を認めた。
ウ　禁教令を出し，キリスト教を禁じた。　**エ**　異国船打払令を出し，外国船を砲撃させた。

(6) 略年表中のⒶの期間に関するａ，ｂの問いに答えなさい。

ａ　次の**ア**～**ウ**は，Ⓐの期間におこった日本のできごとについて述べた文である。**ア**～**ウ**を時代の古い順に並べ，記号で答えなさい。

ア　シベリア出兵を見こした米の買い占めから米の値段が上がり，米騒動がおこった。
イ　人々が銀行に殺到して預金を引き出し，銀行の休業や倒産が相次ぐ金融恐慌がおこった。
ウ　ヨーロッパでおこった第一次世界大戦の影響で，日本では大戦景気が始まった。

ｂ　Ⓐの期間に普通選挙法が成立した。その普通選挙法と同じ年に制定された，共産主義や社会運動を取り締まりの対象とした法律は何とよばれるか。その名称を書きなさい。

(1)	名称		記号	
(2)				
(3)	記号		ⓐ	
(4)				
(5)	a		b	
(6)	a	→ →	b	

(7) 傍線部⑥は 1920 年代後半に始まった。**表２**は，1925 年，1933 年，1938 年における，アメリカ，ソ連，ドイツの，鉄鋼生産量を示している。**表２**の中の**ア**～**ウ**は，アメリカ，ソ連，ドイツのいずれかを表している。**資料２**は，経済のしくみの違いについてまとめたものである。**資料２**を参考にして，**表２**の**ア**～**ウ**の中から，ソ連に当たるものを１つ選び，記号で答えなさい。また，そのように判断できる理由を，**資料２**から読み取れる，ソ連が採用していた経済のしくみに関連付けて，簡単に書きなさい。

表２

	鉄鋼生産量（十万ｔ）		
	1925 年	1933 年	1938 年
ア	461	236	288
イ	123	84	205
ウ	19	70	180

注 「近代国際経済要覧」により作成。

資料２

> **市場経済**
> 市場を通じて物やサービスの取り引きが自由に行われる。
> **計画経済**
> 政府が作った計画に従って生産・流通・販売などの経済活動が行われる。

(8) 傍線部⑦において，1946 年に，財閥に対する改革が本格的に始まった。**グラフ１**は，日中戦争が始まった 1937 年と，財閥に対する改革が本格的に始まる直前の 1946 年における，全国の会社の資本金に占める，四大財閥（三井・三菱・住友・安田）傘下の会社の割合を，業種別に示している。1946 年に，財閥に対してどのような改革が行われたか。その改革を，**グラフ１**から考えられる，改革が行われた理由が分かるように，簡単に書きなさい。

グラフ１

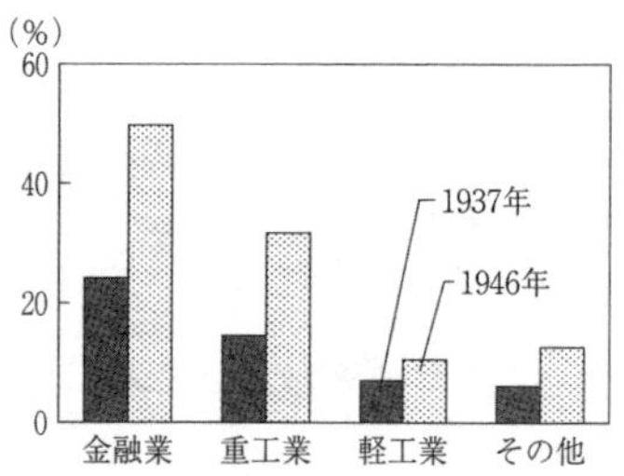

注 「近現代日本経済史要覧」により作成。

(7)	記号	
	理由	
(8)		

2

次の(1)～(6)の問いに答えなさい。なお，**地図１**の中の[A]～[E]は県を，ⓐからⓒは都市を，それぞれ示している。

(1) 中部地方にある，標高 3000 m前後の山々が連なる飛騨，木曽，赤石の３つの山脈の，ヨーロッパの山脈にちなんだ総称は何か。その総称を書きなさい。

(2) **グラフ2**のア～ウは，**地図1**のⓐ～ⓒのいずれかの都市の，気温と降水量を示したものである。**グラフ2**のア～ウの中から，ⓒの都市の，気温と降水量を示したものを1つ選び，記号で答えなさい。

地図1

グラフ2

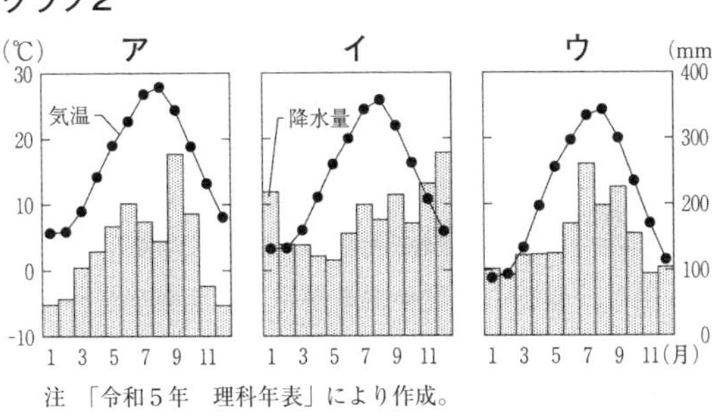

注 「令和5年 理科年表」により作成。

(3) **図2**は，**地図1**の塩尻市と岡谷市の，一部の地域を示した地形図である。**図2**から読み取れることを述べた文として適切なものを，下の**ア～オ**の中から2つ選び，記号で答えなさい。

図2

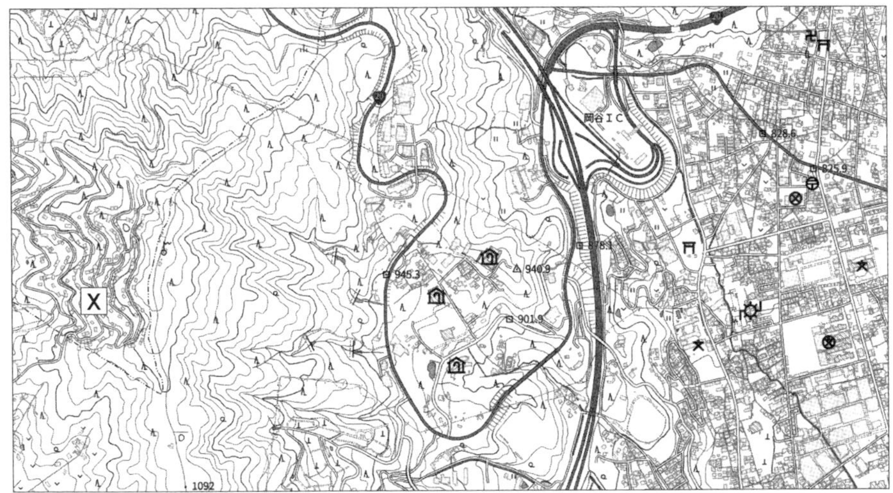

注 国土地理院の電子地形図（タイル）により作成。

ア [X]は，岡谷ＩＣ（インターチェンジ）から見て北側に位置する。
イ [X]の付近は，老人ホームの付近に比べて標高が低い。
ウ [X]の付近は，郵便局の付近に比べて建物の配置がまばらである。
エ [X]の付近には，広葉樹林が広がっている。
オ [X]の付近には，等高線に沿った道路が見られる。

(4) [C]では，四大公害病の1つに数えられる公害病が発生した。その公害病の原因として最も適切なものを，次の**ア～エ**の中から1つ選び，記号で答えなさい。また，[C]の県名を書きなさい。

ア 騒音　　**イ** 水質汚濁　　**ウ** 悪臭　　**エ** 大気汚染

(5) **表3**は，2019年における，[A]～[D]の食料品，化学工業，電子部品，輸送用機械の工業出荷額を示している。**表3**の中の**ア～エ**は，[A]～[D]のいずれかを表している。**ア～エ**の中から，[A]に当たるものを1つ選び，記号で答えなさい。

表3

	工業出荷額(億円)	工業出荷額の内訳（億円）			
		食料品	化学工業	電子部品	輸送用機械
ア	62,194	5,916	948	7,385	4,040
イ	59,896	3,817	2,814	1,661	11,596
ウ	50,113	8,185	6,403	3,379	2,450
エ	39,411	1,557	7,781	3,272	1,584

注 「データでみる県勢2023」により作成。

(6) 農業に関する a，b の問いに答えなさい。

a 中部地方では，様々な品種の稲が作付けされている。**グラフ3**は，1960年，1990年，2020年における，日本の米の，収穫量と自給率の推移を示している。**グラフ3**から，1960年から2020年における，日本の水稲の作付面積（田の面積のうち，実際に米を作る面積）は，どのように推移したと考えられるか。その推移を，**グラフ3**から考えられる，日本の米の国内消費量の変化に関連付けて，簡単に書きなさい。

グラフ3

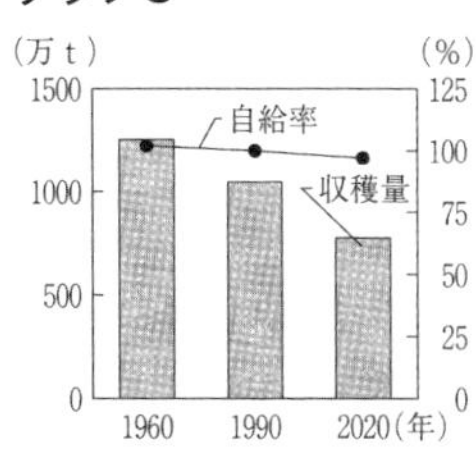

注 「数字でみる日本の100年」などにより作成。

b [E]では，施設園芸がさかんである。施設園芸に関する①，②の問いに答えなさい。

① 施設園芸では，施設を利用して作物の生育を調節する栽培方法がとられている。このうち，出荷時期を早める工夫をした栽培方法は何とよばれるか。その名称を書きなさい。

② 施設園芸には，露地栽培（屋外で施設を用いずに行う栽培）と比べて利点もあるが，課題もある。**グラフ4**は，2012年度から2021年度における，日本の農業で使用される燃料の価格の推移を示している。**グラフ5**は，2020年における，日本の，施設園芸と露地栽培の，農業経営費に占める経費別の割合を示している。**グラフ4**から考えられる，施設園芸の経営上の問題点を，**グラフ5**から読み取れることに関連付けて，簡単に書きなさい。

グラフ4

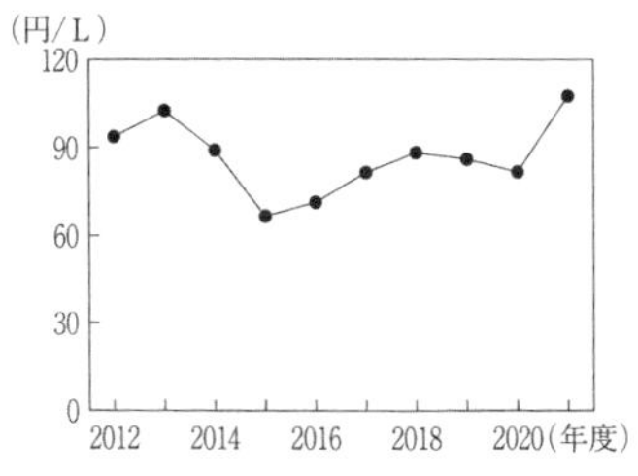

注1 農林水産省資料により作成。
注2 加温期間（11～4月）の平均価格。

グラフ5

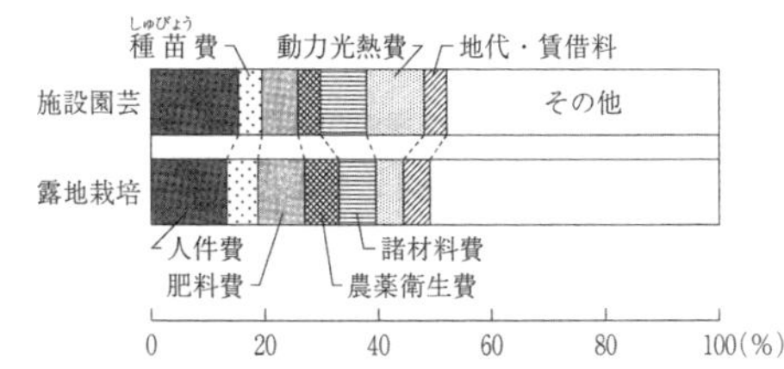

注1 農林水産省資料により作成。
注2 野菜の場合を示している。

(1)		(2)		(3)		
(4)	記号		県名	県	(5)	
(6)	a					
	b	①		②		

3

次の(1)～(3)の問いに答えなさい。なお，**地図２**は，緯線と経線が直角に交わった地図であり，**地図３**は，シカゴを中心とし、シカゴからの距離と方位が正しい地図である。**地図２**の中の A ～ D は国を示している。

地図２

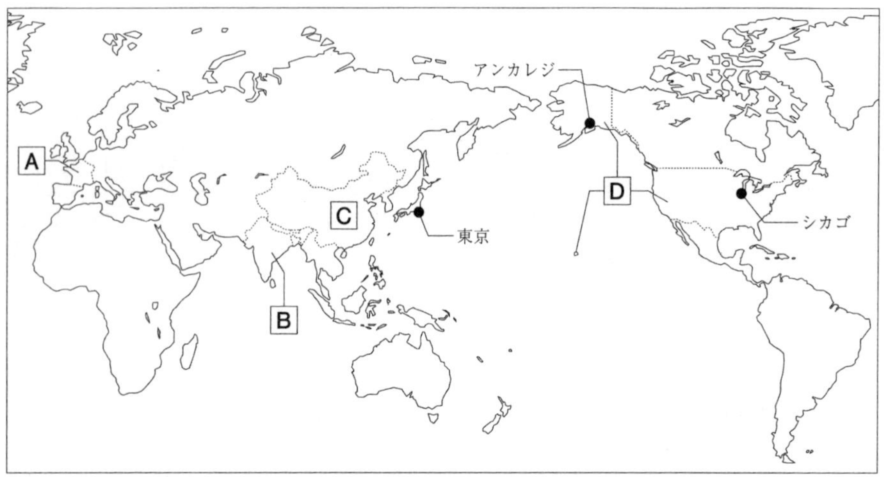

(1) **地図３**に関するａ，ｂの問いに答えなさい。

ａ **地図３**の中の**ア～エ**は緯線を示している。**ア～エ**の中で，赤道を示しているものを１つ選び，記号で答えなさい。

ｂ シカゴから航空機で西に向かって出発し，向きを変えることなく進んだとき，この航空機が北アメリカ大陸の次に通る大陸は，世界の六大陸のうちのどの大陸か。その名称を書きなさい。

地図３

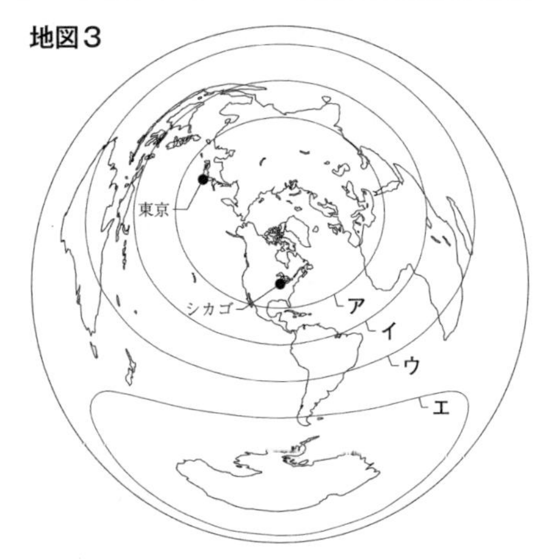

(2) **表４**は，A ～ D と日本の，1990年，2000年，2010年，2020年における，１人当たりの国内総生産を示している。**表４**の中の㋐～㋓は，A ～ D のいずれかを表している。**表４**に関するａ，ｂの問いに答えなさい。

表４

	１人当たりの国内総生産（ドル）			
	1990年	2000年	2010年	2020年
㋐	369	442	1,351	1,910
㋑	318	959	4,550	10,409
㋒	21,866	22,416	40,676	39,055
㋓	23,889	36,330	48,651	63,531
日本	25,371	39,169	44,968	39,918

注　世界銀行資料により作成。

ａ **表４**の㋑に当たる国を，A ～ D の中から１つ選び，記号で答えなさい。また，その国名も書きなさい。

ｂ **表４**に示された国の国全体の経済力を比較するために，これらの国の国内総生産を求めたい。**表４**のほかに，次の**ア～エ**の統計資料があるとき，**表４**に加えて，**ア～エ**の中のどの２つを用いれば求めることができるか。**ア～エ**の中から２つ選び，記号で答えなさい。

ア 総面積　**イ** 国民総所得　**ウ** 人口密度　**エ** 生産年齢人口

(3) D に関するａ，ｂの問いに答えなさい。

ａ **図３**は D のアラスカ州にあるパイプラインを撮影した写真である。**図３**のパイプラインは，アラスカ州の北岸で採掘した原油を温めて，南岸へと流している。また，アラスカ州は多くの地域が冷帯や寒帯に属し，１年を通して凍っている永久凍土という土壌が広がっている。**図３**のパイプラインには，この自然環境を維持するための工夫が見られる。**図３**のパイプラインに見られる，この自然環境を維持するための工夫を，その工夫による効果が分かるように，簡単に書きなさい。

図３

注 「最新地理図表GEO四訂版」より。

ｂ **地図２**のアンカレジは，航空機による国際貨物輸送の拠点になっている。航空機には，貨物や燃料などの重量を合計した総重量の最大値が設定されている。シカゴと東京を結ぶ貨物輸送を行う航空機は，アンカレジの空港を経由し給油を行うことにより，直行する場合と比べて，貨物の重量を増やすことができる。シカゴと東京を結ぶ貨物輸送を行う航空機が，アンカレジの空港を経由し給油を行うと，貨物の重量を増やすことができるのはなぜか。その理由を，**地図２**と**地図３**から読み取れる，アンカレジの位置の特徴に関連付けて，簡単に書きなさい。

(1)	a		b	大陸		
(2)	a	記号		国名	b	
(3)	a					
	b					

4

次の(1)〜(3)の問いに答えなさい。

(1) 金融に関するa，bの問いに答えなさい。

a 次の[　　]の中の文は，金融機関が収入を得るしくみについてまとめたものである。文中の（ ㋐ ）に当てはまる語を書きなさい。

> 銀行は，融資する相手から返済にあたって（ ㋐ ）を受け取り，預金者に（ ㋐ ）を支払う。その（ ㋐ ）の差額が銀行の収入になる。

b 日本の中央銀行である日本銀行が取引を行う対象として正しいものを，次の**ア**〜**エ**の中から２つ選び，記号で答えなさい。

ア 銀行　　**イ** 工場　　**ウ** 家計　　**エ** 政府

(2) 国際連合に関するa，bの問いに答えなさい。

a 国際連合は，経済，社会，文化，人権などのさまざまな分野で，人々の暮らしを向上させる努力を行っている。**資料３**は，1948年に国際連合で採択された，各国の人権保障の基準になっているものの一部である。この，国際連合で採択されたものは何とよばれるか。その名称を書きなさい。

資料３

> **第１条**
> すべての人間は，生れながらにして自由であり，かつ，尊厳と権利とについて平等である。人間は，理性と良心とを授けられており，互いに同胞の精神をもって行動しなければならない。

b **グラフ６**は，1945年，1955年，1965年，1975年の，国際連合の地域別の加盟国数を示している。**グラフ６**の中の**ア**〜**エ**は，アジア，アフリカ，ヨーロッパ，オセアニアのいずれかを表している。**グラフ６**から，1945年と比べて，1975年の国際連合の加盟国数は，すべての地域で増加していることが分かる。アジアとアフリカの加盟国数の増加に共通する理由となる，第二次世界大戦後のアジアとアフリカの動きを，その動きにつながる，アジアとアフリカの歴史的な背景が分かるように，簡単に書きなさい。また，**ア**〜**エ**の中から，アジアに当たるものを１つ選び，記号で答えなさい。

グラフ６

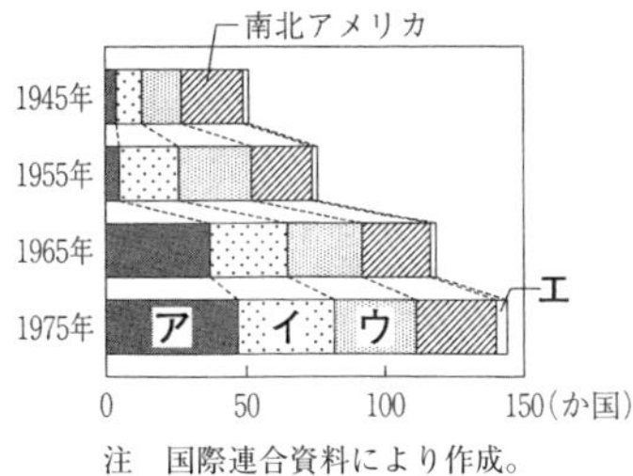

注 国際連合資料により作成。

(3) 地方議会に関するa，bの問いに答えなさい。

a 地方議会は，地方公共団体の予算の決定や，地方公共団体独自の法（ルール）の制定などを行う。地方議会が制定する，その地域だけで適用される地方公共団体独自の法は、一般に何とよばれるか。その名称を書きなさい。

b 地方議会は，地域の多様な意見を集約し，さまざまな立場から地域社会のあり方を議論することが求められている。近年，地方議会議員選挙において，立候補者数が定数を超えず，無投票となることが増えている。**表５**は，地方議会議員選挙が無投票となった市区町村の一部で行われている取り組みを示している。**グラフ７**は，2019年の，統一地方選挙（全国で期日を統一して行う，地方公共団体の，首長と議会の議員の選挙）を実施した市区町村における，議員報酬の平均月額別の，無投票となった市区町村の割合を示している。**グラフ８**は，2019年の，統一地方選挙を実施した市区町村における，議員の平均年齢別の，無投票となった市区町村の割合を示している。地方議会議員選挙が無投票となることを防ぐ上での，市区町村が**表５**の取り組みを行うねらいを，**グラフ７**と**グラフ８**のそれぞれから読み取れることと，地方議会議員にとっての**表５**の取り組みの利点に関連付けて，70字程度で書きなさい。

表５

取り組み	内容
通年会期制の導入	数週間にわたる定例会を年４回開いて審議を行っていたが，１年を通して開会する通年会期とし，予定が立てやすいように，特定の曜日や時間に設定した定例日に審議を行うようにした。
夜間・休日議会の実施	平日の昼間に行っていた審議を，会社員などと兼業する議員が参加しやすい夜間や休日に実施するようにした。

注 総務省資料により作成。

グラフ７

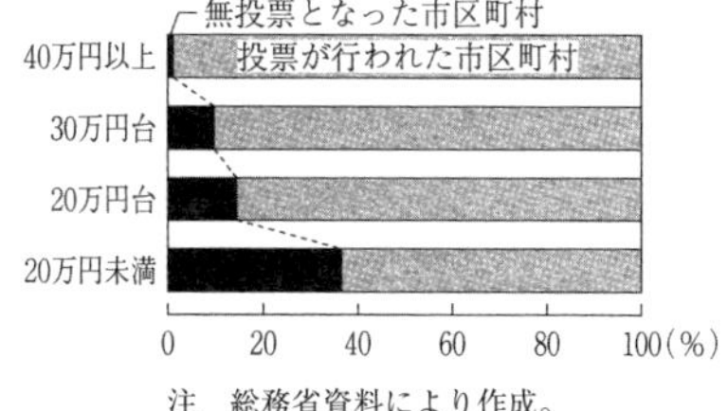

注 総務省資料により作成。

グラフ８

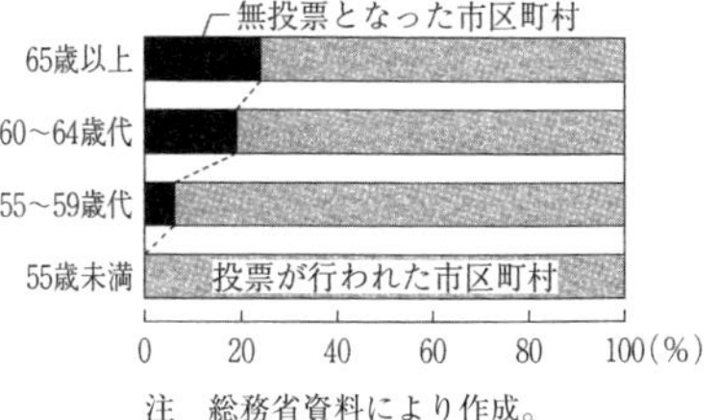

注 総務省資料により作成。

(1)	a		b			
(2)	a		b	動き		記号
(3)	a					
	b					

問四　小堀遠州は、丹後の太守に、雲山という茶入れについてどのような助言をしているか。その助言を、小堀遠州が述べている、この茶入れに対する利休の評価と利休がそのように評価した理由が分かるように、現代語で書きなさい。

問四

五

あなたのクラスでは、国語の授業で、次の［　］の中の俳句の一部が紹介された。この俳句の【　】の中に、下のA、Bどちらかの春の季語を入れ、春の情景について考えを述べ合うことになった。

【　】新たな友と　歩く道

	春の季語	意　味
A	山笑う	山の草木が一斉に新芽を吹き、花が咲いて山全体が明るくなる様子。
B	花曇り	桜の咲く頃の曇り空のこと。比較的明るく曇っている空の様子。

あなたの想像する春の情景を表した俳句にするためには、【　】の中に入れる季語として、AとBのどちらがより適切であると考えるか。A、Bどちらかを選び、それを選んだ理由が分かるように、あなたの考えを書きなさい。

ただし、次の**条件1**、**2**にしたがうこと。

条件1　一マス目から書き始め、段落は設けないこと。

条件2　字数は、百五十字以上、百八十字以内とすること。

問五　あなたは、この原稿では、森さんの職場体験での大変さが伝わりにくいと考え、次の［　］の中のやり取りを、この原稿のはじめに付け加えることを提案した。

> 放送委員：森さんは、ホームセンターで職場体験を行ったそうですが、どのようなお店でしたか。
> 森さん：私が職場体験を行ったのは一般的なホームセンターで、日用雑貨を主に扱い、【　　】という特徴がありました。

次の［　］の中のメモは、森さんが職場体験で店長から聞いた、一般的なホームセンターの特徴である。このメモの内容をふまえ、森さんの職場体験での大変さがより伝わる原稿となるように、【　　】の中に入る適切な言葉を考えて、二十五字以内で書きなさい。

> ・衣食住の中でも「住まい」に関連した商品を取り扱っている。
> ・日用雑貨など、商品の種類が非常に多い。
> ・売り場の面積にはかなりの広さが必要である。
> ・郊外の広い場所にあり、広い駐車場を設けていることが多い。

問五
25

四

次の文章を読んで、あとの問いに答えなさい。

雲山（うんざん）といへる肩衝（かたつき）[注①]、堺（さかひ）の人所持したる[ア]が、利休[注②]など招きて、はじめて茶の湯に出したれば、休（利休）、一向気に入らぬ体（てい）（まったく気に入らない様子）なり。亭主[注③]、客帰りて後、当世（今の世の中で）、休が気に入らぬ茶入れおもしろからず（つまらない）とて、五徳[注④]に擲（なげう）ち破（わ）ける（投げつけ割ったのを）を、かたはらに有りける知音（ちいん）の人（そばにいた知り合いの人が）もらうて帰り、手づから継（つぎ）て（自らつなぎ合わせて）、茶会を催し[イ]、ふたたび休に見せたれば、これでこそ茶入れ見事なれとて、ことのほか（とりたてて）称美す[ウ]（ほめたたえた）。よてこの趣き（だからこのことを）もとの持主方へいひやり、茶入れ秘蔵せられよ（大切にしまっておきなさい）とて戻しぬ[エ]（返した）。

その後、件（くだん）の（前述の）肩衝丹後（たんご）[注⑤]の太守、値千金に御求め候（さふら）ひて（大金でお買い求めになりまして）、むかしの継目ところどころ合はざりける（合わなかったので）を、継なをし候はん（つなぎ合わせ直しましょうか）やと小堀遠州（こぼり）[注⑥]へ相談候へば、遠州（小堀遠州）、この肩衝破（わ）れ候ひて（割れまして）、継目も合はぬにてこそ（合わないからこそ）利休もおもしろがり（興味深く感じており）、名高くも聞（きこ）え侍（はべ）れ（評判高く世間に知られています）。かやうの（このような）物は、そのままにておくがよく候ふと申されき（申し上げなさった）。

（藤村庸軒（ふじむらようけん）・久須美疎安（くすみそあん）『茶話指月集』による。）

（注）① 茶の湯で使用する抹茶（まっちゃ）を入れておく、陶器製の茶入れの一種。
② 千利休。安土（あづち）桃山時代の茶人。
③ 茶の湯で茶をたてて接待する人。
④ 鉄瓶などを置いて火にかけるための金属製の道具。
⑤ 丹後国の領主。丹後国は今の京都府の一部。
⑥ 小堀政一（まさかず）。江戸時代初期の大名で茶人。

問一　二重傍線（＝）部を、現代かなづかいで書きなさい。

問一

問二　波線（〰）部ア～エの中から、その主語に当たるものが同じであるものを二つ選び、記号で答えなさい。

問二
と

問三　亭主が、傍線（―）部のように行動したのは、雲山という茶入れをどのように感じたからか。亭主がこの茶入れに感じたことを、この茶入れに対する利休の様子が分かるように、現代語で書きなさい。

問三

問六　次のア～エの中から、本文で述べている内容として適切なものをすべて選び、記号で答えなさい。

ア　生命が誕生する以前に、地球の大陸では隕石や落雷などが原因で最初の生物の材料となるような有機物質が生まれた。

イ　原始地球において「ダーウィンのスープ」がどのようなところで生まれたのかは、解明されていない。

ウ　生物が進化を続けていく過程では突然変異が起こり、様々な性質を持つ個体が生まれる。

エ　生物学的に考えるとすべての動物は進化をするが、細菌のような単細胞生物の中には進化をしないものもいる。

問六

三

放送委員のあなたは、昼の放送で、職場体験を行った生徒の体験談をインタビュー形式で紹介することになった。次の文章は、ホームセンターで職場体験を行った森さんと一緒に作成している、放送原稿の一部である。この文章を読んで、あとの問いに答えなさい。

> 放送委員：森さんはどのような仕事を体験しましたか。
> 森さん：商品を売り場へ補充する作業と棚の奥にある商品を前に出す作業を体験しました。売り場で作業をすることが多く、購入したい商品が置いてある場所を、お客様がよく質問しました。[1]
> 放送委員：そのような作業や接客をするときに大変だったことは何ですか。
> 森さん：商品名と商品の置いてある場所を覚えることです。お客様が困らないように、商品を売り場に素早く補充したり、お客様の質問にすぐ答えたりできるように、商品名と商品の置いてある場所を覚えることが必要でした。しかし、結局、どこの棚にどの商品が置いてあるかを、すべては覚えきれませんでした。
> 放送委員：なるほど。[2]商品の補充や接客のための準備として、商品の陳列場所をあらかじめ覚えておくことが大切なんですね。では、最後に、今回の職場体験を通して学んだことは何ですか。
> 森さん：相手に思いやりをもって接することの大切さです。職場体験の二日目に外国人のお客様が来た[3]ときのことです。私は店員の方と二人でそのお客様の接客をしていました。1 そのお客様はまな板をお探しになっていました。2 店員の方はまな板の置いてある場所が外国人のお客様にとって分かりにくいと考えて、棚の場所をただお伝えするのではなく、まな板の置いてある棚まで一緒に行っていました。3 私も普段から相手の立場になり、思いやりを持って接したいと思いました。4

問一　傍線部1は、受け身の表現にした方が適切であると考えた。傍線部1を、受け身の表現に直しなさい。

問一

問二　傍線部2の放送委員の発言は、インタビューの流れの中で、どのような役割を持っていると考えられるか。その役割の説明として最も適切なものを、次のア～エの中から一つ選び、記号で答えなさい。

ア　自分の解釈を交えて言い直し、聴衆の理解を促す。

イ　自分の意見を転換しながら、新しい話題につなげる。

ウ　相手の考えを確かめながら、疑問があることを伝える。

エ　相手の説明を繰り返し、自らの見解との差異を明らかにする。

問二

問三　傍線部3を、「外国人のお客様」に対する敬意を表す表現にしたい。傍線部3を、敬意を表す表現に改めなさい。

問三

問四　本文中に、次の[　　]の一文を補いたい。補うのに最も適切な箇所を、1～4の、いずれかの番号で答えなさい。

[この店員の方のように、相手の立場になって考えることが、相手に思いやりを持って接するということだと思います。]

問四

説ですが、［エ］いまだにだれも再現できていません。また、増える能力を持った物質は1種類ではなくて、複数の物質がお互いを増やしあいながら全体として増える分子の集合体だったという説もあります。

いずれにせよ、生命の誕生の元は、自らを増やす能力を獲得した何かだったと考えられています。この説以外にも生命の起源の仮説は様々あるのですが、増える能力を持った物質が生命の元となっているのはほぼすべての仮説で共通するところです。

生命誕生がどこでどんな物質から起きたのかも分からないのに、どうして「増える能力をもっていた」なんてことが断言できるのでしょうか。それは今の生物の姿を考えると、進化という［オ］しくみなしでは達成できないはずで、そして進化を起こすためには「増える能力」がどうしても必要だからです。

すべての生物は進化をします。「進化」という言葉はいろいろな分野で少し違った意味で使われていますが、ここでの「進化」は生物学的な進化を指します。［　　］、ダーウィンが述べた「多様性を持つ集団が自然選択を受けることによって起こる現象」のことです。

この進化の原理はとても単純です。まず、生物は同じ種であっても個体ごとに少しずつ遺伝子が違っていて、その能力にも少しだけ違いがあること、つまり能力に多様性があることを前提とします。

たとえば、池の中にミジンコがたくさんいて、みんな少しずつ泳ぐ速さが違うといった状況をイメージしてください。泳ぐのが速いミジンコは、泳ぐのが遅いミジンコよりもきっと餌（えさ）を多く手に入れることができるでしょうし、ヤゴ[注④]などの天敵から逃げやすいので長く生き残ってたくさんの子孫を残すでしょう。そして次の世代のミジンコ集団では泳ぐのが速いミジンコの割合が増えているでしょう。

この子孫を残しやすい性質が集団内で増えていく現象が「自然選択」と呼ばれます。多様性があってそこに自然選択が［え］はたらくと、より子孫を残しやすい性質がその生物集団に自然に広がっていくことになります。

このように集団の性質がどんどん変わっていくことが生物学的な「進化」と呼ばれます。自然選択が起こると特定の性質が選ばれるので、一時的に多様性は小さくなってしまいますが、そのうち遺伝子に突然変異が起きてまたいろいろ性質の違う個体が生まれると多様性は回復します。そしてまた自然選択が起こり、進化が続いていくことになります。

ここで例として挙げた進化では泳ぐのが速くなるくらいの小さな変化ですが、おそらくこれを気の遠くなるほど続けた結果が、私たち人間を含む現在に生きる生物たちです。私たちの祖先は細菌のような単細胞生物だったと言われていますが、このような多様性と自然選択を気の遠くなるような数だけ繰り返して、より生き残りやすい性質を生み出し選んできました。その結果、現在の私たち人間や、現在生きているすべての生物のような複雑な生物へと進化していったと考えられています。

（市橋伯一（いちはしのりかず）『増えるものたちの進化生物学』による。）

（注）① イギリスの生物学者。　② いろいろな材料を混ぜ入れて煮たもの。　③ 細胞の核に含まれる物質の一つ。
④ トンボの幼虫。

問一　二重傍線（‖）部あ、うの漢字に読みがなをつけ、い、えのひらがなを漢字に直しなさい。

問二　波線（〰）部ア～オの中には、品詞の分類からみて同じものがある。それは、どれとどれか。記号で答えなさい。

問三　筆者は、生命の起源について様々な仮説があるが、大多数の仮説で共通する点があると述べている。大多数の仮説で共通する点とは何か。二十五字以内で書きなさい。

問四　次のア～エの中から、本文中の［　　］の中に補う言葉として、最も適切なものを一つ選び、記号で答えなさい。

ア　なぜなら　　イ　けれども　　ウ　すなわち　　エ　そのうえ

問五　筆者は、傍線（——）部のような進化は、能力の多様性を前提とし、自然選択という現象を繰り返すことによって起こったと述べている。筆者が述べている自然選択とはどのような現象か。能力の多様性とはどのようなことかが分かるように、五十字程度で書きなさい。

問一　あ　い（われて）　う　え（く）

問二　と

問三　25

問四

問五　50

くれている……ふいに、のどの奥にあついかたまりがこみあげてきた。灯子は心をこめて大きく手をふりかえした。それから、てのひらで目のあたりをこすり、鼻水をすすりあげながら、みかんをつれて、いそいで乗降口にむかった。

（杉本りえ『地球のまん中　わたしの島』による。）

（注）①　綱などでつなぎとめること。　②　犬をつないでおくひも。　③　船の床の部分。　④　驚きとまどった。

問一　二重傍線（‖）部ⓐの漢字に読みがなをつけ、ⓘのひらがなを漢字に直しなさい。

問二　次のア～エの中から、波線（～～）部と同じ構成の熟語を一つ選び、記号で答えなさい。

ア　新学期　**イ**　不器用　**ウ**　一貫性　**エ**　天地人

問三　幼少のころの灯子が、島の灯台を見て悪い気がしなかったのはなぜか。その理由を、三十字以内で書きなさい。

問四　次のア～エの中から、本文中の□の中に補う言葉として、最も適切なものを一つ選び、記号で答えなさい。

ア　わくわく　**イ**　いらいら　**ウ**　はらはら　**エ**　おどおど

問五　次のア～エの中から、本文中のⓐで示した部分における、灯子の祖母と父の様子と、その表現について説明したものとして、最も適切なものを一つ選び、記号で答えなさい。

ア　気が強く元気な祖母と素朴で実直な父の様子を、比喩を用いて描いている。
イ　体格が良く立派な立ち姿の祖母と人混みから離れ控えめな父の様子を、対照的に描いている。
ウ　頑固で威厳のある祖母と心優しく穏やかな人柄である父の様子を、体言止めを用いて描いている。
エ　物静かで繊細な祖母とお人よしで無邪気な父の様子を、主観的に描いている。

問六　傍線（――）部から、灯子が島のひとたちを見て、胸がいっぱいになっていることが分かる。灯子が胸がいっぱいになっているのは、島のひとたちのどのような様子を見たからか。島に近づくにつれて灯子が不安を募らせている心境をたとえた表現を含めて、六十字程度で書きなさい。

問一	
ⓐ	
ⓘ	（する）

問二	問三	問四	問五	問六
	(30)			(60)

二

次の文章を読んで、あとの問いに答えなさい。

増えるという能力はいったいいつ生物に与えられたのでしょうか？それは生命の誕生以前だと考えられています。ただし、生物に増える能力が与えられたというよりは、増える能力を持った物質が生物になったと言うほうが正しいでしょう。

最初の生命はおそらく[ア]38億年くらい前に生まれたと言われています。生命が生まれる前の原始地球の環境は、まだ大陸はなく、ほとんどが海でⓐ覆われているような状態だったようです。

そんな環境で、落雷やうちゅうからの放射線、隕石（いんせき）、鉱物による反応、地下からの熱水など、いろいろな過程でアミノ酸など最初の生物の材料となるような有機物質がⓘ生まれました。有機物質はそのうち地球上のどこかでⓤ濃縮されて「ダーウィンのスープ」[注①]と呼ばれる有機物質のごった煮[注②]のようなものが生まれました。そのごった煮の中で増える能力を持った原始的な生命の元が誕生したと想像されています。

[ウ]しかし、それがどんな物質からできていたのかもわかっていませんし、どこでそれが起きたのかもわかっていません。一応、今のところ一番人気のある説は「リボヌクレオチド」[注③]（RNA）と呼ばれる物質が、海底の熱水噴出孔（こう）（溶岩で温められた水が噴き出しているところ、要するに海底にある温泉です）か、地上の熱水噴出孔で生まれたとする

令和6年度入試問題　国語

一　次の文章には、島への転居を嫌がっていた中学生の東灯子(ひがしとうこ)が、父と祖母の待つ島へ転居するために、祖母を心配する母と飼い犬のみかんと共に、船に乗っているときのことが書かれている。この文章を読んで、あとの問いに答えなさい。

乗船して三十分、風がすこしおさまってきたのか、定期船の上下左右のうねり(あ)幅がすくなくなった。窓にときおり、ななめにかたむいた水平線が見える。乗船するときは、はるかかなたにうすぼんやりと見えていた島影が、水平線上に、かなりはっきり確認できるようになった。ひらべったい島だ。まん中あたりにポツンと灯台が立っている。

まだほんの小さかったころ、灯子はあれを見て、やかんのふたを連想した。地球全体が大きなやかんで、島がふた、灯台がつまみの部分。灯子の名前のもとになった灯台が、地球のまん中にあると思うのはわるくない気分だった。

「灯子の灯は灯台の灯。」

父から何度もきいたことがある。海にでている者は、あれを見ると、帰ってきたんだなあって、ほっとするんだ。まっ暗な夜だったら、あの明かりがどんなに心強いか。まわりのひとに安心感をあたえられるような、そんなひとになってもらいたくて、灯子ってつけたんだ。

父は生まれそだった島をはなれたけれど、こどもには、島を連想する名前をつけた。あわないからはなれた、などという単純なものではなく、父の心の中では、故郷は圧倒的に大きな存在としてありつづけていたのだろうと、いまになっては(い)さっすることができる。

けれども灯子自身は、みんなに安心感をあたえるどころか、自分が不安でたまらない。あそびにいくときは、島影を見ると□した。小さい場所であることが、冒険心をくすぐった。冒険はもどるところがあるから楽しめる。これからは、そこで暮らしていくのだ。近づいていくにつれて、出口のないトンネルにはいっていこうとしているみたいで、胸がおしつぶされそうになる。覚悟は決めたはずだけど、へだたった場所で、しかも、なかばヤケになって決めた覚悟は、現在進行形ではぜんぜん通用していない。

高速船は、そんなにいそがなくてもいいのにと思えるほどに、ずんずん島に近づいていく。コンクリートの防波堤が見えてきた。その内側に、たくさんの漁船が係留注①されている。うごいている船はいなかったけれど、ひとの気配があるところにきたような気がして、なんとなくほっとする。

エンジン音が小さくなり、船は速度を落とした。防波堤の中に進路をとって、ゆっくり船つき場へと進んでいく。乗客たちは下船の準備をはじめ、母も立ちあがって腰をのばし、顔色はまだ白かったが、のろのろと荷物をまとめはじめた。灯子は席を立ち、みかんのリード注②をひっぱって、そとのデッキ注③にでてみた。

船つき場には、たくさんのひとがあつまっていた。船がつくと、各家で電話注文した食べ物やいろいろな生活物資をとりに、あるいは島のそとから送られてくる荷物をとりに、島のひとたちがあつまってくるのだ。日曜日だからだろうか。きょうはちょっとひとが多い気がする。

ⓐ

灯子はむかえにきているはずの、父の姿をさがした。が、そのまえに祖母を見つけた。まえのほうにあつまっているひとびとのすこしうしろにいる。祖母は大柄だ。あいかわらず日焼けしたあさ黒い顔をして、背筋をしゃんとのばし堂々と立っている。灯子は気抜けした。やはりどう見たって、あの祖母には「お年」も「心細い」もぜったいに似あわないではないか。

父は祖母のさらに後方で、両手をズボンのポケットにいれ、肩をすくめるようにして、ひとりでぽつんと立っていた。灯子は父にも見えるように、みかんを胸のあたりまで高くだきあげて手をふった。父も気づいて、片手をポケットからだして小さくふった。

そのとき、最前列にいたひとたちが布をひろげた。シーツのような白い布だ。大きな文字が書いてある。

かんげい

白い布が風にはためき、みかんがそれにむかってワンワンほえだした。だれが歓迎されているのだろうと、灯子はあたりを見まわした。乗客たちは乗降口付近にあつまっているが、だれも布を見ていないし、それらしいひともいない。そのうち灯子は、「かんげい」の文字の下に、それよりすこし小さい文字で、「ひがしさん」と書いてあることに気づいた。

布を持っているのは七、八人のこどもたちで、全員が自分を見ている。みんな、満面の笑みだ。手をふってくれている子もいる。ややうしろに立って、ほほえみながら両腕を交差するようにしてふっている、男のおとなのひともいる。

灯子はめんくらった注④。それから、胸がドキドキしてきた。出口のないトンネルなんかではない。ここにはたくさんのひとがいる。まだ見たこともないはずのわたしを、……ここにくるのがいやでしかたがなかったわたしを、歓迎して

放送による問題

1 (1) これから，中学生の加奈（Kana）と留学生のマーク（Mark）が，英語で[A]，[B]，[C]，[D]の４つの会話をします。それぞれの会話のあとに，英語で質問をします。その質問の答えとして最も適切なものを，**ア**，**イ**，**ウ**，**エ**の４つの中から１つ選び，記号で答えなさい。

[A] Kana： Hi, Mark.
Mark： Hi, Kana. How was your weekend?
Kana： It was good. On Friday, I watched the beautiful stars in the night sky. On Saturday morning, I went to a bookstore and bought a book to study about stars.
Mark： Did you read it on Saturday afternoon?
Kana： No, I cleaned my room on Saturday afternoon.
質問　What did Kana do on Saturday morning?

ア 
イ 
ウ 
エ 

[B] Mark： This is a photo I took in a zoo yesterday.
Kana： Wow. There are two pandas in this photo.
Mark： Yes. At first, they were sleeping. A few minutes later, one of them got up and started eating an apple. I took this photo then.
Kana： I see.
質問　Which photo is Mark showing Kana?

ア 
イ 
ウ 
エ 

[C] Mark： Let's go to the library to study math after school.
Kana： Sorry, I can't. I have a headache. I need to go home soon.
Mark： That's too bad. You should go to see a doctor.
Kana： Thank you, but I already took some medicine. So I'll go to bed at home.
Mark： I hope you'll get well soon.
質問　What will Kana do after going home?

ア 
イ 
ウ 
エ 

[D] Mark： Kana, we'll watch a soccer game at the stadium tomorrow. Where do you want to meet?
Kana： How about meeting at the station near the school?
Mark： At the station? Can we go to the stadium by train?
Kana： No. In front of the station, we can ride a bus to the stadium.
Mark： OK. Let's meet at the station and ride a bus. I'll walk there from my house.
Kana： I'll go there by bike.
質問　How will Mark go to the stadium from his house?

ア 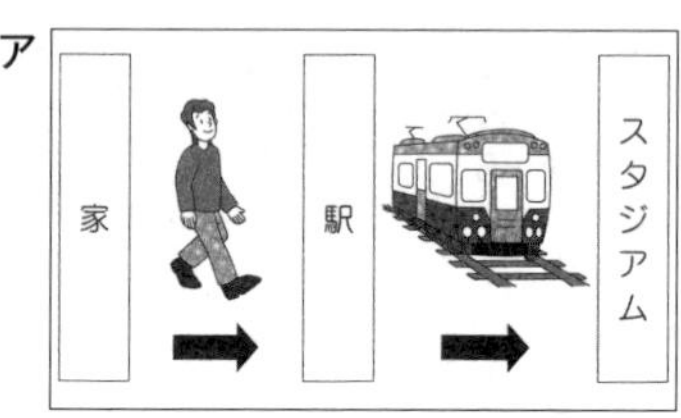

イ 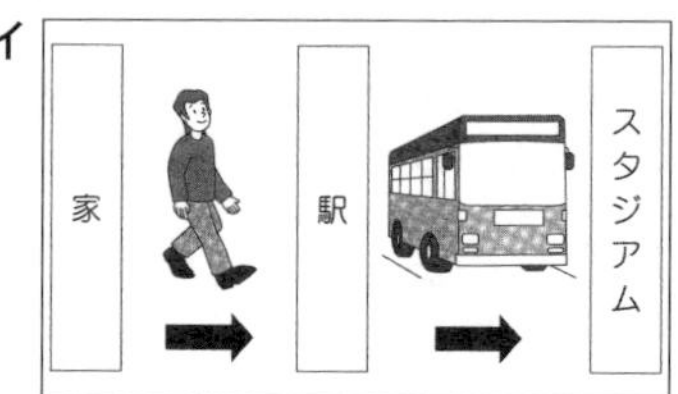

ウ 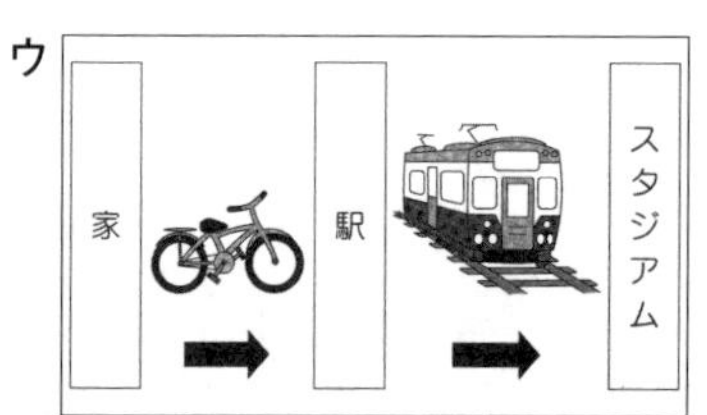

エ 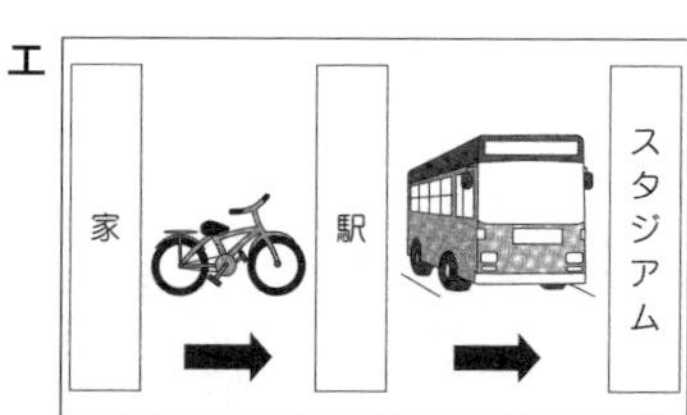

(2) これから，加奈（Kana）が，英語で話をします。その話の内容について，３つの質問をします。それぞれの質問に対する正しい答えとなるように，（　　）の中に，適切な語や語句を記入しなさい。

I'll talk about my uncle.

When he was young, he lived in New Zealand. He worked at a movie company. In New Zealand, he enjoyed living in nature.

Two years ago, he came back to Japan. He has lived in a small village in Japan since then. There are many kinds of flowers in the village, and he loves them. To introduce the flowers to many people, he made a short movie about them last year. Some people watched it and started to visit the village.

Next summer, I'll visit my uncle. With my uncle, I'll climb the mountains in the village. He always tells me the mountains are so beautiful. I can't wait for summer.

質問１　Which country does Kana's uncle live in now, New Zealand or Japan?
質問２　What did Kana's uncle make last year?
質問３　Next summer, what will Kana do with her uncle in the village?

(1)		[A]　　[B]　　[C]　　[D]
(2)	質問1	He lives in (　　　　　　).
	質問2	He made a short (ⓐ　　　　) about many kinds of (ⓑ　　　　).
	質問3	(______________________) in the village.

令和6年度入試問題　解答

数学

[1]　(1)　ア　-9　　イ　$3a-7b$　　ウ　$\dfrac{2x-11y}{15}$　　エ　$8\sqrt{6}+9\sqrt{7}$

(2)　12　　(3)　$x=3$, $x=7$

[2]　(1)　右図　　(2)　$8n-2$　　(3)　$\dfrac{11}{18}$

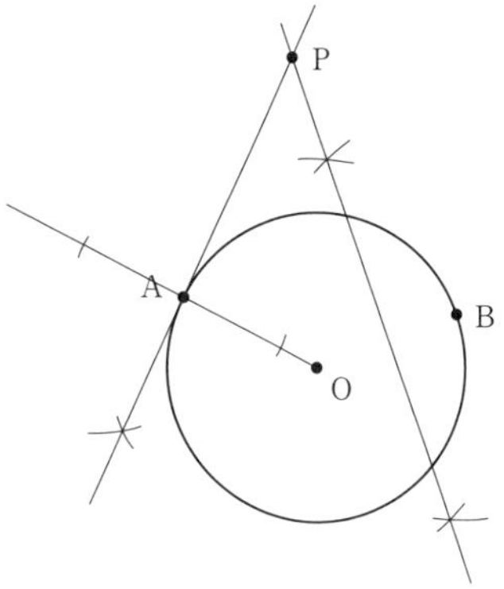

[3]　**方程式と計算の過程**

きゅうりを詰めた袋の数をx袋，なすを詰めた袋の数をy袋とする。

$$\begin{cases} 6x+3y=360 \\ 200x+140(y-5)+140\times0.6\times5=13000 \end{cases}$$

これを解いて，$x=44$，$y=32$

よって，きゅうり　$6\times44=264$本

なす　　$3\times32=96$本　　**答**　きゅうり[264]本，なす[96]本

[4]　(1)　辺AE，辺EH　　(2)　$2\sqrt{6}$　　(3)　$\dfrac{64}{7}$

[5]　(1)　0.78　　(2)　ア，イ

[6]　(1)　$y=-\dfrac{18}{x}$

(2)　ア　$\boxed{\dfrac{1}{12}}\leqq a\leqq\boxed{\dfrac{9}{4}}$

イ　**求める過程**

A$(-6,\ 3)$，D$(-6,\ 0)$，B$(-2,\ 9)$だから，

四角形ADOB＝△ADB＋△BDO

$=\dfrac{1}{2}\times3\times4+\dfrac{1}{2}\times6\times9=33$

直線BCとy軸との交点をEとすると，

$\dfrac{1}{2}\times\text{OE}\times6=33$となり、OE$=11$

よって，直線BEの式は　$y=x+11$だから，

これにC$(4,\ 16a)$を代入して，

$16a=4+11$

$a=\dfrac{15}{16}$　　**答**　$\dfrac{15}{16}$

[7]　(1)　仮定より，AB＝ADだから，∠ABD＝∠ADB　…①

対頂角だから，∠ADB＝∠FDC　…②

①，②より，∠ABD＝∠FDC　…③

△FDCにおいて，三角形の内角と外角の関係より，

∠PCA＝∠EFC－∠FDC　…④

また，∠EBC＝∠ABC－∠ABD　…⑤

仮定より，∠EFC＝∠ABC　…⑥

③，④，⑤，⑥より，∠PCA＝∠EBC　…⑦

$\overset{\frown}{\text{EC}}$に対する円周角だから，∠EBC＝∠PAC　…⑧

⑦，⑧より，∠PCA＝∠PAC

よって，2つの角が等しいので，△PACは二等辺三角形だから，

PA＝PC

(2)　76

英語

[2]　(1)　ⓐ　エ　　ⓑ　ウ　　ⓒ　イ　　(2)　A　ア　　B　ウ　　C　ア

(3)　[ウ | オ | イ | エ | ア]

(4)　（例１）She goes shopping only [just] once a week.

（例２）She only goes shopping once a week.

(5)　①　エ　　②　ア

(6)　（例１）We can use our own shopping bags. If we use them, we can reduce plastic waste.

（例２）We can turn off lights when we leave rooms. We won't waste energy by doing so.

（例３）We can walk or ride a bike instead of using a car to save energy.

[3]　（例）I saw a pagoda in [at] a temple with [that has] a long history. I was surprised to hear (that) the pagoda was built in 1426.

[4]　(1)　ⓐ　held　　ⓑ　older

(2)　①　(They have been friends) For ten years.

②　(Because) They were friendly and positive.

(3)　ウ　　(4)　駅でピアノをとても上手に弾いている少年を見たこと。　　(5)　エ

(6)　自分は何でもできると信じることは，新しいことを楽しむことと同じくらい大切であること。

(7)　ア

[1]　(1)　[A]　イ　　[B]　ウ　　[C]　エ　　[D]　イ

(2)　**質問１**　Japan　　**質問２**　ⓐ　movie　　ⓑ　flowers

質問３　She will climb the mountains

理科

1 (1) 対立形質　(2) ウ　(3) 地下でゆっくり冷える。　(4) 0.5

2 (1) ①胎生　②(体表は) うろこでおおわれているか。　(2) ウ，エ，カ

(3) ①a エ　b ビーカーの水の温度。

②ブドウ糖とアミノ酸は毛細血管に入り，脂肪はリンパ管に入る。

(4) 320

3 (1) ①ア，エ

②B ＞ Y ＞ A ＞ Z ＞ C ＞ X

(2) ①ウ → イ → ア

②金属光沢がある。　など

③$2CuO + C \rightarrow 2Cu + CO_2$

④a 2.2　b 右図

4 (1) ①日周運動　②イ　(2) エ

5 (1) ①右図　②寒気が暖気を押し上げるから。

(2) ①イ　②ウ

6 (1) ①ア，ウ　② 24

(2) あ $\frac{1}{8}$　い 8　う 1

(3) ① エ　② 75

③区間 5

理由　斜面では速さの増え方が一定だが，速さの増え方が小さくなったから。

3(2)④b

反応せずに残った酸化銅の質量（g）

10.0　8.0　6.0　4.0　2.0　0

0　0.5　1.0　1.5

混ぜ合わせた炭素の質量（g）

5(1)①

社会

1 (1) 名称　十七条の憲法　記号　イ

(2) 開墾が進み，租が増えるから。又は，課税対象となる田地が増えるから。

(3) 記号　エ　ⓐ 源頼朝

(4) 座の特権を認めず，商工業を活発にさせるため。又は，座を廃止し，商工業者に自由な活動を認めるため。

(5) a ウ　b エ

(6) a ウ→ア→イ　b 治安維持法

(7) 記号　ウ

理由　ソ連は計画経済を採用しており，世界恐慌の影響を受けなかったから。又は，ソ連は政府が作った計画に従って経済活動が行われており，鉄鋼生産量が増え続けているから。

(8) 経済の支配を強めていた財閥を解体した。

2 (1) 日本アルプス　(2) ア　(3) ウ，オ

(4) 記号　イ　県名　富山　(5) ウ

(6) a 米の国内消費量が減少しており，水稲の作付面積は減少している。

b ① 促成栽培

② 動力光熱費の割合が高く，燃料の価格の変動の影響を受けやすい。

3 (1) a イ　b オーストラリア

(2) a 記号 C　国名　中華人民共和国，又は中国　b ア，ウ

(3) a 永久凍土がとけないように，パイプラインを地面から離している。

b アンカレジはシカゴと東京を結ぶ最短経路の付近に位置し，航空機に積む燃料を減らせるから。

4 (1) a 利子，又は利息　b ア，エ

(2) a 世界人権宣言　b 動き　植民地だった地域が独立した。　記号　イ

(3) a 条例

b （例）無投票となった自治体は，議員報酬が低く、議員の平均年齢が高い傾向にあるので、議員が議会に参加しやすくすることで働いている若い世代の立候補者を増やすねらい。

国語

一 問一　あ はば　い 察（する）　問二　ウ

問三　名前のもとになった灯台が、地球のまん中にあると思ったから。

問四　ア　問五　イ

問六　出口のないトンネルにはいっていこうとしているみたいに感じていたが、島のひとたちが歓迎してくれている様子を見たから。

二 問一　あ おお（われて）　い 宇宙　う のうしゅく　え 働（く）

問二　アとエ　問三　増える能力を持った物質が生命の元となっている点。

問四　ウ

問五　個体ごとに少しずつ遺伝子が違い、少しだけ能力にも違いがあって、子孫を残しやすい性質が集団内で増えていく現象。

問六　イ・ウ

三 問一　お客様によく質問されました（など）　問二　ア

問三　来られた、いらっしゃった（など）　問四　3

問五　商品の種類が非常に多く、売り場面積もかなり広い

四 問一　かたわら　問二　イとエ

問三　利休が気に入らない茶入れはつまらない。

問四　（利休は）割れて継目が合わないから興味深く感じており、そのままにしておくのがよい。

五 （略）

令和6年度　問題解説

〈数　学〉

1 (1) ア　$9+3\times(-6)=9-18=-9$

イ　$(21ab-49b^2)\div 7b=3a-7b$

ウ　$\dfrac{x-y}{3}-\dfrac{x+2y}{5}=\dfrac{5(x-y)-3(x+2y)}{15}=\dfrac{5x-5y-3x-6y}{15}=\dfrac{2x-11y}{15}$

エ　$\sqrt{6}(8+\sqrt{42})+\sqrt{63}=8\sqrt{6}+6\sqrt{7}+3\sqrt{7}=8\sqrt{6}+9\sqrt{7}$

(2) $(2a-3)^2-4a(a-5)=4a^2-12a+9-4a^2+20a=8a+9$

$a=\dfrac{3}{8}$を代入すると，$8\times\dfrac{3}{8}+9=3+9=12$

(3) $(x-8)(x-1)=x-13$

$x^2-9x+8=x-13$

$x^2-10x+21=0$

$(x-3)(x-7)=0$　　$\therefore x=3,\ 7$

2 (1) ①　直線OAを引き，点Aを通る垂線を引く

②　直線BOの垂直二等分線を引く

③　①と②の交点がP

(2) 上から4番目で左からn番目の数は$8n$で表すことができる。そして，その上の数（上から3番目の数）は，それよりも2小さいので，$8n-2$

(3)

赤$_1$ ― 赤$_1$，青$_1$✓，青$_2$✓
赤$_2$ ― 赤$_1$，青$_1$✓，青$_2$✓
赤$_3$ ― 赤$_1$，青$_1$✓，青$_2$✓
青$_1$ ― 赤$_1$✓，青$_1$，青$_2$
青$_2$ ― 赤$_1$✓，青$_1$，青$_2$
白$_1$ ― 赤$_1$✓，青$_1$✓，青$_2$✓

したがって，$\dfrac{11}{18}$

4 (2) △CDKにおいて三平方の定理より，$CK=\sqrt{4^2+2^2}=2\sqrt{5}$

∠KCL＝90°だから，△CKLにおいて三平方の定理より，

$KL=\sqrt{(2\sqrt{5})^2+2^2}=2\sqrt{6}$

(3) 底面を△GHRとしたときの高さを求める。

△DTS∽△FTEで相似比がDS：FE＝3：4より，高さは$6\times\dfrac{4}{7}=\dfrac{24}{7}$

$\triangle GHR=4\times4\times\dfrac{1}{2}=8$より，三角すいTHRG$=8\times\dfrac{24}{7}\times\dfrac{1}{3}=\dfrac{64}{7}$

5 (1) 度数が最も多い階級は15～20より，その累積相対度数は，

$0.11+0.18+0.21+0.28=0.78$

(2) ア…1組の範囲＝28－0＝28，2組の範囲＝25－1＝24，

3組の範囲＝29－4＝25より，正しい。

イ…第1四分位数の位置を見ればよい。正しい。

ウ，エ…この箱ひげ図からは不明なので，誤り。

6 (1) $y=\dfrac{a}{x}$とすると，$(-6,\ 3)$を代入して，$3=\dfrac{a}{-6}$　　$\therefore a=-18$

したがって，$y=-\dfrac{18}{x}$

(2) ア　点Pが点Aの位置にあるとき，$3=a\times(-6)^2$　　$\therefore a=\dfrac{1}{12}$

点Pが点Bの位置にあるとき，$9=a\times(-2)^2$　　$\therefore a=\dfrac{9}{4}$

したがって，$\dfrac{1}{12}\leqq a\leqq\dfrac{9}{4}$

7 (2)

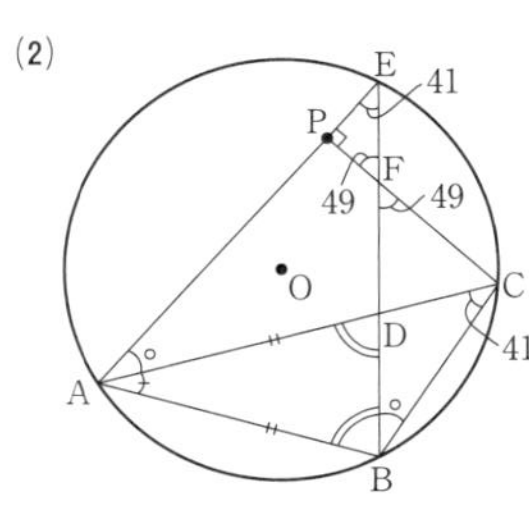

∠EFP＝∠CFD＝49°，∠EPC＝90°より，∠AEB＝180－(49＋90)＝41°

$\overset{\frown}{AB}$に対する円周角は等しいので，

∠ACB＝∠AEB＝41°

$\overset{\frown}{CE}$に対する円周角は等しいので，

∠EAC＝∠EBC＝∠○

$\overset{\frown}{BC}:\overset{\frown}{CE}=4:5$より，それぞれの弧に対する円周角の大きさも4：5なので，

∠×：∠○＝④：⑤

△ABDはAB＝ADの二等辺三角形なので，∠ABD＝∠ADB＝∠△

∠ADB＝∠△＝41°＋∠○

△ADBの内角の和は180°なので，

∠×＋∠△＋∠△＝180

④＋(41＋⑤)＋(41＋⑤)＝180

⑭＝98

①＝7

したがって，∠ABE＝41＋⑤＝41＋7×5＝76°

〈英　語〉

2

（勇太の家で）

トム：やあ，勇太。あなたは（　ⓐ　）行っているのですか？

勇太：スーパーマーケットに行っています。母が私にそこで豆腐を買ってくるよう頼んだのです。今日の夕食に，私たちは冷奴と呼ばれる冷たい豆腐料理を食べるつもりです。

トム：私は日本の料理とスーパーマーケットに興味があります。［　A　］

勇太：もちろんです。

（スーパーマーケットで）

トム：棚にたくさんの豆腐があります。たくさんの客が豆腐を買っています。

勇太：今日はとても暑いです，ですから彼らは冷たい豆腐を食べると思います。

トム：それは暑い日に冷たい豆腐は（　ⓑ　）ということですか？

勇太：その通りです。テレビで豆腐を売るためにAIを使い始めたスーパーマーケットもあると言っていました。

トム：AI？人工知能のことですか？［　B　］

勇太：気象情報をチェックし，それぞれの日の売るべき最適な量をみつけます。

トム：わあ。それはとても環境にいいですね。

勇太：どういう意味ですか？

トム：もしスーパーマーケットが天気をチェックせずに毎日同じ量の豆腐を用意すれば，それらのうちのいくつかは棚に（　ⓒ　）されるかもしれません。それは「もったいない」ですよね？

勇太：それは考えたことがありませんでした。

トム：私は食べ物の廃棄物の［問題を解決するのにAIは役に立つ］と思います。もし，スーパーマーケットが準備すべき豆腐の最適な量がわかれば，簡単に売ることができます。

勇太：その通りです。また，豆腐は長い間保存をすることができません，ですから急いで売る必要があるのです。

トム：客にとっても，新鮮な豆腐を買いたいかもしれませんよね？

勇太：はい。私の母はいつも賞味期間をチェックしています。［　　　］ですから，彼女は最も新鮮なものを買おうとします。今，最も賞味期間の長いこの豆腐を買うつもりです。

トム：待ってください，勇太。私たちは今日豆腐を食べるつもりです，ですから最も新鮮なものを買う必要はありません。

勇太：［　C　］今日では，それほど消費期間について心配する必要はありません。

トム：その通りです。スーパーマーケットだけでなく，客もまた食べ物を売り切るためにできることがあります。

(1)（　ⓐ　）　ア　なぜ　　イ　何を　　ウ　いつ　　エ　どこに

「スーパーマーケットに行くつもりです」と場所を答えていることから考える。

（ ⓑ ） ア　悪い　イ　空腹な　ウ　人気がある　エ　深刻な

直前に「今日はとても暑いです，ですから彼らは冷たい豆腐を食べると思います」とあるので，そのことから何が言えるのかを考える。

（ ⓒ ） ア　食べられる　イ　残される
ウ　選ばれる　エ　捕まえられる

「それは「もったいない」ですよね？」と直後に書かれていることから売れ残っている状況を考える。

(2) [A] ア　一緒に行ってもよいですか？
イ　何があったのですか？
ウ　家にいてもいいですか？

直後に勇太が「もちろん」と答えた後，２人ともスーパーマーケットにいることから考える。

[B] ア　誰が最初に始めたのですか？
イ　いつそれを見たのですか？
ウ　何をするのですか？

直後に勇太がAIが何をするかについて答えていることから考える。

[C] ア　あなたが正しいです。　イ　私はそうは思いません。
ウ　質問があります。

前後の発言から勇太がトムの意見に賛成していることがわかる。

(3) 「AIはその問題を解決するのに役に立つ」という意味になればよい。

(4) 週に一度：once a week

(5) 今日，勇太と私はスーパーマーケットに行きました。勇太は[①]が人々の買う豆腐の量に影響を与えると教えてくれました。豆腐を準備するときにAIを使うスーパーマーケットもあります。また，私たちは豆腐の賞味期間とどの豆腐を買うかについても話をしました。最終的に，私たちは[②]が環境のために何かいいことをすることができることがわかりました。

ア　スーパーマーケットと客の両方
イ　AIに関するテレビのニュース
ウ　客だけ
エ　その日の天気

①は勇太の第３発言，②はトムの最後の発言から考える。

(6) 勇太：私は環境を助けるためにできる小さなことをし始めたいと考えています。私たちは生活の中で何をすることができるでしょうか？あなたの考えを教えてください。また，それがなぜ環境にいいのかを知りたいです。

トム：わかりました。[　　　　　　　　]

4

健と私はクラスメイトです。彼は私の家の近くに住んでいて，私たちは10年間友達です。彼はテニスをするのが得意です。

ある日，私たちは体育の授業でテニスをしました。私はその時初めてテニスに挑戦しました。まず，私たちの先生と健がボールの打ち方を私たちに見せました。それから，私たちはラケットをⓐ（持ち）練習を始めました。私は健と一緒に練習しました。彼は私に向かってゆっくりとボールを打ちましたが，私はボールを打ち返すことができませんでした。私は何度も挑戦し全力を尽くしましたが，彼にボールを打ち返すことは私にとって難しかったです。

体育の授業が終わった時，私は健に「ごめんなさい。[A]から今日あなたは十分に練習をすることができませんでした。」と言いました。健は「そんなことは気にしないでください。みんな最初は初心者です。それよりも新しい何かに挑戦することを楽しんでください！」と言いました。彼の言葉は私にもう一度テニスに挑戦する力を与えてくれました。

次の体育の授業で，私は前向きになろうと決めました。私は健や他のクラスメイトになぜ私がうまくボールを打つことができなかったか聞き，一緒にさまざまな練習に挑戦しました。ついに，授業の終わりには，[B]。ボールは健に届きました。彼がボールを打ち返し，私が再びそれを打ちます。そのことは私をわくわくさせました。

次の日の朝，教室に着いた時，健はとてもゆっくりキーボードをひいていました。私は「わあ。キーボードを練習しているのですか？」と言いました。彼は「はい。あなたは駅にあるピアノを知っていますか？先月，そこでとても上手にピアノを弾く少年を見ました，そしてキーボードを練習することを決めたのです。」と言いました。私は「あなたはキーボードの弾き方を習ったことがありません，ですからキーボードを練習するのは難しいですよね？」と言いました。彼は「はい。私の指はその少年のように速く動くことはできません，しかし私は新しい何かに挑戦することを楽しんでいます。」と言いました。私は体育の授業での彼の言葉を思い出しました。

１か月後，体育の授業の後，私は健と話していました。私は健に「体育の授業でテニスをプレイすることはとても楽しかったですが，授業は終わりました。[　　　]。」と言いました。健は「もしあなたがそう思うのであれば，私たちの町のテニスチームに参加しましょう。私の祖父は毎週日曜日そのチームでプレイしています。メンバー全員があなたⓑ（より年上）で，彼らはとても親切です。」と言いました。「面白いですね。そのチームに参加したいです。」私は言いました。

次の日曜の朝，私はそのテニスチームの練習に加わるために公園に行きました。そのチームには中学生は一人もいませんでした。しかし，テニスチームのメンバーはフレンドリーで前向きでした，ですから，私は彼らとテニスを楽しむことができました。彼らは上手にボールを打てなかったとき，悲しそうではありませんでした。健の祖父は私に「次はボールを返すことができると私は確信しています。私は私自身を信じているのです。」と言いました。

練習の後，私は「私は何でもできると信じることは何か新しいことを楽しむことと同じくらい重要です。私が何か新しいことを始めて，上手くいかないとき，私はそれを思い出すべきです。」と思いました。

(1) ⓐ　その後にand startedと続くので過去形にする必要がある。
ⓑ　その後にthan youと続くので比較級にする必要がある。

(2) ①　志保と健はどれくらいの間友達ですか？
第１段落第２文に「私たちは10年間友達です」とある。
②　なぜ志保は日曜の朝，そのテニスチームのメンバーと練習を楽しめたのですか？
第７段落第３文に「ですから，私は彼らとテニスを楽しむことができました」とあるので直前の内容をまとめればよい。

(3) ア　A：私はテニスを上手にすることができませんでした
B：私はボールを打つのをやめました
イ　A：私はテニスを一生懸命練習しませんでした
B：私はボールを返すことができました
ウ　A：私はテニスを上手にすることができませんでした
B：私はボールを返すことができました
エ　A：私はテニスを一生懸命練習しませんでした
B：私はボールを打つのをやめました

Aは第２段落の内容から，志保は自分がうまく返せなかったことで健が十分に練習をすることができなかったと考えていることに注目する。Bは直後に「ボールは健に届きました」とあることから考える。

(4) 第５段落の健の第２発言をまとめればよい。

(5) ア　私は体育の授業で違うスポーツに挑戦したいです
イ　私はテニスをすることに飽きていました
ウ　私はテニスの練習をする必要がなくてうれしかったです
エ　私はもっとテニスの練習ができたらなと思いました

直後の健の発言に「もしあなたがそう思うのであれば，私たちの町のテニスチームに参加しましょう。」とあることから，志保がテニスの練習がしたいことがわかる。

(6) 最後の段落の志保の発言をまとめればよい。

(7) ア　健は志保が新しいことに挑戦することを楽しむことを助けた，そして彼女はテニスをすることに前向きになった。
イ　志保は最初テニスをすることを楽しんでいなかった。そこで先生は彼女にさまざまな練習をするように言った。
ウ　健は１か月間一生懸命キーボードの練習をしたので，彼はその少年のように速く弾くことができた。
エ　志保と健は新しく挑戦したいことを見つけた，そして彼らは行動を起こすためにお互いを助けた。

〈理　科〉

1 (4) 電熱線Xを流れる電流は，$6V \div 3\Omega = 2A$ より，Q点を流れる電流は，
$2.5-2=0.5A$

2 (4) 脳で1日に消費するエネルギーは，$2400 \times \frac{20}{100} = 480$kcal。このエネルギーがご飯 x g から得られるものとすると，
$100 : 150 = x : 480 \quad \therefore x = 320$

3 (1) ① 化合物とは2種類以上の元素で構成される物質。
② 液体よりも物質の密度が大きい場合は，物質は沈む。
(2) ④ a $(8.0+1.5)-7.3=2.2$
b 表3より 炭素0.3gのとき発生した二酸化炭素は，
$(8.0+0.3)-7.2=1.1$g
炭素0.6gのとき発生した二酸化炭素は
$(8.0+0.6)-6.4=2.2$g
炭素0.9gのとき発生した二酸化炭素は
$(8.0+0.9)-6.7=2.2$g
したがって，炭素0.6gのときにすべての酸化銅が反応し終わったことがわかるので，そのようなグラフを書けばよい。

4 (1) ② 1時間の長さが24㎜より，
55㎜は$55 \div 24 = \frac{55}{24} = 2\frac{7}{24}$時間≒2時間20分
したがって，14時20分＋2時間20分＝16時40分
(2) 緯度が逆なので，太陽の通り道は南と北が逆になる。

6 (1) ② $30N \times 0.8m = 24J$
(2) 力の大きさが8倍になっても，引く距離が$\frac{1}{8}$になるので結果，仕事の大きさは変わらない。これが仕事の原理である。
(3) ② 1秒間に50打点なので，1打点にかかる時間は$1 \div 50 = 0.02$秒
したがって，15打点にかかるのは$0.02 \times 15 = 0.3$秒なので，
22.5㎝÷0.3秒＝75㎝/s

〈国　語〉

一 **問二** 「圧倒」+「的」=「一貫」+「性」
問三 第2段落に注目する。
問四 直後の「冒険心をくすぐった」に注目する。
問五 ア 「比喩を用いて」が不適。
ウ 「体言止めを用いて」が不適。
エ 「物静かで繊細な」が不適。
問六 傍線部直前に注目する。

二 **問二** アエ「副詞」、イ「動詞」、ウ「接続詞」
問三 第5段落に注目する。
問四 前後が言い換え、説明になっているので「すなわち」が適当である。
問五 多様性があることを前提に自然選択が続いていくことが進化である。そのことを具体的に説明すればよい。
問六 ア 生命が誕生する前には大陸はまだなかったので、不適。
エ 細菌も進化はするので、不適。

四 **【現代語訳】**
雲山という茶入れを堺の人が所持していた。千利休たちを招いた時に、初めて茶の湯に出すと、利休はまったく気に入らない様子だった。亭主は客が帰った後、今の世の中で利休が気に入らない茶入れなんてつまらないと、五徳に投げつけ割ったのをそばにいた知り合いの人がもらって帰り、自らつなぎ合わせて茶会を催し、再び利休に見せるとこれこそが見事な茶入れであると、とりたててほめたたえた。だからこのことをもとの持ち主に伝え、茶入れを大切にしまっておきなさいと返した。その後、前述の茶入れを丹後の太守が大金でお買い求めになりまして、昔の継目がところどころ合わなかったので、つなぎ合わせ直しましょうかと小堀遠州へ相談しましたところ、遠州はこの茶入れは割れまして継目が合わないからこそ利休も興味深く感じており、評判高く世間に知られています。このような物はそのままにしておく方がよいですと申し上げなさった。

時代	年	できごと	文化
	239	卑弥呼が魏に使いを送る	
	538	仏教が伝わる（552年説もあり）	
	593	聖徳太子が摂政になる	
	604	聖徳太子が十七条憲法を作る	
	607	小野妹子が隋に派遣される／法隆寺建立	
	628	唐が中国を統一	
	630	遣唐使のはじまり	
	645	大化の改新（中大兄皇子が政治改革）	
	663	白村江の戦い	
	672	壬申の乱	
	701	大宝律令の制定（班田収授法を定める）	
奈良	710	都が平城京に移される（国司を派遣）	「古事記」
	720	「日本書紀」	「日本書紀」
	741	国分寺・国分尼寺　建立	天平文化
	743	墾田永年私財法の制定（荘園の始まり）	
	753	鑑真が唐から渡来	
	759	大伴家持らが「万葉集」を編集する	
平安	794	都が平安京に移される	
	858	藤原良房が摂政になる（摂関政治の始まり）	
	894	遣唐使が廃止される	
	935	平将門の乱	
	939	藤原純友の乱	
	960	宋が中国統一	
	1086	院政がはじまる	「源氏物語」紫式部
	1156	保元の乱	
	1159	平治の乱	
	1167	平清盛が太政大臣となる	「枕草子」清少納言
	1185	壇ノ浦の戦い→国ごとに守護・地頭をおく	
鎌倉	1192	源頼朝が征夷大将軍になる	
	1212	鴨長明「方丈記」を記す	
	1221	承久の乱	
	1232	北条泰時の御成敗式目	
	1274	文永の役	元寇
	1279	南宋滅ぶ	元寇
	1281	弘安の役	元寇
室町	1334	建武の新政	
	1368	明が中国を統一	北山文化
	1404	勘合貿易が始まる	
	1428	正長の土一揆	東山文化
	1467	応仁の乱	
	1489	銀閣がたてられる	
	1492	コロンブスが西インド諸島到達	
	1498	バスコ＝ダ＝ガマのインド到着～大航海時代～	
	1517	ルターの宗教改革	
	1543	ポルトガル人が種子島に鉄砲を伝える	
	1549	ザビエルがキリスト教を伝える	
安土桃山	1573	織田信長が室町幕府を滅ぼす	
	1575	長篠の戦い	
	1582	本能寺の変／太閤検地	
	1588	刀狩令	
	1590	豊臣秀吉が全国統一	
	1592	朱印船貿易が始まる	
	1600	関ヶ原の戦い／東インド会社設立	
江戸	1603	徳川家康が征夷大将軍に任命される 江戸幕府成立	
	1615	武家諸法度	
	1633頃	五人組の制度	
	1635	参勤交代	
	1637	島原・天草一揆	
	1639	ポルトガル船の来航禁止	
	1640	イギリスでピューリタン革命	
	1641	鎖国完成	
	1642	清教徒革命	
	1644	清が中国を統一	
	1649	慶安の御触書	
	1688	イギリスの名誉革命	
	1716	徳川吉宗の享保の改革	
	1742	公事方御定書	
	1775	アメリカ独立戦争	
	1787	寛政の改革	
	18C後半	イギリスで産業革命	
	1789	フランス革命　フランス人権宣言	
	1825	外国船（異国船）打払令	
	1837	大塩平八郎の乱	
	1840	アヘン戦争	
	1841	水野忠邦の天保の改革／株仲間の解散	
	1851	太平天国の乱	
	1853	ペリーが浦賀に来る	
	1854	日米和親条約（函館・下田を開港）	
	1857	セポイの乱	
	1858	日米修好通商条約	
	1861	南北戦争	
	1867	大政奉還／王政復古の大号令	
明治	1868	戊辰戦争～明治維新始まる～	
	1869	版籍奉還	「文明開化」
	1870頃	自由民権運動	
	1871	廃藩置県／岩倉使節団が欧米に派遣される	
	1872	学制／学問のすゝめ／富岡製糸場開業	
	1873	地租改正←72　地券の発行／徴兵令	
	1874	板垣退助らの民撰議院設立建白書（自由民権運動）	
	1877	西南戦争	
	1889	大日本帝国憲法発布	
	1890	教育勅語／第１回帝国議会が開設	
	1894	日清戦争	
	1895	三国干渉	
	1900	義和団事件	
	1901	八幡製鉄所　操業開始	
	1902	日英同盟	
	1904	日露戦争が始まる→05　ポーツマス条約	
	1910	韓国併合	
	1911	関税自主権の回復	
大正	1912頃	大正デモクラシーがおこる	
	1914～18	第一次世界大戦	
	1915	中国に21か条の要求を出す	
	1917	ソビエト政権が樹立←ロシア革命	
	1918	シベリア出兵／米騒動／原敬の内閣成立	
	1919	中国の北京で五・四運動／ベルサイユ条約／朝鮮で三・一独立運動	
	1920	国際連盟発足	
	1921	ワシントン会議	
	1925	治安維持法の制定／普通選挙制の制定／ラジオ放送開始	
昭和	1929	世界恐慌	
	1931	満州事変	
	1932	五・一五事件	
	1933	ニューディール政策（米のF・ルーズベルト）／国際連盟脱退	
	1936	二・二六事件	
	1937	日中戦争が始まる	
	1938	国家総動員法制定	
	1939	第二次世界大戦始まる	
	1940	日独伊三国軍事同盟が結ばれる	
	1941～45	太平洋戦争	
	1945	ヤルタ会談→ポツダム会談→ポツダム宣言受諾	
	1945	第二次世界大戦終わる／国際連合が発足	
	1946	日本国憲法が公布→47　日本国憲法が施行	
	1946	農地改革	
	1947	独占禁止法／教育基本法	
	1948	世界人権宣言	
	1949	中華人民共和国成立	
	1950	朝鮮戦争おこる	
	1951	サンフランシスコ平和条約／日米安全保障条約	
	1955	アジア・アフリカ会議（バンドン会議）	
	1956	日ソ共同宣言→国交回復→日本の国際連合加盟	
	1967	ASEAN結成	
	1971	沖縄返還協定	
	1973	石油危機（オイルショック）	
	1985	女子差別撤廃条約	
平成	1989	ドイツ・ベルリンの壁崩壊 →90　東西ドイツ統一	
	1991	バブル経済が崩壊する	
	1992	地球サミット開催	
	1997	香港返還（イギリス→中国）	
	1999	男女共同参画社会基本法	
	2000	介護保険制度	

公立高校英単パーフェクト　567

㈱ガクジュツ

able (be able to)
after (←→ before)
ago
almost
always
angry
any
around
ask (←→ answer)
bad (←→ good)
basketball
because
begin (←→ finish)
between
bird
borrow
breakfast
bus
bye (good-bye)
can (= be able to / → could)
careful
century
chocolate
class
close (←→ open)
collect
communication
corner
cry
cute
date
deep
dictionary
dinner
dog
dream
each
egg
enough
event
everyone
excuse
face
far
favorite
field
finish
flower
forest
friend
fun

about
afternoon
agree
alone
amazing
animal
anything
arrive
at
bag
beach
become
believe
bicycle
birthday
both
bring (←→ take)
busy
cake
car
carefully
chance
choose
classroom
clothes
college
computer
country
culture
cycling
daughter (←→ son)
delicious
die
dish
door
drink
early (←→ late)
else
especially
ever
everything
expensive
fall
farm
feel
finally
fire
food
forever
from
future

abroad
again
air
already (←→ yet)
among
another
apple
artist
away
ball
bear
bed
best
big (←→ little)
book
box
brother
but
call
card
catch
change
chose
clean
club
come (←→ go)
continue
course (of course)
customer
dangerous
day
desk
different (←→ same)
do (does → did → done)
down
drive
easy (←→ difficult)
end
even
every
example (for example)
experience
family
fast (←→ slow)
festival
find
fish
for
forget
front (in front of)
game

across
against
all
also
and
answer (←→ ask)
area
as
back
baseball
beautiful
before (←→ after)
better
bike
born (be born in)
break
build
buy (←→ sell)
camera
care
celebrate
child (children)
city
climb
cold (←→ hot)
comic
cook
cover
cut
dark
decide
design
difficult (←→ easy)
doctor
drama
during
eat
enjoy (= have a good time)
evening
everybody
excite
eye
famous
father
few
fine
floor
foreign
free
fruit
garden

get
glad
grandfather
guitar
hand
hear
here
holiday
hospital
how
idea
interesting
job
just
kitchen
language
later
lesson
life
live
love
many
may
member
mistake
more
mountain
music
nature
never
next
notebook
o'clock
old (←→ young, new)
open (←→ close)
page
park
pen
piano
plant
police
practice
program
quiet
really
return
river
run
school
see
share
shout
sick (←→ well)
sister
slowly (←→ fast)
so
something
soon

gift
go (←→ come)
great
guess
happy
heart
high
home
hot
hungry
if
into
join
keep
know
large
learn
let
like
long
lunch
map
maybe
message
money
morning
move
musician
near
new (←→ old)
nice
nothing
off
on
other
paint
part
people
picture
play (→ player)
post
present
put
rain
remember
rich
road
sad
science
sell
shop
show
simple
sit (←→ stand)
small (←→ large)
some
sometimes
sorry

girl
good (←→ bad)
green
hair
hard
hello
history
homework
hour
hurry
imagine
introduce
jump
kind
lake
last
leave
letter
listen
look
make
marry
mean
million
month
most
much
must (= have to)
need
news
night
now
office
once
out
paper
party (parties)
person
place
please
poor
pretty
question (←→ answer)
read
repeat
ride
roof
same (←→ different)
sea
send
short (←→ long)
shower
since
sky
smile
someday
son (←→ daughter)
sound

give
goodbye
grow
half
have
help
hit
hope
house
hut
important
invite
junior
king
land
late
lend
library
little
lot (a lot of)
man (men)
master
meet
minute
moon
mother
museum
name
nervous
newspaper
noon
number
often
only
over
parent (parents)
passport
phone
plane
point
popular
problem
quickly
ready
restaurant
right (←→ left)
room
say
season
shall
should
shrine
sing
sleep
snow
someone
song
speak

special
stair
station
store
street
subject
sunny
swim
tall（←→ short）
teach
tennis
then
think（→ thought）
tire
too
traditional
trip
uncle（←→ aunt）
up
vacation
visit
volunteer
want
water
week
when
white
why
wing
wonder
world
wrong
yesterday

speech
stand
stay
story
strong
such
support
table
tape
teacher
than
there
those
today
top
train
true
under
use
very
visitor
wait
warm
way
welcome
where
who
will（= be going to / → would）
with
wonderful
worry
yard
yet

spend
star
still
straight
student
suddenly
sure
take（←→ bring）
taxi
team
thank
these
through
together
touch
travel
try
understand
useful
video
voice
walk
wash
wear
well
which
whole
wind
without
word
would
year
young（←→ old）

sport
start（←→ stop）
stop（←→ start）
strange
study
sun
surprise
talk
tea
tell
that
thing
time
tomorrow
town
tree
turn
until（又は till）
usually（usual）
village
volleyball
wall
watch
weather
what
while
whose
window
woman（women）
work
write
yellow

＜名詞の不規則な複数形＞

単　数	複　数
this	these
that	those
man	men
woman	women
child	children
Japanese	Japanese
Chinese	Chinese
fish	fish
life	lives
foot	feet
tooth	teeth
sheep	sheep
leaf	leaves
roof	roofs
photo	photos

＜　重　要　熟　語　＞

a lof of = many, much
as soon as
at first
at last
at the end of
be able to = can
be born
be going to =will
be interested in
be tired of
both A and B
by the way

come from
each other
for a long time get to
= arrive
get up
get out
go to
go to bed
have a good time = enjoy
have to = must
hear from
how to

in front of
listen to
of course
over there
put up
speak to
say to
say hello to
take care of
there are/is
want to = would like to

＜季節＞spring summer fall winter

＜曜日＞Sunday Monday Tuesday Wednesday Thursday Friday Saturday

＜ 月 ＞January February March April May June July August September October November December

＜ 数 ＞one two three four five six seven eight nine ten eleven twelve thirteen … twenty thirty forty fifty sixty seventy eighty ninety hundred thousand

＜序数＞first second third fourth fifth sixth seventh eighth ninth tenth eleventh twelfth

＜方位＞north south east west

●代名詞の変化表●

	人称	主格(～は)	所有格(～の)	目的格(～に, ～を)	所有代名詞(～のもの)
単数	1人称	I	my	me	mine
	2人称	you	your	you	yours
	3人称	he	his	him	his
		she	her	her	hers
		it	its	it	—
複数	1人称	we	our	us	ours
	2人称	you	your	you	yours
	3人称	they	their	them	theirs

●形容詞・副詞の比較変化表●

語尾の子音字を重ねて, -er, -estをつける語

意味	原級	比較級	最上級
大きい	big	bigger	biggest
熱い	hot	hotter	hottest
うすい	thin	thinner	thinnest
赤い	red	redder	reddest
太った	fat	fatter	fattest

語尾のyをiに変えて-er, -estをつける語

意味	原級	比較級	最上級
忙しい	busy	busier	busiest
簡単な	easy	easier	easiest
早い・早く	early	earlier	earliest
乾いた	dry	drier	driest
幸福な	happy	happier	happiest
騒がしい	noisy	noisier	noisiest
かわいい	pretty	prettier	prettiest
重い	heavy	heavier	heaviest

●不規則変化をする語

意味	原級	比較級	最上級
悪い	bad	worse	worst
悪く	badly		
病気の	ill		
良い	good	better	best
健康な・じょうずに	well		
後の<順序>	late	latter	last
少量の	little	less	least
多数の	many	more	most
大量の	much		
遠くに	far	farther [further]	farthest [furthest]

前にmore, mostをつける語

beautiful	(美しい)	interesting	(おもしろい)
difficult	(難しい)	useful	(役に立つ)
famous	(有名な)	important	(重要な)
careful	(注意深い)	carefully	(注意深く)
popular	(人気のある)	slowly	(ゆっくりと)

●助動詞の書き換え表●

助動詞	意味	書き換え
may	～してよい。～かもしれない。	
can	～できる。	be able to
Can I ～? May I ～?	～してもいいですか。	
will	～でしょう。～する予定だ。	be going to
Will you ～? Can you ～? (Would you ～?)(Could you ～?)	～してくれませんか。	Please ～.
must	～しなければならない。	have to
must not (mustn't)	～してはいけない。	Don't ～.
need not	～する必要はない。	主語 don't have to ～
should	～すべき。	(ought to)
Shall I ～?	(私が) ～しましょうか。	
Shall we ～?	(一緒に) ～しましょう。	Let's ～.

●不規則動詞活用表●

原形(現在)	過去形	過去分詞	現在分詞	原形(現在)	過去形	過去分詞	現在分詞
be(am,is,are)	was,were	been	being	become	became	become	becoming
begin	began	begun	beginning	break	broke	broken	breaking
bring	brought	brought	bringing	build	built	built	building
buy	bought	bought	buying	catch	caught	caught	catching
come	came	come	coming	cut	cut	cut	cutting
do,does	did	done	doing	draw	drew	drawn	drawing
drink	drank	drunk	drinking	drive	drove	driven	driving
eat	ate	eaten	eating	fall	fell	fallen	falling
find	found	found	finding	fly	flew	flown	flying
forget	forgot	forgot(ten)	forgetting	get	got	got(gotten)	getting
give	gave	given	giving	go	went	gone	going
grow	grew	grown	growing	have,has	had	had	having
hear	heard	heard	hearing	keep	kept	kept	keeping
know	knew	known	knowing	leave	left	left	leaving
lend	lent	lent	lending	lose	lost	lost	losing
make	made	made	making	meet	met	met	meeting
put	put	put	putting	read	read	read	reading
ride	rode	ridden	riding	rise	rose	risen	rising
run	ran	run	running	say	said	said	saying
see	saw	seen	seeing	sell	sold	sold	selling
send	sent	sent	sending	show	showed	shown	showing
sing	sang	sung	singing	sit	sat	sat	sitting
sleep	slept	slept	sleeping	speak	spoke	spoken	speaking
spend	spent	spent	spending	stand	stood	stood	standing
swim	swam	swum	swimming	take	took	taken	taking
teach	taught	taught	teaching	tell	told	told	telling
think	thought	thought	thinking	throw	threw	thrown	throwing
understand	understood	understood	understanding	write	wrote	written	writing
feel	felt	felt	feeling	mean	meant	meant	meaning
pay	paid	paid	paying	ring	rang	rung	ringing
set	set	set	setting	wake	woke	woken	waking
wear	wore	worn	wearing	win	won	won	winning

高校入試理科重要公式集

■気体の性質

性質＼気体	水素	酸素	二酸化炭素	アンモニア	塩素	窒素
色	ない	ない	ない	ない	黄緑色	ない
におい	ない	ない	ない	刺激臭	刺激臭	ない
空気と比べた重さ	最も軽い	少し重い	重い	軽い	最も重い	少し軽い
水への溶け方	溶けにくい	溶けにくい	少し溶ける	非常に溶ける	溶けやすい	溶けにくい
集め方	水上置換	水上置換	水上(下方)置換	上方置換	下方置換	水上置換
その他の性質	・マッチの火を近づけると音を立てて燃える。 ・亜鉛にうすい塩酸を加えると発生。	・火のついた線香を近づけると炎が明るくなる。 ・二酸化マンガンにオキシドールを加えると発生。	・石灰水を白くにごらせる。 ・水溶液は酸性 ・石灰石にうすい塩酸を加えると発生。	・水溶液はアルカリ性 ・塩化アンモニウムと水酸化カルシウムの混合物を加熱すると発生。	・漂白作用 ・殺菌作用 ・水溶液は酸性	・空気の約4/5を占める ・燃えない。

■指示薬

	リトマス紙	BTB液	フェノールフタレイン溶液
酸 性	青色 → 赤色	黄色	無色
中性		緑色	無色
アルカリ性	赤色 → 青色	青色	赤色

■試薬

・石灰水・・・二酸化炭素があると白くにごる
・塩化コバルト紙・・・水があると赤色に変化する
・酢酸カーミン(酢酸オルセイン)溶液・・・核を赤く染める
・ヨウ素液・・・デンプンがあると青紫色に変化する
・ベネジクト液・・・糖があると赤かっ色の沈殿ができる

■化学反応式・イオン式

①酸化

・ $2H_2 + O_2 \rightarrow 2H_2O$
水素+酸素→水

・ $2Mg + O_2 \rightarrow 2MgO$
マグネシウム+酸素→酸化マグネシウム
質量比 3 : 2

・ $2Cu + O_2 \rightarrow 2CuO$
銅 +酸素→酸化銅
質量比 4 : 1

・ $C + O_2 \rightarrow CO_2$
炭素+酸素→二酸化炭素

・ $4Ag + O_2 \rightarrow 2Ag_2O$
銀 +酸素→酸化銀

・ $3Fe + 2O_2 \rightarrow Fe_3O_4$
鉄 +酸素→酸化鉄

②還元

・ $2CuO + C \rightarrow 2Cu + CO_2$
酸化銅+炭素→銅 +二酸化炭素

③化合

・ $Fe + S \rightarrow FeS$
鉄 +硫黄→硫化鉄

④分解

・ $2H_2O \rightarrow 2H_2 + O_2$
水→水素+酸素

・ $2NaHCO_3 \rightarrow Na_2CO_3 + CO_2 + H_2O$
炭酸水素ナトリウム→炭酸ナトリウム＋二酸化炭素＋水

・ $2HCl \rightarrow H_2 + Cl_2$
塩酸→水素＋塩素

⑤イオン

・ $HCl \rightarrow H^+ + Cl^-$
塩酸→水素イオン＋塩化物イオン

・ $NaOH \rightarrow Na^+ + OH^-$
水酸化ナトリウム→ナトリウムイオン＋水酸化物イオン

・ $NaCl \rightarrow Na^+ + Cl^-$
塩化ナトリウム→ナトリウムイオン＋塩化物イオン

・密度〔g/cm^3〕＝ $\dfrac{\text{質量〔g〕}}{\text{体積〔cm}^3\text{〕}}$

・湿度〔%〕＝ $\dfrac{\text{空気1m}^3\text{中に含まれている水蒸気量〔g〕}}{\text{その気温の空気1m}^3\text{中の飽和水蒸気量〔g〕}} \times 100$

・圧力〔Pa〕＝ $\dfrac{\text{力の大きさ〔N〕}}{\text{力がはたらく面積〔m}^2\text{〕}}$

・速さ〔m/秒〕＝ $\dfrac{\text{物体が移動した距離〔m〕}}{\text{移動にかかった時間〔秒〕}}$

・質量パーセント濃度〔%〕＝ $\dfrac{\text{溶質の質量〔g〕}}{\text{水溶液の質量〔g〕}} \times 100$

・電圧〔V〕＝抵抗〔Ω〕×電流〔A〕

・電流〔A〕＝ $\dfrac{\text{電圧〔V〕}}{\text{抵抗〔Ω〕}}$ ・抵抗〔Ω〕＝ $\dfrac{\text{電圧〔V〕}}{\text{電流〔A〕}}$

・電力〔W〕＝電流〔A〕×電圧〔V〕
・熱量〔J〕＝電力〔W〕×時間〔秒〕

・仕事〔J〕＝力の大きさ〔N〕×力の向きに動いた距離〔m〕

・仕事率〔W〕＝ $\dfrac{\text{仕事〔J〕}}{\text{仕事にかかった時間〔秒〕}}$

もっと上のランクを目指したい方に！確実に志望校に合格したい方に！

高校入試問題シリーズ

虎の巻スペシャル

購入特典

虎の巻購入特典

送料無料！

国数英：2095円（税込）　理社：1571円（税込）

右下のＱＲコードからのお申込みで送料無料!!

入試で確実に得点をゲット！

▲

新傾向入試問題の考え方が身につく！

▲

全国の入試の良質問題を取揃え編集！

記述式思考力で得点力UP⬆

虎の巻スペシャルは、［私立・国公立・独自問題対策］として幅広く活用できる入試問題です。
全国の入試問題から［新傾向・記述問題］を精査。
［思考力・表現力］が身につくように同一単元でも切り口の違う問題を多数収録しています。

● 業界初採用のルーズリーフ形式 ●

ルーズリーフを重ねて
繰り返し解くことで、
新傾向入試問題の
考え方が身につきます。

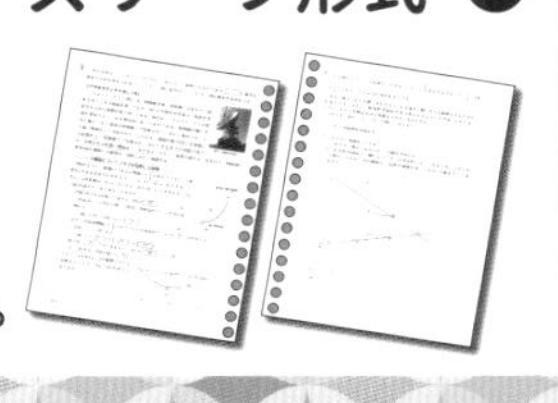

受験対策判断テストパック

1回2,400円〜

皆さんの日頃の学習成果を月に1回ずつ試すテストです。
5教科　各50分で受験！自分の学力を把握し、志望校到達までどれくらいの学力が必要か計画を立てて学習しましょう。
受験された方には、結果をまとめた**「個人成績表」**を発行！
大きく10項目で現状の学力を分析し、弱点や得意分野などが一目で分かる。
「志望校判定表」で客観的な志望校への学力の分析をしています。

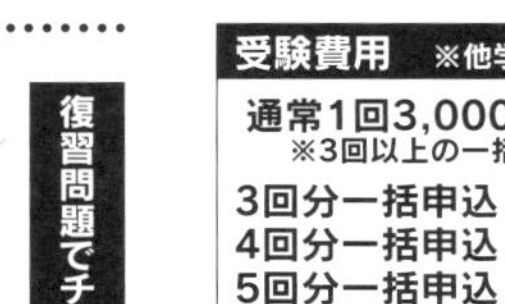

➡ 日程と受験料金表

実施月	申込締切
8月	7月31日
9月	8月31日
10月	9月30日
11月	10月31日
12月	11月30日
1月	12月20日

➡ 分析項目

- 受験者全体の平均点
- 得点の推移
- 偏差値の推移と傾向
- 志望校判定（5校までの合格可能性）
- 志望校の合格基準偏差値

➡ テスト受験の流れ

テスト申し込み ▶ テスト実施 ▶ 答案用紙提出 ▶ データ処理 ▶ 結果返信 ▶ （弱点克服できるテストの復習から）復習問題でチェック

受験費用　※他学年もご希望の方はお問い合わせ下さい。

通常1回3,000円＋送料代引き手数料600円
※3回以上の一括によるお申込ですとお得になります。

3回分一括申込	1回 2,800×3回＝ 8,400円
4回分一括申込	1回 2,600×4回＝10,400円
5回分一括申込	1回 2,500×5回＝12,500円
6回分一括申込	1回 2,400×6回＝14,400円

一括申込のキャンセルは出来ませんので御了承ください。

■ スペシャル・学力テストご注文お申込み記入欄（ＦＡＸ用）■

● お電話でのお申込み：0120-62-7775 ●（記入後 FAX 番号 092-716-0620へ送信）

ご注文商品に☑	□：国数英版　□：理社版　□：２冊セット　□：学力テスト申込み		
お客様の情報を記入してください			
ご氏名		電話番号	
ご住所			

スペシャル購入
ＱＲコード

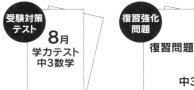

★リスニング練習用CDも好評
※別売（過去問ではありません）

ISBN978-4-86524-218-8
C6000 ¥2500E

定価：2,750円（税込）
H26～R6
5教科対応（11年間収録）

ご意見・感想

私は12月になってからやっと過去問を解き始めました。改めて，虎の巻を解いて，入試は学校のテストや模試とは比べものにならないくらい難しいと感じました。あとの80日をがんばります。

ご意見・感想 この虎の巻を見て、塾を止めました。この資料を完ぺきにこなせれば絶対私が、どうしても絶対行きたい高校に入れると思いました。まだ入試には4ヵ月後ですが、これを買って良かったと思います。解説も分かりやすく書かれているので自分だけで分からない問題も解くことができました。

ご意見・感想

学校の先生にすすめられてこちらを購入しました。まだ始めていないのですが、問題ページ数がとても多く無駄がないので頑張れそうです。志望校合格目指して頑張ります!!

ご意見・感想

目標、僕は推薦で　　　高校に内定しました。実テストでも、35点もUP!することができました！最後のテストでは、最初に比べ、85点up！すごいと思いました。虎の巻さんのおかげだなぁと実感しました。本当に、ありがとうございました。

ご意見・感想

入試の過去問を解くことによって、自分の苦手分野が見えてきました。虎の巻さんのおかげで、第一志望校に受かりそうな気がします!!

虎の巻様

いつもありがとうございます。今回は質問ではなくお礼を言うためにこれを書きました。

発表でした。私は第一志望の高校に合格することができました！私の行きたい高校は私の学力では足りないと学校の先生から言われ、志望校をおとそうかととても悩みました。しかし、第一志望校を受けないと後悔してしまうと思い、親の反対も振りきって受けました。締めないで本当によかったです。今回私が合格できたのも虎の巻様が私の質問に丁寧に答えてくださったおかげだと思っています。ページ数と問題内容があってなかったりと様々な迷惑もかけてしまい申し訳なかったです。

4月からは高校生として、国公立大学へ進学するという夢を胸にがんばっていきたいと思います。虎の巻様には感謝してもしても足りません。本当に本当にありがとうございました!!!

単元別とは、

入試問題を1～5と大問の順に並べるのではなく、【計算】だけ、【図形】だけ、【関数】だけ、…と各単元（ジャンル）にまとめ直していることです。下のように単元別にすることで、学習したいところを集中的に取り組むことができます。

〈関　数〉

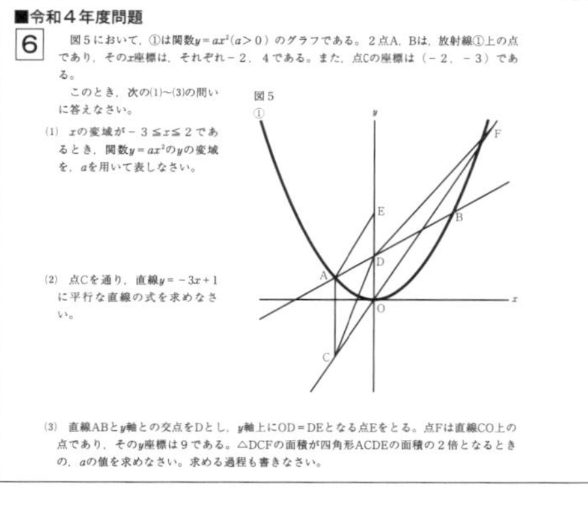
■令和4年度問題

6　図5において，①は関数$y=ax^2(a>0)$のグラフである。2点A，Bは，放物線①上の点であり，そのx座標は，それぞれ-2，4である。また，点Cの座標は$(-2,-3)$である。

このとき，次の(1)～(3)の問いに答えなさい。

(1) xの変域が$-3\leqq x\leqq 2$であるとき，関数$y=ax^2$のyの変域を，aを用いて表しなさい。

(2) 点Cを通り，直線$y=-3x+1$に平行な直線の式を求めなさい。

(3) 直線ABとy軸との交点をDとし，y軸上にOD＝DEとなる点Eをとる。点Fは直線CO上の点であり，そのy座標は9である。△DCFの面積が四角形ACDEの面積の2倍となるときの，aの値を求めなさい。求める過程も書きなさい。

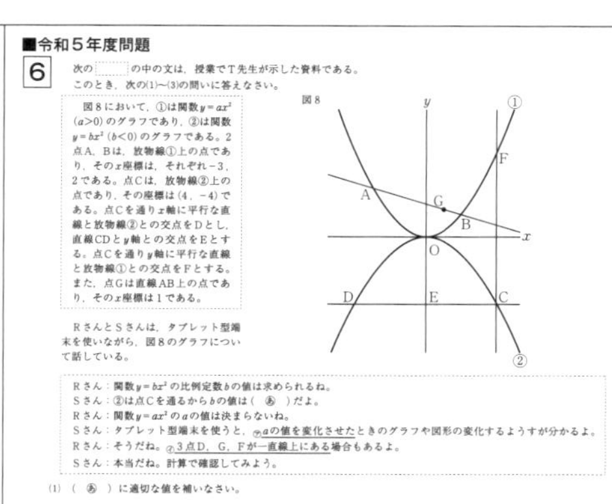
■令和5年度問題

6　次の□の中の文は，授業でT先生が示した資料である。このとき，次の(1)～(3)の問いに答えなさい。

図8において，①は関数$y=ax^2(a>0)$のグラフであり，②は関数$y=bx^2(b<0)$のグラフである。2点A，Bは，放物線①上の点であり，そのx座標は，それぞれ-3，2である。点Cは，放物線②上の点であり，その座標は$(4,-4)$である。点Cを通りx軸に平行な直線と放物線②との交点をDとし，直線CDとy軸との交点をEとする。点Cを通りy軸に平行な直線と放物線①との交点をFとする。また，点Gは直線AB上の点であり，そのx座標は1である。

RさんとSさんは，タブレット型端末を使いながら，図8のグラフについて話している。

Rさん：関数$y=bx^2$の比例定数bの値は求められるね。
Sさん：②は点Cを通るからbの値は（あ）だよ。
Rさん：関数$y=ax^2$のaの値は決まらないね。
Sさん：タブレット型端末を使うと，aの値を変化させたときのグラフや図形の変化するようすが分かるよ。
Rさん：そうだね。③3点D，G，Fが一直線上にある場合もあるよ。
Sさん：本当だね。計算で確認してみよう。

(1)（あ）に適切な値を補いなさい。

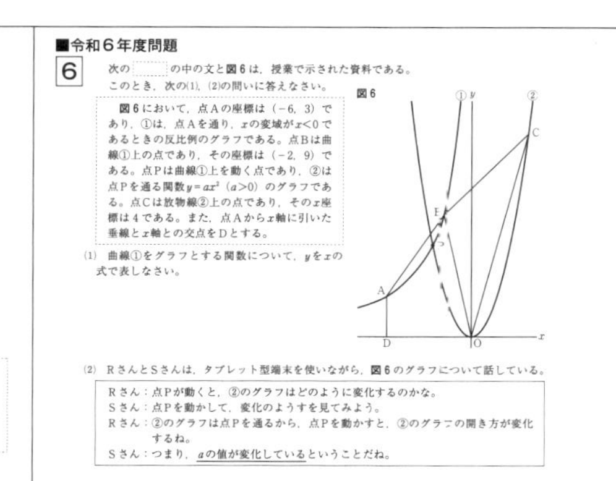
■令和6年度問題

6　次の□の中の文と図6は，授業で示された資料である。このとき，次の(1)，(2)の問いに答えなさい。

図6において，点Aの座標は$(-6,3)$であり，①は，点Aを通り，xの変域が$x<0$であるときの反比例のグラフである。点Bは曲線①上の点であり，その座標は$(-2,9)$である。点Pは曲線①上を動く点であり，②は点Pを通る関数$y=ax^2(a>0)$のグラフである。点Cは放物線②上の点であり，そのx座標は4である。また，点Aからx軸に引いた垂線とx軸との交点をDとする。

(1) 曲線①をグラフとする関数について，yをxの式で表しなさい。

(2) RさんとSさんは，タブレット型端末を使いながら，図6のグラフについて話している。

Rさん：点Pが動くと，②のグラフはどのように変化するのかな。
Sさん：点Pを動かして，変化のようすを見てみよう。
Rさん：②のグラフは点Pを通るから，点Pを動かすと，②のグラフの開き方が変化するね。
Sさん：つまり，aの値が変化しているということだね。

編集発行　株式会社 ガクジュツ
発行責任者　中村　信二
福岡市中央区天神3－16－24－6F
〒810-0001　電話 0120(62)7775

令和6年7月1日　発行
監　修　㈱日本学術講師会
印　刷　大同印刷 株式会社

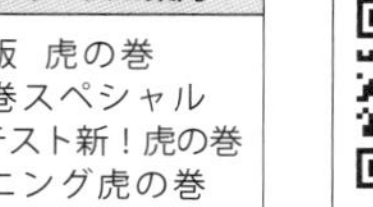

高校入試「虎の巻」の売り上げの一部は、無料学習室【学術の森】の運営に役立てられます。